톰 홀랜드 Tom Holland

영국 솔즈베리에서 태어났다. 케임브리지 대학교에서 두 과목 최우등으로 졸업
했고, 이후 옥스퍼드 대학교에서 바이런을 주제로 역사학 박사학위를 받았다. 영
국에서 각광받는 작가로, 소설과 역사서 분야에서 많은 책을 집필했다. 다루는
주제 또한 뱀파이어에서 고대 제국사에 이르기까지 다양하다. 또한 헤로도토스,
호메로스, 베르길리우스 등의 작품을 각색해 BBC 라디오에서 방송하기도 했다.
대표작으로 *The Vampyre: Being the True Pilgrimage of George Gordon, Sixth Lord
Byron*(1995), *Attis*(1995), *Deliver Us from Evil*(1997), *The Bone Hunter*(2002),
Millenium: The End of the World and the Forging of Christendom(2008)과 국내에
번역된 《페르시아 전쟁*Persian Fire: The First World Empire and the Battle for the West*》
(2006), 《이슬람제국의 탄생*In The Shadow Of The Sword: The Battle for Global Empire
and the End of the Ancient World*》(2015), 《다이너스티*Dynasty: The Rise and Fall of the
House of Caesar*》(2017) 등이 있다.

이 책 《루비콘》으로 세계에서 가장 권위 있는 논픽션 분야 상인 새뮤얼 존슨 상
Samuel Johnson Prize 최종 후보에 올랐고, 2004년에는 헤셀-틸먼 상Hessell-
Tiltman Prize을 수상하였다. 2006년에 《페르시아 전쟁》으로 영국-그리스 연맹이
수여하는 런치먼 상Runciman Award을 수상했고, 2011년에는 BBC Four의 프로
그램으로 화석이 신화에 미치는 영향을 다룬 〈공룡, 신화, 괴물들*Dinosaurs, Myths
and Monsters*〉을 제안, 집필했다. 2012년 8월에는 영국 채널 4 방송국의 다큐멘
터리 〈이슬람: 공개되지 않은 이야기*Islam: The Untold Story*〉를 제작, 1000여 명이
넘는 영국 무슬림들로부터 빗발치는 항의를 받은 끝에 신변 안전 문제로 재방송
이 취소되는 사태를 겪기도 했다.

옮긴이 김병화

서울대학교에서 고고학과 철학을 공부했다. 꼭 읽고 싶은 책을 더 많은 사람들과
함께 읽고 싶은 마음에서 번역을 시작하게 되었고, 그렇게 하여 나온 책이 《음식
의 언어》, 《행복할 권리》, 《증언: 드미트리 쇼스타코비치의 회고록》, 《세기말 비
엔나》, 《파리, 모더니티》, 《장성, 중국사를 말하다》, 《트리스탄 코드》, 《신화와 전
설》, 《투게더》, 《무신예찬》, 《웰컴 투 뉴스비즈니스》, 《두 번째 태양》 등 여러 권이
다. 같은 생각을 가진 번역자들과 함께 번역기획 모임 '사이에'를 결성하여 활동
하고 있다.

RUBICON

루비콘

공화정에서 제정으로, 로마 공화국 최후의 날들

톰 홀랜드 지음 · 김병화 옮김

책과함께

차례

일러두기

1. 이 책은 Tom Holland의 Rubicon(Abacus, 2003)을 완역한 것이다.
2. 각국의 인명과 지명은 외래어 표기법에 따라 표기하였다. 다만 널리 알려져 익숙해진 표현이나 용례를 적용하기 어려운 경우에 예외를 두었다.

고대 공화국 영웅의 청동 흉상. 전통적으로 로마의 마지막 왕 타르퀸에게 맞서 일어선 쿠데타 지도자 브루투스의 모습으로 알려져 있다. 기원전 3세기 혹은 기원전 1세기의 것으로 알려진 이 흉상은 로마인들이 상상 속에서 기대했던 선조들의 모습, 즉 존엄성과 남성적 덕성의 모범을 잘 보여준다. (카피톨리누스 박물관, 로마/프라텔리 알리나리)

수준 높은 로마의 적들(가장 유명한 예는 한니발이지만)은 물론 동방의 그리스 왕들 역시 가장 선호하던 무기인 코끼리. 전투 코끼리는 평화 협정하의 공화국에서는 언제나 예외 없이 금지되었다. 이 법을 위반할 경우 아마 무기 감찰관에 의해 그 코끼리는 다리 힘줄이 끊겼을 것이나. (빌라 술리아 미술관, 로마/AKG 런던/에리히 레싱)

공화국의 제국이 확장되면서 빈부 격차도 커졌다. 유급 노동이라는 생각은 로마 귀족들에게는 끔찍하게 속물적인 것으로 여겨졌다. 평민들은 그처럼 까탈 부릴 여유가 없었다. 이것은 정육점을 겸하는 야채상의 간판이다. 카운터 아래 우리에서 삐져나온 토끼 머리가 보인다. 2세기경의 것이지만, 공화국 후반에 만들어진 부조와 양식 면에서 매우 비슷하다. (무제오 오스티엔세, 오스티아/스칼라, 피렌체)

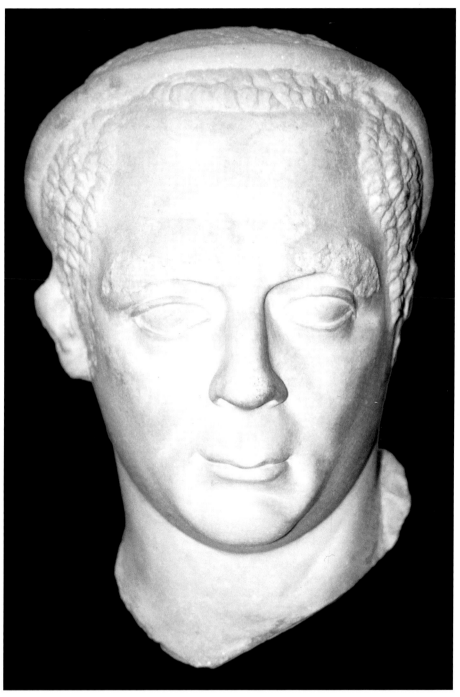

보관을 쓴 페르가몬 왕, 아마 아탈루스 3세일 것이다. 기원전 133년에 자기 왕국을 공화국에 바치겠다는 아탈루스의 요청으로 꿀단지가 열리자 곧 로마의 파리들이 꾀기 시작했다. 직접 통치에 대한 원로원의 전통적인 거부감은 결정적으로 약해졌고, 동방에서의 로마 제국의 정초석이 놓였다. (글립토테크 미술관, 코펜하겐)

기원전 1세기 초반경, 나폴리 만은 로마의 최고 부자들의 유흥 무대이자, 해외에서 이탈리아로 들어오는 부의 흐름의 입구가 되었다. 이 몽상적인 항구 풍경이 시사하듯이, 화가는 상업적 에너지의 암시보다는 만의 아름다움을 강조하는 편을 선호했다. (나폴리 국립박물관/스칼라, 피렌체)

장군 입상, 티볼리 출토. 기원전 1세기 초반. 강인한 얼굴과 감정을 드러내지 않은 표정이 전형적인 로마인이지만, 자세는 그리스 통치자의 모습에서 따왔다. 그리스 세계의 부와 세련된 분위기는 동방 지휘권을 차지하려는 야심 있는 장군들의 꿈의 임지로 만들었다. 다른 것들과 마찬가지로 이 조각에서도 공화제의 군인정신은 마리우스를 모델로 삼았다. (로마 국립 미술관, 로마)

폰토스의 사자 미트리다테스. 그리스인들 사이에서 자신이 받는 지지를 극대화하기 위해, 그리고 분명히 허영심도 있었겠지만, 그는 알렉산드로스 대왕의 초상을 꼼꼼하게 모방했다. 기원전 89년에 로마의 아시아 속주 침공, 게다가 그다음 해에 있었던 이탈리아 기업인들에 대한 학살 이후 그는 공화국의 불구대천의 원수가 되었다. 기원전 75년 주조 4드라크마 은화. (영국박물관, 런던/AKG 런던)

플레이보이의 헤어스타일. 출세 지향적
남자의 응시. 전통적으로 술라로 알려진
초상 흉상. (프라텔리 알리나리)

아벤티누스에 있는 공화국 성벽의 한 구간. 정상 상태에서는 어떤 시민도 무장한 상태로 성문 안으로 들어
올 수 없다. 술라는 공화국의 421년 역사상 자신의 도시를 상대로 로마 군대를 이끌고 들어온 최초의 장군
이다. (스칼라, 피렌체)

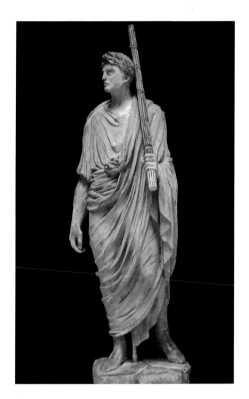

어깨에 파스케스를 들고 있는 릭토르. 파스케스는 과거에 왕권의 상징으로 쓰이던 회초리 다발이다. 공화국에서는 집정관 한 명에게 열두 명의 릭토르가 배당되었다. (영국박물관, 런던/스칼라, 피렌체)

포세이도니오스. 공화국의 세계적 임무에 대한 열광적 지지자이자 박식가. (나폴리 국립박물관/프라텔리 알리나리)

재무관(감찰관) 앞에서 등록하는 시민(왼쪽). 도미티우스 아헤노바르부스 제단 상세부. (루브르 박물관, 파리/스칼라, 피렌체)

앞쪽의 풀로 뒤덮인 둔덕이 벨로나 신전의 유적 전부다. 기원전 82년에 원로원은 이곳에 있으면서 근처의 빌라 푸블리카에서 술라의 포로들이 학살당하면서 지르는 비명 소리를 들었다. (톰 홀랜드)

죽은 자의 눈은 언제나 어느 로마 귀족을 응시하면서 그의 가문의 과거 업적에 필적할 업적을 이루라고 고취하는 것으로 상상된다. 이 조각에서 토가를 입은 귀인은 묵직한 두상 두 개를 쥐고 있다. 대개는 선조의 두상으로 간주되지만 확실하지는 않다. 머리 부분은 원래 다른 조각의 것이었다. 기원전 1세기 후반. (카피톨리니 미술관, 로마/프라텔리 알리나리)

전차 경주자들이 쿠르수스에서 경쟁하고 있다. (나폴리 국립박물관/스칼라, 피렌체)

폼페이의 경기장에서 싸우는 검투사들. 관중들은 바깥에서 싸움을 벌이고 있다. 이 벽화는 1세기의 것이다. 스파르타쿠스 반란 이후 1세기가 더 지난 뒤에도 여전히 검투 시합은 캄파니아 지방의 큰 사업이었다. (나폴리 국립박물관/스칼라 피렌체)

권력자의 고수머리와 은근한 미소. 대폼페이우스. (글립토테크 미술관, 코펜하겐)

방패와 갑주를 갖춘 군단병(중앙). 도미티우스 아헤노바르부스 제단의 상세부. 기원전 1세기. 아마 병사들의 퇴역 장면을 그린 듯하다. 복무를 끝내면서 "비옥한 토지를 얻어 아내와 자녀들과 정착"하는 것이 모든 병사의 꿈이었다. (루브르 박물관, 파리/스칼라 피렌체)

기원전 66년에 동방에서 돌아오자 루쿨루스는 캄푸스 마르티우스를 굽어보는 자신의 정원을 제국의 산물로 채웠다. 유흥 공원은 사람들이 가장 바라는 위대함의 속성이 되었다. 이 장면은 로마 근처 프리마 포르타에 있는 아우구스투스의 저택에 있는 것. (로마노 국립미술관, 로마/스칼라, 피렌체)

물고기는 음식물이자 관상용으로 로마 최고층의 열정의 대상이었다. 정원에 대해 그랬던 것처럼 물고기 열광에 대해서도 루쿨루스는 열광을 과도한 정도로 끌어올리는 데 악명이 높았다. (나폴리 국립박물관/스칼라 피렌체)

나폴리 만에 있는 빌라는 로마의 최고 부유층이라면 반드시 소유해야 하는 궁극의 품목이었고, 그럴 여유가 없는 사람들에게는 환상과 욕망의 목표였다. 선창이 바다 쪽으로 너무 길게 뻗어 있어서 바다의 물고기들이 비좁게 보일 정도였다. 해변에서는 환상적인 풍경을 가진 정원에서 터널이 뚫리고 언덕이 쌓였다. (나폴리 국립박물관)

"무기가 평화의 토가에 항복하게 하라." 키케로는 자신이 카틸리나의 음모를 무찌르고 공화국을 구원했던 기원전 63년에 했던 자기 자랑을 그 누구도 잊지 못하게 했다. (카피톨리니 미술관, 로마/프라텔리 알리나리)

원로원에서의 최종 승부. 키케로가 불한당 같은 카틸리나를 비난하는 광경. 1888년에 체사레 마카리가 현대 이탈리아 상원 의석에 그린 프레스코 상상화 가운데 하나. (팔라초 마다마, 로마/스칼라, 피렌체)

포로 로마노의 카스토르 신전. 시끌 벅적했던 호민관 임기 동안 클로디우스는 신전 계단을 부수고, 그곳을 민병대 본부로 만들었다. (아트 아카이브)

여자들이 신비적 종교 의식을 하기 위해 모인다는 사실은 로마 남자들을 무한히 흥분시켰다. 폼페이 소재 빌라 데이 미스터리에 있는 이 벽화에서, 그 신성성의 의미는 관능적 감각과 강력하게 혼합되어 있다. 아마 클로디우스가 기원전 62년에 선의 여신 숭배 의식을 신성모독하도록 도발했던 원인을 암시한다. (아트 아카이브)

장례용 흉상. 전통적으로 카토의 흉상
으로 알려진 작품. 기원전 59년. 카이
사르가 집정관이던 해에 카토는 카이
사르, 폼페이우스, 크라수스의 삼두정
치에 저항하는 선봉장이었다. (바티칸
미술관, 로마/프라텔리 알리나리)

빈사의 갈리아인. 이 조각은 실제 인간보다 더 크다. 그럴 만도 한 것이, 기원전 4세기에 갈리아 전사들이
로마를 노략한 이후 공화국은 항상 갈리아인들의 위협이 드리우는 그늘 속에 있었기 때문이다. 그랬으니
카이사르로서는 집정관 임기 다음 해에 북부의 야만인들에게 선제공격을 감행하는 것 이상으로 자신의 표
식을 남길 더 나은 방법이 있었을까? (카피톨리니 미술관, 로마/아트 아카이브)

도미티우스 아헤노바르부스. 이 초상은 카이사르의 최대 적의 것이거나 그의 아들의 것이다. 기원전 56년, 카이사르를 갈리아 총독직에서 밀어내고 그 자리를 차지하려던 도미티우스의 야심은 삼두정치의 재개 및 공화국의 치명적인 결과를 가져왔다. 기원전 42년에서 36년 사이에 주조된 1데나리온 주화. (로마 국립미술관, 로마/영국박물관)

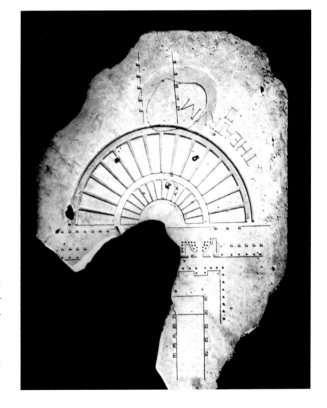

폼페이우스 대극장 설계도. 기원전 61년에 시작되어 기원전 55년에 완공된 이 건물은 로마 내에 지어진 최초의 석조 극장이었다. 전례도 없었고 불길할 정도로 비공화국적인 자기 선전 수단이었다. (카피톨리니 미술관, 로마)

아피아 가도. 로마에서 16킬로미터 바깥 지점. 바로 이곳에서, 기원전 52년 1월 클로디우스의 경력이 그에 어울리는 폭력적인 결말을 맞았다. (톰 홀랜드)

베르생제토릭스는 카이사르의 발밑에 무기를 던진다. 라이어넬 로이어가 1899년에 그린 그림. 기원전 52년 카이사르가 알레시아에서 거둔 승리는 그의 경력에서도 가장 놀라운 것이었고, 갈리아 반란의 사실상 종결을 의미했다. (크로자티에 미술관, 르퓌-앙-블레, 프랑스/브리지먼 아트 라이브러리)

율리우스 카이사르. 키케로는 그에게 "당신의 영혼은 자연이 우리에게 부과한 좁은 테두리 내에서 한 번도 만족한 적이 없었다"라고 말했다. (카피톨리니 미술관, 로마/프라텔리 알리나리)

3월의 이데스. 에드워드 존 포인터가 1883년에 그린 그림. (맨체스터 시립미술관, 맨체스터/브리지먼 아트 라이브러리)

로마 장군의 전신 조각상. 르네상스 시대에 폼페이우스 극장 유적지에서 발견되었다. 이것은 수백 년 동안 카이사르가 그 발 앞에 쓰러진 바로 그 조각상이라 여겨졌다. 애석하게도 이제는 그렇게 믿는 사람이 전혀 없다. (팔라초 스파다, 로마/프라텔리 알리나리)

그리스 여왕이자 이집트의 파라오인 클레오파트라가 이시스 여신에게 공물을 바치는 모습. (루브르 박물관, 파리/아트 아카이브)

안토니우스와 클레오파트라. 4드라크마 은화 양면. 기원전 34년경에 주조되었다. 로마인과 그리스인, 삼두정치인과 여왕이 같은 주화에 새겨진다는 것보다 더 공화국의 가치를 모욕하는 것은 없었다. (피츠윌리엄 미술관, 케임브리지)

카이사르 디비 필리우스 아우구스투스. (바티칸 미술관, 로마/프라텔리 알리나리)

폼페이에서 발견된 모자이크. 해골이 나비와 바퀴를 양쪽에 두고 아슬아슬한 균형을 맞추고 있다. 죽음은
삶을 떠나지 않고, 운세는 한없이 변화한다. (나폴리 국립박물관/스칼라 피렌체)

루비콘 강의 밤

로마가 건국된 지 750년째 되는 해, 그리스도가 태어나기 49년 전의 1월 10일. 태양은 아펜니노 산맥 뒤로 진 지 이미 오래다. 13군단의 병사들은 어둠 속에서 행군 대열로 집결해 있었다. 혹독하게 추운 밤이었을지 모르지만 이들은 극한 상황을 예사로 겪어온 사람들이었다. 8년 동안 그들은 갈리아 총독의 뒤를 따라 눈 덮인 산을 넘고 찌는 듯한 여름의 열기를 견디며 세계의 끝까지 가서 피비린내 나는 전투를 차례차례 치러왔다. 이제 북쪽의 야만적인 황야에서 돌아온 그들은 아주 판이한 경계에 서 있게 되었다. 그들 앞에는 좁은 개울이 흐르고 있었다. 한쪽 옆은 갈리아 영토였고, 다른 편으로는 멀리 이탈리아, 그리고 로마로 이어지는 국도가 있었으나 병사들이 그 도로에 들어서는 것은 치명적인 위법 행위였다. 속주의 경계를 침범할 뿐만 아니라 로마인의 가장 완강한 법의 경계도 허무는 것이었다. 그것은 사실상 내전 선언이다. 하지만 군단병들은 이런 파국을 각오하고 국경까지 행군해왔다. 추위를 견디느라 발을 굴러대면서 이들은 행동 개시를 알리는 나팔소리를 기다리고 있었다. 무기를 메고 전진하라. 루비콘을 건너라.

하지만 신호가 언제 올 것인가? 밤빛에 희미하게 보이는 루비콘 강은 산 위의 눈이 녹아내려 불어 있었고 흐르는 물소리가 들렸지만, 여전히 나팔소리는 들리지 않았다. 13군단의 병사들은 귀를 쫑긋 세웠다. 이들은 기다리는 데 익숙하지 않았다. 대개 전투가 임박해지면 번개처럼 이동하여 습격하곤 했다. 그들의 장군, 갈리아 총독은 순발력과 기습과 속도전이라는 장기로 유명한 인물이었다. 뿐만 아니라 그는 바로 그날 오후에 루비콘을 건너겠다는 지시를 내린 바 있다. 그런데 왜, 드디어 국경에 당도한 지금, 그들은 갑자기 멈춰 서게 되었는가? 어둠 속에서 장군의 모습은 거의 보이지 않았다. 하지만 참모장교들이 보기에 그는 결단을 내리지 못해 고민하는 것 같았다. 가이우스 율리우스 카이사르^{Gaius Julius Caesar}는 루비콘 강의 흐르는 물을 응시하면서 아무 말도 하지 않았다. 그의 마음은 침묵 속에서 움직였다.

로마인들은 위험하고 뼈를 깎는 듯한, 평생의 업적이 칼날 위에 매달려 있는 듯한 이런 긴장의 순간을 '디스크리멘^{discrimen}'이라 불렀다. 카이사르의 경력은 위대함을 숭배하는 모든 로마인이 그렇듯 이런 중대한 고비에서 거둔 성공의 연속이었다. 그의 진로는 거듭 위험에 가로막혔지만, 그는 거듭 승리자가 되었다. 로마인에게는 이것이 바로 남자라는 표시였다. 하지만 루비콘 강둑에서 카이사르가 마주한 딜레마는 특히 고뇌스러웠다. 이런 결과를 불러온 것이 바로 자기가 거둔 성공이었기 때문에 더욱 그러했다. 그는 10년도 채 안 되는 기간에 800개의 도시와 300개의 부족, 갈리아 전역을 평정했던 것이다. 하지만 로마인에게 지나친 업적은 축하할 이유뿐만이 아니라 경계할 이유도 될 수 있다. 공화국의 한 시민이 동료 시민들을 영원히 초라하게 만들게 내버려두면 안 된다. 카이사르의 적들은 두려움과 시기심에서, 오래전부터 그에게서 지휘권을 박탈할 음모를 꾸미고 있었다. 드디어 이제, 기원전 49년의 겨울에 그들은 카이사르를 궁지로 몰아넣는 데 성공했다. 그로서는 마침내 진실의 순간을 마주한 것이다. 로마법에 굴복하여 지휘권을 내놓고 경력이 와해되는 운명을 감수하든가 아니면 루비콘을 건너든가, 둘 중의 하나를 택해야 하는 것이다.

'주사위는 던져졌다.'* 한창 열이 오른 도박사처럼 열정이 불붙은 다음에야 비로소 카이사르는 전진 명령을 내릴 수 있었다. 이성적인 계산을 하기에는 너무 위험이 컸다. 또 헤아릴 수 없는 상황이기도 했다. 이탈리아로 밀고 내려오면서 카이사르가 동료들에게 털어놓았듯, 그는 자기가 세계 전쟁을 감행하고 있음을 알았고, 그 전망을 예견하고 몸을 떨었다. 그러나 카이사르처럼 명철한 사람도 자신이 내린 결정이 어떤 결과를 낳을지 예측할 수 없었다. '디스크리멘'이라는 말에는 '중대한 고비'라는 뜻뿐만 아니라 '분수령'이라는 뜻도 있다. 루비콘이 바로 그런 의미의 단어가 된다. 그 강을 건넘으로써 카이사르는 세계를 전쟁으로 몰아넣는 한편 로마의 고대적 자유가 무너지고 그 폐허 위에 군주제가 세워지도록 하는 데 기여했다. 군주제의 성립은 서구의 역사에서 가장 중요한 사건의 하나다. 로마 제국이 무너지고 한참 뒤까지도 루비콘으로 인해 나뉘었던 상반된 것들, 곧 자유와 전제주의, 무정부주의와 질

---

* 대개 라틴어 'alea iacta est'로 인용된다. 하지만 실제로는 아테네의 극작가인 메난데로스의 글에서 따온 말을 카이사르가 그리스어로 옮긴 것이다. 플루타르코스의 〈폼페이우스〉 60과 〈카이사르〉 32를 참조하라.

서, 공화제와 독재 등은 로마를 계승한 자들의 상상력을 계속 침범하게 된다. 이 개울은 좁고 평범하며, 결국에는 그 위치도 잊힐 만큼 하찮은 강이었지만 그 이름은 지금도 기억에 남아 있다. 루비콘을 건넌 카이사르의 행동이 워낙 운명적이었으므로 그 이름이 지금까지도 모든 운명적인 발자국을 대표하게 된 것이다.

카이사르가 루비콘 강을 건넘으로써 한 시대가 역사 속으로 사라졌다. 한때는 지중해 전역에 자유도시가 흩어져 있었다. 그리스와 이탈리아의 자유도시 주민은 자신을 파라오 노는 왕 중의 왕에게 예속된 신민이 아니라 시민이라 여겼고, 노예에게는 허락되지 않은 자유 연설, 사유재산, 법 앞에서의 권리 등으로 대변되는 자신들의 가치를 자랑스러워했다. 그러나 알렉산드로스 대왕과 그 후계자들의 제국이, 그다음에는 로마 제국(아우구스투스 이후의 제정 로마가 아니라 공화정 시대의 로마지만 제국주의적 정복을 했기 때문에 제국이라 부른 것-옮긴이)이 세워지면서 그런 시민의 독립성은 억압되었다. 기원전 1세기 무렵에는 오직 하나의 자유 노시반이 남아 있었는데 그것이 로마였다. 그러다가 카이사르가 루비콘을 건넜고, 공화국은 결국 파괴되었다.

그 결과 1000년 동안 이어져온 시민들의 자치정부는 종말을 맞았고, 이후 1000년 이상이 지나기 전까지 다시는 그런 자치정부가 실현되지 못했다. 르네상스 이후 루비콘을 도로 건너가려는 시도가 여러 차례 있었다. 독재 체제를 폐기하려는 시도 말이다. 영국과 미국, 프랑스의 혁명은 모두 로마 공화정의 사례에서 영감을 받았다. 토머스 홉스는 이렇게 투덜거렸다. "특히 군주제에 항거하는 반란에 대해 말하자면, 그런 것들이 발생하는 가장 흔한 이유 중 하나는 고대 그리스·로마의 정치와 역사에 관한 책을 읽었기 때문이다."[1] 그렇다고 해서 자유 공화국이 바람직하다는 교훈을 로마의 역사 드라마에서만 얻을 수 있다는 뜻은 물론 아니다. 어쨌든 통령에서 황제가 되는 것도 나폴레옹 정도의 인물이었으니까 가능한 일이었고, 19세기 내내 세계가 보나파르트 체제에 가장 자주 갖다 붙인 딱지는 '카이사르주의'였다. 1920년대와 1930년대에 공화국들의 폐허 위에서 환호성을 지르던 작자들은 그런 상황이 고대 선조들의 단말마와 비슷하다는 점을 재빨리 지적했다. 1922년에 무솔리니는 자신의 로마 진군이 카이사르와 같은 영웅적 행동이었다고 선전했다. 또 새로운 루비콘 도하가 이루어졌다고 믿은 것이 무솔리니 혼자만도 아니었다. 히틀러는 나중에 이렇게 인정했다. "로마 진군은 역사적 전환점이었다."[2]

서구 정치의 오랜 전통은 파시즘에서 소름 끼치는 절정에 도달했다가 시효가 다해버렸다. 무솔리니는 고대 로마의 사례에서 영감을 얻은 세계 지도자 가운데 마지막 인물이었다. 물론 파시스트들은 그 잔인성과 으스대는 태도와 냉혹함에서 스릴을 느꼈다. 하지만 오늘날에는 로마의 가장 고귀한 이상, 토머스 제퍼슨을 깊이 감동시켰던 '능동적 시민권'이라는 이념도 유행에 뒤처진 것이 되었다. 이는 너무나 완고하고 유머가 없고, 냉수욕을 하는 느낌이다. 로마인들의 영웅 숭배는 너무나 19세기적이다. 존 업다이크가 표현했듯이, 우리는 "낡고 억압적인 모든 로마적 가치에서" 해방되었다.[3] 그로부터 여러 세기가 흘렀고, 그런 것들은 이제 현대적 시민권의 주요 동기로 여겨지지 않는다. 고대인들은 상상하지 못했던 대륙에 살면서 왜 제2의 원로원(미국 의회를 가리킨다─옮긴이)이 제2의 카피톨리누스 언덕(미국 의사당이 있는 캐피톨 힐을 가리킨다-옮긴이)에 자리 잡게 되었는지 의문을 가지는 사람은 거의 없다. 판테온은 우리의 상상 속에서도 여전히 찬란하게 광채를 발하고 있겠지만 포로 로마노는 거의 빛을 잃었다.

서구 민주주의의 기원을 아테네에서만 찾는 것은 자만심의 소치다. 좋든 싫든 간에 우리는 로마 공화국의 상속자이기도 하니까. 나는 이 책의 제목을 '시민'으로 하고 싶었다. 이 책의 주인공은 시민이며, 공화국이 궤멸했다는 비극도 시민의 비극이기 때문이다. 로마인들 역시 나중에는 고대적인 덕성이 시겨워져서 손쉬운 노예제와 평화가 주는 안락을 선택했다. 끝도 없이 서로 죽고 죽이는 전쟁보다는 빵과 원형경기장의 공연이 더 나았다. 로마인들은 그들의 자유에 스스로를 파멸시킬 씨앗이 들어 있었음을 인정했다. 또한 그것은 이후 몇 백 년 동안 사람들의 마음속에 불안하게 똬리를 틀었다.

물론 로마인의 자유라는 것이 과장된 거짓말은 아니었다고 주장한다고 해서 로마 공화국이 사회적 민주주의의 낙원이었다는 말을 하려는 것은 아니다. 그렇지는 않았다. 로마인에게 자유와 평등은 완전히 별개의 문제였다. 정말로 평등한 것은 사슬에 묶인 노예들뿐이었다. 시민의 삶의 본질은 경쟁이다. 성공의 수단으로 인정되는 것은 부와 투표권이었다. 또 무엇보다도 공화국은 서구 역사에서 아주 새로운 범위의 영향력과 패권을 가진 초강대국이었다. 그렇지만 이런 모든 사실이 인정된다 하더라도 공화국과 우리 시대와의 관련성이 줄어들지는 않는다. 오히려 정반대일지도 모른다.

이 책을 쓰기 시작한 뒤로 로마와 현대 미국의 비교라는 말은 진부한 표현이 되었다. 역사가는 현재의 상황에 사로잡힐 때가 많다. 나와 무관하다고 생각했던 과거가 갑자기 불쑥 시야 속으로 들어오는 일이 자주 있다. 특히 우리와 너무나 비슷하면서도 너무나 낯선 고대 그리스·로마 세계는 만화경 같은 성질을 가지고 있다.

1930년대 후반의 위대한 옥스퍼드 고전학자인 로널드 사임^{Ronald Syme}은 카이사르의 권력 장악을 파시스트와 공산당 독재 시대의 선구적 형태인 '로마식 혁명'이라고 보았다. 로마는 늘 이렇게 세계의 격동에 비추어 해석되어왔다. 사임의 이런 해석은 마키아벨리로 거슬러 올라가는 오래되고 명예로운 전통을 계승하는 것으로, 마키아벨리는 공화국의 역사에서 얻은 교훈을 자신의 고향인 피렌체와, 또 공화국의 파괴자와 이름이 같은 체사레 보르자^{Cesare Borgia}를 위해 활용한 바 있다.

"신중한 사람들은 다음과 같이 말하곤 하는데, 이것은 무모한 말도, 근거 없는 말도 아니다. 그러니까 어느 시대든 세상에서 일어나는 모든 일은 옛날에 일어났던 일과 진정으로 닮은 점이 있기 때문에, 기필코 일어날 일을 예견하려는 사람은 과거에 일어났던 일을 돌이켜보아야 한다는 것이다."[4] 이 주장이 기이하게 들리는 시기가 있겠지만 그렇게 들리지 않을 시기도 있는데, 현재가 틀림없이 그런 시기에 속한다.

로마는 세계적 강대국의 위치에 오른 최초의, 그리고 최근까지는 유일한 공화국이었고, 마치 거울처럼 우리의 곤혹스러운 모습을 그대로 비춰주는 역사적 실체였다. 그 거울에서 희미하고 뒤틀린 모습으로나마 보게 되는 것은 지정학의 폭넓은 윤곽, 광범위한 세계화와 팍스 아메리카나의 윤곽만이 아니다. 일본산 잉어에서 런던 사투리, 유명 요리사 등등에 대한 우리의 온갖 일시적인 열광과 집착 역시 로마 공화국 역사가 들이 보면 일종의 기시감이 들지 않을 수 없다.

하지만 비유가 착각을 불러올 수도 있다. 로마인들이 우리와 확연하게 다른 신체적, 감정적, 지적 상황에서 살았다는 것은 말할 필요도 없는 일이다. 실제로 로마인들의 가장 일상적인 모습이 우리에게 가장 낯설게 느껴지는 경우가 많다. 애인의 냉혹함을 슬퍼하는 시인이나 죽은 딸을 애도하는 아버지 같은 존재는 인간 본성에 뭔가 영속적인 것이 있다는 느낌을 전해줄 것 같지만, 성적 관계, 혹은 가정생활에 대한 로마인의 기본 전제들은 또 얼마나 생소하고 낯설게 느껴지는가. 공화국에 숨결을 불어넣은 가치, 시민들의 욕망, 그들의 행동 의식과 규범 역시 그러하다. 이런 사실을 이해하고 나면 로마인에 대해 혐오스럽게 생각했던 많은 것들과 우리에게는 명백히 범죄로 여겨지던 행동들을 용서하지는 못할지라도 적어도 더 잘 이해할 수 있다. 유혈이 낭자한 원형 경기장, 위대한 다른 도시들을 파멸시키는 일, 세계 정복 등은 로마인의 사고방식에서는 영광스러운 업적으로 간주되었을 것이다. 왜 그랬는가를 이해해야만 공화국에 대한 이해를 높일 수 있다.

오래전에 사라진 시대의 심리구조 속으로 들어가보려는 시도는 당연히 위험의 소지가 많고 무모한 일이다. 사실 공화국 말년의 20년은 로마 역사에서 기록이 가장 충실하게 남아 있는 시대로서, 고전학자들에게 풍성한 증거 자료를 제공해주는 연설문, 회고록, 개인적인 서한 등이 많다. 그런데 이런 풍성한 자료도 그 이전 시대의 오랜 어둠을 배경으로 하기 때문에 어슴푸레하게 보물처럼 빛날 뿐이다. 언젠가는 20세기의 기록도 지금 우리가 보는 고대 로마의 기록처럼 부스러졌을 때, 히틀러의 방송과 처칠의 회고록만 가지고 2차 세계대전의 역사를 쓰게 될지도 모른다. 그렇게 쓰인 역사는 실제 체험의 모든 차원과 단절된, 전선에서 온 편지도, 전투장병의 일기도 없이 쓰인 역사일 것이다. 그것의 침묵은 고대 역사가들에게는 매우 익숙한 침묵이다. 셰익스피어 희곡의 등장인물인 플루엘렌의 말을 조금 비틀어 쓰자면, "폼페이우스의 진영에는 자질구레한 이야기 따위는 없으니까." 농부의 오두막에서도, 빈민가의 판잣집에도, 농장 노예의 움막에도 그런 것은 없다. 여성들의 음성이 간혹 들려오기도 하지만 오직 최상류층 귀족 여성뿐이며, 그마저도 남성들에 의해 옳든 틀리게든 인용되는 형태로 전해진다. 로마 역사에서 지배 계급 바깥의 세세한 상황을 알아보려는 노력은 모래 속에서 사금을 찾는 것과 마찬가지다.

위대한 사건들과 비범한 남성들의 서술도 제아무리 장엄해 보일지라도 사실은 이리저리 끊어지고 부서진 폐허와 같다. 마치 캄파냐 지방의 수로처럼, 높은 아치 다리가 이어지다가 갑자기 사라지고 불쑥 들판이 나오는 식이다. 로마인들은 자신들의 운명이 이렇게 되지 않을까 언제나 두려워했다. 로마의 1세대 역사가인 살루스티우스는 이렇게 말했다. "행운의 여신이 그녀가 굽어보는 자들, 그녀의 변덕이 낳은 산물들의 안주인이라는 것은 틀림없는 사실이다. 그녀는 한 사람은 유명하게 만들고 다른 사람들은 무명으로 어둠 속에 내버려두며, 그들 모두가 이루었을 수도 있는 큰 업적에 대해서는 신경 쓰지 않는다."[5] 아이러니하게도 그가 쓴 글들이 맞은 운명이 바로 이 쓸쓸한 성찰을 입증하는 사례가 되었다. 카이사르의 추종자인 살루스티우스는 자신의 후견인이 권좌에 오르기 직전 몇 해 동안의 역사를 써서, 독자들로부터 이구동성으로 결정판이라는 칭송을 들었다. 그 역사서가 전해졌더라면 우리는 당대 사람들의 눈으로 본 기원전 78년부터 67년까지 10년의 서술을 볼 수 있었을 것이다. 그러나 살루스티우스의 걸작은 오직 파편으로만 남았다. 이런 파편으로, 또 다른 정보 파편들을 활용하여 내러티브를 꾸려낼 수는 있다. 하지만 사라진 것은 결코 복구될 수 없다.

고전학자들이 지나치게 단정적으로 말하지 않으려고 조심하는 경향이 있는 것도 놀랄 일은 아니다. 고대 세계에 대해 한 문장이라도 쓴다는 것은 곧 그 내용을 승인한다는 뜻이 된다. 자료가 충실한 경우에도 불확실하거나 엇갈리는 사실이 불쑥불쑥 나타난다. 예를 들어 이 책의 제목이 된 유명한 사건을 보자. 루비콘 도하는 아마 내가 서술한 대로 진행되었을 가능성이 크지만, 그렇다고 해서 절대 확실한 것은 아니다. 어떤 자료에는 루비콘을 건넌 것이 해가 뜬 뒤라고 나온다. 다른 자료에서는 카이사르가 강둑에 도착했을 무렵, 그의 전위부대는 이미 이탈리아 안으로 들어가 있었다고 나온다. 그 날짜도 외부 사건들을 통해 추측될 수밖에 없다. 학술적으로는 10월 10일경으로 합의되어 있지만, 그날에서 14일 사이의 어느 날이든 가능하다. 또 율리우스 책력 이전의 책력의 예측 불가능성 때문에, 로마인들이 1월이라 부른 것은 우리식으로 따지면 11월이다.

간단하게 말해 독자들은 이 책에 나오는 사실 명제들에 대해 그럴듯한 상반된 해석이 제기될 수 있다는 것을 일상적 법칙으로 받아들여야 한다. 미리 덧붙여두지만, 이 말이 비관적인 입장에서 건네는 조언은 아니다. 그보다는 눈에 뻔히 보이는 이음매와 틈새들을 조금이라도 메울 수 있도록 부서진 파편들을 짜맞추는 방식으로 서술된 책에는 이런 서문이 필요하다. 이런 일이 가능하다는 것, 공화국의 몰락에 관해 여러 가지 사건을 바탕으로 일관성 있는 이야기를 구성할 수도 있다는 사실은 이 시대가 항상 고대 역사학자들에게 큰 호소력을 가지는 이유 중의 하나였다. 서술적 역사는 오랜 세월 구박덩이 신세였지만 이제 다시 유행의 한복판에 올라와 있다. 과거의 임의적인 사건들은 인위적인 유형을 통해 해석되어야만 제대로 의미가 통한다는 반박도 많지만 그것이 반드시 결점일 필요는 없다. 실제로 그런 서술은 로마인의 사고방식에 더 가까이 다가가는 데 도움을 줄 것이다. 어쨌든 스스로가 자기 역사의 주인공이라고 생각하지 않는 시민은 드물기 때문이다. 바로 이런 태도가 로마의 파멸에 큰 영향을 미쳤지만, 또 공화국 파멸의 서사시에 명징하고 영웅적인, 나름대로 고유한 색조를 부여하기도 했다.

로마가 파멸하고 한 세대도 지나지 않아서 사람들은 그런 시대, 그런 거인들이 존재할 수 있었다는 사실에 놀랐다. 반세기 뒤에 티베리우스 황제의 상찬문 작가인 벨레이우스 파테르쿨루스^{Velleius Paterculus}는 "그렇게 대단한 인물들이 살았던 시대에 관심을 가지게 만들다니, 새삼스럽게 그럴 필요가 있을까"[6]라고 주장하면서도, 즉시 지시받은 글을 써냈다. 모든 로마인들이 그랬듯이, 그 역시 자기 동족의 천재성이 가장 명예롭게 과시된 것이 그런 행동, 즉 위대한 행위와 경이로운 업적이었음을 잘 알고 있었다. 그렇기 때문에 그런 천재성은 서술형 이야기를 통해 가장 잘 이해될 수 있다.

공화국이 몰락하고 두 번의 1000년이 지나고 또 시간이 더 흘렀다. 그 몰락의 드라마에서 공연한 특별한 인물들은 지금도 놀라움을 준다. 하지만 카이사르나 키케로, 클레오파트라에 비해 덜 알려졌지만 그들보다도 더 놀라운 것은 로마 공화국 자체다. 그 존재에 대해 우리가 결코 알지 못하는 것도 많이 있겠지만 되살릴 수 있는 것도 많다. 즉 골동품 대리석에서 반쯤 모습을 드러낸 공화국의 시민들, 생소하면서도 때로는 섬뜩할 정도로 낯익은 세계의 황금과 불꽃을 배경으로 삼아 빛나고 있는 얼굴들이 그런 것들이다.

인간 본성은 보편적으로 자유에 대한 욕구와
굴종에 대한 혐오로 물들어 있다.
—카이사르, 《갈리아 전기》

자유를 선호하는 것은 소수뿐이다.
다수는 그저 공정한 주인만 있으면 더 이상 원하지 않는다.
—살루스티우스, 《역사》

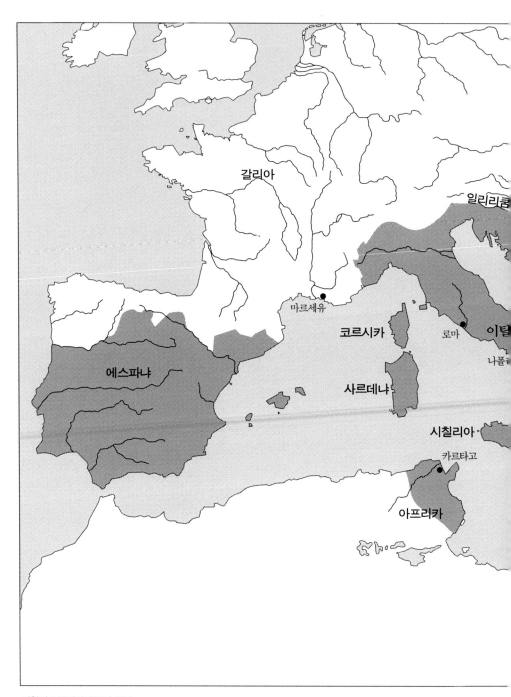

갈리아

일리리쿰

마르세유

코르시카

로마

이탈

에스파냐

사르데냐

나폴

시칠리아

카르타고

아프리카

기원전 140년경의 로마 세계
음영으로 표시된 부분은 로마 공화국이 직접 통치하던 영역이다.

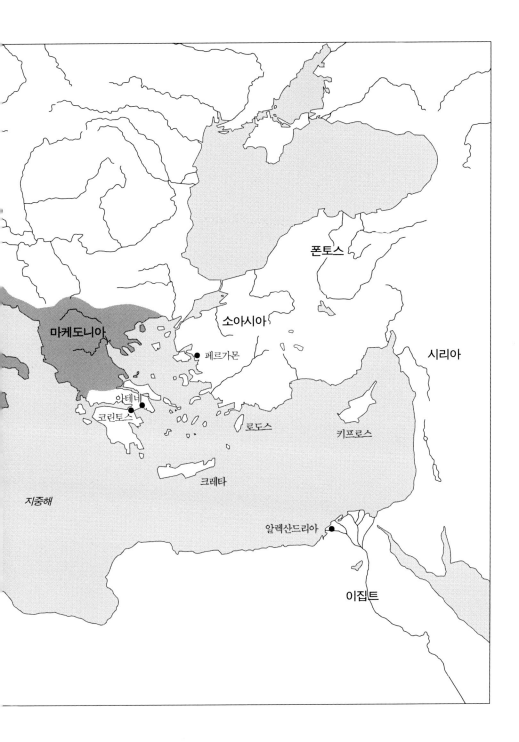

폰토스

소아시아

마케도니아

시리아

페르가몬

아테네

코린토스

로도스

키프로스

크레타

지중해

알렉산드리아

이집트

1
모순적인 공화국

선조들의 음성

공화국이 탄생하기 전에 로마는 왕들이 다스렸다. 그 왕들 중 타르퀸이라는 이름의 오만한 독재자에 대한 으스스한 이야기가 전해온다. 어느 날 그의 궁전에 한 노파가 찾아왔다. 노파는 가지고 온 책 아홉 권을 타르퀸에게 팔겠다고 했지만, 부르는 값이 워낙 높았기 때문에 타르퀸은 면전에 대고 웃었다. 노파는 흥정할 기색도 없이 한마디도 하지 않고 돌아서서 물러났다. 노파는 그중의 세 권을 불태운 뒤 다시 왕에게 가서 나머지 여섯 권을 먼젓번과 같은 값에 사라고 권했다. 자신감이 조금 떨어지기는 했지만 왕은 두 번째로 거절했고 노파는 다시 물러났다. 이제 타르퀸은 자기가 무엇을 거절하고 있는지 몰라 불안해졌다. 그래서 신비한 노파가 책 세 권만을 쥐고 다시 나타나자 서둘러 책을 샀다. 그가 치른 책값은 원래 아홉 권 전부에 매겨진 가격이었다. 돈을 받은 노파는 사라져서 다시는 나타나지 않았다.

그 노파는 누구였을까? 그녀의 책이 어마어마한 예언을 담고 있었기 때문에 로마인들은 그 노파야말로 그 책을 쓴 사람, 즉 시빌Sibyl일 수밖에 없다는 사실을 곧 깨달았다. 이렇게 노파의 정체를 알아냈지만 의문은 더해만 갔다. 시빌에 관한 전설이 괴상하고 의혹투성이였던 것이다. 그녀가 트로이 전쟁을 예언했다는 것을 전제로 하여 사람들은 그녀가 여성 예언자 열 명의 복합적 인물이라거나 불멸의 신 혹은 수명이 1000년이라는 식으로 논쟁을 벌였다. 더 현학적인 사람들은 심지어 그녀가 실존 인물이었는지도 의심한다. 단언할 수 있는 것은 두 가지뿐이다. 하나는 거미 같은 고대 그리스 문자로 쓰인 시빌의 책이 분명히 존재했다는 사실이며, 또 하나는 그 책에서 앞으로 벌어질 사건들의 유형을 읽어낼 수 있다는 것이다. 타르퀸의 뒤늦은 안목 덕분에 로마인들은 세계의 미래를 내다보는 창문을 갖게 되었다.

그렇다고 이 일이 타르퀸에게 도움이 된 것은 아니었다. 기원전 509년에 그는 궁정 쿠데타의 제물이 되었다. 로마가 세워진 뒤 200년 이상 왕들이 통치해왔지만, 제7대 왕인 타르퀸이 마지막 왕이 된다.*

타르퀸이 축출되면서 군주제가 전복되고 자유 공화국이 들어섰다. 이

---

* 하지만 공화국 후반의 위대한 박식가인 바로(Varro)에 따르면 시빌이 찾아갔던 타르퀸은 로마의 다섯 번째 왕인 타르퀴니우스 프리스쿠스였다고 한다.

후 '왕'이라는 호칭에 로마인들은 거의 병적일 정도의 혐오감을 보였다. 타르퀸에게 저항했던 쿠데타의 슬로건은 '자유'였고, 주인이 없는 도시의 자유가 이제 모든 시민의 출생 권리이자 표준이 되었다. 미래에 등장할지 모를 독재자의 야심으로부터 그 자유를 지키기 위해 공화국의 설립자들은 주목할 만한 원칙에 합의했다. 그들은 망명한 타르퀸의 권력을 두 명의 행정관에게 분배했다. 이들은 모두 선출된 사람이며 1년 이상 봉직할 수 없다. 이들이 바로 집정관^{consul}*으로, 동료 시민들의 우두머리이자 상대방의 야심으로부터 서로를 방어하는 이들의 존재는 공화국의 지도 원리를 감동적으로 나타낸다. 그것은 로마에서는 한 사람이 최고 권력을 가지는 일은 절대로 일어나면 안 된다는 원리다.

그런데 이 같은 혁신은 로마를 과거와 완전히 단절시킬 정도로 급진적인 것은 아니었다. 군주제는 철폐되었지만 다른 것들은 거의 그대로 남아 있었다. 새 공화국이 가진 제도들의 연원은 오래전으로, 대개는 아주 오랜 옛날로 거슬러 올라갔다. 왕의 색깔인 자주색으로 토가의 단을 대는 것은 집정관의 특권이었다. 점을 쳐서 조언을 구할 때도 집정관은 로마 건국 이전부터 내려오던 의례에 따랐다. 그리고 물론 가장 굉장한 것으로서, 유배당한 타르퀸이 남긴 책, 신비스러운 예언 두루마리 세 권, 즉 초시간적 존재인 시빌이 쓴 고대의 글이 있었다.

이 책들에 담긴 정보가 워낙 민감한 문제에 관련된 것이다 보니 국가는 그것을 보는 것을 엄격히 규제했다. 시민이 그 책을 베껴 쓰다가 발각되면 광주리에 담겨 바다에 수장되었다. 극히 위험한 상황이 닥쳤을

---

* 실제로는 집정관이 프라이토르(praetor, 나중의 법무관의 호칭)라고 불렸다고 한다. 초기 로마 역사의 어둠 속에는 그런 혼란상이 가득하다.

때, 무시무시한 조짐들이 나타나서 공화국에 재앙이 닥칠 것을 예고하는 경우라야 그 책에서 자문을 구하는 일이 허용되었다. 그런 경우, 즉 다른 대안이 전혀 없을 때, 특별히 임명된 관리가 극도로 철저한 보안 속에서 그 책이 보관되어 있던 유피테르 사원으로 올라가도록 위임받는다. 두루마리가 펼쳐지고, 관리는 희미해진 그리스 문자의 줄을 따라 손가락으로 짚어가며 예언들을 해독해서 하늘의 진노를 달래려면 어떻게 해야 하는지에 대한 조언을 얻는다.

조언은 항상 얻을 수 있었다. 로마인들은 신앙심이 깊었지만 또 그만큼 실용적인 사람들이었으므로 숙명주의에 빠지는 것은 질색했다. 미래에 대해서도, 개의하지 않는 것보다 아는 편이 더 낫다고 믿는 경우에만 관심을 가졌다. 피의 비가 내리고 땅이 갈라지고 불길이 뿜어 나온다느니 생쥐가 황금을 먹는다느니 하는 무시무시한 조짐들은 집달리의 독촉장 비슷한 것으로 여겨졌고, 로마인들이 신에게 진 빚이 있다는 경고였다. 신뢰를 회복하려면 외국의 신앙을 도입해야 하고, 이제까지 알려지지 않았던 신을 숭배해야 했다. 더욱 로마다운 현상은, 이제껏 간과해 온 탓으로 하늘의 진노를 불러왔을 수도 있는 전통들을 파악하려고 관리들이 필사적으로 노력하기 때문에 그 예언이 전통을 복구시킨다는 것이다. 과거를 복구하라, 항상 그랬던 방식대로 따르라, 그러면 공화국에는 탈이 없을 것이다. 이것이 모든 로마인의 영혼에 깊숙이 새겨진 가정이었다.

건국 이후 몇 백 년 동안 공화국은 더 많은 사회적 격변과 시민 대다수의 시민권 확대 요구, 헌법 개혁이 계속 일어남에 따라 거듭 고통을 겪었다. 그런데도 이런 격변을 내내 겪으면서도 로마인들은 체제 변경에 대해서는 항상 단호하게 반감을 드러냈다. 공화국의 시민들이 보기에, 새로운 것은 불길한 의미를 담고 있었다. 보수적인 만큼 유연하기도 했던 로마인들은 실효성이 있는 것을 채택했고 실패에 적응했고, 과잉이 되어버린 것도 신성한 잡동사니로 보관했다. 공화국은 건축 현장이면서 쓰레기장이기도 했다. 로마의 장래는 과거의 난장판 한복판에서 건설되고 있었다.

로마인은 이런 현상을 전혀 모순이라고 여기지 않고 당연하게 받아들였다. 도시를 운영하는 방법으로 선조들의 관습을 충실하게 따르는 것 말고 다른 무엇이 있었겠는가? 로마인의 경건성을 '미신'으로 치부하며[1] 그것을 냉소적인 지배 계급이 대중에게 강요한 구실이라고 해석하는 외국의 분석가들은 이런 현상의 본질을 잘못 판독했다.

공화국은 다른 어떤 나라와도 달랐다. 그리스의 도시국가들이 내전과 혁명으로 인해 주기적으로 파괴되는 동안 로마는 그런 재난에 대한 면역력을 입증해 보였다. 공화국이 세워진 뒤 첫 100년 동안 온갖 소요가 벌어지고 시민들의 피가 거리에 흘렀지만 공화국은 끄떡없었다. 시민권의 공유라는 이상을 궤변으로 치부하다니, 정말로 그리스인다운 생각이 아닌가! 로마인이 보기에 그보다 더 신성하고 소중한 것은 없었다. 결국 그것이 로마인의 정의가 되었다. 로마인은 동료 시민들의 시선에 비친 자신의 모습을 봄으로써만 진정으로 자기가 한 인간임을 알 수 있었고 다른 사람들의 평가를 통해 한 인간이 되었다. 공화국에서 훌륭한 시민이란 남들이 훌륭하다고 인정하는 시민이었다.

로마인은 도덕적 탁월성과 평판 사이의 차이를 인정하지 않았다. 고대 로마 언어에서 이 두 개념은 동일한 단어 '호네스타스honestas'(명예로

움, 고귀함, 존경스러움, 덕성스러움, 훌륭함, 탁월함 등의 의미 – 옮긴이)였다. 전 도시가 인정해주는 것, 그것이 궁극적이고 유일한 가치 기준이었다. 그렇기 때문에 분노에 찬 시민들이 거리로 쏟아져 나올 때마다 그런 행동의 목적은 언제나 더 큰 영광과 명예를 얻을 기회를 달라는 요구였다. 시민들의 소요 사태가 있을 때마다 예외 없이 새로운 관직이 생겨났다. 안찰관^aedilis과 호민관^tribunus plebis은 기원전 494년에, 회계감사관^quaestor은 기원전 447년에, 법무관^praetor은 기원전 267년에 만들어졌다. 직책이 많아질수록 책임의 범위도 더 커졌다. 책임의 범위가 더 커질수록 성취하고 추인받을 기회도 더 넓어졌다.

모든 시민들이 원했던 것은 찬양이었으며, 가장 큰 공포는 공개적 굴욕이었다. 로마인들의 경쟁 의식이 이기적인 야심으로 전락하지 못하게 막아주는 것은 법률이 아니라 누군가가 언제나 지켜보고 있다는 의식이었다. 개인의 명예를 공동체의 이익보다 앞세우는 것은 야만인의 행동, 더 심하게 말하면 왕의 행동이었다.

그러므로 공화국의 시민들은 공동의 이익을 위해 경쟁 본능을 억제하도록 교육받았다. 하지만 다른 국가들과의 관계에서는 그런 규제가 강제되지 않았다. "다른 어떤 국가보다도 로마인들은 명예를 추구했고 찬양받는 데 목말라 했다."[2] 이런 명예에 대한 갈증이 이웃들에게는 언제나 참혹한 결과를 낳았다. 효율성과 무자비함이 복합된 로마군단의 위력은 감당할 적이 거의 없을 만큼 막강했다. 어떤 도시의 도전을 받아 로마가 그 도시를 습격할 필요가 있으면 눈에 띄는 생물은 모조리 죽여 없앤다는 것이 그들이 평소 받는 훈련이었다. 로마군이 남기고 간 허물어진 돌무더기에는 로마군의 소행이라는 것을 알아볼 수 있도록 잘린 개의 머리나 떨어져나간 가축의 사지들이 인간의 시체와 함께 내버려졌다.[3] 로마인의 살해 행위는 공포심을 심어주기 위해, 즉 야만적인 광기의 소행이 아니라 잘 훈련된 전투 기계의 부품으로서 실행된 것이었다. 그것은 로마에 대한 군단병의 자부심과 그 운명에 대한 믿음으로 단련된 것이었으며, 모든 시민들이 공유하는 감정이었다.

그렇지만 이탈리아의 다른 국가들이 자기들 가까이에 있는 약탈자가 어떤 존재인지 알아차리고 경각심을 가지기까지는 시간이 더 걸렸다. 공화국이 생긴 지 첫 100년 동안 로마인들은 자기들 성문에서 16킬로미터도 떨어지지 않은 곳에 있는 다른 도시들에 비해 우월한 지위에 올라선다는 것이 만만치 않은 일임을 알았다. 하지만 아무리 살벌한 육식동물이라 하더라도 유년기는 있는 법이었으니, 로마인들은 가축을 기르며 언덕에 거주하는 소소한 부족들과 아웅다웅하며 사는 와중에서도 지배하고 살해하는 데 필요한 본능을 개발하고 있었다.

기원전 360년경 로마는 이탈리아 중부의 주인 자리로 올라섰다. 그 뒤 몇 십 년 동안 로마인들은 남과 북으로 행군하면서 저항하는 국가는 모조리 무너뜨렸다. 기원전 260년대에는 놀라운 속도로 반도 전체를 평정했다. 물론 이런 영광에는 대가가 따르게 마련이다. 로마의 패권을 공손하게 인정하는 국가들에는 파트로네스patrones(보호자, 후견인, 지주-옮긴이)가 클리엔테스clientes(피보호자, 소작인-옮긴이)를 대하는 것처럼 총애를 베풀었다. 하지만 도전하는 국가에는 끝없는 전쟁이 있을 뿐이었다. 어떤 로마인도 자신들의 도시가 체면을 구기는 상황을 참지 않았다. 그런 상황을 참느니 어떤 고난이든 얼마나 오래 걸리든 감당하는 편이 더 나았다.

공화국이 이 사실을 문자 그대로 생사가 걸린 투쟁을 통해 입증해야 할 시기가 곧 다가왔다. 카르타고와의 전쟁은 그들이 이제껏 겪었던 투쟁 중에서도 가장 지독했다. 북아프리카 해안 지방에 정착한 셈족의 도시인 카르타고는 서부 지중해의 교역로를 장악했으며, 적어도 로마만큼은 막강한 인적·물적 자본을 보유하고 있었다. 카르타고는 해군력이 훨씬 더 강한 국가였지만 여러 세기 동안 걸핏하면 시칠리아에 있는 그리스 식민 도시들과 승부를 벌이곤 했다. 이제 로마가 메시나 해협 바로 너머에 자리 잡게 되자 시칠리아의 군사적 균형 관계가 불안해지기 시작했다. 시칠리의 그리스인들은 끝도 없는 카르타고와의 분쟁에 로마를 끌어들이고 싶은 유혹을 참을 수가 없었다. 그리고 일단 그 분쟁에 얽혀들게 되자 다른 나라의 전쟁 법칙은 공화국에 해당하지 않았다.

기원전 264년에 로마는 이제까지는 협상권을 둘러싼 소소한 분쟁이던 것을 전면전으로 바꾸어버렸다. 해군력의 전통도 전혀 없었고 적의 공격과 폭풍으로 계속 함대를 잃으면서도 로마인은 20년 동안이나 그런 엄청난 손실을 감당해냈고, 결국은 카르타고가 무릎을 꿇게 만들었다. 평화조약의 문안에 따라 카르타고인은 시칠리아에서 완전히 철수해야 했다. 전혀 의도하지 않은 일이었지만 이로써 로마는 해양 제국의 핵심에 자리 잡게 되었다. 기원전 227년에 시칠리아는 로마 최초의 속주로 편입되었다.

공화국의 전투 무대는 곧 더 넓어졌다. 카르타고는 패배했지만 궤멸된 것은 아니었다. 시칠리아를 잃은 카르타고는 제국주의적 관심을 에스파냐로 돌렸다. 카르타고인들은 산악지대 곳곳에 무리 지어 사는 난폭한 부족들을 휘어잡으면서 귀금속 채굴에 나섰다. 광산에서 얻는 수입 덕분에 그들은 곧 전투를 재개할 계획을 세울 수 있게 되었다. 카르타고의 최고 장군은 적군인 공화국의 본성에 대해 그 어떤 환상도 품지 않았다. 양편 모두 전면전으로 승부해야 할 것이고, 로마를 철저하게 파괴하지 못한다면 승리는 불가능할 것이었다.

기원전 218년, 한니발이 카르타고 군대를 이끌고 에스파냐에서 갈리아 남부를 지나 알프스를 넘어간 것은 이러한 목적을 이루기 위해서였다. 적의 수준을 능가하는 전략과 전술의 대가임을 과시하면서 그는 로마 군대에 세 차례나 경이적인 패배를 안겼다. 세 번째 승리인 칸나이 전투에서 한니발은 군단 여덟 개를 전멸시켰는데, 이는 공화국 역사상 최악의 군사적 패배였다. 그런 일을 당하고 나면 당대의 전쟁 관례에 따라 로마는 한니발의 승리를 인정하고 평화협상을 추진했어야 한다. 하지만 파국에 직면해서도 로마는 계속 도전했다.

그런 순간에서 당연한 일이겠지만, 로마는 시빌의 예언에서 지침을 구했다. 거기에는 갈리아인과 그리스인을 각각 두 명씩 시장거리에 생매장하라고 쓰여 있었다. 관리들은 시빌의 조언을 충실하게 따랐다. 이처럼 충격적인 야만적 행위는 로마인들이 도시의 자유를 지키기 위해서라면 감수하지 못할 일이 아무것도 없음을 증명했다. 자유가 아니라면 언제나 그렇지만 죽음밖에 없었다.

암담한 세월이 한 해, 또 한 해 흐르면서 공화국은 다시 고비를 넘겼다. 더 많은 군대가 징집되었고 로마는 결국 시칠리아를 지켜냈다. 로마군은 에스파냐에 있는 카르타고의 제국을 정복했다. 칸나이 전투로부터 15년이 지난 뒤 한니발은 또 한 차례 로마 군대를 맞아 싸웠지만 이번에는 아프리카 땅에서였다. 그는 패배했다. 카르타고는 더 이상 싸울 인적 자원이 없었고, 정복자의 요구가 하달되자 한니발은 동족들에게 그것을 받아들이라고 충고했다. 칸나이 전투 이후의 공화국과 달리 그는 자기 도시가 말살될 위험을 무릅쓰지 않는 편을 택했다.

그럼에도 불구하고 로마는 치열한 노력과 야심 면에서 한니발이 자기들과 가장 닮은 적이라는 사실을 절대로 잊지 않았다. 몇 백 년이 지난 뒤에도 그의 동상이 여전히 로마에 남아 있었다. 또 카르타고를 소생 불능의 황무지로 만들어버리고 식민지와 함대와 유명한 전투 코끼리를 몰수한 뒤에도 로마인들은 계속 카르타고의 부활을 두려워했다. 그런 증오심이야말로 로마인들이 외국에 대해 베풀 수 있는 최고의 찬사였다. 카르타고는 굴복했지만 로마는 그들을 믿을 수가 없었다. 로마인들은 자기 자신의 영혼을 들여다보고 그곳에서 발견한 화해 불가능성을 최대의 적이 가진 속성에서도 본 것이다.

이후 로마인들은 생존을 위협할 정도로 강력한 상대를 두 번 다시 허용하지 않게 된다. 그럴 위험을 겪느니, 차라리 너무 오만해질 것 같은 적은 모조리 선제공격하는 것이 더 정당한 일로 여겨졌다. 그런 적은 얼마든지 있었다. 너무 자주 있었다. 한니발과의 전쟁이 채 끝나기 전에도, 공화국은 이따금씩 발칸으로 원정대를 내보냈다. 그곳의 행정관은 으스대면서 왕 노릇을 하거나 국경을 새로 그어대는 재미에 빠져 있었다. 이런 식의 영향력 행사가 로마인들의 고질적인 버릇이었다. 그러면서도 여기에는 불경不敬을 절대로 허용할 수 없다는, 예의 공화국의 결단이 반영되어 있었다.

그러나 이는 걸핏하면 배신하기 좋아하고 틈만 나면 논쟁에 몰입하지 않고는 못 배기는 그리스 도시국가들에게는 좀처럼 이해하기 힘든 교훈이었다. 그들이 얼마나 헷갈려했을지 알 만하다. 그리스와 로마가 처음 맞붙었을 때도 공화국은 제국주의 세력다운 처신을 전혀 하지 않았다. 맑은 하늘에서 벼락이 때리듯이 통렬한 공격을 퍼부은 다음 군대는 눈 깜짝할 사이에 사라져버렸다. 이렇게 열화같이 불규칙적으로 공격하면서도 이런 공격 사이사이에는 마치 그리스 세계에 대한 흥미가 완전히 사라진 듯이 보이는 긴 휴지기가 끼어 있었다. 또한 아드리아해를 가로질러 가해지는 로마의 공격은 계속 평화 유지를 위한 원정이라는 명분을 내세웠다. 아직은 영토의 병합이 아니라 공화국의 신망을 분명하게 확립하고 어떤 지방 세력이든 거들먹거리기만 하면 진압한다는 것이 목표였다.

로마가 발칸 반도에 개입하기 시작한 초반에 사실 이런 관심의 대상은 마케도니아였다. 그리스 북부의 왕국인 마케도니아는 이 반도를 200년 동안 지배해왔다. 알렉산드로스 대왕의 후계자인 이 나라의 왕은 항상 자기 마음대로 휘젓고 다녀도 된다고 생각해왔다. 공화국 군대와의 교전에서 계속 패하면서도 그런 생각을 결코 버리지 않았으니, 기원전 168년에 로마의 인내심도 끝내 동이 났다. 로마는 마케도니아의 군주제를 아예 없애버리고 우선 꼭두각시 공화국 넷으로 쪼갠 뒤, 기원전 148년에는 평화유지군에서 점령군으로의 변신을 완수하면서 직접 지배체제를 수립했다.

도로망이 국토를 그물처럼 종횡으로 엮고 있는 이탈리아에서 그랬듯이, 군사적 정복 뒤에는 공병 기술자들이 완결의 봉인을 찍었다. 돌과 자갈로 된 거대한 틈바구니인 비아 에그나티아는 발칸의 황무지를 관통하여 뻗어 있었다. 아드리아해에서 에게해에 이르는 이 도로는 그리스를 로마와 연결하는 사슬의 핵심적인 고리가 되었다. 또 그것은 더욱 이국적인 지평, 에게해의 푸른색 너머에 있는 지평으로 열리는 준비된 출구가 되었다. 그 너머에서는 금과 대리석으로 번쩍이는 도시, 예술과 데카당트한 요리법이 풍부한 도시들이 공화국의 근엄한 관심을 적극적으로 끌어당기는 것 같았다.

기원전 190년에 이미 일단의 로마 군대가 아시아로 몰려 들어가서 지방 독재자들의 전투 조직을 분쇄해버렸다. 그 지방의 두 초강대국인 시리아와 이집트는 서둘러 자존심을 억누르고 로마 대사들의 간섭을 참아내는 법을 배우면서 공화국의 지배권을 인정했다. 공식적인 제국 로마는 아직 영토가 넓지 않았고 대체로 마케도니아와 시칠리아와 에스파냐의 일부에 지나지 않았지만, 기원전 140년경에는 로마 본국에서는 그 이름도 거의 모를 만큼 낯설고 먼 나라에까지 세력이 확장되었다. 세력을 확장하는 규모와 속도가 워낙 빠르다 보니 로마인들조차 그런 사태가 벌어졌다는 것을 완전히 믿지 못할 정도였다.

시민들 중에는 자기 나라의 업적에 전율을 느끼는 한편 마음이 불안해진 사람들도 많았다. 로마의 도덕주의자들은 현재를 과거와 비교하여 부정적으로 평가했다. 제국이 끼친 악영향의 증거를 찾는 것은 어렵지 않았다. 황금이 유입되어 고대의 표준들이 타락한 것 같았다. 약탈물에는 외국의 행동과 철학이 따라 들어왔다. 동방의 보물을 로마의 공공장소로 실어오거나 로마의 거리에서 낯선 언어를 듣는 일에서 자부심도 느꼈지만 경각심도 생겼다. 로마가 제국으로 성장한 것은 우직한 농민적 가치 덕분이었지만, 이 시절에는 그런 것이 가장 노골적으로 무시되면서도 그만큼 더 간절하게 요구되고 있었다. "공화국의 기초는 고대적 관습과 인적 자원이다."⁴ 한니발과의 전쟁에서 승리한 뒤 로마인들은 이렇게 의기양양하게 단언했다. 그러나 그것을 건설한 벽돌이 무너지기 시작한다면 어떻게 될까? 공화국이 당연히 흔들리고 무너질까? 궁벽한 지방 권력이던 그들 도시가 초강대국으로, 눈이 어지러울 정도로 변모하는 바람에 로마인들은 방향 감각을 잃었고 신들이 질투하지 않을까 불안해했다. 마음 불편한 모순 때문에 그들과 세계의 관계는 성공과 쇠퇴, 어느 쪽으로도 갈 수 있는 수단으로 간주되었다.

로마의 암담한 운명을 예고하는 징조들은 얼마든지 있었다. 기형아가 유산되고 새들이 불길하게 날아오르는 등등의 기현상이 계속 일어났다. 이런 기현상이 유달리 위협적으로 보이면 시빌의 예언서에 자문을 구할 수밖에 없었다. 항상 그렇듯이, 이에 대한 처방은 당연히 발견되고 치료법도 나왔다. 시간을 초월한 로마인의 방법들, 선조들의 관습이 되살아나거나 다시 강조되었다. 파국이 물러났고 공화국은 보존되었다.

하지만 세계는 점점 더 빨리 회전하고 있었고, 공화국 역시 그와 함께 빙빙 돌았다. 위기를 나타내는 일부 표시들은 그 위험을 치유하려는 고대 제례의 온갖 위력에 저항했다. 로마인이 작동시킨 변화의 속도는 쉽게 느려지지 않았고, 시빌의 권고로도 속도를 늦출 수가 없었다.

세계의 수도

자유도시는 인간이 최대한 인간답게 될 수 있는 곳이었다. 로마인은 이를 당연하게 받아들였다. 시비타스civitas, 즉 시민권을 가진다는 것은 문명화된다는 뜻이며, 그런 의미는 오늘날의 영어에도 함축되어 있다.

독립적인 도시만이 제공할 수 있는 그런 체제가 없는 삶은 가치 없는 삶이다. 시민은 다른 시민들과의 동료 관계로, 공유된 기쁨과 슬픔으로, 야심과 두려움으로, 축제와 선거와 전쟁의 규율로 자신을 규정한다. 신전은 그 속에 신이 존재함으로써 생명을 얻고, 도시라는 직조물은 그것이 보호해주는 공동체적인 삶에 의해 축성된다. 그러므로 도시의 경관은 그 도시의 시민에게는 신성하다. 그것은 그 시민들을 현재의 모습으로 만들어준 유산의 증거물이다. 국가의 정신은 그것을 통해 알려질 수 있었다.

외국 세력은 로마와 처음 접촉할 때 흔히 이런 생각을 재확인하게 된다. 그리스 세계의 아름다운 도시와 비교하면 로마는 후진적이고 어수선해 보였다. 마케도니아의 궁정 대신들은 이 도시의 이름을 들을 때마다 우월한 기분으로 코웃음 치곤 했다.[5]

전 세계가 공화국에 굽실거리는 법을 배우게 된 뒤에도 여전히 로마에는 어딘가 촌스러운 구석이 있었다. 로마를 세련되게 만들려는 노력이 가끔씩 발작적으로 행해졌지만 소용이 없었다. 심지어 조화롭고 잘 계획된 그리스의 도시가 눈에 익은 일부 로마인들은 가끔씩 창피한 기분이 들곤 했다. "카푸아인들은 로마의 언덕과 깊은 골짜기, 거리에 치솟아 있는 다락방들과 도저히 손댈 수 없이 어지러운 도로와 인구 과밀인 뒷골목 같은 것들을 살기 좋은 평지에 단정하게 펼쳐져 있는 자신들의 도시 카푸아와 비교하면서 우리를 비웃고 깔보곤 했다"[6]라고 이들은 속상해했다. 하지만 아무리 그래 봤자 로마는 자유도시였고 카푸아는 아니었다.

로마인은 누구도 이 사실을 잊지 않았다. 가끔 로마에 대한 불만을 품기는 해도 그 도시의 이름을 영광으로 여기지 않은 적은 한 번도 없었다. 로마가 신들의 축복을 받았고 세계를 지배할 운명을 부여받았다는 것은 자명해 보였다. 학자들은 현명하게도 이 도시의 위치가 극단적인 더위와 추위를 피할 수 있는 곳에 있다는 점을 지적했다. 즉 너무 더우면 정신이 나른해질 것이고 너무 추우면 두뇌를 꽁꽁 얼릴 테니까 말이다. 따라서 지리적으로 보아도 "행복한 중용을 차지하고 세계의 중심에 완벽하게 자리 잡은 가장 살기 좋은 이곳이, 로마인들이 자기들의 도시를 세운 곳"[7]이라는 사실을 간단하게 알 수 있다.

신들이 사려 깊게 로마인에게 마련해준 장점이 온화한 기후뿐이었다는 말은 물론 아니다. 방어하기 쉬운 언덕이 있었고 바다로 통하는 길이 되어주는 강이 있었으며, 샘이 있었고, 시원한 바람이 불어 골짜기를 건강하게 유지해주었다. 자기들의 도시를 찬양하는 로마의 저술가들의 글을 읽으면[8] 도시가 일곱 개의 언덕에 걸쳐 세워진 것은 로마인 스스로 세웠던 도시 계획을 어긴 결과라거나 티베르 강이 걸핏하면 범람한다는 사실, 또는 로마의 골짜기에 말라리아가 창궐한다는 사실 등을 절대로 짐작할 수 없다.[9] 로마인들이 자기 도시에 대해 느꼈던 사랑은 눈에 뻔히 보이는 결점투성이인 연인에게서도 오로지 장점밖에 보지 못하는 종류의 사랑이었다.

이처럼 이상화된 로마상(像)은 비참한 현실에 언제나 따라붙는 그림자였다. 그것은 모순과 위대함의 곤혹스러운 복합물, 그 속에서는 눈에 보이는 이미지와 실상이 조금도 일치하지 않는 복합물을 만들어내는 데 일조했다. 로마는 '연기와 부와 어둠'으로 가득 차 있었지만[10] 로마인들은 끊임없이 티베르 강안에 한때 존재했던, 그리고 그들 스스로 즐겨 상상하던 원초적 전원에 대한 환상을 품고 있었다. 로마에서는 기억이 주의 깊게 보존되었다. 현재는 과거와의 부단한 타협, 전통에 대한 존중으로 들뜬 움직임, 전설에 몰두한 완고함에 사로잡혀 있다. 로마가 더 비좁아지고 오염될수록 로마인들은 로마는 언제까지나 로마라는 확신을 더욱더 붙들려 애썼다.

그러니 신에게 바치는 희생 공양에서 피어오르는 연기는 까마득한 과거, 일곱 언덕 중의 하나인 아벤티누스 언덕이 온갖 종류의 나무로 뒤덮여 있던 그 옛날에 그랬던 것처럼, 일곱 언덕 위로 계속 솟아올랐다.[11] 숲이 로마에서 사라진 지 이미 오래되었는데도, 도시의 제단에서는 여전히 연기가 피어올랐고 수많은 가정과 용광로와 작업장의 화덕에서도 역시 그랬다. 멀리서 온 여행자들에게 도시의 존재를 예고해주는 것은 연기만이 아니었다. 영광스러운 이름을 가진 근처 마을들은 몇 세기 전에는 공화국의 라이벌이었지만 이제 황량한 폐허로 버려져 있었다. 그곳들은 로마의 구심력에 끌려 들어가서 텅 비어버렸고 여기저기에 흩어진 여관 몇 개만 남아 있었다.

그러나 계속 길을 재촉하면 여행자는 도로를 따라 더 최근에 지어진 정착지가 줄지어 선 것을 보게 된다. 급격히 늘어나는 인구를 감당할 수 없게 된 로마는 솔기가 터져나가기 시작했다. 허술하게 급조된 마을들이 거대한 주요 간선도로를 따라 늘어섰다. 죽은 자들 역시 그곳에 수용되었는데, 해안 방향과 아피아 가도를 따라 남쪽으로 뻗은 죽은 자들의 도시는 싸구려 매춘부와 강도들로 악명 높은 곳이었다. 그렇기는 하지만 허물어지지 않고 보존된 무덤도 있었다. 여행자들이 로마의 성문에 가까워지면 도시에서 풍기는 악취가 몰약이나 계피 향으로 희석되는 것을 느낄 때도 있었다. 죽은 자의 향료인 그 냄새는 사이프러스 그늘 아래에 만들어진 무덤으로부터 미풍에 실려 오곤 했다. 그런 순간 과거와 영적 교감을 나누는 느낌은 로마에서 흔한 경험이었다. 하지만 무덤의 적막함이 폭력과 매춘을 숨겨주는 것처럼, 가장 신성하고 시간을 초월한 지점조차 파손을 면하지 못했다. 선거 구호를 쓰지 말라는 경고에도 불구하고 무덤에 낙서가 칠해졌다. 공화국의 거점인 로마에서 정치는 전염성이 강했다. 반면 정복된 도시에서는 선거가 무용지물이었다. 다른 사회에서 정치 생활을 거세해버린 로마는 이제 세계적 야망과 꿈이 발휘되는 최고의 무대가 되었다.

그러나 낙서로 칠갑이 된 무덤을 본 여행자도 성문 안쪽의 수라장을 대하면 어안이 벙벙해질 것이다. 로마의 거리는 한 번도 계획적으로 건설된 적이 없었다. 그렇게 하려면 설계자의 안목을 가진 독재자가 있어야 했겠지만, 로마의 관리들은 임기가 1년 이상인 경우가 드물었다. 따라서 도시는 통제 불가능한 충동과 필요에 따라 제멋대로 혼란스럽게 성장했다. 로마에서 가장 큰 두 군데의 직통도로인 비아사크라와 비아노바를 어슬렁거리노라면 여행자도 곧 이 구제불능의 혼잡에 일조하게 될 것이다. "덥고 땀투성이인 공사 청부업자가 당나귀와 짐꾼을 거느리고 서둘러 지나가며, 석재와 목재가 거대한 기중기의 밧줄에 묶여 비틀린다. 장례 행렬의 조문객들과 튼튼한 수레들은 자리를 놓고 서로 다투며, 미친개가 여기서 돌아다니고 진흙탕에서 뒹굴던 암퇘지가 저기서 어슬렁거린다."[12] 이런 소동에 휘말리다 보면 여행자는 거의 틀림없이 길을 잃게 마련이다.

시민들조차도 자기네 도시에서 혼란스러워했다. 이런 상황을 제대로 감당하려면 잘 알려진 지형지물을 기억하는 수밖에 없었다. 무화과나무, 시장의 주랑, 아니면 가장 좋기로는 좁은 길의 미로 너머로 충분히 보일 만큼 큰 신전을 기억해야 했다. 다행스럽게도 로마는 종교적으로 독실한 도시였으니 어디에나 신전이 있었다. 로마인이 과거를 존중한다는 말은 곧 고대의 건축물을 허무는 일이 거의 없다는 뜻이다. 심지어 이미 허물어져 벽돌 더미만 남은 지 오래된 공터일지라도 그러했다. 신전들은 빈민가나 정육점 위로 장엄하게 솟아 있었고, 이미 형체를 알아보기 힘든 베일 쓴 조각상들이 늘어서 있었지만 아무도 그것을 허물려 하지 않았다. 돌 속에 보존된 과거의 이런 단편들, 이 도시의 초기 시절을 말해주는 화석들에서 로마인은 자신들에게 절실하게 필요한 안정감을 느꼈다. 그것들을 지배하는 정신의 소유주인 신들처럼 그것들은 마치 폭풍우 속에 내려진 닻처럼 영원하게 서 있었다.

한편 로마는 끝없이 무너지고 또다시 건설되었다. 개발업자들은 항상 공간을 조금 더 비집고 들어가고 이익을 더 짜낼 방법을 찾았다. 화재 뒤에 남은 잔해 더미 위에 허술한 오두막들이 잡초처럼 돋아났다. 책임감 있는 관리들이 아무리 거리를 깨끗이 유지하려고 노력해도 길거리는 항상 시장 좌판과 무허가 건물로 채워지곤 했다. 개발업자들은 고대의 성벽으로 둘러싸인 도시에서 최대한의 이윤을 얻기 위해 건물을 높이기 시작했다. 기원전 2세기와 1세기 사이에 지주들은 서로 누가 더 높이 짓느냐를 놓고 경쟁했다. 그런 건물들은 지독히 날림으로 지어졌고 허술했다. 그러나 엄청난 이윤을 가져다주는 이런 관행을 막기에는 안전 규제가 너무 미약했다. 6층 이상의 건물에서 임대인들은 벽이 얇은 작은 방에서 비좁게 살았지만, 결국은 예외 없이 건물이 무너지고 더 높은 건물이 뚝딱 지어졌다.

라틴어로 이런 아파트를 인술라이^{insulae}, 즉 섬이라고 불렀는데, 거리 아래편의 생활과 격리된 채 서 있는 모습을 반영하는 이름이었다. 거대한 도시에서 형성된 소외감이 가장 고통스럽게 느껴지는 장소가 이런 곳이었다. 인술라이 안에서 짐짝같이 지내는 사람들에게는 뿌리가 없다는 말이 단순한 은유만이 아니었다. 인술라이에서는 일층이라고 할지라도 대개 배수구나 깨끗한 물이 부족했다. 로마인들이 그리스인들의 쓸모없는 사치와 자기들 공공시설의 실용적 가치를 비교하면서 항상 뽐내곤 하는 것이 바로 그런 하수구와 상수도 시설이었는데 말이다. 괴물같이 생긴 로마의 중심 배수로인 클로아카 막시마$^{Cloaca\ Maxima}$는 공화국이 설립되기 이전부터 도시의 배설 기관 역할을 해왔다. 수도교는 동방에서 약탈해온 재물로 세워진 것으로, 공동체 생활에 대한 로마인들의 헌신을 입증하는 거창한 증거였다. 55킬로미터가량 뻗은 수도교는 산중의 차가운 물을 도시 중심부로 끌어왔다. 수도교에 대해서는 그리스인조차도 가끔은 감동받았음을 인정했다. "수도교는 엄청난 양의 물을 공급하기 때문에 물이 강처럼 흐른다"라고 한 지리학자가 썼다. "로마에는 분수나 수도관, 물탱크를 갖추지 않은 집이 거의 없었다."[13] 그는 아마 빈민가까지 돌아보지는 않았던 모양이다.

로마가 모든 도시 중에서 가장 깨끗하면서도 가장 더러운 도시라는 사실만큼 로마의 양면성을 잘 예시해주는 것이 없다. 거리에는 물과 함께 오물도 흘렀다. 공화국의 가장 고귀하고 영속적인 덕성이 공공 분수의 조잘거림으로 드러났다고 한다면 흉측한 일면은 더러움이었다. 모든 로마인의 삶 그 자체인 장애물 경주에서 낙오한 시민들은 인분을 머리에 뒤집어쓸 위험을 감수해야 했다. 이런 이들은 '플레브스 소르디다^{Plebs}

sordida, 즉 '씻기지 않은 대중'이라고 불렸다. 인술라이에서 나오는 쓰레기는 주기적으로 손수레에 실려 나가서 성벽 바깥의 밭에 거름으로 뿌려진다. 하지만 언제나 양이 너무 많아 손수레에 실린 항아리 바깥으로 소변이 흘러넘치고, 배설물이 길거리에 쌓이게 마련이다. 빈민들은 죽으면 그대로 쓰레기에 파묻힌다. 그들은 아피아 가도 곁의 위엄 있는 무덤에 묻힐 처지가 못 되었다. 그들의 시체는 가장 동쪽의 성문인 에스퀼리누스 문 밖의 거대한 구덩이에 다른 쓰레기와 함께 내던져진다. 이 길을 따라 로마에 오는 여행자들은 도로 양옆에 흩어져 있는 뼈들을 보게 된다. 로마에서 실패로 인한 품위 실추는 죽은 뒤에도 계속 이어질 수 있었다.

그런 수준으로의 전락은 당시 새로 나타난 현상이었다. 공동체에서 누릴 수 있는 위안을 박탈당한다는 것은 로마인이 될 자격을 모조리 거부당하는 것이기 때문에 공동체에서 격리된 도시 빈민들은 더 큰 고통을 겪었다. 아파트 꼭대기 층에서 사는 고립된 삶은 시민이 가장 가치 있게 여기는 모든 것의 정반대를 나타냈다. 사회적인 제례와 삶의 리듬에서 단절되면 야만인의 수준으로 전락하게 된다. 공화국은 적에게 그랬듯이 시민들에게도 냉혹했다. 공화국도 공화국을 포기한 사람들을 포기했다. 그리고 그들을 포기한 뒤, 마지막에는 쓰레기와 함께 쓸어 내던졌다.

로마에서의 삶이 그런 운명을 피하기 위한 필사적인 투쟁이 될 수밖에 없었던 것도 놀랄 일이 아니다. 어디에 기반을 두건 공동체는 소중하게 대접받았다. 대도시 생활의 기본 특성인 익명성이 그곳까지 정복하지는 않았다. 대도시가 비록 방대하고 무정형적인 것 같지만, 그래도 혼란에 저항하는 질서가 있었다. 성스러움을 간직한 곳이 신전만은 아니었다. 교차로 역시 정신적 에너지가 가득 차 있는 곳으로 여겨졌다. 존재가 분명하지 않은 신들인 '라레스Lares'는 도시의 모든 대로가 교차하는 곳을 감시하고 있었다. 이런 교차로, 즉 비키vici는 공동체 생활의 중요한 구심점이었으므로 로마인들은 이 단어를 도시 구역 전체를 가리키는 말로도 썼다. 1월에 콤피탈리아 제전에서 비쿠스vicus(vici의 단수형—옮긴이)의 주민들은 거대한 대중 연회를 열었다. 털로 만든 인형들이 라레스 신전 옆에 매달리는데, 인형 하나하나가 그 구역에 사는 모든 자유민 남녀들의 상징이며 공 하나가 노예 한 명을 나타냈다. 이런 상대적인 평등주의는 교역 연합체에도 반영되었는데 이 단체 역시 비쿠스를 중심으로 모이며 모든 사람에게 개방되었다. 여기에는 시민이나 자유민이나 노예가 똑같이 참여할 수 있었다. 대부분의 시민들은 도시라는 더 넓은 무대보다는 이런 연합체, 즉 콜레기아collegia에서 로마인의 보편적 목표인 특권을 획득하려고 애쓰게 된다. 비쿠스에서 시민은 동료들을 알게 되며 함께 식사를 하고 1년 내내 축제에 참여하며, 자기가 죽으면 그들이 조문 와서 애도해주리라고 믿으며 살아간다. 대도시 전역에 조각보처럼 퍼져 있는 공동체들이 전통적인 소읍 생활의 친밀감을 여전히 유지하고 있는 것이다.

　이런 것들이 외부인의 의구심을 진정시키지는 못했다. 중심가를 걸어가노라면, 거기에서 뻗어나와 어지럽게 얽혀 있는 컴컴하고 좁은 뒷골목은 위협적이고 무서운 분위기를 풍기며, 씻지 않은 몸뚱이와 범죄의 악취가 공기 중에 짙게 배어 있었다. 민감한 코에는 두 가지 모두가 똑같이 유해하다. 콜레기아가 조직 범죄를 은폐하는 데 활용될지도 모른다는 두려움이, 직접 벌어먹어야 하는 사람들에 대한 상류층의 본능적인 경멸감과 뒤섞였다. 유급 노동이라는 생각만 떠올려도 속물주의가 발동했다. 그것은 저택에서 안락하게 빈둥대는 유복한 도덕군자들이 믿는 척했던 자급자족적인 농민적 가치를 모욕했다. '군중'에 대한 그들의 비웃음은 항상 똑같았다. 그들이 보는 군중에는 길거리에서 굶어 죽거나 인술라이에 몰려 사는 비참한 사람들뿐 아니라 상인, 가게 주인, 수공업자까지도 포함된다. "궁핍은 모든 빈민들을 부정직하게 만든다"라고들 말했다.[14] 그런 경멸의 대상이 된 사람들은 그런 감정에 대해 매우 분개했다.* 귀족들은 플레브스plebs, 곧 평민이라는 단어를 말할 때 비웃느라고 입술이 비틀어졌지만, 평민들은 그 단어에 대해 자부심을 가졌다. 한때 모욕적이던 표현이 정체성의 표시가 된 것이다. 그리고 로마에서 그런 표시는 항상 높이 떠받들어졌다.

로마 생활을 구성하는 다른 기본 요인들처럼 계급과 신분의 구분은 이 도시의 기원 전설 속에 깊이 뿌리박고 있다. 로마의 최남단 골짜기 저쪽으로는 아벤티누스 언덕이 펼쳐졌다. 이 언덕은 외부에서 들어온 사람들이 결국은 자리 잡게 되는 곳, 모든 대도시마다 있는 하선장下船場이며, 새로 도착한 사람들이 본능적으로 모여들고 서로에게 이끌리며 혼란을 공유하는 구역이었다. 아벤티누스 맞은편에 솟은 두 번째 언덕 팔라티누스 언덕에는 무허가 건물 밀집 지역 같은 것은 찾아볼 수 없었다. 로마에 있는 언덕들은 대체로 배타적인 구역이었다. 언덕 위에는 공기가 더 신선했고 오염도 덜했다. 그러므로 숨 쉬는 비용이 더 비쌌다.

---

* 글로 남아 있는 유일한 증거인 장례용 명문들을 보면 그렇게 판단된다.

로마의 일곱 개 언덕 중에서도 가장 배타적인 곳이 팔라티누스 언덕이었다. 이 도시의 엘리트들이 이곳에서 모여 살기를 선택했고, 그들 중에서도 최고 부자들만이 그 비용을 감당할 수 있었다. 그런데 세계 최고가의 부동산이 즐비한 한복판에 어울리지 않게 짚으로 만들어진 목동의 오두막 한 채가 서 있었다. 이 짚은 부서질 듯 파삭하게 말라 보였지만 늘 새것으로 교체되기 때문에 그 오두막은 한 번도 변하지 않는 것 같았다. 그 오두막은 로마 보수주의가 궁극적으로 승리한 장소, 즉 로마 최초의 왕인 로물루스가 어릴 때 쌍둥이 형제인 레무스와 함께 살던 집이었다.

전설에 따르면 두 형제는 도시를 세우기로 작정했지만 어디에 세울지, 어떤 이름을 붙일지 합의하지 못했다. 로물루스는 팔라티누스 언덕을 고집했고 레무스는 아벤티누스 언덕을 주장했다. 둘 다 신에게서 상징이 내려오기를 기다리고 있었다. 레무스는 머리 위로 독수리 여섯 마리가 날아다니는 것을 보았지만 로물루스는 열두 마리가 날아가는 것을 보았다. 로물루스는 이것을 신이 자기를 지지해주는 증거라 여기고서는 즉각 팔라티누스를 요새화하고 자기 이름을 따서 도시를 로마라고 불렀다. 시기심과 앙심에 사로잡힌 레무스는 로물루스와 난투극을 벌이다가 결국 형에게 살해당하고 만다. 이때부터 팔라티누스는 승자를 위한 곳, 아벤티누스는 패배자를 위한 곳이 되었다.

로물루스와 레무스의 언덕들 사이에 있는 골짜기처럼, 저택에 사는 원로원 의원과 오두막에 사는 신기료 장수 사이에는 사회적으로 깊은 간극이 있었다. 로마에는 현대의 중산층에 해당하는 존재가 전혀 없었다. 그런 의미에서 팔라티누스와 아벤티누스는 말 그대로 진정한 인술

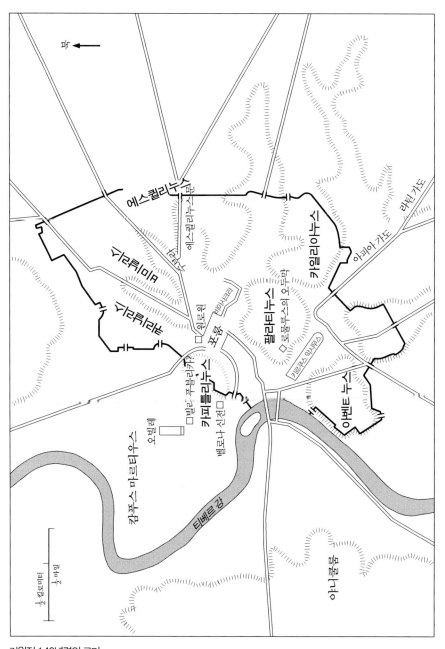

기원전 140년경의 로마

라이, 곧 서로 격리된 섬이었다. 그런데도 그 두 언덕을 갈라놓는 저지대는 로물루스만큼이나 오래된 상징의 힘으로써 또한 그 둘을 이어주기도 했다. 왕이 다스리던 시절부터 전차들은 키르쿠스 막시무스^{Circus} ^{Maximus}에서 경주해왔다. 이 저지대가 다 차도록 길게 뻗은 그 원형경기장은 얼핏 보기에도 로마에서 가장 큰 공공장소였다. 한쪽 편에는 초라한 오두막들이 다닥다닥 붙어 있고 다른 편에는 우아한 저택들이 줄지어 있는 이곳에서 축제 때 도시는 하나가 된다. 20만 명에 달하는 시민들이 이곳에 모였다. 오늘날까지도 다른 어떤 경기장이 감히 따를 수 없는 이 수용 능력 덕분에 그 외관이 그렇게 가공스럽고 또 부러워 보이는 것이다. 원형경기장에 모여든 관중이 만들어내는 것보다 위대함을 잘 반영하는 것은 없었다. 이곳은 찬양의 갈채에 의해서건 야유소리에 의해서건, 시민이라는 존재를 가장 공적으로 정의해주는 장소였다. 원형경기장이 내려다보이는 저택에 앉아 있는 원로원 의원들은 모두 이 사실을 기억하고 있었다. 오두막에서 경기장을 쳐다보는 신기료 장수도 마찬가지였다. 그들 사이의 거대한 간극과 상관없이 공유된 공동체라는 이상은 여전히 백만장자나 거지에게 동일하게 굳게 지지되고 있었다. 그 둘 다 같은 공화국의 시민이었다. 팔라티누스든 아벤티누스든 결국은 완전한 섬은 아니었다.

미궁에 뿌려진 피

계급의 야만적인 구분이 거의 종교적인 수준의 공동체 의식과 공존할 수 있다는 로마 사회의 중심 모순은 로마의 역사 전체에 걸쳐 진화해왔다. 물론 공화국이 세워질 수 있었던 것은 바로 권위에 의한 수탈에 항거하는 혁명이었다. 그렇기는 하지만 타르퀸과 군주제를 몰아낸 이후, 평민들은 군주의 압제와 다름없는 로마의 고대적 귀족 계급인 파트리키patrici의 독재 아래에서 살게 되었다. 속물적인 파트리키란 속물 중에서도 최고의 속물일 것이다. 그들은 화려한 신발을 신을 권리가 있다고, 또 신과 허물없이 교제할 권리가 있다고 주장했다. 심지어 자기들이 신의 후손이리고 주장하기까지 했다. 예를 들면 율리우스 씨족은 자기 가문의 기원이 트로이 왕가의 왕자이며 베누스의 손자이기도 했던 아이네이아스에게로 거슬러 올라간다고 주장했다. 이들은 당연히 거드름을 피워도 될 만큼 족보 있는 계급이었다.

사실 공화국 역사의 초반에 로마 사회는 거의 전면적인 경직 상태에 빠질 위기를 겪은 적이 있었다. 그러나 평민들은 자기들이 열등한 신분이라는 사실을 인정하지 않고 그들이 가진 유일한 방법, 즉 파업으로 반격했다. 그들이 저항했던 장소는 당연히 아벤티누스였다.* 이곳에서 그들은 완전히 자기들만의 새 도시를 세움으로써 레무스가 못 다 이룬 야심을 실현하겠다고 주기적으로 위협했다. 골짜기 건너편에 앉아 오만함을 씹으며 애를 태우던 파트리키들은 품위도 없이 몇 가지를 양보하곤 했다.

세월이 흐르면서 계급 체제는 점점 더 사회 전면에 침투해 들어갔다. 파트리키와 플레브스라는 낡은 이분법은 깨지기 시작했다. "로마에서

---

* 피소(Piso)와 리비우스(Livius)는 평민들의 첫 파업 장소에 대해 다른 의견을 내놓았다. 피소는 아벤티누스 쪽이었다고 했고, 리비우스는 근처의 신성한 산으로 갔다고 했다.

태어났는데도 오로지 미천한 태생이라는 이유만으로 집정관이 될 희망을 포기해야 한다면 그게 도대체 무슨 정의인가?"**15** 평민들은 이렇게 주장했다. 기원전 367년에 마침내 국가의 최고 공직을 뽑는 선거에 출마하는 입후보권을 모든 시민에게 허용하는 법률이 통과되었다. 그 권리는 예전에는 파트리키의 특권이었다. 신들과의 전통적인 친밀함이 인정된 덕분에 몇 안 되는 사제직은 여전히 파트리키만의 배타적 소유물로 남았지만 평민들과의 경쟁에서 세력을 잠식당한 순수 혈통 가문들은 그 정도로는 큰 위안을 얻지 못했을 것이다.

여러 세기를 지나면서 수많은 씨족들이 대부분 사라졌다. 율리우스 씨족의 경우, 베누스에서 내려오는 족보도 집정관이 되는 데 별 도움이 되지 않았다. 200년 동안 이들이 최고 지위에 오른 것은 딱 두 차례였다. 정치적으로만 몰락한 게 아니었다. 율리우스 씨족의 저택은 팔라티누스 언덕에서 멀리 떨어진 곳, 빈민들의 골짜기 중의 하나에 자리 잡고 있었는데 그곳은 한때 하층민 마을인 수부라였다가 이제는 로마에서 가장 악명 높은 구역이 되었다. 막 진수되는 배처럼 당당하던 율리우스 씨족의 저택 담장은 유곽과 술집, 심지어 유대교 회당 한가운데 파묻혀 보이지도 않게 되었다.

이는 로마에서 출생의 특권이 더는 아무것도 보장해주지 못한다는 뜻이다. 여신의 후손이 홍등가에서 살 수도 있다는 사실은 실패에 대한 두려움이 빈민의 전유물이 아님을 확인해주었다. 그리하여 피를 말리는 투쟁이 벌어졌다. 공화국은 야만스러울 만큼 능력 위주의 사회였다. 로마인이 생각하는 자유란 바로 이런 것이었다. 그들에게 역사는 역동성을 토대로 삼아 노예제에서 벗어나 자유를 향해 나아가는 진화 과정이라는 것이 자명한 사실이었다. 이러한 사회 모델의 우월성은 그 외의 모든 대안을 패퇴시킴으로써 입증된다. 로마인들은 자기들이 군주제의 노예로, 혹은 귀족 계급으로 영원히 자리만 지키고 있었더라면 결코 세계를 정복해낼 수 없었으리라는 사실을 알고 있었다. "한번 시민들이 자유를 획득하고 난 뒤 공화국이 달성한 업적의 위대함은 거의 믿을 수 없을 정도다. 그것이 너무나 위대하다 보니 모든 사람의 가슴속에 영광에 대한 갈망의 불꽃을 댕겼다."[16] 제아무리 뻔뻔스러운 파트리키라 할지라도 이 사실을 인정하지 않을 수는 없었다. 상류 세층은 플레브스를 씻지도 않는 무리라고 경멸했을지 모르지만 추상적인, 따라서 다행히 악취를 풍길 일도 없는 로마인을 이상화할 능력은 갖고 있었다.

이런 위선이 공화국의 정체를 규정했다. 그것은 공화국 헌법의 부산물이 아니라 본질 그 자체였다. 로마인들은 논리적 타당성이 아니라 실효성을 기준으로 정치 시스템을 판단했다. 정부의 어떤 측면을 폐기하는 것은 그것이 비효율적이거나 불공정하다고 판정된 경우뿐이다. 그러나 그들이 로마를 전부 부숴버리고 평지에서 새로 건설하지는 못했듯이 헌법을 합리화할 방법을 궁리할 수도 없었을 것이다. 그 결과 도시의 바탕은 온갖 삐걱거림과 모순으로 가득 찼고, 여러 세기를 거치면서 누덕누덕 덧붙여 기운 뒤죽박죽의 조각보처럼 되었다. 로마의 길거리가 미궁인 것과 똑같이 시민들이 공적인 삶에서 거쳐야 하는 우회로 또한 혼란스럽고 막다른 골목 투성이에, 폐쇄된 길이었다. 그래도 그 길을 지나갈 수밖에 없다. 공화국에서 이루어지는 경쟁은 제아무리 가혹하다고 해도 복합적인 동시에 유연하며 또 어길 수도 없는 규칙에 따라 구축된 경쟁이었다. 그 경기에 통달하려면 평생 노력해야 했다. 재능과 노력은 기본이었고, 거기에 더해 연줄, 돈, 여유 시간이 필요했다. 그랬으니 경쟁의 결과는 더 심한 모순이었다. 경쟁으로 인해 현실적으로는 냉혹한 능력주의가 지배했지만, 부자들만이 정치 경력을 쌓는 데 몰두할 만한 여유가 있는 사회를 영속화하는 데 기여한 것 또한 사실이다. 특출난 개인이 크게 출세할 수도 있고 옛날부터 내려오는 가문이 쇠락할 수도 있겠지만, 계급 사회에 대한 믿음은 변함없이 살아남았다.

이 사실 때문에 계급 피라미드의 맨 밑바닥에 있는 사람들은 고통스러운 양면성에 시달렸다. 법적으로 로마 민중의 권력은 거의 무한대였다. 이들도 행정관직에 입후보할 수 있었고 법률을 제안할 수도 있고 로마를 전쟁에 밀어넣을 수도 있었다. 하지만 헌법은 거울의 방이었다. 보는 각도를 조금만 바꾸면 대중의 주권이란 금방 다른 모습을 띠었다. 이렇게 모습이 바뀌는 공화국의 속성 때문에 당혹해한 것은 외국인들만이 아니었다. "로마인 자신들도 이 체제가 귀족정인지, 민주정인지 아니면 군주정인지 단정하기가 불가능하다고 여겼다"라고 한 그리스인 분석가가 주장했다.[17]

민중의 권력이라는 것이 환상이었다는 말은 아니다. 행정장관에 입후보한 유력 인사도 유권자들에게 굽실거리면서 표를 얻으려 노력해야 했고, 그것을 전혀 부끄러운 일로 여기지 않았다. 경쟁 선거는 공화국의 원활한 작동뿐만 아니라 이미지 조성에도 필수적인 일이었다.

어떤 공직이든 어떤 입후보자에 표를 던질 것인지를 결정할 수 있는 권한은 자유민, 특히 정복을 통해 전 세계적인 제국을 건설한 로마의 위대한 자유민들이 가지는 특권이다. 여론의 물결에 휩쓸리는 우리 같은 사람들은 민중의 의지에 따라 우리 자신을 던지고 그것을 위무하고 육성하도록 노력해야 하고, 우리에게 반대하는 듯이 보일 때에는 기분을 맞추어주려 노력해야 한다. 민중의 뜻에 따라 처리되는 명예에 관심이 없다면 그들의 이익을 위해 나 자신을 던질 필요는 없다. 하지만 진정으로 정치적 보상을 얻고자 한다면 절대로 싫증 내지 말고 유권자들에게 잘 보여야 할 것이다.[18]

민중은 중요한 존재였고, 자기들이 중요시된다는 것을 알고 있었다. 모든 유권자들이 그렇듯이 이들은 입후보자들이 진땀 흘리며 자기들에게 잘해주도록 만드는 일을 즐겼다. 공화국에서는 "군중만큼 까다로운 것도 없고 무얼 원하는지 파악하기가 힘든 것도 없다. 또 투표라는 시스템만큼 예측하기 힘든 것도 없다."[19] 그래도 로마 정치에서는 예측 가능한 부분이 더 많았다. 물론 민중은 투표권을 가졌지만 그래도 공직을 따낼 가능성은 부자들에게만 있었고,* 입후보자 자신이 이룬 부만으로는 부족한 경우도 있었다. 로마인들은 속물근성이 아주 강했다. 사실 시민들은 잘 알려진 가문의 인물에 표를 던지는 편을 선호했다. 즉 국가의 최고 행정관직에 할아버지에 뒤이어 아버지를 당선시키고, 또 그 뒤를 이어 아들을 당선시킴으로써, 귀족들의 왕족 행세가 늘 있는 일이다 보니 둔감해질 정도로 방조하는 것이다. 분명히 말해, 로마 지배 계급의 편견은 그들만의 전유물이 아니었다는 것이다. 지독한 가난에 찌든 시민조차도 사회를 바꾸는 것이 아니라 거기에서 뭔가 이익을 얻어내는 것을 목표로 삼았다. 공화국의 시민들은 공동체 의식을 유지하기 위해

---

* 명백한 증거는 없지만 공직에 나가기 위한 재산상의 자격 제한이 있었다는 것은 거의 틀림없는 사실이다.

기꺼이 평등을 대가로 치렀다. 귀족과 평민 간의 평등을 가능하게 했던 계급적 선동은 오래전에 사라진 과거의 일이었고, 불가능할 뿐만 아니라 생각도 못할 일이 되었다.

이런 실상은 공화국의 전형적인 아이러니다. 승리를 거둔 바로 그 순간 평민들은 자기들의 혁명적 동력을 파괴해버렸다. 기원전 367년에 평민들의 발전을 제약하던 법률적 제한이 철폐되자 부유한 평민들이 빈민들 편을 들어주어야 할 동기가 사라졌다. 그 대신 크게 성공한 평민 가문들은 집정관직을 독점하고 팔라티누스 언덕의 부동산을 소유하는 등 이익이 더 많은 일에 몰두했다. 권력을 잡은 지 2세기 반이 지나자 이들은 마치 《동물 농장》에 나오는 돼지 같은 신세가 되었고 예전에 자기들을 탄압하던 인물들과 다를 바가 없었다. 사실 어떤 측면에서 보면 이들은 칼자루를 쥔 입장이었다. 계급 간의 전쟁을 치르고 파트리키에게서 빼앗아온 결실이던 행정관직이 이제는 야심 찬 평민 귀족들의 경력을 끌어올리는 역할을 담당했다. 특히 호민관이라는 직위는 엄청난 기회를 제공했다. 호민관은 원하지 않는 법령에 대해 거부권을 행사할 수 있을 뿐만 아니라 자기들이 마련한 법령을 통과시키기 위해 민회를 소집할 수 있기 때문이었다. 파트리키는 평민의 관직에 입후보할 수 없기 때문에, 이에 대해 착잡한 후회와 마땅찮은 감정을 가지고 지켜볼 수밖에 없었다.

물론 호민관이 지나치게 행동하면 위험해질 수도 있었다. 공화국의 모든 행정관이 그렇듯이 호민관직에도 기회와 함께 암초가 있었다. 하지만 로마 정치 생활의 기준에서 보더라도 호민관의 처신과 관련된 불문법은 놀랄 만큼 모순적이었다. 이 관직은 반칙을 저지를 기회를 거의 무한히 제공하지만 동시에 신성함에 의해 속박되었다. 고대 이후로 항상 그랬듯이 호민관의 인격은 신성불가침이었고 그 금지 조처를 무시하는 사람은 신을 건드린 것으로 간주되었다. 이런 신성불가침의 대가로 호민관은 그 직위에 있는 동안 절대로 로마를 떠날 수 없었고 자기 집을 개방해야 했다. 그는 민중의 고난과 불평에 대해 깊은 주의를 기울여야 했고, 길거리에서 사람들이 자기를 불러 세우고 하는 이야기를 모두 들어주어야 했다. 또 새 제도를 통과시키거나 반대하는 입장을 격려하기 위해 공공 기념물에 사람들이 살겨쓴 낙서도 읽어야 했다. 아무리 고고한 개인적 야심을 지닌 귀족이라도 호민관 선거에 입후보하려면 절대로 거만을 부릴 수 없었다. 때로 빈민가에 사는 평민의 말투를 따라 하는 입후보자도 있었다. 로마인들은 그런 사람을 '포풀라레스Populares'라고 불렀다. 이는 '평민의 태도에 기대는 정치가'라는 뜻을 담은 용어다.

하지만 포풀라레스는 민중의 이익을 주장하는 동시에 자기가 속한 계급의 민감성도 존중해야 했다. 이는 엄청난 기교가 필요한 줄타기였다. 호민관이라는 직책이 귀족 계급 내의 보수파에게서 늘 의혹의 눈길을 받아온 것도 그 직위가 당사자에게 제시하는 특별한 유혹 때문인 경우가 많았다. 호민관이 손쉽게 군중의 인기를 얻으려는 유혹에 넘어가서 군중을 위한 급진적이고 비로마적인 개혁을 하겠다고 선심을 써서, 결국 도를 넘는 행동을 하게 될 위험은 항상 있었다. 빈민가가 폭발할 지경으로까지 팽창할수록 빈민들의 생활 여건은 더욱 비참해지므로 그럴 위험이 더욱 커졌다.

그와 같은 치명적인 시도를 결국 실행한 것은 흠잡을 데 없는 가문 출신의 티베리우스Tiberius와 가이우스 그라쿠스Gaius Gracchus 형제였다. 먼저 기원전 133년에 티베리우스가, 10년 뒤에는 가이우스가 호민관직을 이용하여 빈민들을 위한 개혁을 추진하려고 했다. 이들은 공공 소유의 땅을 분할해서 대중에게 제공하자고 제안했으며, 옥수수를 시장 가격 이하로 팔고, 심지어 가난한 군인에게 옷을 제공하자는 제안까지 했다. 이러한 급진적인 조처의 제안에 귀족 계급은 경악했다.

최고 귀족들이 보기에 그라쿠스 형제의 행동은 용서할 수 없고 불길했다. 사실 티베리우스 이전에도 토지 개혁에 관심을 가진 귀족이 있었지만, 동시대인들이 보기에 그의 온정주의는 지나쳤고 너무 속도가 빨랐다. 가이우스는 더욱 경악스럽게도 의식적으로 혁명적인 비전을 품고 있었다. 즉 그는 그리스 민주주의의 가치가 담긴 공화국, 계급들 간의 권력 균형이 철저하게 변혁되고, 귀족이 아니라 민중이 주도권을 잡는 공화국을 꿈꾸었다.

귀족들은 의아해했다. 독재자가 되려는 목표를 갖고 있지 않다면 귀족 출신으로서 어떻게 이런 주장을 할 수 있단 말인가. 이들이 특히 불길하게 여긴 것은 티베리우스가 첫 번째 호민관직 1년을 마친 뒤 즉시 재선을 시도한 바 있으며, 기원전 122년에 가이우스는 실제로 호민관직에 두 번 연임하는 데 성공했다는 사실이었다. 이런 식의 불법 행동의 결말은 과연 무엇일까. 호민관이라는 공직이 신성불가침이기는 하지만 공화국을 유지하는 일만큼 신성하지는 않았다. 제도를 수호하자는 외침이 두 번 울려퍼졌고 그에 대한 응답도 두 번 일어났다. 격렬한 시위가 벌어져서 티베리우스가 그 와중에 의자 다리에 찔려 죽은 지 12년 뒤인 기원전 121년에 가이우스 역시 귀족 계급의 하수인에게 살해당했다. 그의 시체는 참수되었고 두개골에 녹인 납이 부어졌다. 이 살해의 여파로 그의 추종자 3000명은 재판도 받지 못하고 처형되었다.

일반인의 폭력이 이처럼 터져나온 사건은 왕을 축출한 이후 처음이었다. 그런 사건들의 참상은 귀족들의 편집증이 얼마나 큰 것인지를 생생하게 반영했다. 그라쿠스 형제가 로마의 아득한 과거에서 되살려낸 망령은 전체주의뿐만이 아니었다. 예를 들면 가이우스가 평민들의 성소인 아벤티누스에서 죽은 것도 우연이 아니었다. 그곳에 피신함으로써 그와 그의 지지자들은 의도적으로 고대의 반란자들의 목표에 합치시키려고 했던 것이다. 빈민들이 그를 지지하여 봉기하지는 못했지만, 오래 잠들어 있던 계급투쟁을 일깨우려던 가이우스의 시도는 귀족 계급 대부분의 눈에는 지독하게 무책임한 행동으로 보였다. 그러나 그에 대해 보복하고 나서 그들 역시 마음이 불편해졌다. 인간 사냥은 결코 문명인이 할 짓은 아니었기 때문이다. 납으로 채워진 가이우스 그라쿠스의 두개골에서는 공화국의 관례가 깨지고 그 기반이 사라질 때 무슨 일이 일어날지 말해주는 불길한 기운이 엿보였다. 결국 공동체가 아니라면 공화국은 도대체 무엇인가? 전제주의냐 야만주의냐. 공화국이 선택할 수 있는 것은 단 두 가지였다.

그렇다면 여기에 최종적인 모순이 하나 있다. 시민들에게 특권을 향한 갈증을 부추긴 시스템, 경쟁심을 점점 더 들끓게 만든 체제, 너무나 공격적이어서 그것에 반대되는 모든 것들을 압도하게 된 활력을 발동시킨 체제는 그와 동시에 마비 증세도 키웠다. 이것이 그라쿠스 형제의 진정한 비극이었다. 그들은 스스로의 영광에도 관심을 가졌지만, 동료 시민의 복지를 개선하고 싶다는 열망 또한 진심 어린 열정이었다. 두 형제의 이력은 모두 로마의 다면적이고도 눈에 뻔히 보이는 문제들과 씨

름해보려는 과감한 시도의 과정이었다. 그런 한도 내에서 그라쿠스 형제는 자기들의 이상을 위한 순교자로 죽었다. 하지만 그들을 따랐던 귀족 중에서 그 사상에 대해 마음을 놓을 수 있다고 여길 사람은 거의 없었다. 공화국에서는 정치적 목표와 개인적 야심 간의 차이가 없었다. 권력을 통해 영향력이 행사되었고 영향력을 통해 권력이 행사되었다. 결론적으로 그라쿠스 형제의 운명은, 공화국의 근간에 대한 개혁 시도는 모두 전제주의로 해석되리라는 증거였다. 급진적인 변화 프로그램은 제아무리 이상적인 동기에서 출발했다 하더라도 어쩔 수 없이 서로 죽고 죽이는 경쟁으로 타락할 수밖에 없다. 이 사실을 죽음으로 입증함으로써 그라쿠스 형제는 궁극적으로는 스스로의 목숨을 바친 바로 그 개혁을 좌절시켰다. 그들 이후의 호민관들은 목표를 더욱 신중하게 선택하게 되었다. 사회 혁명은 영구히 유보된다.

공화국은 항상 내부의 핵분열적인 긴장감으로 인해 곧 폭발할 것으로 보였다. 그런데도 로마는 그것을 견뎌냈을 뿐만 아니라 계속 팽창하여 위기에 직면할 때마다 체질이 더욱 강화되곤 댔다. 또 자기들에게 그정도로 놀라운 성공을 가져다준 질서에 로마인들이 집착하지 않을 이유가 달리 있겠는가? 로마인들은 세계를 뒤집어놓는 와중에도 공화국의 형태는 변함없이 유지되고 있다는 사실에서 위안을 받았다. 공동체의 동일한 친밀감, 매년 그해의 구심점이 되어주는 똑같은 일련의 경연들, 그리고 그 업무의 얼개를 이루는 똑같이 난장판 같은 제도들이 시민들을 묶어놓는 끈이었다.

또 길거리에 피가 쏟아지더라도 쉽게 닦을 수 있을 테니까.

2

시빌의 저주

도시의 약탈자들

그라쿠스 형제와 추종자들이 피살되기 오래전에 시빌은 이미 이 모든 일을 예견했다. 그 섬뜩한 예언에 따르면 폭력은 수도에서 벌어지는 단순한 난투극에 그치지 않을 것이라고 했다. 그녀가 본 미래는 훨씬 더 암담했다. "이탈리아여, 외국의 침입자가 아니라 너의 아들들이 너를 강간하고 야수처럼 끝도 없는 윤간을 자행할 것이며, 너, 이 유명한 나라의 수많은 악행에 대해 너를 처벌하고 굴복시킬 것이며, 불타는 잿더미 속에 쓰러지게 만들 것이다. 너 자신을 죽이는 자여! 너는 이제 더 이상 꼿꼿이 서 있는 인간의 어머니가 아니라 야만적이고 게걸스러운 야수의 젖어미가 될 것이다!"[1]

이 예언을 로마인들은 결코 달가워하지 않았다. 그러나 예언서에는 이런 구절이 없었다. 예언서는 언제나처럼 유피테르 신전에 안전하게 보관되어 있었다. 이런 무시무시한 소문은 로마에서 멀리 떨어진 동부 지중해의 왕국들에서부터 퍼지기 시작했다. 시빌이 방문한 나라는 로마만이 아니었던 모양이다. 로마에서는 그녀의 예언이 비밀리에 주의 깊게 보호되어왔지만 그녀가 그리스인과 유대인에게 준 예언들은 널리 퍼졌다. 그런 예언 중에는 명백하게 로마의 미래를 예언한 것이 많았다. "한 제국이 서쪽 바다 너머에서 일어서리라. 희고, 머리가 여럿 달리고, 그 제국의 힘의 범위는 헤아릴 수 없을 것이며 왕들을 파괴하고 공포를 불러올 것이고 여러 도시에서 차례로 금과 은을 약탈할 것이다."[2] 로마인들은 불가사의한 조짐 때문에 불안했겠지만, 외부 세계의 입장에서 보면 로마인들이 바로 그런 불안의 조짐이었다. 시빌은 이들이 모든 조짐 중에서도 가장 파괴적인 것이라고 경고했다.

거대 제국으로 성장하는 공화국에 관한 시빌의 예언은 정말 암울했다. 고대의 도시들, 위대한 왕국들, 유명한 제국들, 이 모든 것이 사라지게 될 것이다. 인류는 단 하나의 질서만 인정하게 된다. 하나의 초강대국이 패권을 쥐고 다스릴 것이다. 하지만 그렇다고 해서 세계 평화의 새벽이 밝아오는 것은 결코 아니다. 오히려 자신들의 위대함 때문에 소화 불량에 걸리고 마는 것이 로마인의 운명이다. "그들은 퇴폐의 늪으로 빠져들어갈 것이다. 남자끼리 동침하고 소년들이 유곽에서 호객 행위를 할 것이다. 시민들의 소요가 그들을 집어삼킬 것이고 모든 것이 혼란과

무질서로 빠져들게 된다. 세계는 악으로 가득 차게 된다."³

　이런 시빌의 예언시가 쓰인 연대를 학자들은 대략 기원전 140년경으로 보았다. 그 무렵이면 로마의 패권이 워낙 강고하게 확립되어 있었기 때문에, 이런 묘사는 시빌의 권위를 빌려올 필요도 없을 정도로 기정사실이었을 것이다. 공화국이 보관하고 있던 시빌의 예언서와 달리 그리스 동부에 유포되어 있던 같은 종류의 예언서들에는 미래가 변할 것이라는 암시가 전혀 없다. 거대 제국들이 흥망을 거듭할 것이라는 예언 앞에서 그저 유한한 존재인 인간은 무능한 존재일 수밖에 없었다. 시빌이라는 가명 뒤에 숨어 미래를 꿰뚫어본다고 주장한 시인들이 미래의 공화국을 자식들의 발톱에 갈기갈기 찢긴 게걸스러운 야수들의 어미로 묘사한 것도 놀랄 일은 아니다. 그것은 희망과 절망을 바탕으로 한 예언이었다. 그것 외에는 로마라는 거대한 파괴의 전차를 멈출 방도를 생각해낼 수가 없기 때문이다. "그들은 인류에게 절망을 가져올 것이다. 그렇게 되면 일단 자기들의 야만성과 자부심에 굴복한 뒤로는 이런 인간의 타락은 정말로 끔찍한 것이 될 것이다."⁴

　기원전 140년대쯤이면 로마의 야만성과 자부심을 말하는 시빌의 예언에 담긴 의미가 무엇인지 의문의 여지가 없었을 것이다. 그때는 냉혹하기 짝이 없는 로마인들의 위력이 전 세계에 입증된 지 이미 10년이 지나 있었다. 철저한 파괴가 지중해에 그림자를 드리웠다. 제일 먼저 공화국은 끝맺지 못한 과업을 완결하기 위해 유령처럼 목숨을 부지하고 있던 카르타고를 끝장내기로 결정했다. 로마 내에서도 이 결정에 반대하는 사람들이 있었다. 그들은 공화국에는 그에 걸맞은 라이벌이 있어야 한다고 주장했다. 라이벌이 없이 로마의 위대함이 어떻게 유지되겠는가? 물론 그런 질문은 치열한 경쟁이 모든 시민적 덕성의 기반으로 간주되는 국가에서만 제기될 수 있었다. 그러나 대다수 시민들은 거기에 함축된 의미를 거부했다. 100년이 넘도록 그들은 카르타고인의 잔인함과 불성실성의 악령에 시달려왔다. 왜 로마식의 생활 기준을 그런 적을 보호하는 데 적용해야 하는가? 투표 결과가 전쟁을 하자는 쪽으로 나온 것은 이 의문에 대한 답이었다. 공화국은 카르타고의 완전한 멸망을 목표로 정함으로써 성공을 추구하는 길이 도달하는 논리적 귀결이 어떤 것인지를 분명히 밝혔다. 그 어떤 동지적 유대 관계나 사명감으로도 화해할 수 없는 그런 잔인성 속에 최고를 추구하는 로마인들의 욕망의 극한이 있었다.

기원전 149년, 불운한 카르타고인들에게 도시를 포기하라는 로마의 명령이 내려졌다. 카르타고인들은 이에 굴복하지 않고, 죽음을 무릅쓰고 집과 성소를 수호할 태세를 갖추었다. 로마 본토의 강경파는 바로 그런 태도를 기대하고 있었다. 로마군은 사냥을 개시했다. 3년 동안 카르타고인들은 압도적 다수인 적에게 저항했고, 포위전이 마지막 단계에 이르자 로마 최고의 군인인 스키피오 아이밀리아누스가 전투를 지휘했다. 결국 기원전 146년에 카르타고는 궤멸되었다. 불타는 연옥이 17일 동안 계속되었다. 로마인들은 도시를 폐허로 만든 뒤 앞으로 이 장소에는 그 누구도 도시를 건설하지 못한다는 죽음의 금지령을 내렸다. 그리하여 700년의 역사가 깨끗이 지워졌다.*

한편 이 사실에서 미처 교훈을 얻지 못한 사람이 혹시라도 있을까 염

---

* 로마인들이 카르타고에서 삶의 터전을 갈아엎고 소금을 뿌렸다는 것은 그저 이야기에 지나지 않는 것 같다. 그런 이야기가 나오는 고대 문헌이 없는 것은 확실하다.

려하여 일단의 로마 군대는 그리스인들에게 이 사실을 주지시키는 일로 기원전 146년의 봄을 보냈다. 로마가 확립한 그 지역의 세력 균형을 남부 그리스의 자잘한 도시 몇 개가 저해한다는 판단이 지난겨울에 내려졌다. 그런 꼭두각시 군주들을 내버려둘 수는 없었다. 시작되기가 무섭게 끝나버린 전쟁에서 그리스 군대는 귀찮게 구는 장수말벌처럼 내동댕이쳐졌고, 고대 도시인 코린토스는 연기 피어오르는 돌무더기로 변해버렸다. 기녀들과 그들의 빛나는 기예로 유명한 코린토스를 약탈할 기회를 다들 열광적으로 환영했을 것이다. 유린된 도시의 여자들은 노예가 되었고 항구에서는 군인들이 값을 따질 수도 없을 정도로 귀중한 그림들을 주사위판으로 썼다. 그들 주위에는 무더기째 경매에 부쳐지거나 로마로 실려 나갈 조각품 더미가 쌓여 있었다.

지중해 지역의 도시를 두 군데나 파괴한 것은 특히 경악을 불러일으켰다. 그 사실에 직면할 때 시빌이 파괴의 무대 두 군데에서 피어오르는 연기 속에서 태어난 로마에 저주를 내렸다는 사실도 놀랄 일이 아니다. 로마인들은 이제 더 이상 방어를 위해 세계를 정복하고 있다는 평계를 댈 수 없게 되었다. 코린토스 약탈의 기억을 떠올릴 때마다 로마인들은 수치심을 느꼈다. 그러나 카르타고에 대해 느끼는 죄책감은 훨씬 더 심했다. 스키피오 자신도 위대한 도시의 무너진 성벽에 서서 날름거리는 불길을 바라보면서 눈물을 흘렸다고 전해진다. 로마에 가장 치명적인 적을 무너뜨리는 장면에서 그는 시빌이 그랬던 것처럼 운명의 손길이 가진 파괴적인 힘을 볼 수 있었다. 공화국의 패권이 압도적으로 확인되는 순간, 그것에 대항할 희망조차 가진 적이 하나도 남지 않게 된 순간, 손만 내밀면 전 세계를 약탈하는 것도 가능해진 그 순간에 스키피오는 공화국의 멸망을 상상했다. 그는 호메로스의 구절을 상기했다.

신성한 트로이가 파괴되고,
또 프리아모스와 그의 백성들이 도살되는 날이 올 것이다.[5]

하지만 시빌과 달리 스키피오는 무엇이 공화국의 파괴와 도살을 불러올 것이라고 상상했는지에 대해서는 말하지 않았다.

황금에 질식당하다

기원전 146년의 대격변이 있기 전, 그리스인들은 '자유'라는 말의 정확한 의미에 대해 약간 혼란스러워했다. 로마인들이 자유를 보장한다고 주장하는데, 그게 무슨 뜻인가? 이 단어에 대한 로마와 그리스의 해석은 완전히 달랐다. 그리스인을 아버지의 권위가 약한 집안의 버릇 나쁜 어린아이쯤으로 보는 로마인들의 관점에서 그리스의 '자유'란 로마의 위임통치관들이 그리스 도시국가들에 부과한 규칙을 따를 기회라는 의미였다. 그러나 그리스인들에게 자유는 서로 싸울 수 있는 기회를 의미했다. 코린토스의 파괴라는 비극을 초래한 직접적인 원인은 이런 식의 양립 불가능한 관점 차이였다.

기원전 146년 이후에는 외교적인 용어를 놓고 논란을 벌이는 일이 더이상 없었다. 공화국과 동맹시들 간의 우애의 조약이란 것은 잔인할 정도로 명확하게 규정되었다. 그 조약에 따르면 공화국은 행동의 자유가 있었지만 동맹시들은 전혀 그렇지 못했다. 그리스 도시들이 명목상으로는 여전히 자율적이었다 하더라도 그것은 로마가 그런 것까지 신경 쓰지 않고도 제국을 운영할 수 있기를 원했기 때문이다. 그리스 해안에서 멀리 떨어진 도시국가들은 점차 비굴해지고 아첨꾼이 되어, 공화국의 의지를 짐작하기 위해 두 배 세 배 노력했다. 동방의 여러 군주국 중에서 몇몇 애완용 왕족들은 독립의 낌새를 조금 드러내기만 해도 자기들의 전투용 코끼리가 무력화되거나 경쟁자들이 왕좌를 대신 차지하게 되리라는 것을 잘 알고 있었기에 로마가 손가락으로 딱 하고 신호만 보내면 무릎에 뛰어올라올 태세가 되어 있었다. 그런 정신을 극한에까지 몰고 간 것이 오늘날 터키 서부 대부분을 다스리던 그리스 도시인 페르가몬의 마지막 군주였다. 기원전 133년에 그는 자기 왕국 전체를 공화국에 바쳤다.

이것은 역사상 가장 으리으리한 양도의 장면이었다. 거대한 기념물과 부유한 속주 도시들을 거느린 전설적인 도시 페르가몬 덕분에 로마는 침을 질질 흘리면서도 차마 상상하지 못하던 부를 손에 넣을 수 있게 되었다. 하지만 이 유산을 어떻게 처리해야 할까? 이 문제를 결정할 책임은 원로원에 있었다. 원로원은 로마의 최고 인사 300명으로 구성된, 공화국의 양심인 동시에 그것을 인도하는 지성이라고 인정되는 의회였다. 이 엘리트 집단의 의원 자격은 출생에 의해 자동적으로 결정되는 것이 아니라 업적과 평판에 의해 결정되었다. 이 평판이 지나치게 더럽혀지지만 않는다면 고위 공직에 임명된 시민은 당연히 임기를 마칠 것으로 기대되었다. 이 때문에 원로원의 결정에는 엄청난 도덕적인 무게가 실려 있었다. 원로원의 포고령이 성문법 같은 기술적인 힘을 가진 것은 결코 아니었지만 행정관이 이를 무시하려면 용감하거나 아니면 멍텅구

리여야 했다. 어쨌든 공화국이란 원로원과 민중의 동반자 관계, 즉 공식적 표현인 '로마 인민과 원로원^{Senatus Populusque Romanus}' 이외에 달리 무엇이겠는가? 가장 작은 주화에도 찍혀 있고 가장 넓은 신전의 박공에도 새겨진 이 공식의 약호인 SPQR은 로마 헌법의 장엄함을 나타내는 가장 찬란한 이니셜로서 어디에서나 눈에 띄었다.

그러나 그 어떤 동반자 관계에서도 돈에 관한 논란은 긴장을 불러오게 마련이다. 페르가몬에서 돈벼락이 떨어진다는 소식이 마침 적절한 시기에 당도했고, 용맹스러운 민중의 수호자이던 티베리우스 그라쿠스는 그것을 자기가 구상한 야심 찬 개혁의 비용으로 쓰자고 제안했다. 빈민들은 당연히 이에 동의했다. 그러나 티베리우스의 동료인 원로원 의원들은 대부분 그렇지 못했고, 태도가 불분명했다. 물론 부분적으로 이런 태도는 티베리우스의 선동적인 행위에 대한 혐오감과, 그가 감히 원로원을 무시한 데 대한 분노의 반영이었다. 하지만 그를 반대하는 데는 단순한 분노의 발작 이상의 것이 있었다. 한 왕국을 통째로 떠맡게 된다는 예상 자체가 사실은 오랫동안 유지되어온 로마식의 원칙에 대한 모욕이었다. 그런 원칙 중에서 가장 유명한 것으로는 황금과 도덕적 부패와의 동일시, 또 아시아적인 것에 대한 심각한 의구심이 있었다. 물론 원로원은 그런 전통적 가치를 지키겠다는 여유를 부릴 수도 있었지만 그들이 페르가몬의 유산을 수치스럽게 여겼던 데는 더 현실적인 이유들도 있었다. 로마의 사고방식에서 속주는 운영하기 부담스러운 존재였다. 외국인을 수탈하는 데는 직접 통치보다 더 섬세한 방법이 있었다. 동방 전역에서 실행되고 있었고 원로원도 선호하던 정책은 착취와 불개입 사이에서 교묘하게 줄타기를 하는 방법이었다. 이제 그 균형이 어

그러질 위기에 놓인 것으로 보였다.

그렇기 때문에 애당초 원로원은 티베리우스의 살해 공모와 별개로 페르가몬에 대해서는 아무 행동도 취하지 않았다. 왕국이 무너지고 무정부 상태가 되어 그 지역의 안정이 심각하게 위협받을 지경에 이르러서야 군대가 페르가몬으로 파견되었고, 여러 해 동안 전투가 산만하게 진행되고 난 뒤에야 공화국에 새로 편입된 예속민의 상처가 치유되기 시작했다. 그런데도 원로원은 페르가몬을 로마 최초의 아시아 속주로 삼지 않았다. 그 대신에 왕국을 통솔하도록 파견된 총독들은 자기들이 임명한 왕들의 법규를 존중하라는 신중한 지시를 받았다. 로마의 방식이 항상 그렇듯이, 크게 변한 것은 아무것도 없는 듯이 행동하도록 했다.

그리하여 이 도시는 전례 없는 수준의 세계적 강대국의 위치에 올랐고, 사실상 지중해 전역을 통제하며 감히 대드는 자들은 모두 파멸시켜 버리는 그런 도시가 되었다. 그러나 이를 이끌어나갈 책임을 가진 지배계급은 여전히 본능적인 고립주의에 집착하고 있었다. 로마 행정관의 관점에서 외국은 여전히 예전과 같은 외국, 즉 영광을 얻게 해주는 무대일 뿐이었다. 약탈이 결코 무시해도 좋은 사소한 문제는 아니지만, 한 도시와 한 인간을 평가하는 최고의 척도는 그가 얻은 영광이었다. 자기들이 휘두르는 영향력에 스스로 놀라면서도 로마 귀족 계급의 구성원들은 이 이상에 충실함으로써 강직한 선조들의 전통을 충실하게 따르고 있다고 확신할 수 있었다. 아시아의 무기력한 군주국들이 대사를 파견해서 원로원 앞에 무릎을 꿇고 온갖 변덕을 받아들이는 한, 군단 지휘관이 눈썹만 찡그려도 아프리카 사막 유목민들이 야만적 본성을 억누르게 되는 한, 가장 거친 갈리아의 야만인들조차 공화국의 위력에 감히 도전하기를 두려워하는 한, 로마는 만족했다. 로마가 요구하고 로마에 필요한 찬사는 오로지 존경이 전부였다.

하지만 이미 부와 지위가 확고한 원로원의 엘리트들은 여유가 있었는 지 모르지만, 빈민 대중은 말할 것도 없고 기업인과 금융인들도 이와 아주 다른 생각을 가지고 있었다. 로마인은 항상 동방을 황금과 결부 지었다. 이제 페르가몬의 문제가 해결되었으니 약탈할 때가 왔다. 역설적이게도 약탈의 방향을 지시해준 것은 페르가몬의 전통적 정부를 존중하라는 원로원의 주장이었다. 페르가몬의 왕이 볼 때 통치란 짜낼 수 있는 최대한의 세금을 신민들에게 매기는 것을 의미했다. 로마인들은 이 본보기에서 배울 것이 많았다. 전쟁에서는 이익을 남겨야 한다는 것이 공화국의 변함없는 원칙이었는데, 로마인에게 이익은 곧 약탈을 의미했다. 야만적인 서부, 즉 갈리아와 에스파냐에서는 정복이 끝난 뒤에 곧 세금이 부과되었지만, 그 이유는 그렇게 하지 않으면 도무지 행정을 운영할 길이 없었기 때문이다. 동방에서는 로마보다 훨씬 일찍 행정이 존재해왔다. 그러니 마음껏 약탈한 뒤 추가로 배상금을 부과하는 편이 훨씬 덜 귀찮고 비용도 싸게 먹혔다.

그런데 페르가몬의 경우는 세금이 진정한 배상이 될 수 있으며, 그것도 전혀 힘든 일이 아니라 앞날이 창창한 기회라는 사실을 입증해주었다. 얼마 지나지 않아 왕국에 파견된 관리들은 공금 횡령의 늪에서 허우적댔다. 그들의 행동에 관한 엄청난 소문들이 로마로 흘러들어오기 시작했다. 터무니없는 일이었다. 페르가몬은 로마 인민의 재산이었고 약탈이 행해진다면 로마 민중도 마땅히 각각의 몫을 할당받아야 했다. 이런 분노를 대변한 인물이 바로 다름아닌 가이우스 그라쿠스, 죽은 형의 뒤를 이어 호민관이 된 가이우스였다. 그는 또한 티베리우스만큼이나 페르가몬의 재물에 손대고 싶은 마음이 간절했다. 그 역시 야심적인 사회 개혁을 제안하고 있었고, 신속하게 지급 가능한 재원이 필요했다. 그러니 기원전 123년, 선동이 10년 동안 계속된 뒤 가이우스 그라쿠스는 드디어 운명적인 법령을 통과시키는 데 성공했다. 그 법령에 의해 페르가몬은 드디어 조직적인 징세의 대상이 되었다. 꿀단지 뚜껑이 이제 확실하고도 제대로 열린 것이다.[6]

  실용적인 만큼 냉정하기도 한 새 세금 체제는 능동적으로 탐욕을 부추겼다. 동방의 군주국들이 속민을 쥐어짜는 수단으로 의존했던 거대한 관료 집단이 없었기 때문에 공화국은 필요한 전문가를 뽑았다. 징세 도급인 계약이 공개적으로 경매에 부쳐졌고, 징세권을 구매한 사람들은 국가에 징수금 전액을 미리 지불했다. 전체 금액이 천문학적인 액수였으므로 아주 부유한 사람들만이 그 돈을 낼 수 있었고, 낼 수 있다 하더라도 개인적으로 계약을 맺는 것이 아니었다. 그보다는 집단적인 자본을 형성하고 그에 따라 구성된 회사가 거대한 재정 규모에 걸맞게 아주 기술적이고 조심스럽게 운영되었다. 속주에 있는 컨소시엄의 고용인으로는 징세 업무 담당자 외에도 군인, 선원, 우편 관계인들이 있었다. 이런 카르텔을 운영하는 담당자를 푸블리카누스publicanus(공공사업 청부업자)라고 불렀다. 이 호칭의 연원은 국가를 위한 요원으로 봉사하던 시절로 거슬러 올라가지만 이들이 수행하는 업무에 공적인 성격은 눈곱만큼도 없었다. 오로지 이익 획득만이 목적이었고, 노골적일수록 더 좋았다. 그들의 목적은 국가에 선불한 공식적 징세액을 거두는 것만이 아니라, 수탈하는 자들의 특권을 위해 속주의 팔을 비틀어 추가분을 징수하는 것이었다. 필요하다면 폭력 행위에 상업적 기법이 추가될 수도 있었다. 채무자는 살인적인 이율의 빚을 얻게 되는데, 가진 것을 몽땅 털리고 나면 노예 신세가 되었다. 해당 지역은 로마에서 멀리 떨어진 곳이므로 로마에 앉아 있는 거대 기업의 주주들이야 자기 때문에 남들이 어떤 고통을 겪든 신경 쓸 이유가 있겠는가? 이제 도시들이 전쟁으로 약탈당하는 일은 없어지고 그 대신에 피가 말라 죽을 때까지 수탈당하게 되었다.

내막이야 어떻든 외견상으로는 로마의 예속민들이 수탈자들의 약탈에 대해 호소할 곳이 있었다. 징세 시스템은 사유화되었지만 속주의 행정부는 원로원 엘리트의 몫이었으며, 이들은 여전히 공화국의 이상에 물들어 있는 계급이었다. 이런 이상에 따르면 총독의 임무는 예속민에게 평화와 정의를 베풀어주는 것이었다. 그러나 현실을 보면 제공되는 뇌물이 워낙 엄청나다 보니 가장 엄격한 원칙조차 퇴색한 상태였다. 로마인의 정직성이라는 말은 금방 불쾌한 농담이 되어버렸다. 속주민이 볼 때는 푸블리카누스나 그들을 관리하도록 파견된 원로원 의원이나 다를 바가 없었다.

거대한 탐욕의 장면이 연출된 페르가몬은 노골적으로 약탈당했다. 로마의 영광이라는 명분을 위해 달성된 공화국의 광대한 힘은 이제 적나라하게 돈을 버는 허가증으로 활용되었다. 그리하여 얼마 안 가서 골드러시의 밀물이 밀려왔다. 전쟁을 위해 건설되었던 고속도로는 이제 징세인을 희생자들에게 더 빨리 파견하기 위한 용도로 사용되었다. 짐마차를 끄는 가축들은 세금으로 걷힌 물품의 무게를 못 이겨 허덕대고, 군단보다 훨씬 뒤에 처져 발굽소리를 또각또각 내며 도로 연변을 지나갔다. 점차 로마의 내해가 되어가고 있던 지중해 전역에서 제국주의적 강탈의 산물을 가득

실은 배들이 이탈리아로 향했다. 제국의 동맥은 황금 덕분에 점점 경화되고 있었고 동맥이 경화되면 될수록 로마는 더 많은 황금을 짜냈다.

로마의 장악력이 더욱 공고해짐에 따라 속주들의 모습도 달라지기 시작했다. 동방에서는 보물 때문에 집이 온통 털렸지만 서쪽에서는 땅이 그런 신세가 되었다. 그 결과는 산업혁명 이전에는 두 번 다시 없을 정도의 규모로 실시된 광산 채굴 열풍이었다. 그로 인해 가장 지독하게 파괴된 곳이 에스파냐였다. 그 광경을 본 사람들은 경이로운 목격담을 보고했다. 가장 멀리 떨어진 유대에서도 사람들은 "로마인들이 에스파냐에 있는 금과 은을 얻기 위해 어떤 짓을 했는지에 대해 들었다."[7]

로마가 카르타고로부터 빼앗은 광산들은 한 세기도 더 전에 푸블리카누스들에게 넘겨졌고, 이들은 언제나처럼 게걸스럽게 수탈을 진행했다. 갱도 하나만으로 이루어진 네트워크가 260제곱킬로미터 이상 퍼져 있기도 했고, 최고 4만 명이나 되는 노예들이 그곳에서 죽음이나 다름없는 삶을 살았다. 곰보처럼 구멍이 숭숭 난 지형에는 거대한 굴뚝에서 뿜어져 나오는 용광로의 매캐한 연기 냄새가 배어 있었다. 그 연기는 진한 유독성 화학 물질을 품고 있어서 맨살에 닿으면 그대로 살을 태웠고 탈색시켰다. 새가 그 연기 속에 날아들어가면 죽었다. 로마의 위력이 퍼지는 곳마다 연기 구름이 그 뒤를 좇았다.

원래 광활한 에스파냐 땅은 수탈하기에는 너무 멀고 위험한 곳으로 여겨져왔다. 워낙 미개한 땅이다 보니 부족민들은 소변으로 이를 닦곤 했고 강도짓은 명예로운 직업이었다.* 그러나 기원전 2세기 말엽에는

---

* 기원전 37년과 39년에 시인 카툴루스(Catulus)가 한 말. 아마 에스파냐식의 개인 위생 기준에 대한 로마인의 편견이 작용한 농담이었을 것이다.

이베리아 반도 북부를 제외한 전역이 기업 활동의 대상이 되었다.* 거대한 새 광산들이 중부와 남서부 에스파냐를 가로질러 채굴되었다. 조사 결과 그린란드의 얼음 속 납 함유량이 이 시기 동안 주춤주춤 증가하는 추세가 나타나는데, 이로 미루어 광산들이 토해낸 유독성 연기가 얼마나 많았는지 짐작할 수 있다.[8] 여기서 제련되는 광물은 은광석이었다. 당시 기준으로 은 1톤을 추출하려면 만 톤 이상의 원광석이 필요했다고 한다. 또 기원전 1세기 초반경에 로마 조폐국은 매년 50톤의 은을 사용했던 것으로 추산된다.[9]

아시아와 마찬가지로 에스파냐에서도 그런 거대한 규모의 작업은 공공 부문과 사적인 부문 간의 충돌이 없이는 달성될 수 없었다. 로마 본국의 투자자들에게 고분고분한 원주민과 그럴듯한 항구, 훌륭한 도로를 제공하는 대가로 속주에 머무는 로마인 세력가는 점점 더 많은 뇌물을 요구했다. 이로 인한 부패가 겉으로 드러나면 안 되기 때문에 더욱 교묘하게 진행되었다. 원로원 의원들은 비록 돈을 긁어모으면서 살고 있었지만 겉으로는 여전히 오만한 자세로 돈 문제를 경멸하는 척했다. 이익을 경멸하라는 신성한 법률이 있을 정도였다. 푸블리카누스는 원로원 의원이 될 수 없었다. 또 원로원 의원은 상업 같은 저속한 일에 개입하면 안 된다. 그러나 무대 뒤에서는 그런 법률이 아무 소용이 없었다. 그런 법률이 실효를 거둔 것이 있다면, 총독과 기업가가 어떻게 하면 가장 잘 협력할 수 있는지를 처방함으로써 그들을 오히려 더 긴밀하게 묶어두는 데 기여했을 뿐이다. 이들 둘은 부자가 되려면 서로를 필요로 했

---

* 기원전 23년까지는 이베리아 반도 전역이 로마의 지배를 받지 않았다.

다. 그 결과 로마 정부는 군산복합체라고 불러야 가장 정확한 호칭이 될 성격의 집단으로 변모하기 시작했다. 페르가몬 유산 사건 이후 여러 해 동안 이익과 특권을 추구하는 동기는 점점 혼란스러워졌다. 전통적인 고립 정책은 점점 더 위협을 받게 되었다. 그러는 동안에도 속주들은 더욱 심하게 수탈당하고 있었다.

공화국의 모든 이상이 죽어버린 것은 아니었다. 당시 상황을 보고 너무나 소름이 끼친 나머지 뭔가 조처를 취하기로 시도한 행정관도 몇 명 있었다. 그러나 이는 위험한 시도였다. 기업 카르텔은 자기들의 이익이 심각하게 위협받으면 신속하게 반격을 개시했다. 이들에게 당한 가장 유명한 희생자는 루틸리우스 루푸스Rutilius Rufus였다. 그는 정직하기로 유명한 속주 행정관이었는데, 예속민들을 징세관으로부터 보호할 길을 찾으려 하다가 기원전 92년에 푸블리카누스의 지지자로 가득한 배심원단 앞에서 재판을 받게 되었다. 대기업가들이 뇌물을 써서 갈취라는 판결이 내려졌는데, 굳이 그 죄목을 씌운 것은 뻔뻔스러운 일이었다. 루푸스는 유죄 판결을 받은 뒤 판결과 똑같이 뻔뻔한 태도로, 자기가 수탈했다고 판정받은 바로 그 속주를 망명지로 골랐다. 그곳에서 그는 만세와 꽃비로 시끌벅적한 환영을 받았다.

그 속주는 아시아였다. 과거에 페르가몬 왕국이 있었고. 40년 뒤인 지금도 그 이름으로 불리던 그곳은 로마인이 가장 좋아하는 자금원이었다. 속주민들이 볼 때 루푸스의 유죄 판결은 아마 마지막 지푸라기를 끊어버린 사건이었을 것이다. 그것은 로마인의 탐욕은 절대로 스스로를 통제하지 못함을 입증했다. 하지만 그래 봤자 무슨 소용이 있는가? 아무도 감히 맞서 싸우려 하지 않았다. 그런 저항은 위험했다. 코린토스의 검게 그을린 돌무더기가 웅변적으로 그 사실을 입증하고 있었다. 세금 뿐만 아니라 절망감이 아시아의 그리스인들을 무겁게 짓눌렀다. 이들은 어떻게 하면 공화국을, 등에 달라붙어 있는 게걸스러운 은행가들과 무적의 군단을 떼어내버릴 희망이라도 가질 수 있을까?

그러다가 드디어 루푸스의 판결이 내려진 지 3년 뒤, 돈에 걸신들린 속주 당국의 행동이 도를 지나쳤다. 로마의 기업들은 행동 반경을 넓히려고 오늘날 터키 북부 흑해 연안에 있는 왕국인 폰토스 쪽으로 탐욕스러운 눈길을 던지기 시작했다. 기원전 89년 여름에 아시아 속주 총독이던 마니우스 아킬리우스Manius Aquilius는 그곳을 침략할 핑계를 만들었다. 그는 자기 군대의 인명을 잃을 위험을 지지 않으려고 허수아비 왕국의 왕에게 지시하여 싸움을 대신하게 했다. 지독하게 이기적인 생각이었지만, 그는 후유증이 조금 있다 한들 그런 도발 정도는 얼마든지 손쉽게 처리할 수 있으리라고 예상했다.

하지만 폰토스의 왕인 미트리다테스Mithridates는 흔히 볼 수 있는 적이 아니었다. 화려한 선전의 천재가 심혈을 기울여 다듬어놓은 그의 전기를 읽어보면 마치 동화 같다. 어린 왕자는 어렸을 때 사악한 어머니에게서 버림받고 숲에서 피난처를 구해야 하는 처지가 되었다. 그는 7년 동안 숲에서 살았고, 사슴보다 더 빨리 달리고 사자와도 싸워 이길 수 있게 되었다. 어머니가 아직도 자기를 죽이려고 할까 봐 두려웠던 미트리다테스는 독약을 다루는 기술을 집요하게 개발했고 독약에 대한 내성이 생길 때까지 계속 독약을 복용했다. 간단하게 말해, 왕좌로 가는 길을 방해하는 사람은 가족이라도 그냥 내버려둘 그런 소년이 아니었다. 정복군의 선두에 서서 당당하게 수도로 돌아가자 미트리다테스는 자기 어머니를 죽이라고 지시했고, 형과 누이도 죽이라고 했다. 20년이 지난 뒤인 지금도 그는 여전히 권력에 굶주렸고 여전히 잔혹했다. 내키지 않는 로마의 애완견 노릇을 하고 있기에는 지나치게 잔혹했다. 로마의 침략은 코웃음 치듯이 격퇴되었다.

그러나 그다음 단계로 나아가는 것은 더 운명적인 전진이었다. 미트리다테스는 로마 본국을 공격할지 말지를 결정해야 했다. 강대국은 가볍게 볼 상대가 아니다. 하지만 미트리다테스는 통치 기간 내내 공화국에 도전하는 전쟁을 준비해왔다. 모든 야심적인 전제군주가 그러하듯이 그는 공격력을 증강하는 데 힘을 기울였고 그의 군대는 최신식으로 반짝거렸다. 무기에 금으로 무늬를 아로새기고 갑옷도 보석으로 장식했으니 말이다. 그러나 미트리다테스는 근사한 외관이 주는 효과도 좋아했지만 위장 전술과 기습도 즐겼다. 아시아 전역을 미복으로 여행하면서 그는 속주들이 로마에 대해 품고 있는 증오를 충분히 느끼고 확신할 수 있었다. 바로 이 점이 그로 하여금 도전을 감행하게 했다. 아시아의 속주들을 두루 돌아다니면서 그는 속주의 로마 수비대가 인력이 부족하고 장비도 허술하다는 사실을 알았다. 또 그리스 도시들은 그를 구세주로 치켜세우고 싶어 안달했다. 몇 주일 안 되어 속주에 있던 로마 무력은 완전히 궤멸되었고, 미트리다테스는 에게해 연안에 닿았다.

그는 어머니를 죽인 야만인이었으니, 그리스인들이 진심으로 숭배할 만한 영웅은 결코 못 된다. 하지만 푸블리카누스보다야 모친 살해자인 야만인이 더 나았다. 자유를 갈망하는 마음이 너무나 절박했기 때문에, 또 로마에 대한 증오가 골수에 박혔기 때문에 속주민들은 자신들에 대한 탄압을 없앨 수만 있다면 어디까지라도 기꺼이 갈 각오가 되어 있었다. 이 각오는 로마의 사슬이 이미 끊어진 뒤인 기원전 88년의 여름에 폭발한 끔찍한 폭력 사태로 증명되었다. 미트리다테스는 그리스 도시들과의 연대를 철회 불가능한 것으로 만들기 위해, 아시아에 남아 있던 모든 로마인과 이탈리아인을 죽이라는 명령을 내렸다. 그리스인들은 야만스럽게 입맛을 다시면서 그의 명령을 따랐다. 이 사태가 너무나 은밀하게 준비되었고 너무나 완벽한 협동작업으로 진행되었다는 사실에서 이 사건의 잔혹상이 더 끔찍하게 느껴진다. 희생자들은 한곳에 소집되어 전문 암살자들에 의해 도살되었고, 신상을 붙들고 매달리던 사람들은 갈가리 찢겼고, 바다로 달아나려던 사람은 화살에 맞았다. 그들의 시체는 성벽 바깥에 매장도 되지 않은 채 내버려졌다. 그날 하룻밤 사이에 8만 명의 남녀와 아이들이 살해되었다고 한다.[10]

이 사건은 로마 경제에 대한 파괴적이고 계산된 타격이었다. 하지만 로마의 특권에 대한 타격이라는 점에서 문제는 훨씬 더 심각했다. 미트리다테스는 이미 스스로가 선전의 대가임을 입증했다. 그는 시빌의 예언을 되살려내고 자기가 만든 새 예언 몇 가지를 추가하여 그것들을 자기에게 더 잘 어울리는 것으로 만들었다. 공통된 주제는 동방에서 위대한 왕이 출현하며 그 왕은 거만하고 수탈적인 강대 권력을 무릎 꿇리기 위해 신들이 보낸 징벌의 수단이라는 것이었다. 기업인들을 대량 학살하는 것은 이 주제를 극적인 것으로 만들기 위해 미트리다테스가 선택한 방법의 하나에 지나지 않았다. 그보다 더 큰 효과를 위해 계산된 것이 애당초 미트리다테스를 자극해서 전쟁으로 끌어들인 로마 총독 마니우스 아킬리우스의 처형이었다. 운 나쁘게도 적절치 못한 때에 병이 든 아킬리우스는 포로로 잡혀 7척 장신의 야만인에게 족쇄로 묶인 채 페르가몬으로 끌려왔다. 미트리다테스는 아킬리우스를 당나귀에 묶어 야유를 보내는 군중 사이로 끌고 다니며 전시한 뒤, 귀금속을 몇 개 녹이라고 명령했다. 모든 준비가 끝나자 아킬리우스의 머리가 뒤로 젖혀졌고 입이 억지로 벌려졌다. 녹은 금속이 그의 목으로 부어넣어졌다. "태양 아래에 있는 모든 국가, 민중과 왕들에게 대항하는 전쟁광인 로마는 오직 한 가지 동기밖에는 갖고 있지 않다. 제국과 부에 대한 뿌리 깊은 탐욕이 그것이다."[11] 이것이 공화국에 대한 미트리다테스의 판결이었고, 공화국이 아시아에 파견한 관리인에게 그는 상징적인 정의를 행사했다. 마니우스 아킬리우스는 황금에 질식당해 죽었다.

새 시대의 나팔소리

제국이 노획한 물품을 실은 배가 이탈리아로 항해할 때, 대개 베수비오 산의 매끈한 원뿔 형태를 목표로 잡게 된다. 선원들은 수평선을 살피면서 꼭대기가 납작한 화산의 눈에 익은 실루엣을 찾다가, 그것이 눈에 띄면 항해의 온갖 위험을 뚫고 자기들을 안전하게 돌아오게 해준 신들에게 감사 기도를 올리곤 했다. 여행의 끝이 그들 앞에 놓여 있었다. 선원들은 반짝이는 짙푸른 만 건너의 해안에 점점이 흩어진 마을들, 여러 세기 전에 식민지 건설자들이 이탈리아 연안에 물들인 그림 같은 그리스식의 흔적을 볼 수 있었다. 나폴리 만에서 사업이란 언제나 국제적인 사업이었으니까. 이제 그런 오래된 항구들을 드나드는 선박은 그다지 많지 않았다. 예를 들어 나폴리인들도 햇빛을 즐기기는 했지만 생계는 무역업과는 전혀 다른 직업으로 유지하고 있었다. 로마에서 이틀 거리밖에 안 되기 때문에 최근 들어 나폴리의 오래된 거리들은 관광객으로 넘쳐나기 시작했으며, 그들은 모두 그리스식 생활 방식에 깊은 흥미를 느끼고 있었다. 철학을 논의하는 것이든 의사에게 불평을 하소연하는 것이든, 아니면 재치 있고 독서량도 많은 매춘부와 연애하는 것이든 무엇이든 그랬다. 한편 바다 바깥으로는 거대한 화물선이 그림자를 드리우며 지나갔다.

최근 들어 그런 화물선은 해안을 따라 몇 킬로미터 더 올라가서 푸테올리 항구에 정박했다. 로마의 기업가들은 이미 오래전에 푸테올리에서 그리스의 흔적을 깨끗이 지워버렸다. 콘크리트로 된 거대한 부두에는 로마의 어마어마한 식욕을 채워줄 곡식과 사업의 연료가 되어줄 노예들을 싣고 지중해 전역으로부터 들어온 선박들이 정박했다. 그 외에도 멀리 떨어진 영토에서 수집한 희귀 품목, 조각상과 향신료, 그림과 기이한 화초 등이 실려 왔다. 물론 최고의 부자들만이 그런 사치품을 사들일 수 있었지만, 푸테올리의 해안 양옆에 들어서기 시작한 저택들에 사는 주민들의 수요 역시 점점 증가했다. 또 그런 저택 자체가 이제 최고의 소비 품목이 되었다. 어느 곳에나 있게 마련인 특급 부자들처럼 로마 귀족들은 자기들이 가장 선호하는 휴양지를 배타적으로 독점하고 싶어했고, 그렇게 하기 위해 휴양지를 사모으기 시작했다.

자본이 풍부한 기업가들은 기원전 90년대 내내 이 지역의 부동산 투기 열풍에 불을 질렀다. 그중에서도 특히 눈에 띄는 사람이 굴 양식업자인 세르기우스 오라타Sergius Orata였다. 조개라면 정신을 못 차리는 로마인들의 취향을 이용하여 돈을 벌기 위해 오라타는 그 지역의 굴 양식장을 일찍이 없던 규모로 크게 확장했다. 그는 바닷물의 유입을 통제하기 위해 해협과 댐을 건설했고 인근에 있는 루크리네 호수의 입구 쪽에 높다란 차양막을 여러 개 설치했다. 그런 뒤 그는 이곳이 세계에서 가장 맛있는 굴의 고향이라고 선전했다. 당시 사람들은 오라타의 마술 같은 솜씨에 깊은 인상을 받은 나머지, 그가 자기 집 지붕에서도 굴을 양식할 수 있을 것이라는 말까지 나왔다. 하지만 오라타의 이름이 정말로 널리 알려지게 된 것은 또 다른 기술 혁신 덕분이었다. 굴 시장을 장악하고 난 뒤 그는 더운물 수영장을 발명했다.

암호 같은 라틴어 '공중 목욕장balneae pensiles'의 의미에 가장 잘 들어맞는 것은 최소한 그런 시설일 것 같다. 이 단어를 문자 그대로 해석하면 공중에 매달린 목욕장이다.* 이 발명품을 작동시키려면 엄청난 양의 따뜻한 물을 가두어두어야 하는데, 피로 회복에 놀라운 효과가 있다고 알려졌다. 오라타는 이것 역시 굴만큼이나 성공적으로 팔아치웠으며, 얼마 지나지 않아 공중 목욕장을 갖추지 않은 부동산은 완성품이라고 말할 수 없게 되었다. 물론 그것을 설치해주는 것은 오라타 자신이었다. 저택을 사들이고 수영장을 건설한 뒤 그 부동산을 팔아치우는 것이다.

그는 얼마 지나지 않아 나폴리 만을 부와 멋의 동의어로 만들기로 작정했다. 뿐만 아니라 이 부동산 붐이 해안 지역에만 한정된 것도 아니었다. 길거리에 향수 냄새가 짙게 배어 있는 카푸아 같은 고대 도시나 두

---

* 오라타의 '공중에 매달린 목욕장'이 정확히 어떤 것인지에 대해서는 수많은 추측이 있다. 어떤 사람은 그것이 더운물 샤워기를 갖춘 것이었다고 하고, 어떤 사람은 오라타가 히포카우스트(hypocaust), 즉 호화 빌라의 바닥 아래에 설치된 온열 시스템을 발명했다고 한다. 하지만 샤워 시설이라면 왜 목욕장이라고 했을까? 또 히포카우스트라는 단어가 있는데 왜 새 단어를 만들어냈을까? 이런 다양한 대안에 대한 가장 훌륭한 분석은 페이건(Fagan)의 'Sergius Orata' 참조.

세기 이상이나 로마가 가장 좋아했던 동맹시인 놀라 같은 내륙에서는 평화와 유연함의 표시가 온 사방에 널려 있었다. 그런 도시의 성벽 너머에는 사과나무와 포도밭, 올리브나무 숲과 야생화 들판이 베수비오 산 쪽과 바다 쪽으로 멀리 펼쳐져 있었다. 이런 곳이 바로 이탈리아의 보석이고 부자들의 놀이터였고, 비옥하고 풍요롭고 사치스러운 캄파니아였다.

하지만 모든 곳이 번창한 것은 아니었다. 놀라를 지나면 저지대에서 구불구불 이어지는 골짜기를 따라 아주 다른 세계가 나온다. 삼니움은 온통 산악지대였고 준엄한 분위기였다. 삐죽삐죽한 산세와 아래편에 있는 평원의 잔혹한 대조와 꼭 마찬가지로 돌투성이에다 관목 덤불로 뒤덮인 토양에서 삶을 일구어야 하는 사람들의 성격 또한 대조적이었다. 삼니움에는 굴도 없고 더운물 수영장도 없었고 오로지 우스꽝스럽고 촌스러운 억양으로 말하는 벌목꾼 농부들뿐이었다. 그들은 마술을 부렸고 목에는 보기 싫은 쇠테를 두르고 있었고, 너무나 기겁할 일이지만 남들이 보는 앞에서 이발사더러 치모를 깎아달라고 시켰다. 로마인들은 이들을 경멸했다.

아무리 그래도 로마인들은 이탈리아 반도의 패권을 다투던 최후의 경쟁자가 바로 이 야만인들이었다는 사실을 결코 잊을 수 없었다. 놀라에서 불과 16킬로미터 떨어진 산지에는 카우디움 분기점이라고 알려진 고개가 있었는데, 삼니움인들은 이곳에서 로마에 역사상 가장 굴욕적인 패배를 안겨주었다. 기원전 321년에 협로에 매복해 있다가 로마군을 덮쳐 항복을 강요했던 것이다. 삼니움인들은 포로들을 죽이지는 않고 대신에 갑옷을 벗기고 튜닉만 입은 채로 창을 엇갈리게 치켜들어 만든 아치 밑으로 지나가게 했다. 승자들은 찬란한 갑주를 입고 의기양양하게

서서 그 모습을 구경했다. 그러나 삼니움인들은 적에게 이런 식의 모욕을 줌으로써 적에 대해 치명적인 오해를 하고 있음을 드러냈다. 로마인들은 스스로가 주도하지 않은 평화는 참지 못하는 족속이었다. 동의를 하고 서약까지 했음에도 불구하고 그들은 곧 조약을 깨뜨릴 구실을 찾아냈고, 공격하러 돌아왔다. 삼니움은 곧 정복되었다. 멀리 떨어진 언덕 꼭대기에 식민지가 건설되었고 골짜기를 지나 도로가 만들어졌다. 험악한 지형도 길들여졌다. 오라타의 수영장 곁에서 빈둥거리는 사람의 눈에 삼니움인들이 산꼭대기에서 쳐내려와서 캄파니아를 파괴하곤 했던 시절은 까마득한 옛날 역사로 보였을 것이다.

그러나 기원전 91년에 갑자기 일어날 수 없는 일이 일어났다. 오래 견뎌오던 불만, 한 번도 완전히 꺼진 적이 없던 불씨가 되살아났다. 삼니움 언덕에서 다시 전투가 벌어진 것이다. 산악인들은 마치 오랜 점령 기간이 녹아 없어진 듯이 무장을 갖추었다. 그들은 신속한 기동력을 발휘하여 밀고 내려와서 선조들이 그래왔던 것처럼 평원을 휩쓸었다. 곧 벌어질 폭풍을 미처 알아차리지 못한 로마인들은 캄파니아 지방에 최소한의 군대만 주둔시켰기 때문에 눈 깜짝할 새에 당하고 말았다. 최근 들어 지극한 평화와 나태의 무대가 되었던 나폴리 만 전역에서 마치 익은 과일이 나무에서 떨어지듯 도시들이 차례차례 반란군의 손에 떨어졌다. 수렌툼, 스타비에, 헤르쿨라네움 등등. 그중에서도 가장 큰 포획물은 내륙 쪽으로 더 들어간 전략적 요충지인 놀라였다. 잠깐 동안 공성전을 치른 뒤, 누군가의 밀고 덕분에 이 도시는 삼니움족의 손에 넘어갔다. 수비대는 반란군에 가담하라는 요구를 받았지만 지휘관과 장교들이 코웃음 치며 거부하자 굶어 죽는 처벌을 받았다. 함락된 도시에 시설이 강화

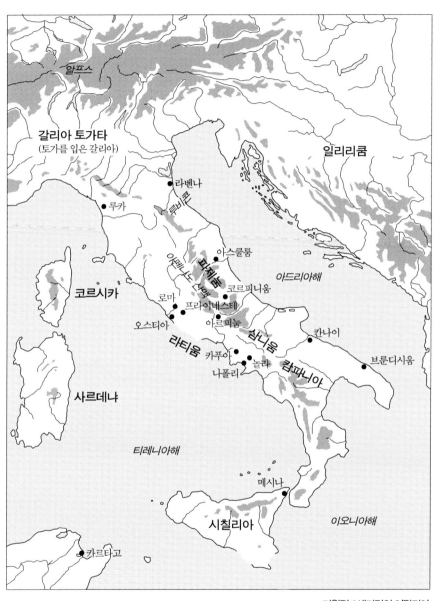

알프스

갈리아 토가타
(토가를 입은 갈리아)

일리리쿰

●라벤나
●루카
루비콘

●아스쿨룸
아펜니노 산맥
피케눔
●코르피니움
아드리아해

코르시카

로마●
●프라이네스테
오스티아●
●아르피눔
●칸나이

라티움
삼니움
●카푸아
놀라●
캄파니아
●브룬디시움
나폴리●

사르데냐

티레니아해

메시나●

이오니아해

시칠리아

●카르타고

기원전 1세기경의 이탈리아
음영으로 표시된 부분은 고지대를 나타낸다.

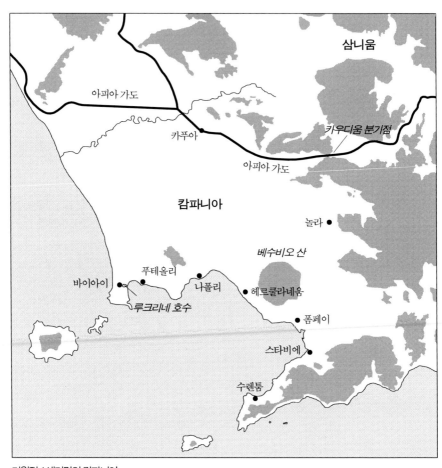

기원전 1세기경의 캄파니아

음영으로 표시된 부분은 고지대를 나타낸다.

되고 보급이 보충되었다. 얼마 지나지 않아 놀라는 반란군 측 명분을 위한 매우 중요한 요충지가 되었다.

그 명분은 삼니움인만의 것은 아니었다. 놀라가 반란군의 손에 넘어간 것은 배신 때문이었지만 그런 배신은 한 번으로 끝나지 않았다. 베수비오 산 사면을 따라 나폴리에서 불과 수 킬로미터 떨어진 폼페이 시는 처음부터 반란군에 가담했다. 과거 로마에 항거하던 일이 기억에도 없는 전설이 되어버린 이탈리아의 다른 부족과 도시들도 무기를 들고 일어섰다. 그러나 특별히 반란의 초점이 된 것은 아펜니노 산맥의 줄기에 위치한 지역들이었다. 삼니움처럼 산악 지역이고 낙후했으며, 농민들이 오래전부터 참혹한 가난에 시달려온 곳이었다. 이들이 평야의 도시로 폭발할 듯이 쳐내려와서 그렇게 잔혹하게 행동한 것도 그 때문이었다. 반란군이 가장 먼저 함락된 도시인 아스쿨룸을 점령했을 때, 이들은 로마인이라면 눈에 띄는 족족 모조리 죽였다. 자기들에게 가담하기를 거부한 자들의 아내는 고문당하고 머리 가죽이 벗겨졌다.

그런 잔혹상의 기록은 깊은 앙심에서 나온 원시적인 야만성 이상의 내용을 전해주지 못할지도 모른다. 그러나 이탈리아의 여러 도시국가를 다스렸던 참주들이 농민들을 폭발시킬 만한 원인을 제공했다는 점을 감안한다면 이들의 증오심은 무의미하지 않다. 동맹시의 지배 계층을 부추기고 매수하는 것이 로마의 수법이었다. 사실 과거에 이탈리아인들의 충성을 확보할 수 있었던 가장 큰 이유는 이 전략이 성공했기 때문이다. 그러나 그들 사회에 필수적인 영향력을 행사하는 사람들, 즉 부자, 지주, 지식인 들이 로마와 소원해지기 시작했다. 그들이 품은 불만은 다양했다. 로마의 전쟁에 참가해야 하는 군사적 의무의 부담이 불공평하게 그들의 어깨에 지워졌다. 로마법 앞에서 그들은 열등한 신분에 속했다. 그러나 그중에서도 가장 심란한 사실은 선조들은 미처 꿈도 꾸지 못했던 기회와 권력의 세계로 그들의 눈이 열렸다는 사실이었을 것이다. 이탈리아인들은 로마인을 도와 세계를 정복하게 했을 뿐만 아니라 세계를 수탈하는 데도 열심히 기여했다. 로마 군대가 진출한 곳마다 이탈리아 사업가가 반드시 따라갔다. 속주에서는 이탈리아 동맹시들도 로마 시민과 사실상 구별되지 않는 특권을 보장받았으며 비참한 처지의 속주민들이 두 계급을 구별하기는 어려웠으므로 두 계급은 똑같은 혐오의 대상이 되어 '로마이오이^{Romaioi}'라 불렸다. 그러나 외국에서 주인 종족이 되어 살아본 경험은 이탈리아인들을 진정시키기는커녕 고향 땅에서도 그와 비슷한 지위를 누려야겠다는 결심을 고무했다. 로마의 권력이 전 세계적 권력의 수준으로까지 강화된 시대였으니, 로마가 이탈리아 정치인들에게 허용한 자치라는 제한적 특권이 너무나 하찮게 보이게 되었다는 사실도 전혀 의외의 일이 아니다. 세계의 패권에 비하면 한두 지역의 경계 분쟁을 판결할 권리 따위가 뭐 그리 대단한가?

이탈리아인들은 그들 방식대로 반란을 일으켰다. 그들 군대의 대다수는 막연하게 느껴지던 지역적 충성심을 지키기 위해 싸웠을지도 모른다. 하지만 그들의 지도자들은 로마가 개입하기 이전의 지방 분권적인 삶으로 되돌아가고 싶은 마음이 조금도 없었다. 중앙집권적인 강대국의 손아귀에서 공동체를 해방시키려고 노력하기는커녕 이들이 생각할 수 있는 유일한 탈출구는 자기들 나름의 새로운 권력을 만들어내는 것이었다. 처음 전쟁을 시작했을 때 반란군 지도자들은 이탈리아의 중앙부에 있는 코르피니움을 새 수도로 결정했다. "이는 모든 이탈리아인이 로마 대용물로 공유할 수 있는 도시"[12]였다. 코르피니움과 새 국가는 모두 이탈리아라는 이름을 가졌다. 주화도 때맞춰 주조되었고 태아 단계의 정부가 세워졌다. 19세기에 가리발디가 등장하기 전까지 독립적인 이탈리아 국가를 건설하려는 이런 시도는 두 번 다시 이루어진 적이 없다.

하지만 아첨의 가장 진지한 형태가 모방이라고 한다면, 이탈리아 건국이 시사하는 것은 적어도 거의 대부분의 이탈리아 지도자들에게 있어서 로마에 대한 반란은 도전의 몸짓이라기보다는 좌절된 경탄의 행동이라는 것이다. 헌법에서 주화에 이르기까지 모든 것은 로마를 모방했다. 이 위태위태한 새 국가는 애당초 이탈리아인들의 진정한 야심, 즉 로마의 시민으로 등록되는 것에 비하면 차선책에 지나지 않았다. 심지어 로마 시민권을 가져봤자 별 도움이 되지도 못했을 일반 병사들에게서도 공화국에 대한 원한이 때로는 동지적 감정으로 보완되어 균형이 맞추어지는 일도 있었다. 전쟁 초반에 로마의 주력 군대가 중부 이탈리아에서 패배한 뒤, 살아남은 로마 병사들은 적어도 자기들만큼 잘 훈련되고 무장을 잘 갖춘 군인들을 상대로 필사적인 지연 작전을 벌였다. 기원전 90년의 여름 내내 그들은 고통스러운 참호전을 치렀고, 점차 반란군을 격퇴시켜 수확기가 다가올 무렵에는 그리고 작전기가 끝나갈 무렵에는 적과 최후의 교전을 시작했다. 하지만 두 군대가 맞서서 진을 치자 양편 군인들은 상대편 진영에서 아는 얼굴을 알아보기 시작했고, 서로 이름을 부르다가 무기를 내려놓았다. "위협적인 분위기는 사라졌고 그 대신에 마치 축제 같은 분위기가 자리 잡았다." 병사들이 친교를 맺음에 따라 로마 지휘관과 상대편 지휘관도 "이탈리아인들의 시민권에 대한 갈망과 평화"[13]를 논의하기 위해 만났다.

논의는 당연히 실패했다. 로마인이 싸움터에 나선 적에게 양보를 할 수 있겠는가? 그렇기는 하지만 회담이 열렸다는 사실은 양편 모두에게 애석해하는 감정이 있었음을 시사한다. 특히 중요한 것은 공화국의 장군이 누구였나 하는 점이었다. 가이우스 마리우스 Gaius Marius는 공화국에서 가장 유명한 군인이었다. 60대에 접어들어 말 위에서의 몸놀림이 예전만큼 민활하지 못했지만, 그래도 그에게는 스타의 자질이 있었다. 반란군도 그를 알았고 숭배했으며, 전투에서 그의 지휘를 받은 적이 있는 병사들도 많았다. 그들은 특히 비범한 무용을 발휘한 이탈리아 동맹시의 보병부대 전체에 시민권을 부여하던 마리우스의 호방한 포상 습관을 감사하는 마음으로 기억하고 있었다. 또한 마리우스가 로마 본토 출신이 아니라는 사실 역시 기억하고 있었다. 그는 수도에서 사흘 거리에 있는 작은 언덕 마을인 아르피눔에서 자랐는데, 그곳은 아주 가난하고 궁벽한 오지라는 점 외에는 별 특징이 없는 곳이었다. 태곳적에는 로마인에게 저항하여 싸운 부족민들의 요충지였지만 패배한 이후 동화되었고, 결국은 자치도시가 되었다. 그러나 이 마지막 단계, 즉 자치도시가 된 것은 다른 이탈리아 동맹시들이 시민권을 얻기 위해 감행한 필사적인 도박인 이 전쟁이 일어나기 전 100년도 채 안 된 때였다. 그러니 전혀 싹수도 없을 것 같은 위치에서 출발하여 그렇게까지 비범한 지위로까지 출세한 마리우스의 경력은 반란군들을 고무하는 계기가 되지 않을 수 없었다.

반란군들만 그런 것도 아니었다. 로마인들 중에도 이탈리아인의 요구에 공감하는 사람은 충분했다. 어쨌든 로마도 애당초 이주민들이 건설한 도시가 아니었던가. 로물루스의 시절로 되돌아가면 로마 최초의 여인은 납치되어온 사비니족 여인들이었고 그들은 아버지와 새 남편들 사이를 가로막아, 서로 싸우지 말고 한 국가의 시민으로서 평화롭게 살자고 간청했다. 그런 호소가 받아들여져서, 로마인과 사비니인들은 함께 일곱 언덕에 정착했다. 이 전설에는 시민권 문제에서 로마만큼 관대한 도시가 일찍이 없었다는 현실이 반영되어 있다. 로마는 언제나 다양한 과거와 출신을 가진 사람이 로마인이 되고 로마의 가치와 신념을 공유하는 것을 허용했다. 물론 그런 가치 중의 으뜸이 비로마인에 대한 어찌할 도리가 없는 경멸이라는 사실은 아이러니였다.

그러나 많은 사람들은 어떤 개인이나 보병대에 시민권을 허용하는 것과 이탈리아 전체에 허용하는 것 사이에는 엄청난 차이가 있다고 생각했다. 로마의 정치가들이 자기들 도시가 압도당할 위험에 처해 있다고 두려워한 것이 순전히 쇼비니즘이나 거만함에서 나온 행동만은 아니었다. 물론 그런 이유에서 나온 행동도 충분히 있었지만 말이다. 이탈리아 반도 전체에 종횡으로 분포한 수백만 명의 인구가 갑자기 새로 시민으로 등록한다면 로마의 옛 제도는 그 사태를 어떻게 감당할 것인가? 보수주의자들이 보기에 이 위협은 너무나 절박한 것이므로, 그것과 맞서려는 노력도 더욱 절박해졌다.

로마에서 비시민을 모두 추방하는 법령이 통과되었다. 더욱 불길한 것은 법령을 통과시키기 위해 폭력을 행사하는 사례가 늘어난 것이었다. 기원전 91년에 이탈리아 전역을 자치도시화하자는 제안이 소란과 과격 시위가 벌어지는 와중에서 기각되었다. 또 그 법령의 제안자(호민관 마르쿠스 리비우스 드루수스—옮긴이)는 분개하여 자기 집으로 물러났다가 현관에서 칼에 찔려 죽었다. 살인자는 끝내 밝혀지지 않았지만 이탈리아의 지도자들은 누구 짓인지 알고 있었다. 살해 사건이 일어난 지 며칠 안에 그들은 산악지대 주민들을 한데 모아 전쟁 준비에 돌입했다.

처음 반란이 일어나서 아스쿨룸에서 벌어진 학살과 머리 가죽 벗기기에 대한 소식이 로마에 당도했을 무렵, 사소한 분쟁 때문에 위기를 촉발했던 경쟁 분파들은 충격을 받아 경황이 없는 와중에도 단결했다. 이탈리아인들의 명분에 동조하던 사람들조차 전투 채비를 갖추었다. 예전의 동맹자들과 맞서는 마리우스의 전투는 예외 없이 무자비하고 끈질겼고, 전쟁 초반에 연속적으로 당했던 참혹한 패배를 설욕하는 데 걸맞게 길고 피비린내 나는 악전고투가 계속되었다. 마리우스가 이탈리아 편 적들과 강화를 교섭하기 위해 마주 앉았을 즈음에는 이탈리아 북부 전역에서 로마의 명분이 확립되어 있었다. 2주일 뒤에 반란군의 명분은 와해되기 시작했다. 아스쿨룸에서의 학살은 반란 소식을 널리 알렸지만, 로마가 또다시 전쟁에서 첫 결정적 승리를 축하할 수 있게 해준 것도 아스쿨룸에서 날아온 소식이었다.

승리한 장군은 그나이우스 폼페이우스 '스트라본'Gnaeus Pompeius Strabon 이었다. 그는 사팔뜨기였기 때문에 스트라본이라는 별명이 붙었지만, 음침한 성격으로도 악명이 높았으며 아마 로마에서 가장 미움받는 인물이었을 것이다. 스트라본은 이탈리아의 동부 해변 지역인 피케눔에 광대한 영지를 소유하고 있었는데, 그곳은 이 전쟁이 시작된 이후 내내 봉쇄되어 있었다. 그러나 겨우내 굶주리고 싶지 않았던 스트라본은 가을이 시작되자 두 차례 협공작전을 벌여 적을 몰아붙이는 데 성공했다. 반란군의 잔당은 아스쿨룸으로 달아났고 스트라본은 그곳에서 진을 치고 그들을 굶겨 굴복시키려 했다.

승리가 점점 더 확실해지자 원로원은 나름의 협공작전을 개시했다. 공격의 한쪽 축은 전투 시즌을 넘기면서까지 군사작전을 계속해서, 반란자들을 이탈리아 중부로 몰아내 점점 더 지쳐가는 군대를 눈이 두텁게 쌓인 산악 지역으로 후퇴시켰다. 협공의 두 번째 축은 이탈리아인들에게 시민권을 허용하는 것을 지지하던 정치인들이 이끌었다. 군사적 성공을 거두었으니 이제 로마가 관대함을 베풀 수 있게 되었다고 확신한 그들은 최고로 완강한 보수주의자들을 설득해서 장기적으로는 동맹시들을 자치화하는 것 이외에 더 나은 대안이 없다고 납득시켰다. 이에 따라 기원전 90년 10월에 율리우스 시민권법이 제출되어 통과되었다. 이 조항에 따라 로마에 충성했던 모든 이탈리아 공동체들은 즉시 로마 시민권을 부여받았고 반란자들은 무기를 내려놓을 경우 일정한 절차를 거쳐 시민권을 주겠다고 약속받았다. 이 제안에 저항할 수 있는 반란군은 별로 없었다. 기원전 89년 여름에는 북부와 중부 이탈리아의 대부분 지역에 다시 평화가 찾아왔다.

그러나 로마에 대한 태곳적부터의 거부감이 투쟁의 뿌리이던 삼니움에서는 그리 쉽게 해결되지 못했다. 또 바로 이 순간에 아시아에서 경악스러운 소식이 들어오기 시작했다. 삼니움의 산봉우리에 다닥다닥 붙어 있는 작은 부락들과 그리스 동방의 거대 도시들, 대리석과 황금 기념물로 장식된 국제적 도시 사이에는 엄청난 격차가 있었겠지만, 로마 통치가 그들 간의 연결고리였다. 아시아의 돈으로 배를 불린 이탈리아 기업인과 징세업자 무리 중에도 분명히 삼니움인이 있었을 것이다. 그곳에서 이들은 삼니움 본국에서는 동족들을 봉기하도록 강요했던 바로 그런 로마에 대한 원한을 키우는 데 기꺼이 기여했다. 이탈리아에서 전쟁이 벌어지고 있었지만, 아시아에 있는 로마와 이탈리아인들은 속주인들로부터 돈을 짜내느라 어디에서 누가 누구와 싸우는지 신경 쓸 새가 없었다.

그때 미트리다테스가 등장했다. 기원전 89년에 아시아에 대한 로마의 통치가 무너지자 그 충격파가 지중해 전역으로 재빠르게 확산되었다. 이탈리아는 급격한 불황에 빠져들었다. 반란군 지도자들은 동방에 있던 동족들의 기업을 활용하여 미트리다테스에게 자기들과 연대하자고 간청했지만, 역설적이게도 이제 미트리다테스가 자기들의 권유를 받아들인 다음에 보니 가장 큰 타격을 입은 것이 이탈리아인 기업가들이었음을 알게 되었다. 이와 대조적으로 로마의 원로원 의원들 집단 내에서는 미트리다테스와의 전쟁을 예상하고 노골적으로 환영했다. 동방인들이 유약하고 여자처럼 전투에 약하다는 것을 모르는 사람은 없었다. 그리고 동방의 엄청난 부가 그 원인이라는 것도 알려져 있었다.

특히 그 전쟁의 지휘권이 당연히 자기 몫이라고 여긴 사람이 있었다. 마리우스는 오래전부터 미트리다테스와의 전쟁에 눈독을 들이고 있었다. 10년 전에 그는 아시아를 여행하면서 그 왕을 직접 만난 적이 있었다. 그때 그는 싸움이 하고 싶어 몸이 근질거리는 사람답게, 로마보다 강해지던가 아니면 로마의 지휘에 복종하던가 택하라고 불쑥 말했다. 그때는 미트리다테스가 자부심을 억눌러 전쟁을 모면할 수 있었다. 그렇기는 하지만 그가 드디어 일어서서 미끼를 물었을 때 그런 행동을 하도록 도발한 사람이 마리우스의 가까운 동맹자라는 사실은 결코 우연이 아니었을 것이다. 로마 속주의 허수아비 왕을 부추겨 폰토스를 침공하도록 했던 마니우스 아킬리우스 총독은 예전에 마리우스의 군대 부관이었고 동료 집정관을 역임했으며, 마리우스는 또한 아킬리우스가 횡령죄로 고발되었을 때 무죄로 방면되도록 힘써준 적이 있었다. 이런 사건과 자료의 출처들은 분명하지 않지만, 하필이면 이탈리아에서 로마가 생사를 건 싸움을 하는 시기에, 동방에서의 로마의 안전에 대해 무신경하다고 할 수도 있는 그런 태도를 아킬리우스가 취했던 이유가 해명될 수도 있다. 그의 목적은 자기 후원자가 영광스러운 아시아 전쟁 지휘권을 따낼 수 있게 하는 것이었다.[14]

하지만 그런 계획은 치명적인 결과를 맞았다. 아킬리우스 자신에게나 마리우스에게나 공화국 전체에게나 모두 그러했다. 동방의 지휘권은 너무나 수익이 두둑한 포상이기 때문에 그것을 원하는 다른 사람들, 굶주리고 야심적인 사람들이 있었다. 그 소망이 얼마나 간절한 것인지는 곧 드러나게 된다.

기원전 89년 가을, 장래를 내다보면서 로마의 민중은 집단적 편집증에 사로잡혀 있었다. 참혹한 전쟁이 끝나가고 있었지만, 승리했음에도 불구하고 불길한 기운이 만연했다. 다시 한 번 신들이 괴상한 조짐들로 공화국의 종말을 알려주는 것 같았다. 가장 불길한 것은 맑고 구름 없는 하늘에서 들려오는 나팔소리였다. 그 소리가 너무나 불길하게 들렸기에, 그 소리를 들은 사람들은 모두 두려움에 질려 반쯤 미쳐버렸다. 점술가들은 불안해하면서 책들을 뒤졌다. 그러다가 그런 이적의 의미는 의심할 여지가 없음을 알게 되었다. 세상의 질서에 대격변이 다가오고 있고, 세계를 집어삼킬 운명을 지닌 혁명 속에서 한 시대가 지나가고 다른 시대가 오리라는 것이었다.

3

베누스의 복수

위대한 경쟁자

기원전 90년대 내내 마리우스는 나폴리에서 해안을 따라 부동산 쇼핑을 다녔다. 로마의 특급 부자들 대부분이 그랬다. 하지만 마리우스가 사치와 방탕으로 악명 높은 지역에 투자한다는 소식에는 다들 유난히 눈썹을 치켜세웠다. 가장 중요한 것은 위치였다. 이 위대한 장군은 루크리네 호수 바로 남쪽 땅을 골라 빌라를 지었는데, 그 자리는 오라타의 굴 양식장뿐만 아니라 근처에 있는 바이아이 마을의 유황온천을 이용하기에도 편리한 곳이었다. 은퇴 후에 살 집으로는 완벽했지만, 대중과

소통하기에는 형편 없는 집이었다. 이런 것은 로마인들이 전쟁 영웅에게서 보고 싶어하는 모습이 아니었다. 풍자 작가들은 강철 인간이 물렁물렁한 뚱보로 변했다고 그를 조롱했다.

하지만 이런 비웃음은 번지수가 틀렸다. 우선 가십거리가 될 만한 것은 마리우스의 체중밖에 없었다. 왜냐하면 노장군은 수영장 가에 드러누워 있기는커녕 대중의 눈앞에서 계속 활동하는 편을 택했기 때문이다. 마리우스 정도의 명성을 날린 인물이 활동할 만한 공간은 로마뿐이었고, 그는 은퇴할 생각이 털끝만큼도 없었다. 아이러니하게도 그 악명 높은 빌라의 설계에서도 그의 의중이 드러났다. 천연의 곶 위에 세워진 그 빌라는 설계에서나 위치에서나 군단의 막사를 본떠서 지어졌고, 그의 전투력의 전매특허이던 참호전에 대한 열광을 과시했다. 군사적인 덕성과 위풍당당한 광휘를 혼합한 그 빌라는 실제로는 이 위대한 장군이 원하는 자기 이미지의 완벽한 표현이었다.

그의 옛 부하장교 하나는 빌라를 돌아본 뒤 마리우스에 비하면 다른 사람들은 모두 장님이라고, 한탄하듯이 찬양할 뿐이었다. 기원전 89년 여름, 그 부하는 그런 모범적인 진지 건설 능력을 인정할 이유가 충분히 있었다. 그때 군단 열세 개로 구성된 거대한 군대를 거느린 루키우스 코르넬리우스 술라Lucius Cornelius Sulla는 평원의 반란군 거점을 차례차례 봉쇄하고 굴복을 강요하고 있었다. 술라는 더 이상 마리우스 휘하에서 수습 기간을 거칠 필요가 없었다. 오히려 마리우스의 그늘에서 벗어나기 위해 분투하느라 쌓은 뛰어난 경력 덕분에 마침내 가장 유능한 전투 지휘관이라는 평판을 얻게 되었다. 베테랑 장군과 야심적인 부하라는 이 두 인물의 경쟁 관계는 이미 오래전에 적대 관계로 변했지만, 그렇다고 해서 술라는 옛 지휘관을 과소평가하는 실수를 저지르지 않았다. 다른 사람들은 마리우스의 빌라를 무기력한 타락의 표시로 보았지만 술라는 거기에서 영감을 얻었다.

참호전 기술에 관한 교과서 구실을 하는 것은 이 빌라의 위치만은 아니었다. 지배 계급의 별장이 빽빽이 늘어선 해안선에서도 마리우스 저택의 장엄함은 유달리 돋보였다. 전통적인 로마의 도덕성은 그렇게 과시적인 낭비를 보고 눈살을 찌푸렸겠지만, 그것은 삶의 본질인 경쟁을 북돋우는 효과도 있었다. 오라타가 그렇게 어마어마한 횡재를 할 수 있었던 것은 신분의 상징을 찾아 헤매는 고객들의 취향을 읽었기 때문이었다. 로마인이라면 절대로 체면을 구겨서는 안 된다. 설사 수영장을 설치하는 문제라 하더라도 말이다. 귀족의 관점에서 빌라는 휴양지 별장으로서보다는 소유자의 고귀한 출생과 탁월성을 대중 앞에 과시하는 무대라는 효용이 더 중요했다.

게다가 마리우스는 시골 출신이었다. 그는 유서 깊은 가문에서 자라지도 않았고 매너도 세련되지 않았다. 그가 얻은 명망은 순전히 재능에 의한 것이었다. 그의 빌라는 로마 공화국에서 외부인이 손에 넣기를 희망할 수 있는 지위의 생생한 상징이라는 의미가 강했다. 그리고 그의 지위는 확고부동했다. 그는 거의 모든 행정관직에 출마하여 여러 차례 당선되었다. 심지어 진짜배기 율리우스 가문의 여자에게 장가도 들었다. 율리우스 가문은 파트리키였고, 비록 지금은 몰락한 가문이지만 그래도 파트리키라는 자부심이 여전했다. 그러니 아르피눔 출신의 시골뜨기가 사랑의 여신의 후손과 동침했다고 주장할 수도 있게 된 것이다. 이런 행동 가운데 어느 하나도 이 위대한 인물이 주류 계층에서 인기를 얻는

데 도움이 되지는 못했다. 그렇기는 하지만 마리우스의 사례는, 파트리키 출신인 술라조차도 한 수 배우고 싶어했을 그런 수준의 것이었다.

술라의 경력 역시 성장 환경에 저항하는 투쟁 과정이었다. 출신은 고귀했지만 그의 아버지가 거의 한 푼도 물려주지 않고 죽는 바람에, 젊은 시절 내내 술라의 형편은 처참했다. 그는 점점 더 평판 나쁜 숙소와 평판 나쁜 친구들의 세계로 빠져들었다. 희극배우, 매춘부, 여장 남자 등의 친구들에게 그는 평생 진심 어린 우정을 보여주었기 때문에 귀족 사회를 엄청나게 분개시켰다. 그는 화류계에서 달아나려고 애쓰면서도 이 세계를 좋아했다. 또 그런 빈민굴 취향이 평생 사라지지 않았다. 그는 폭음을 즐기고 신랄한 재담에 능한 술꾼인 데다 타고난 제비족이었다. 강렬한 푸른 눈과 거의 붉게 보일 정도로 짙은 금발을 가진 그는 신체적 매력도 워낙 대단했다. 낙오자로 묻힐 뻔한 그를 구제해준 것도 바로 이런 관능적 매력이었다. 로마의 최고급 창부 하나가 그에게 홀딱 빠진 나머지, 나중에 죽으면서 자기 재산 전부를 술라에게 물려준다는 유언장을 남겼다. 비슷한 시기에 술라의 계모도 죽었는데, 마찬가지로 유산을 전부 술라에게 물려주었다. 다른 귀족들은 이미 여러 해 전부터 승진의 미끄러운 장대를 기어오르고 있는 나이인 서른 살이 되어서야 술라는 드디어 정치적 경력을 시작할 자금을 손에 쥐게 되었다.

이후 그는 보기 드문 탁월함을 발휘하여 명망을 추구했고, 또 손에 넣었다. 그의 재능은 특별했을지 모르지만 이런 야심은 특별한 것이 아니었다. 왜냐하면 로마에서 남자는 영광스러운 행적으로 명성을 쌓지 않으면 무용지물이기 때문이다. 이제 술라가 점점 가까워지고 있던 그 정상에서는 최고의 상품이 손짓하고 있었다. 물론 이것은 설치된 지 400

년도 더 지났지만 여전히 말 그대로 군주 같은 위력을 지닌 관직, 집정 관이었다. 집정관에 선출된다면 술라는 고대의 왕 같은 권력을 지님과 동시에 외적으로도 군주와 같은 치장을 할 수 있게 된다. 자줏빛 단을 두른 토가를 물려받고 국가가 정한 특별한 의자에 앉게 될 뿐만 아니라 열두 명으로 구성된 호위병인 릭토르^{lictor}를 거느리는데, 이들은 모두 어깨에 파스케스^{fasces}, 즉 '처벌 막대 묶음'을 메고 다닌다. 릭토르는 집정 관이 갖는 군주제적인 여러 속성 중에서도 가장 큰 두려움을 주었다. 간단하게 말해서, 그가 정말로 꼭대기에 도달했음을 모든 사람에게 확인 시켜주기에 충분한 호위병이었다.

그렇다고 그 자리에 영구히 머무른다는 의미는 아니다. 집정관은 독재자가 아니다. 파스케스는 탄압의 상징이 아니라 민중이 자유의사로 위임한 권위의 상징이다. 이 행정관은 유권자들의 변덕에 종속되어 있고 권력도 단 1년으로 제한되며, 자기와 똑같은 권위를 가진 동료 집정 관과 함께 봉직하며, 자기 임무를 신중하고 예의 바르게 수행해야 한다. 한 시민의 야심이 제아무리 과격할지라도 전통에 대한 로마인들의 존경심의 한계를 깨뜨리는 경우는 거의 없었다. 공화국이 길러낸 것은 또한 속박이기도 했다.

높은 성취를 이룬 사람은 대개 그런 성취로 인한 긴장 때문에 스트레스를 느꼈다. 공화국의 이상은 그것 자체가 가져오는 갈증 바로 그것을 부정하는 기능을 행했다. 그 결과 영광의 달콤함을 맛본 로마인은 흔히 중독자가 겪는 것과 비슷한 고통을 겪는다. 그러니 이미 예순 살이 넘었고 숱한 명예를 얻은 마리우스도 여전히 미트리다테스와의 전쟁에서 지휘권을 놓고 경쟁자를 거꾸러뜨리려고 꿈꾸는 것이다. 또 술라도 집정관에 선출된다 한들 옛날 상관의 모범 때문에 계속 시달리게 되는 것이다. 마리우스의 빌라가 캄파니아 해안에 있는 다른 모든 빌라를 무색하게 하는 것처럼 그의 명망은 예전의 그 어떤 집정관에 비하더라도 탁월했다. 대부분의 사람들은 평생 한 번 정도 집정관에 선출되었다. 마리우스는 여섯 번이나 집정관에 선출되었는데 이는 전무후무한 일이었다. 그는 점쟁이가 자기더러 일곱 번 선출될 것이라고 단언했다고 즐겨 말하곤 했다.

술라가 그를 싫어한 것도 무리가 아니었다. 그러면서도 술라는 그가 얻은 것과 똑같이 위대한 업적을 달성하기를 꿈꾸었다.

로마로 진군한 로마군

기원전 89년 늦가을, 선거철에 술라는 자기 부대를 떠나 로마로 향했다. 그는 최근의 공훈들로 찬란하게 빛나는 명성과 함께 로마에 도착했다. 우선 그는 캄파니아에서 반란군이 점거했던 도시들을 모두 항복시켰고, 남은 것은 놀라뿐이었다. 놀라의 위협을 무시하면서 술라는 그다음으로 반란군의 배후지 심장 한가운데를 공격했다. 삼니움 공격에서, 그는 어떤 산의 고개에서 매복했다가 삼니움 군대를 사로잡고 반란군의 수도로 쳐들어가서 세 시간 동안 잔혹한 공격을 퍼부음으로써 카우디움 고개의 굴욕을 뒤늦게나마 설욕했다. 놀라가 여전히 저항하고 있었고 다른 곳에도 몇몇 고립된 저항 거점이 있었지만, 술라는 사실상 반란을 완전히 종식시킨 것이나 다름없었다.

그런 업적이라면 충분했다. 바로 그해 선거는 경쟁이 유달리 치열했기 때문에 마침 다행이었다. 기원전 88년 무렵에는 집정관이 최고의 명예 이외에 더욱 풍부한 보상을 약속할 수도 있다는 사실을 모든 사람들이 인식하기 시작했다. 물론 이는 미트리다테스와의 전쟁 지휘권을 의미한다. 그것은 명예와 엄청난 이익이 보장된 직책이었으며, 마리우스를 패배자로 만든다는 즐거움은 굳이 말할 필요도 없는 일이었다. 술라는 먼저 삼니움의 정복자라는 후광에 힘입어 집정관 직위에 올라섰다. 그리고 몇 주일 뒤 미트리다테스와의 전쟁 지휘권을 손에 넣었다. 술라의 승리이자 마리우스의 굴욕이었다.

대중은 과거의 총아에게 연민을 보내지 않았다. 로마 사회 도처에는 잔인한 이중 잣대가 있었다. 도덕주의자들은 노인들에게 "게으름과 무기력의 유혹보다 조심해야 할 것은 없다"[1]고 주의시키다가도 우아하게 늙어가지만은 않겠다고 저항하는 노인을 무자비하게 조롱했다. 동쪽으로 출발하기 전에 이탈리아 내의 전쟁을 종결지으려고 조바심이 난 새 집정관이 아직도 완강한 놀라의 포위전으로 서둘러 돌아가자 마리우스 역시 캄파니아로 떠나라는 충고를 들었다. 풍자가들이 지적했듯이, 이제는 그도 빌라에 정착해야 아무 탈이 없을 것이다. 고맙게도 술라 덕분에 말이다. 로마에서 조롱거리가 되느니 그저 굴복하고, 나폴리 만으로 은퇴해서 굴이나 포식하고 살면 될 텐데, 왜?

마리우스는 아주 공개적인 활동을 시작하는 것으로 이 질문의 답을 대신했다. 매일같이 그는 훈련장에 나가서 스스로를 극한까지 몰아붙여 달리고 승마를 하고 창과 검을 연습했다. 오래지 않아 군중이 모여들기 시작하여 입을 헤벌리고 갈채를 보냈다. 그와 동시에 정치적 지지자를 찾아서 주위를 살피기 시작했다. 물론 그에게 정말 필요한 것은 민중에게 법령을 제안하여 술라가 따낸 미트리다테스와의 전쟁 지휘권을 자기에게 넘겨줄 인물, 곧 호민관이었다.

그는 푸블리우스 술피키우스 루푸스Publius Sulpicius Rufus라는 안성맞춤의 인물을 발견했다. 후세의 선전에 따르면 술피키우스는 "잔인하고 무자비하고 인색하고 뻔뻔스럽고 어떤 일이든 주저하지 않는"[2] 성격이라는 부정적인 평가를 받는데, 그런 묘사의 발원지가 틀림없이 술라일 것이라는 점을 감안한다면 거기에는 많은 의미가 함축되어 있다. 그러나 술피키우스는 원칙이 없는 사람은 결코 아니었다. 그는 파멸의 위험이 있다 하더라도 명분을 중시했다.

이런 열정은 평생에 걸친 이탈리아인의 권리 옹호에서 가장 좋은 방향으로 발휘되었다. 완전한 시민권이 허가되기는 했지만 그래도 이들의 권리는 여전히 열성적으로 옹호될 필요가 있었다. 원로원의 보수 인사들이 자치권에 물타기를 할까 봐 걱정한 술피키우스는 자치 문제가 공정하게 행해지도록 하는 법안을 제출했다. 그러나 술라와 동료 집정관인 폼페이우스 루푸스Pompeius Rufus는 술피키우스를 지지할 것처럼 굴면서도 그 법안을 반대하는 편을 택하여 법이 통과되지 못하도록 손을 썼다. 술피키우스는 쓰라린 배신감을 짓씹는 신세가 되었다. 예전에는 루푸스를 가까운 친구로 여겼는데 말이다. 이제 그는 복수를 맹세하면서 새로운 동맹자를 모색했다. 바로 이때 마리우스가 다가온 것이다. 장군과 호민관은 신속하게 비밀 협정을 맺었다. 마리우스는 술피키우스의 법안을 지원하기로 동의했고 그 대가로 술피키우스는 술라의 지휘권을 마리우스에게 넘기는 법안을 제안하기로 약속했다. 이런 대책을 마련한 뒤, 술피키우스는 법안을 다시 발의했다. 그와 동시에 지지자들이 길거리로 쏟아져 나와 시내 전역에서 소요가 일어났다.

소요 사태가 술라에게 전달되었다. 그는 경악하여 로마로 급히 돌아왔다. 그는 도착하자마자 폼페이우스 루푸스와 비밀리에 만났지만 이를 눈치챈 술피키우스가 폭력배들을 데리고 와서 만남을 무산시켜버렸다. 그 뒤 이어진 싸움에서 루푸스의 아들이 살해되고 루푸스도 간신히 목숨만 구해 달아났다. 술라는 굴욕스럽게도 마리우스의 집에 숨어 군중의 위협을 피해야 했다.

더 심한 치욕이 계속되었다. 집정관인데도 이제 술라는 술피키우스의 요구에 반대할 힘이 없는 처지가 되었다. 왜냐하면 로마를 생각하고 있는 것은 집정관의 파스케스가 아니라 호민관을 지지하는 군중이었으니 말이다. 강요에 의해 친이탈리아 법안을 통과시키는 데 동의했고, 배신의 대가로서 루푸스는 집정관에서 물러나야 했지만, 술라 자신은 관직을 그대로 유지하고 놀라 포위전으로 돌아간다는 것 외에 다른 조건은 없었던 것 같다. 이 단계에서는 미트리다테스와의 전쟁 지휘권에 관한 이야기는 없었다. 술라는 자기 임무가 신성불가침이라는 것을 의심할 이유가 전혀 없었다. 그런데도 자기 진영으로 돌아왔을 때, 술라는 자기가 가진 권력의 외형과 실체 사이에 급속도로 벌어진 간극에 대해 비통한 생각을 품지 않을 수 없었다. 그의 위신이 너무나 크게 손상되었으니, 동방 전쟁에서의 승리 외에는 그것을 보상할 길이 없었다. 승리하지 못한다면, 영광은커녕 집정관직이 경력의 끝이 될 위험이 있었다.

마리우스도 그랬지만 술라에게는 극도로 위험한 때였다. 다만 마리우스와 달리 술라는 그 위험이 앞으로 얼마나 더 커질 것인지를 미처 깨닫지 못했을 뿐이다. 그때 전령 하나가 로마에서 먼지를 덮어쓴 채 놀라로 향하는 도로를 질주해왔다. 한창 포위전이 벌어지는 와중에 도착한 그는 집정관 앞으로 안내되었다. 그는 마리우스의 참모였는데, 술라는 그를 보는 순간 나쁜 소식을 가져왔다는 것을 알 수 있었다. 과연 충격적인 소식이었다. 그동안 민회 결의가 있었다고 술라는 들었다. 술피키우스가 제안한 민회 결의안은 로마 민중에 의해 재가되고 법령으로 통과되었다. 그 결의에 의거하여 술라는 전쟁의 지휘권을 내려놓아야 했다. 후임자는 마리우스였다. 이 참모는 군대의 지휘권을 넘겨받으려고 온 것이었다.

술라는 처음에는 당황했다가 다음에는 점점 커지는 분노에 휩싸여 자기 천막으로 물러났다. 그곳에서 그는 재빨리 계산을 해보았다. 그는 놀라에 여섯 개의 군단을 거느리고 있었다. 이 중 다섯 개는 미트리다테스와의 전쟁에 할당되었으며, 하나는 포위전을 계속해나갈 예정이었다. 총인원은 대략 3만 명 정도였다. 술라가 전해 여름에 지휘했던 인원에 비하면 많이 줄었지만, 그렇더라도 위협적인 집중 공격이 가능한 무력이었다. 그의 군대와 대등하게 겨룰 희망이라도 있는 것은 이탈리아의 다른 편에서 반란군을 진압하느라 한창 바쁜 폼페이우스 스트라본의 군단뿐이었다. 로마에 있는 마리우스에게는 군단이 하나도 없었다. 셈은 간단했다.

그렇다면 산전수전 다 겪은 전략가 마리우스는 어찌하여 최대의 경쟁자를 하필이면 전투로 단련된 여섯 개의 군단이 있는 곳에서 궁지에 몰아넣었을까? 분명한 사실은 술라가 싸워서 궁지에서 빠져나올 수도 있다는 것을 마리우스는 전혀 예상하지 못했다는 것이다. 그것은 있을 수 없는 일이었고 생각할 수도 없는 일이었다. 어쨌든 로마의 군대는 장군 개인의 군대가 아니라 전쟁에 나간 공화국의 화신이었으니까. 군대는 합법적인 절차를 거쳐 지휘관으로 임명된 사람이면 누구에게나 충성한 다. 공화국의 시민이 전쟁에 참가해온 한 항상 그래왔고, 마리우스도 이 런 사태가 바뀔 수도 있음을 상상할 이유가 없었다.

하지만 술라는 그럴 이유가 있었다. 경쟁자에 대한 증오심, 야심이 좌 절된 것에 대한 분노, 자기 입장이 전적으로 정당하다는 완벽한 믿음, 이 모든 것들이 특히 대담하고 끔찍한 가능성을 고려하도록 부추겼다. 군단을 이끌고 자기 도시를 공격하러 간 시민은 이제껏 없었다. 그런 걸 음을 내딛고 그런 전통을 욕보이는 최초의 인물이 된다는 사실은 로마 인으로서는 거의 감당할 수 없는 부담이었을 것이다. 하지만 술라는 털 끝만큼도 망설이지 않았던 것 같다. 그는 지독한 냉소주의자이면서 또 비정상적으로 종교적인 사람이기도 했다. 그는 한 위대한 여신이 자기 를 격려하고 있다고 확신했다. 다른 모든 신들은 그의 행동에 뷰개할지 몰라도 그 여신의 힘이 그들보다 더 강하다. 술라는 자신이 무슨 일을 하든, 얼마나 높은 곳에 도달하든, 베누스가 자신을 보호해주리라고 믿 었다. 베누스는 자기가 사랑하는 총아에게 성적 매력과 행운을 모두 약 속했다.

그렇지 않고서야 자신이 이룬 그 비상한 출세를 어찌 설명할 수 있겠 는가? 충성심을 대단히 중요하게 여기는 그는 자기에게 모든 재산을 상 속해준 두 여성에게 진 빚을 절대로 잊지 않았다. 그와 베누스의 관계에 대한 인식에도 이 사실이 영향을 주었을까? 베누스가 자기에게 해줄 수 있는 것에 대한 대가로서, 술라는 베누스를 유혹하고 숭배해야 할 또 다른 여성으로 보았는가? 술라가 평생 동안 자신의 매력을 무기로 활용했다는 것은 분명한 사실이다. 매춘부들에게 그랬던 것처럼 정치가에게나 군인에게도 마찬가지였다. 특히 그는 일반 병사들을 자기편으로 끌어들이는 재주에 능했다. 그는 그들과 같은 말투를 쓸 수 있었고 그들의 농담에 웃을 수 있었으며, 얼마 지나지 않아서 부하들을 위해 호의를 베풀어줄 수 있는 장교라는 평판을 얻었다. 비상한 행운아라는 평판이 군사적 승리와 짝을 이루었으니, 술라가 자기 부대에서 높은 인기를 누린 것이 의외는 아니었다.

하지만 많은 사람이 보기에 그의 매력은 어딘가 불길했다. 외모도 그랬다. 그렇게 미남인데도 술라의 얼굴은 지독하게 검붉었고, 화를 내면 얼굴이 이상하게 희번덕거렸다. 의학적 소견으로는 성적 도착의 결과라고 설명하는데, 술라에게 고환이 없다는 끈질긴 소문의 증거라고도 했다. 그런 추악한 소문은 술라에게 항상 골칫거리였다.

술라가 첫 전투에 참가하도록 지명되었을 때 그의 지휘관이던 마리우스는 새 장교의 경박한 평판을 혐오스러워했다. 한참 뒤에 술라가 군사적인 자질을 더할 나위 없이 입증해낸 이후, 업적은 변변찮아도 출신은 더 높은 어떤 귀족 앞에서 으스댄 적이 있었는데, 그 귀족은 아버지에게서 한 푼도 물려받지 못했는데도 그만한 재산을 가지게 된 사람에게는 뭔가 옳지 못한 점이 있다고만 말했다. 술라의 승리에 대한 불미스러운 소문 역시 워낙 끈질기게 따라다녔는데, 그런 소문이 그저 속물주의와 시기심 때문이라고 무시하기는 어려웠다. 예를 들어 삼니움족과의 전투에서 대승을 거둘 수 있었던 것이 합법적인 다른 지휘관에게서 군단을 빼앗아온 덕분이었다는 소문이 있었고, 살인을 보고도 눈감아주었다는 말도 있었다. 기원전 89년 초반에 폼페이 포위전을 치르고 있을 때, 폼페이의 방어가 유달리 완강하자 공격하던 로마 부대는 부대장이 자기들을 배신했다고 의심하고 부대장을 때려죽인 적이 있었다. 살해된 장군을 대신하여 포위전의 지휘권을 넘겨받은 술라는 수상쩍게도 그 반란자들을 처벌하지 않았다. 게다가 그 범죄를 부추긴 것이 술라라는 소문까지 떠돌았다. 그런데 다들 그런 이야기를 믿었을 뿐 아니라, 그 때문에 오히려 부하들에게 그의 인기가 더 높아졌다는 사실은 그의 명성이 얼마나 수상한 성격의 것인지 시사하는 바가 많다.

장교 한 명을 때려죽인 경험이 있는 술라의 병사들은 건방진 부관을 재빠르게 처리해버리는 데 확실히 맛을 들였던 모양이다. 술라가 연병장에 그들을 소집하고 로마에서 온 소식을 공개하자, 이들은 즉각 마리우스의 특사를 돌로 쳐죽였다. 누가 시키지 않았는데도 그들은 술라에게 수도로 가자고 외쳤으며, 술라는 이 요구를 기꺼이 받아들였다. 술라의 부관들은 이 계획에 크게 놀라 한 명 외에는 전부 물러섰다. 술라는 이제 자기가 선을 넘었음을 알았으니, 발길을 돌릴 수 없었다. 놀라 포위전을 계속하도록 군단 하나만 뒤에 남기고 그는 북쪽으로 행군했다. 술라가 접근해온다는 소식을 듣고 로마에서는 다들 귀를 의심했다. 해임된 집정관인 폼페이우스 루푸스 같은 몇몇 사람은 이 소식을 반기고 서둘러 그와 합세하러 달려갔지만 대부분이 느끼는 감정은 충격과 절망감이었다. 전령들이 미친 듯이 파견되어 술라더러 수치스러운 줄 알고 군대를 물리라고 요구했지만, 그 모든 애원에 대해 그는 유쾌한 태도로 자기는 "로마를 독재자에게서 해방시키기"[3] 위해 행군한다고 대답할 뿐이었다. 마리우스와 술피키우스는 이 무시무시한 접근의 목적이 누구인지 너무나 잘 알고 있었으므로 시간을 벌려고 필사적으로 노력했다. 술라가 로마 외곽에 다가오자 그들은 마지막 통첩을 보내어 원로원이 그의 불만에 대해 논의하기 위해 소집될 것이며, 자기들도 그 회의에 참석하고 그 결정에 따르겠다고 전했다. 그 대신에 그들이 요구한 것은 술라가 로마 본토의 신성한 경계로부터 8킬로미터 바깥에 숙영하라는 것뿐이었다.

이 경계를 넘어오는 행동이 얼마나 무시무시하고 끔찍한 의미인지 모르는 사람은 없었다. 로마가 신성해진 것이 여러 신들 덕분이지만 포메리움pomerium, 즉 로물루스가 경작하던 밭이랑을 표시하는 고대 구역만큼 신성한 구역은 없었고, 왕조 시대부터 그 구역은 조금도 변경되지 않았다. 어떤 시민이든 무장한 채 그곳을 넘어선다는 것은 절대적으로 금지되어 있었다. 포메리움 안은 도시의 수호신이자 도시의 평화를 보장해주는 신인 유피테르의 구역이었다. 그는 화나면 위험한 신이었으므로, 술라가 마리우스의 전령에게 그 조건을 받아들이겠다고 하자 전령들도 그 말을 믿었을 것이다. 하지만 술라는 감쪽같이 속였다. 전령이 로마로 떠나자마자 그는 군단에게 뒤를 따르라고 명령하고, 도시의 성문 세 군데를 장악하기 위해 각기 별도로 행군하라는 지시를 내렸다. 유피테르도 위압적인 존재이겠지만 술라는 그래도 행운의 여신이며, 유피테르만큼 위대하다고 믿었던 베누스의 축복을 믿었다.

군단병들이 포메리움을 넘어서서 좁은 거리로 밀고 들어가기 시작하자 그들을 맞은 동료 시민들은 지붕 꼭대기에서 기왓장을 던졌다. 시민들의 공격이 워낙 격렬하여 한동안 군인들이 멈칫거렸지만 술라는 불화살을 지붕 위로 쏘라고 명령했다. 불길이 도시의 간선도로를 따라 번져나가자 술라는 제일 큰 도로인 비아사크라를 따라 달려가서 로마의 심장부로 들어갔다.

마리우스와 술피키우스는 도시의 노예들을 봉기시키려고 애써보았지만 소용이 없었으므로 달아나버렸다. 어디를 보든 갑옷으로 무장한 병사들이 새 위치를 지키고 있었다. 원로원 회의장 밖에도 칼과 갑옷을 입은 사람들이 서 있었다. 도저히 생각할 수도 없던 일이 일어났다. 장군이 스스로 로마의 주인이 되었다.

이는 지극히 위험한 순간이었다. 후세는 점술가들이 경고했던 위대한 전환점이 바로 그 순간이었음을 알 수 있을 것이다. 즉 구세대가 사라지고 새 세대가 밝아오는 순간이라는 것이다. 로마의 군대가 로마로 진군해옴으로써 확실히 분수령에 도달했다. 순진함 같은 것은 사라졌다. 영광을 얻으려는 경쟁이 항상 공화국의 생명의 피였지만 이제 뭔가 치명적인 것이 그 속으로 흘러들었고 그 독소가 항상 남아 있다는 사실은 결코 쉽게 잊힐 수 없게 되었다. 한 시민으로서 두려워해야 할 최악의 일이 예전에는 선거나 소송에서 패배하는 것, 혹은 원로원의 토론에서 지는 것 등이었다. 하지만 마리우스를 추적하던 술라는 경쟁심과 개인적 증오를 새로운 극한까지 몰아붙였다. 이 순간 이후, 야심적인 시민이라면 누구나 이에 대한 기억을 떨쳐버리지 못하게 된다. 그것은 유혹이기도 했고 공포이기도 했다.

또 당연히, 운명적인 발걸음을 떼어놓았으니 술라는 유리한 고지를 활용하려고 필사적으로 애썼다. 원로원을 소집하여 자기 적을 국가의 공적으로 명시하라고 요구했다. 원로원은 술라의 호위병을 불안스럽게 힐끗힐끗 곁눈질하면서 이 요구에 급히 복종했다. 마리우스, 술피키우스 및 마리우스의 어린 아들을 포함한 다른 열 명에게 지체 없이 유죄를 선고했다. 술피키우스는 노예가 배신하는 바람에 추적되어 살해되었지만 유죄가 선고된 다른 사람들은 모두 몸을 피했다. 마리우스는 갈대밭에 숨고 청부살인자들과 대담하게 맞서는 등의 아슬아슬한 모험을 여러 차례 겪은 뒤 비교적 안전한 아프리카에 도착했다. 이 사실로만 본다면 술라의 도박은 실패했다. 마리우스가 살아남았으니 나중에 다시 싸우게 될 것이다.

술라는 실망하기는 했지만 그렇다고 근거도 없이 걱정만 하고 있지는 않았다. 최대의 경쟁자에게 유죄 선고를 내린 일은 개인적인 보복행위로서의 만족감 이상의 무언가를 주었다. 그는 거기에 다른 의미를 담으려고 했다. 자신의 명분을 공화국의 명분과 동일시함으로써 로마로 행군해온 것을 방어적인 행동이라고 재규정하고자 했다. 다섯 개의 군단이 그를 지지했지만, 그래도 술라에게는 그 어떤 적나라한 힘의 사용보다도 적법성이 더 중요했다. 불법적인 분쟁 기간 동안, 어떤 존경받는 원로원 의원이 술라를 마주 보면서 마리우스 같은 위대한 인물을 공적으로 간주해서는 절대로 안 된다고 말했을 때 술라는 그 노인의 반대할 권리를 토 달지 않고 인정했다. 할 수만 있다면 그는 자기 동족의 정서에 대해 이와 비슷한 배려를 베풀곤 했다. 군사적인 독재자 행세를 하기는커녕 헌정의 수호자 행세를 하는 편을 택했다.

또 이것이 단순한 위선만은 아니었다. 술라가 혁명적인 인물이라 하더라도 그것은 다분히 현상 유지라는 명분을 위한 것이었다. 모든 종류의 혁신에 대해 적대적이던 그는 술피키우스의 법안을 전부 무효화했다. 대신에 그는 원로원의 전통적인 우월권 강화를 목적으로 하는 법안을 제출했다. 원로원은 수호자로 자처하는 이런 인물이 전혀 마음에 들지 않아도 그런 조처를 반대할 수가 없었다. 하지만 술라는 여전히 딜레마를 벗어나지 못하고 있었다. 미트리다테스와 전쟁을 하러 이탈리아를 떠나고 싶어 안달하면서도 자기가 없는 동안 무슨 일이 일어날지 모르기 때문에 자기 지지자들을 권좌에 심어둘 필요성을 느꼈다. 그러나 해마다 치러지는 선거에 노골적으로 개입할 경우 법의 지배를 구현한다는 자기의 주장이 우습게 되어버린다. 실제로 그의 동맹자들은 한 명도 집정관 자리에 오르지 못했다. 당선자 중 한 명인 그나이우스 옥타비우스Gnaeus Octavius는 술라처럼 천성적인 보수주의자였지만, 두 번째 당선자인 코르넬리우스 킨나Cornelius Cinna는 술라를 고소하겠다고 위협까지 한 인물이었다. 그런 상황에서 술라는 최대한 품위를 지키며 패배를 받아들였다. 그러나 새 집정관의 임명에 동의하기 전에 그는 신성한 카피톨리누스 언덕에서 자기의 법안을 절대로 뒤집지 않겠다는 공개적 서약을 하라고 그들에게 요구했다. 무모하게 모험하고 싶지 않았던 옥타비우스와 킨나는 동의했다. 서약을 하면서 킨나는 돌멩이를 하나 집어들어 굴리면서, 자기가 술라에게 한 약속을 지키지 못한다면 자기도 저렇게 로마에서 쫓겨나게 될 것이라고 공개적으로 서약했다.

술라는 이것으로 만족할 수밖에 없었다. 그러나 이탈리아를 떠나 그리스로 가기 전에 그는 마지막으로 한 가지 조처를 취해두었다. 자신의 안전을 보장하는 것 외에도 충실한 동맹자에게 보상을 하기 위해 그는 기원전 88년의 집정관 동료이던 폼페이우스 루푸스가 스트라본의 군단 지휘권을 넘겨받도록 조처했다. 하지만 사실 그런 조처는 친구의 안전을 전혀 보장해주지 못했고, 오히려 자기를 따라 로마로 행군했던 자기 부대의 열성에 대해 술라가 얼마나 무신경한지를 입증해주었을 뿐이다. 마리우스의 참모가 그랬듯이 루푸스는 서류 한 장만을 들고 새 부대의 진지에 도착했다. 스트라본은 자신과 자리를 교대하러 온 이 사람을 섬뜩할 정도로 공손하게 맞아들였다. 그는 루푸스를 부대에 소개한 뒤 진지를 떠났다. 업무 때문이라고 그는 주장했다. 다음 날 루푸스는 희생 제의를 올려 새 지휘권을 축하했다. 그가 제단에 서 있을 때 한 무리의 군인들이 그를 에워쌌다. 루푸스가 제물을 찌르는 칼을 쳐들자 군인들은 루푸스를 붙잡아 때려눕혔다. "마치 그가 희생 제물인 것처럼."[4] 스트라본은 진지로 서둘러 돌아와서 분개하는 척했지만 살인을 저지른 부대에 아무 조처도 취하지 않았다. 비슷한 상황에서 술라를 따라다니던 소문이 이제 어쩔 수 없이 스트라본에게 돌아갔다. 후임자의 살인을 스트라본이 지시했다는 것을 의심하는 사람은 아무도 없었다.

집정관이 휘하의 군인에 의해 도살되었다. 루푸스의 운명은 후세 세대의 숙명론적인 판단을 확인해주는 듯이 보인다. 즉 술라의 쿠데타가 일어난 뒤에는 "군벌들이 군사적 폭력을 자제할 만큼 수치스러운 일은 하나도 없었다. 법도, 공화국의 제도도, 심지어 로마에 대한 사랑도 그런 일을 막지 못했다."[5] 그러나 실제로는 그 반대였다. 루푸스를 살해한 뒤 스트라본은 쿠데타를 감행하기는커녕, 어떤 행동도 취하지 않고 잠잠히 있었다. 술라가 이탈리아를 떠났으니 이제 자기가 힘의 균형을 좌우할 수 있음을 알았던 그는 기원전 87년 한 해를 이 파벌에서 저 파벌로 기웃거리면서 최고의 가격으로 자기를 데려가도록 점점 더 거창한 요구를 하면서 시간을 보냈다. 그런 탐욕과 협잡은 스트라본에 대한 악평을 더 악화시킬 뿐이었다. 그러다가 그해가 끝나갈 무렵 복수의 여신이 습격했다. 역병에 걸려 죽어가던 그가 누워 있던 천막에 벼락이 떨어져서 거창한 죽음을 맞은 뒤, 군중이 그의 장례 행렬을 습격하여 운구대에서 시체를 끌어내려 진창 속에서 끌고 다녔다. 호민관이 개입하지 않았더라면 스트라본의 시체는 갈기갈기 찢겼을 것이다. 명예를 한 인간의 가치를 평가하는 주된 척도로 삼던 사회에서 스트라본이 사후에 겪은 운명은 국가의 이익을 걸고 도박을 하고 싶은 유혹을 느끼는 모든 사람에게 보내는 소름 끼치는 경고였다. 하지만 그토록 욕심 많고 기회도 많았던 스트라본조차도 군사 독재를 하려는 생각은 품지 않았다. 술라의 쿠데타는 위법 행위였지만 치명적인 것은 아닌 듯했다. 공화국의 법률과 제도, 로마에 대한 애정은 여전히 유효했다.

당연한 일이었을 것이다. 시민들에게 공화국은 단순한 제도, 혹은 전복되거나 폐지될 수 있는 정치적 질서를 훨씬 뛰어넘는 존재였다. 로마식의 개념에서 가장 신성한 것인 전통에 의해 축성된 그것은 그 속에서 공존하는 모두가 완벽한 존재 패턴을 갖게 해준다. 시민이 된다는 것은 자기가 자유롭다는 것을 안다는 것이다. "로마인들이 자유롭지 못하다면 이는 하늘의 법칙에 반하는 일이다."*

그런 확신은 모든 시민의 자의식 속에 가득 차 있었다. 술라가 로마로 행군해왔지만 공화국의 법률과 제도에 대한 존경심은 결코 없어지지 않았고 지속되었다. 왜냐하면 그것은 로마인의 정체성에 대한 가장 심오한 인식의 표현 형태였기 때문이다. 혁명은 없었다. 술라의 로마 행군은 엄청난 상처를 냈지만 그래도 공화국이 전복될 수 있으리라는 생각

---

* 이런 주장은 공화국의 긴 역사 중 어느 시점에서나 제기될 수 있었지만 실제로는 자유 국가의 수명이 몇 달 밖에 남지 않았을 때 나온 주장이다. 《필리피카이》 6권(19)에서 키케로가 한 말.

은 아무도 할 수 없었다. 그것을 대신할 만한 것을 아무도 생각해낼 수 없었기 때문이다.

그러므로 기원전 88년의 충격이 있은 뒤에도 삶은 계속되었다. 기원전 87년의 새해가 밝아왔고 겉으로 보기에는 모든 게 정상적이었다. 로마인들이 선출한 두 명의 집정관은 공직에 앉았다. 원로원이 그들에게 조언하기 위해 소집되었다. 거리에 군인은 없었다. 한편 감히 로마로 행군했던 인물은 그리스에서 하선하고 있었다. 그의 사나운 재능은 이제 더 이상 자기 동족을 향해 발휘되지 않고 마침내 적절한 방식으로 활용될 수 있었다. 전쟁, 로마의 모든 전통 중에서도 가장 단호한 전통인 전쟁에서 승리해야 했다. 공화국의 적을 타도하고 처벌해야 했다.

술라는 동쪽으로 행군했다.

공화국의 적을 타도하다

6년 전인 기원전 93년에 로마의 한 관리가 아시아로 임명되어 가는 길에 아테네에 잠시 들렀다. 겔리우스 푸블리콜라^{Gellius Publicola}는 그리스 문화에 대한 취미와 재담꾼의 감수성을 함께 지닌 인물이었다. 아테네의 명성을 여전히 떠받치고 있던 철학자들을 만나고 싶었던 그는 논쟁 중이던 여러 철학 분파의 대표자들을 불러모은 뒤 사뭇 진지한 표정을 지으며 입장들 간의 차이점을 해소하라고 우겼다. 그는 또 이렇게 덧붙였다. 그들이 이 일을 해낼 능력이 없다면 자기가 은혜를 베풀어 언제라도 논쟁을 해결해주겠다고. 40년 뒤에도 겔리우스의 친구들은 그가 아테네 철학자들에게 했던 제안을 최고의 재치로 기억하고 있었다. "모두들 얼마나 요절복통하며 웃었는지!"[6]

겔리우스가 농담을 하고 있다는 것을 철학자들이 언제 깨달았는지는 전해지지 않는다. 또 그들이 겔리우스가 그랬던 것만큼 요절복통할 정도로 우습다고 여겼는지도 알려져 있지 않다. 별로 그랬을 것 같지 않다. 아테네에서 철학은 여전히 진지한 영역이었다. 오만불손한 로마인 장난꾼의 강의를 듣는다는 생각만으로도 소크라테스의 후예들은 틀림없이 분개하며 모욕이라고 느꼈을 것이다. 아무리 그렇더라도 그들 역시 예의 바르게 웃기는 했을 것이다. 아니면 헛웃음을 지었을까. 논쟁을 해결해주겠다는 로마인의 제안은 그리스에서 상당히 불길한 여운을 남겼다.

또 오래전부터 아테네에서 비굴함과 거만함은 동전의 양면이었다. 그리스의 다른 어떤 곳보다도 아테네는 역사의 신성함과 결부되어 있었다. 아테네인들은 마라톤 전투에서 그리스를 구한 것이 자기들이라는 사실을 절대로 잊지 않았으며, 지중해 최강의 해양 국가였다는 사실도 잊지 않았다. 아크로폴리스 위에서 지금도 찬란하게 빛나고 있는 파르테논은 아테네 패권 시대의 영원한 기념물로 서 있었다. 알렉산드로스가 죽은 지 1세기 뒤에 만들어진 세계의 7대 불가사의에 파르테논 신전이 빠져 있다는 사실이 오히려 눈에 띈다. 그것은 너무 작고, 너무 구식이고, 제국이나 기념물들이 거대해진 시대에는 오히려 주제 넘는 태도의 표현으로 보였다. 로마라는 초강대국과 비교할 때 아테네는 시골 촌구석에 불과했다. 제국에 대한 아테네의 기억은 향수에 지나지 않았다. 그들의 분수를 넘는 어떤 생각, 아테네인들이 자기들을 여전히 강대국으로 생각하는 낌새는 로마인들에게는 우습기 짝이 없었다. 공화국이 마케도니아와 전쟁을 벌였을 때 아테네는 공화국을 지원하기로 했는데, 그때 아테네가 만든 선전포고문은 수사학적 공격의 걸작이었다. 로마인들은 감동받지 않았다. "이것이 마케도니아 왕에 대한 아테네인들의 전쟁이었어, 단어의 전쟁." 로마인들은 코웃음을 쳤다. "아테네인에게 남은 무기는 오직 언어밖에 없군."[7]

겔리우스의 농담은 이 마지막 무기조차 빼앗아갈 수 있다는 암시였으므로 농담치고는 잔인했다. 실제로 이미 빼앗기고 있었다. 자기들이 인정하든 안 하든 간에 아테네의 황금시대의 다른 유산들도 모두 그랬듯이, 철학자들은 그저 서비스 산업의 부속물이 되어 있었다. 로마가 후원하는 범위 내에서 특히 좋은 성과를 거둔 사람들은 오래전에 이미 사색의 외피를 그 여건에 따라 재단하는 방법을 익혔다. 전형적인 사례가 당대의 가장 유명한 박식가인 포세이도니오스^{Poseidonios}였다. 그는 아테네에서 공부했지만 널리 여행했고, 로마의 속주에서 관찰한 내용을 상당히 낙관적으로, 인류의 연방이라는 것으로 이론화했다. 그는 속주 이익의 청렴한 옹호자이던 루틸리우스 루푸스의 친구였고, 그를 파멸시킨 푸블리카누스들보다는 자기 친구가 더 진정한 로마인이라고 믿었던 모양이다. 포세이도니오스는 우주의 질서가 공화국의 새로운 세계 질서에 반영된 모습을 포착해낼 수 있었다. 그는 그런 우주의 섭리를 받아들이는 것이 로마의 주체들의 도덕적 임무라고 주장했다. 문화와 지리의 차이는 곧 해소될 것이다. 역사는 종말에 다가가고 있다.

포세이도니오스의 용어가 조금 과장되었을 수는 있지만 어쨌든 그런 말은 이미 자명한 사실에 광택을 내는 것일 뿐이다. 로마의 등장으로 세계는 정말로 좁아졌다. 철학자 정도는 되어야 이 사실을 깨달을 수 있거나 그 덕분에 이익을 얻게 되는 것은 아니었다. 아테네의 지배 계급은 자기들끼리 있을 때는 주인인 로마인을 난폭한 속물이라고 여겼을지 몰라도, 그런 견해를 공개적으로 표현하지는 않을 만큼의 상식은 있었다. 로마인들은 패배한 적은 거리낌 없이 거지로 만들었지만 친구들에게는 항상 신경 써서 보상을 했으며, 아테네는 이 기준에 따라 계속 이익을 얻었다.

가장 두둑한 보상이 내려진 것은 마케도니아와의 전쟁이 마침내 끝난 다음 해인 기원전 165년에, 로도스 섬이 로마를 전심전력으로 후원하지 않았을 때였다. 원로원은 지체 없이 이 사실을 지적했다. 로도스는 오랫동안 지중해 동부의 중요한 교역 거점이었는데 로도스를 응징하는 과정에서 로마는 전쟁과 맞먹는 정도의 파괴적인 효과를 경제 분야에서도 끌어낼 수 있음을 보여주었다. 델로스 섬에 면세 항구가 개항되어 아테네에 증여되었다. 그 결과 로도스는 수입이 폭락하고 아테네는 부자가 되었다. 기원전 1세기 초반에는 로마가 권장한 일이기도 했지만, 아테네가 하도 부유해지다 보니 그들의 통화가 그리스 세계의 법정 통화가 되었다. 이탈리아와 아테네의 도량형 체계가 하나로 표준화되었다. 그 결과 교역이 부흥했고, 이로부터 이익을 얻은 것은 로마만이 아니었다. 이탈리아 물품을 잔뜩 실은 선박들이 아테네와 델로스의 항구에 붐비기 시작했다. 이제 자기들 도시 바깥의 세계에 눈길을 확실하게 고정시킨 아테네의 상류 계층은 자기들에게 허용된 유일한 성취 수단, 즉 백만장자가 되는 일에만 몰두했다.

모든 아테네인이 이런 기회를 잡을 수 있었던 것은 아니다. 초특급 부자들에 의해, 또 그들을 위해 운영되는 경제에서는 소수의 시민들이 점점 더 부유해질수록 다수의 원한은 더욱 들끓었다. 이런 상황은 고대 세계의 모든 사회에서 마찬가지였지만 그리스 민주주의의 출생지인 아테네에서는 특별히 더 그러했다. 아테네의 빈민들에게는 민중의 권력이라는 것이 단순한 구호 이상이던 시절에 대한 기억과 독립의 꿈이 단단히 결부되어 있었다. 물론 그런 꿈만큼 대기업가들을 안절부절못하게 만드는 것도 없었다. 대기업가들이 정부를 점점 더 강력하게 장악해감에 따라 한때 아테네 민주주의의 버팀목이던 기관들은 방치되고 시들어갔다. 하지만 완전히 철폐되지는 않았다. 그런 기관은 관광산업에 쓸모가 있었기 때문이다. 로마인 방문객들은 실제로 운영되는 민주주의라는 기묘한 구경거리를 즐겼다. 때로 아테네가 주는 재미는 박물관보다는 동물원과 더 비슷했다.

그러다가 갑자기 기원전 88년에 모든 것이 뒤집어졌다. 미트리다테스의 군대가 에게해의 반대편 해안에서 의기양양하게 진을 치고 있는 모습을 아테네의 엘리트 기업가들이 두려움에 질려 바라보는 동안 빈민들은 환호했다. 너무나 오랫동안 억눌려왔던 자유를 향한 필사적이고도 오래된 갈망이 도시를 집어삼켰다. 신속하게 합의가 도출되었다. 항구를 제공하는 대신에 아테네의 민주주의가 복구될 것이다. 친로마 기업가 계급은 바람의 방향을 알아차리고 도시에서 달아나기 시작했다. 미친 듯한 환희와 더 미친 듯한 학살의 와중에서 공식적으로는 민주주의가 다시 부활했다. 폭발하는 계급 전쟁에서 새 정부가 등장하여, 이 도시의 고대적 질서와 전통을 수호하자고 호소했다. 이 혁명을 이끈 것은 다름 아닌 포세이도니오스의 예전 훈련 상대인 철학자 아리스티온^{Aristion}이었다. 그는 경쟁자의 로마에 대한 긍정적인 전망을 공유하지는 않았지만 이탈리아는 전쟁으로 분열된 상태이고 무적의 미트리다테스와의 동맹도 확보되었으니, 로마가 간섭하지 못할 것이라고 예상했다. 황홀경에 빠진 아테네인들은 독립과 민주주의 둘 다 확보했다고 생각했다. 그러다가 기원전 87년 봄에 술라가 그리스에 상륙했다.

그는 곧바로 아테네로 들이닥쳤다. 무슨 일이 일어났는지 알아차리기도 전에 아테네인들은 로마의 가장 무자비한 장군의 지휘 아래서 보복의 칼을 갈고 있는 다섯 개의 군단이 성벽 바깥에 진을 친 모습을 보게되었다. 이 악몽에 직면한 아리스티온이 유일하게 쓴 전술은 술라의 얼굴을 오트밀을 뿌린 오디에 비유한 무례한 노래를 지어 부르는 것이었다. 이런 노래가 성벽에서 불리는 동안 아리스티온은 술라와 그의 아내에 대한 외설적인 재담을 과장스러운 손짓까지 곁들여 해대곤 했다. 이는 포세이도니오스가 신랄하게 지적했듯이, "애들 손에 칼을 쥐어주면 절대로 안 된다"[8]는 증거였다.

술라는 아리스티온에게 몇 가지 날카로운 욕설로 대응했다. 그는 플라톤과 아리스토텔레스의 철학의 터전이던 리케리온 숲의 나무들을 베어 성을 공격할 무기로 만들라고 지시했다. 아테네의 평화사절단이 의례적인 임무를 수행하러 와서 아테네의 과거의 영광에 대해 장황하게 늘어놓기 시작하자, 술라는 손을 내저어 그들을 침묵시켰다. "고대 역사 강의를 들으라고 로마가 날 여기에 보낸 것이 아니다."[9] 이 말과 함께 그는 구두끈을 삶아 먹든 굶어 죽든 알아서 하라고 사절단을 돌려보냈다. 아테네의 문화적 자본은 너무 많이 가불되어 한계에 도달했다.

드디어 술라가 아테네를 공격하고 병사들에게 약탈과 살해를 허용하자, 희생자 중 많은 수는 스스로 목숨을 끊었다. 그들은 코린토스의 운명에 대해 너무나 잘 알고 있었고, 자기들 도시가 파괴되는 것을 두려워했다. 정말 지독한 파괴였다. 항구는 흔적도 없어지고 아크로폴리스는 약탈당했다. 민주 정부에 봉직했던 사람은 모조리 처형되었다. 그들의 지지자들은 투표권을 박탈당했다. 그러나 도시 자체가 완전히 파괴된 것은 아니었다. 역사에 대해 심한 경멸감을 나타냈던 술라는 거창한 수사학적 표현을 써서, 죽은 자들에 대한 존경심 때문에 산 자를 살려준다고 발표했다. 그가 발언하는 중에도 도시로부터 외곽으로 피가 흘러내렸다.

문제가 처음 발생했을 때 술라에게 달아났던 기업인 정권이 폐허를 물려받았다. 그들은 독립과 번영의 잎사귀가 모조리 뜯겨나간 도시로 기어 돌아왔다. 술라가 아테네에서 북쪽으로 행군하면서 미트리다테스가 그리스로 보낸 두 개의 부대와 싸워 궤멸시키자 로마의 지배는 곧 확고해졌다. 얼마 지나지 않아 술라는 미트리다테스와 정상회담을 가졌다. 두 사람 모두 화의를 맺어야 할 이유가 있었다. 미트리다테스는 게임이 끝났음을 알았고 왕국이라도 유지하려고 필사적이었다. 이탈리아 본국에 있는 적들 때문에 불안해진 술라는 빨리 돌아가고 싶은 마음이 간절했다. 이탈리아인 8만 명을 죽인 미트리다테스는 무력에 대한 로마의 통제를 받아들이고 정복한 영토를 모두 내놓는 대가로 뺨에 술라의 입맞춤을 받았다. 공화국과 전쟁을 치르고서 그렇게 아무 탈 없이 살아남은 사람은 이제껏 없었다. 패배하기는 했지만 미트리다테스는 여전히 폰토스의 왕좌를 차지하고 있었다. 그를 완전히 끝장내지 않은 것을 로마가 후회할 날이 오게 될 것이다.

사실 술라가 행한 보복의 본래 목표는 비참한 그리스인이었다. 아시아 속주에서 로마의 지배는 신속하게 재확립되었다. 미트리다테스에게는 뺨에 입을 맞춰주고 끝냈으면서도 술라는 살해된 동족을 위해 보복한다는 명분을 내세워 그리스인을 박해했다. 그는 아테네에 5년간의 세금을 소급하여 전액 부과했을 뿐 아니라 전쟁 비용과 아테네인들을 탄압할 목적으로 파견하는 수비대의 주둔 비용까지 전액 부담시켰다.

마치 관대한 처분을 내렸다는 듯이 행세하면서 술라는 자기가 가져갈 공물을 정선해두고 기원전 84년에는 다시 그리스 본토로 방향을 돌렸다. 이제 아테네가 더 이상 자기에 대항하여 무장하지 않게 되었으니 승리한 로마 장군이 전통적으로 취하는 태도를 보이며 그리스 전역의 문화유산에 대한 존경심을 과시할 수 있었다. 즉 약탈하는 것이었다. 제우스 신전의 기둥이 해체되어 로마로 실려 갔다. 술라의 개선식에서 과시하기 위해 운동선수들을 징발하는 바람에 스타 선수가 없어 올림픽 경기가 텅 빌 정도였고 고작 단거리 주자만 남게 되었다. 술라의 유머 감각을 가장 흡족하게 해준 것은 아테네 도서관을 통째로 약탈해서 장서를 모두 빼앗은 것이었다. 그 이후로 누구든 아리스토텔레스를 공부하고 싶으면 로마에 가야 했다. 아테네 철학에 대한 보복은 달콤했다.

그런데도 그의 보복의 힘은 아직 끝을 보지 않았다. 원로원에 보낸 편지에서 자랑스럽게 지적했듯이, 3년도 채 안 되는 기간 안에 그는 미트리다테스가 삼켰던 영토를 모두 되찾았다. 그리스와 아시아는 다시 한 번 로마의 영향력을 인정했다. 혹은 그런 척하는 편이 술라에게는 잘 맞았다. 사실 그는 더 이상 공화국을 대표하는 인물이 아니었다. 그가 로마 본국에 세워둔 정부는 무너졌다. 술라는 궐석으로 사형이 선고되었고 재산은 몰수되었고 가족은 달아나야 했다. 산산조각 난 동방에서는 이런 모욕에 대해 술라가 어떻게 반응할 것인지 아무도 의심하지 않았다. 이제 그리스를 길들여놓았으니, 그는 다시 집으로 돌아갈 준비가 되었다. 여전히 행운과 베누스의 보호를 믿고 있던 술라는 부대를 출항시키고 고향 도시에 복수를 할 준비를 했다.

다시 한 번 로마는 그의 도착을 기다리면서 전율해야 할 것이다.

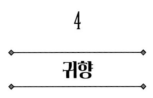

4

귀향

돌아온 술라

기원전 83년 7월 6일에 로마에서 가장 크고 가장 신성한 건물이 벼락을 맞았다. 오래된 유피테르 신전은 카피톨리누스 언덕의 정상에 솟아 있었다. 황금으로 뒤덮인 이곳 천장 아래에, 수많은 승전비와 방패들 사이에, 로마의 수호신의 사당이 있었다. 왕들이 있던 먼 옛날에, 이 신전의 기초를 파던 인부들이 인간의 두상 하나를 발견했다. 이 이적異蹟의 의미를 해석하도록 불려온 점술가들은 로마가 세계의 머리가 되리라는 예언이라고 풀이했다. 그렇다면 공화국이 위대한 존재가 되도록 인도해온 것이 유피테르임을 누가 의심할 수 있겠는가? 원로원이 이 신의 성소에서 매년 첫 회의를 열기로 한 것도 당연한 일이었다. 이곳은 로마의 힘이 신성함과 가장 밀착해 있는 곳이었다.

그런데 이제 유피테르는 자신의 신전을 벼락으로 파괴하기로 결정했다. 이는 상서롭지 못한 징조였다. 시빌의 책을 들춰볼 필요도 없었다. 차라리 다행이었다. 그 책 역시 불길 속에서 사라지고 있었으니 말이다. 하지만 신은 무엇 때문에 분노했을까?

군중이 모여 재난을 지켜보는 동안 불길은 포룸Forum 너머로 불티와 연기를 쏟아냈다. 포룸은 로마의 심장부였고 신들의 언덕인 카피톨리누스에서 권력의 언덕인 팔라티누스까지 뻗어 있었다. 키르쿠스 막시무스와 함께 포룸은 성벽 내에서 로마의 시민들이 자유롭게 섞일 수 있는 개방된 장소 두 곳 중 하나였다. 최근에는 이곳에서 시장 거리가 철거되고 사치품 가게가 들어서서 뽐내는 분위기가 나기 시작했지만 그래도 아직은 도시의 다른 어느 곳보다도 로마 민중의 통일성을 상징했다. 고대 이후로 항상 그랬다. 이곳은 원래 습지였는데, 서로 다투는 이웃 언덕 주민들의 회합 장소로 삼기 위해 배수로를 파고 물을 빼냈다. 그렇게 하여 이곳은 로마 시민들이 문제를 처리하는 방법을 처음 배운 곳이 되었다. 도시 자체도 그렇지만 포룸은 무질서한 기념물들의 뒤범벅이었고, 공화국의 역사에 대한 박물관이자 도시 생활의 구심점이었다. 변호사들은 이곳에서 소송을 청원했고 은행가들은 대출금을 조정했으며, 베스타의 처녀들은 여신의 불꽃이 꺼지지 않게 돌보았으며, 누구든 이야기를 나누거나 누군가를 만나러 왔다.

하지만 포룸을 지배하는 것은 정치였다. 유피테르의 신전이 파괴되는

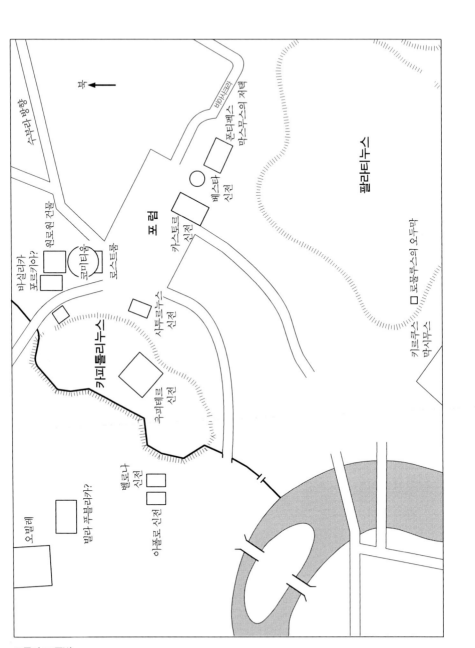

포룸과 그 주변

것을 지켜보는 군중은 카피톨리누스 언덕의 기슭에도 모이곤 했을 것이다. 이곳에 코미티움Comitium, 곧 시민들이 모여 연설가들의 이야기를 듣는 곳이 있었고, 연설가의 연단인 휘어진 모양의 로스트룸Rostrum은 오래전에 포획한 배의 뱃머리로 만든 것이었다. 그 바로 곁에 원로원 의원들이 모이는 장소인 쿠리아Curia가 있었고, 조금 남쪽으로는 카스토르와 폴룩스의 사원이 있었으며, 그 앞에서 호민관들은 토론을 소집하고 법안을 투표에 회부했다. 이러한 건물과 열린 공간으로 이루어진 축을 따라 공화국의 정치적 활동이 이루어지는 거대한 무대가 놓여 있으며, 로마 시민들의 자유와 가치의 가장 강력한 표상들이 늘어서 있다. 그러므로 카피톨리누스 언덕에서 불길이 타오르고 아래쪽의 포룸이 분노의 붉은빛으로 물든 것은 더욱 불길한 전조였다. 붉은색은 전쟁과 유혈참사의 신인 마르스의 색깔이다.

나중에 술라는 마르스에 상응하는 여성 군신인 벨로나가 자기에게 재난에 대한 사전 경고를 했었다고 주장한다. 이탈리아에 상륙한 직후, 그의 노예 하나가 혼몽 상태에 빠져 예언을 했다. 그 노예는 승리를 즉각 얻지 못한다면 카피톨리누스가 불로 파괴되리라고 예언했다. 술라는 선전선동의 대가이면서도 미신적이었으므로, 이 이야기를 열심히 되풀이하여 교묘하게 경쟁자의 명분에 먹칠을 했다. 이 이야기를 들으면서 사람들은 틀림없이 술라가 그리스로 떠나기 전에 집정관 킨나를 카피톨리누스 언덕으로 데리고 와서 자기가 없는 동안 공격하지 않겠다고 서약하게 했던 사건을 상기했을 것이다. 술라가 카피톨리누스의 화재를 신이 보내준 선물로 여긴 것은 전혀 이상한 일이 아니었다. 보복의 계획을 짜고 있던 그는 앞으로 이 사건을 신들 역시 보복을 원했다는 증거라고 주장할 수 있게 되었다.

킨나가 서약을 어긴 것은 배신이었지만 자기 방어적인 행위이기도 했다. 술라가 뒤에 남긴 잔혹한 정치 여건에서는 경쟁심이 계속 악화되어 점점 더 심한 폭력을 불러왔다. 이탈리아인들의 투표권 문제는 해마다 돌아오는 귀신이나 마찬가지였는데 이에 관한 논쟁만으로도 기원전 87년의 집정관 두 명은 공공연한 전쟁 상태로 들어갔다. 킨나는 동료 집정관인 옥타비우스에 의해 로마에서 축출되자마자 자기가 확실하게 돌아갈 수 있는 방법을 찾았다. 그가 취한 첫걸음은 아직 놀라에 주둔하고 있던 군단에게 모종의 마법을 부리는 일이었다. 그 결과 한 해 동안 두 번째로 그들은 포위를 풀고 로마로 진군해왔다. 하지만 킨나가 불러낸 동맹자는 이뿐만이 아니었다. 그중 가장 무서운 동맹자는 군단은 거느리지 않았지만 그 이름만으로도 마력을 가지고 있었다. 아프리카의 카르타고 폐허에서 깊은 생각에 잠겨 망명의 세월을 여러 달 보낸 가이우스 마리우스가 돌아온 것이었다.

이탈리아를 돌아다니며 노예를 모아 사병을 소집한 마리우스는 킨나와 힘을 합쳐 로마를 공격했다. 도시는 쉽게 함락되었다. 원한과 분노로 반쯤 정신이 나간 마리우스는 적들을 잔혹하게 숙청했다. 달아나기를 거부한 옥타비우스는 집정관 의자에 앉은 채 참살되었고 잘린 머리가 킨나에게 운반되었다. 그는 그것을 포룸의 연단에 의기양양하게 전시했다. 마리우스의 다른 적들은 달아났거나 참혹하게 학살되었다. 한편 그의 노예 사병들이 아직 도시에서 날뛰는 동안 이 노인은 오랫동안 예언되어오던 일곱 번째 집정관직에 마침내 선출되었다. 그러나 임기가 시작되자마자 그는 자포자기한 듯 술을 퍼마시기 시작했고 악몽에 시달렸다. 그리고 보름 뒤에 죽었다.

그 바람에 킨나는 이의 없이 이 체제의 지도자가 되었다. 실력자가 으레 그렇듯 그는 전례를 무시하고 3년 연속 집정관직을 쥐고 있으면서, 술라가 돌아올 때를 대비했다. 그러다가 기원전 84년에 술라가 이탈리아를 공격할 태세를 갖추자 킨나는 선수를 쳐서 싸움터를 그리스로 옮기기로 작정했다. 그러나 이번에는 군부대에 대한 집정관의 설득력이 먹혀들지 않았다. 그의 부하들이 반란을 일으켰고, 그 뒤에 이어진 소동의 와중에서 킨나는 살해되었다. 대부분의 로마인은 전투로 단련된 술라의 군단이 도착하는 것을 두려워하면서 킨나가 죽었으니 평화를 얻을 최후의 기회가 한 번은 있을 것이라고 믿었던 모양이다. 하지만 술라는 원로원 중립파들의 제안을 경멸적인 태도로 거부했고, 화해라는 생각조차 거부했다. 킨나는 죽었지만 마리우스파는 여전히 권력을 완강하게 장악하고 있었고, 양편은 이제 목숨을 건 싸움을 할 채비를 갖추었다.

마리우스의 혈투는 아들에게 계승되었다. 그는 잘생긴 바람둥이로 유명했는데, 사생활이야 어떻든 간에 아버지의 숙적에 대한 혐오감은 조금도 줄어들지 않았다. 유피테르 신전이 불타고 있을 때 젊은 마리우스는 서둘러 그곳으로 갔지만, 그가 구해낸 것은 유피테르 신상도, 시빌의 예언서도 아닌 더 많은 군단의 봉급을 지불하는 데 쓸 신전의 보물이었다. 몇 달 뒤에 그는 집정관으로 선출되었다. 기원전 82년이었고, 그의 나이 고작 스물여섯 살이었다.

이제 그런 식으로 오만하게 헌법을 남용하는 것이 아예 일상적인 법칙이 되었다. 킨나와 그의 *끄나풀*들 때문에 야심이 저지당하는 세월을 참아온 원로원 의원들은 그렇게 젊은 사람이 릭토르를 호위병으로 거느리고 포룸에서 설치고 돌아다니는 꼴을 보고도 침묵 속에서 분개할 뿐이었다. 하지만 마리우스파가 아무리 인기가 없었다고 해도, 그 대안 역시 그다지 기대할 만한 것이 못 되었다. 술라에게는 폭력 행사의 전력이 여전히 불길한 후광처럼 따라다녔다. 그가 귀환했을 때 지지자들의 거대한 환영 물결 같은 것은 없었다. 공화국을 재건하겠다는 그의 주장도 의심스러운 눈총을 받을 뿐이었다. 군대는 로마에 이르는 길을 막아서서 비켜주지 않았다.

그렇기는 해도 술라는 이제 기원전 88년에 로마로 처음 진군했을 때의 귀족 출신 떠돌이가 아니었다. 그때 그를 따라간 장교는 단 한 명뿐이었다. 5년 뒤인 지금, 그의 주위에는 귀족들이 쇄도했다. 대다수는 마리우스파에게 개인적인 원한을 갚으려는 자들이었다. 그중에서도 특히 유명한 사람은 로마에서도 가장 명성 높은 가문의 일원인 마르쿠스 리키니우스 크라수스Marcus Licinius Crassus였다. 그의 아버지는 마리우스에 대한 반대를 주도했다는 이유로 처형당했다. 그 뒤에 이어진 숙청에서 크라수스의 형들도 살해되었고 이탈리아에 있던 가문의 장원은 몰수되었다. 그 자산 가치는 상당했을 것이다. 크라수스의 아버지는 빛나는 정치적 경력과 수출입 무역이라는 가장 비원로원적인 관심사를 한데 합쳤다. 그들 가문이 '부자'가 된 데는 그럴 만한 이유가 있었다. 크라수스는 재산이 권력의 가장 확실한 기초라는 생각을 아버지로부터 물려받았다. 나중에 그는 개인 군대를 거느릴 정도가 되어야 큰 부자라는 소리를 들을 수 있다고 주장한 것으로 유명해진다.[1] 이는 젊은 시절의 경험에서 나온 판단이었다.

가족을 살해한 자를 피해 달아나면서 젊은 크라수스는 에스파냐로 갔다. 그곳은 그의 아버지가 총독으로 있으면서 엄청난 이익을 쓸어담은 곳이었다. 해변에서 숨어 지내면서도 이 도망자는 하인을 시켜 동굴로 음식을 가져오게 하고 묘령의 여자 노예들을 데려오게 하면서 나름대로 사치를 부렸다. 그런 생활을 몇 달 동안 하다가 킨나가 죽었다는 소식을 듣고 크라수스는 자기의 상속권을 전부 주장할 용기를 냈다. 일반 시민의 신분이면서도 그는 사병을 모집한다는 일찍이 들어보지도 못한 단계를 밟았다. 규모는 대략 2500명 정도였다. 그런 다음 크라수스는 그들을 거느리고 곳곳의 마리우스 반대파와 동맹하면서 지중해 지역을 돌아다니다가 마지막으로 그리스를 향해 돛을 올리고 자신의 운을 술라에게 걸었다. 술라는 그의 도착을 양팔을 벌려 환영했다.

그러나 가장 뜨거운 환영은 크라수스보다도 더 젊고 더 빛나는 군벌 몫으로 예약되어 있었다. 술라가 이탈리아로 건너와서 북쪽으로 진군하고 있을 때 그를 지지하는 한 무리의 사병이 그를 만나기 위해 남쪽으로 내려오고 있다는 소식이 전해졌다. 수많은 마리우스파 세력에 의해 도로가 봉쇄되었으므로 술라는 그 증원군이 섬멸되지나 않을까 불안해하며 그들을 구하려고 서둘러 전진하려던 참에 소식이 들려왔다. 이 신참 장군이 연달아 찬란한 성공을 거두었고, 집정관 군대 하나를 패주시켰다는 것이었다. 이제 그 군대는 완전 대열을 짓고 무기를 반짝거리며 성공으로 빛나는 표정을 짓고 길 앞쪽에서 술라를 기다리고 있었다. 술라는 충분히 감동받았다. 이 초보 장군의 막사로 다가가면서 그는 말에서 내렸다. 한 젊은 남자가 서서 기다리고 있었는데, 곱슬곱슬하게 말려 올라간 금발에, 옆모습이 알렉산드로스처럼 보이도록 자세를 취하고 있었다. 그는 술라에게 '임페라토르Imperator', 곧 개선장군이라고 경례했고 술라도 답례로 그에게 '임페라토르'라고 인사했다. 이 칭호는 대개는 최고의 업적을 쌓은 군인이라도 오랜 시간이 걸려야 얻을 수 있는 명예였다. 이때 그나이우스 폼페이우스Gnaeus Pompeius의 나이는 겨우 스물세 살이었다.

조숙한 허풍쟁이, 자기 선전의 천재, 성공의 특전을 어린아이처럼 좋아하는 남자. 이는 폼페이우스가 영광으로 상승하는 과정을 묘사하는 특징적인 표현이다. 빈틈없는 냉소주의로 부하의 허영심을 즐기면서도 술라는 처음부터 그의 사람됨을 간파했다. 그는 지지를 확보하는 데 도움만 된다면 얼마든지 젊은 남자에게 아부할 수 있었다. 폼페이우스는 아부받을 자격이 있었고 그런 것이 필요했다. 그는 아버지인 불성실한 폼페이우스 스트라본으로부터 이탈리아 최대의 영지뿐만이 아니라 편을 바꾸는 재주도 물려받았다. 크라수스와 달리 폼페이우스는 개인적으로 마리우스파 체제와 적대하는 관계가 아니었다. 술라가 도착하기 전에는 그가 킨나의 진지 주변을 기웃거리고 다니는 모습이 목격되었다. 그 진영이 반란으로 와해되는 모습을 보고, 술라를 후원하는 게 더 낫다고 판단했던 모양이다. 폼페이우스는 항상 최고의 기회를 찾아내는 후각이 발달했다.

그와 크라수스 둘 다 깨달은 것은 내전 때문에 정치적 게임의 규칙이 바뀌었다는 사실이었다. 젊은 세대 중에서 가장 무자비하고 눈 밝은 두 사람은 선배들을 추월할 유례없는 기회를 얻게 되었다. 젊은 마리우스를 최대의 적으로 여기던 술라는 자기는 늙어가는데 적들은 점점 더 젊어진다고 한탄했다. 적뿐만이 아니라 자기편도 젊기는 마찬가지였다.

특히 폼페이우스는 장난감을 손에 쥔 어린아이 같은 태평스러운 태도로 군대를 지휘했다. 로마인이 보기에 젊음의 열정은 난폭하고 위험하며 훈련을 받아야 길들여질 수 있었다. 그러나 사람들은 이미 폼페이우스를 마음대로 하게 내버려두었다. 그의 적들은 그에게 '십대 백정'이라는 별명을 붙였다.[2] 짧은 경력을 거치는 동안 관례나 법률을 익힐 필요가 없었던 폼페이우스는 그런 것들에 대한 존경심 없이 사람을 죽일 수 있었다.

물론 그를 제어할 사람이 한 명 있기는 했지만, 술라가 보여준 본보기는 '십대 백정'이 오히려 무색할 정도로 잔혹한 깃이었다. 그는 삼니움족을 일부러 도발해서 한 차례의 최종 봉기를 유도해냈고, 기회 닿는 대로 그들을 학살했는데, 마치 스스로를 군벌이 아니라 로마의 수호자로 규정하려는 것 같은 태도였다. 삼니움과 캄파니아가 다시 한 번 무자비하게 약탈되었고, 또다시 그리고 역사에서 마지막으로 삼니움족은 근사한 갑주와 높은 술이 달린 헬멧을 빼앗기고 평원으로 쫓겨 내려왔다.

내전이 시작된 지 한 해 뒤인 기원전 83년이 되면 집정관 하나는 이미 아프리카로 달아났고, 다른 한 명, 즉 젊은 마리우스는 로마에서 동쪽으로 약 40킬로미터 떨어진 프라이에네스테의 산지 마을에 봉쇄되는 신세가 된다. 술라를 상대할 전투 연습을 하고 있던 삼니움족은 처음에는 마리우스를 구하러 가려 했지만 갑자기, 로마가 무방비 상태라는 것을 깨닫자 방향을 바꾸어 수도로 진격했다. 기습을 당한 술라는 그들을 미친 듯이 뒤쫓았다. 로마의 성벽이 보이는 곳에 도착한 삼니움족의 지휘관은 로마를 쓸어버리라고 지시했다. "이탈리아의 자유를 그렇게 지독하게 희생시킨 이 늑대들을 파멸시키려면 그들을 보호해주는 숲을 먼저 없애야 하지 않겠는가?"³ 그는 이렇게 외쳤다. 하지만 삼니움족이 콜리나 성문 앞에 집결하기 시작했을 때, 그들 앞에 있는 공포에 질린 도시에서 여자들의 비명소리가 새어나오고 있을 때, 이미 술라가 가까이 오고 있었다. 정오 무렵에는 그의 전위 기병부대가 적들의 전선을 공략하기 시작했고, 오후 늦게 부관들의 반대에도 불구하고 술라는 서둘러 오느라 탈진한 부대원을 전투에 투입할 준비가 되어 있었다. 저녁 내내, 그리고 한밤중까지 전세는 엎치락뒤치락했다. 크라수스가 우익에서 삼니움족을 쳐부수고 있었지만 술라의 본진은 무너지고 부대가 도시 성문에 밀려 압살될 위험에 처하게 되었다. 하지만 그의 행운은 여전히 유효했다. 언제나 자기의 수호자인 신들에게 기도하면서 그는 부하들을 독려했고, 새벽 무렵에는 크라수스의 성공 소식이 들려왔다. 승리는 그의 것이었다.

콜리나 성문에서의 피비린내 나는 전투가 결정적이었다. 그의 적들에게는 계속 싸워줄 병사가 이탈리아 내에 더 이상 없었다. 삼니움 포로들이 소집될 무렵, 술라는 로마의 절대적이고 의문의 여지 없는 주인이 되었다.

행운아 술라

콜리나 성문에서 사로잡힌 포로는 3000명이었다. 그리고 안전한 처우를 약속한 술라의 말을 믿고 3000명의 삼니움 예비병이 항복했다. 그러나 숨어 있던 곳에서 모습을 드러내기가 무섭게 그들은 사로잡히고 끌려가서 다른 삼니움족 포로들과 합쳐졌다. 그들은 수도의 성벽 너머 북쪽으로 펼쳐진 범람원인 캄푸스 마르티우스에 수용되었다. 패배한 뒤에도 삼니움족은 로마에서 격리되었다.

이 문제에서 술라가 취한 주의 깊은 태도에는 역설적인 면이 있다. 술라의 군단이 기원전 88년에 금기를 깨기 전까지는 무장한 채 도시에 들어갈 수 있는 사람은 개선식에서 행진하는 시민뿐이었다. 그 외에는 로마는 항상 군대를 규제했다. 군주제 시절에도 평민들은 일단 캄푸스 마르티우스에 집결하여 서약한 다음에야 군인이 되었다. 이곳에서 그들은 각자의 재산과 신분에 따라 대열이 나뉘었다. 왜냐하면 평화 시에나 전시에나 모든 시민들은 자기 분수를 알아야 했으니까. 위계의 꼭대기에는 말을 가지고 올 수 있을 만큼 부유한 사람들이 있었다. 그들이 기사 계급^{equitas}이었다. 기사 계급 아래에는 보병의 등급이 다섯 개 더 있었다. 이 다섯 계급 밑에는 가죽끈과 줄팔매 몇 개를 살 돈도 없을 만큼 가난한 시민들, 즉 프롤레타리우스^{proletarius}가 있었다. 이 일곱 개의 계급은 더 작은 분단으로 나뉘는데, 이것은 '백인대^{百人隊}'라고 알려져 있다. 이런 구조 덕분에 군대는 정교하고 효율적으로 조종될 수 있었다. 군대의 기반을 이루는 것은 이미 오래전부터 '계급'과 '백인대'가 아니었지만 로마인들은 그렇게 뛰어난 시스템을 포기할 수가 없었다. 그 구조는 군대 대신에 정치적 생활의 핵심에 남아 있게 된다.

로마의 시민이라면 누구나, 그 사다리의 계단을 하나씩, 백인대에서 백인대로, 가장 높은 계단을 향해 올라갈 꿈을 꾼다. 높이 올라갈수록 더욱 신선한 전망이 나타나며 그 전망은 더 높이 올라가라고 유혹한다. 예를 들어 기사 계급이 되면 갑자기 원로원 의원이 될 가능성이 열린다.

원로원에 가입하면 고위 행정관직, 법무관이나 심지어 집정관까지도 넘볼 수 있는 전망이 펼쳐질 것이다. 동료들의 투표에 자신을 내맡겨 더 큰 영광을 획득할 수 있는 기회가 시민들에게 허용된 최고의 특권이라는 점이 공화국의 전형적인 특징이었다. 또 아버지로부터 물려받은 계급을 잃는 것은 실패의 표시라는 점도 마찬가지로 공화국의 특징이었다.

평평하고 탁 트인 넓은 땅 캄푸스에는 건물이 몇 채 서 있지 않았다. 그중에서 가장 넓은 건물은 가축을 가두는 데 쓰는 것처럼 막사와 복도로 가득 찬 울타리 처진 구역이었다. 로마인은 이것을 오빌레^{Oville}, 혹은 '양 우리'라고 불렀다. 이곳은 행정관 투표소였다. 유권자들은 각각의 집단으로 나뉘어 복도로 안내된다. 복잡한 것을 좋아하는 것이 공화국의 속성이었으니, 이런 집단의 조직은 선거 때마다 어지러울 정도로 달라졌다. 예를 들어 호민관을 선출하려면, 시민들은 부족으로 나뉘어야 한다. 이런 부족은 태곳적부터 내려오는 것이고 여러 세기 동안 공화국이 확장되고 변화하면서 전형적인 로마식으로 이리저리 쪼개졌다. 이탈리아인의 자치권이 인정되면서 이런 부족은 다시 한 번 새로 유입된 시민을 수용하기 위해 재조정되었다. 각 부족의 일원은 투표권을 가졌지만, 그 투표권은 오빌레에서 직접 행사되어야 했으므로 실제로는 마을에서 가장 부유한 사람 한 명만이 로마까지 여행하여 자기 권리를 행사할 수 있었다. 그러니 투표가 부자들에게 유리한 쪽으로 기울어질 수밖에 없었다. 대부분의 로마인들에게 이것은 정당한 일로 여겨졌다. 공화국에 가장 많은 기여를 한 것은 부자들이니까. 불평등 선거권이라는 개념이 아직은 신분에 딸린 또 하나의 특권이었다.

이 원칙이 가장 분명하게 표명된 것은 최고위급 행정관을 선출할 때였다. 계급과 백인대의 원래 기능이 유령처럼 계속 살아남은 곳이기도 했다. 시민들은 최초의 선조들이 전쟁에 나가기 위해 모인 것과 똑같은 방식으로 집정관 선거에 투표하기 위해 모였다. 군주제 시절과 마찬가지로 새벽녘에 군대의 트럼펫이 울리면 시민들은 캄푸스로 모여들었다. 적들이 시야에 없음을 알리는 붉은 깃발이 티베르 강 너머의 야니쿨룸 언덕에서 펄럭인다. 그런 다음 시민들은 전투에 나갈 때처럼 내열을 갖추는데, 최고 부자가 맨 앞에, 가장 가난한 사람이 맨 뒤에 선다. 이는 곧 오빌레에 제일 먼저 들어가는 것이 항상 원로 계급이라는 의미였다. 그들의 특권은 이것만이 아니었다. 이들의 표가 워낙 비중이 큰 것으로 평가되었기 때문에 이들의 표가 선거 결과를 좌우했다. 그 결과 다른 계급들이야 참여하건 말건 아무 의미가 없는 경우가 많았다. 즉 다른 계급의 표는 기사 계급의 표에 비하면 가치가 낮게 평가될 뿐만 아니라 투표권자로 등록되는 경우도 드물었다. 하루 종일 투표소 밖에서 줄을 서봤자 금전적인 보상도 없으니, 대부분의 빈민들은 그 시간에 다른 일을 하는 게 낫겠다고 판단하게 된다.

그렇기는 하지만 선거 열병에 항복할 여유가 있는 로마 시민들에게 선거날의 긴장감은 로마 시민 생활에서 최고로 신나는 일이었다. 특별히 흰 토가를 입은 후보자들, 그들을 지지하는 운집한 군중, 고함과 야유의 소동, 이런 모든 것들이 특별한 행사라는 느낌을 주었다. 그날 늦은 오후가 되어야 전령들이 결과를 발표하게 된다. 이 순간 승리한 후보자는 거대한 함성과 갈채로 환영받고 호위를 받으면서 오빌레에서 카피톨리누스 쪽으로 나간다. 대부분의 유권자들은 이 절정의 광경을 보려고 남아서 기다렸던 것이다. 그러나 날씨가 더우면 기다리는 데 상당한 체력이 필요했다. 캄푸스에는 공공의 편의시설이 거의 없었다. 지친 유권자들 대부분은 빌라 푸블리카 쪽으로 이동하게 된다. 오빌레 바로 뒤에 자리 잡은 이곳은 담으로 에워싸인 여러 채의 관청 복합 건물군이었다. 여기에서 사람들은 잡담을 나누고 부채질을 하며 햇빛을 피한다.

술라가 콜리나 성문의 전투를 치른 뒤 삼니움족 포로들을 데려오라고 지시한 곳도 여기였다. 이들은 중앙 건물인 사각형의 2층짜리 회의장 아치 아래에 있는 울타리 안에 수용되었다. 그 건물의 방들은 전쟁 포로의 감방으로 쓰기에는 너무나 장엄했다. 그 방들을 장식한 조각과 그림들의 찬란함은 공화국의 삶에서 그것들이 발휘하는 기만적인 역할의 표현이었다. 왜냐하면 빌라 푸블리카는 로마 사회의 위계질서가 유지되고 검토되는 곳이었기 때문이다. 5년마다 모든 시민은 여기에서 등록을 해야 했다. 또 아내의 이름, 자녀 수, 노예와 현금의 양, 아내의 보석과 의상에 이르기까지 모든 재산과 소유물도 신고해야 했다. 국가는 모든 것을 알 권리가 있었다. 왜냐하면 로마인들은 "개인적인 취향과 입맛까지도 감시와 관리의 대상이 되어야 한다"고 믿었기 때문이다.[4] 공화국의 가장 확실한 기반을 마련해준 것은 바로 이 같은 강제적인 지식이었다. 계급과 백인대와 부족, 동료 시민들 사이에서 공직이 교체될 수 있는 것은 인구 조사에서 모든 것이 파악된 덕분이다. 일단 이 정보의 원자료를 서기들이 기록하고 나면 두 명의 행정관이 꼼꼼하게 검토했다. 이들은 시민을 가치에 따라 승진시키거나 좌천시킬 권한을 가졌다. 이 행정관직인 재무관censor(또는 감찰관)은 공화국에서 가장 큰 특권을 가진 관직이었고, 심지어 집정관보다도 더한, 정치적 경력의 절정으로 여겨졌다. 재무관의 임무는 워낙 민감한 것이어서, 최고위급 원로이고 평판이 좋은 시민만이 그 직위를 맡을 수 있었다. 그들의 판단에 따라 공화국이 관리된다. 모든 로마인은 인구 조사가 적절하게 시행되지 않는다면 그들 사회의 기초가 와해될 것이라고 믿었다. 그 관직이 '평화의 수호자이자 안주인'[5]으로 널리 알려졌던 것도 이상한 일이 아니다.

전쟁 포로들을 자기가 지시한 곳에 가둔 뒤 술라는 극도로 잔혹한 상황에서 아이러니를 즐기는 취향을 다시 한 번 과시했다. 카피톨리누스의 그림자 속에, 빌라 푸블리카에서 나는 소리가 들리는 정도의 거리에 벨로나 신전이 서 있었다. 술라는 원로원에 전갈을 보내 그곳에서 만나자고 했다. 원로원 의원들은 그의 명에 복종하러 서둘러 오면서 머리 위쪽 높은 곳 언덕에 서 있는 검게 그을린 유피테르 신전의 폐허를 올려다보았을 것이다. 신속하게 승리하지 못하면 수도가 파괴되는 꼴을 보게 될 것이라고 술라에게 경고한 것은 벨로나였다. 원로원 의원들에게 연설할 장소로 벨로나 신전을 고름으로써 술라는 청중에게 자기가 신들의 총아이며, 로마를 구원하도록 신들이 파견한 사람임을 교묘하게 상기시켰다. 이 사실은 곧 잔혹한 방법으로 눈앞에 드러나게 된다. 술라가 발언하기 시작해서 미트리다테스에 대한 승리를 설명하고 있을 때 의원들은 삼니움 포로들의 비명 소리를 듣기 시작했다. 술라는 전혀 비명을 의식하지 않는 태도로 연설을 계속했고, 이윽고 잠깐 멈추더니 의원들에게 자기 말을 주의해서 잘 들으라고 지시했다. "범죄자들이 몇 명 처벌당하고 있소. 걱정할 필요는 없습니다. 모두 내 지시에 따라 시행되고 있으니까요."[6] 그는 대수롭지 않은 듯이 설명했다.

학살은 철저했다. 비좁은 도살장에 시체들이 높이 쌓였다. 처형이 끝나자 시체들은 캄푸스 건너로 질질 끌려가서 티베르 강에 던져졌다. 시체들이 강둑과 다리를 막았고, 마침내 "피의 물줄기가 짙푸른 바다로 흘러들어갔다."[7] 빌라 푸블리카의 바닥에 남은 자국은 그리 쉽게 지워지지 않았다. 3년 전에 인구 조사가 시행되었던 방들은 이제 피로 더럽혀졌다. 이는 충격적이고 확실한 상징이었다. 술라는 효과를 충분히 따져보지 않고 행동하는 법이 거의 없었다. 빌라 푸블리카를 피로 씻음으로써 공화국을 수술하려는 계획에 대해 극적으로 통보한 것이다. 인구 조사가 불법적이라면 그것을 통해 확인된 신분과 특권의 위계질서도 불법적이다. 국가의 고대적인 기반이 불안정하여 와해될 지경에 처해 있다. 신이 보낸 사람인 술라는 그것을 수선할 것이고, 그 과제를 수행하는 데 얼마나 많은 피를 흘리게 될지는 개의하지 않을 것이다.

미신과 적나라한 권력의 과시를 한데 합치는 것이 술라의 최고 장기였다. 원로원에서 거기에 맞상대할 바보는 아무도 없었다. 술라의 최대의 적들조차 전례 없는 규모로 이루어진 그의 승리를 인정하는 것 외에 달리 도리가 없었다. 술라가 보기에 행운의 여신이 자기를 축복한다는 가장 확실한 증거는 성공이었다. 그가 콜리나 성문에서 얻은 승리에서 자기의 역할을 과소평가하고 크라수스의 성공은 과장하기로 작정한 까닭도 바로 이것이었다. 겸손 때문이 아니라 정반대 이유로 그는 스스로를 행운의 여신의 총아로, 운명의 인물로 내세우고 싶었던 것이다. 술라는 자기의 승리를 신이 보낸 선물로 규정함으로써 로마로 진군한 최초의 인물, 이탈리아를 "전쟁과 불과 학살"[8]로 파괴한 자신에게 지워진 모든 책임을 떨쳐버리려 했다. 술라가 마리우스의 재를 파내어 안니오 강물에 뿌린 행위가 치졸한 복수극일 뿐만 아니라 계산된 선전 행위였던 것도 이 때문이었다. 최대 경쟁자와의 생사를 건 투쟁, 공화국을 위험한 고비로 몰고 갔던 바로 그 분쟁은 공화국을 수호하기 위한 전쟁으로 탈바꿈했다. 술라가 자기 손으로 탈취한 패권적 지위를 정당화할 수 있는 방법은 이런 방식뿐이었다. 생애 최후의 몇 달 동안 비정상적인 잔혹성을 보인 마리우스도 일곱 번째 집정관직이라는 누더기 상태의 합법성으로 자신을 보호하려고 했다. 그러나 술라는 그와 비슷한 속임수를 시도하기에는 너무나 교활한 인물이었다. 그는 관례적인 행정관직 자리에 앉는 것이 무의미하다는 것을 알고 있었다. 그가 자기 권력의 적나라함을 은폐하려 한다면 더 그럴듯한 위장을 다른 곳에서 찾아내야 할 것이었다.

그러나 그전에 그의 승리가 절대적으로 확고한 것이 되어야 했다. 술라는 로마를 떠나 곧바로 마리우스파의 최후 거점인 인근 프라이네스테 마을로 향했다. 가는 길에 술라는 그 도시가 항복했고 마리우스의 아들이 죽었다는 소식을 들었다. 로마에는 이제 집정관이 사라졌다. 국가의 우두머리 두 명을 파멸시킨 인물이 술라라는 사실로 인해 그의 지위가 헌법적으로 비정상적인 것이라는 점이 더욱 강하게 부각되었다. 술라는 자부심으로 의기양양하여 그런 데는 신경 쓰지 않았다. 그는 적의 혈통을 끝장낸 것을 축하하는 의미에서 스스로에게 펠릭스^{Felix}('행운아')라는 호칭을 수여했다. 이것은 늘 소중한 개인적 별명이었지만 이제 그는 그것을 공개적으로 발표하기로 결정했다. 그렇게 함으로써 그는 자신의 통치권을 정당화해주는 것이 오빌레로 몰려가는 유권자가 아님을 표명한 셈이었다. 행운은 술라에게 권력을 주었고, 공화국을 구원해줄 것이다. 행운의 여신은 자신이 총애하는 인간의 일이 완수될 때까지, 헌정이 복구될 때까지 수호 여신으로 로마를 지배할 것이다.

여신의 치세는 잔혹한 시대다. 위인들이 몰락하고 시시한 존재들이 출세하는 것, 행운의 여신이 가장 좋아하는 것은 이런 드라마였다. 물론 공화국도 이런 드라마를 좋아하기는 했다. 하지만 헌정은 섬세하고 정교하게 조절되어왔으며 급격한 변화를 일체 억제하는 쪽으로 발전해왔다. 그리스 도시들을 정기적으로 집어삼키던 적대자들의 대량 학살과 재산 몰수는 로마인과 무관했다. 술라는 아테네를 점령함으로써 바로 그런 전술에 의존하여 유지되던 체제를 전복했지만, 이제 다음 차례로 로마를 포획하고 나서는 그런 전술을 따라 할 준비가 되어 있었다. 다른 수많은 분야에서도 그랬듯이 정치적 테러를 실행하는 분야에서도 아테네, 곧 '그리스 학교'는 여전히 아이디어 제공자 노릇을 할 수 있었다.

빌라 푸블리카에서 삼니움족의 도살이 끝나기도 전에 살인 부대가 로마 전역으로 퍼져나갔다. 술라는 그들을 통제하려고 들지 않았다. 유혈 사태에 익숙해진 지지자들도 그들의 살육에 경악했다. 그들 중 한 명이 용기를 내어 살인자들을 언제 불러들일 것인지 감히 물어보았다. 혹은 적어도, 서둘러 덧붙였다. "처벌되었으면 하는 사람의 명단을 우리에게 주십시오."⁹ 술라는 냉소를 지으며 그 말을 들어주었고, 지체 없이 포룸에 명단이 나붙었다. 거기에는 마리우스파 체제 지도부 전원의 이름이 들어 있었다. 그들 모두에게 죽음이 선고되었다. 그들은 재산을 몰수당하고 그 아들과 손자들은 공직에 출마할 수 없다. 그들을 보호하려는 사람도 모두 죽음에 처해질 것이다. 로마의 정치 엘리트 집단 하나가 깡그리 절멸되기에 이른 것이다.

명단은 계속 발표되었다. 거기에 오른 이름은 수백 명, 아마 수천 명에 달했을 것이다. 마리우스파 동조자가 아니지만 재산과 신분 때문에 매력적인 과녁이 될 만한 사람들의 이름도 슬며시 끼어들었다. 명단을 살펴보려고 포럼에 모여든 잔인한 취향을 가진 사람들이 거기에서 자기 이름을 발견하는 사태도 비일비재했다. 저택, 유원지, 수영장 등이 이제 잠재적인 죽음의 허가증이 되었다. 희생자의 잘린 머리는 로마로 운반되어 술라의 검사를 받고 약속된 현상금이 지급되고 나면, 그의 집에 특별히 귀중한 승전 기념물로 보관된다.

이런 식의 소름 끼치는 회계 시스템은 남용되기 쉬운 법이다. 그 시스템에서 가장 큰 이익을 본 사람은 크라수스였다. 그 자신도 압수의 고통을 겪은 적이 있었지만, 그는 이익이 있는 것을 찾아내는 후각을 갖고 있었다. 술라를 콜리나 성문에서 구해낸 장군이었으니 마음대로 영향력을 행사할 수 있는 지위를 누렸다. 그는 당연히 선물을 받아 챙겼고, 장원들을 잽싸게 헐값으로 사들였다. 그러나 크라수스가 너무 악랄하게도, 어떤 무고한 백만장자의 이름을 처벌자 명단에 올리자 술라도 더는 참을 수 없었다. 추문이 이어지면서 두 사람 사이는 돌이킬 수 없이 벌어졌고, 술라는 예전 부관에 대한 총애를 거두어들였다. 하지만 크라수스는 이미 그런 데 신경 쓰지 않아도 될 만큼 엄청난 부자가 되어 있었다.

영원한 전략의 대가인 술라는 불화에 대해서도 오로지 정치적 문제로 간주되는 경우에만 처리했다. 자기 동맹자를 공개적으로 꾸짖음으로써 그는 자신을 공화국의 사심 없는 청소부, 공화국을 피로 씻는 청소부로서 과시할 수 있었다. 하지만 크라수스의 탐욕에 대해 충격받은 척했지만 아무도 거기에 속지 않았다. 술라의 술책은 항상 적은 깎아내리고 친구는 북돋아준다는 것이었다. 크라수스는 누구에게 빌붙기에는 너무 강력하고 야심이 큰 사람이었지만, 아직 술라에게 위협적으로 보이지 않는 사람들은 충분한 보상을 받았다. 그가 자기 재산을 터무니없이 싼값에 팔아버리는 일도 흔했다. 그의 정책은 지지자들을 부자로 만들어줌으로써 적대자들을 파멸시키는 것이었다. "술라가 자기 지지자들 모두에게 신물이 날 만큼의 재산을 떠안긴 다음에야 살육이 끝났다."¹⁰

그러나 비록 관대하게 처신했다고는 하지만 이 숙청 덕분에 가장 큰 이익을 본 사람은 바로 술라 자신이었다. 한때는 지저분한 싸구려 여인숙 신세를 질 수밖에 없던 빈민이 이제 역사상 그 어떤 로마인보다도 더 부유해졌다. 숙청이 진행되는 과정에서 사형을 선고받은 한 원로원의원이 과거에 노예였던 사람의 집에 숨어 지내다가 발각된 적이 있었다. 그 해방노예는 지체 없이 술라 앞에 끌려나왔다. 이 두 사람은 오래전에 같은 아파트에서 같은 숙소를 쓰던 사이였다. 두 사람은 곧 서로를 알아보았다. 해방노예는 처형장으로 끌려가면서도 술라에게, 예전과 조금도 달라지지 않았다고 고함쳤다. 그는 그것을 모욕으로, 도전의 외침으로 여겼지만 술라에게는 자기가 떠나온 먼 길을 가장 잘 예시해주는 것이었다. 그가 정말로 '행운아'라는 사실을 이보다 더 잘 말해주는 것은 없었다.

독재관 술라

술라에게는 파괴하는 것만큼 건설하려는 목표도 있었다. 로마의 길거리가 붉게 물들고 있을 때에도 그는 공화국을 완전히 회복시키겠다고 큰소리쳤다. 그에게 기회주의는 늘 차가운 확신의 이면이었다. 그는 전쟁과 혁명의 순환 속에서 무자비하게 난도질하면서 자기 길을 개척해왔지만, 그런 순환도 그의 마음속에 깊이 들어 있는 보수성을 약화시키지 못했다. 술라는 진정한 파트리키답게 혁신을 경멸했다. 동료 시민들에게 뭔가 급진적이고 새로운 독재의 모델을 강제하고 싶다는 희망 따위는 전혀 없이, 그는 로마가 직면한 위기의 해법을 찾기 위해 과거를 바라보았다.

가장 긴급한 문제는 그의 지위를 합법적인 것으로 만드는 것이었다. 적들은 이미 처벌당했지만 그래도 술라는 유권자들의 판단에 복종해야 하는 처지를 피하려고 했다. 다행히 쉽게 선례를 찾을 수 있었다. 공화국의 고대 역사에서는 선거에 의존하지 않고 전권을 휘둘렀던 시민의 사례가 있었다. 특별한 위기가 닥쳐올 때는 집정관들의 권위가 일시 정지되고 한 명의 행정관이 지명되어 국가의 지휘를 담당한다. 그런 관직은 술라의 요구에 완벽하게 들어맞았다. 그것이 헌법적으로 이미 화석화되어버린 지위라는 사실은 조금도 개의하지 않았다. 그는 원로원 의원들에게 위협적인 암시를 함으로써 이 케케묵은 관직의 먼지를 털고 자기를 그 관직에 임명하라고 설득했다. 그 결과 그의 패권이 합법화되었을 뿐만 아니라 전통의 고색창연함도 보낼 수 있었다. 어쨌든 독재관Dictator 같은 정통 공화주의적 행정관직이 로마인을 위협한다고 생각할 수야 없지 않겠는가.

그러나 실제로 그 직책은 항상 의혹의 눈길을 받았다. 동등한 지위를 가진 시민 두 명에게 권력이 나뉘는 집정관과 달리, 독재관이라는 단일한 권력은 본질적으로 공화주의 이상을 저해하는 것이었다. 이 직책이 더는 활용되지 않게 된 것도 그 때문이었다. 한니발 전쟁의 암울한 시절에도 시민들은 이 제도를 아주 짧은 기간 동안, 정해진 기간에만 활용했다. 독재관직은 물을 섞지 않은 포도주처럼 중독적이고 위험했다. 그러나 술과 권력을 똑같이 즐기던 술라는 두 가지 모두를 능숙하게 처리하는 재주를 자랑스러워했다. 그는 자기 직책에 임기를 두지 않겠다고 했다. 그 대신에 그는 헌법이 '개정'될[11] 때까지 독재관으로 있겠다고 했다. 그 시기가 언제인지는 술라가 판단할 것이다.

집정관은 릭토르 열두 명을 거느린다. 술라는 스물네 명을 거느렸다. 릭토르는 어깨에 파스케스만이 아니라, 독재관의 생사여탈권을 상징하는 도끼를 함께 묶어 메고 다녔다. 술라와 그의 동료 행정관들 사이에 놓인 지위의 불균형을 그것만큼 잘 나타내는 것은 없었다. 그는 자기의 메시지를 금방 이해시키는 재능이 있었다. 독재관에 임명되자마자 그는 집정관 선거를 치르라고 명령했다. 후보자 두 명을 모두 그가 골랐다. 자기 휘하 장군, 그것도 프라이네스테를 점령한 전쟁 영웅이 입후보하려고 하자 술라는 그에게 물러서라고 경고했다. 그가 거절하자 사람을 시켜 포룸에서 공개적으로 살해했다. 전쟁 영웅이 얼마나 위험한 존재인지 판단할 이유가 술라에게는 충분히 있었다.

그의 개혁 계획 전체에 그림자를 드리운 아이러니가 바로 그것이었다. 독재관으로서 술라의 과제는 장래에 어느 누구도 자기처럼 군대를 이끌고 로마로 진군하는 사람이 없도록 확실히 해두는 것이었다. 하지만 술라 자신은 이런 의도가 모순이라고 여겼을지 의문스럽다. 만약 그의 선전이 줄기차게 주장했듯이, 술라에게 내전을 도발한 죄가 없다면,

잘못은 어딘가 다른 데 있을 것이다. 만약 그의 선전이 주장했듯이 마리우스와 술피키우스가 야심 때문에 공화국을 위험에 빠뜨렸다 하더라도, 그런 야심이 왕성하게 커질 수 있었던 것은 공화국의 제도가 부패했기 때문이다. 술라는 너무나 순수한 로마인이다 보니 최고가 되고자 하는 욕구가 범죄일 수도 있다는 생각은 하지 못했다. 영광을 추구하는 동족들의 고질적인 갈증을 억누르겠다는 의도는 확실히 없었다. 오히려 그는 그 갈증의 물꼬를 터주는 것을 목표로 삼았다. 그래서 국가를 갈기갈기 찢어발기기보다는 그런 야심이 다시 한 번 로마의 더 큰 영광을 위해 기여할 수 있도록 하려는 것이었다.

헌법의 복잡함, 양면성, 모순 때문에 새 독재관은 분통이 터졌다. 술라는 그런 것들을 허점이라고 해석했고 허점을 막으려고 열심히 노력했다. 미래의 마리우스가 파고들 틈새가 있어서는 안 된다. 그 대신에 야심은 엄격하게 규제되어야 한다. 그리하여 모든 행정관직에는 나이 제한이 생겼다. 술라 자신은 매춘부를 쫓아다니는 것으로 20대를 소비했으니 너무 일찍 출세하는 젊은이들을 강제로라도 차별할 기회를 기쁘게 환영했을 것이다.

그의 법령에 따르면 최하급 행정관 선거일지라도 입후보하려면 반드시 서른 살이 되어야 한다. 하급 행정관, 즉 재무관 당선자는 1년 동안 상급 행정관의 조수로 봉직하면서 연장자의 모범을 보고 배우도록 했다. 일부 재무관에게는 독자적인 책임, 예를 들면 공화국의 재정을 관리하고 권력의 규율과 임무에 익숙해지도록 습관을 들이는 책임이 주어질 수도 있다. 이런 훈련은 중요했다. 왜냐하면 재무관으로 봉직한 시민은 서른아홉 살 생일이 지나면 더 높고 더 특권적인 명예인 법무관직을 목표로 삼을 수 있기 때문이었다. 법무관에 선출되면 1년 동안, 집정관을 제외하면 최고위직에 올라선 것이다. 법무관은 두려울 정도의 책임과 특권을 가진다. 공화국의 법률을 관리한다는 막중한 과제를 담당하고 있으면서 또한 원로원의 회기를 열고 그 토론을 주관할 권리도 가진다. 그러나 술라의 개혁에 따르면 법무관직의 진정한 매력은 이제 그 직책이 한 단계씩 밟아 올라가서 집정관직에 이르는 사다리에서 필수적인 단계의 역할을 하게 되었다는 점이었다. 술라의 개혁 목표는, 장래에는 승리자들이 자기 분수를 알도록 확실히 해두려는 것이었다. 마리우스의 아들이 누린 경력 따위의 추문은 더 이상 생기면 안 된다. 재무관에서 법무관으로, 또 집정관으로, 권력으로 올라가는 길은 오직 하나뿐이고, 지름길은 없다.

이 법안은 중년에게 가산점을 주는 의도한 결과를 가져오게 된다. 그럼으로써 이 법안은 로마의 근본적인 본능과 조화를 이룰 수 있었다. 중년 이상이라야 정치가가 될 수 있다. 그리스의 지배자들은 자신을 초자연적으로 젊은 모습으로 표현했지만, 공화국 시대의 초상화들을 보면 로마인들이 주름살과 성글어가는 머리칼, 축 늘어진 뺨에 유달리 호감을 가졌음을 짐작할 수 있다. 로마의 지배 집단인 원로원Senate이 그 이름을 '세넥스senex', 즉 노인이라는 단어에서 따온 사실이나, 원로원 의원들이 '아버지들'이라는 호칭으로 자신들에게 위엄을 부여하고자 한 것도 우연한 일이 아니었다. 젊고 곤궁한 빈민들 같은 무책임한 분자들을 제어하는 집단, 경험과 지혜가 풍부한 집단은 모든 보수주의자들이 소중하게 여기는 이상이었다. 공화국의 신화에서 로마를 전 세계로 인도하고, 한니발을 이기고, 왕들을 갈아치우고, 세계를 정복한 것은 원로원이었다. 술라는 기회가 있을 때마다 원로원을 깔아뭉개면서도, 원로원의 권위를 회복하는 것을 자기 경력의 중심 목표로 삼았다.

그러기 위해서는 수선 작업이 시급했다. 내전과 숙청 때문에 이 존엄한 집단은 위태로운 지경에 내몰려 있었다. 300명이던 원로원 의원 수가 100명도 채 안 되게 줄어드는 데 주된 역할을 한 것이 술라였지만 신입자들을 하도 부지런히 받아들이다 보니 개혁 작업이 끝날 무렵에는 원로원의 규모가 역사상 그 어느 때보다 더 커져 있었다. 기사 계급에 속한 온갖 직업인, 곧 기업가, 이탈리아인, 약탈로 부자가 된 관리들이 서둘러 영입되었다. 동시에 원로원 내에서도 승진의 기회가 많아졌다. 술라의 개혁안에 따르면 매년 선출되는 법무관의 수가 여섯 명에서 여덟 명으로 늘어났고, 재무관은 여덟 명에서 스무 명으로 늘어났다. 이는 권력의 상층부에 새로운 피가 정기적으로 수혈되도록 보장하려는 시도였다. 귀족 계급은 이런 조처에 경악했다. 하지만 로마의 속물주의는 신입자들이 분수를 지키도록 만드는 재주가 탁월했다. 공화국의 다른 모든 사람과 마찬가지로 원로원 의원들도 위계질서의 완강한 규칙에 구속되어 있었다. 그들의 발언 순서는 지위에 따라 정해지며 연소한 의원은 발언할 기회를 얻기도 힘들었다. 평소 원로원을 활발하게 비판하던 사람들도 일단 이 집단에 소속되고 나면 곧 침묵했다. 적에 대해 관대하다고 할 수 없었던 술라도 일부 적들과는 제휴하는 편이 최선이라고 판단한 것으로 보인다.

물론 울타리 밖에 남은 사람도 여전히 있었다. 술라는 군중의 갈망을 경멸했다. 그런 갈망을 대변하는 사람들을 술라는 노골적으로 혐오했다. 술라는 원로원의 권력은 쌓아올리면서 호민관을 무력화했는데, 이런 양심이 그의 보복의 특징이었다. 그는 술피키우스가 호민관이었다는 사실을 결코 잊지 않았다. 호민관의 권력을 싹둑싹둑 잘라버리는 가위질은 모두 미묘한 개인적 동기에서 나온 보복이었다. 술피키우스가 그랬듯이 호민관이 집정관을 공격하는 법안을 발의하는 일이 다시는 일어나지 못하도록 술라는 호민관의 법안 발의권을 금지했다. 호민관이 장래의 골칫덩이를 미연에 방지하기 위해 경력을 키울 수 있는 잠재성은 모조리 짓밟았다. 술라는 호민관직에 오른 사람은 다른 행정관직에 나가지 못하도록 금지했는데, 이는 미묘한 악의의 표현이었다. 재무관과 법무관은 집정관을 꿈꿀 수 있었지만 호민관에게는 원천봉쇄되었다. 호민관은 이제 아무데도 가지 못하는 사다리의 한 계단에 불과하다. 술라에게는 항상 그랬지만, 복수는 달콤했다.

옛날부터 헌법을 떠받쳐오던 두 기둥 중의 하나가 이제 폐허가 되었다. 원로원에 있는 술라의 보수적 지지자들도 충격을 받은 것 같았다.[12] 이제까지 그 누구도 이 정도의 파괴 작업을 시도한 적은 없었다. 독재관은 그러한 개혁을 복구, 즉 난장판을 치우는 일이라고 규정했다. 하지만 그 난장판이 사실은 공화국의 정수였다. 술라가 보는 곳마다 난장판이 확산되었다. 로마의 모습에서도 그런 것이 보였다. 도발이 있을 경우 술라의 반응은 언제나 단 한 차례, 신속하고도 치명적인 타격을 가하는 것이었는데, 마리우스파나 호민관직을 처리할 때와 마찬가지로 이 도시의 본질에 대해서도 참지 못했다. 적체 상태인 도시에 대해 좌절감을 느낀 그는 간단하게 포메리움^{pomerium}(로마의 에스퀼리누스, 팔라티누스, 퀴리날리스, 카피톨리누스 언덕을 둘러싼 성벽 바로 안쪽에 있던 신에게 봉헌된 빈 터-옮긴이)을 철거해버렸다. 이런 일은 로마 역사를 통틀어 최초였다. 똑같이 냉정한 태도로, 그는 비좁지만 유서 깊은 원로원 회의장을 철거해버리고, 자신으로 인해 더욱 확대된 새로운 원로원의 규모에 걸맞게 새 건물을 지었다. 원로원 의원들은 별로 고마워하는 기색이 없었다. 10년 뒤에도 그들은 예전 건물을 아쉬워했고, "확장되었는데도 오히려 작아진 것처럼 보인다"[13]라고 불평했다. 술라는 경멸하는 투로 어깨를 으쓱하면서 그들의 아쉬움을 무시했다.

카피톨리누스 언덕에서만은 그도 신성불가침인 관습의 규제를 받았다. 유피테르 신전은 타서 무너졌지만 그 윤곽은 여전히 남아 있었다. 새 신전을 잿더미 위에 다시 지을 때 술라가 아데네에서 약탈해온 거대한 기둥이 원래의 신성한 구조의 윤곽 안에서 모습을 드러냈다. 대형화 숭배의 산물이 고전적인 기초 위에 불편한 모습으로 쭈그리고 앉아 있었다. 술라의 독재관직이 세운 기념물로서 그보다 더 잘 어울리는 것은 없을 것이다.

그러나 유피테르의 위대한 신전이 완성되기 한참 전에, 술라는 자리에서 물러났다. 기원전 81년 후반의 어느 날 아침, 그가 갑자기 릭토르를 거느리지 않고 포룸에 나타났다. 역사상 그 어느 로마인보다도 더 많은 시민들의 죽음에 책임이 있는 사람이 최고 권력의 허가증을 내려놓은 것이다. "집에 있는 사람이든 외국으로 망명한 사람이든 아무도 두려워하지 않는 것 (……) 그런 것이 그의 과감성과 행운의 규모였다."[14] 다시 한 번 그의 배짱이 입증되었다. 술라는 여전히 외경의 대상이었다. 단 한 번, 누군가가 그를 면전에서 감히 비판하려 한 적이 있었다. 한 젊은이가 포룸에서 그에게 야유를 보낸 것이다. 그런데도 아무 반응이 없자 그는 집에 가는 길 내내 술라를 조롱했다. 그때를 제외하고, 술라의 이름이 주는 공포감은 계속 유효했다.

독재관을 사임한 해의 나머지 기간에 술라는 집정관으로 봉직했다. 그다음 해에는 모든 공직에서 물러났다. 공식적인 책임을 벗어버리고 나자 그는 젊은 시절의 야단스러운 생활방식으로 되돌아갔다. 이런 생활방식을 즐기는 취향을 버린 적은 한 번도 없었다. 독재관 시절에 그는 로마 역사상 가장 큰 연회를 열곤 했다. 도시의 모든 사람이 초대되었다. 길거리에서 꼬챙이에 꿴 고기가 구워졌고, 공공 분수에서는 고급 포도주가 흘러넘쳤다. 시민들이 실컷 포식한 뒤, 더는 아무도 먹고 마시지 못할 지경이 되자 소 반 마리분의 고깃덩이들이 통째로 티베르 강에 내던져졌다. 정신이 혼몽해질 정도의 낭비였다. 일반 시민이 되고 나자 술라의 잔치도 더 친밀한 사람들끼리 모이는 행사가 되었다. 그는 옛날의 보헤미안 친구들과 고주망태가 되도록 하루 종일 술을 마시곤 했다. 눈이 어지러울 정도로 높이 출세했지만 술라는 전투에서 그랬던 것만큼 우정에 관해서도 완전무결하게 충실했다. 배우와 무희들, 보잘것없는 매춘부들, 이들 모두에게 숙청당한 사람들의 재산 부스러기가 던져졌다. 재주가 없는 사람은 다시는 재주 부리지 말라고 돈을 받았다. 재주가 있는 사람들은 아무리 전성기가 지나갔을지라도 귀하게 대접받았다. 잔인할 정도로 냉소적이었지만 술라는 여전히 한물간 여장 남자의 비위를 맞추어주고 총애하곤 했다. "여자 흉내쟁이인 메트로비우스는 이미 전성기가 지났지만, 술라는 여전히 그를 사랑한다고 항상 주장했다."[15]

확실히 술라의 경우, 자기가 남자임을 입증하려고 마리우스처럼 근육에 집착할 필요는 없었다. 술라가 캄푸스 마르티우스에서 훈련하는 일은 없을 것이다. 캄파니아에 있는 빌라로 물러나서 그는 은퇴 생활을 즐졌다. 그는 공화국을 복구시켰고, 노력의 결과는 평화였다. 위기는 지나갔다. 그리스풍 튜닉을 입고 관광객들과 어울려서 나폴리 거리를 산책하는 술라를 본다면 좋은 시절이 다시 돌아왔음을 누가 의심할 수 있겠는가.

하지만 로마에서도 그렇지만 이탈리아에서의 좋은 시절이란 야만성과 유혈 사태 위에 세워진 것이었다. 술라의 장원에서 멀지 않은 곳에 삼니움 언덕이 솟아 있었다. 그곳은 고의적인 절멸 정책으로 시달림을 당한 곳이었다. 그 주변 모두, 캄파니아 평원에 점점이 펼쳐진 도시들은 모두 술라에 대한 저항에서 입은 상처를 아직도 안고 있었다. 나폴리도 그의 군단의 습격을 받았다.

놀라 역시 결국은 함락되었다. 거의 10년 동안 포위당한 이 반란군의 거점은, 항복하느니 차라리 불에 타죽으라고 다른 도시들을 선동했던 바로 그런 어마어마한 잔혹성으로 단련되면서, 기원전 80년까지 버틴 곳이었다. 놀라에 대한 처벌도 할 겸 영구적인 점령군을 주둔시킬 필요도 해결할 겸, 술라는 자기 퇴역병들의 식민지를 이 도시에 건설했다. 캄파니아와 삼니움 전역에 수없이 세워진 그와 비슷한 정착촌 중의 하나였다. 가장 완강하던 적의 거점에서도 승리를 거두자 술라는 놀라에게 굴욕적인 새 이름을 주는 것으로 축하했다. 콜로니아 펠릭스라는 이름이었다. 이보다 더 그를 기분좋게 한 착복 행위가 한 가지 있었다. 그의 장원에서 해변으로 조금만 내려가면 마리우스의 유명한 빌라가 있었다. 군대 진지처럼 곶 위에 세워진, 늙은 군인의 영광과 남성적 자부심에 바쳐진 사당이었다. 술라는 그곳을 자기 딸 코르넬리아에게 헐값에 팔아치웠다. 그는 항상 남의 상처에 소금을 비벼 넣기를 좋아했다.

이런 잔혹한 성향은 절대로 잊히지도 않고 용서되지도 않는다. 술라는 로마인들에게 독재자의 예속민이 된다는 것이 어떤 것인지를 살짝 맛보게 했는데, 알고 보니 그것은 경악스러우면서도 유익한 경험이었다. 이는 절대로 취소될 수 없는 발견이었다. 숙청이 끝나자, 경쟁과 영광을 좋아하는 로마인들의 취향을 극한까지 추구한 결과가 어떤 것일지 모르는 사람은 아무도 없었다. 로마의 적들만이 아니라 로마의 시민들도 마찬가지였다. 한때 생각도 못할 일이 이제 모든 로마인의 마음 한켠에 자리 잡고 있었다. "술라가 했는데 나라고 왜 못할까?"[16]

그의 뒤를 이은 세대는 이 질문에 나름의 대답을 하게 된다. 그 과정에서 그들은 술라를 어떻게 평가해야 좋을지를 규정하는 데 기여하게 된다. 그는 헌정의 구원자였던가, 파괴자였던가? 그는 무서운 존재였지만 또한 공화국을 복구하기 위해 열심히 노력했다. 자기의 후계자가 나오지 않도록 확실히 해두기 위해서 말이다. 훗날 역사가들은 영구적인 전제주의에 익숙해져 있다 보니, 최고 권력을 가진 사람이 자발적으로 물러날 수 있다는 생각을 환상이라고 여겼다. 하지만 술라는 그렇게 했다. 동시대인들조차 그를 너무나 당혹스럽고 모순적인 인물이라고 여겼던 것도 무리가 아니다. 그가 죽었을 때, 아마 틀림없이 간 질환이었을 텐데, 그의 시체를 어떻게 처리해야 할지에 대한 합의조차 쉽지 않았다. 집정관 한 명은 국장으로 치르고 싶어했고, 다른 집정관은 장례식을 치르는 명예도 박탈하자고 주장했다. 논쟁을 해결한 것은, 꼭 어울리게도 폭력이었다. 엄청난 수의 퇴역병 출신 호위대가 죽은 장군을 캄파니아에서 운구하려고 모여들었고, 로마 시민들은 "마치 그가 아직도 살아 있는 것처럼 그의 시체와 군대 때문에 공포에 질렸다."[17] 캄푸스 마르티우스에 있는 거대한 화장대에 시체가 놓이자마자 평원을 가로질러 강한 바람이 불어와서 불길이 거세게 타올랐다. 또 시체가 다 타자마자 비가 오기 시작했다.

술라는 끝까지 행운아였다.

5

욕망의 사다리

젊은 카이사르의 역정

젊은 로마 귀족의 생애는 기회와 위험으로 가득 차 있다. 내전은 그 두 가지의 한계 수위를 더욱 높였다. 술라 치하의 젊은이들은 성인 생활의 깊은 구렁텅이로 그대로 빠져들 수도 있다. 거기에서 엄청난 이익을 얻은 사람들도 있었다. 가장 눈부신 것은 폼페이우스의 사례였다. 그는 신동을 견제하는 술라의 법안에 조금도 아랑곳하지 않고 계속 젠체하고 우쭐대며 다녔다. 서른 살 미만은 정치적 관직에 오를 수 없도록 하는 금지 조치를 독재관이 내렸지만, 그 와중에도 이 새파랗게 젊은 술라의 부관은 아프리카에서 마리우스파 결사대를 쳐부수고 있었고 부대는 그에게 '위대한 자Magnus'라고 환호를 보냈다. 하지만 폼페이우스는 예외적인 경우였고 스스로도 그런 사실을 영광으로 여겼다. 그의 세대에서 다른 사람들은 그만큼 운이 좋지 못했다. 예를 들어 마리우스가 율리우스 씨족과 통혼한 덕분에 이 유서 깊은 파트리키 가문의 한 상속자는 쫓겨다니는 신세가 되었다. 가문으로 보면 이제 겨우 열아홉 살의 이 젊은이 앞에는 당연히 매끈한 길이 펼쳐져야 했겠지만, 현실에서 그는 산지의 헛간에 숨거나 현상금 사냥꾼들을 필사적으로 매수해야 했다. 그는 이 경험을 절대로 잊지 않게 된다. 장래에 그는 행운의 여신의 변덕에 대해 비범할 정도로 통달하기로 결심했음을 입증하게 된다. 이 젊은 율리우스 카이사르도 폼페이우스 못지않게 술라 치하의 여러 해 동안 자기 나이보다 조숙하게 단련되었다.

이 점에서 두 사람은 모두 양육 과정의 효과를 충실하게 입증하는 존재였다. 강인함은 로마의 이상이었다. 시민을 규정하는 표시는 영광을 추구하거나 재난을 견디는 데 필요한 강철 같은 자질이었다. 그것은 출생 때부터 각인된다. 로마인 부모가 아기에게 보이는 최초의 반응은 연약하고 무력한 존재에 대한 부드러운 감정이라기보다는 충격이었던 것 같다. "아기는 마치 거친 파도에 떠밀려 바닷가에 올라온 선원처럼 벌거벗은 모습으로 바닥에 누워 한마디도 할 수 없고, 철저하게 타인의 손에 자신의 생존을 내맡긴 상태다."[1] 로마인의 관점에서 이런 것은 불명예스러운 여건이었다. 어린아이란 너무 연약하기 때문에 이상적 존재가 될 수 없으며, 아이가 받을 수 있는 최고의 찬사는 성인에 견줄 만하다는 것이었다. 따라서 고대인들의 전기에는 적어도 현대인들이 보기에는 조금 이상하고 답답한 느낌을 주는 단절이 생기게 마련이다. 공화국 시기의 위인들은 특히 어린 시절이 묘사된 부분에서는 너무나 이질적이고 냉정한 존재로 느껴진다. 우리 눈앞에 있는 것은 신체적인 강인함의 본보기이자 교양 분야에서는 신동인 인물, 뻣뻣하고 잘난 체하고 비현실적인 존재들이다. 그들이 축소판 성인이 아니라 어린아이로 묘사되는 경우는 아주 드물다. 위대한 인물일수록 그런 초상에 적합하지 않은 어린 시절의 모습이 등장할 확률은 더 적어진다. 카이사르 같은 인물의 어린 시절은 공백이나 마찬가지다. 그런 부분을 재구성하고 싶다면 일반적인 고대 역사보다도 더 심하게 추정과 일반화에 의존할 수밖에 없다. 하지만 그런 시도도 해볼 만한 가치는 있다. 로마인들은 "자연의 청사진은 한 인물이 아주 어릴 때 제일 뚜렷하게 나타난다"[2]라는 말을 그 어떤 심리학자보다도 잘 알고 있었다. 어린 시절은 미래의 시민이 만들어지는 시기였다.

그렇다면 나중에 커서 공화국을 무너뜨리게 되는 이 아이에 대해서 우리가 확실하게 단언할 수 있는 이야기는 어떤 것들인가? 가이우스 율리우스 카이사르Gaius Julius Caesar는 기원전 100년 7월 13일에 태어났다. 폼페이우스보다 6년 뒤, 크라수스보다 15년 뒤의 일이었다. 그는 아주 어릴 때부터 여러 가지 제례를 겪으며 자랐을 것이다. 로마인으로 태어난다고 전부 로마인이 되는 것이 아니었다. 아버지라면 누구나 새로 태어난 아이를 자기 자식으로 받아들이지 않을 권리가 있었다. 또는 원치 않는 자식, 특히 딸을 내다버리라고 명령할 권리도 있었다. 아기 카이사르는 초유를 빨기도 전에 아버지가 높이 쳐들어 자기 자식으로 받아들인다고 표명해야만 로마인이 된다. 9일이 지난 뒤 그는 이름을 받는다.

빗자루로 악령을 쓸어 집에서 쫓아낸다. 집을 스쳐 날아가는 새들의 행동을 보고 소년의 미래가 점쳐진다. 아기 가이우스의 목에는 금으로 만든 행운의 부적인 불라^{bulla}가 둘러지며 그는 성년이 되어 완전한 시민이 될 때까지 그것을 걸고 있게 된다.

그 순간을 위한 준비는 조금이라도 지체되면 안 된다. 로마인에게는 '아기'를 뜻하는 특별한 용어가 없었다. 여기에는 아기가 아무리 어리더라도 신체 단련을 받지 못할 정도는 아니라는 가설이 반영되어 있다. 갓 태어난 아기는 포대기에 단단하게 감겨 어른과 같은 신체의 형태로 다듬어지게 되며, 남자아이의 고추는 포피가 잘 늘어나도록 잡아당겨졌다. 공화국의 구식 도덕성과 새로 유행하는 그리스식 의학이 혼합되어 금식과 냉수욕이라는 야만스러운 처방이 소년들에게 내려졌다.

이런 가혹한 양육 과정의 결과, 그러지 않아도 참혹할 정도로 높은 영아 사망률이 더욱 높아졌다. 태어나서 1년 이상 생존할 확률은 3분의 2였고, 살아남아 사춘기에 도달하는 비율은 50퍼센트도 되지 않았다. 어린이는 끊임없이 죽어나갔다. 부모는 아이의 죽음에 대해 돌처럼 침착하게 처신하도록 권장되었다. 죽은 아이가 어리면 어릴수록 감정 표출은 더 적었다. 그러니 "요람에서 죽은 아기의 죽음을 애도할 필요조차 없다"³라는 주장도 흔히 있었다. 하지만 감정 표현을 억제한다고 해서 반드시 무관심하다는 의미는 아니다. 묘비와 시, 개인적 서신 등 로마 부모들이 느꼈던 사랑의 깊이를 말해주는 증거는 얼마든지 있다. 어린 아이에게 부과된 엄격한 규율이 고의적인 잔인함의 결과는 아니었다. 오히려 그와 반대였다. 부모가 엄격하면 엄격할수록 더욱 애성이 깊은 것으로 간주되었다.

카이사르의 양육 과정은 엄격한 것으로 유명했다. 그의 어머니 아우렐리아는 그런 기준에서 볼 때 후대 로마인들에게 모범적인 어머니로 기억되었다. 그녀는 아들에게 직접 젖을 먹여 키웠다. 모유에는 그 어머니의 자질이 들어 있다고 알려졌으므로 모유 먹이기는 로마 여성들의 시민으로서의 임무였다. 그런데도 상류 계층 여성들은 그 임무를 다하지 않았다. 로마의 자유민 여성의 모유를 어찌 노예의 젖에 비하겠는가. 자기 아기를 유모에게 넘겨주는 무책임한 귀족은 명백히 자기 아이의 장래를 손상시키는 것이다. 그런데도 그들은 그렇게 했다. 이는 그 시대의 타락상을 나타내는 명백하고 충격적인 징후였다. 자녀 양육에 헌신했다는 아우렐리아의 자부심은 도도하게 시대착오적인 여운을 띠고 있었다.

또 공화국 어머니들의 귀감인 그녀는 자녀들이 젖을 떼자마자 교육 문제를 챙기기 시작했다. 아우렐리아의 관심 대상은 가이우스만이 아니었다. 그녀에게는 아들만이 아니라 큰 율리아와 작은 율리아라는 두 딸도 있었다. 로마인들은 딸도 아들처럼 양육해야 한다고 믿었다. 딸도 신체적인 교육과 지적인 교육을 받았다. 소년은 전쟁을 위해 신체를 단련했고 소녀는 자녀 출산을 위해 단련했지만, 둘 다 탈진할 지경까지 독려된다는 점에서는 마찬가지였다. 로마인들은 자신의 인내력의 한계가 어디인지를 깨닫는 데서 자기 인식이 이루어진다고 보았다. 그런 한계를 시험해보아야 성인 생활을 제대로 준비할 수 있었다.

그러니 로마의 아이들은 당연히 놀 시간이 별로 없었다. 공화국이 무너진 뒤, 훌륭한 시민을 길러내야 한다는 압박감이 줄어들기 시작한 시절에 비하면 공화국 시절의 것으로 보이는 장난감은 아주 적게 발견된다. 아무리 그래도 아이는 아이였다. "아이들이 자라면서 마음껏 놀고 싶은 마음은 처벌한다는 위협으로도 막지 못했다."⁴ 소녀들이 인형을 가지고 논 것은 분명하다. 결혼식의 한 순서로 그런 인형을 베누스 여신에게 헌정하는 것이 관례였으니까. 한편 소년들은 팽이에 열중했다. 주사위 놀이의 열광적인 팬도 어디에나 있었던 것 같다. 결혼식 잔치 때 신랑은 아이들에게 동전이나 땅콩을 던져주었는데, 아이들은 그것을 주사위 말로 삼아 놀았다. 카이사르는 생애의 가장 큰 위기를 마주했을 때 주사위를 던지는 일에 대해 이야기하는데, 틀림없이 어린 시절의 취미 때문에 그런 은유를 골랐을 것이다. 그러나 주사위 놀이를 할 때조차 빈 틈없는 아우렐리아의 감독을 받았을 것이다. 그녀는 "그가 놀 때든 공부할 때든 똑같이 자기 처신을 조절하도록"⁵ 신경을 썼다. 카이사르가 가진 가장 위대한 기술, 즉 감당할 만한 위험과 무모한 도박을 구별하는 기술을 제일 먼저 터득한 것도 아마 어머니로부터였을 것이다.

그런데 이런 이야기는 카이사르의 어린 시절에서 분명히 누락되어 있는 어떤 사실을 강조할 뿐이다. 즉 아버지의 영향력 말이다. 아우렐리아가 아무리 모범적인 어머니였다 하더라도 아들의 양육을 그렇게 세심하게 감독하다 보면 남편의 권한을 침해할 위험이 생긴다. 당시 로마 여성들에게 허용된 자유는 아주 예외적일 정도로 컸지만 아버지의 권위 역시 예외적으로 컸다. 생사를 결정하는 아버지의 권력은 아기를 가족으로 받아들일지의 여부를 결정하는 데서 그치지 않았다. 딸은 결혼한 뒤에도 아버지의 권한 범위 내에 있었고, 아들은 제아무리 나이가 들더라도, 또는 제아무리 높은 관직에 오르더라도 아버지에게 의존하는 위치에서 절대로 벗어날 수 없었다. 로마의 아버지만큼 가부장적인 존재는 다시 없었다.

그러나 공화국에서 볼 수 있는 다른 일들이 항상 그렇듯이, 권리에는 강제가 따른다. 인구 조사 때 모든 가장은 자녀를 얻기 위한 목적으로 결혼했는지의 여부를 질문받는다. 장차 자기 도시의 인력 충원에 기여하는 것이 시민의 애국적인 임무였다. 그러나 그보다 더 절박한 것은, 또 더욱 예리하게 감지되었던 것은 자기 가족의 특권을 만들어주어야 한다는 아버지의 임무였다. 공화국에서는 지위가 세습되지 않았다. 그것은 다음 세대가 다시 획득해야 했다. 선조들이 얻었던 지위와 업적에 미치지 못하는 아들, 아버지나 오빠들에게 유리한 방향으로 남편을 조종하지 못하는 딸은 가족에게 수치스러운 존재였다. 그런 재난이 절대로 발생하지 않게 확실히 해두는 것이 가부장의 책임이었다. 그 결과로 자녀 양육에도 역시 경쟁에 대한 로마인들의 고질적인 애정이 반영되었다. 상속자를 성공적으로 길러내는 일, 혈통에 대한 정당한 자부심을 심어주고 영광을 추구하는 갈망을 심어주는 일은 남자로서 해볼 만한 업적이었다.

카이사르의 야심은 나중에 공화국 전체를 집어삼키게 된다. 그의 아버지는 그런 야심을 심어주는 데 분명히 모종의 역할을 했을 것이다. 로마에서는 반드시 남자가 가르쳐야 하는 일이 있었다. 젊은 가이우스가 받은 가장 귀중한 교육은 어머니의 발치에 앉아 있을 때가 아니라 아버지 곁에 서 있으면서 정치적인 동맹자를 맞아들이거나 포룸을 산책하거나 원로원 연회에서 오가는 잡담을 듣는 과정에서 일어났을 것이다. 소년이 공화국의 다양한 복합성을 판별하는 후각을 개발하겠다는 소망을 품는다는 것은 권력의 미묘한 냄새를 직접 맡아본 경험이 있어야 가능한 일이다. 카이사르의 아버지는 든든한 연줄이 있었고, 그의 이름을 통해 수많은 가문에 초대를 받았다. 대신에 그 또한 자기 집을 개방하곤 했다. 로마인에게는 사적인 공간이라는 개념이 거의 없었다. 귀족의 집은 물러가서 쉬는 가정적인 곳이라기보다는 자기 자신을 드러내고 찬미를 받는 무대 같은 곳, 자기가 어떤 모습으로 보이고 싶은지를 건축 자재에 투영시킨 장소였다. 지저분한 수부라에서 술집과 빈민가에 둘러싸여 있던 율리우스의 저택이 권력의 중심부에서는 멀리 떨어져 있었는지 모르지만 그래도 카이사르의 아버지에게는 강력한 본부였을 것이다. 클리엔테스와 청원자들이 그 집의 복도를 메웠다. 클리엔테스와 파트로네스의 관계는 정치가 지망생이라면 반드시 파악해야 하는 또 다른 방향의 흐름이었다. 제대로 활용만 된다면 클리엔테스들의 지지는 그의 야심을 펼치는 데 결정적인 요인이 될 수도 있었다. 로마 귀족이라면 항상 자기 클리엔테스를 세심하게 돌보았다. 영향력이 커지면 커질수록 클리엔테스들이 그의 명성을 좇아 더 많이 몰려들게 마련이었다. 카이사르의 아버지가 법무관이 된 기원전 92년 이후에는 수행원 수만 보아도 그가 유력자임을 알 수 있었을 것이다. 하지만 그것이 여덟 살 난 아들의 기대를 충족시킬 만큼 컸던가?

그 아들의 기대는 엄청나게 컸다. 카이사르는 로마의 기준으로 보아도 지나치다고 여겨질 정도로, 기회가 있을 때마다 자기 선조들이 마땅히 받아야 하는 존경을 요구했다. 베누스로부터 내려오는 그의 가계는 아주 어린 시절부터 머릿속에 주입되었다. 그의 가문의 저택은 율리우스라는 이름에 바쳐진 사당의 모습을 띠고 있었다. 신전의 형태를 그대로 모방하여 설계된 포르티코(현관의 주랑)를 지나면 아트리움의 벽에는 범접하기 어려운 형상들이 걸려 있었는데, 그것은 과거에 이 가문이 얻은 명예의 증거물인 행정관들의 밀랍 데스마스크였다. 초상화들 사이에는 색칠된 줄이 이어져 있고, 시간을 거슬러 올라가서 트로이 전쟁의 영웅에 도달하며, 그를 넘어 여신에게 닿는다. 외국인 관찰자들은 그런 광경이 민감한 어린아이에게 어떤 효과를 미칠지 확실히 알 수 있었다. "명성을 얻고 특기를 발휘하려는 열망을 품은 젊은이에게 그보다 더 깊은 인상을 줄 수 있는 장면이 달리 있을 것이라고 상상하기는 힘들다."[6] 로마인들은 어린이의 정신이 그런 장면을 보고 불꽃처럼 타오른다고 묘사했다.[7] 하지만 같은 기준에 따라, 거대한 저택의 상속자가 전통에 어울리는 업적을 이루지 못한 경우는 경멸을 받았다. "사람들이 지나가면서, '아아 유서 깊은 고택이군. 그런데 정말, 현재 주인은 참 한심한 사람이지!'라고 하는 말을 듣는 것은 끔찍한 일이다."[8] 카이사르의 경우, 가문의 영광스러운 옛날에 대해 생각이 미치면 미칠수록 최근 들어 그런 명예가 부족하다는 사실이 부각될 뿐이었다. 아버지는 법무관이기는 했지만 집정관은 아니었다. 그가 포룸을 지나갈 때 클리엔테스들을 수행원으로 거느릴 수는 있었겠지만 최고의 거족들이 하듯이 클리엔테스로 이루어진 도시, 심지어 속주까지 몽땅 소집할 능력은 없었다. 예를 들어 폼페이우스는 벼락출세자였을지는 모르지만 그래도 동부 이탈리아에 있는 광대한 영지에서 동원할 능력이 있었다. 그런 점에서 스트라본은 불성실하고 잔혹하기는 했어도 모범적인 부모였다. 폼페이우스는 자기 아버지의 업적에 대한 찬사를 읽으면서 처음 글을 깨쳤다. 이와 대조적으로 우리는 어린 카이사르의 독서에 대해서는 아는 바가 없고 그가 쓴 것에 대해서만 알고 있다. 이런 작문의 주제는 아마 틀림없이 동시대인들에게 중요하게 여겨졌던 모양이다. 그렇지 않았더라면 이런 기억이 남아 있었을 리가 없을 테니까 말이다. 그중 하나는 '헤라클레스 찬미'였는데,[9] 헤라클레스는 그리스의 가장 위대한 영웅, 유피테르의 사생아, 스스로의 업적을 통해 불사신이 된 인물이었다. 다른 하나는 오이디푸스의 이야기를 다룬 것이었다.

카이사르가 자기 아버지를 정확하게 어떤 존재로 보았든 간에 한 가지는 분명하다. 아버지보다 훨씬 더 강렬한 인상을 가진 역할 모델이 바로 가까이에 있었다. 법무관 임기가 끝난 뒤, 카이사르의 아버지는 아시아의 속주 총독으로 임명되었다. 이 자리는 얻을 것이 많았다. 강력한 연줄이 배후에서 손을 쓰지 않았다면 이런 결정이 내려질 수 없었을 것이다. 미트리다테스는 아직 침공을 감행하지 않았지만 마리우스는 이미 어떤 형태로든 동방 지휘권에 눈독을 들이고 있었다. 인척들의 갑작스러운 승진에는 그 장군의 지문이 온통 묻어 있었다. 처음에는 이탈리아인의 반란이 일어나고, 그다음에 내전이 공화국을 집어삼키는 과정에서 마리우스는 율리우스 가문 인척들의 후견인 역할을 계속했다. 피로 얼룩진 일곱 번째 집정관 임기 중, 죽기 바로 직전에 마리우스는 어린 카이사르를 유피테르 신전의 사제로 임명할 계획을 세웠다. 당시 현직 사제가 강요에 의해 자살하는 바람에, 파트리키만이 임명될 수 있는 그 자리 하나가 공석이었다. 카이사르는 겨우 열세 살이었으므로 그 자리는 그를 위해 유보되었지만, 아직 어린아이인 그는 벌써 내전의 핵심에 곧바로 빨려 들어가버렸다.

기원전 84년에 카이사르의 아버지가 죽었다. 혹은 그렇게 알려져 있다. 같은 해에 카이사르는 불라를 벗고 무겁게 주름 잡힌 성인 남자의 토가로 몸을 감싸고 공식적으로 성인이 되었다. 마리우스가 죽은 뒤 로마의 최강자가 된 집정관 킨나는 신속하게 움직였다. 카이사르는 사제직에 공식적으로 임명되었다. 킨나가 딸 코르넬리아를 카이사르에게 준 것을 보면 그 열여섯 살 난 소년은 이미 돋보이는 존재였음이 틀림없다. 카이사르는 당시 다른 여자와 약혼한 상태였지만 공화국의 제1인자를 장인으로 삼을 기회를 놓칠 리 없었다.

로마에서 결혼은 전형적으로 감정이 개입되지 않는 업무였다. 사랑은 결혼과 상관없었고 정치가 전부였다. 상류 계층의 여성, 특히 아이를 낳을 수 있다는 것이 입증된 여성은 출세라는 주사위 놀이에서 아주 가치 있는 상품이었다. 소녀는 출산에 노출될 여지가 소년보다 훨씬 더 많았기 때문에, 결혼 가능한 여성 약혼자는 늘 부족했다. 라틴어에 '아기'에 상응하는 단어가 없는 것처럼 '미혼 여성' 또한 현대적인 단어다. 아버지들이 딸의 결혼 가능성을 너무 열심히 돈으로 환산하는 바람에 소녀들은 오빠들보다 서너 살 일찍 성년이 되곤 했다. 열두 살 생일을 치른 소녀는 곧 전통적인 사프란 색 신부 베일을 쓰게 될 것으로 예상되었다. 아내가 자기 아버지의 보호 아래 남아 있는 경우, 특히 대부분의 부유층 여성들은 그랬는데, 남편에 대한 충실성이 얄팍했을 것이다. 결혼은 눈이 어지러울 정도로 빨리 맺어졌다가 깨지곤 했다. 동맹 관계가 갑자기 뒤집히면 갑작스럽게 이혼할 필요가 생겼기 때문이다. 카이사르가 코르넬리아를 아내로 데리고 있는 한 그는 킨나의 호의를 확신할 수 있었다. 남자는 아내를 사랑하지 않으면서도 여전히 그녀를 소중하게 대해줄 수 있었다.

하지만 반란을 일으킨 부하들의 손에 킨나가 살해당하자 코르넬리아는 틀림없이 갑자기 빚덩이 같은 존재가 되었을 것이다. 술라가 마리우스파를 완전히 쓸어버리고 킨나 체제의 마지막 잔재까지 없애버리자, 그녀는 빚덩이보다도 더 못한 존재가 되었다. 마리우스의 조카이자 킨나의 사위인 카이사르가 새 독재관에게 굳이 소개될 필요도 없었다. 그런데도 그의 이름은 1차 추방 명단에 오르지 않았다. 카이사르는 마리우스의 휘하 인물이었지만 술라 쪽에도 연줄이 있었기 때문이다. 공화국의 다중적인 성격은 그렇게 상충하는 충성심을 길러내는 경우가 흔했다. 특히 귀족들의 세계는 좁았으므로, 결혼 연대의 복잡한 그물망에서는 가장 지독한 원수까지도 서로 얽히곤 했다. 카이사르의 어머니는 술라에게 가장 유력한 지지자를 제공하는 코타 가문 출신이었다. 그 연줄이 카이사르의 생명을 구했다.

술라는 카이사르를 죽이는 대신 유피테르 사제직에서 해임하고 코르넬리아와 이혼하라고 명령하는 것으로 만족했다. 놀랍게도 카이사르는 이를 거절했다. 거의 자살에 가까운 이 도전 행위 때문에 그는 목에 현상금이 걸린 채 로마에서 달아나는 신세가 되었다. 이 시건방진 젊은이를 술라가 사면해주게 된 것은 아우렐리아의 친척들이 계속 개입한 덕분이었다. 독재관은 할 수 없다는 듯 어깨를 으쓱하고는 포기하면서, 그 소년 속에는 마리우스가 여러 명 들어 있다고 말했다고 한다. 하지만 카이사르가 누군가와 닮았다면 그것은 마리우스가 아니었다. 코르넬리아와 이혼하라는 명령을 거절한 것은 대담함뿐만 아니라 충성심에서 나온 행동이었고, 그것은 곧 강렬한 파트리키적 오만함의 표현이며 자신의 행운을 기꺼이 믿어보겠다는 의지였다. 이는 다른 누구보다도 술라가 확실히 인정했을 법한, 인정하면서도 또 불신했을 법한 그런 자질이었다.

카이사르가 보기에 술라가 살아 있는 한 자신은 절대로 안전하지 않다는 것은 불을 보듯 뻔한 일이었을 것이다. 그는 외국으로 나가기로 결정했는데, 이는 무서운 상황을 피하기 위한 망명 행각은 아니었다. 이제 정치적 명성으로 통하는 지름길이 닫혀버렸으니 카이사르는 더 관례적인 수단을 통해 스스로 빛나는 명성을 얻어야 했다. 유피테르 사제가 되었더라면 말을 타거나 무장 군대를 시찰하거나 한 번에 이틀 이상 로마를 떠나는 것도 금지되었을 것이다. 뛰어난 승마술을 지녔으며 캄푸스에서 규칙적으로 무술 훈련을 하고 지칠 줄 모르는 에너지와 활력을 가진 카이사르 같은 남자에게 그런 고리타분한 금기는 답답하기 짝이 없었을 것이다. 그가 받은 모든 교육은 영광을 출생에 따른 당연한 권리처럼 여기라고 가르쳤다. 이제 술라 덕분에 그는 자기 욕망을 따를 기회를 얻었다.

욕망은 그를 아시아로 이끌었다. 카이사르는 부관 자격으로 그곳을 여행했다. 일단 군인으로 복무하여 최소한의 실전을 치르지 않은 로마인은 정치적 경력을 쌓을 수 없다. 동방에서 카이사르는 그런 경력을 얼마든지 쌓을 수 있었다. 위대한 생존자인 미트리다테스는 상처를 핥으면서 권력을 다시 쌓아가는 중이었다. 에게해의 레스보스 섬, 미틸레네시는 술라가 강요한 평화조약의 잔혹성에 항거하면서 여전히 버티고 있었다. 눈길을 어디로 돌리든 군사적, 외교적 혼전 상태는 얼마든지 있었다. 성장하는 젊은이를 위해서 일부러 주문해놓은 것 같은 상황이었다.

카이사르는 순식간에 대성공을 거두었던 모양이다. 로마 본국에서 술라는 유행의 최첨단을 걷는 그의 옷차림에 눈썹을 찌푸렸고, 허리띠를 버릇처럼 너무 느슨하게 풀고 다닌다고 비난하는 투로 지적한 바도 있었다. 그러나 동방 군주들의 궁정에서는 옷 잘 입는 사람이 찬탄의 대상이었으니, 속주의 권력자들은 이 멋쟁이 파트리키가 외교 임무를 맡기에 꼭 알맞은 인물이라는 사실을 재빨리 깨달았다. 그리하여 카이사르는 비티니아의 왕 니코메데스에게 파견되었는데, 이 왕은 이 로마 빈객에게 정말로 매료되었다. 어쩌면 지나치게 매료되었는지도 모르겠다. 소문에 따르면 니코메데스는 카이사르를 애인으로 대하면서 애정을 표했다는데, 이는 나중에 카이사르라면 이를 가는 적들이 수십 년 동안 씹어댈 스캔들이 되었다.

아무튼 그의 임무는 성공적이었다. 그는 니코메데스의 비위를 맞추어주었을 뿐만 아니라 배도 여러 척 빌리는 데 성공했다. 카이사르는 그 배를 타고 레스보스로 항해하여 미틸레네 공격에 참가했으며, 거기에서 탁월한 무용을 발휘했다. 전투에서 수많은 동료 시민을 구한 공로로 특별한 명예인 시민관, 곧 용감성에 대한 공적인 명예의 표시인 참나무 잎사귀 화관이 수여되었다. 이후로는 카이사르가 경기를 구경하러 원형경기장에 들어갈 때마다 원로원 의원들까지도 그에게 경의를 표하기 위해 일어서야 했다. 이런 방식으로 그는 민중에게 친숙한 존재가 되었고 그의 업적에 대한 소문이 로마 전역에 퍼지게 된다. 이는 시민이라면 누구나 꿈꿀 만한 명예였다.

민중의 마음을 사로잡는 가장 확실한 방법은 군사적 영광이었지만 카이사르는 그것만으로 충분하다고 생각하기에는 너무나 명민했다. 그때가 기원전 80년으로 술라가 독재관직에서 물러난 뒤였지만 카이사르는 원형경기장에서 받는 갈채를 즐기려고 서둘러 돌아가지는 않았다. 대신 그는 군대에 복무하고 속주의 행정에 대해 연구하고, 또 상관들에게서 믿음직한 일꾼이라는 평판을 얻으면서 계속 동방에 머물렀다. 술라가 죽은 기원전 78년이 되어서야, 그는 드디어 로마로 돌아왔다.

죽은 독재관의 그림자 때문에 아직도 겁에 질려 있는 도시에서 카이사르는 화려한 색채의 향연 같은 존재였다. "그는 그 나이의 젊은이로서는 놀라운 방식으로 호감을 사는 재능을 가지고 있었고, 소탈하고 대중적인 태도를 보였기 때문에 일반 시민들에게 엄청난 인기를 누렸다."10 카이사르가 별로 힘들이지 않고 사람들을 사로잡기는 했지만, 이 말 역시 정치적인 의도가 담긴 발언이었다. 군중에게 호감을 사는 사람들은 스스로를 민중파, 곧 포풀라레스로 부각시켰다. 마리우스가 그랬고 술피키우스 역시 그러했다. 술라의 정치적 프로그램은 전적으로 그런 민중파의 전통을 말살하려는 시도였다. 카이사르는 자기가 그런 전통의 상속자라고 여겼다.

그는 오래지 않아 이 본성을 공개적으로 천명하게 된다. 동방에서 돌아온 다음 해에 그는 대담하게도 술라의 예전 부하장교 한 명을 고발했다. 술라가 세워놓은 체제가 장악하고 있던 권력은 아직 확고했으므로 예상한 대로 그 관리는 무죄 판결을 받았다. 하지만 카이사르의 고발 연설이 워낙 인상적이었기 때문에 그는 하룻밤 사이에 로마 최고의 연설가로 떠올랐다. 이미 전쟁 영웅이었고, 외교와 속주라는 실용적인 정치 무대에서도 노련한 솜씨를 보인 카이사르는 이제 대중적인 인물이기도 했다. 그의 나이가 아직 스물네 살이 채 안 된 때였다.

폭넓은 재능, 또 그런 재능을 발휘하는 엄청난 에너지 덕분에 카이사르는 앞길이 창창한 인물로 부각되었다. 그러나 이처럼 비범한 인물이라 하더라도 상규를 벗어나는 존재는 아니었다. 그를 길러낸 것은 공화국이었고, 모든 야심과 열망의 물꼬를 터준 것도 공화국이었다. 지난 10년 동안의 무정부 상태에도 불구하고 로마인들이 시민적 전통에 대해 가진 충성심은 흔들리지 않았다. 그들은 내전에 지쳐 있었다. 카이사르가 가문의 명예와 개인적 확신 때문에 술라 체제의 적으로 낙인찍혔을 수는 있겠지만 헌법을 거스르면서까지 그 체제에 반기를 들 준비는 되어 있지 않았다. 그런 시도는 이미 행해진 적이 있었다. 술라를 태운 재가 바람에 흩어지자마자 집정관 한 명이 술라 체제 전반을 거역하는 봉기를 일으켰다. 반란은 신속하고도 잔혹하게 진압되었다. 카이사르도 가담하라는 권유를 받았는데, 그랬더라면 그의 경력은 확실하게 끝장났을 것이다. 카이사르는 그런 불운에는 흥미가 없었다. 대신에 그는 귀족 계층이 예전부터 해온 방식대로 꼭대기로 올라가기 위한 준비를 했다. 즉 이런저런 직위를 거쳐 더 높은 직위로 옮겨가는 꾸준한 전진이었다. 그의 젊은 시절의 업적들은 그런 전진을 위한 토대에 불과했다. 공화국은 언제나 시민들이 가진 영광에 대한 갈망의 고삐를 자유로이 풀어주었다. 갈망을 억누르기는커녕, 바로 그런 갈망이야말로 공화국을 세계를 정복하는 위대한 위치로 끌어올린 힘이었다. 카이사르의 초년 경력을 보면 내전과 독재관 치세가 남긴 상흔에도 불구하고 실제로 변한 것은 아무것도 없음을 시사하는 듯하다.

영광을 향한 질주

우리가 기름칠한 기둥greasy pole(영국의 놀이기구-옮긴이)이라고 부르는 것을 로마인들은 쿠르수스 호노룸cursus honorum이라고 불렀다. 이 단어는 여러 층의 의미를 가졌다. 가장 기본적인 의미는 모든 경로, 그중에서도 특히 긴급한 경로를 뜻한다. 그러나 운동하는 사람들은 이 단어를 더욱 특별한 함의로 사용한다. 그것은 전차 경주용 트랙이면서 전차 경주 자체, 즉 대중의 여론을 알려주는 음향판 구실을 하는, 막시무스 키르쿠스에서 열리는 가장 인기 높은 경주를 가리키는 단어이기도 하다. 또는 경쟁으로 점철된 로마의 정치 무대를 가리키는 말이기도 했다. 귀족을 전차 경주 선수라고 부른다면 모욕이 되겠지만 전차 경주 팬들의 언어에 각인된 그런 비교 용법은 계속 사용되었는데, 사실은 받아들이기 힘든 진실을 암시하는 용례이기도 할 것이다.

공화국에서 운동은 정치였고 정치는 곧 운동이었다. 유능한 전차 경주 선수가 메타이metae, 즉 반환 기둥을 여러 차례 계속 돌아야 하고 단한 번만 실수하더라도, 즉 메타이에 바퀴축이 살짝 걸린다거나 너무 빠른 속도로 반환점을 돈다거나 하는 실수를 하면 전차의 통제력을 잃게된다는 것을 알고 있듯이, 야심적인 귀족도 선거를 연이어 치르는 과정에서 평판이 손상될 위험을 감수해야 했다. 관중의 갈채와 야유에 맞서 전차 경주 선수나 귀족들은 실패할 위험 바로 그것 때문에 성공의 가치가 생긴다는 사실을 알면서도 영광을 향한 질주를 해야 했다. 그러다가 일단 경기가 끝나 결승선을 통과하거나 집정관이 선출되고 나면, 새로운 경쟁자들이 앞으로 나서고 경주가 다시 시작되었다.

"명성으로 향하는 트랙은 많은 사람에게 열려 있다."**11** 이런 원칙이 그나마 위안을 주었을지 몰라도, 엄밀하게 말하면 사실이 아니다. 트랙은 좁고, 동시에 경쟁할 수 있는 것은 전차 네 대뿐이었다. 선거도 이와 비슷하게 제한된 무대였다. 제한된 수의 행정관이 임명되었다. 술라는 법무관의 수를 여섯 명에서 여덟 명으로 늘렸다. 하지만 그와 동시에 호민관의 위력을 무력화했고 원로원의 규모를 두 배로 늘렸기 때문에 그가 물려준 제도에서도 실제로는 경쟁이 증가했다. "재치의 충돌, 유명세를 얻기 위한 투쟁, 부와 권력의 정상에 도달하기 위한 밤낮으로 쉴 틈도 없는 고생",**12** 이것이 쿠르수스가 제공하는 구경거리였다. 그 뒤 수십 년 동안 점점 더 격렬하고 육식성이 되어가는 필사적인 광경이 벌어졌다.

경쟁을 지배하는 것은 언제나처럼 주류 가문이었다. 카이사르를 괴롭히던 압박감, 곧 집정관을 거의 배출하지 못한 가문에 속한다는 압박감은 집정관의 아들이 느끼는 압박감이나 마찬가지로 무거웠다. 한 가문이 과거에 이룬 업적이 크면 클수록 그에 어울리는 업적을 현재 성취하지 못할 수도 있다는 생각은 더욱 끔찍하게 여겨졌다. 외부인에게 귀족은 오로지 자기 자리에 누워 있기만 하면 되고 "선거에서의 영광이 쟁반에 놓여 그에게 수여될"**13** 것처럼 보일지도 모르겠다. 하지만 로마에서 그런 식으로 주어지는 것은 아무것도 없었다. 귀족 계급은 혈통이 아니라 업적에 의해 불후의 존재가 된다. 귀족의 생활은 격렬하게 힘든 시련의 연속이었다. 고위 행정관직에 오르지 못하면, 혹은 더 나아가서 원로원의 의원직마저도 잃으면 귀족의 후광도 곧 스러지기 시작한다. 만약 이렇다 할 성공이 없이 세 세대가 지나면 파트리키라 할지라도 자기

가문의 이름이 "역사가와 학자들에게만 알려지고 거리의 사람들, 보통의 유권자에게는 알려져 있지 않다"[14]라는 것을 알게 된다.

그러므로 거족들이 원로원에 끼어드는 사람을 그렇게 질색했던 것도 무리가 아니다. 아리비스테스^{arrivistes}(새로 로마 시민권을 얻은 이방인들—옮긴이)가 쿠르수스 계단의 제1단계이자 가장 하위직급인 재무관에 선출되는 것까지는 참아줄 수 있었지만, 더 높은 행정관직, 즉 법무관과 집정관으로 가는 통로는 필사적으로 보호되었다. 그 때문에 야심적인 벼락출세자, 로마인들의 호칭에 따르면 신참자$^{homo\ nobus}$(키케로 같은 지방 도시 출신자들—옮긴이)가 달성해야 할 과제는 그만큼 더 고달픈 것이 되었다. 하지만 절대로 불가능한 일은 아니었다. 오래된 가문들이 경주에서 탈락함에 따라 새로운 가문들은 추월하기에 아주 유리한 자리를 차지할 수도 있었다. 유권자들은 변덕스러웠으니까. 드문 일이지만 간혹 유명한 이름보다 재능이 선호되는 경우가 있었다. 어쨌든 신참자들이 이따금씩 용감하게 지적했듯이 행정관직이 세습된다면 도대체 선거를 할 이유가 있겠는가.[15]

엄청나게 출세한 평민의 사례로 물론 마리우스가 있었다. 충분히 탁월한 경우에는 군사적 경력이 신참자들에게 영광과 전리품을 안겨줄 수도 있었다. 그렇기는 해도 연고가 없는 사람이 지휘권을 얻기는 힘들었다. 로마에는 사관학교가 없었으니까. 참모장교는 일반적으로 연줄을 능숙하게 조종할 줄 아는 젊은 귀족이었다. 카이사르도 파트리키의 일원이 아니었더라면 시민관을 딸 기회를 절대로 얻지 못했을 것이다. 설령 군대에서 자리를 얻었다 하더라도 거기에는 나름대로 문제점이 있었다. 장기간의 전투에 참가한다면 신참자들도 빛나는 영광을 얻을 길이 있지만 또한 로마에서 멀리 떨어져 있어야 한다. 출세하려고 로마를 장기간 비울 여유가 있는 사람은 없었다. 정치 게임에 처음 들어온 야심 찬 초보자는 일반적으로 임기를 군단과 함께 보내게 되고, 심지어 영광스러운 상처를 얻기도 한다. 하지만 그런 식으로 명성을 떨칠 수 있는 사람은 극히 드물다. 그런 결실은 대개 주류 귀족 계급 일원의 몫으로 돌아간다. 그보다는 신참자들이 쿠르수스에서 승리하기 위해, 집정관이라는 궁극적인 영광과 자기 자신과 후예들이 엘리트 계급에 편입되는 모습을 보기 위해 택할 수 있는 가장 유망한 길은 법률이었다.

로마에서 법률은 대단히 인기 있는 주제였다. 시민들은 자신의 정체를 규정하고 권리를 보장해주는 것이 법률 시스템이라는 사실을 알고 있었다. 법률 시스템에 대한 그들의 자부심은 아주 대단했다. 법률이야말로 그들이 그리스인을 비웃을 자격이 있는 유일한 지적 활동이었으니까. "자기네 것과 비교하면 다른 나라의 법률 시스템이 얼마나 믿을 수 없을 정도로 뒤죽박죽인지!"[16]를 지적하면서 로마인들은 한없이 만족스러워했다. 어린 시절에 소년들은 전쟁을 위해 신체를 단련할 때와 똑같은 집중력을 발휘하여 법률 공부로 정신을 단련했다. 성인이 되었을 때, 원로원 의원이 일반인으로서 가질 수 있는 직업 중 존엄한 신분에 어울린다고 인정되는 것은 변호사뿐이었다.

이는 법률이 정치 생활의 필수적인 연장이었기 때문이었다. 소송 업무를 담당하는 관청은 없었다. 대신에 모든 소송은 사적으로 제기되어야 했고, 분쟁이 생기면 법정에서 출구를 찾는 간단한 절차로 해결했다. 경쟁자에 대한 고소는 일격에 상대를 거꾸러뜨릴 수도 있었다. 중죄를 저질러 유죄 판결을 받은 피고에 대한 처벌은 공식적으로는 사형이었다. 실제로는 경찰력이나 감옥 체제가 없었기 때문에 선고된 사람은 몰래 빠져나가서 망명할 수 있었으며, 심지어는 시의적절하게 재산을 빼돌리는 데 성공하면 망명지에서 호화롭게 살 수도 있었다. 그러나 정치적 경력은 끝장난다. 망명한 범죄자들은 시민권을 박탈당할 뿐만 아니라 다시 이탈리아에 발을 디딘다면, 그들을 죽이더라도 죄가 되지 않았다.

쿠르수스에 가담하는 모든 로마인은 이런 것이 자기 운명임을 알고 있어야 했다. 다만 행정관직에 임명되면 경쟁자가 그를 고발하더라도 면책특권으로 방어할 수 있지만 그 역시 임기 동안뿐이었다. 임기가 끝나는 순간 적들이 덤벼들 것이다. 뇌물, 협박, 연줄의 뻔뻔스러운 활용 등의 고발을 피하기 위해 온갖 방법이 동원된다. 일단 사건이 법정에서 다루어지게 되면 제아무리 천박한 기교를 동원하든, 아무리 악랄하게 추문을 캐든, 어떤 저질스러운 중상모략을 하든 상관없었다. 선거보다 재판이 목숨을 건 싸움인 경우가 훨씬 더 많았다.

열정적이고 선정적인 경쟁에 고질적으로 중독된 로마인이 보기에 법률은 이런 특성 때문에 긴장감 넘치는 게임이었다. 법정은 대중에게 개방되었다. 포룸에는 상설 법정이 두 군데 있었고 그 밖에도 필요한 경우에는 임시 연단이 가설되었다. 따라서 식견을 가진 열성 관중이라면 언제나 입맛에 맞는 재판을 고를 폭넓은 선택권이 있었다. 연설가는 청중의 규모를 보고 각자의 입지를 예측할 수 있었다. 이런 현상은 어차피 로마 재판의 본질적인 부분이던 연극적 요소를 부추길 뿐이었다. 성문법의 조문을 꼼꼼하게 살펴보는 것은 일류가 못 되는 정신의 소유자나 쓰는 시시한 전략으로 여겨졌다. 왜냐하면 "연설가로 입신하지 못하는 자들이나 법률 공부에 의지한다"[17]는 것을 누구나 알기 때문이었다.

웅변술이야말로 변론 재능의 진정한 척도였다. 군중을 끌어들이는 능력, 배심원과 판사뿐만 아니라 관객을 끌어들이는 능력, 그들을 웃고 울리는 능력, 희극적인 연기로 그들을 즐겁게 하거나 심금을 울리는 능력, 그들을 설득하고 황홀하게 만들고 세계를 새롭게 보게 해주는 능력, 이런 것들이 모두 위대한 법정 변호사의 기술이었다. 로마인은 농담을 할 기회를 잃느니 차라리 친구를 잃는 편이 나을 것이라는 말이 있을 정도였다.[18] 거꾸로 격렬한 감정을 드러내는 것은 전혀 부끄러운 일이 아니었다. 피고 측 변호인은 최대한 슬프고 초췌한 표정을 지으라는 조언을 듣는다. 친척들은 주기적으로 울음을 터뜨린다. 마리우스가 친구 한 명이 재판받는 자리에서 울음을 터뜨리는 바람에 배심원과 재판을 관장하던 행정장관이 모두 눈물을 흘리게 되었고, 결과적으로 다들 피고를 즉각 풀어주는 쪽으로 표를 던지게 되었다는 이야기가 전해진다.

로마에서 '악토르actor'라는 단어가 고발자와 무대에서 연기하는 배우를 모두 지칭한다는 것은 의외가 아니다. 사회적으로는 이 둘 사이에 엄청난 차이가 있지만 기술 면에서는 거의 차이가 없으니 말이다. 술라가 죽은 뒤 10년 동안 로마의 대표적 연설가로 꼽히던 퀸투스 호르텐시우스 호르탈루스Quintus Hortensius Hortalus는 마임 연기자의 몸짓을 흉내 내는 것으로 유명했다. 카이사르처럼 그도 유명한 멋쟁이였으며, "토가의 주름을 엄청나게 세심하고 정확하게 정돈한"[19] 뒤 손과 팔의 움직임을 목소리의 연장물로 활용하곤 했다. 그는 이런 행동을 정말로 우아하게 처리했기 때문에, 그가 연설할 때마다 로마 연극 무대의 스타들이 청중 속에 서서 들으면서 그의 몸짓을 연구하고 모방하곤 했다. 배우처럼 연설가도 유명 인사였고, 사람들은 입을 헤벌리고 그들을 쳐다보거나 그들에 대해 잡담을 하곤 했다. 호르텐시우스의 별명은 '디오니시아Dionysia'였는데, 이는 유명한 무희의 이름에서 따온 것이었다. 하지만 그는 그런 온갖 모욕을 무시할 수 있었다. 그가 얻은 로마의 대표적 연설가라는 위세는 그런 것을 상쇄하는 가치가 있었다.

　그의 왕관을 낚아채려고 엿보는 적은 항상 있었다. 로마인은 천성적으로 왕이나 여왕의 존재를 참아주지 않았다. 호르텐시우스의 명성은 술라가 독재관이던 시절, 법원에 재갈이 물려 있던 시절에 확립되었다. 원로원의 권위를 지키는 데 몰두했던 그는 새로운 체제와 강력하게 동일시되었다. 술라의 장례 연설문을 호르텐시우스가 읽었을 정도*로 그는 독재관과 두터운 친분이 있었다. 그 뒤 10년 동안 원로원의 주류로서 그가 누린 권위는 당연히 법률 분야에서 누리는 평판의 버팀목 역할을 해주었다. 하지만 기원전 70년대가 다가오면서 그의 명성은 점점 더 큰 위협을 받기 시작했다. 그것도 원로원 주류의 동료 일원이나 귀족의 일족이 아닌, 모든 면에서 초보자인 사람이 가하는 위협이었다.

　마르쿠스 툴리우스 키케로Marcus Tullius Cicero도 마리우스처럼 아르피눔의 작은 언덕 마을 토박이였다. 그 역시 야심가였다. 둘의 공통점은 거기서 끝난다. 비쩍 마르고 내성적이며 목은 길고 여윈 키케로는 절대로 위대한 군인이 될 수는 없었다. 대신에 그는 어릴 때부터 로마에서 가장 위대한 연설가가 되겠다는 꿈을 가졌다. 그는 소년 시절이던 기원전 90년대에 로마로 유학을 왔는데 조숙한 수사학적 재능이 너무나 탁월해

---

* 거의 확실하지만 증거로 봐서 결정적이지는 않다.

서 동료 학생들의 아버지들이 오로지 그가 논쟁하는 것을 들으려고 학교에 올 정도였다고 한다. 이 일화의 출처는 물론 소년 신동 자신의 입일 수밖에 없는데, 겸손함을 미덕으로 여기지 않는 로마인의 기준에서 보더라도 그의 자만심은 정말 지독했다. 극도로 예민한 성격인 키케로는 자신의 위대한 재능에 대한 자의식과 남들이 속물주의 때문에 그 재능에 마땅한 몫을 주지 않을까 봐 걱정하는 과대망상 사이에서 갈등했다. 실제로 그의 능력은 워낙 뛰어나서 일찍부터 로마에서 가장 영향력 있는 인사들의 주목을 받았다.

마르쿠스 안토니우스Marcus Antonius는 젊은 키케로에게 특히 고무적인 역할 모델이었다. 그 자신도 그다지 유명하지 않은 가문 출신이었지만 안토니우스는 위력적인 연설 덕분에 집정관과 검열관을 둘 다 역임했고, 원로원 엘리트를 대표하는 대변인이 되었다. 그는 기원전 90년대 내내 법정과 원로원 두 곳 모두를 지배했던 연설가 파벌의 하나에 속했으며, 공격적 보수주의의 대변인이었고, 전통적인 현상태를 위협하는 모든 사람과 마리우스를 강력하게 반대했다. 항상 영웅 숭배에 빠지는 성향이 있었던 키케로는 절대로 그를 잊지 않았다. 키케로에게는 이미 공화국의 고대적 질서에 대한 열정 같은 것이 있었지만 안토니우스와 동료들의 영향력이 거기에서 결정적인 역할을 했다는 사실이 나중에 입증된다. 자기 앞길에 놓인 수많은 장애물을 제공하는 것이 바로 그 질서라는 사실에도 불구하고 그것이 헌법적 완벽성을 최고 수준으로 구현하고 있다는 키케로의 신념은 한 번도 흔들린 적이 없었다. 기원전 80년대 내내, 공화국이 내전으로 휘말려들기 시작하는 동안에도 이 신념은 더 강화되었다.

안토니우스는 기원전 87년에 일어난 마리우스의 숙청 때 살해되었다. 그의 머리는 포룸에 걸렸고 몸뚱이는 새와 개의 먹이가 되었다. 당대의 최고 연설가들이 그의 곁에 함께 버려졌다. 무대에서는 이제 경쟁이 사라졌다. 하지만 후원자를 잃은 키케로는 용기를 잃지 않고 머리를 숙이고 지내는 편을 택했다. 그는 내전 기간 동안 수사학적 기술을 연구하고 연마하면서 지냈으며, 20대 중반이 된 기원전 81년에 드디어 최초의 재판에서 변호를 시작했다. 술라가 막 독재관직을 내려놓은 때였지만 키케로는 여전히 조심스럽게 움직여야 했다. 법정에 데뷔한 지 1년 뒤에 그는 부친 살해의 죄목으로 기소된 한 움브리아 지주의 아들을 변호했다. 이 사건은 정치적으로 극히 민감한 사건이었다. 살해된 그 지주의 이름이 불법적으로 숙청자 명단에 끼어든 것은 술라의 총애를 받던 한 해방노예의 짓이었는데, 키케로는 나중에 이 사실을 증명했다. 그 노예는 자신의 행적을 감추기 위해 부친 살해라는 죄목을 그 아들에게 덮어씌운 것이었다. 피고인에게는 당연히 무죄 판결이 내려졌다. 술라는 기분이 상했다고 짐작될 만한 행동을 전혀 하지 않았다. 키케로의 명성은 확고해졌다.

하지만 아직 스스로 만족할 만한 수준은 아니었다. 그의 목적은 정치적 출세였기 때문이다. 우선 호르텐시우스가 갖고 있던 연설계의 왕관을 빼앗아야 했다. 이를 위해 그는 변호 업무에 몰두했고, 다른 유명한 사건을 맡았으며, 법정에서 자신의 감정적이고 신체적인 한계를 시험했다. "내 음성의 힘과 온몸이 낼 수 있는 모든 효과를 끌어낸다."[20] 공적 생활을 시작한 지 2년도 채 안 되었는데 그는 거의 탈진할 지경이 되었다. 의사는 그에게 목을 지나치게 혹사하지 말라고 경고했다. 키케로는 휴가를 얻어서 그리스로 향했다. 6개월 동안 아테네에 머물면서, 기분전환용 철학의 중심지에서 관광을 하면서 그 매력에 빠졌다. 이 도시에는 아직도 술라의 군단이 가한 상흔이 남아 있었다. 하지만 로마인들의 눈에 아테네는 변함없이 아름다움과 문화의 고향이었다. 길거리에 피가 채 마르기도 전에 관광객이 다시 찾아오기 시작했다. 키케로의 학교 친구이던 티투스 폼포니우스Titus Pomponius도 그들 중의 하나였다. 그는 로마에서 부당하게 사형선고를 받고 현명하게도 도피 중이었다. 시장이 바닥을 치고 있다는 사실을 금방 알아차린 그는 물려받은 유산을 속주의 부동산에 투자했으며, 그 이익금을 가지고 파르테논의 그늘에서 유유자적하게 교양 있는 생활을 누렸다. 8년이 지난 뒤에도 그는 로마로 돌아갈 의향이 눈곱만큼도 없었다. 그의 친구들은 그를 '아티쿠스Atticus(아티카인이라는 의미-옮긴이)'라고 불렀는데, 이는 망명 중이던 그가 얼마나 유별난 생활방식을 즐겼는지 암시하는 별명이다. 그렇기는 하지만 그도 바람에 나부끼는 지푸라기 신세였다. 폭력과 정치적 몰락이 난무하는 10년 세월을 직접 목격하고 나면 편안한 은둔 생활을 누리는 것이 결코 부끄러운 일이 아니라고 결심한 부유층 시민은 '아티쿠스'만이 아니었다.

때로 키케로도 그런 유혹을 느꼈다. 그도 "선거와 관직을 따내려고 아등바등거리는 것이 비참한 노릇"[21]이라는 사실을 얼마든지 인정했다. 하지만 그가 탈진한 것이 순전히 신체적인 이유 때문이든 아니면 다른 요인이 조금은 있었든 간에, 공직 생활이 이상적인 삶이라는 열정적인 확신은 여전했다. 그는 아테네를 떠나 에게해를 건너 아시아로 갔다. 거기에서 그는 푸블리카누스의 오랜 적이자 로마의 법률 역사상 가

장 악명 높은 추문으로 유배된 지 15년이 지난 루틸리우스 루푸스^{Rutilius}
Rufus를 만났다. 루틸리우스는 부패한 관료의 육식동물 같은 탐욕에 대항
하여 고대 로마가 추구하던 가치를 지지하는 것이 얼마나 위험한 일인
지를 가르쳐주는 살아 있는 교훈이었다. 또 쫓기는 몸이면서도 그는 아
직 공화국에 대한 희망을 버리지 않았다. 노인은 손님에게 젊은 시절의
영웅적 인물에 대한 일화를 들려주며 여러 날 접대했고, 친구인 로도스
섬의 철학자 포세이도니오스를 만나보라고 보냈다. 위대한 현인과의 대
화는 루틸리우스와의 대화보다 훨씬 더 자극을 주었을 것이다. 포세이
도니오스는 아직도 로마의 세계적 운명에 대한 신념을 버리지 않았으
며, 로마가 그런 임무를 수행할 수 있게 해줄 전통적인 덕성에 대한 믿
음도 고수하고 있었다. "모진 고난을 감내하는 인내심, 검소함, 물질적
인 소유에 대한 집착의 결여, 신들에게 놀라운 헌신을 바치는 종교, 공
정한 일처리, 타인과의 관계에서 정의를 생각하고 정의롭게 행동할 것."
²² 이런 식으로 목록이 이어졌다.

　가장 전통적인 로마식의 영웅을 꿈꾸어온 키케로는 전율했다. 이런
운명을 달성하는 과정에서 목이 조금 아프기로서니 그게 대수인가? 운
명적인 우연의 일치로, 세계에서 가장 유명한 연설법 교정 학원이 또한
로도스 섬에 있었다. 학원 운영자는 수사학자인 몰론^{Molon}이었는데, 그
는 새로운 부류인 유명 인사 교수의 전형적인 인물로서, 높은 업적을 쌓
은 로마인들에게 적합하도록 맞춤식 수업 과정을 처음 고안해냈다. 키
케로는 얼마 지나지 않아 몰론의 스타 제자가 되었다. 그 선생은 더 절
제된 연설 방식을 채택하라고 격려한 뒤 가르침을 끝내면서, 절망적이
라는 시늉을 했다. 이제는 로마가 그리스를 연설 분야에서도 능가해

버렸다고 비통해한 것이다. 아첨에 쉽게 넘어가는 키케로는 기뻐했다. "그리고 내가 집에 돌아왔을 때는 경험이 더 풍부해졌을 뿐만 아니라 거의 새로운 인물이 되다시피 한 상태였다. 목을 지나치게 긴장시키던 방식이 없어졌고 광적인 스타일이 덜해지고 폐는 더 강해졌다. 심지어 체중도 늘었다."[23]

에너지와 자신감을 완전히 회복한 그는 포럼의 법률 업무로 돌아왔고, 피고의 변호를 계속했다. 그의 인기가 높아지고 계약서가 점점 쌓였다. 키케로는 호르텐시우스와의 격차를 점점 좁혀가기 시작했다. 동시에 그는 경주하는 속도를 높이고 있었다. 합법적 최소 연령인 서른 살이 되자 그는 회계감사관quaestor에 선출되었다. 그 직책은 공화국의 위대한 관직 중에서 가장 하급이었지만 어쨌든 출발점이라는 것은 사실이었고, 그의 출신 배경을 감안한다면 그것도 인상적인 출발이었다. 아르피눔 출신의 시골뜨기는 이제 로마 민중의 행정관일 뿐만 아니라 원로원의 일원이 되었다. 그는 시칠리아에 배치되어 1년을 지냈고, 루틸리우스의 모범을 잘 활용하여 속주인들의 존경을 받고자 노력했으며, 로마로 가는 곡물을 효율적으로 선적했다. 탁월한 젊은 회계감사관은 평소에도 겸손함이라곤 없는 성격이었으므로, 자기가 로마를 떠나 있는 동안 시민들이 내내 자기 이야기만 하고 있었으리라고 상상했다. 귀향하는 길에 푸테올리에 내린 키케로는 자기가 외지에 나가 있었다는 사실조차 인지되지 못했음을 알고 경악했다. 하지만 그다운 태도로 곧 이 교훈을 좋은 쪽으로 해석했다.

이제 나는 모든 사람이 축하를 해준 것보다 이 사건이 내게 더 많은 도움을 주었다고 믿는다. 나는 로마인들이 걸핏하면 귀머거리가 되곤 하지만 시각은 예리하고 관찰력이 뛰어나다는 사실을 깨달았다. 그래서 사람들이 나에 대해 어떤 이야기를 들을지에 대해서는 더 이상 걱정하지 않고 대신에 나를 매일 틀림없이 보게 되도록 만전을 기했다. 나는 그들이 주시하는 속에서 살았고, 포룸에서는 항상 그러했다. 잠잘 때든 현관의 경비원 때문이든 나를 보러 오는 사람이 저지당하는 일은 절대로 없을 것이다.[24]

쿠르수스에 참가한 사람에게는 남들에게 자신을 드러내는 것이 가장 중요했다. 신참자는 자신을 과대 포장해서 선전해야 하고, 그렇지 못하면 아무것도 될 수 없었다. 이는 키케로가 절대로 잊지 않을 교훈이었다.

이제 그는 빠른 속도로 로마의 명물이 되어가고 있었다. 중요한 위치에 있는 사람들은 키케로가 스스로의 재능에 대해 내리는 평가가 그저 참아주기 힘든 자기중심주의 탓만은 아니며, 변론 분야에서의 그의 천재성이 정말로 비범한 것이라는 사실을 깨닫기 시작했다. 이런 깨달음이 속도를 더해갈수록 키케로는 하급 행정관이 누릴 수 있는 중간급 관직을 거쳐 통상적으로 귀족만이 취임할 수 있는 단계로 올라갈 진정한 돌파구가 생기리라는 기대를 품을 수 있었다. 하지만 그런 목적을 달성하려면 먼저 연설가로서 의문의 여지가 없는 지배력을 손에 넣어야 했다. 즉 호르텐시우스를 거꾸러뜨려야 했고, 호르텐시우스의 "법정에 대한 전제적 지배"[25]가 공식적인 종말을 맞아야 했다.

그리하여 호기심을 유발하는 온갖 이야깃거리와 추문투성이인 사건을 놓고 키케로가 호르텐시우스와 맞대결하게 되었을 때 그 재판은 극히 아슬아슬한 사건이 되어버렸다. 피고인은 시칠리아의 전임 총독이던 가이우스 베레스Gaius Verres였고, 키케로는 피고를 변호하던 이제까지의 역할에서 벗어나 고발을 맡았다. 잘 계산된 모험이었다.

로마 속주에 적용되는 허술한 기준으로 판단하더라도 베레스는 오점투성이였던 모양이다. 그의 경력을 규정하는 키워드는 배신과 탐욕이었다. 그는 마리우스가 권력을 잡고 있을 동안에는 마리우스파를 지지했지만 바람의 방향이 바뀌었음을 감지하자마자 자기 상관의 현금상자를 들고 술라에게로 달아났다. 새로운 체제에서 총애를 받은 베레스는 지체 없이 손을 써서 수입이 더 많은 해외 관직을 연이어 맡았다. 키케로의 주장처럼 그가 정말로 "끔찍할 정도의 불법 행위와 추잡한 재산 이외에는 아무것으로도 이름을 날리지 않은"26 존재였는지는 모르지만, 배라든가 모호한 유언장, 자기 부하의 딸들 등 손대기 쉬운 먹이를 찾아내는 비상한 눈을 가졌던 것은 분명해 보인다.

그러나 베레스의 진짜 전공 분야는 골동품이었다. 여러 해 동안 그리스를 약탈하다 보니 로마의 상류 계층은 고급 예술에 엄청나게 열광하게 되었다. 공식적으로는 이런 취향이 퇴폐적인 자기만족이라고 경멸당했지만 무대 뒤에서 로마의 거족들은 가치 있는 그림이나 조각품을 열광적으로 찾아다녔다. 이제 그리스 도시를 노략질하던 시절은 지나갔으니 그 공백을 메우려면 세계에서 가장 큰 예술품 시장이 개발되어야 했다. 당연히 가격이 치솟았고 중개업자들은 떼돈을 벌었다. 조직폭력배 방식을 거래에 채택한 것도 베레스가 개발한 기술이었다. 모조품을 대량으로 만들어내는 동안에도 그는 전문가 팀, 즉 진짜 걸작품의 냄새를 맡아내는 "블러드하운드 사냥개들"27을 조종하고 있었다. 베레스는 아무도 감히 거절하지 못할 제안을 하는 재능이 있었다. 총독에게 대담하게 대항하려 했던 어떤 속주의 원로는 그 마을의 중앙 광장에 있는 기사 조각상에 벌거벗겨진 채 묶여 채찍질을 당했다. 계절은 한겨울이었고 그 조각은 청동상이었으니, 노인은 곧 마음을 바꾸지 않을 수 없었다. 다른 골칫덩이가 또 생기면, 설령 로마 시민이라 하더라도 베레스는 그저 십자가에 매달아버렸다.

키케로가 추적하기로 결심한 인물은 이런 사람이었다. 피고의 전력은 너무도 분명했지만 그는 이 사건이 절대로 쉽지 않다는 것을 알고 있었다. 베레스에게는 연줄이 튼튼한 고위층 친구들이 있었다. 이 사건을 개인적으로 추적해보려고 시칠리아에 갔을 때 키케로는 증인들이 수상한 이유로 입을 다물어버리거나 사라진다는 것을 알았다. 다행히 회계감사관을 지낸 덕분에 그에게도 시칠리아에 인맥이 많았다. 증거는 도처에 있었고, 심지어 조용한 시골구석에도 있었다. 그곳 농부들은 베레스의 수탈에 시달려 파멸 상태였다. 소추인으로서 키케로는 자기가 찾아낸 증거들에 군침이 돌았지만, 동시에 야심적인 정치가의 입장에서는 경악했다.

베레스의 부패는 그가 가장 열정적으로 지니고 있던 두 가지 신념에 타격을 주었다. 그 신념들은 로마는 세계를 위해 좋은 일을 한다는 것과, 공화국이라는 정치 체제가 로마에 좋은 결과를 가져온다는 것이었다. 이것이 키케로가 다가오는 재판에 걸려 있는 위험이 세계를 파멸시킬 만한 것임을 그토록 진지한 얼굴로 주장할 수 있었던 이유다. "우리를 둘러싸고 있는 대양의 경계 안에서, 아무리 멀고 궁벽한 곳에서도 우리 인민들을 몰아세우고 있는 억압의 욕망 때문에 고통을 겪지 않은 곳이 없다"라고 그는 경고했다. 베레스가 처벌받지 않는다면 "공화국이 멸망할 것이다. 이런 괴물을 무죄 방면하는 것은 장래에 또 다른 괴물들에게 그렇게 행동하도록 부추길 전례가 될 것이기 때문이다."[28] 이런 주장은 절정에 달한 장엄함의 전형이었지만 그 속에는 그저 몸이 오싹해지는 느낌을 조성하려는 변호사의 욕망 이상의 것이 들어 있었다. 자신의 정치적 이상을 위해, 그리고 자존심을 위해 키케로는 자기가 말하는 것을 믿어야 했다. 애국심보다 탐욕이 쿠르수스에서 더 많은 보상을 받는다면, 다시 말해 베레스 같은 사람이 자기 같은 사람에게 승자로 행세하게 된다면 공회국은 정말로 썩은 것이다. 키케로는 이런 논지에 평생 매달리게 된다. 자기의 성공이 곧 로마의 건전성의 척도로 간주되어야 한다는 것이다. 어처구니없는 자기애가 진정한 원칙과 합체되어, 이어붙인 자국도 남지 않았다.

호르텐시우스가 자신이 궁지에 몰렸음을 알아차리기까지는 그리 오랜 시간이 걸리지 않았다. 그는 키케로의 방식대로 이 사건을 변론하느니 차라리 재판을 연기하는 방법을 썼다. 재판일은 법정이 장기간의 휴정에 들어가기 직전의 어느 날로 결정되었다. 소추인의 입장에서 보면 이날은 지독하게 불리해질 소지가 있었다. 변호사의 발언 방식을 통제하는 관례를 제대로 실행하자면 시간이 많이 걸렸고, 키케로가 그런 관례를 모두 따른다면 재판은 몇 달씩 질질 끌게 될 수도 있었다. 재판이 길어질수록 베레스가 뇌물과 협박을 행사할 기회가 더 많아진다. 재판이 열렸을 때 피고인이 환호성을 지를 이유는 얼마든지 있었다. 하지만 키케로는 매복을 준비했고, 그 파괴력은 컸다. 재판의 관례적인 절차를 그대로 따르지 않고 그는 짧은 연설을 한 뒤 즉시 준비한 증거들을 제시하는 일찍이 시도된 적 없는 절차로 들어갔다. 호르텐시우스는 이런 증거를 처음 몇 가지만 듣고도 게임이 끝났음을 알았다. 그는 진술권을 포기했고 재판은 즉시 끝나버렸다. 베레스는 피할 길 없는 선고를 기다리고 싶지 않았으므로, 탈출하여 예술 수집품을 싸들고 마르세유로 달아났다. 키케로는 자기가 하려고 했던 연설의 전문을 출판하여 승리를 축하했다. 물론 그 연설문은 대중이 이해하기 쉽게 매끈하게 다듬어졌고 호르텐시우스를 겨냥하여 정확하게 날린 잽이 몇 개 들어 있었다. 이 소식은 로마 전역에 퍼졌다. 왕이 왕관을 잃었다. 법정에서 호르텐시우스의 패권은 끝났다.

키케로의 패권은 그의 평생 계속된다. 법정에 대한 지배력 덕분에 그는 영향력과 연줄을 엄청나게 가지게 되었다. 또 즉시 손에 들어온 전리품도 있었다. 처음 소추했을 때 키케로는 개인적인 수입에는 관심이 없다고 주장했지만 이는 정직한 것이 아니었다. 키케로도 잘 알고 있었겠지만, 범죄자를 기소하여 법의 심판을 받게 한 기소자는 죄인이 가졌던 지위를 모두 차지할 권리를 가진다. 베레스는 법무관이었으므로 그가 선고를 받은 뒤 법무관이 지니는 모든 특권이 그대로 키케로의 것이 되었다. 그중에는 동료 법무관이 아니라 원로원 앞에서 토론할 권리도 들어 있었다. 키케로 정도의 웅변술을 가진 사람에게 이것은 결정적인 특권이었다. 그는 이제 법정만이 아니라 정치의 핵심적인 조종석에서 연설가로서 활약할 수 있었다.

물론 키케로가 가야 할 길은 아직도 멀었다. 하지만 그는 큰 걸음을 떼어놓았다. "이 도시가 어떤 도시인지, 형님의 목표가 어떤 성질의 것인지, 형님이 어떤 존재인지에 대해 성찰하십시오." 그의 동생은 이렇게 충고했다. "매일 형님이 포룸으로 걸어 들어갈 때, 이런 생각을 마음 속에서 되씹으세요. '나는 신참자다! 나는 집정관이 되고 싶다. 이것이 로마다!'라고 말입니다."[29]

최고의 목표가 더는 불가능한 꿈이 아니었다.

노련한 황소와 위대한 소년

카피톨리누스 언덕에서는 기원전 70년대 내내 건설이 계속되었다. 술 라를 태운 재가 바람에 흩어진 지 한참 뒤에 거대한 유피테르 신전이 잿더미 속에서 서서히 솟아올랐다. 이것은 공화국의 대규모 프로젝트 중에서도 가장 거대한 건물로서, 이런 기념물을 허술하게 짓는다는 것은 생각도 못할 일이었다. 그 건물이 완성되기도 전에 키케로는 그것을 이 도시에서 "가장 유명하고 아름다운 건물"[30]이라고 칭송했다. 예전 신전이 파괴된 것이 내전의 조짐이었듯이 포룸을 지나다니는 모든 사 람의 눈에 훤히 잘 보이는 새 신전은 신들이 다시 로마에 미소를 보낸 다는 증거였다. 평화가 돌아왔고 공화국도 복구되었다.

아니면, 술라의 지지자들은 그렇게 믿고 싶어했다. 그들이 카피톨리 누스 신전의 감독권을 계속 손에 쥐려고 그렇게 애를 썼던 것은 그 때 문이었다. 술라가 죽은 뒤 신전의 공식적인 책임은 그의 동료 중 가장 유명한 인물인 퀸투스 루타티우스 카툴루스Quintus Lutatius Catulus에게로 넘 어갔다. 그는 원로원식 오만함의 화신이었다. 지극히 뛰어난 가문의 출 신이었을 뿐만 아니라 옛날식으로 성실하고 완강한 성품이라는 평판을 받았으므로, 그는 원로원에서 누구도 따를 수 없는 권위를 가질 수 있었다. 누가 보아도 그가 술라의 가장 유망한 후계자였다. 하지만 그의 충성심도 무한한 것은 아니었다. 술라는 자기 이름을 신전의 거대한 지붕도리에 새겨 불멸의 것으로 만들려고 했지만 카툴루스에게는 다른 복안이 있었다. 그는 술라의 이름 대신 자기 이름을 신전에 새겨 넣었다.

준엄한 성실성의 소유자라는 카툴루스의 평판이 이런 약삭빠른 행동 때문에 손상되지는 않은 것 같다. 실상은 정반대였다. 술라에 대한 기억은 얼룩졌고 그의 이름은 악의에 찬 것으로 여겨졌다. 카툴루스가 죽은 지도자를 깔아뭉개고 자신을 선전한 것은 이 점을 인정한 것이나 마찬가지였다. 술라가 남긴 유산에 대한 카툴루스의 헌신은 여전했지만, 보수주의자로 자처하는 그 누구에게도 그 유산이 칼끝으로 강요되었다는 사실은 확실히 수치스럽게 느껴졌기 때문이다.

가장 가까운 정치적 동지이자 자신의 처남이기도 했던 호르텐시우스와 함께 카툴루스는 은혜를 아는 로마 민중을 영광과 명예로 인두할 그런 이상을 내세울 길을 찾았다. 또 원로원은 자기 같은 사람들, 로마의 고대 질서의 화신이며 선조들의 확고한 전통을 존중하는 사람들의 인도를 받을 것이다. 그러나 공화국에는 혼란스럽고 정리되지 않은 여러 상이한 전통, 서로 상충하는 법전들이 있었다. 과거에 시민들에게 맡겨진 과제는 그런 전통들이 서로 엇갈리는 흐름의 소용돌이 속에서 타협하는 것이었지만 술라는 그 도달 지점이 어떤 곳일지 간파했기 때문에 그런 흐름을 길들이고 때로는 가로막으려 했다. 운하의 방죽처럼 그의 법안들은 이전까지는 거칠 것 없이 흐르던 물길을 조정하는 역할을 했다. 여러 세기 동안 공화국을 규정해온 것은 제례와 공통의 사명감과 의

무감이었다. 명문화되지 않은 관례가 전부였다. 이제 그런 상황이 변했다. 아무리 흠잡을 데 없는 전통주의자라 하더라도 카툴루스 같은 사람들 역시 혁명의 상속자였다.

그러나 술라가 쌓아올린 제방에는 끊임없이 압력이 가해지고 있었다. 시민들이 과거에 가졌던 자기들의 권리에 대한 집착은 그리 쉽게 사라지지 않았고, 특히 호민관을 통제하는 법안은 원성의 대상이었다. 술라가 죽은 지 3년 만인 기원전 75년에 호민관이 그 이상의 관직을 역임하지 못하게 한 결정적인 법 조항이 폐지되었다. 술라의 지지자들은 제방을 수호하려고 필사적으로 노력했지만 원로원의 상당수가 폐지를 지지했다. 난폭한 저항운동 때문에 양보한 이들도 있었지만, 다른 사람들은 개인적인 야심이나 적들과의 분쟁, 혹은 임무에 얽매여, 혹은 전적으로 불명확한 요인의 영향 때문에 그랬던 것 같다. 로마에서는 행동 동기가 불명확한 일이 많았다. 공화국의 전통적 질서가 다시 천명되기 시작하자 옛날 로마 정치의 특성이던 계산 불가능성도 마찬가지로 다시 시작되었다. 술라의 꿈, 즉 권력으로 나아가는 공적인 통로는 하나뿐이어야 한다는 꿈은 그가 세운 건물들과 함께 허물어지고 있었다.

예를 들면 원로원에서 황송할 정도로 많은 특권을 가진 카툴루스조차 악명 높은 변절자인 푸블리우스 케테구스Publius Cethegus에게 압도당할 때가 있으니, 도대체 어떻게 이런 일이 가능한 것일까? 베레스처럼 케테구스도 목숨을 구하려고 아슬아슬한 순간에 술라에게로 돌아선 사람이었다. 예전의 동맹시 전쟁에서, 프라이네스테가 포위되었을 때 그는 예전 동료를 설득하여 항복하라고 권한 다음, 태연한 얼굴로 그들을 술라의 기동타격대에 넘겨 처형당하게 했다. 카툴루스 같은 순수 혈통은 그를 혐오의 눈길로 보았지만 케테구스는 그런 것쯤은 상관할 사람이 아니었다. 로마 귀족이라면 당연히 그렇게 하리라고 예상되는 방식에 따라 대중적인 명예를 놓고 경쟁하기보다 그는 막후에서 공작을 꾸미고 뇌물을 주고 감언이설로 구워삶고 음모를 꾸며 원로원 투표권의 엄청난 다수 집단을 장악했다. 이는 가장 오만한 귀족조차 인정하지 않을 수 없는 정치적 무기였다. 약속을 수정해야 하거나 법안을 편법으로 처리해야 할 때면 한밤중에도 케테구스의 현관에 손님이 들락거리기 시작했다.

이런 방식으로 권력이 영광과 분리될 수 있다는 생각은 대부분의 로마인에게는 불가해한 것이었고 불편하게 느껴졌다. 어떤 선거에서든 케테구스의 깨끗하지 못한 평판은 치명적인 약점이 되었다. 그의 특권은 로비스트의 것이었고 거기에 그쳤다. 집정관을 목표로 하는 로마인이라면 케테구스가 웅크리고 있는 그런 평판 나쁜 뒷방과 접촉할 여유를 부릴 수는 없었다. 주류 귀족 계급이 가끔은 항복하고 케테구스를 고용하고 싶다는 유혹을 느꼈을지 몰라도 케테구스의 경력 패턴을 따라 하기를 꺼려했던 태도를 보면 그들이 품고 있던 경멸감을 잘 알 수 있다. 그런데 높은 신분 태생이며 자신만만한 귀족으로서, 위협을 느끼게 할 정도의 특권을 가졌으며 정치적 공작이라는 어둠의 기술 분야에서도 케테구스를 이미 오래전에 능가한 사람이 있었다. 이 사람은 그런 행동을 하면서도 눈곱만큼도 주저한 적이 없었으며 공적 생활의 찬란한 빛과 그림자를 똑같이 수월하게 미끄러져가고, "원하는 것을 얻을 수만 있다면 무슨 노력이라도 할 것이며, 누구와 만나든 그들의 말을 흔쾌히 들어줄 그런 사람"[31]이었다. 이 사람, 즉 마르쿠스 크라수스의 목표는 분명했다. 그는 국가 최고의 대표 시민이 되고 싶었다.

술라가 죽은 뒤, 크라수스는 집정관은 물론 아직 법무관에도 임명되지 못했지만 이미 그 야심에 접근하고 있다고 본 사람들이 있었다. 술라와의 갈등으로 인해 계획에 차질이 생겼다 하더라도 하찮은 것이었다. 사실 어떤 점에서는 그 갈등이 오히려 크라수스의 입지를 높여주었다. 카툴루스와 달리 그는 독재관의 체제에서 한 발 물러서 있었다. 그가 선호한 처신법은 이런 것이었다. 즉 그는 자기 자신의 명분 외에 다른 어떤 연대나 의무에도 구속되지 않았다. 크라수스가 볼 때 원칙이란 그저 광범위하고 복잡한 게임의 첫수에 불과했고, 전략상 필요하면 채택했다가 버리면 되는 것이었다. 어느 것에든 자기 흔적을 남기는 모험을 하기보다는 자기 대신에 한계를 시험할 대리인을 고용했다. 그런 일을 기꺼이 하려는 의뢰인은 얼마든지 있었다. 크라수스는 성장할 인물을 양성하는 데 열심이었다. 그는 고위 관직으로 승진시킬 만한 사람이든 그저 하찮은 졸개 노릇을 하면서 자기를 도와줄 사람이든, 모두를 똑같이 다정하게 대했다. 그들에게 자기 집을 개방하고, 거드름부리지 않고, 만나는 사람 모두의 이름을 기억했다. 법정에서는 나중에 보답할 가능성이 있는 의뢰인을 위해 지치지도 않고 청원했다. 그러나 크라수스에게 빚을 지면 비싼 이자를 물어야 했다.

그가 원로원 의원들의 은행가 노릇을 한 것도 다 이유가 있었다. 크라수스는 로마의 어느 누구보다도 큰 자본가였다. 노예와 광산과 부동산이 주된 투자처였지만 금고를 늘리기 위해서라면 무슨 일이든 소홀히 하지 않았다. 화재가 나서 집이 무너지는 곳에 사설 소방대를 급파하고서도, 소유자가 그 부동산을 싸게 팔아넘길 때까지는 불을 끄지 않는 식이었다. 베스타의 처녀 사제와 동침했다고 고발당하자 그는 자기는 그저 그 여자의 재산을 가로채기 위해 유혹했을 뿐이라고 항변했는데 사람들은 그의 말을 믿었다. 그러나 수전노라는 평판과 달리 크라수스의 생활은 단순했고, 자기에게 돌아올 이익이 없는 경우에는 냉혹하기로 악명 높았다. 크라수스가 마지못해 숙식을 제공해준 적이 있는 알렉산드로스라는 철학자는 크라수스에게 여행용 망토를 빌렸는데 나중에 돌려달라는 말을 들었다. 알렉산드로스는 그리스인이라 투표권이 없었다. 그가 시민이었더라면 크라수스에게서 망토보다 훨씬 더 좋은 것이라도 빌려주겠다는 제안을 받았을 것이다. 지위가 높은 사람일수록 크라수스에게서 빌려주겠다는 제안을 더 많이 받았다. 크라수스가 권력을 얻는 수단 중 가장 좋아한 것은 물론 돈이었다. 그가 자아내는 황금실이 공화국을 온통 휘감고 있었다. 로마에서 일어나는 일은 죄다 크라수스의 귀에 들어갔다. 그는 자기가 쳐둔 거미줄에서 일어나는 모든 진동, 파리의 날갯짓에도 민감하게 반응했다.

그가 동료 시민들에게 대단히 공포스러운 존재였던 것도 무리가 아니다. 술라의 법안에 반대한 운동가들은 다른 공직자들은 격렬하게 비난했지만 크라수스에게는 결코 그러지 못했다. 이유를 묻자 한 호민관은 그를 거미가 아니라 뿔에 건초를 묶은 황소에 비유했다. 플루타르코스는 이렇게 설명했다. "위험한 황소의 뿔에는 건초를 동여매두는 것이 로마의 관습이었다. 그렇게 하면 황소와 맞닥뜨리는 사람들이 조심할 수 있으니까."[32] 크라수스가 가장 바라는 것이 바로 그런 존경심이었다. 로마의 다른 누구보다도 그는 내전이 준 교훈의 핵심을 꿰뚫어보았다. 즉 영광의 실상을 알고 있는 사람들 사이에서 탁월성을 인정받는 데 비하면 그 겉치레쯤이야 아무것도 아니라는 것이다. 위대함에 질시와 악의가 따라붙는 사회에서 우월성은 위험스러운 지위였다. 지나치게 원한을 사지 않고 공포심을 유발하는 경우에만 그 우월성이 지속될 수 있다. 그런 균형을 유지하는 기술에서 크라수스는 최고의 권위자였다.

　그렇지만 애통하게도 정치적 중력의 법칙이 도무지 적용되지 않는 듯이 보이는 경쟁자가 있었다. 바로 폼페이우스였다. 크라수스가 교묘하게 책략을 써서 권력의 실체를 즐기려 할 때마다 그 쇼의 광채와 갈채를 누리는 것은 언제나 폼페이우스였다. 장군 연기를 하다 보니 폼페이우스는 순식간에 진짜 장군이 되어버렸다. 그것도 그냥 장군이 아니라 로마의 연인이 되었다. '십대 백정'에게는 순진한 매력이 있었다. "폼페이우스의 뺨만큼 섬세한 것은 없었다. 그가 사람들의 눈길을 느낄 때마다 얼굴에 홍조가 감돌았다"[33]라고 전해진다. 대중이 볼 때 그런 홍조는 그들 영웅의 젊음을, 유례없이 가파르게 치솟는 그의 출세 곡선을 배경으로 할 때 더욱 돋보이는 소년 같은 겸손함을 사랑스럽게 상기시키는 징표였다. 폼페이우스처럼 양손으로 영광의 기회를 움켜잡고 별을 향해 솟아오르는 일을 감히 스스로 해보겠다는 꿈을 꾸지 않은 로마인이 있었던가? 로마인들이 그에게 얼마나 깊이 빠져들었는지는 그의 출세를 용인해준 인내심으로도 알 수 있었다. 시기심을 유발하기는커녕 폼페이우스 덕분에 그들은 가장 깊은 환상과 꿈을 대리만족으로라도 실현할 수 있었다.

　슈퍼스타 같은 폼페이우스의 위치는 술라조차도 존중할 수밖에 없을 정도였다. 독재관의 인내심의 한계를 폼페이우스만큼 많이 건드린 사람은 없었다. 폼페이우스는 술라의 버릇없고 총애받는 아들이었다. 아프리카에서 마리우스파의 군대를 궤멸시킨 뒤 바다를 건너 이탈리아로 돌아왔을 때, 그는 군단을 해산시키라는 명령을 거부했다. 술라 체제를 전복하려는 의사는 전혀 없었으나 오직 반짝거리는 새 장난감에 눈독 들이는 어린아이처럼 개선식을 하고 싶었기 때문이다. 술라는 자기의 부하에게 휘하 부대들이 붙여준 칭호, 즉 '마그누스(위대한)'를 확인해주는 데는 동의했다. 그러나 아직 원로원 의원도 못 되는 사람에게 개선식의 최고 영예를 허락하는 데에는 주저했다. 폼페이우스다운 태도였지만, 정중함에 대해 그가 보인 반응은 뻔뻔스러움이었다. "지는 해보다는 떠오르는 해를 숭배하는 사람이 더 많습니다"[34]라고 그는 늘어가는 독재관의 면전에서 말했다. 술라는 결국 지친 듯이 양보했다. 폼페이우스는 틀림없이 매력적으로 낯을 붉혔을 테지만, 지체 없이 개선식을 열어, 승리의 전리품들을 앞세우고 숭배자들의 갈채를 뒤에 거느리면서 거리를 행진했다. 그의 나이 아직 스물다섯도 되지 않은 때였다.

그런 흥분을 겪고 나면 관례적인 정치적 경력의 일과는 시시해 보인다. '위대한' 폼페이우스가 회계감사관이 되려고 애쓰는 일은 없었다. 술라가 죽은 뒤에 무장 반란이 일어나자 카툴루스를 도와 진압한 뒤 그는 자기 부대를 해산하지 않겠다는 단골 연기를 했다. 이번에도 이런 행동에 쿠데타를 일으키겠다는 의지가 깔려 있었던 것은 전혀 아니었고 그저 장군 노릇이 너무 재미있다 보니 군단을 포기할 수 없었을 뿐이다. 군단을 해산하는 대신 그는 에스파냐에 보내달라고 요구했다. 그 속주에는 아직 마리우스파의 반란군이 득실거렸다. 원로원이 폼페이우스의 지휘권을 인정해준 것은 협박 편지에 굴복했기 때문만은 아니었다. 반란군과의 전쟁은 심히 지루하고 위험은 많고 보상은 적은 일이었다. 카툴루스와 동료들은 폼페이우스를 떠나보내게 되자 좋아했다.

크라수스 역시 젊은 경쟁자가 몰락을 향해 떠나가기를 원했을 것이다. 그러나 폼페이우스는 또다시 굉장한 성공을 거두었다. 그 전쟁은 정말 지루하고 힘들었지만 반란군은 차츰 진압되었다. 크라수스는 폼페이우스가 마그누스라는 칭호를 쓰는 것을 항상 농담처럼 여겼지만 이제는 주위 사람들이 그 칭호를 쓸 때 냉소적인 기미가 점점 줄어드는 것을 느꼈다. 크라수스가 법무관이 된 해인 기원전 73년에 폼페이우스는 반란군의 마지막 불티를 밟아 없애느라 바빴고 에스파냐를 안정시켜 엄청난 소득을 올리는 중이었다. 폼페이우스는 이제 클리엔테스 기지도 확보하고 있었다. 얼마 지나지 않으면 그는 구름 같은 영광을 앞세우고 노련한 고참병 부대를 뒤에 거느린 채 로마로 돌아가게 될 것이다. 의심할 여지 없이 두 번째 개선식이 허용될 것이다. 그 뒤에는 무슨 일이 일어날지 누가 알겠는가?

폼페이우스와 같은 위협적 존재를 눈앞에 둔 크라수스는 자신의 전략을 재평가한 것 같다. 자신의 특권도 대단하지만 그 절반은 그늘 속에 있었다. 이제 대중의 눈앞에 완전히 모습을 드러내어 전면적인 인가를 받을 때가 된 것이다. 크라수스는 케테구스가 아니었다. 그는 영광이 없는 권력에는 한계가 있으며, 폼페이우스 같은 라이벌과 경쟁할 때는 특히 그러하다는 사실을 아주 잘 알고 있었다. 그에게는 자기만의 번뜩이는, 그것도 신속한 승리가 필요했다. 하지만 어디에서 그 승리를 얻을 것인가? 누구를 상대로? 애간장이 탔지만 안성맞춤의 적은 나타나지 않았다.

그러다가 갑자기 맑은 하늘에서 벼락이 치듯이 기회가 찾아왔다.

두 라이벌의 결투

　기원전 73년의 한여름, 캄파니아의 검투사 양성소에서 탈출 사건이 일어났다. 검투사 양성소는 조개 양식장이나 호화 숙박업소처럼 그 지역에서는 점점 더 큰 기업이 되어가고 있었다. 검투사는 집에서 기른 특별한 진미 같은 취급을 받았다. 로마가 무대에 등장하기 훨씬 이전부터 캄파니아와 삼니움에 흩어져 있는 무덤은 무장한 두 전사가 결투를 벌이는 무대가 되곤 했다. 이는 영원한 갈증에 시달리는 죽은 자의 혼령을 기리기 위한 행사였다. 로마인들이 이 행사에 관심을 보였고 그 관심이 점점 더 커져 상업화되기 시작한 뒤에도 검투사들은 계속해서 삼니움 전사처럼 옷을 차려입었다. 즉 테를 두른 헬멧과 울룩불룩한 어색한 가슴받이까지 갖춘 차림이었다. 시간이 흐르면서, 또 독립적인 삼니움의 시대가 역사 속으로 사라지자 이런 투사들의 차림새는 더욱 이국적인 느낌을 주었다. 즉 동물원에만 살아남은 멸종 동물 같은 모습이었다.

　검투 시합이 로마인들을 사로잡은 것은 그들의 싸움이 풍기는 이국적인 분위기 때문이었다. 갈수록 공화국의 전쟁이 이탈리아로부터 먼 곳에서 벌어지게 되자 시민들의 전사적인 성격이 희미해지지 않을까 하는 우려가 생겼다. 기원전 105년에 로마 최초로 공공의 후원을 받은 검투 시합을 개최한 집정관들은 군중들에게 야만적인 전투의 맛을 보여주겠다는 구체적인 목적을 가지고 있었다. 검투사들이 절대로 군단병과 같은 무장을 하지 않고, 삼니움 스타일이거나 트라키아인이나 갈리아인 등 공화국의 적들과 비슷한 그로테스크한 복장을 한 것은 이 때문이었다. 하지만 로마의 심장부인 포룸에서 무대에 올려진 이런 야만적인 광경은 찬탄과 혐오감, 경멸의 감정을 동시에 불러일으켰다. 상류 계층은 이런 경기가 평민을 위해 열리는 것이라고 꾸미고 싶었을지도 모른다. 하지만 검투사가 발휘하는 용맹의 본보기는 누구라도 감동시킬 수 있었다. "그들이 아직 버티고 있거나 싸우고 있을 때는 물론 설령 쓰러졌을 때라도 그들은 절대로 명예를 잃지 않는다"라며 궤변적인 키케로는 열광했다. "또 검투사가 땅에 쓰러졌다고 하자. 그랬을 때, 목을 늘이고 죽음을 기다리라는 명령이 내려진 뒤에 칼날을 피하려고 목을 비트는 검투사를 한 번이라도 본 적이 있는가?"[35] 로마인들이 가장 감탄하는 모든 것이 여기, 정복된 외국인 노예의 몸짓에 구현되어 있었다.

비록 왜곡된 모습으로 반영되기는 했지만 검투사는 관중이 스스로를 보는 거울이나 마찬가지였다. 검투사는 영광에 중독된 로마인들의 취향이 다다르게 될 결말을 가장 날것으로, 가장 극단적이고 가장 타락한 형태로 보여주었다. 집정관 선거를 위해 선거운동을 하는 원로원 의원과 목숨을 걸고 싸우는 검투사 사이에는 계단 하나의 차이밖에 없었다. 로마인은 두 종류의 경기 어느 것에서든 구경거리를 보고 스릴을 느끼도록 양육되었다. 공화국 같은 사회에서는 경기장의 폭력을 보며 열광하는 것이 자연스러웠다. 피 튀기는 연극성의 정도가 과하면 과할수록 로마인들은 그것을 더욱 갈망하게 되었다. 하지만 살육은 그들에게 죽음을 경고하는 역할도 했다. 검투사의 싸움은 경쟁의 정신이 제멋대로 활개를 치게 될 때, 관습과 의무감의 규제를 받는 로마인으로서가 아니라 그냥 야만인으로서 서로 싸우기 시작한다면 어떤 일이 일어날지 보여주는 증거였다. 모래 위에 뿌려진 피, 갈고리에 질질 끌려가는 시체. 내전 기간 동안 거의 그럴 뻔했듯이, 공화국의 틀이 무너지면 모든 사람,

노예뿐만 아니라 시민들의 운명이 저 지경이 될지도 모르는 일이었다.

그러므로 검투사 양성소가 로마에서 안전한 거리에 떨어져 있는 캄파니아에 모여 있게 된 하나의 이유가 그것이었다. 로마인들은 검투사들의 마음속에 들어 있는 야만성을 감지할 수 있었고, 그것이 자기들 마음속에 둥지를 틀게 될까 봐 두려워했다.

기원전 73년의 여름, 탈주한 검투사는 100명에도 훨씬 못 미쳤지만 그래도 로마인들은 법무관과 3000명의 군대를 보내어 그 문제를 처리하게 했다. 탈주자들은 베수비오 산의 기슭에 피난처를 구했고 로마인들은 그들을 굶겨 죽이려고 작정했다. 하지만 검투사들은 적들의 약점을 찌르는 방법이라면 모르는 게 없었다. 화산의 사면에 야생 포도밭이 있는 것을 알고 그들은 포도덩굴을 잘라 사다리를 엮은 다음, 절벽을 내려가서 로마인들을 배후에서 공격했다. 군단병들은 진영을 빼앗기고 참패했다. 곧 더 많은 탈주자들이 검투사들에게 가담했다. 이들은 족쇄를 녹여 칼을 만들었고 야생마를 잡아 훈련시켜 기병대를 소식했다. 캄파니아를 가로질러 밀고 나아가면서 노예들은 이제 겨우 술라의 수탈에서 회복하기 시작한 지역을 약탈했다. 놀라는 또다시 점령되고 약탈당했다. 로마 군대는 두 차례 더 참패했다. 또 다른 법무관의 진영이 급습당했다. 그는 파스케스를 빼앗겼고 말도 빼앗겼다.

처음에는 급조된 게릴라 부대였으나 어느새 12만 명가량의 거대하고 규율 잡힌 군대가 되었다. 이렇게 성장할 수 있었던 것은 처음 탈주했을 때의 지도자인 스파르타쿠스Spartacus라는 트라키아인 덕분이었다. 그는 노예가 되기 전에 로마인을 섬기던 용병이었고, 검투사의 체격과 통찰력과 지적 교양을 겸비한 사람이었다. 그는 반란군이 이탈리아에 머무를 경우 분노한 주인들에 의해 분쇄되는 것은 시간문제라고 판단하고, 기원전 72년 봄에 군대와 함께 알프스로 향했다. 이들은 겔리우스 푸블리콜라의 추격을 받았다. 그는 여러 해 전에 아테네 철학자들을 무시하는 농담으로 친구들을 즐겁게 해준 익살꾼으로, 막 집정관으로 선출된 참이었다. 그러나 그와 맞붙기 전에 스파르타쿠스의 노예부대는 북쪽 변경을 방어하기 위해 주둔하고 있던 로마 군대를 전멸시켰다. 이제 알프스를 넘어가는 길, 자유를 향한 길이 활짝 열렸다. 그러나 노예들은 그 길로 가지 않았다. 대신에 그들은 겔리우스의 군대를 섬멸한 뒤 발걸음을 돌려 남쪽으로 되짚어와서 주인들의 심장부 쪽으로, 자기들이 예전에 달아나려 했던 바로 그쪽으로 돌아왔다.

로마인들은 이런 방향 전환에 당혹해했다. 이들은 노예들의 지나친 자신감이 그 한 가지 이유라고 보았다. "노예들은 어리석다. 자기들 세력에 가담하기 위해 오고 있는 엄청난 숫자를 보고 어리석게도 지나친 자신감에 빠진 것이다."[36]

실제로는 반란군이 이탈리아에 얼마나 많은 수의 노예가 더 있었는지를 알고 놀라지 않을 수 없었을 것이다. 정복 전쟁을 치르면서 공화국이 약탈한 재산 중에서 인간은 결코 적은 비중이 아니었다. 로마의 패권 덕분에 확립된 단일 시장은 지중해 전역에서 포로를 다른 상품과 똑같이 손쉽게 유통할 수 있게 해주었고, 그 결과 노예무역이 광대하게 확대되었으며, 역사상 전례 없는 규모의 인구 이동이 이루어졌다. 수십 수백만 명이 고향에서 끌려나와 제국의 중심부로 수송되었고, 새 주인을 위해 고생하게 되었다. 아무리 가난한 시민의 집에도 노예가 한 명씩은 있었을 것이다. 부유한 가정에서는 일손이 넘쳤기 때문에 노예주들이 자기들이 사들인 노예의 특기를 살리기 위해 더욱 이국적인 일을 고안해내야 하는 지경에 이르렀다. 인물 흉상의 먼지 털기, 초대장 쓰기, 자줏빛 의상 손질하기 등등. 물론 그런 임무는 엄선된 극소수에게만 맡겨졌다. 대부분의 노예들은 한없이 등골 휘는 일을 해야 했다. 특히 작업 여건이 최악이던 시골에서는 더 그랬다. 한 무리씩 도매금으로 노예를 사들이면, 등급을 매기고 족쇄를 채운 다음 새벽부터 저녁까지 부려먹었다. 밤에는 비좁은 헛간에 가두었다. 사생활이나 존엄성이라곤 찾아볼 수 없었다. 이들은 근근이 목숨을 연명할 정도의 식량만으로 살아갔다. 탈진해 쓰러지더라도 채찍질에 일어나야 했다. 복종하지 않는 노예는, 노예를 고문하고 때로는 처형까지도 전담하는 전문가의 손으로 처리되었다. 불구가 되거나 일찍 늙어버린 노예는 병든 가축이나 깨진 술병처럼 옆으로 치워진다. 그들이 살아남든 굶어 죽든 주인이 알 바 아니었다. 로마의 농민들이 지도자들에게 걸핏하면 상기시키곤 했듯이, 쓸모없는 도구에 돈을 쓸 이유는 없었으니까.

공화국에서 가장 고귀한 모든 것, 시민권의 문화, 자유에 대한 열정, 불명예와 수치에 대한 공포 등을 훼손한 것은 바로 이런 수탈이었다. 시민으로 하여금 공화국에 헌신할 수 있게 해준 여가라는 것이 타인의 강제 노동을 딛고 선 것이었지만, 이는 그 정도에 그치는 문제가 아니었다. 노예들은 더 미묘하고 파괴적인 요구를 만족시키기도 했다. "이익이란 당연히 누군가 다른 사람이 손해를 볼 때 발생하게 마련이다."[37] 모든 로마인들은 이 사실을 당연하게 여겼다. 모든 인간이 자유롭다면 자유에 새삼 무슨 가치가 있겠는가? 아무리 가난한 시민일지라도 최고 대접을 받는 노예에 비해 자기가 훨씬 더 우월하다는 사실을 알 수 있다. 자유 없는 삶보다는 죽음이 낫다. 공화국의 역사가 이 점을 영광스럽게 입증하고 있다. 어떤 사람이 노예가 되었다면 그런 운명에 빠질 이유가 충분히 있었을 것이다. 노예제의 정당성은 차치하고, 노예들이 겪는 참혹한 처지에 대해 조금이라도 의문을 품는 사람이 없게 만든 가혹한 논리는 이런 것이었다.

노예들도 이런 논리를 받아들였다. 자유민과 비자유민의 위계질서에 항거한 사람은 아무도 없었고, 다만 그 안에서 자기가 차지하는 지위에 대해서만 항의할 뿐이었다. 반란자들이 원했던 것은 노예제도를 없애자는 것이 아니라 예전 주인들이 누리던 특권을 얻겠다는 것이었다. 그러니 그들도 마찬가지 이유에서 이따금 로마인 포로들을 검투사로 싸우게 했다. "한때 구경의 대상이 되었던 사람들이 이제 관중이 되었다."[38]

다만 스파르타쿠스만은 진정한 이상을 위해 싸웠던 것으로 보인다. 고대 세계의 노예 반란 지도자 중에서도 특이하게 그는 추종자들에게 일종의 평등주의를 적용하려고 시도했다. 그들에게 금은을 소지하지 못하게 하고 약탈물을 평등하게 분배했다. 그러나 유토피아를 구현하려는 시도였는지 모르지만 그의 시도는 실패했다. 대부분의 반란자들은 폭력을 써서 제멋대로 약탈할 기회가 왔을 때 유혹에 저항하기 힘들었다. 로마인들은 노예들이 기회가 있었음에도 탈출하지 못한 또 다른 이유가 이것이었다고 믿었다. 이탈리아가 주는 유혹에 비하면 고향의 습지와 수풀이 무슨 의미가 있겠는가. 반란자들이 가진 자유의 꿈은 약탈을 노리는 탐욕에 비하면 하잘것없었다. 로마인들이 보기에 이것은 그들의 '노예근성'[39]의 총체적인 증거였다. 실상은 노예들도 자기 주인들처럼, 타인들의 노동과 생산에 기대어 사는 생활을 목표로 했을 뿐이었다. 광포한 행동이라는 점에서도 이들은 계속해서 로마의 이상형을 닮아가고 있었다.

두둑하게 약탈할 기회를 곧바로 알아차리는 재능이 로마인의 특기였지만, 이번에는 그들이 공황 상태에 빠지기 시작한 것도 무리가 아니었다. 겔리우스의 군대가 패배했고, 공화국의 다른 군단들은 외국에 나가 있는 상황이었으니, 수도가 갑자기 위험에 노출되어버렸다. 자비로 군대를 소집할 만큼 부자라는 자랑을 아무 이유 없이 늘어놓을 사람이 아닌 크라수스는 이제 행동을 개시했다. 그는 원로원에 있던 지지자들을 동원했다. 격렬한 논쟁이 있은 뒤 집정관들은 두 개의 군단을 빼앗겼고, 크라수스에게 단독 지휘권이 부여되었다. 새 장군은 즉각 모병을 개시하여 휘하의 군대 규모를 네 배로 늘렸다. 공화국의 구원자로 등장할 기회를 얻었으니 그는 기회를 놓칠 생각이 없었다. 두 개 군단이 자기 지시를 정면으로 어기고 스파르타쿠스와 교전했다가 또다시 패배하자, 크라수스는 십일제라는 고대적이고 끔찍한 처벌을 부활시켰다. 순종적인 사람이든 반항적인 사람이든, 용감한 사람이든 비겁한 사람이든 가리지 않고 열 번째 사람마다 맞아 죽는 처벌을 받았고, 동료들은 그 광경을 강제로 지켜보아야 했다. 군대 규율이 다시 세워졌다. 동시에 이 장군은 자기 부하에게도 그 정도의 처벌을 부과할 수 있는 사람이니 스파르타쿠스에게 가담하는 노예들은 절대로 자비를 기대하지 말라는 경고가 보내졌다. 크라수스가 아무리 잔혹한 인물이라 하더라도 자기 행동이 미칠 효과를 면밀하게 계산하지 않고 무작정 행동하는 사람은 절대로 아니었다. 단 한 번 잔혹성을 발휘함으로써 돈에만 눈이 먼 백만장자라는 이미지는 전통적인 가치를 완강하게 수호하는 사람이라는 이미지로 바뀌었다. 크라수스는 완벽하게 알고 있었겠지만, 로마적 규율이라는 전통은 유권자들에게 항상 좋은 영향을 미쳤다.

권위를 확실하게 세운 뒤 크라수스는 진군하여 수도를 빙 둘러쌌다. 이에 스파르타쿠스는 더 남쪽으로 물러났다. 그는 이 지역이 새로운 가담자를 확보하기에 가장 좋은 곳임을 알고 있었다. 도시가 점점이 흩어져 있는 번영하는 중부 이탈리아를 뒤로하고 스파르타쿠스의 군대는 광대한 장원이 지루하게 이어지는 지역을 통과하기 시작했다. 평원에는 사슬에 매여 노역하는 노예 집단 외에는 아무것도 없이 황량했다. 한편 고원지대에서는 이따금씩 외국인 노예들이 텅 빈 목장을 가로질러 엄청난 규모의 가축이나 가금 무리를 몰고 가는 모습이 보일 뿐이었다. 한때는 번영하는 마을과 도시들이 있던 지형이 이제는 '이탈리아 황야'가 되었다.

크라수스는 반란자들을 더 남쪽으로 몰아가서 결국은 반도의 뒤축에 몰아넣는 데 성공했다. 이제 겨울이 다가오고 있었고, 사냥감이 달아나지 못하게 크라수스는 해안을 따라 바리케이드를 설치했다. 스파르타쿠스는 덫에 걸려버렸다. 노예들이 두 차례 습격하여 군단병들의 해자와 장벽을 공격하려고 절망적인 시도를 했지만 모두 격퇴되었다. 이제 크라수스는 크게 안도했다. 그 역시 사냥감들과 마찬가지로 절망적인 심정이 되어가고 있었기 때문이다. 스파르타쿠스보다 훨씬 더 위협적인 적이 다가오고 있었다. 에스파냐에서 5년을 보낸 뒤 폼페이우스가 귀환하고 있었다.

이 사실을 안 스파르타쿠스는 크라수스의 약점을 활용하려고 협상을 제안했다. 크라수스는 경멸적인 태도로 거절했다. 스파르타쿠스는 바리케이드에서 훤히 잘 보이는 곳에다 로마 포로 한 명을 십자가형에 처함으로써 이에 응답했다. 하루 종일 죽어가는 남자의 비명소리가 얼음 같은 바람에 실려 동료 시민들의 귀에 들려왔다. 저녁 어둠이 짙어지고 눈이 흩날리기 시작했을 때 스파르타쿠스는 세 번째로 바리케이드를 뚫기 위한 시도를 했다. 이번에는 성공했다. 크라수스에게서 달아나면서 그는 지그재그 형태로 북쪽으로 올라갔다. 크라수스는 한쪽 눈으로는 반란자들을 쫓고 다른 눈으로는 점점 가까워지는 폼페이우스를 지켜보면서 미친 듯이 빠른 속도로 스파르타쿠스를 뒤쫓았다. 중도에 낙오자들을 사로잡으면서 점점 격렬해지는 전투를 연달아 치르면서, 드디어 반란자들을 다시 한구석으로 몰아넣었다. 스파르타쿠스는 돌아서서 싸울 준비를 했다. 대오를 갖춘 부하들 앞에서 그는 자기 말을 칼로 찌르고 배수의 진을 치면서 죽음 아니면 승리를 기원했다. 그리고 노예들은 싸우러 나갔다. 스파르타쿠스는 크라수스의 본진을 향하여 필사적으로 달려갔지만 그곳에 도달하기도 전에 죽음을 맛았다. 반란자들의 엄청난 부대도 그들 장군과 함께 사라졌다. 대노예 반란은 진압되었고 크라수스는 공화국을 구원했다.

하지만 마지막 순간에 크라수스는 영광을 빼앗겼다. 폼페이우스는 군단을 거느리고 로마를 향해 남쪽으로 진군해오다가 달아나던 반란 노예 5000명을 만났다. 그는 힘도 들이지 않고 마지막 한 사람까지 도륙했고, 그런 뒤 원로원에 반란을 끝장낸 자기 업적을 자랑하는 편지를 썼다. 크라수스의 기분이 어땠을지 쉽게 상상할 수 있을 것이다. 폼페이우스가 영광을 훔쳐가지 못하게 하기 위해 그는 포로 전원을 아피아 가도 연변에서 십자가형에 처하라고 명령했다. 이탈리아에서 가장 통행량이 많은 도로의 160킬로미터가 넘는 거리에서, 노예의 시체가 매달린 십자가가 40미터 간격으로 세워졌다. 크라수스의 승리를 선전하는 잔인무도한 간판이었다.

하지만 대부분의 로마인들은 스파르타쿠스와의 전쟁을 수치로 여겼다. 멀리 떨어진 속주 전쟁에서 수천 명의 부족민들을 학살한 폼페이우스의 업적에 비해 로마의 뒷마당에서 벌어진 크라수스의 구원 행위는 잊어버리고 싶은 것이었다. 투표로 두 남자 모두 월계관을 받았지만 크라수스는 전차가 아니라 도보로 로마 거리를 행진하는 2급 개선식에 만족할 수밖에 없었다. 젊은 알렉산드로스처럼 치장한 폼페이우스가 네 마리의 백마가 이끄는 전차에 타고, 전리품과 포로들의 긴 대열을 앞세우고 거리를 행진하는 동안 그를 숭배하는 팬들은 열광했다. 크라수스는 그저 그 모습을 바라보면서 분통을 터뜨릴 수밖에 없었다.

그런 와중에도 그는 분노를 드러내지 않도록 주의했다. 개선식보다 그가 간절히 원한 목적은 집정관 자리였다. 선거가 얼마 남지 않았으므로 그는 교묘한 공중제비를 넘었다. 그는 최대 경쟁자에게 공동으로 입후보하자고 제안했다. 크라수스가 폼페이우스의 인기를 두려워하는 만큼이나 크라수스의 정치적 기술을 두려워하고 있던 폼페이우스도 단번에 동의했다. 두 사람은 아무 반대 없이 선출되었다.

정부 수반이 되었을 때 폼페이우스는 서른여섯 살이었는데, 이는 술라가 정해둔 나이 제한에 훨씬 못 미치는 나이였다. 집정관으로서는 아주 특이한 일이지만, 그는 원로원 의원이 된 적이 없었다. 실수를 할까 봐 걱정하던 그는 원로원 회의장에서의 처신법을 알려주는 초보자용 안내서를 써달라고 친구에게 부탁해야 했다. 그렇기는 해도 폼페이우스가 조심조심 처신할 사람은 아니었다. 그를 군사적 영광의 정점으로 끌어올린 것은 돌진력이었으며, 정치의 전쟁터로 데려간 것도 그런 돌진력이었다. 집정관이 되자마자 그는 호민관을 속박하던 제약을 풀고 술라가 부과한 고대적인 특권을 모두 회복시키자는 법안을 발의했다. 그럼으로써 아무도 상관하지 않는 듯한 분위기 속에서 죽은 독재관이 정한 법안의 기초가 무너졌고, 다채롭지만 불안정한 잠재적 요인이 공화국의 정치 생활에 되살아났다. 바로 그런 조처를 거의 10년 동안이나 요구해오던 군중은 또다시 황홀경에 빠졌다.

그러나 이번에는 크라수스도 갈채를 똑같이 나눠 받았다. 고대적 권리를 민중에게 돌려준다는 명분을 놓치지 않기 위해 그는 이 개혁을 공동 발의하도록 주도면밀하게 처리했다. 카툴루스조차 바람의 방향이 바뀌고 있음을 알고 반대를 거둬들였다. 그렇다고 해서 원로원이 폼페이우스를 인정했다는 의미는 아니다. 전혀 그렇지 않았다. 그의 위대함과 그의 집정관직의 비정상성은 원로원의 전통적 지도자들에게는 여전히 깊은 반감을 주었다. 이 때문에 크라수스는 그들의 우두머리 역할을 자처할 수 있게 되었다. 언제나처럼 그는 양다리를 걸쳤다. 한 손으로는 성대한 대중 연회를 열고 빈민들에게 무료로 곡물을 배급하여 관심을 끌고, 다른 손으로는 폼페이우스가 아주 위험한 선동가라는 악담을 동료 의원들의 귀에 속삭이면서 군중의 비위를 맞추는 행사를 폼페이우스가 더 이상 하지 못하도록 공작을 폈다. 그 결과 집정관은 원래 공화국의 이익을 위해 협동하는 것이 임무이고 목적이었지만, 얼마 지나지 않아 폼페이우스와 크라수스는 공공연히 상대방의 목을 노리게 되었다.

경기장에 모인 군중에게 서로 다른 무기와 기술로 무장한 두 검투사가 자웅을 겨루는 결투만큼 신나는 구경은 없었다. 전투 중에서 가장 인기 있는 형태는 가슴받이와 헬멧으로 화려하게 무장한 검객이 삼지창을 가진 발 빠른 투사와 맞붙는 것이었는데, 후자의 목표는 그물을 던져 검객을 사로잡는 것이었다. 폼페이우스와 크라수스의 갈등은 이와 비슷한 구경거리였다. 둘은 워낙 판이한 스타일이었지만 기량은 막상막하하였으므로 어느 편도 유리한 고지를 점할 수가 없었다. 그러나 이들의 접전은 로마 시민들에게 여흥보다는 불안과 충격을 주었다. 노예들은 죽을 때까지 싸울 수도 있겠지만 로마 시민의 집정관이 그럴 수는 없지 않은가. 검투사는 패배한 적의 목을 쳐도 되지만 국가의 두 수장이 자기 동료를 끝장낸다는 것은 공화국의 이상을 모욕하는 행위가 될 것이다. 결국 폼페이우스와 크라수스도 자기들끼리 싸우느라고 똑같이 평판에 손상을 입었음을 깨달았다. 그들 임기가 끝날 무렵, 포룸에서 공식 회의를 주관하고 있을 때 한 시민이 갑자기 끼어들면서 꿈에 대해 이야기할 수 있도록 해달라고 청했다. 그 요청은 허가되었다. "유피테르 신이 제게 나타나서 이렇게 말씀하셨습니다. 두 집정관은 공직에서 물러나기 전에 반드시 친구가 되어야 한다고 선언하셨습니다."[40] 긴 침묵이 이어졌다. 그러자 크라수스가 폼페이우스 쪽으로 가서 손을 잡았다. 그는 자기 경쟁자를 찬양했다. 두 사람은 화해했다.

　이 일화는 조작의 냄새를 풍기지만 그렇다고 그 의미가 작아지지는 않는다. 술라가 죽은 지 10년 뒤, 그가 했던 행동을 누군가가 또다시 되풀이한다는 생각, 국가보다 더 높은 지배권을 가진다는 생각은 아직도 로마인들을 공포에 떨게 했다. 폼페이우스와 크라수스가 제각기 아무리 강력하다 하더라도 그들 모두 상대방보다 더 강력한 존재로 비칠 위험을 감수할 여유는 없었다. 이것은 공화국이 최고가 되고 싶다는 욕망을 모든 시민에게 불어넣으면서도 계속 고집하고 있는 교훈이었다. 업적이란 것은 찬양과 명예를 누릴 자격이 있지만, 지나친 업적은 국가에 치명적이고 위협적인 요인이 된다. 시민이 제아무리 위대해진다 한들, 그가 아무리 위대한 존재가 되고 싶어한들, 최고의 위대함은 여전히 로마 공화국의 몫이었다.

6

새로운 알렉산드로스

궁지에 몰린 속주 총독

로마인이 볼 때 권력이 그렇게 위험해지는 까닭은 중독성 때문이었다. 동료 시민들의 일을 지시하고 그들을 전쟁으로 끌고 나가는 것, 이는 무지막지한 책임감이 따르는 일이며 누구라도 그런 일을 하다 보면 머리가 돌아버릴 수 있었다. 어쨌든 군주적 권위의 맛은 중독적이고 부패한다는 인식이 바로 공화국의 기초가 아니었던가. 물론 로마가 이제 세계의 주인이며 국가들을 조종하는 존재가 된 이상 로마의 집정관이 가지는 권위가 그 어떤 왕의 권위도 능가한다는 사실만 제외하면 그것은 사실이다. 그렇다면 집정관직을 항상 속박해온 규제 조처를 고집하는 데에도 그만큼 이유가 있었던 것이다.

그런데도 공화국의 영향력이 미치는 범위가 계속 커지다 보니 로마인들은 딜레마에 봉착했다. 작은 도시국가가 아니라 초강대국의 시민이라는 사실 덕분에 그들의 관심 범위가 무한히 넓어진 것이다. 도처에서 전쟁이 벌어졌다. 적과의 거리가 멀고 접촉이 적으면 적을수록 집정관이 감당해야 하는 병참 업무상의 요구는 더 커진다. 이런 상황이 극단적으로 발전하면 원로원도 그저 집정관 대신에 업무를 수행할, 로마식으로는 속주 총독proconsul(원래 의미는 전직 집정관—옮긴이)이라고 불리는 행정장관을 지명하는 수밖에 도리가 없게 된다. 기원전 2세기 동안 공화국의 제국이 확장함에 따라 이런 속주 총독의 필요는 점점 더 일상적인 것이 되었다. 임무의 속성상 속주 총독은 일반 공직자의 공식적 임기인 1년보다 훨씬 더 긴 기간 동안 작전을 계속해야 하는 경우가 많았다. 예를 들어 폼페이우스는 에스파냐에서 5년을 보냈다. 전쟁은 어쨌든 승리했지만 로마 본토에서 그에 대해 분통을 터뜨린 보수주의자들이 없었던 것은 아니었다. 폼페이우스처럼 인기를 노리는 행동은 속주 총독의 권한이 지나치게 큰 데 대한 원로원의 불만을 정당화해주었을 뿐이었다. 에스파냐에서는 사정이 절박했지만 다른 곳에서는, 로마의 이익이 긴박하게 위협당하지 않는 곳에서라면 원로원은 동료들 중 한 명에게 정벌의 허가증을 주느니 차라리 무정부 상태를 감내하는 편을 선호했을지도 모른다.

당시 아시아 속주의 사정이 그랬다. 미트리다테스와의 전쟁이 그곳에 남긴 유산은 비참과 혼란이었다. 도시들은 징벌적 수탈의 무게로 신음하고 있었고, 사회 기반은 거의 와해될 지경이었다. 작은 군주국들은 국경 주변에서 으르렁거리며 영토를 갉아먹고 있었다. 손상된 속주의 상처 위에서 로마의 파리들이 분주하게 윙윙거리고 있었다. 그런 파리들 중에는 율리우스 카이사르 같은 야심적인 젊은 장교뿐만 아니라 미트리다테스 때문에 파멸했다가 이제 신선한 피 냄새를 맡고 다시 나온 푸블리카누스의 대행자들도 있었다. 무엇보다도 아시아는 로마의 가장 부유한 속주였는데, 원로원이 이 지역에 공정한 해결책을 적용하지 못하고 있었던 것도 바로 그 때문이었다. 그곳의 관리를 맡겨도 될 만큼 신뢰할 수 있는 사람이 누구일까? 동방의 문제점을 처리하도록 지명된 마지막 속주 총독을 아무도 잊지 않고 있었다. 술라는 자기 지지자들에게도 경고하는 그림자를 드리우는 인물이었다.

그렇기는 해도 미트리다테스와의 전쟁이 아직 완결되지 않은 임무라는 사실은 로마에서도 누구나 알고 있었다. 이탈리아로 돌아와서 내전에서 이기고 싶은 마음이 간절한 나머지 술라는 완전한 보복을 할 공화국의 권리를 의도적으로 박탈했다. 8만 명의 이탈리아인을 도살한 백정을 죽일 수도 있었던 상황에서 살려주기로 한 그의 결정은 순전히 편법에 지나지 않았다. 그렇기 때문에 그 결정에 얽혀 있다고 느낀 사람들의 마음은 특히 더 불편해졌다. 술라가 뒤에 남겨둔 장교들이 미트리다테스를 간헐적으로 공격하여 반격을 도발하려 했던 이유도 거기에 있었다. 또 술라파의 수장인 카툴루스와 호르텐시우스가 이끄는 원로원의 주류들이 자기들의 대장이 서명했던 평화조약을 승인해주지 않으려 했던 것도 역시 이 때문이었다. 미트리다테스가 로마로 사절단을 보내더라도 원로원은 만나줄 시간이 없다는 핑계를 대며 기피했다. 사절들은 몇 달씩이나 분노를 삼키며 대기하곤 했다.

　이런 모든 상황으로 보아 미트리다테스는 로마는 자신의 파멸을 보고 싶어한다는 판단을 하게 되었다. 또 그가 야심을 포기한 것도 아니었다. 언제나 그러했듯이 아시아는 살찐 포획물이 가득한 곳이었다. 로마의 감시의 눈길을 피해 미트리다테스는 술라가 부과한 금지 조처에 의해 무너졌던 공격력을 슬금슬금 재건해가고 있었다. 이번에 그는 외국으로, 자신의 적에게로 눈길을 돌려 영감을 구했다. 보석 박힌 갑주와 금박을 새긴 무기는 이제 끝났고 로마식의 규율과 효율성이 유행했다. 미트리다테스는 글라디우스gladius, 즉 한 세기 혹은 그 이전부터 로마 군단병들이 채택해서 쓰고 있던 에스파냐식의 짧은 양날 칼로 보병부대를 무장시켰다. 원래 용도가 그랬지만, 이 무기는 급소를 찌르고 가격하는 데 사용되었으며, 동방에서는 그 잔인무도한 상처를 보고 유달리 두려워했다. 이제 미트리다테스는 이 무기를 자기 것으로 만들겠다는 목표를 세웠다.

　이를 위해 기원전 74년 여름에 그는 에스파냐에 있던 마리우스파의 반란군에 접근하여 자기 군대를 무장시키고 훈련시키는 데 협조하겠다는 약속을 받았다. 이 소식이 새어나가자 로마에서는 분노와 공포심이 퍼졌다. 공화국은 자신의 안전이 위험에 처했다고 여길 때 가장 위험한 존재가 된다. 로마인들은 아무리 무시해도 될 손쉬운 적을 상대할 때도 방어를 위해 선제공격이 필요하다는 확신이 들기 전에는 거의 싸움을 걸지 않는다. 물론 미트리다테스는 절대로 무시해도 되는 적이 아니었다. 아시아가 또 한 번 진정한 위험에 처한 것 같았다. 이런 분노가 고조되던 상황이었기에 동방의 지휘권 문제를 해결하지 않으면 안 된다는 판단이 내려졌다. 하지만 누구에게 지휘권을 맡길 것인가?

기원전 74년에 술라파의 주류는 원로원 내에서 지나치게 거들먹거릴 위험이 있는 사람이면 누구에게든 거부권을 행사하기에 충분한 힘을 여전히 가지고 있었다. 이 때문에 폼페이우스는 배제되었다. 어쨌든 폼페이우스는 그때까지도 에스파냐의 분쟁에 휘말려 있었다. 크라수스 역시 집정관 선거전에 몰두하고 있었다. 카툴루스와 동맹자들에게는 다행스러운 일이었지만, 그들 파벌 중 한 명이 그해의 집정관으로 봉직하고 있었다.

루키우스 루쿨루스 Lucius Lucullus 는 술라와 그의 체제에 운명을 건 거족 중에서도 가장 유능하고 인상적인 인물이었다. 그러나 그의 경력은 처음부터 요란했다. 그는 오래된 가문 출신이었지만 그 가문은 잘못된 결혼과 분쟁으로 유명했다. 어머니는 대책 없이 불성실한 사람이었고 아버지는 대대로 이어지는 복수극에 몰두하다가 끝내는 고소당하고 망명하는 신세가 되었다. 루쿨루스는 분쟁의 피를 물려받았다. 처음에 그는 자기 아버지를 고소한 사람을 법정으로 끌고 가서 유명해졌는데, 그런 가차 없는 태도는 평생을 일관하는 성격이다. 그런 성격은 언뜻 보기에 완고함으로 해석될 위험이 있었다. 왜냐하면 루쿨루스는 붙임성이 없었고, 인기를 얻으려고 애를 쓰니 차라리 초연하고 인색하다는 평을 받으면서 차가운 만족감을 느끼는 편이었다. 하지만 그는 인간적인 면도 있었고 수준 높은 교양인이었으며, 철학자이고 역사가이며 그리스 문화에 대한 깊은 이해와 로마의 예속민들의 복지에 대한 진정한 관심을 가지고 있었다. 그는 싫어하는 대상은 끈질기게 싫어했고, 충성을 바치고 신뢰하는 대상에 대해서는 같은 정도로 열정적이었다. 그는 특히 술라와 술라에 대한 기억에 빠져 있었다. 술라가 로마로 처음 행군해올 때 그를 따라올 준비가 되어 있던 장교가 루쿨루스뿐이었다는 것은 거의 틀림없는 사실이다. 미트리다테스와 전쟁을 치르는 동안 그는 장군의 명령을 따라야 한다는 임무와 비참한 그리스인들을 보호하고 싶은 열망 사이에서 성실성과 기교로써 균형을 잡고 있었다. 차후에 독재관의 회고록을 헌정받은 사람도 그였고, 유언을 집행하고 자녀들의 보호자가 된 것도 그였다. 폼페이우스나 크라수스와 달리 루쿨루스는 죽은 친구에게 충성을 다할 것이라고 믿을 수 있는 사람이었다.

따라서 술라파 주류들은 그에 대한 지원 체제를 재빨리 작동시켰다. 다른 강력한 파벌들도 그를 지원하는 쪽으로 움직였다. 집정관에 선출되기 직전, 루쿨루스는 로마의 파트리키 명가 중에서도 최고의 거족과 통혼했다. 클라우디우스 가문은 오만하고 괴팍하기로 악명 높았지만 그래도 거의 500년 동안이나 이어진 높은 업적을 자랑하는 가문이었다. 이 일관된 기록은 공화국 역사상 어느 가문도 따를 수 없었다. 클라우디우스 가문보다 많은 초상화를 홀에 걸어둔 가문은 없었고, 세습 클리엔테스의 수라든가 외국에 있는 자산에서 얻는 이윤의 크기 면에서 이들을 능가한다고 자랑할 수 있는 가문도 없었다. 클라우디우스 가문의 위신은 루쿨루스 같은 귀족까지도 사회적 위계의 사다리를 더 높이 오르려고 열광하게 만들 정도로 높았다. 클라우디우스 가문과의 통혼을 성사시키기 위해 그는 지참금을 포기하는 데 동의하기까지 했다. 그의 아내는 루쿨루스 가문 신부의 최고의 전통에 걸맞게 지독하게 불성실한 신부임이 드러났지만 루쿨루스는 클라우디우스 출신을 자기 곁에 한 명 두기 위해서라면 그만한 값은 지불할 가치가 있다고 계산했을 것이다. 그의 사돈들 역시 그런 계산을 하지 않을 리 없었다. 그 가문의 수장인 아피우스 클라우디우스 풀케르^{Appius Claudius Pulcher}는 얼마 전에야 죽은 아버지의 지위를 물려받았고, 자기 야심뿐만 아니라 두 명의 남동생과 세 명의 여동생의 앞길도 돌봐야 했다. 숭고하다고 할 정도로 오만하고 기회주의자인 아피우스는 동방에서의 화려한 경력을 얻게 해줄 가능성이 가장 큰 입장권이 루쿨루스라는 것을 간파했다. 그들 가문의 막내인 푸블리우스 클로디우스^{Publius Clodius} 역시 군인의 꿈을 가지고 있었다. 그는 젊은 로마인이 군인으로 복무하기 시작하는 전통적인 연령인 열여덟 살이 막 되었다. 아피우스처럼 클로디우스 역시 영광의 경주로에 눈길을 고정하고 있었다.

그러나 그들과 매제가 아시아로 떠나기 전에 루쿨루스는 지휘권을 인정받아야 했다. 카툴루스와 클라우디우스 가문의 후원을 받았는데도 여전히 원로원 의원 대다수가 그를 반대했던 것이다. 절망에 빠진 그는 원로원 최고의 공작가인 푸블리우스 케테구스에게 촉수를 돌리는 것 외에 다른 대안이 없음을 깨달았다. 직접 그런 행동을 하기에 루쿨루스는 너무 고상한 인물이었기 때문에 케테구스의 정부를 꾀어내어 그녀로 하여금 베갯머리 송사를 하도록 설득하는 덜 사악한 대안을 선택했다. 이 음모는 성사되었다. 케테구스는 루쿨루스를 지지하는 방향으로 회유와 협박을 시작했다. 그가 장악하고 있던 고분고분한 의원들 무리가 무대로 들어왔고 봉쇄는 깨졌다. 루쿨루스는 드디어 지휘권을 얻었다.

루쿨루스를 따라간 사람은 함께 집정관을 지낸 동료인 마르쿠스 코타^{Marcus Cotta}였다. 이는 미트리다테스의 무시무시한 명성에 대한 보완이기도 했고, 더 그럴듯한 이유로는 원로원이 아직도 이 전쟁을 한 사람의 손에 맡길 정도로 마음을 놓은 것은 아니라는 징표이기도 했다. 이유가 무엇이든 간에 이런 배치는 금방 역효과를 냈다. 루쿨루스가 폰토스를 침공할 준비를 하고 있는 동안 코타는 함대 전체를 이끌고 미트리다테스를 공격했는데, 그러다가 자기 군대를 몽땅 잃을 뻔한 위기를 간신히 벗어나는가 했더니 결국은 불명예스럽게도 보스포루스 항구에 봉쇄당하는 처지가 되었다. 이제 미트리다테스는 아시아 속주에서 손만 내밀면 닿는 거리에 와 있었다. 부하들은 분개했지만 루쿨루스는 자신의 침공 계획을 취소하고 무능한 동료를 구출하러 충성스럽게 되돌아갔다. 그가 접근한다는 소식을 듣고 미트리다테스는 포위를 풀었지만, 이는 후퇴하기 위한 것이 아니라 아시아에 대한 전면적 침공을 감행하기 위한 것이었다. 그는 얼마든지 자신감을 가질 만했다. 그의 신식 군대는 이미 집정관 한 명을 붙잡았고, 루쿨루스의 다섯 개 군단의 부대와 비교하여 거의 4 대 1의 비율로 수적인 우세에 있었다. 미트리다테스는 틀림없이 다시 한 번 로마인을 바다로 쓸어넣을 기회를 잡았다고 생각했을 것이다.

그러나 루쿨루스는 미끼를 물지 않았다. 그는 변경에서 교전하는 데 전력을 투입하지 않고 그 대신에 폰토스 군대의 배후로 돌아가서 군량 보급선을 끊어 "밥통을 전쟁의 주무대로 만들었다."[1] 겨울이 다가오자 미트리다테스는 부서진 공성기와 수천 명의 부하를 뒤에 남기고 후퇴할 수밖에 없었다. 다음 해 봄에 루쿨루스는 다시 공격했다. 이번에 그는 배후의 다른 어려움 때문에 신경이 분산되는 일 없이 폰토스를 침공하는 데 주력할 수 있었다. 그 뒤 두 해 동안 그는 미트리다테스가 장악한 권력을 체계적으로 분쇄해나갔다. 기원전 71년이 되자 왕국의 전부가 루쿨루스의 손에 들어온 것이나 마찬가지가 되었고, 새 속주는 로마 제국에 흡수될 찰나에 있었다. 미트리다테스와의 전쟁은 이제 성공적인 결말을 앞둔 것 같았다.

다만 미트리다테스는 아직 도전을 포기하지 않았고, 또다시 루쿨루스의 손가락 사이로 빠져나갔다. 자기 보호 본능이 워낙 뛰어나서 몸을 독약으로 절일 정도인 사람이니, 절대로 쉽게 패배를 인정할 리가 없었다. 자기를 사로잡으려는 로마의 노력을 모조리 무위로 만들면서 그는 산지를 건너 인근 아르메니아로 넘어갔고, 그곳의 강력한 왕인 티그라네스Tigranes의 자비심에 호소했다. 루쿨루스는 즉시 아피우스를 파견하여 미트리다테스의 항복을 요구했다. 이것이 로마가 아르메니아에 공식적으로 대사를 파견한 최초의 사례였다.

아르메니아는 로마의 영향권에서 멀리 떨어져 있었으므로 공화국의 수지 계산과 충돌한 적이 거의 없었고, 최근 들어서야 경이로운 속도로 상승세를 타고 있는 왕국이었다. 10년이 조금 넘는 동안 티그라네스는 오늘날의 이라크 지역에서 지배적 세력으로 떠올랐으며, '왕 중의 왕'이라는 거창한 칭호와 동방 궁정의 온갖 근사한 의례를 채택하고 있었다. 그가 외출할 때는 속국의 왕 네 명을 뒤에 거느리고, 자기 말과 같은 속도로 따라오게 하여 숨을 헐떡거리게 만들었다. 그가 자리에 앉으면 그 왕들은 그의 옥좌 옆에 시립하고 주인의 지시를 받드는 노예처럼 언제라도 움직일 태세를 갖추었다. 하지만 이런 겉치레가 아피우스에게 좋은 인상을 주었을 리 없다. 티그라네스를 만났을 때 그는 클라우디우스 일족이 다른 사람을 대할 때 취하는 바로 그런 태도, 즉 깔보는 듯이 경멸하는 태도로 대했다. 다른 사람에게서 냉소를 당하는 데 익숙하지도

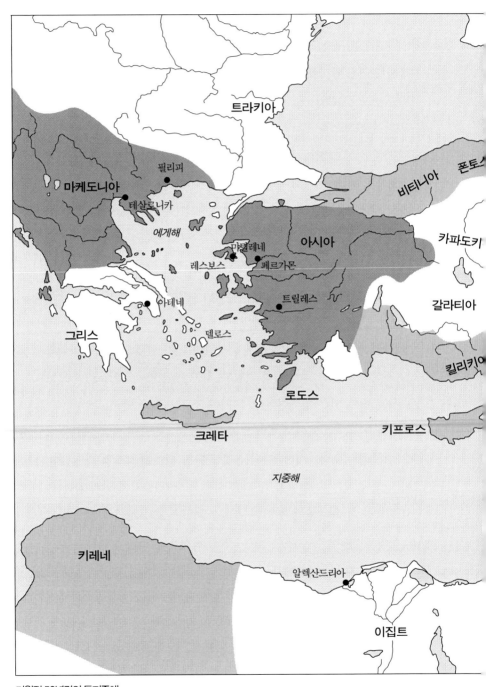

기원전 50년경의 동지중해

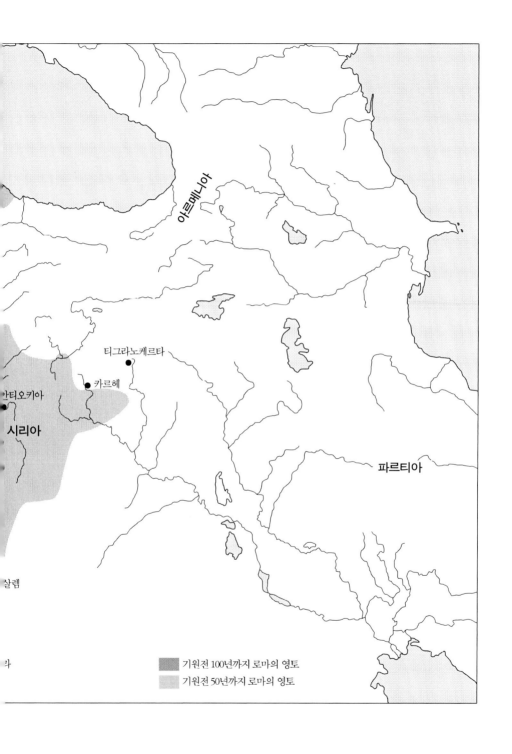

아르메니아

티그라노케르타

카르헤

안티오키아

시리아

파르티아

살렘

아

않았지만 20대 초반의 외국인에게서 그런 대접을 받은 경험은 더더욱 없었기에 티그라네스는 격분했다. 그는 미트리다테스를 넘겨주지 않겠다고 했다. 티그라네스가 제공한 선물들을 보고 아피우스가 국제 관계에서의 미묘한 요인들을 죄다 무시한 채 코웃음을 치며 경멸하는 듯한 태도로 컵 하나만 받아들자 외교적인 냉기는 더욱 심해졌다.

그리하여 루쿨루스는 예상하지 못했던 티그라네스와의 관계에 대해 본국에서 아무런 공식적인 위임도 받지 못한 상태에서, 로마 본국은 이름도 거의 들어본 적이 없는 나라와 전쟁을 하게 되었다. 계절은 이미 늦어지고 있었지만 그는 몸에 밴 단호한 태도로 행동했다. 유프라테스 강의 범람을 무릅쓰고 그는 동쪽으로 진격했다. 목표는 티그라노케르타였는데, 이 도시는 아르메니아 왕이 깊은 관심을 가지고 허허벌판에 새로이 건설했을 뿐 아니라 자기의 왕호를 내려 영광을 부여한 도시였다. 자기의 자랑거리인 수도가 포위당했다는 소식을 듣자 티그라네스는 도시를 구하러 질풍같이 달려왔다. 루쿨루스가 예상했던 것도 바로 그것이었다. 하지만 이제 그는 로마 역사에서 그 어떤 장군이 그랬던 것보다 로마에서 멀리 떨어져 있었으며, 그의 군단은 항상 그랬듯이 소수였다. 티그라네스는 적의 수가 한심할 정도로 적은 것을 보고는 로마인들은 "사절단이라고 보기에는 너무 많고 군대라고 하기에는 수가 너무 적구나"[2]라고 우스갯소리를 했다. 왕의 비꼬는 말에 아첨꾼들의 웃음이 피어났지만, 티그라네스의 얼굴에서는 곧 미소가 사라졌다. 공화국의 연대기에서도 가장 경이로운 승리의 하나로, 루쿨루스는 아르메니아 군대를 전멸시켰을 뿐만 아니라 티그라노케르타를 습격하여 말 그대로 도시를 산산조각 냈다. 로마 군대는 도시를 철저하게 약탈했다. 루쿨루스는 왕실의 보물을 차지했고 부하들은 그 외의 모든 것을 가졌다. 그런 뒤 도시를 완전히 파괴했다. 도피자 신세가 되어버린 티그라네스는 개입할 힘도 없었다. 최근에 자신의 영광을 기려 세웠던 기념물은 물론 궁전에서는 다리 하나도 성하게 남은 것이 없었다.

하지만 거기에서 얻은 이익이나 파괴가 그보다 더 철저할 수도 있었다. 전쟁의 규칙에 따르면 루쿨루스는 패배한 주민을 노예로 삼을 권한이 있었다. 하지만 그는 그들을 풀어주었다. 그들 대부분은 강세로 티그라노케르타로 이송된 사람들이었는데, 그들을 고향으로 돌려보내준 목적은 티그라네스의 왕국 전역에 분리주의적 움직임을 심어두려는 것이었다. 이 정책에는 통찰력과 박애주의가 동시에 들어 있었다. 로마인들은 패배한 자가 정복에 대한 보상을 지불해야 한다는 것을 당연시했다. 하지만 루쿨루스는 약탈할 줄 아는 눈뿐만 아니라 강렬한 노블레스 오블리주 의식도 함께 가지고 있었다. 그는 분명 노예 상인이나 푸블리카누스의 중개자 노릇을 할 생각이 없었다. 그런 자들에 대해서는 귀족적인 경멸감을 느낄 뿐이었다. 티그라네스와의 전쟁을 시작하기도 전에 그는 아시아를 오랫동안 괴롭혀오던 수탈 행위를 규제하는 조처들을 시행했다. 이자율을 낮추었고 평판이 아주 나쁜 대금업자들의 권리 남용 행위를 금지했다. 그 결과 아시아에 있는 그리스 도시들을 통째로 저당잡히게 할 정도이던 배상금도 드디어 지불되기 시작했고, 4년도 채 안 되어 모두 청산되었다.

제국이 된 공화국은 늘 귀족주의의 고대적 이상에서 양심을 공급받아왔다. 하지만 루쿨루스라는 인물을 통해 원로원의 전통적인 가부장주의는 로마의 세계적인 임무에 대한 본질적으로 새로운 해석과 융합되었다. 그리스 문화에 대한 열정을 가졌던 그는 그리스인들에게 최소한의 지분이라도 배당하지 않으면 동방에 대한 로마의 지배에는 장기적인 미래가 없으리라는 사실을 똑똑히 알 수 있었다. 티그라노케르타 주민들에게 베푼 관대한 처분에는 일관성 있는 정책이 반영되어 있었다. 폰토스에서 루쿨루스는 자기에게 저항한 그리스 도시를 파괴하지 않았을 뿐만 아니라 일단 습격이 끝난 다음에는 복구 비용까지 내주었다. 그런 도시가 잊히지 않도록 함으로써 도시의 미래와 제국의 안전과 장기적인 건전성에 투자한 것이었다.

당연한 일이지만 이런 조처는 로마 본국에서 일어나는 분노의 함성을 누그러뜨리지 못했다. 속주가 진 빚을 보조해주는 정책은 대기업가들에게 전혀 인기가 없었다. 속주 통치의 기록이 찬란한 성공으로 남아 있는 한 루쿨루스는 공격받지 않겠지만 티그라노케르타 침공이 그의 경력의 최고 절정이었고, 그 이후로는 자신의 지휘권을 방어할 힘이 점점 약해졌다.

티그라네스에게 압도적인 승리를 거두었지만 그는 일차적인 목표를 달성하는 데 실패했다. 미트리다테스는 여전히 도피 중이었기 때문이다. 기원전 68년 내내 루쿨루스는 이제 그와 맞대면하기보다는 배후 공격을 하는 편이 낫다는 것을 간파한 적을 쫓아 아르메니아의 황무지 전역을 돌아다니는 신세가 되어버렸다. 그의 승리는 점점 더 손아귀에서 녹아 없어지는 것 같았다. 로마 본토에서 재정계의 로비스트들이 이제는 일말의 가책도 없이 고분고분한 정치가들을 동원하여 루쿨루스에게 공격을 퍼부었다. 호민관들은 루쿨루스로부터 속주를 하나씩 빼앗으면서 그를 쪼아대기 시작했다. 폰토스에서는 도저히 통제 불능인 미트리다테스가 또 하나의 부대를 이끌고 나와서 로마 군단을 공격하여 연이어 잽싸게 승리를 거두었다. 한편 루쿨루스는 이런 재난의 무대에서 멀리 떨어진 남부 아르메니아에 발이 묶여 꼼짝 못한 채 티그라네스와의 전쟁을 만족스럽게 끝내기 위해 헛되이 애쓰고 있었다. 전략적으로 중요한 도시인 니시비스를 점령했고 루쿨루스는 그곳에서 겨울을 넘기려고 준비했다. 하지만 그의 지위에 대한 가장 큰 위협은 이제는 티그라네스의 위협이 아니었다. 그도 곧 알게 될 일이었지만 그것은 자기 진영 내부에서 발생하게 된다.

기원전 68년의 겨울에 루쿨루스는 6년 동안 함께 지낸 군인들에게 둘러싸여 있었다. 무자비한 규율에 복종하면서 목숨을 연명하기 위한 최소한의 보급만 받고 산을 넘어 행군하고 사막을 건넜으며 앞뒤로, 지그재그로, 1600킬로미터 이상을 행군해왔다. 동방에서 거의 20년 동안 복무한 사람들도 더러 있었다. 그들 대다수에게 집이란 희미한 기억으로만 남아 있었을 것이다. 그런데도 모두 그곳으로 돌아갈 꿈을 꾸고 있었다. 그들이 싸운 목적도 그것이었다. 그저 적의 야만성에 대항하여, 그리고 난폭한 죽음의 공포에 대항하여, 인증된 로마 방식으로 스스로를 시험하기 위해 싸운 것이 아니라 가난 때문에 상실한 지위를 회복하기 위해 싸워온 것이었다. 동료 시민들이 자기를 어떻게 생각하는가 하는 것은 부자들과 마찬가지로 낙오자들에게도 중요했다. 최고 속물조차도 인정하는 어떤 것을 그가 입증할 수 있는 기회는 오직 전쟁에서만 얻을 수 있었다. 즉 "아무리 영락한 처지라 하더라도 영광의 달콤한 손길을 잡을 수는 있다"[3]는 것이다. 물론 전리품도 있었다.

공화국의 군대가 항상 한 푼도 없는 자원자들로만 구성된 것은 아니었다. 선거철이 되면 시민들은 캄푸스 마르티우스에 모여 각자 재산에 따라 엄격하게 구분된 대열을 짓지만, 그들은 모든 계급의 사람들이 징집되던 시절, 군단이 전쟁 상태의 공화국의 진정한 화신이던 시절에 대한 기억을 가지고 있었다. 역설적이지만 그리운 느낌으로 회고되던 그런 시절에 징집에서 면제된 것은 무산자뿐이었다. 이는 깊이 뿌리박은 편견의 반영인데, 로마인들은 "토지에 뿌리가 있는 사람이라야 가장 용감하고 강인한 군인이 된다"[4]라는 격언을 인정하고 있었기 때문이다. 거친 손을 가진 농부, 자기 소유의 작은 땅뙈기를 돌보는 농부가 감상적인 집착과 애국적인 자부심의 대상이었다. 공화국을 위대하게 만든 것은 그런 농부들의 등이었으니, 이런 생각이 의외도 아니다.

여러 세기 동안 무적의 로마 보병은 자영농으로 편성되어 있었다. 그들은 쟁기를 뒤에 남겨두고 칼을 깨끗이 닦아, 각자의 행정관을 따라 순순히 전쟁에 나섰다. 로마의 패권이 이탈리아 반도에 국한되어 있을 때는 전투는 그런대로 단기간에 끝났다. 하지만 공화국의 이익이 해외로 확대되면서 전투 기간은 길어졌고 걸핏하면 여러 해 계속되었다. 군인이 집을 비우는 동안 그의 재산은 남들이 쉽게 가로챌 수 있는 제물이 된다. 부유층이 소규모 농장을 점점 집어삼켰다. 소규모 자작농들이 경작하던 조각보 같은 밭과 포도원 대신에 광대한 장원이 이탈리아의 큰 부분을 차지했다.

스파르타쿠스가 행군해서 지나간 황무지도 이런 장원들이었다. 물론 그것은 진짜 황무지는 아니었고, 사슬에 매인 노예 집단이 가득했지만 자유 시민은 없었다. "거의 무인지경인 시골, 자유민인 농민이나 목동이 사실상 사라진 곳, 야만인이나 외국인 노예 외에는 아무도 없는 곳"[5]의 광경은 티베리우스 그라쿠스에게 충격을 주었고, 그가 개혁 프로그램을 시행하게 된 동기이기도 했다. 그는 동료 시민들에게 그들이 이룬 군사적 위대함의 기반이 무너지고 있다고 경고했다. 농민 한 명이 농토를 잃는다는 것은 곧 로마가 군인을 한 명 잃는다는 의미다. 여러 세대에 걸친 개혁가들의 눈에는 땅을 잃은 사람들의 비참함이 공화국 전체 운명의 불길한 징조로 보였다. 이탈리아 농업의 위기는 너무 막대해서 사실상 손댈 수 없는 것으로 드러나지만, 최소한 군인 징집 문제는 확실히 개혁하지 않으면 안 될 정도로 위기에 몰렸다. 기원전 107년에 마리우스는 어쩔 수 없는 사태에 굴복했다. 즉 군대는 유산자와 무산자를 가리지 않고 모든 시민에게 개방되었다. 무기와 갑주는 국가가 제공하기 시작했다. 군단은 직업군대로 바뀌었다.

이 순간 이후로 농장의 소유는 더 이상 군대 복무의 자격 요건이 아니라 그 보상이 되었다. 이 때문에 기원전 68년 겨울에 루쿨루스의 군대에서 반란의 수군거림이 처음 들리기 시작했을 때 그 수군거림의 내용은 모두 폼페이우스의 퇴역병들은 그저 반란군이나 노예들과 싸우기만 했는데도 이미 "아내와 자식들을 거느리고 비옥한 농토를 소유하면서 안정된 생활을 하고 있"는 것과 대조적으로 루쿨루스는 병사들을 전리품도 없는 신세로 만들었다는 것이었다. 이런 비난은 사실 정당하지 않았다. 그 전해에 티그라노케르타를 함락했을 때 약탈을 허용했으니 말이다. 하지만 대다수가 그런 비난에 동조했다. 어쨌든 루쿨루스는 악명 높게 인색한 사람이 아니었나? 그는 폰토스에서도 그리스 도시들을 약탈하지 못하게 막지 않았던가? 그의 부하들은 "세계 곳곳을 떠돌아다니면서 목숨만 낭비하고 있는 것은 아닌가? 루쿨루스의 마차와 낙타들,

금과 보석이 덕지덕지 달린 컵이 가득 들어 있는 짐을 지키기만 할 뿐 자기들의 복무에 대한 별다른 대가도 없이 말이다."[6]

직업군인의 부대에서는 과거 시민들의 연대보다 규율이 훨씬 가혹했다. 반란의 감정은 그리 가볍게 조성되지 않는다. 하지만 불만을 품은 군인들에게는 다행스럽게도 그들의 대변인이 가까이 있었다. 그 대변인의 정체를 알고 나면 루쿨루스로서는 배신이라고밖에는 생각할 수 없었을 것이다. 형 아피우스와 달리 젊은 클로디우스 풀케르는 화려한 외교 임무를 할당받지 않았다. 또 클라우디우스 가문의 일족으로서 신에게서 받은 권리라고 믿고 있던 빠른 승진도 이루어지지 않았다. 자기를 존중해주지 않는다는 생각에 발끈해진 클로디우스는 매형을 등 뒤에서 찌를 기회를 노리고 있었다. 그 기회가 오자 그는 뻔뻔스럽게 보복했다. 로마에서도 가장 거만한 파트리키 가문의 상속자가 "병사들의 친구"[7]로 행세했다. 그의 선동은 즉각적이고 참혹한 효과를 냈다. 루쿨루스의 전 군대가 파업에 들어갔다.

불만을 품은 평민이 행사할 수 있는 궁극적이고도 유일한 제재 행동은 일을 하지 않는 것이었다. 문명의 변경에 있는 진지에서, 로마는 물론 제국의 변경으로부터도 멀리 떨어진 곳에서 공화국 태초의 역사가 다시 한 번 재연되었다. 하지만 반란자들이 파업을 일으킨 세계는 더 이상 그들 선조들이 살던 세계가 아니었다. 관련된 여러 문제 중에서도 그들 자신의 이익은 가장 작은 것에 속했다. 반란은 귀족들 간의 뒤엉킨 경쟁 관계에서 풀릴 길 없이 얽혀버렸을 뿐만 아니라 수백만 명에 달하는 로마의 예속민이 살고 있는 엄청나게 넓은 영토를 위험지경에 빠뜨렸으며 동방 전역으로 반향을 파급시키고 있었다. 속주 총독이라는 지위가 가진 잠재적 위력은 이런 정도로 거대했다. 이런 파국의 시간에도 추락하는 그의 그림자가 전 세계를 가득 채워버리는 것처럼 보일 정도였으니 말이다. 군단병들이 무기를 깔고 주저앉아 있을 때 미트리다테스가 폰토스로 돌아와서 자기 왕국을 되찾았다고 선언했다는 소식이 전해졌다. 그리고 루쿨루스, 초연하고 고고하던 루쿨루스는 이 막사에서 저 막사로 돌아다니면서 애타는 청원자처럼 병사들의 손을 붙잡았으며 눈물을 흘렸다.

테러와의 전쟁

병사들의 파업이 일어난 뒤 몇 달 동안 루쿨루스가 미트리다테스와 반란군을 동시에 처리하느라고 분투하고 있을 때, 클로디우스가 해적들의 손에 잡혀 포로가 되었다는 소식이 들려왔다. 루쿨루스의 얼굴에는 모처럼 미소가 피어올랐을 것이다. '병사들의 친구'는 루쿨루스의 진영에서 잽싸게 달아나서 서쪽으로 향하다가 터키 남동 해안에 있는 로마의 속주인 킬리키아에 도착했다. 클로디우스의 또 다른 매형, 그의 막내 누나의 남편인 마르키우스 렉스Marcius Rex는 그곳의 총독이었다. 마르키우스는 루쿨루스를 싫어했으며 그를 바보로 만들 기회라면 얼마든지 환영했으므로 젊은 반란자에게 함대의 지휘권을 주었다. 클로디우스가 포로가 된 것은 이 함대를 거느리고 순찰을 나갔을 때의 일이었다.

해적에게 사로잡히는 일은 최근 들어 로마 귀족에게는 일종의 직업적인 위험이 되었다. 8년 전에 율리우스 카이사르는 물론이 세운 연설가 학교로 가던 길에 납치된 적이 있었다. 해적들이 그에게 몸값으로 20 탈란트를 요구하자 카이사르는 화를 내면서 자기 몸값은 적어도 50탈란트는 된다고 주장했다. 또 자기를 납치한 사람들에게, 자기가 풀려나기만 하면 그들을 붙잡아서 십자가에 매달겠다고 경고했다. 카이사르는 이 약속을 지켰다. 하지만 클로디우스가 해적들과 거래한 방식은 그의 평판에 그만큼 도움이 되지 못했다. 그는 이집트 왕에게 편지를 써서 몸값을 달라고 요구했는데, 돌아온 대답은 모욕적인 액수인 2탈란트였다. 해적들은 엄청나게 재미있어했지만 포로는 분노했다. 클로디우스가 결국 어떻게 풀려났는지는 추문의 먹구름에 가려 알 길이 없다. 그의 숱한 적들은 그가 몸값을 남색으로 치렀다고 주장했다.

그러나 납치의 보상이 어떤 것이든 간에, 해적에게 납치는 그저 부업일 뿐이었다. 내륙에서든 바다에서든 치밀하게 계산된 협박만으로도 마음대로 빼앗고 강탈하지 못할 것이 거의 없었다. 약탈 규모는 허세의 규모와 맞먹었다. 그들의 두목은 "왕이나 독재자처럼 굶었고, 부하는 군인처럼 행세하면서 자기들이 자원을 모두 동원한다면 무적일 것이라고 믿었다."[8] 노골적인 탐욕과 전 세계를 먹이로 삼으려는 욕망이라는 관점에서 해적들에게는 로마인들이 극단적으로 불편하게 여기는 공화국의 패러디라든가 유령처럼 거울에 비친 영상만이 아닌, 그 이상의 어떤 의미가 있었다. 조직이 노출되어 있지 않고 산발적인 작전을 펴기 때문에 해적들은 그 어떤 적과도 성질이 달랐다. "해적은 전쟁의 규칙에 구속되지 않지만 모든 사람의 공통의 적이다"라고 키케로는 투덜댔다. "해적을 믿는다는 건 있을 수 없다. 상호 동의한 조약임을 내세워 그들을 묶어두려 하지 마라."[9] 그런 상대를 붙들어두려면 도대체 어떻게 해야 하는가? 게다가 섬멸시키려면 어떻게 해야 하는가? 그런 시도는 마치 유령과의 싸움과도 같을 것이다. "그것은 일찍이 해보지 못한 종류의 전쟁, 규칙도 없이 안개 속에서 싸우는 것 같은 전쟁이 될 것이다."[10] 그것은 끝날 기약도 없어 보이는 전쟁이었다.

하지만 불경을 참아주지 않는다는 것을 자랑으로 여기는 종족에게 이것은 보기 드문 패배주의 전략이었다. 킬리키아 내륙의 험준한 지역과 그 아래로 펼쳐진 산지의 경사면에서는 실제로 순찰이 거의 불가능했다. 그 지역에서는 항상 강도들이 설쳤다. 그러나 해적들이 거점에서 멀리 떨어진 곳에서도 설칠 수 있었던 것은 역설적이게도 로마의 동방 패권, 바로 그것 때문이었다. 공화국은 자기 이익을 위협할 만한 지방 권력을 모두 불구로 만들어놓고서도 직접 통치하는 부담을 지지 않으려 했는데, 이는 그 지역에 강도 떼들이 설치고 다니기에 완벽한 여건을 만들어주었다. 정치적 무능력과 무법성이라는 쌍둥이 재앙으로 고통 받는 사람들이 볼 때 해적에게는 최소한 장삿속으로나마 보호해준다는 질서라도 있었다. 일부 도시는 그들에게 공물을 바쳤고, 일부 도시들은 항구를 내주었다. 해적들의 촉수가 미치는 범위는 해마다 점점 더 멀리 확장되었다.

딱 한 번, 기원전 102년에 로마인들이 자극을 받아 목전에 닥친 위협에 달려든 적이 있었다. 위대한 연설가이자 키케로의 영웅이던 마르쿠스 안토니우스가 군단과 함대를 거느리고 킬리키아로 파견되었다. 해적들은 재빨리 근거지를 비우고 달아났고 안토니우스는 결정적인 승리라고 선언했으며, 원로원은 지체 없이 개선식을 열어주었다. 하지만 해적들은 크레타 섬에 다시 모였고 곧 예전의 사냥을 다시 시작했으며, 포식

동물 같은 행태는 여전했다. 이번에는 공화국이 눈을 감는 편을 택했다. 언제나 그랬듯이 해적들에 대한 전면전은 가망 없는 일이기 때문이었지만, 행동하지 않는 편을 적극적으로 권장하는 강력한 이익 집단이 로마에 있었기 때문이기도 했다. 노예 수가 많아지면 많아질수록 그들에 대한 경제적 의존도는 점점 더 높아졌다. 공화국이 전쟁을 하지 않고 있을 때도 이런 중독 증세에는 계속 먹이가 필요했다. 해적은 가장 꾸준한 노예 공급자였다. 델로스의 거대한 자유 항구에서는 하루에 거래되는 노예가 1만 명에 이르렀다. 이렇게 엄청난 규모의 교역 과정은 해적 두목과 로마 부유층 정치가의 배를 동시에 불렸다. 기업적 로비스트에게는 불경심보다는 이익의 목소리가 더 크게 들렸다.

수많은 로마인, 특히 상류층 귀족들은 로마의 자랑스러운 이름에 묻은 이런 얼룩에 당연히 경악했다. 루쿨루스도 그런 풍조에 대해 가장 대담하게 반기를 든 사람이었다. 하지만 원로원은 이미 오래전부터 기업가 계급과 동침해오고 있었다. 인간 가축에 대한 공화국의 허기증에 대해 가장 멀리 내다보는 비판자가 로마인이 아니라 그리스인이었던 것도 아마 이 때문이었을 것이다. 공화국의 제국을 범세계적 국가의 도래라고 찬양했던 철학자 포세이도니오스는 어마어마한 규모의 노예제가 자기가 가진 낙관적인 전망의 어두운 측면임을 깨달았다. 여행하는 동안 그는 시리아인들이 에스파냐의 광산에서 고통 받는 것을 보았고 시칠리아의 농장에서 갈리아인들이 족쇄에 매인 것을 보았다. 그는 자기가 본 광경의 비인간적 여건에 충격을 받았다. 노예제도를 반대한다는 생각은 그의 마음속에 떠오르지 않았다. 그러나 그가 두려워한 것은 수백만 명의 사람이 수백만 명의 사람을 잔혹하게 대한다는 사실과, 이것으로 인해 로마에 대한 자신의 높은 이상에 닥칠 위험성 때문이었다. 만약 공화국이 포세이도니오스가 그렇게도 찬양했던 귀족주의적 이상에 충실하지 않고 범세계적인 사명이 거대 기업 때문에 부패하도록 내버려둔다면 그는 그 제국이 방임의 천국인 무정부주의와 탐욕의 상태로 타락하게 될까 봐 두려워했다. 로마의 패권은 황금시대의 전령이 아니라 전 세계적인 암흑의 전조가 될지도 모른다.

　포세이도니오스는 그런 두려움의 일례로 일련의 노예 반란을 들었다. 스파르타쿠스의 반란은 가장 최근의 사례에 지나지 않는다. 해적 문제도 지적되었을 것이다. 강도는 십중팔구 희생자들과 마찬가지로 그 시대의 비참함과 수탈과 전쟁과 사회적 파산으로부터 도피한 자들일 것이다. 그 결과 지중해 전역에 걸쳐 상이한 문화에서 온 사람들이 한데 모여 있는 곳마다, 노예들의 헛간이든 해적선이든, 그런 곳에는 포세이도니오스가 그렇게 두려워했던 세계의 종말에 대한 처절한 갈망이 생겨났다. 전통적인 신에 대한 숭배는 삶의 근거를 빼앗기고 고통을 당하는 그런 상황에서 시들지만 신비주의적 신앙은 그런 곳을 비옥한 토양으로 삼아 생겨나게 된다. 시빌의 예언처럼 이런 것들은 여러 상이한 영향력의 융합으로 생겨났다. 그리스, 페르시아, 유대 신앙이 융합되었다. 성격상 그런 신앙은 지하로 들어갔고 고정된 형태도 없었으며 역사가의 눈에는 보이지 않았지만, 적어도 그런 신앙 중 하나는 영구적인 표시를 남기게 된다. 해적들이 올리던 의례인 미트라Mithra 신앙은 결과적으로는 로마 제국 전역에 걸쳐 숭배되지만, 처음에는 로마의 적들이 믿던 신앙이었다. 알 수 없는 연관의 실오리들이 미트라와 미트리다테스를 연결해주고 있었는데, 미트리다테스라는 이름부터가 '미트라가 준 것'

이라는 뜻이었다. 미트라는 원래 페르시아의 신이었지만 해적들이 믿는 버전에서는 그리스 영웅인 페르세우스와 가장 많이 닮았다. 또 의미심장하게도 미트리다테스는 자기가 페르세우스의 후손이라고 주장했다. 미트리다테스처럼 페르세우스 역시 강력한 왕, 서방과 동방, 그리스와 페르시아, 벼락출세로 지배자가 된 로마보다야 훨씬 더 역사가 오랜 질서를 통합한 왕이었다. 미트리다테스의 주화에는 초승달과 별이 새겨져 있는데, 이는 그리스 영웅이 가진 칼의 고대적 상징이었다. 미트라의 손에도 바로 이 칼이 들려 있는데 거대한 황소의 심장을 깊이 찌르는 모습이다.

원래의 페르시아 신화가 변형되는 과정에서 황소는 거대한 적, 악의 원칙의 상징이 되었다. 해적들이 본 로마가 바로 이것이었는가? 비밀의 베일이 그들의 신비를 감싸고 있었기 때문에 확실하게 알 수는 없다. 그러나 분명한 것은 아주 가까운 사이이던 해적과 미트리다테스 간의 동맹은 단지 실익을 토대로 하는 수준을 훨씬 넘은 것이었다는 점이다. 또한 분명한 사실은 해적들이 약탈에 몰두하기는 했지만 그와 동시에 스스로를 로마가 구현하는 모든 것의 적대자로 보고 있었다는 점이다. 이들은 공화국의 이상을 짓밟을 수 있는 기회라면 결코 놓치지 않았다. 만약 포로가 로마 시민임이 밝혀지면 해적들은 처음에는 그들을 겁내는 척한다. 그러고는 시민의 발아래에 꿇어앉아서 토가를 입혀준다. 그가 시민의 상징을 입고 나면 그들은 바다에 사다리를 내리고, 시민에게 헤엄쳐서 집으로 돌아가라고 말한다. 공격조들은 고의적으로 로마의 행정장관들을 과녁으로 삼고 그들의 권력의 상징을 빼앗았다. 안토니우스가 개선식을 할 때 로마 거리에서 과시할 보물들을 가져갔기 때문에 해적들은 반격하여 해변에 있던 그의 저택에서 딸을 납치했다. 이런 행위는 면밀하게 계산된 모욕이었고 그들이 로마인의 심리를 잘 파악하고 있었음을 보여준다. 그들은 바로 공화국 특권의 정수에 타격을 가했다.

명예에는 당연히 대가가 따른다. 하지만 상업적인 이익에도 점점 더 대가가 필요해졌다. 괴물을 후원해온 로마인의 사업은 이제 자기가 만들어낸 창조물에 의해 위협받는 신세가 되었다. 해적들의 바다에 대한 지배력이 점점 커져서 항로가 질식당할 지경이 되었다. 그에 따라 노예와 곡물 들이 줄줄 새어나가서 로마는 굶주리기 시작했다. 그런데도 원로원은 머뭇거렸다. 해적들이 워낙 영악해졌기 때문에 그들을 소탕하려면 지중해 전역을 하나의 지휘권 아래 두어야 한다는 사실이 명백해졌다. 원로원 의원들이 보기에 그렇게 되면 속주 총독의 권한이 지나치게 커지게 된다. 결국 기원전 74년에 위대한 연설가의 아들 마르쿠스 안토니우스 2세에게 지휘권이 부여되었다. 하지만 그가 해적과 싸우는 재능을 세습적으로 물려받았기 때문에 뽑힌 것이 아니라는 점은 확실했다. 오히려 그가 천거된 이유는 워낙 무능하기 때문이었다. "그의 권력을 두려워할 이유가 조금도 없는 사람을 승진시키는 것은 별로 대단한 일이 아니다"[11]라는 짓궂은 말이 있듯이 말이다. 안토니우스는 첫 번째 임무로 시칠리아 외곽에서 자기 나름대로 약탈을 실컷 해서 수익을 두둑이 챙겼다. 두 번째 임무는 크레타의 해적들에게 완전히 패배하는 일이었다. 로마인 포로들은 해적들에게 채우려고 가져온 족쇄를 차고 해적선의 뱃전에 매달리는 신세가 되었다.

그러나 출렁거리는 교수대의 숲도 초강대국의 무능함을 드러내는 최고의 굴욕적인 상징이 되기에는 부족했다. 기원전 68년에 루쿨루스가 동쪽으로 진격하여 티그라네스를 공격하고 있을 때 해적들은 반격에 나서서 공화국의 심장부를 공격했다. 티베르 강이 바다와 만나는 오스티아, 로마에서 25킬로미터도 채 떨어지지 않은 이곳 항구까지 해적들이 배를 타고 들어와서 부두에 정박해 있던 집정관의 함대를 불태웠다. 항구가 불길에 휩싸였고 수도는 보급을 받지 못해 굶주리게 되었다. 굶주린 시민들은 포룸에 모여들었고, 위기를 해결하라고, 속주 총독을 임명해서 문제를 해결하라고 요구했다. 안토니우스 같은 종이호랑이가 아니라 그 임무를 실제로 해낼 수 있는 사람을 말이다. 이런 판국에도 원로원은 결정을 내리지 못했다. 카툴루스와 호르텐시우스는 동료 시민들이 무엇을 원하는지 잘 알고 있었다. 무대 옆에서 누가 대기하고 있는지도 말이다.

폼페이우스는 집정관의 임기를 끝낸 뒤로 계속해서 의도적으로 물러나 있었다. 이런 겸손함의 과시도 그가 했던 다른 모든 선전처럼 면밀하게 계산된 행동이었다. "폼페이우스가 가장 좋아하는 기술은 현재 자기가 노리고 있는 목표에 관심이 없는 척하는 것이었다."[12] 이는 태평성대에도 통찰력 있는 책략이었겠지만 지금처럼 야심이 높은 곳을 겨누고 있을 때는 특히 그러했다. 그는 직접 나서지 않고 대리인을 고용하여 대신 으스대게 하는 크라수스식의 전술을 채택했다. 카이사르는 그런 대리인 중의 하나였다. 원로원에서 폼페이우스를 지지하는 외로운 목소리. 이는 카이사르가 폼페이우스에게 열광했기 때문이라기보다 주사위가 어디로 떨어질지 똑똑히 볼 수 있었기 때문이다. 술라의 개혁이 후퇴한 지금은 호민관이 활약하는 시기였다. 집정관 임기 동안 폼페이우스가 예부터 내려오던 그 권력을 되살려낸 것은 아무 목적 없는 행동이 결코 아니었다. 호민관들은 루쿨루스의 지휘권을 박탈하는 문제에서 그를 도와주었고, 기원전 67년에 민중의 영웅이 해적을 소탕할 전면적 허가를 받아야 한다고 제안한 것도 한 호민관이었다. "사실상 제국 전체를 지배하는 군주를 지명하면 안 된다"[13]라고 카툴루스가 열렬하게 호소했음에도 불구하고 시민들은 그 법안을 열광적으로 승인했다. 폼페이우스는 일찍이 보지 못한 규모인 500척의 함선과 12만 명의 병사를 할당받았다. 또 필요하다고 판단될 경우에는 추가로 징집할 권리도 얻었다. 그의 지휘권은 모든 도서 지역을 포함하고 지중해 전역에서 내륙 80킬로미터까지를 포괄했다. 공화국의 자원이 이처럼 강력하게 한 사람에게 집중된 적은 없었다.

그러므로 폼페이우스가 임명된 것은 모든 측면에서 암흑으로 들어가는 도약이었다. 그의 지지자들조차도 앞날이 어찌 될지 종잡을 수 없었다. 그런 규모의 군대를 동원하기로 한 결정 자체가 절망의 몸짓이었으며, 3년이라는 그의 임기만 보더라도 로마인들이 자기네 총아의 앞날을 바라보는 눈길이 얼마나 비관적이었는지를 알 수 있었다. 그러나 이 새로운 속주 총독이 해적들을 바다에서 소탕하기까지, 그들의 마지막 근거지를 습격하고 공화국을 10년 이상 괴롭혀온 위협을 종식시키는 데는 석 달이 걸렸다. 그것은 눈부신 승리였고, 폼페이우스 자신을 위한 성공이자 눈이 휘둥그레지는 로마 군사력 동원 능력의 시위였다. 로마인 스스로도 조금 놀란 것 같았다. 해적들의 도전에 대해 로마인들이 처음에는 아무리 미적지근하게 반응했더라도 그들의 인내심을 지나치게 요구하면 안 된다는 사실이 다시금 입증된 것이다. 테러와의 전쟁 정책은 계속 유지될 수 있었다. 로마는 여전히 초강대국이었다.

폼페이우스의 승리는 공화국의 의사가 대개의 경우 관철된다는 사실을 입증해준 사건이었지만, 이번에는 그 교훈을 마음속에 각인시키기 위해 패자를 잔인하게 처리하던 전통적인 방식이 시행되지 않았다. 폼페이우스는 승리만큼이나 놀라운 자비심을 베풀어 포로들을 십자가에 매달지 않았을 뿐만 아니라 그들에게 땅을 나누어주고 농부로 정착시켰다. 그는 강도란 터전을 빼앗기고 사회적인 동요가 심할 때 극성을 부린다는 사실을 인식했다. 공화국이 이런 여건을 조성하는 한 로마에 대한 증오는 계속될 것이다. 하지만 범죄자들을 복권시키는 정책이 로마의 표준 방식이 아니라는 점은 강조할 필요도 없다.

해적들과 한창 전투를 치르고 있던 폼페이우스가 시간을 내어 로도스에 있던 포세이도니오스를 찾아가서 만난 것은 의미심장한 일이다. 그는 포세이도니오스의 강의를 한 번 들었고, 나중에 따로 만나서 대화를 나누었다. 철학자의 역할이란 것이 로마의 편견에 대한 공격이 아니라 그것에다 지적인 광택을 입히는 것이라는 점을 생각한다면 폼페이우스가 듣고 싶지 않은 이야기는 조금도 나오지 않았으리라는 것은 분명하다. 하지만 포세이도니오스가 최소한 자기 입장을 분명히 밝힘으로써 폼페이우스에게 도움을 주었을 것이 틀림없다. 포세이도니오스도 이 후배에게서 깊은 인상을 받았다. 그는 자기가 올린 기도의 응답이 폼페이우스라는 형태로 나타났다고 믿었다. 폼페이우스는 자기 계급의 가치에 어울리는 로마 귀족이었다. "항상 용감하게 싸우시오. 그리고 남들보다 우월해지시오."[14] 그는 떠나는 총독에게 충고했다. 호메로스를 인용한 이 함축적인 조언을 폼페이우스는 기쁘게 받아들였다. 그가 해적들을 용서해준 것은 이런 정신에서였다. 그리고 그들을 정착시킨 마을에는 폼페이오폴리스라는 이름이 붙었다. 그의 자비와 아낌없는 시혜는 그의 이름을 영원히 위대하게 만들었다. 전쟁 때는 엄격하고 평화 시에는 자비로웠으니, 포세이도니오스가 그를 당대의 영웅으로 칭송한 것도 무리가 아니었다.

하지만 폼페이우스는 욕심쟁이였으므로 그 이상을 원했다. 새로운 헥토르가 되는 것만으로는 충분하지 않았다. 아주 어릴 때부터 그는 거울 앞에서 고수머리를 가지고 장난치면서 새로운 알렉산드로스가 되기를 꿈꾸었다. 이제 그는 기회를 붙잡기로 작정했다. 동방이 자기 앞에 무릎을 꿇었으니, 이제껏 어느 로마 시민도 누려보지 못했던 영광의 가능성이 그 앞에 무릎 꿇은 것이다.

세계 군주의 등장

기원전 66년 봄의 어느 날, 루쿨루스는 구름 같은 먼지가 지평선에 피어오르는 것을 보았다. 숲 근처에 진을 치고 있었지만 그의 앞에 펼쳐진 평원은 바싹 메말라 있고 나무도 없었다. 드디어 먼지를 일으키며 나타난 끝없는 부대 대열이 눈에 들어오자, 지휘관이 거느리는 릭토르의 곤봉에 월계관이 걸려 있는 것도 보였다. 또 그 잎사귀가 메말라 있는 것도 보였다. 루쿨루스의 릭토르들이 달려나가서 새로 도착한 사람들을 맞았고, 환영의 몸짓으로 새 월계관을 건넸다. 시든 월계관이 그 대신에 건네졌다.

그런 신호를 통해 신들은 모든 사람이 이미 알고 있던 사실을 확인해

주었다. 지난겨울에 일어난 반란 이후로 루쿨루스는 자기의 권위가 나날이 쇠락해가는 것을 알았다. 자기 부하들과 거의 말도 하지 않고 지내며, 전투에서도 그들을 믿을 수 없게 된 그는 아르메니아에서 자기 군대를 서서히 퇴각시키고 있었다. 폰토스 서쪽의 고원지대에 주둔하여 상처를 핥으면서 그는 미트리다테스가 다시 한 번 옛날 왕국에 자리 잡는 꼴을 속수무책으로 지켜보고만 있었다. 그러나 이보다 더 심한 고통이 있었다. 루쿨루스를 교대한 것은 자신의 총독직을 가장 갈망해오던 바로 그 사람, 은행가와 양순한 호민관들과 공모하여 자신의 지휘권을 난도질해온 바로 그 사람이었다.

해적들에게 승리를 거둔 뒤, '위대한 자' 폼페이우스를 가로막을 사람은 거의 없었다. 승자가 등장했을 때 그를 인정할 줄은 아는 원로원의 대다수는 불만을 포기하고 승리자에게 보너스 상품과 더욱 전례 없는 권력을 주는 쪽으로 표를 던졌다. 그는 이제까지 동방에 파견된 군대 중에서 가장 큰 규모의 군대를 지휘하게 되었을 뿐 아니라 자기 판단에 따라 그 현장에서 전쟁과 평화를 마음대로 고를 수 있는 권한도 받았다. 이와 대조적으로 루쿨루스에게는 아무것도 남지 않았다. 과거에는 그와 연대했던 전임 집정관 두 명과 유서 깊은 가문의 출신자 한 무리 및 그 밖에 많은 사람들이 새 총독과 함께 복무하겠다고 열정적으로 서명했다. 싱싱한 월계관이 폼페이우스의 릭토르들에게 건네지는 것을 지켜보던 루쿨루스는 적의 대열 속에서 흠잡을 데 없이 반짝거리는 귀족들을 알아보았을 것이다. 그들이 그의 눈길을 맞받았을까, 아니면 민망해서 눈길을 돌렸을까? 승리와 패배, 이 둘은 로마인에게는 저항할 수 없는 매력적인 구경거리였다.

루쿨루스와 폼페이우스의 회담은 처음에는 싸늘하게 예의를 갖추며 시작되었지만 곧 고성이 오가는 싸움으로 변했다. 폼페이우스는 루쿨루스가 무능해서 미트리다테스를 끝장내지 못했다고 비웃었다. 루쿨루스는 자기 후임자를 피 냄새를 맡고 미쳐 날뛰는 맹금에 비유했다. 더 뛰어난 사람이 이미 다 싸워놓은 전쟁의 시체 위에 내려앉았을 뿐이라고 말이다. 이들 간의 다툼이 너무 격렬해졌기 때문에 나중에는 뜯어말려야 할 정도였다. 하지만 총독은 폼페이우스였고, 따라서 살인 펀치를 가하는 것도 그였다. 그는 루쿨루스에게서 남아 있던 군단을 빼앗고, 자기 길을 계속 갔다. 루쿨루스는 뒤에 남아 상처받은 존엄성을 달래고 있다가 다시 일개 시민의 신분으로 로마로 향하는 오랜 여정을 떠났다.

그렇기는 하지만 폼페이우스가 준 모욕은 그만큼 깊은 상처를 냈다. 상황은 자기가 미트리다테스와 티그라네스의 등뼈를 부쉈다는 폼페이우스의 자랑을 확인해주는 쪽으로 진행되었고, 제물을 노리는 그의 열성에는 정말로 바람에 실려 오는 피 냄새를 맡은 하이에나와 닮은 데가 있었다. 미트리다테스는 드디어 자기 왕국에서 축출되었다. 이번에도 그는 산지로 사라졌다. 추적자의 손길을 빠져나가기는 했지만 이제 그가 가하는 위협은 유령이 되어버린 이름 외에는 없었다. 티그라네스는 눈앞에 늘어선 압도적인 군사력을 보고는 상황을 깨닫고, 산으로 피신하는 처지가 되고 싶지는 않았으므로 서둘러 폼페이우스의 처분에 따르기로 했다. 로마 진영에 도착한 그는 말에서 내려 칼을 건네주어야 했다. 폼페이우스가 기다리고 있던 곳으로 걸어서 간 그는 왕의 휘장을 떼어내고 황금빛과 자줏빛 의상을 입은 채 흙바닥에 꿇어앉았다. 그러나 그가 엎드리기 전에 폼페이우스는 손을 내밀어 그를 다시 일으켜세

왔다. 그러고는 온화한 태도로 왕더러 자기 옆에 앉으라고 청했다. 그런 다음 공손한 어조로 평화조약을 제시하기 시작했다. 아르메니아는 로마의 속국이 된다. 티그라네스는 아들을 볼모로 보내야 한다. 그 대가로 그의 왕위를 보존해주겠다. 그 외에는 별다른 내용이 없었다. 비참해진 왕은 서둘러 조약에 동의했다. 폼페이우스는 축하하는 의미로 야전 천막에서 함께 식사하자고 티그라네스를 초대했다. 이는 로마 장군의 전형적인 행동이었다. 무자비하게 공화국의 힘을 천명한 뒤 자비로운 듯이 식탁에서 빵 부스러기를 선사하는 것이다.

행세하는 데 천재인 폼페이우스의 재능이 발휘될 완벽한 무대가 동방이었다. 역사의 눈길이 자기에게 맞춰져 있음을 예리하게 인식하면서 이 위대한 자는 무슨 행동을 하든 자신이 가장 잘 부각되도록 조명했다. 심지어 그는 알렉산드로스가 그랬던 것처럼 고분고분한 역사가도 함께 데리고 와서 자신의 모든 영웅적 행동, 모든 자비로운 행동을 일일이 기록하게 했다. 왕들을 다루면서 작전도 해야 했고, 또 한편으로는 알렉산드로스의 복사판을 만들어내는 데 신경을 썼다. 반항적인 동방인들을 때려눕히는 것만으로는 부족했다. 그도 독사들과 뒤얽히고 아마존 종족을 추적했으며 세계를 둘러싼 대양을 향해 동쪽으로 돌진했다. 그러면서도 원로원의 깐깐한 트집 때문에 제약받는 일도 전혀 없이, 마치 게임판에 놓인 말을 다루는 것처럼 영토를 마음 내키는 대로 재배열하고 왕관을 나누어주고 옥좌를 없애버리면서 수백만 명의 운명을 장악하면서도 아직도 소년 같은 심리의 소유자로서, 영토를 가지고 장난칠 수 있었다.

로마 민중의 행정관이라는 자신의 신분을 폼페이우스가 잊었다는 뜻은 아니다. 어쨌든 시민은 자기가 공화국에 가져다주는 영광의 크기만큼만 위대해지는 존재니까. "그가 아시아를 발견했을 때는 그것이 로마 소유지의 주변부였는데, 떠날 때는 그 중앙부가 되어 있었다"[15]라는 것은 폼페이우스가 가장 자랑스럽게 내세우는 업적이 된다. 왕들에게 굴욕을 안기는 일, 왕국을 처분해버리는 일, 세계의 변경까지 멀리 진출한 전투들, 이런 모든 것들이 전략적 목표로 달성된 업적이었다. 폼페이우스가 티그라네스를 흙바닥에서 일으켰을 때, 그것은 공화국의 이익을 엄격하게 수호하는 자로서의 행동이었다. 그런 역할이 아니었더라면 이 장면은 그 영웅적인 빛을 잃었을 것이다. 겉치레투성이의 군주정은 야만인들을 감동시키는 효과에서는 아주 뛰어났지만 그것이 가진 진정하고도 유일한 가치는 오로지 로마 자유민의 배경 그림 구실을 한다는 것이었다. 폼페이우스가 알렉산드로스 흉내를 내는 것을 보고 크라수스 같은 경쟁자들은 경멸적으로 코웃음을 칠지 몰라도, 폼페이우스의 수많은 동료 시민들은 열광했다. 그들은 그런 행동의 목표가 무엇인지를 본능적으로 알아차릴 수 있었다. 즉 공화국이라면 이제 지긋지긋하다는 표시가 아니라 반대로 공화국의 위엄과 가치를 긍정하는 것이었다.

그만큼 알렉산드로스의 위대함에 대한 기억은 로마인들에게는 항상 꾸지람 같은 역할을 해주었다. 더욱 심한 문제는 그 기억이 로마의 적들에게 영감의 원천이었다는 사실이다. 동방에서 알렉산드로스가 확립한 군주제 모델은 매력을 잃은 적이 한 번도 없었다. 그런 체제는 100년 이상 로마에 의해 무효화되고 체계적으로 명예 훼손을 당해왔다. 하지만 그래도 그 제도는 새로운 세계의 정복자가 가진 공화주의에 맞설 수 있는 유일하게 신뢰 가능한 정부 형태로 간주되어왔다. 따라서 그 제도는 그리스인도 아닌 미트리다테스 같은 군주들에게 호소력을 가졌으며, 놀랍게도 같은 이유에서 도적떼나 반란 노예들에게도 호소력이 있었다. 해적이 스스로를 왕이라고 부르고 돛에 금박을 입히고 군주처럼 자줏빛 천막을 사용한 것은 허영심의 발로가 아니라 고의적인 선전 행위이자 그들이 할 수 있는 최대한으로 공개적인 공화국 반대 선언이었다. 이들은 이런 메시지가 정확하게 판독될 것이라고 예견했다. 왜냐하면 지난 수십 년 동안 기존 질서가 와해될 위험에 처할 때마다 반란의 신호를 쏘아올린 것은 언제나 왕관을 쓴 노예였으니 말이다. 과거 노예 반란의 지도자들이 거의 예외 없이 자기들 주인의 시체 위에 옥좌를 세우는 것을 목표로 삼았다는 사실을 생각할 때 스파르타쿠스의 공동체는 더욱 특수한 경우였다. 해적들이 대부분 그랬듯이 노예 반란도 그저 군주제의 치장을 차용할 뿐이었지만, 거기에는 낭만적인 환상 세계를 삶에 가져다주며 오래전에 잃어버린 왕의 아들이 자기라고 주장하는 누군가가 있었다. 공화국의 세계에서 혁명의 의미는 바로 이런 것이었다. 노예들이 왕 행세를 하는 것은 어지러운 시대의 소용돌이, 즉 미트리다테스의 선전이 지극히 훌륭하게 활용했던 예언들인 전 세계의 왕, 새로운 세계 군주가 곧 오실 것이며 로마가 멸망한다는 예언 속으로 휘말려 들어갔다.

그러므로 스스로를 새로운 알렉산드로스로 표상하는 폼페이우스는 권력자와 노예들 모두가 공유하던 꿈을 훔친 것이었다. 폼페이우스야말로 이 사실에 감사할 자격이 있는 로마인이었다. 해적들의 정복자이며 포세이도니오스의 후원자인 그는 군주제와 혁명, 동방의 군주 나부랭이들의 오만함과 좌절된 사람들의 원한 사이에 놓여 있는 위협적인 연관성을 완벽하게 알고 있었을 것이다. 해적들의 위협을 진압했으니, 이제는 동방 어디에서든 그와 비슷한 위협이 끓어오르기만 하면 진압한다는 것이 그의 목표가 되었다.

수십 년 동안 시리아는 무정부 상태와 묵시록의 폭력적인 전망이 싹트는 온상이었다. 기원전 135년에 시칠리아에서 로마 지배에 저항하는 최초의 대규모 노예 반란이 일어났을 때 반란의 지도자는 동지들을 '시리아인', 스스로를 '안티오쿠스Antiochus'라고 불렀다. 후자는 풍부한 여운을 지닌 이름이었다. 그 이름을 가졌던 왕들이 한때 거대한 제국을 다스렸고, 알렉산드로스 대왕의 계승자이기도 했으며, 전성기에는 인도의 관문까지 그들의 세력이 확대되었다. 그때의 영광은 사라진 지 오래였다. 공화국이 그들을 내버려두고 있는 까닭은 오로지 힘이 약하기 때문이었으며, 그 왕국에 남은 것이라고는 시리아의 심장부뿐이었다. 그것조차도 기원전 83년에는 티그라네스가 빼앗아갔다.

도저히 되살아날 수 없을 것 같던 왕국이 되살아난 것은 시리아의 왕위에 안티오쿠스를 다시 올려놓은 루쿨루스 덕분이었다. 전임자가 행한 모든 일을 뒤엎을 기회가 생겨 반가웠던 폼페이우스는 새 왕을 인정하지 않겠다고 단호한 결정을 내렸다. 하지만 그가 루쿨루스에 대한 개인적인 적대감 때문에 이런 결정을 더 재미있어했는지는 몰라도, 그것이 이유의 전부는 아니었다. 안티오쿠스는 계속 살려두기엔 너무 허약하면서도 너무 위험한 존재였다. 그의 왕국은 엉망진창이었고 사회혁명이 발생할 중심지 역할을 했지만 그의 이름이 던져주는 영광은 최면적이고 파괴적인 마력을 계속 발산하고 있었다. 그대로 내버려두면 시리아는 로마가 가진 재산의 옆구리에서 계속 곪아들어가는 종기가 되겠지만, 그 독소가 새로운 티그라네스, 즉 새로운 세대의 해적이나 반란 노예들에게 전염될지 모른다는 위험도 사라지지 않았다. 폼페이우스는 이런 위험을 허용할 수 없었다. 그래서 기원전 64년 여름에 그는 시리아의 수도인 안티오키아를 점령했다. 같은 이름을 가진 열세 번째 왕이던 안티오쿠스는 사막으로 달아났다가 불명예스럽게도 한 아랍 족장에게 살해당했다. 그의 왕국은 마침내 무덤으로 사라졌다.

그 자리에는 새 제국이 솟아나고 있었다. 폼페이우스는 원로원이 전통적으로 고수하던 고립주의가 아닌 새 독트린을 실시했다. 로마의 기업적 이익이 위협받을 때마다 공화국이 개입할 것이다. 또 필요하다면 직접 통치를 할 것이다. 한때 동방의 발판이던 곳이 이제는 거대한 속주가 되었다. 그 너머에는 더 넓은 속국이 빙 둘러 생겨나게 되었다. 모든 곳은 순종적이어야 하며 정기적으로 공물을 바쳐야 한다. 장래의 팍스 로마나Pax Romana라는 것의 의미는 바로 이것이었다. 금융계 로비의 후원을 받아 속주 총독직을 따낸 폼페이우스는 루쿨루스처럼 그들을 무시하는 잘못을 저지를 생각은 전혀 없었다. 하지만 그들의 이익과 기꺼이 동일시하면서도 그들의 수단처럼 보이지 않도록 조심했다. 통제되지 않는 수탈의 시대는 지났다. 관료들은 더 이상 무제한 자유방임주의 노선을 따르지 않을 것이다. 장기적으로는 기업계의 로비도 이것이 예전만큼 풍부한 수익을 약속하는 정책이라는 것을 인정하게 된다. 찬란한 황금알을 이렇게 많이 낳아준 거위를 죽이는 것은 분명히 누구에게도 이익이 되지 못한다.

폼페이우스가 총독으로서 이룬 위대한 업적은 기업계의 이해관계가 원로원 엘리트들의 이념과 진정으로 대등한 것일 수 있음을 입증했다는 것이다. 또 우연의 소산은 아니지만 폼페이우스도 그 덕분에 영광과 부의 절정에 올라섰다. 로마의 병참부대를 그득하게 채워준 속국 통치자들은 폼페이우스의 창고도 채워주었다. 기원전 64년 가을에 폼페이우스는 수확물을 더 거두어들이려고 안티오키아를 떠나 남쪽으로 향했다. 그의 첫 번째 과녁은 분열된 유대왕국이었다. 예루살렘이 점령되었다. 필사적인 저항에도 불구하고 신전은 습격당했다. 유대의 특이한 신에 관한 보고를 받고 흥미를 느낀 폼페이우스는 난동을 부리는 사제들의 항의를 무시하고 신전의 가장 깊숙한 성소로 들어갔다. 그곳이 비어 있는 것을 보고 그는 당혹해했다. 폼페이우스가 이 만남을 통해 더 큰 영광을 입은 것이 야훼와 자신 가운데 어느 쪽이라고 생각했는지는 의심할 여지가 없다. 유대인들을 더 성나게 하고 싶지 않았으므로 그는 신전의 보물은 그대로 남겨두고 말 잘 듣는 고위직 사제를 우두머리로 하는 체제를 유대에 세워두었다. 그다음에 폼페이우스는 남쪽으로 진군해서 페트라를 향해 사막을 건너 돌격하겠다는 목표를 정했다. 하지만 장밋빛 도시에는 결코 가지 못했다. 도중에 그는 극적인 소식을 듣고 걸음을 멈추었다. 미트리다테스가 죽었다. 늙은 왕은 결코 도전을 포기하지 않았지만 아들조차 등을 돌리고 왕을 방에 가두자 로마의 최대 적은 마침내 궁지에 몰리게 되었다. 그는 독약을 먹고 죽으려고 시도했지만 소용이 없자 결국 충실한 근위병더러 칼로 자기를 찌르게 하여 자살했다. 로마 본국은 이 소식을 환영하며 열흘간의 공식적 감사 행사를 열었다. 폼페이우스는 환호하는 군단에 이 소식을 발표한 뒤, 아들의 손으로 운반되어온 미트리다테스의 시체가 있는 폰토스로 서둘러 달려갔다. 시체를 검사할 생각은 하지 않고 폼페이우스는 죽은 왕의 소유물을 훑어보는 것으로 만족했다. 그중에서 그는 한때 알렉산드로스의 것이던 붉은 색 망토를 찾아냈다. 개선식을 미리 머릿속에 떠올리면서 그는 즉시 그 망토를 입고 크기가 맞는지 확인했다.

그것이 그의 것임을 부정할 사람은 거의 없을 것이다. 그의 업적은 로마 역사상 어느 누구와도 비견할 만했다. 하지만 동방이 마침내 평정되고 엄청난 임무가 완수되어 '위대한 자'가 드디어 집으로 향할 준비를 마치자, 그가 돌아온다는 소식에 불안해진 동료 시민들이 몇 명 있었다. 폼페이우스의 부는 탐욕스러운 사람도, 심지어 크라수스조차도 도저히 꿈꿀 수 없을 정도의 규모였다. 그의 영광은 너무나 찬란해서 모든 경쟁자가 그 앞에서 무색해졌다. 한 로마인이 여전히 시민으로 남은 채 새 알렉산드로스가 될 수 있을까? 이에 답할 수 있는 것은 폼페이우스뿐이지만, 그를 기다리는 동안 최악의 상황을 두려워할 준비가 된 사람들은 얼마든지 있었다. 폼페이우스가 떠나 있던 5년 동안 로마에서는 많은 일이 일어났다. 공화국은 다시 한 번 위기를 맞게 되었다. 폼페이우스의 귀환이 그 위기를 해결할지 아니면 더 큰 위기로 몰아넣을지는 시간만이 말해줄 수 있을 것이다.

7

야망의 빛과 그림자

권태의 그림자

폼페이우스가 동방에서 왕 행세를 하고 있는 동안 그가 갈아치운 인물은 역사상 가장 화려한 방식으로 심술을 부리고 있었다.

어느모로 보나 루쿨루스는 분통을 터뜨릴 만했다. 적들은 지휘권을 박탈하는 것에 만족하지 않고 로마로 돌아온 뒤에도 계속 그를 찔러댔다. 그중에서도 가장 심한 처사는 개선식을 금지한 것이었다. 그럼으로써 그들은 공화국이 그 일원에게 줄 수 있는 최고의 찬사를 부당하게 빼앗았다. 개선식이 있는 날 장군은 귀가 멍멍해질 정도의 갈채와 환호성에 실려 감사에 넘치는 거리를 행진하면서 일개 시민 이상의 존재, 심지어는 인간을 뛰어넘는 존재가 된다. 그는 왕처럼 금빛과 자줏빛의 의상을 입고 얼굴에는 로마에서 가장 신성한 조각인 카피톨리누스 언덕 위의 거대한 신전에 있는 유피테르 신상처럼 붉은 칠을 한다. 신의 속성이 허락된다는 것은 영광스럽고 중독적이고 위험이 가득한 일이며, 그것이 허용되는 짧은 몇 시간 동안 장군은 경이롭고 위엄에 찬 구경거리가 되는 것이다. 거리에 도열하여 환호하는 로마인들이 볼 때, 그는 야심이 정말로 신성한 것일 수 있음을 보증하는 살아 있는 증거물이며, 정점에 도달하고 위대한 업적을 성취하려고 분투하는 과정에서 시민은 공화국과 신들에 대한 임무를 완수하게 된다는 이념의 살아 있는 보증물이었다.

티그라노케르타의 승자쯤 되면 당연히 그런 영광을 누릴 자격이 있었다. 루쿨루스에게서 군단을 빼앗아간 폼페이우스조차도 개선 행진에 필요한 인원 수천 명은 남겨주었다. 그런데도 공화국에서 야비한 일상의 손길이 감히 미치지 못할 만큼 경외스러운 존재는 없다. 처음 총독직을 따낼 때 루쿨루스도 그랬듯이 음모를 통해 이익을 얻은 자들은 음모로 인해 피해를 볼 수도 있다고 예상했을 것이다. 이는 정치가라면 누구나 참여하는 게임의 규칙이었다. 적들이 가하는 공격의 강도는 그 인물의 지위에 비례한다. 한 시민으로서 루쿨루스가 이룰 수 있는 업적이 클 것이라는 예상 때문에 그의 동맹자들은 높은 기대를 품었지만, 똑같은 이유에서 적들은 공포감에 휩싸였다. 루쿨루스 편에 섰던 여러 거족들은 호민관의 반대를 뒤집고 루쿨루스에게 개선식을 허용해주기 위해 막후에서 노력했다. 하지만 개선식 금지는 말도 안 되는 처사라고 큰 소리로 외친 그들의 분노가 제아무리 진심이었다 하더라도, 루쿨루스를 위한 선동에는 각기 나름대로의 이기적인 동기들이 있었다. 로마에서는 어떤 친구라도 정치적 계산 없이 맺어지는 법은 없었다.

하지만 루쿨루스가 자기들 편의 명분을 이끄는 지도자가 되어주기를 기대하고 있던 카툴루스와 그의 지지자들은 실망하게 된다. 굴욕적인 일이 계속 이어지자 루쿨루스 내면의 뭔가가 부러져버린 것 같았다. 미트리다테스를 뒤쫓아 6년씩이나 각고의 세월을 보냈던 이 남자는 이제 전투에 대한 열정이 완전히 사라져버렸다. 그는 정치적 싸움터를 다른 사람들에게 넘겨버리고서는 온갖 허세를 부리며 쾌락을 탐닉했다.

동방에서 루쿨루스는 공화국의 위대함을 확인하는 의기양양한 시위로서 티그라네스의 궁전과 유원지를 흔적도 없이 부숴버렸다. 이제 이탈리아로 돌아온 그는 자기가 파괴한 모든 경이를 능가하는 작업에 착수했다. 도시 성벽 바깥에 있는 산의 능선에 로마에서 이제껏 본 적이 없는 규모의 정원을 만들었다. 온갖 신기한 것들이 경쟁하듯이 널려 있고 분수대가 설치되고 이국적인 식물들이 심어졌는데, 대부분은 동방에서 가져온 것들이었고 폰토스의 기념물도 있었다. 그중에서도 벚나무는 그가 고향에 남겨준 유산 중 가장 오래 남은 것이다. 투스쿨룸에는 그의 여름 별장이 수 킬로미터에 달하는 대지를 차지하고 있었다. 루쿨루스의 빌라 세 채가 있던 나폴리 만이 그중에서도 가장 장관이었는데, 그는 부두 위에 금박 입힌 테라스를 세우고, 바다 위로 어른거리며 솟은 환상적인 궁궐을 지었다. 이런 빌라 중 하나는 바로 마리우스의 빌라, 늙은 장군이 은퇴하기를 거부하고 더 많은 전투와 더 많은 승리를 꿈꾸던 바로 그 빌라였다. 어마어마한 값을 치르고 술라의 딸에게서 그 저택을 사들인 루쿨루스는 그것뿐만 아니라 자기가 소유한 모든 것들을 야심의 허망함을 입증하는 기념물로 개조하기로 작심한 듯했다. 그의 사치는 고의적이었고, 공화국의 모든 이상에 대한 공격의 일환이었다. 한때 그는 자기 계급의 덕성에 따라 살았으나 이제 공적 생활에서 물러나자 그런 덕성들을 짓밟았다. 그는 처음에는 권력, 그다음에는 영광을 잃고 상심하게 되자 공화국 자체를 경멸하게 된 듯 보였다.

개선식 대신에 그는 탁월한 입맛을 과시했다. 술라는 승리를 축하하기 위해 로마 시민들에게 잔치를 베풀었다. 하지만 루쿨루스는 더 많은 황금을 쓰면서도 혼자만의 사치를 추구했다. 한번은 그가 혼자 식사할 때 하인이 소박한 식사를 준비한 적이 있었다. 그는 화가 나서 소리쳤다. "하지만 오늘은 루쿨루스가 루쿨루스에게 대접하는 거라고!"[1] 이 말은 널리 회자되었다. 왜냐하면 고급 요리를 즐긴다는 평판은 로마인에게는 최대의 추문이었으니 말이다.

오랫동안 유명 요리사라는 존재는 특히 더 해로운 퇴폐적 징후로 간수되어왔다. 역사가들에 따르면, 공화국 초기의 자급자족적이고 덕성을 숭배하던 시절에 요리사는 "노예 중에서도 가장 하찮은 부류"였는데, 로마인이 동방의 환락가와 접하게 되자마자 "요리사가 높이 찬양받기 시작했으며, 이제까지는 일개 기술에 불과하던 것이 고급 예술 대접을 받게 되었다"[2]는 것이다. 새로운 부는 흘러넘치는데 대규모 소비의 전통은 없는 도시이다 보니, 요리는 금세 열광의 대상이 되었다. 황금이 끊임없이 쏟아져 들어오자, 요리사뿐만 아니라 더 이국적인 식재료들도 실려 왔다. 공화국의 전통적 가치를 숭상하는 사람들이 보기에 이런 광기는 재정적인 면에서뿐만 아니라 도덕적인 면에서도 파괴적인 위협이었다. 이에 경악한 원로원은 그런 추세를 규제하려고 시도했다. 기원전 169년에 이미 잔치에서 산쥐를 대접하지 못하게 금지했고, 나중에는 술라 자신이 그럴싸하게 위선적인 태도를 과시하면서 값싸고 가정적인 식사를 독려하는 법령을 서둘러 제정했다. 그래 봤자 아무 소용이 없었다. 백만장자들은 점점 더 부엌에 가서 요리사와 어울리고 싶어했고, 자기가 생각해낸 요리법을 시험해보고 더 기발한 요리를 시도해보고 싶어했다. 세르기우스 오라타가 엄청난 이윤을 챙긴 것도 바로 이런 유행의 정점에 편승한 덕분이었다. 하지만 부엌에서 벌어지는 내기의 재료로 굴에 경쟁할 만한 상대는 얼마든지 있었다. 가리비, 통통한 토끼, 암퇘지의 음문, 이런 것들이 갑자기 유행했다. 육질이 워낙 부드러워 금방 상할 위험이 있지만 촉촉한 맛을 가진 이런 식재료에 로마의 속물들은 환장할 정도로 좋아했으니 말이다.

이 중에서도 가장 귀하고 가장 풍미가 좋고 맛있는 것으로 평가되는 재료는 생선이었다. 로마인들은 도시가 세워진 이후 언제나 호수에다 갓 부화한 치어들을 가득 채워넣곤 했다. 기원전 3세기경이 되면 로마 주위를 연못이 에워싸게 되었다. 하지만 담수어는 잡기가 훨씬 쉬웠으므로 바다에서만 잡히는 물고기보다 훨씬 값이 떨어졌다. 또 로마인들의 입맛이 점점 더 이국적으로 변해갈수록 그들의 욕구가 가장 강렬하게 집중된 것은 바닷물고기였다. 특급 부자들은 바닷장어나 가자미의 공급을 상인에게만 의존하지 않으려고 염수 연못을 만들기 시작했다. 그런 시설을 만드는 데 드는 비용이 엄청나다는 사실로 인해 그런 재료들이 가지는 매력은 점점 더 커지기만 했다.

시민이란 자기 땅에서 나는 산물을 먹고 살아야 한다는 오래된 원칙이 이 모든 허세적인 현상을 정당화했다. 시골에 대한 로마인들의 향수는 사회적 신분의 차이에 구애되지 않았다. 최고로 사치스러운 저택은 동시에 농장이기도 했다. 이런 추세는 마리 앙투아네트였다면 잘 알 만한 일종의 연극놀이를 하도록 도시 특권층을 부추기는 방향으로 나아갔다. 가장 인기 있던 흉내 내기는 빌라의 과일가게에 손님들이 앉을 긴 의자를 설치하는 것이었다. 유달리 뻔뻔스럽던 한 주인은 직접 과일을 키우고 수확하기가 귀찮아서, 로마에서 운반해온 과일들을 자기 가게에 보기 좋게 진열해두고 손님들이 마음대로 즐기도록 했다.

생선을 자급자족하려면 현기증이 날 정도로 많은 비용이 들었다. 농업 학자들이 지적했듯이, 가내 호수는 "지갑보다는 눈을 더 즐겁게 한다. 지갑은 채워지기보다는 비워지는 경향이 더 많으니까. 호수는 만들기도 비싸고 채우기도 비싸고 유지비도 비싸게 먹힌다."[3] 물고기 양식이 경제와 조금이라도 관계된다는 주장은 갈수록 정당화하기 힘들어졌다. 기원전 92년에는 공화국의 엄격한 이상을 유지하라고 선출된 재무관조차 자기가 기르던 칠성장어 한 마리가 죽자 눈물을 쏟았다. 그는 식사를 망쳐서가 아니라 "마치 딸을 잃은 것처럼"[4] 슬퍼했다고 전해진다.

30년이 지나자 이 광증은 전염병 수준에 이르렀다. 호르텐시우스는 자기가 사랑하던 숭어를 잡아먹는다는 것은 생각조차 할 수 없어서 식용 생선이 필요할 때면 푸테올리에 사람을 보내어 사오도록 했다. 그의 친구 하나는 신기하다는 듯이 이렇게 말했다. "자네가 그의 연못에서 수염숭어를 꺼내 가는 꼴을 보느니 그 사람은 차라리 마구간에서 마차 끄는 당나귀를 데려가라고 할 걸세."[5] 다른 온갖 종류의 사치에서도 그랬듯이, 양어법 분야에서도 가장 악명 높고 눈이 휘둥그레지는 표준을 세운 사람은 루쿨루스였다. 그의 연못은 당대에서도 최고의 경이이자 추문이라고 할 수준이었다. 연못에 바닷물을 대기 위해 산에 터널을 뚫었고, 파도가 쳐서 물이 차가워지지 않도록 바다 한복판에 방파제를 쌓았다. 한때 공화국을 위해 헌신했던 재능이 이보다 더 으리으리하게, 혹은 더 도발적으로 낭비될 수는 없었을 것이다. 키케로는 루쿨루스와 호르텐시우스를 피스키나루스^{Piscinarus}('생선에 환장한 사람')이라고 불렀다. 이는 경멸과 설망감이 합쳐진 단어였다.

왜냐하면 키케로는 루쿨루스가 정신없이 내다버리고 있는 모든 것을 필사적으로 원했으므로 물고기 연못에 대한 열광의 핵심을 예리하게 꿰뚫어볼 수 있었기 때문이다. 그것은 공화국에 대한 염증을 나타내는 것이었다. 로마의 공적 생활의 근거는 의무감이었다. 패배했다고 해서 공화국을 위대하게 만든 책무로부터 물러나도 되는 핑계가 될 수는 없었다. 시민의 가장 중요한 덕성은 죽음이 위협하는 순간까지 자기 입지를 지키는 것이며, 전투에서나 정치에서나 한 사람이 달아나면 전선 전체가 위험해질 수 있는 것이다. 키케로는 호르텐시우스에게서 연설계의 왕관을 빼앗아왔지만 경쟁자가 물러나는 것을 보고 싶은 마음은 없었다. 이 신참자는 호르텐시우스나 루쿨루스 같은 거족들이 항상 대변해왔던 원칙들과 자기 자신을 동일시했다. 집정관이라는 최고의 상품에 한 걸음씩 가까이 갈수록 당연히 자기의 동맹자일 것이라고 여겼던 인물들이 공화국이야 바람에 흔들리든 말든 연못가에 앉아서 수염숭어에게 먹이를 주고 있는 모습을 보게 되니 키케로로서는 기가 막힐 노릇이었다.

하지만 루쿨루스도 그랬듯이 호르텐시우스로서는 최고 지위를 빼앗겼다는 의식, 2등밖에 안 된다는 사실이 불에 덴 듯한 고통이었다. 연설가의 은퇴는 총독의 경우처럼 그렇게 철저하지는 않았지만 똑같이 통렬했다. 법정에서 호르텐시우스는 키케로에게 공개적으로 참패당했지만 그것이 이제는 자신의 기벽을 위한 무대의 역할을 하게 되었다. 어떤 사람이 호르텐시우스의 토가를 스치는 바람에 주름의 배열이 흐트러지자 그 사람은 모욕적인 처신의 죄목으로 고발당했다. 한번은 재판을 진행하다가 호르텐시우스는 변함없이 현란한 스타일로 휴정을 제안했다. 자기 장원으로 빨리 돌아가서 플라타너스에 고급 포도주를 부어주는 것을 감독해야 하기 때문이라는 것이었다. 이때도 그의 적은 키케로였다. 정신 나간 사치의 분야에서 벼락출세자는 도저히 경쟁 상대가 될 수 없었다.

그러니 영광을 향한 고대 로마의 갈망은 비참하게 변해버렸다. 물고기를 위해 산을 뚫는 루쿨루스와 잔치에 처음으로 공작 요리를 내놓은 호르텐시우스는 둘 다 여전히 최고가 되려는 낯익은 경쟁을 벌이고 있었다. 하지만 그들이 몰두하고 있던 것은 더 이상 명예를 위한 욕망이 아니었다. 그것은 자기 혐오와 아주 비슷한 어떤 것이었다. 루쿨루스는 최대한의 경멸감을 나타내면서 돈을 탕진했으며, 그것이 뭔가 "야만인이나 포로"인 것처럼, 또는 쏟아버려야 하는 피인 것처럼 취급했다.[6] 그런 모습을 보고 동시대인들이 경악하고 당혹해했던 것도 놀랄 일이 아니다. 이들은 그가 처한 상황을 제대로 이해하지 못했기 때문에 그 현상을 광기라고 설명했다. '권태'는 아직 알려지지 않았던 병증이었으니까. 공화국의 이상이 오래전에 위축되어버리고, '최고'의 의미가 즉각 처형될 위험을 무릅쓴다는 것이 된 시대, 귀족들에게 남은 것이라고는 머리

숙여 쾌락에만 열중하는 일뿐이던 네로 치세에 글을 쓴 세네카^{Seneca}는 이런 증후를 잘 알아볼 수 있었다. "그들은 요리를 찾기 시작했다. 식욕을 없애기 위해서가 아니라 식욕을 자극하기 위해서였다."[7] 그는 루쿨루스와 호르텐시우스 같은 사람들에 대해 이렇게 썼다. 연못가에 앉아 그 심연을 바라보고 있던 물고기에 환장한 사람들은 자기들이 이해하는 것보다 더 어두운 그림자를 추적하고 있었다.

낭비벽의 승리

방종이 반드시 패배의 오명일 필요는 없다. 거족에게는 달콤한 독약인 은퇴가 다른 사람에게는 기회의 약속이 될 수도 있다. 나폴리에 있는 루쿨루스의 저택에서 해안을 따라 몇 킬로미터만 내려가면 유명한 휴양지인 바이아이 해변이 있다. 반짝이는 푸른 물 위로 금박 입힌 부두가 줄지어 뻗어 있는 이곳은 유머 작가들의 표현처럼, 생선을 가두어두고 있었다. 로마인은 바이아이라는 이름을 사치와 괴팍함의 대명사로 여겼다. 휴가철이면 그곳은 항상 꺼림칙한 쾌락의 원천이 되었다. 그렇게 악명 높은 고장에서 시간을 보냈다는 사실을 망설이지 않고 인정할 정치인은 아무도 없을 것이다. 그런데도 매 시즌 로마의 상류 계급은 이곳으로 내려왔다. 유명한 유황온천을 찾아서든, 아니면 지역 특산요리인 자줏빛 껍데기를 가진 굴을 먹기 위해서든, 이 휴양지는 상류사회로 들어가는 귀중한 출입증을 제공했다. 바이아이는 잔치의 고장이었고, 언제나 음악과 웃음이 넘쳐흘렀다. 도덕군자들은 이곳 때문에 발작할 지경이었다. 포도주가 흐르고 옷깃이 느슨하게 풀리기 시작하면 전통적 예절 역시 사라지기 시작했다. 이제 막 성년이 된 사회적 신참자라도 미남이기만 하면 집정관과 친숙하게 말을 터놓는 사이가 될 수도 있었다. 계약이 체결될 수도 있었고, 후견 관계가 정해질 수도 있었다. 매력과 잘생긴 용모는 질 나쁜 이익을 보장해줄 수도 있었다. 바이아이는 추문으로 가득한 장소였고, 외견상으로는 눈부시지만 부패의 소문으로 영원히 그늘이 드리워진 곳이었다. 술에 절고 향수에 찌들고, 온갖 종류의 야심과 도착증을 위한 놀이터였으며, 여성 권력자들의 음모 장소였다.

바이아이의 여왕이자, 싸구려 티가 나기는 했지만 유일무이한 매력의 화신은 세 명의 클라우디우스 자매 중의 첫째인 클로디아 메텔루스였다. 그녀의 검고 빛나는 눈매는 황소와 비슷한 인상을 주었는데, 로마인 남자치고 그 눈을 보고 매료되지 않는 이는 없었다. 또 그녀가 사용하는 속어는 세대를 막론하고 유행을 주도했다. 그녀 스스로 고른 이름 자체가 귀족적인 본명 클라우디아와 대조되는 천박한 평민 취향을 띠고 있는데, 이런 취향은 막내 남동생 푸블리우스에게 영향을 주어 나중에 굉장한 결과를 가져오게 된다.[8] 대중적 정치가들은 오래전부터 하류 계층이 쓰는 말투의 억양을 흉내 내곤 했는데, 예를 들면 술라의 적인 술피키우스는 그런 점에서 유명했다. 하지만 이제 클로디아가 쓰는 평민 스타일의 모음 억양은 최고의 유행이 되었다.

공화국처럼 귀족주의적인 사회에서 빈민 행세를 유행시킬 수 있는 사람은 당연히 순수 귀족이라야 한다. 클로디아는 태생으로나 결혼으로나 로마 주류 세계의 핵심에 위치했다. 그녀의 남편인 메텔루스 켈레르는 클라우디우스 가문의 특권과 오만함에 필적하는 유일한 가문 출신이었다. 메텔루스 가문은 다산으로 유명했으므로 어디에나 없는 곳이 없었고, 서로 적이 되기도 했다. 예를 들면 메텔루스 가문 출신의 한 사람은 폼페이우스를 너무나 혐오한 나머지 함대 전체를 거느리고 총독을 공격하기 직전의 사태까지 간 반면, 클로디아의 남편은 폼페이우스의 부관 중 한 명으로서 기원전 60년대 거의 내내 적극적으로 봉직했다. 말할 것도 없이 고귀한 숙녀 본인은 이런 별거를 덤덤하게 견뎌냈다. 그녀의 일차적인 충성 대상은 자기 일족이었다. 클라우디우스 가문은 메텔루스 가문과 달리 서로 돈독하기로 유명했다. 클로디우스(푸블리우스)와 세 누나들은 악명 높을 정도로 친밀했다.

근친상간의 소문을 처음으로 공개한 것은 사돈 때문에 쓴맛을 본 뒤 그들을 파멸시키기로 작심한 루쿨루스였다. 동방에서 돌아온 뒤 그는 자기 아내가 남동생과 동침했다고 공개적으로 고발하고 이혼했다. 클로디우스와 가장 친했던 큰누나인 그의 아내는 밤을 무서워해서 어릴 때부터 자기 침대에 동생을 끌어들였는데, 아내에 대한 루쿨루스의 고발은 그녀의 이름을 먹칠하지 않을 수 없었다. 로마에서 트집 잡기란 선정적인 환상에 대한 게걸스러운 탐욕이 거울에 비친 것 같은 현상이었다. 그 때문에 카이사르가 비티니아 왕의 동침 상대였다는 추측이 동시대인들에게 끝없는 전율을 주었던 것과 마찬가지로 클로디우스의 적들도 근친상간의 죄목으로 그를 고발하면서 짜릿한 즐거움을 느꼈다. 아니 땐 굴뚝에 연기 나랴! 또 그들이 혓바닥을 놀려댈 만큼은 클로디우스와 세 누나들 사이에 뭔가 있었던 것도 분명하다. 그는 평생 동안 극한적인 체험을 하도록 밀어붙이는 취향을 과시하게 된다. 그러니 자기들이 씹어대는 대상이 어떤 인물인지 가십꾼들은 훤히 알고 있었을 수 있다. 하지만 똑같이 그럴듯한 사실은, 사교계의 미인이라는 지위를 활용하는 클로디아의 방식이 그런 소문에 기름을 부은 격이 되었을 수도 있다는 점이다. "파티에서는 남자를 가지고 노는 사람, 침실에서는 얼음덩이"[9]라고 전 애인이 재치 있게 묘사한 표현은 그녀가 자기의 관능적 매력을 얼마나 주도면밀하게 활용했는지를 시사한다. 어떤 여성이든, 심지어는 클로디아 정도의 상류층 여성일지라도 정치계에 발을 담그는 것은 위험한 행동이었기 때문이다. 로마의 도덕성은 여성의 솔직함을 좋게 보지 않았다. 결혼에서의 최고 이상은 쌀쌀함이었다. 예를 들면, "가정의 안주인은 유혹적으로 몸을 꿀 필요가 없다"[10]는 것이 당연시되었다. 즉 딱딱하고 위엄 있는 부동자세 이외의 다른 몸짓은 창녀의 표시로 간주되었다. 이와 비슷하게 재치 있고 자유롭게 대화를 나누는 여성은 스스로를 동일한 비난의 표적으로 만드는 셈이었다. 만약 그런 여성이 정치적 음모에 가담한다면 그녀는 타락한 괴물보다 나은 대접을 기대할 수 없다. 이런 사정을 감안한다면 클로디아에게 던져진 근친상간이라는 고발에 대해 전혀 놀랄 것도 없다. 실제로 그 고발로 인해 그녀는 정치 게임에서 탈락자로 분류되었다.

그러나 야만적이고 무자비한 개념이기는 하지만 여성 혐오증만으로는 클로디아 같은 사교계 안주인들이 그렇게 심한 분노의 표적이 된 이유를 전부 설명해주지 못한다. 여성들은 은밀하게 막후에서 자기들이 영향력을 행사하고 싶은 남자들을 갖고 놀고 유혹함으로써, 도덕군자라면 가십과 관능성의 여성적 세계라고 깎아내릴 영역으로 그런 남자들을 꾀어들임으로써 영향력을 발휘할 수밖에 없었다. 이런 행동은 이미 광포해져가고 있던 남성적 야망의 세계에 새롭고도 위험한 복잡한 요소를 추가했다. 그런 행동에서 이익을 얻기 위해 필요한 자질은 공화국에서 가장 많이 경멸시되던 바로 그런 자질들이었다. 천성적으로 절대로 인생의 파티족이 될 수 없었던 키케로는 그런 자질들을 외설적인 세부사항까지 세세하게 밝혀 열거했다. '방탕', '정사', '밤새도록 시끄러운 음악을 들으며 잠을 자지 않기', '아무데서나 잠자기', '파산할 지경으로 돈을 낭비하기'[11] 등에 능한 적성이라는 것이다. 최종적이고도 확실하게 불명예를 보장해주는, 그리고 가장 사악한 타락의 표시는 뛰어난 춤꾼의 재능이었다. 전통주의자의 눈에는 그보다 더 심한 불명예는 있을 수 없었다. 춤의 문화에 탐닉하는 도시는 재앙에 직면한 도시였다. 심지어 키케로는 사뭇 진지한 표정으로, 그것이 그리스가 멸망한 원인이라고 주장했다. "옛날, 그리스인들은 그런 종류의 일을 억압했다. 그 역병의 잠재적 치명성을 깨달았기 때문이다. 그것이 어떻게 하여 시민들의 마음을 유독한 광증과 생각들로 서서히 부식시키는지, 그러다가 갑자기 도시 전체가 몰락하게 되는지를 간파했던 것이다"[12]라고 키케로는 부르짖었다. 이런 진단의 기준으로 본다면 로마는 정말로 위험에 처해 있었다. 파티족의 기준으로 밤새도록 나가서 잘 놀았다는 표시, 혹은 도시적 광기의 최고봉이라는 표시를 내려면 환각 상태가 될 정도로 술을 마신 뒤 "고함과 비명, 여자들의 우우 하는 외침과 귀가 멍멍해질 정도의 음악 소리"[13]에 맞춰 벌거벗고 식탁 위에 올라가서 미친 듯이 춤을 추어야 했다.

　로마의 정치인을 구분하는 기준은 언제나 정책보다는 스타일의 차이였다. 로마의 잔치 무대에서 사치가 점점 심해지는 현상은 그런 차이를 점점 더 양극화했다. 전통주의자들은 자기편 기수들까지도 사치의 유혹에 굴복한 사람이 너무 많다는 사실을 확실히 뼈를 깎는 듯 괴로운 수치로 여겼다. 루쿨루스와 호르텐시우스 같은 사람들은 누구를 손가락으로 지적하며 꾸중할 만한 처지가 아니었다. 그렇기는 하지만 공화국의 고대적 검소함은 여전히 살아 있는 가치였다. 사실 그런 가치를 지지하는 원로원의 일부 신세대에게 유행이 과도해지는 추세는 그들을 영감이 부족한 것이 아니라 거꾸로 더 영감 넘치는 존재로 보이게 해주는 배경 노릇을 했다. 황금 속에서 뒹굴고 있더라도 원로원은 여전히 보수적인 집단이었으며, 진정한 자기 반성은 꺼리면서 스스로를 올바름의 모범으로 여기는 편을 선호했다. 어떤 정치인이 이런 모범이 그저 환상만은 아니라고 동료 원로원 의원들을 설득할 수 있다면 그는 상당한 특권을 저절로 얻게 될 수도 있었다. 엄격함과 완강함은 계속 잘 먹혀들었다.

그렇지 않다면 기원전 60년대 중반에 갓 서른 살이 되었고 회계감사관 이상의 관직을 맡은 적도 없는 한 남자가 놀랄 만한 권위를 가지게 된 사실을 해명하기가 힘들어진다. 대부분의 원로원 의원들이 존경심과 침묵 속에서 선배들에게 귀를 기울이며 앉아 있을 나이에 마르쿠스 포르키우스 카토^{Marcus Porcius Cato}의 목소리는 원로원 건물 마루를 건너 울려퍼졌다. 그 목소리는 투박하고 꾸밈이 없었으며, 공화국 초기의 거칠고도 덕이 높던 시절에서 곧바로 울려나오는 것 같았다. 군인이었을 때 카토는 "자기 부하에게 지시한 모든 일을 스스로도 했다. 그는 부하들이 입는 것을 입었고 그들이 먹는 것을 먹었고 그들이 행군할 때 자기도 행군했다."[14] 일반인이 되어서는 유행을 경멸하는 것을 유행으로 만들었다. 파티족이 모두 자줏빛 옷을 입었기 때문에 그는 검은 옷을 입었고, 해가 쩅쩅 내려쬐든 얼음 같은 비가 내리든 항상 걸어 다녔으며, 모든 종류의 사치를 경멸했고 때로는 신발도 신지 않으려 했다. 이런 행동에 거짓 꾸밈의 기미가 혹시 조금은 있었을지 몰라도 그것은 또한 깊이 간직되어온 도덕적 목적의 표현이기도 했으며, 로마인들이 여전히 체현하기를 갈망하지만 역사책 속에만 남아 있는 것으로 여기던 청렴함과 내면적 강인함의 표현이기도 했다. 그러나 카토에게 과거의 유산이란 무한히 신성한 것이었다. 동료 시민들에 대한 봉사와 사명감이 그의 전부였다. 회계감사관의 책임에 대해 모조리 익힌 뒤에야 그는 회계감사관 선거에 임할 준비를 했다. 관직에 임명되자 어찌나 성실하고 근면하게 근무했던지, 그가 "회계감사관직을 집정관이라고 해도 좋을 정도로 명예로운 직책으로 만들었다"[15]라는 말이 나올 정도였다. 자신들은 심한 부패에 절어 있었지만 원로원은 아직은 그런 인물에게 감동받지 않을 정도로 타락하지는 않았다.

카토는 예전 세대의 거족들에게 특히 영감을 주는 존재였다. 그들은 재빨리 카토를 공화국의 미래로 간주했다. 루쿨루스는 자기가 들었던 횃불을 계승자에게 기꺼이 넘겨주었고, 카토의 이복누이와 결혼함으로써 예전의 이혼을 축하했다. 그러나 그의 새 신부는 근친상간을 하지 않는다는 점만 빼면 예전 신부보다 나을 것이 하나도 없었다. 운 나쁜 루쿨루스는 또다시 파티족 여성을 아내로 맞는 처지가 되었지만 카토에 대한 존경심 때문에 그녀와 이혼하지 않고 꾹 참아냈다. 그렇다고 해서 카토가 자기 매형에게 특별한 호의를 베풀 태세였다는 뜻은 아니다. 전혀 그렇지 않았다. 공화국의 이익이 위험에 처했다고 믿으면 _그_는 루쿨루스의 친구라 하더라도 처형할 것이었다. 실제로 그는 덕성에 관해 한 수

배워야겠다 싶은 사람은 누구에게든 덤벼들었다. 때로는 카툴루스에게 까지 설교했다. 카토는 누구나 당연지사로 여기는 음모에 가담할 마음이 없었다. 이는 그의 동맹자들을 걸핏하면 좌절감에 빠뜨리고 분통 터지게 만든 완고함의 표현이었다. 카토에 대해 깊이 찬탄하고 있던 키케로조차 "그가 원로원 앞에서 연설하는 것을 보면 자기가 로물루스의 똥구덩이가 아니라 플라톤의 공화국에 살고 있다고 생각하는 것 같다"[16] 라고 비꼬기도 했다. 그런 비판은 카토의 날카로운 정치적 통찰력을 심각하게 과소평가한 것이다. 사실 여러 가지 면에서 그의 전략은 키케로의 전략과 극단적인 반대에 위치했다. 키케로는 타협의 한계를 시험하면서 자신의 경력을 쌓아나갔다. 카토는 자신이 세운 원칙 이외에 누구의 원칙에도 동조하지 않았다. 공화국의 최고로 엄격한 전통에서 힘을 끌어옴으로써 그는 자기 시대의 변덕스러움에 대한 비판의 살아 있는 화신으로 스스로를 다듬어나갔다.

자신의 위풍당당한 모범과 대비되어 적들이 그만큼 더 악랄하고도 우유부단하게 보이게 만드는 것이 카토가 쓴 고의적인 책략이었다. 여자들 뒤를 쫓아다니고 고주망태가 되어 외박하는 것은 로마인들의 기준에서 보면 마초이즘의 표현이 아니라 그와 정반대의 표상이었다. 방종은 정력을 위협했다. 검투사들은 싸움이 있기 전 한 주 동안은 성기 포피에 금속제 덮개를 씌워 성교를 방지할 필요가 있었지만 일반인이 의존할 수 있는 것은 절제심뿐이었다. 관능성에 굴복하는 것은 남자이기를 포기하는 것이었다. 클로디아처럼 설치는 여성들이 그들 매력에 굴복한 사람들을 '빨아먹는'[17] 요부로 여겨졌던 것처럼 클로디우스 같은 상류층 난봉꾼들은 여자보다도 못한 존재로 매도되었다. 이런 종류의 비난은 수없이 되풀이되었다.

그런데 이런 온갖 욕설은 뿌리 깊은 편견의 반영이기는 하지만, 신경 질적이고도 신랄한 뭔가가 있었다. 어떤 로마인도 자기가 두려워하지 않는 적을 공격할 생각은 하지 않았다. 우유부단함의 표시는 또한 박식 함과 우월성과 임기응변적 재치의 상징이기도 했다. 이때에도 유행은 그것이 항상 수행해온 기능을 담당했다. 즉 유행을 따르는 사람을 평범 한 무리와 구별해주는 것이다. 공화국처럼 경쟁이 심한 사회에서 이것 은 명백하고도 즉각적인 호소력을 가진다. 로마는 야심 찬 젊은이로 가 득했고, 그들은 모두 사회적 신분의 표시를 얻으려고 필사적으로 노력 했다. 세련된 부류의 일원이 된다는 것은 그런 표시를 정확하게 구사한 다는 것이었다. 그러니 유행의 포로들이 손가락 하나로 머리를 긁는 것 같은 알쏭달쏭한 몸짓이나 비밀 신호를 사용하곤 했던 것도 그 때문이 었다. 그들은 염소수염을 길렀다. 튜닉은 발목과 손목까지 흘러내렸다. 베일처럼 속이 비치는 옷감으로 토가를 만들었고, "허리띠를 느슨하게 풀어" 입었다.[18]

물론 이런 것들은 율리우스 카이사르가 10년 전부터 해왔던 바로 그 런 옷차림이었다. 그것은 의미심장한 대응 현상이다. 기원전 70년대에 도 그랬지만 기원전 60년대에도 카이사르는 로마의 최고 멋쟁이 중에 서도 선두주자였다. 그는 토가를 무심한 듯하면서도 화려한 분위기가 나도록 입는 데 돈을 썼다. 그의 가장 세련된 묘기는 시골에 빌라를 지 어달라고 주문하고는, 완공되는 순간 자기가 원하는 기준에 미흡하다 는 이유로 도로 허물어버리는 것이었다. 이런 식의 낭비벽 때문에 여 러 경쟁자들은 그를 경멸하게 되었다. 하지만 카이사르는 위험도가 높은 게임에 판돈을 걸었다. 세련된 족속의 총아가 되는 것은 결코 쉬운 일이 아니다. 물론 재정만이 아니라 정치적으로도 파산할 수 있는 위험이 따랐다. 그러나 눈 밝은 적들은 카이사르가 건강을 해칠 정도로 잔치에 탐닉한 적이 결코 없다는 사실을 간파했다. 그의 식사 습관은 카토만큼이나 검소했다. 술도 거의 마시지 않았다. 여자에게 관심이 많기로 유명했지만 장기적인 상대를 고를 때에는 냉정하고 신중했다. 아내인 코르넬리아가 기원전 69년에 죽은 뒤 새 신부를 찾고 있던 카이사르는 바로 술라의 손녀인 폼페이아에게 눈을 돌렸다. 정치적 생애 내내 카이사르는 훌륭한 지성의 필요성을 예리하게 인식하는 사람임을 입증했으며, 아내를 선택할 때나 애인을 고를 때나 이런 성향은 마찬가지였다. 그의 일생 동안의 애인은 세르빌리아, 즉 우연찮게도 카토의 이복누이였으며 루쿨루스의 처형이었다. 또 그녀는 카툴루스의 사촌이기도 했다. 세르빌리아가 애인에게 가족 내의 어떤 비밀 이야기를 속삭였을지 누가 알겠는가?

카이사르의 매력이 가진 힘에 대해 그의 적들이 경계하게 된 것도 무리가 아니다. 세르빌리아에게 진주 하나를 선물하기 위해 한 재산 날려버리는 것도 대수롭지 않게 생각하는 것과 마찬가지로 그는 시민들을 유혹하기 위해 장래를 저당잡혔다. 그 누구보다도 더 대담하게 그는 잔치 정신을 공적 생활의 모든 차원에 변형된 모습으로 짜 넣었다. 기원전 65년, 서른다섯 살의 나이에 그는 안찰관이 되었다. 이 직책은 장래의 집정관이 거쳐야 할 필수 관직은 아니었지만 여전히 인기 높은 직책이었다. 안찰관은 대중 경기를 관장하는 책임자였기 때문이다. 그랬으니 카이사르처럼 쇼맨십이 뛰어난 인물에게는 안성맞춤의 기회였다. 그는 역사상 처음으로 검투사들을 은제 갑주로 치장시켰다. 300쌍 이상의 검투사들이 장엄하게 빛을 발하면서 시민들의 여흥을 위해 싸웠다. 카이사르의 적들이 검투사의 숫자를 제한하는 법안을 서둘러 제출하지 않았더라면 이런 쇼는 더욱 휘황찬란해졌을 것이다. 뻔뻔스러운 뇌물을 원로원 의원들도 알아보지 못할 수가 없었고, 또 그것이 어떤 대가에 대한 기대 없이 제공되지 않는다는 것도 알고 있었다.

개인적으로 벌이는 카이사르의 거대한 낭비 게임은 위험도가 높았지만 의도적인 책략이었다. 그의 적들은 사내답지 못한 멋쟁이라고 그를 비난했겠지만 그래도 정치적 경쟁자 중 점점 비중이 커지는 인물임을 인정하지 않을 수 없었다. 카이사르는 이 사실을 수시로 확실하게 인지시키곤 했다. 안찰관이었으니 그는 경기뿐만 아니라 공공장소를 유지하고 보수할 책임도 있었다. 어느 날 아침 로마인들이 눈을 떠보니, 입에 올리는 것조차 금기시된 지 오래인 마리우스의 승전비들이 복구되어 있었다. 술라파는 경악했다. 카이사르가 냉정하게 자기 탓이라고 인정하자 카툴루스는 공성기로 공화국을 공격하는 행위라며 카이사르를 고소했다. 카이사르는 짐짓 모르는 척하면서 분개하여 대답했다. 마리우스도 술라만큼 위대한 영웅이 아니었던가? 이제는 파벌 싸움을 그만둘 때가 되지 않았나? 결국은 모두 같은 공화국의 시민이 아닌가? 카이사르를 지지하기 위해 모인 군중들은 그에 응답하여 '그렇다!'라고 외쳤다. 카툴루스는 무기력하게 분통만 터뜨렸다. 승전비들은 그대로 서 있게 되었다.

이런 일화는 술라에 의해 된통 당했지만 사라지지는 않았던 포퓰리즘적 전통이 되살아나기 시작했음을 입증한다. 하지만 그런 전통이 부활하려면 대가를 치러야 했다. 왜냐하면 카이사르를 숭배하는 평민들에게는 아낌없이 베푸는 태도가 그의 매력의 요점이었지만 그의 적들 역시 바로 그 점 때문에 그가 몰락할 것이라고 기대했기 때문이다. 카토가 엄격성 때문에 유명해진 것처럼 카이사르는 빚 때문에 유명해졌다. 언젠가는 그 빚을 청산해야 할 순간이 오리라는 것을 모르는 사람은 없었다. 기원전 63년에 그런 순간이 왔다. 원로원의 최전선 대열을 단번에 뚫기 위해, 그리고 느슨한 허리띠라는 이미지를 더 전통적인 특권으로 채색하기 위해, 그는 한 번의 선거에 자신의 모든 경력을 걸기로 작정했다. 로마의 최고위 제사장인 폰티펙스 막시무스 자리가 마침 공석이 되었다. 이는 공화국에서 가장 특권이 큰 관직이었다. 이 관직은 종신직이었으며, 엄청난 도덕적 권위 이외에 비아사크라에 있는 포룸 내의 관저도 딸려 있었다. 카이사르가 폰티펙스 막시무스가 된다면 그는 말 그대로 로마의 중심에 서게 된다.

선거의 상대자는 거족 중에서도 최고 거족인 퀸투스 루타티우스 카툴루스Quintus Lutatius Catulus였다. 정상적인 여건에서라면 카툴루스는 자기가 선출되는 것을 당연지사로 여겼을 것이다. 카이사르가 입후보했다는 사실 자체가 터무니없는 일이었으니까. 폰티펙스 막시무스는 집정관을 역임한 탁월한 인물에게나 적합한 직위이지 아직 경력을 더 쌓아야 하는 정치인에게는 어울리지 않는 것으로 간주되었다. 그러나 카이사르는 그런 소소한 전통 때문에 물러설 사람이 아니었다. 대신에 그는 문제에 직면하게 되면 항상 뽑아드는 불변의 전략으로 승부했다. 돈을 쏟아부은 것이다. 선거인단에게 어마어마한 규모의 뇌물이 제공되었다. 이제 카이사르의 대부 한도는 극한까지 늘어났다. 선거 결과가 발표되는 날 아침, 그는 집을 나서며 아우렐리아에게 작별 인사로 입을 맞추고 이렇게 말했다. "어머니, 오늘 최고 제사장이 된 저를 보시든지, 아니면 망명을 떠나게 되든지 둘 중의 하나가 될 것입니다."[19]

그리고 그는 수부라에서 이사하게 되었다. 망명이 아니라 비아사크라에 있는 새 저택으로 이사한 것이다. 카이사르는 최고 제사장으로 선출되었다. 다시 한 번 그의 낭비벽이 근사한 결과를 가져왔다. 그는 현상태와 공화국의 가장 오래된 전통에 대항하는 막대한 위험이 걸린 도박을 감행했고, 이겼다.

카일리우스의 음모

도박을 걸었지만 이기지 못한 사람도 많았다. 카이사르의 전략은 위험도가 높았다. 장래에 위대하게 될 것이라는 약속은 파산을 각오한 모험이었다. 돈을 마구 퍼붓는다고 반드시 가능성이 커지는 것도 아니었다. 선거에 져서 수지맞는 직위를 얻지 못하면 경력 전체가 와르르 무너질 수도 있었다.

속주 귀족들이 아들들의 야심을 길러주면서도 그런 야심을 약간은 두려워했던 것도 무리는 아니다. 상속자를 로마로 보내는 것은 위험 부담이 큰 일이었다. 젊은이들은 돈 냄새를 잘 맡는 상어들의 밥이 되기 십상이었다. 신중한 아버지라면 수도에 후견인, 즉 공화국의 어지러운 미로에서 자기 아들을 교도할 뿐 아니라 수많은 유혹으로부터 보호해줄 조언자를 찾으려고 노력할 것이다. 특히 로마에서 관직에 오른 적이 한 번도 없는 가문이라면 최고의 조언자를 확보하는 것이 아주 중요했다. 그러니 예를 들어 카일리우스 루푸스^{Caelius Rufus}라는 은행가가 이들의 후견인으로 크라수스뿐만 아니라 키케로까지도 확보하는 데 성공했다면 젊은 카일리우스는 금방 찬란한 전망을 가진 사람으로 돋보일 수 있다. 이는 또 그에게 막대한 신용을 확보해주는 역할도 했다. 고리대금업자들이 떼 지어 몰려들자 카일리우스는 팔을 벌려 그들을 환영했다. 잘생기고 재치 있고 무모하고 사기성도 있었던 이 젊은이는 얼마 안 가서 자기 형편을 훨씬 능가하는 생활방식을 개발하게 되었다. 그는 야심이 컸으므로 자기가 받아야 할 교육을 소홀히 하지 않았지만, 두 명의 후견인에게서 배우면서도 동시에 로마 최고의 춤꾼 셋 중 하나라는 명성을 쌓기도 했다. 새 그룹의 친구들이 그에게 길을 열어주었다. 이는 키케로는 가까이하지 말라고 주의를 준 그룹이었다. 점점 더 파티 무대의 단골손님이 되어감에 따라 카일리우스는 새로운 지인 그룹의 마법에 걸려들기 시작했다.

그중에서도 루키우스 세르기우스 카틸리나^{Lucius Sergius Catilina}라는 이름의 평판이 좋지 못한 파트리키의 마법이 특히 강했다. 낭비를 바탕으로 경력을 쌓은 사람은 카이사르만이 아니었고, 또 자기 집 아트리움의 헐벗은 벽에 대한 원한을 품고 있던 귀족 또한 카이사르만이 아니었다. 카틸리나의 고조부는 쇠로 된 의수를 달고서도 한니발에 대항하여 싸웠던 유명한 전쟁 영웅이었지만 정치 분야에서 선조들이 남긴 업적은 민망할 정도였다. 그러나 거의 400년 동안이나 가문에서 집정관을 한 명도 배출하지 못했는데도 파트리키라는 신분은 여전히 카틸리나에게 특별한 배경이 되어주었다. 예를 들면 그는 엄격한 속물이던 카툴루스의 검열을 통과하여 그와 친교를 맺을 수 있었다. 그들의 친교는 문자 그대로 피로 봉인되었다.

과거에, 추방제도가 실시되던 암울한 시절에 카틸리나는 아버지를 죽인 자를 처벌하려는 카툴루스를 도와주었다. 그 불쌍한 자는 길거리에서 채찍질을 당하면서 카툴루스의 아버지 무덤까지 끌려갔고 몽둥이로 두들겨 맞아 뼈가 부러졌으며 얼굴 일부가 잘려나간 뒤에야 참수형으로 고통을 끝낼 수 있었다. 카툴루스에게는 그런 잔인성이 엄연히 효성을 표현하는 행위였고, 영면하지 못한 아버지의 영혼에 바치는 피의 공양물이었다. 카틸리나는 살인을 저지른 뒤 잘려나간, 아직 숨을 쉬고 있었다고 전해지는 머리를 자랑스럽게 쳐들고 로마의 거리를 지나갔다. 내전 때의 잔혹해진 기준으로 보더라도 역겨운 행동이었다. 법정에서는 아무것도 입증되지 않았지만, 이후 카틸리나에게는 간음과 신성모독은 말할 것도 없고 살인 혐의가 평생 따라다니게 된다. 사악한 평판이 그에게 항상 손해는 아니었다. 더 악명 높은 건달들의 그룹에서는 그런 평판이 멋 부리기나 사근사근한 붙임성과 합쳐져 그를 더욱 위협적인 후광을 발하는 존재로 부각시켰다. 하지만 이런 요인들이 그에게 상당한 지지자를 모아주었지만 또한 곤경에 몰아넣기도 했다. "그는 주로 젊은이들을 대상으로 매력을 휘둘렀다."[20] 카틸리나는 이미 자신을 신뢰하지 않는 대부분의 원로원 의원들은 물론이고 카툴루스 같은 동맹자와 소원해지지 않으면서 언제까지 이런 행동을 계속할 수 있을까?

친교 그룹을 늘리기 위해 그는 크라수스에게 도움을 청했다. 혹은 적어도 정치계에서는 그렇게 소문이 났다. 물론 아무도 확신하지는 못했다. 크라수스의 공작은 늘 그늘 속에 가려져 있었으니까. 하지만 한 가지는 확실했다. 기원전 60년대에 크라수스는 걱정거리가 많았다. 그는 또다시 폼페이우스 때문에 승리를 빼앗길 처지에 놓이게 되었다. 그의 오랜 경쟁자는 잘 훈련된 군대의 선두에 서서 곧 돌아올 예정이었을 뿐만 아니라 기절할 정도로 부유해져 있었다. 정치적 생애 최초로 크라수스는 로마 최고의 부자라는 지위를 잃을 위기에 처했다. 그가 물불 가리지 않고 지지자들을 끌어모으려 했던 것도 무리는 아니다. 엄청난 야망과 그보다 더 엄청난 빚을 지고 있던 카틸리나는 크라수스가 보기에 틀림없이 돈을 걸 만한 가치가 있는 존재였을 것이다.

크라수스의 목적이 그저 말 잘 듣는 집정관 한 명을 뽑으려는 것만은 아니었다. 카틸리나는 다른 수익도 약속했다. 그는 정치적 생활의 가장 음침한 주변부 어디서나 인기가 높았다. 즉 수부라에서 아웅다웅하며 사는 상류 계급 낙오자 집단이나 불만과 음모로 소일하는 여성들의 살롱, 또 채권자와 불평분자와 인내심 없는 사람들에게서, 간단하게 말해 사회적으로 존경받기 힘든 쪽으로 기울어진 사람들 사이에서 인기가 있었다. 전임 집정관이자 절제력이 강한 크라수스는 결코 그런 세계에 속하지 않았다. 하지만 키케로는 크라수스가 유산을 챙길 수 있다면 포럼에서 춤을 추라고 하면 그렇게 할 것이라고 비꼬아 말한 적이 있다.[21] 아마 사실일 것이다. 하지만 크라수스는 어디까지나 카틸리나를 대역으로 내세워 지하세계의 흙탕물 속에서 낚시질을 시키고 살롱에서 일을 처리하고 늦은 밤 술집에서 급진분자들과 음모를 꾸미게 했으므로, 위험해지는 것은 대리인의 체면이었다.

이런 상황에서 카일리우스가 맡은 역할이 정확히 어떤 것이었는지는 분간하기 어렵다. 물론 카일리우스가 크라수스로부터 직접 어둠의 정치 기술을 배우던 중이었으니, 그가 카틸리나를 처음 만난 것은 크라수스의 소개를 통해서였으리라고 짐작할 수 있다. 어쩌면 키케로 덕분일 수도 있다. 기원전 65년, 카틸리나는 마침내 아프리카 총독 임기 중의 탐욕 행위 의혹 사건에 휘말려들었다. 동방으로부터 로마 본토로 귀국하여 법정에서 두각을 나타내려고 열심이던 클로디우스가 그를 독직에 의한 강탈죄로 고발했다. 같은 때에 신참자인 키케로는 집정관에 도전해보려고 준비하고 있었다. 그는 카틸리나 역시 출마할 계획임을 알고 있었으므로, 곧 다가오는 재판에서 그를 변호해줄까 하는 생각을 잠깐 했다. 그렇게 되면 그들 두 사람이 다음 해에 연대하여 공직에 입후보할 수 있을 테니까 말이다. 그러나 카틸리나는 파트리키다운 냉소를 날리며 그 제안을 거절했다. 그는 재판에 대해 전혀 겁내지 않았다. 당연히 그는 신속하게 무죄 판결을 받았는데, 어쩌면 클로디우스와 공모했을 가능성도 있다. 크라수스는 틀림없이 엄청난 뇌물을 퍼부어 지원했을 것이다. 그는 이제 기원전 63년의 집정관 선거에 자유롭게 입후보하게 되었고, 카틸리나와 키케로는 선두를 다투게 된다.

카일리우스는 선거운동 기간 내내 후견인 옆에 있었다. 신참자이던 젊은 정치가로서는 틀림없이 아주 흥분되는 경험이었을 것이다. 최근 몇 해의 선거 중에서도 가장 예측 불가능한 선거였다. 키케로는 온 정치 경력을 동원하여 이에 대비했지만 카틸리나 또한 똑같이 필사적이었고, 400년 동안 계속되어온 가문의 실패를 만회하려고 노력했다. 속물주의가 그의 선거운동의 기본 바탕이었다. 그는 또 다른 귀족인 안토니우스 히브리다^{Antonius Hybrida}와 공개적인 동맹을 맺고 선거운동을 진행했다. 히브리다는 지독하게 방탕하고 잔인무도한 인물이었는데, 그런 사람이 키케로의 위대한 영웅인 마르쿠스 안토니우스의 아들이라는 사실은 믿기 힘들 정도였다. 그렇게 평판이 나쁜 후보자 두 명이 나서자 귀족 계급은 깊이 한숨을 쉬고 코를 막고는, 덜 나쁜 쪽에 표를 던졌다. 기사 계급 역시 귀족들보다는 훨씬 더 열정적으로 그렇게 했다. 키케로는 압도적인 승리를 거두었다. 히브리다가 카틸리나에 한참 앞선 2등으로 당선되었다.

어떤 파트리키에게라도 이런 사태는 굴욕이겠지만 카틸리나에게는 거의 파멸이었다. 그는 빚 때문에 침몰할 지경이었다. 크라수스에게는 패배자를 후원하는 취미는 없었다. 그러나 카틸리나는 희망을 버리지 않았다. 키케로가 자줏빛 단을 댄 토가를 걸치고 릭토르들의 호위를 받으며 집정관의 임기를 시작할 때 카틸리나는 상처를 핥으며 복귀할 음모를 꾸몄다. 선거를 다시 한 번 치를 때까지는 신용 거래가 유지될 것이므로 그는 계속 돈을 빌렸고, 흥청망청 뇌물을 뿌렸다. 동시에 빚이 얼마인지를 숨기기보다는 빚의 액수를 자랑하고 다녔다. 이런 모험은 충석적이었지만 그의 입장에서는 달리 방법이 없었다. 채무자의 비참함은 그가 어울리는 집단의 금칠된 난잡함의 한참 아래쪽에서 부글거리고 있었다. 이탈리아는 그런 억압당한 자들의 원한으로 들끓고 있었다. 비좁은 빈민가이든 술라의 퇴역병들이 빚 때문에 목젖까지 저당 잡히고 흙먼지를 파헤치면서 내전기의 풍요롭던 시절을 그리워하고 있던 척박한 농장 지대이든 마찬가지였다. 사적인 모임에서 카틸리나는 빈민들에게 자기가 그들의 대표자가 되겠다고 약속했다. 어쨌든 "절망적인 자들의 기수이자 지도자가 될 최적임자로 대담하면서도 절망에 빠진 그 자신 외에 누가 있겠는가?"[22]

카틸리나를 면밀히 감시하고 있던 키케로는 그런 불온한 이야기를 기꺼이 액면 그대로 받아들일 태세가 되어 있었다. 집정관직이라는 명예를 얻은 뒤에 그보다 더 영광스러운 명예, 즉 공화국을 혁명으로부터 구해냈다는 명예를 자기가 과연 가질 수 있을까, 그는 궁금해지기 시작했다. 이런 상상은 그를 현기증이 날 정도의 기쁨과 섬뜩함이 뒤범벅된 기분으로 만들었다. 그와 카틸리나는 서로를 몰래 추적해왔고, 둘 다 내기를 걸고 각각의 청중을 오싹 소름돋게 했던 전력이 화려한 사람들이었다. 하지만 마침내 이 두 사람이 원로원 회의장에서 공개적으로 맞서게 되자 카틸리나는 혓바닥만 놀리는 신참 출세자인 상대방에 대한 혐오감 때문에 허장성세라는 치명적인 실수를 저지르고 말았다. "내 눈앞에는 두 구의 몸뚱이가 있다. 하나는 여위었지만 머리만 크고, 다른 하나는 뚱뚱하지만 머리가 없다. 머리가 없는 몸뚱이에다 나 자신을 바치겠다는 것이 정말 그렇게 심한 일인가?"[23]라고 그는 약간 수수께끼처럼 시작했다. 동료 귀족들, 즉 카틸리나의 수수께끼에서 말하는 '큰 머리'는 기분이 험악해졌다. 은유로 휘감았든 그렇지 않든 간에 혁명적인 감정은 원로원 회의장에서는 좋은 효과를 보지 못했다. 카틸리나는 사실 이런 발언 때문에 두 번째 선거에서 패배했다. 키케로는 선거날에 캄푸스 마르티우스를 시찰하면서 토가 안쪽에 보호판을 덧입는 것을 잊지 않았다. 또 유권자들이 그 모습을 흘낏 볼 수 있도록 해둔 것은 말할 필요도 없다. 선거 결과가 발표되어 카틸리나의 패배가 알려지자 고리대금업자들은 그의 시체를 쪼아 먹으려 몰려갔다.

폰티펙스 막시무스가 되려고 선거운동을 하던 카이사르와 마찬가지로 카틸리나 역시 단 한 번의 공격에 모든 것을 걸었다. 그는 야누스적인 연기를 할 수 있으리라는 도박을 했던 것이다. 즉 원로원과 기사 계급 엘리트에게 한 가지 얼굴을 보이고, 빈민과 채무자, 낙오자들에게는 또 다른 얼굴을 보인다는 것이었다. 이 도박은 실패했다. 하지만 주류 계급은 카틸리나에게 등을 돌렸을지언정 하층민 세계는 그렇지 않았다. 그는 아마 자기가 아는 것보다도 더 거대하고 더 절망적인 기대감을 휘저어놓았을 것이다. 농부들이 낫과 녹슨 칼을 쥐고 스스로 무장하기 시작했던 시골에서, 시위자들이 반란으로 끓어오르는 빈도가 점점 더 잦아지기 시작한 로마에서, 심지어는 출세의 거대 게임에서 패배한 자들이 빚과 낙담 때문에 조바심치던 원로원에서도 혁명의 이야기는 여전히 불꽃을 튀기며 타오르고 있었다. 그리고 그곳에서 마구 떠들어대는 자들 가운데 마르쿠스 카일리우스도 있었다.

왜 거기 있었을까? 빚이 이미 너무 엄청난 수준이 되어서 법조계에서 출세한다는 희망을 모두 희생하고라도 혁명에 가담할 작정이었을까? 혹은 음모의 속삭임, 그로 인한 흥분이 그를 유혹했던가? 혹은 이상주의? 카틸리나가 내세운 명분에 대한 열광이 수많은 뛰어난 젊은이들을 급진적으로 만든 것은 분명한 사실인 것 같다. 세대 간의 긴장으로 인해 부자 간의 대립 이상의 일이 벌어지기도 했다. 한 원로원 의원은 자기 상속자가 카틸리나와 손을 잡는 것을 보느니 차라리 죽이는 편을 택했다. 그 젊은이는 카일리우스처럼 "특출하게 재능이 풍부했고 독서량도 풍부했으며 미남이었는데도"[24] 그랬던 것이다. 키케로조차 카틸리나가 "아직도 도덕적 열정의 과시를 통해 수많은 훌륭한 인물들의 충성심을 계속 끌어모을 능력이 있다"[25]는 점을 인정하지 않을 수 없었다. 그러므로 카일리우스도 어떤 이유에서든 카틸리나를 계속 지지했을 수도 있다. 하지만 다른 가능성도 있었다. 카일리우스가 사실은 카틸리나를 전혀 지지하지 않았을 수도 있다는 말이다. 그는 워낙 독선적인 사람이 었지만, 이것저것 따져보면서 냉소하는 것 이상의 일을 해낼 재능이 있 었다. 어쩌면 그는 자기 후견인에게 적재적소에 심어놓은 한 쌍의 눈 노 릇을 해주었는지도 모른다.

확실히 키케로에게는 아직도 적재적소에 스파이를 심어놓을 필요가 있었다. 카틸리나가 선거에서 패배한 뒤, 혁명이 일어날 것이라는 집정 관의 예견은 점점 더 기우가 되어갔다. 사람들은 증거를 내놓으라고 요 구하기 시작했다. 불안이 곧 조롱으로 바뀔 무렵 한 통의 서신이 키케로 의 집에 전달되었다. 거기에는 카틸리나가 짜고 있던 대규모 학살 계획 의 전모가 들어 있었다. 이 고발 문건을 가져다준 사람은 다름 아닌 크 라수스였다. 그는 한 '익명의 남자'가 자기 집 문지기에게 이것을 건네 주었다고 주장했다.[26]

다음 날 아침 키케로가 원로원에서 편지를 낭독하자, 도시는 공포와 불안에 휩싸였다. 긴급 사태가 선포되고 공화국은 키케로의 손에 내맡 겨졌다. 자기가 후원하던 인물을 공개리에 밀고해버린 크라수스는 다시 그늘 속으로 몸을 감추었다. 이런 믿기지 않는 이야기에 대한 해설들을 읽어나가다 보면 기원전 63년 가을의 이 음모를 계획한 것이 카틸리나 만이 아니라는 결론을 피하기 힘들다. 그 '익명의 남자'는 누구였을까? 우리가 아는 사람 중에서 키케로, 크라수스, 카틸리나를 동시에 잘 알고 있던 사람은 오직 한 명, 카일리우스뿐이다.

물론 이는 엉성한 추측에 불과하다. 위의 이야기에서 일부만이 사실 일 수도 있고 모두 사실일 수도 있다. 하지만 수수께끼가 풀리지 않은 까닭에 대해 증거 부족만을 핑계로 댄다면 이는 충분한 설명이 아니다. 그것은 공화국 자체에 관해 근본적인 어떤 사실을 반영하는 것이기도 하다. 영광에 대한 로마인들의 갈망, 그들 내면에서 밝게 타오르고 있고 그들의 도시와 제국 전체를 그 불꽃으로 밝혀주는 갈망 역시 깜박거리며 배신의 그림자를 던지고 있는 것이다. 야심 있는 정치가라면 누구나 음모가의 기술을 가질 필요가 있다. 원로원 회의장에서 마지막으로 카틸리나와 일대일로 맞대면하게 되자 키케로는 해부학적인 기술을 발휘하여 적의 공작을 낱낱이 분석했고 그 음모를 활활 타오르는 분노의 섬광 앞에 적나라하게 폭로하고 음모의 세부 사항들을 지적하여 카틸리나가 그날 밤 안으로 로마에서 달아나게 만들었다. 키케로는 나중에도 이 순간을 인생의 최고의 순간으로, 그의 겸손한 표현에 따르면 "불멸의 영광의 정점"[27]이라고 여겼다. 공화국의 대담무쌍한 수호자라는 이미지, 순수하고 단순한 애국자라는 이미지는 그의 나머지 평생에서 시금석 역할을 하게 된다. 카틸리나에게 결여된 것이 바로 이런 전망이었나. 로마를 떠나기 전에 그는 카툴루스에게 편지를 보냈는데, 여전히 자기의 무고함을 항변하며, 조작 때문에 망명하게 되었다고 비통스럽게 불평했다. 마르세유에서 보란 듯이 은퇴 생활을 하겠다는 마음을 먹고 북쪽으로 향하는 길에 그는 농부와 전쟁 퇴역병들로 구성된 잡동사니 부대를 지휘해달라는 요청을 받았지만 거절했다.

한편 로마 본국에서는 더욱 긴장감 넘치는 음모의 내막들이 적절한 시간차를 두고 계속 원로원에 전달되었다. 이탈리아 북부의 갈리아족이 야만적인 반란을 일으킬 것이다, 노예들이 해방될 것이다, 도시에 불을 지를 것이다 등등의 내용이었다. 로마는 히스테리에 사로잡혔다. 그 순간은 키케로가 영웅이었다. 동의하지 않는 소수의 목소리도 들렸다. 위기라는 건 조작되었다고, 카틸리나의 말이 맞았어. 그에게 반란을 일으키도록 몰아붙인 것은 키케로야. 허영심 많은 키케로, 벼락출세자인 키케로, 명성에 침을 흘리는 키케로 때문이야. 그들은 이렇게 속삭였다.

음모론이 항상 그렇듯이, 확실한 증거는 없었다. 키케로가 카틸리나에게 가한 것 같은 종류의 비난을 키케로에게 가할 만한 사람은 주변에 없었다. 정보가 없었으므로 진실은 여전히 흐릿했다. 키케로가 연기를 피워 너구리를 몰아내는 더러운 수법으로 적을 몰아낸 것은 틀림없는 사실이었지만, 그의 목표가 어디까지였는지에 대해서는 도저히 말할 수 없다. 하지만 낭떠러지로 적을 몰아붙일 계획을 세우지 않는 사람은 제대로 된 로마인이 아니다. 모든 집정관은 임기를 영광 속에서 마치려고 꿈꾼다. 자력 출세라는 게임의 법칙이 그런 것이었다. 키케로는 스스로의 주장대로 처신하지 않았는지는 모르지만, 어쨌든 카토 외에 그렇게 처신하는 사람이 또 누가 있는가?

또 어쨌든 모험을 먼저 시작한 것은 카틸리나였으니까. 폭력의 수위가 얼마나 빨리 고조될 수 있는지는 내전에서 이미 입증된 바 있다. 로마처럼 경쟁적인 사회에서는 헌법이 허용하는 지름길을 찾겠다는 이야기조차 위험했다. 화약통에 불덩이를 던지는 것 같은 계기가 되니까. 키케로가 카틸리나 주변에 방화벽을 쌓으려고 애썼던 것도 이 때문이었다. 그는 음모가들을 고립시키지 않으면 불길이 너무 빨리 번져나가서 통제할 수 없을까 봐 걱정했다. 카툴루스는 카틸리나가 공화국을 없애려는 음모를 꾸미고 있었다고 인정하자마자 크라수스를 밀고했고, 만일에 대비해서 카이사르까지 함께 지목했다. 그 점에 관해서는 키케로도 나름대로 의혹을 품었을지 모르지만, 카툴루스의 행동은 키케로 본인은 필사적으로 피하려 했던 바로 그런 종류의 행동이었다. 크라수스 같은 인물이 궁지에 몰리는 꼴을 절대 보고 싶지 않았다.

12월 5일, 소문들이 점점 더 험악해지고 있을 무렵 그는 원로원에서 긴급회의를 소집했다. 그는 로마에 있던 음모 가담자들의 정체가 확인되고 체포되었다고 발표했다. 크라수스나 카이사르의 이름은 명단에 오르지 않았다. 그렇기는 해도 곧이어 벌어진 대규모 토론은 음모 자체에 대한 관심 못지않게 여러 토론자들의 증오심과 야심에 대한 관심이 드러나는 장이기도 했다. 당장 문제가 된 것은 카틸리나의 심복들을 어떻게 처리할 것인가였다. 그들 대다수는 좋은 가문 출신이었고, 공화국의 가장 엄격한 법은 합법적인 재판 없이 시민을 처형하는 것을 금지했다. 하지만 비상사태가 이 신성한 금지 조항을 위반할 권한을 키케로에게 주었는가? 히스테리에 휩쓸릴까 조심하면서 카이사르는 음모자들을 종신형에 처하자는 새로운 아이디어를 내놓았다. 카토는 그에 반대하여 저형하자고 주장했다. 워낙 엇비슷한 재능에 상반된 성격을 가진 이 두 사람 사이의 충돌은 종국에 가서는 공화국을 뒤흔들게 될 투쟁의 시작을 알리는 포격이었다. 이때의 승자는 카토였다. 원로원의 다수파는 로마의 안전이 시민의 개인적 권리보다 더 중요하다는 그의 주장에 동의했다. 또 수감이라는 처벌은 아무도 들어본 적이 없는 방식이었다. 그리하여 음모자들에게 사형이 선고되었다.

그들 중에는 전직 집정관도 있었다. 혼란스럽고 겁에 질린 군중이 지켜보는 가운데 그는 포룸으로 끌려갔다. 냉혹한 거만함으로 잔뜩 기고 만장해진 키케로가 바로 그의 곁에, 네 명의 원로원 의원들이 뒤에 바싹 붙어 따라가고 있었다. 황혼녘의 그림자가 도시 위에 짙어질 때 다섯 명의 죄수들은 지하 감옥의 암흑 속에서 교살되었다. 키케로는 군중에게 그들의 죽음을 선포했다. 포룸에는 처형된 자들의 친구들이 많이 있었고 이제 그들은 슬그머니 빠져나갔지만, 도시의 다른 지역에서는 박수갈채로 처형 소식을 환영했다. 포룸에서 키케로의 집에 이르는 길에는 횃불이 활활 타올랐다. 집정관은 로마 최고 거족들의 호위를 받으면서 그 길을 올라갔다. 그들은 모두 키케로가 나라의 구세주라고 단언했다. 말할 필요도 없지만, 아르피눔 출신의 시골뜨기가 이런 날이 오리라고 꿈이나 꾸었겠는가.

동료들은 그가 공화국을 구원한 존재로 떠올랐을 뿐만 아니라 상대적으로 피를 적게 흘리고도 그 일을 해냈다는 점에서 깊은 인상을 받았다. 키케로는 음모가 더 크게 번지는 것을 차단하려고 필사적으로 계속 노력했다. 예를 들어 그는 동료 집정관인 안토니우스 히브리다가 카틸리나의 가장 가까운 친구였음에도 불구하고 그를 심문하지 않았다. 키케로는 그에게 마케도니아의 총독직과 카틸리나를 진압할 전투의 지휘권을 주기로 하고 매수했다. 마케도니아는 부유한 속주였으므로 히브리다는 빚을 갚고도 남을 것이다. 히브리다는 반란자들과도 이중 거래를 했다는 혐의를 받았을 뿐만 아니라 비겁자인 데다가 알코올 중독자였으니, 키케로의 이런 처사는 상당한 불만을 불러일으켰다.

폼페이우스의 동맹자들은 '위대한 자'를 귀환시키라고 요구하기 시작했다. 이 때문에 카토의 분노가 폭발했다. 카토는 폼페이우스가 이탈리아의 지휘권을 쥐는 꼴을 보느니 차라리 죽겠다고 선언했다. 하지만 폼페이우스의 길을 정말로 방해한 자가 있다면 그것은 키케로였다. 로마가 무장 파벌에 의해 휘말릴 것이라는 전망, 그들 간의 경쟁이 커져 더 큰 폭력 사태가 벌어지고 결국 노골적인 내전으로 악화될 것이라는 전망, 이런 것들이 그의 궁극적인 악몽이었다. 폼페이우스가 자기 군단을 끌고 와서 개입할 만한 핑계로 이보다 더 완벽한 여건은 없었을 것이다. 이런 의미에서 보면 키케로는 정말로 공화국을 구했지만 카틸리나로부터가 아니라 공화국 그 자체로부터 구해냈다고 해야 할 것이다.

기원전 62년 여름, 폼페이우스가 이탈리아에 돌아오기로 예정된 날에서 겨우 두 달 전, 카틸리나의 급조된 군대가 결국 궁지에 몰려 섬멸되었다. 히브리다는 꾀병을 칭하고 전투 내내 천막 안에서 지내다가 거래 대가를 짜내기 위해 마케도니아로 서둘러 갔지만, 그 외에는 납작 엎드려 지냈다. 로마에서 전술적인 후퇴를 한 것은 그만이 아니었다. 음모에서 사소한 역할을 했던 가담자들도 빠져나가고 있었다. 그중에 카일리우스가 있었다. 그는 아버지가 큰 사업체를 경영하고 있던 아프리카로 갔는데, 거기에는 믿고 신변 보호를 맡길 만한 부하들이 배치되어 있었다. 하지만 결코 정치적 경력을 포기한 것은 아니었다. 한 해 동안 그는 새로 임명된 아프리카 속주 총독의 부관으로 복무했고, 아주 성공적으로 임무를 수행했다. 음모에서 카일리우스가 담당한 역할이 정확히 무엇이었든 간에 그의 미래는 여전히 활짝 펼쳐져 있었다. 그는 공적 생활에서는 어떤 사건이든 절대로 영원하지 않다는 것을 알기에 충분할 만큼은 그 생활을 겪었다. 동맹 관계가 맺어지고 비틀리고 뒤바뀔 수도 있었다. 한 해의 영웅이 다음 해의 악당이 될 수도 있었다. 눈 깜짝할 새에 정치 지형이 완전히 바뀔 수도 있었다.

얼마 지나지 않아 그렇다는 것이 극적으로 증명되었다.

추문

매년 12월에 공화국의 귀족 가문의 여성들은 선(善)의 여신 보나에게 바치는 신비스러운 제례를 올리기 위해 모이곤 했다. 이 축제에 남성의 출입은 엄격하게 금지되었다. 남성 조각상도 이 행사 때는 베일로 가려두어야 했다. 그런 비밀주의는 남성적이고 호색적인 환상에 불을 질렀다. 여성들이 본성적으로 타락했고 난교적이라는 사실을 모르는 시민이 있는가? 남성이 금지되는 축제라면 틀림없이 호색적이고 방종한 난장판이겠지? 감히 이 스릴 넘치는 의혹을 확인하기 위해 엿볼 엄두를 낸 남성이 있었다는 뜻은 아니다. 로마 종교의 기이한 특징의 하나는 바로 그것에 대해 비웃는 사람들조차 경외심을 가지고 대하는 경향이 있다는 점이었다. 남성도 여성과 마찬가지로 선의 여신을 섬겼다. 이 여신은 로마의 신성한 수호자 중의 하나였다. 그 여신에게 바치는 제례가 모독당하면 그런 신성모독은 틀림없이 모든 사람의 안전을 위협할 수도 있었다.

기원전 62년 겨울에 안주인들이 선의 여신에게 가호를 빌어야 하는 특별한 이유들이 있었다. 카틸리나는 죽었지만 여전히 공포와 소문들이 포룸을 휩쓸고 있었다. 그리스 전역을 관광객처럼 느긋하게 유람한 뒤 폼페이우스는 드디어 아드리아 해안에 도착했다. 그가 이달 말 이전에 이탈리아로 건너올 것이라는 말이 있었다. 위대한 자 폼페이우스의 그늘에서 난쟁이처럼 살아가야 한다면 야심적인 다른 귀족들의 기분이 어떨까? 그것이 선의 여신의 제례를 주관하고 있던 두 여성의 마음을 점령하고 있던 질문이었다. 그들은 카이사르의 어머니 아우렐리아와 아내 폼페이아였다. 폰티펙스 막시무스는 행사를 위해 집을 내주었고 당연히 그 자리에는 없었다. 집안의 다른 모든 남자들과 함께 카이사르는 그날 밤 다른 곳에 물러나 있었다.

저택은 향 연기와 음악과 귀부인들로 채워지기 시작했다. 이제 몇 시간 동안 로마의 안전은 여성들이 장악할 것이다. 엿보는 눈길을 겁내어 그림자 속에서 숨어 있어야 할 이유는 이제 없었다. 그런데 아우렐리아의 시녀가 악보를 찾으러 갔다가 피리 부는 여자 한 명이 바로 그런 행동을 하는 것을 보았다. 시녀는 그 여자에게 가까이 갔고 여자 악공은 물러섰다. 시녀가 이름을 묻자 여자 악공은 머리를 내젓더니 우물거리며 폼페이아의 이름을 댔다. 시녀는 비명을 질렀다. 그 낯선 사람은 소매 긴 튜닉을 입고 가슴띠를 매고 있었지만 분명히 남자의 목소리였기 때문이다. 소동이 벌어졌다. 아우렐리아는 미친 듯이 여신의 신상을 덮어 가리고 제례를 중단시켰다. 다른 여성들은 그 불경스러운 침입자를 잡으러 나섰다. 그들은 드디어 폼페이아의 시녀 방에 숨어 있던 그를 찾아냈다. 베일을 벗겨보니 가짜 여자 악공은 클로디우스였다.

소문이 도시를 뒤흔들었다. 사람들은 떼 지어 모여 외설스러운 세부 이야기를 나누었다. 염소수염을 뽐내거나 손가락 하나로 머리를 긁는 정도의 행동이 여성스러움의 표시로 간주될 수 있다면, 여자 옷을 입고 신성한 제례에 몰래 잠입한 클로디우스의 행동은 완전히 새로운 차원의 범죄였다. 하룻밤 사이에 그는 온 로마에서 허리띠 느슨한 멋쟁이들에게는 찬사를 받았고 보수주의자들에게는 경멸을 받았다.

이 사건으로 크게 망신당한 것은 카이사르였다. 당연히 그는 분개하는 척해야 했다. 클로디우스는 폰티펙스의 관저에 침입했을 뿐만 아니라 폼페이아를 범할 계획이었다는 소문도 돌았다. 로마에서 아내를 빼앗긴 남편은 간통자에게 노예를 보내어 채찍질을 하거나 강간하게 하거나 심지어는 거세시키기까지 했던 것으로 알려져 있다. 적어도 카이사르가 클로디우스를 법정으로 끌고 갔더라도 정당한 행위로 보였을 것이다. 하지만 폰티펙스는 이미지에 난감한 문제를 안고 있었다. 종교적 위상은 높아졌지만 제사장 본인이 여전히 뜨거운 가십의 대상이었고 "모든 여성에게 한 남자를, 모든 남성에게 한 여자를"[28]이라는 별명을 얻은 난봉꾼이었다. 카이사르가 다수인 도덕적 목소리를 대변하려고 들면 더 큰 조롱이 쏟아질 것이며, 게다가 클라우디우스 일족을 적으로 만들고 자기의 출신상의 지지자들과 소원해지는 결과가 초래될 수 있었다. 어쨌든 그는 한두 해 안에 집정관에 도전할 계획을 세우고 있었으니까. 클로디우스는 반대자로 돌려세우기에는 연줄이 너무나 좋았고 너무나 변덕스러운 존재였다. 마침내 카이사르는 폼페이아와 이혼하되 그 이유에 대해서는 말하지 않음으로써 이 딜레마를 풀기로 결정했다. 그가 한 대답이라고는 오로지 델포이의 신탁처럼 "카이사르의 아내는 의혹의 대상이 되어서도 안 된다"[29]는 아리송한 말뿐이었다. 그리고 더 이상의 추문이 나오기 전에 총독직을 맡기로 되어 있던 에스파냐로 슬쩍 빠져나갔다. 원로원이 미처 그의 임명을 확정해주기도 전에 이미 새 속주에 도착했던 것을 보면 그가 얼마나 로마를 떠나고 싶었던가를 헤아릴 수 있을 것이다.

카이사르는 떠났지만 추문으로 인한 압박은 누그러지지 않았다. 클로디우스의 별난 행동을 둘러싸고 계속 일어난 히스테리 때문에 폼페이우스의 도착 소식마저도 묻혀버렸다. 사람들이 두려워했던 것과 반대로 그의 도착은 별다른 경보도 없이 그냥 지나갔다. 귀환한 총독은 로마로 행군하지 않고 군대를 해산시켰고 "비무장 상태로 몇몇 가까운 친구들 외에는 호위하는 사람도 없이, 아무리 보아도 외국에서 휴가를 보내고 돌아오는 사람처럼"[30] 수도로 향했다. 폼페이우스의 이 같은 소박한 처신은 항상 겉치레에 지나지 않았다. 그가 지나가는 도로에 도열한 군중들은 어김없이 목이 쉬도록 환호성을 질러댔으니까.

하지만 로마에 있던 경쟁자들은 그리 쉽게 감동받는 사람들이 아니었다. 이제 폼페이우스를 겁낼 필요가 없어졌으니 그들은 그의 존재감을 줄여버린다는 훨씬 즐거운 작업에 몰두할 수 있게 되었다. 그의 첫 번째 대중 연설은 실패작이어서 다들 즐거워했다. 폼페이우스의 시건방짐과 거짓된 겸손은 적들로서는 도저히 봐줄 수 없는 과녁이 되었다. 자기만족으로 가득한 그가 원로원에서 카틸리나 반란 진압을 칭찬하자, 크라수스가 즉각 일어서더니 키케로를 높이 찬양했다. 크라수스는 바보스러울 정도로 과장된 용어로 찬사를 퍼부으면서, 집에서 아내를 바라볼 때마다 자기늘이 이렇게 살아갈 수 있게 된 데 대해 매번 키케로에게 감사를 느낀다고 말했다. 키케로는 그 찬사의 아이러니는 조금도 알아차리지 못한 채 너무나 기뻐 몸이 짜릿해졌다. 폼페이우스는 항상 그의 영웅이었는데, 자기가 이 위대한 자 앞에서 이렇게 찬사를 받다니 마치 천국에 온 것 같았다. 그렇지만 자기 영웅이 크라수스의 연설을 들으면서 약간은 '짜증스러워하는 것' 같았다는 사실을 그도 인정하지 않을 수 없었다.[31]

이는 전혀 놀랄 일도 아니었다. 폼페이우스는 최근에 키케로에게서 많은 소식을 듣고 있었다. 그 전해, 아직 그리스에 있을 때, 그의 책상으로 엄청나게 두꺼운 편지가 불쑥 배달된 적이 있었다. 편지 내용은 책 한 권으로 만들어도 될 정도로 긴 자기 선전이었는데, 거기에서 이 전임 집정관(즉 키케로)은 자기의 업적을 새로운 알렉산드로스(폼페이우스)의 업적과 감히 비교했다. 폼페이우스의 반응은 그 뒤로 시들해졌다. 아직은 자부심으로 자신을 괴롭히는 불확실성을 은폐하고 있던 키케로는 자기 영웅에게서 차갑게 거절당하자 깊은 상처를 입었다. 그는 폼페이우스가 시기하는 것이라고 스스로를 위로했지만, 그에게서 거절당한 일은 자기의 허영심뿐만 아니라 로마의 전 장래에 대한 예상에도 상처를 입혔다. 키케로가 하는 일이 항상 그렇듯이, 이 두 가지는 함께 움직였다. 공화국을 구원한 것은 그였지만, 그도 겸손하게 인정했듯이, 동료 시민들의 지원이 없었다면 도저히 해내지 못했을 것이다. 그의 집정관 임기 1년은 그에게 최고의 시간이었으며, 동료 시민들에게도 절정의 순간이었다. 이런 공통의 목적이라는 의미는 틀림없이 유지될 수 있겠지? 공화국이란 결국 이익과 정의의 동반자 관계 말고 달리 무엇이겠는가? 당연히 '자기 나라의 구원자'인 키케로가 계속 조타수 자리에 있어야 할 것이지만 그는 다른 지도적 인물들, 특히 폼페이우스 같은 인물들 역시 제 역할을 맡는다는 사실을 감사하게 인정할 것이다. 원로원 의원이나 기사 계급이나 빈민 모두가 똑같이 조화롭게 살아갈 것이다. 자기 이익은 로마의 이익에 종속된다.

물론 하나의 선언인 이것은 구름 속 꿈나라의 환상이었다. 키케로 자신도 결코 야심에 저항할 힘은 없었다. 자유, 그리고 외부인이 집정관에 선출될 기회는 모두가 자기 분수를 지키는 사회에서는 질식당한다. 이것이 키케로를 평생 괴롭힌 모순이었다. 장래에 대한 그의 청사진은 비록 현실성이 없는 것이지만 수많은 고뇌의 숙고를 거친 산물이었다. 키케로는 자신이 공화국의 가장 고귀한 전통의 계승자라고 자부했다. 그런 전통 중 으뜸가는 것은 야심과 사명감 간의 해묵은 균형이었다. 이 균형이 어그러진다면 범죄자들이 불법적인 길을 마구 뚫고 꼭대기로 올라가기 시작할 것이고 독재자가 등장할 수도 있었다. 카틸리나는 격퇴되었지만 그의 뒤를 따르는 자는 또 나오게 마련이다. 그들 역시 기필코 격퇴되어야 했다. 위대한 자가 동시에 훌륭한 인물이 못 된다면 공화국에 무슨 희망이 남아 있겠는가.

이런 견해에 대한 열정 때문에 키케로는 클로디우스 같은 부류를 관대하게 다룰 마음을 먹지 못했다. 그렇게 충격적인 행동을 할 수 있는 사람이라면 분명 나중에 카틸리나 같은 인물이 되지 않겠는가. 키케로의 이런 흥분에 기름을 부은 것은 원로원이 자신을 지지한 사실이었다. 여신의 제례 때 침입하는 것을 처벌하는 법조문은 없었지만 그 행동을 범죄로 규정하는 쪽을 지지하는 여론이 거센 파도처럼 일었다 투표가 시러섰고 클로디우스는 재판을 받아야 한다는 쪽으로 결론지어졌다. 다수가 이를 지지했다는 사실은 진정한 분노만이 아니라 로마에서는 항상 그렇듯이 개인적 증오심의 영향력이 반영된 것이기도 했다. 클로디우스에게는 적이 부족한 적이 없었으니까.

그중에서도 으뜸가는 것은 물론 루쿨루스였다. 아주 특별한 일이 아니면 루쿨루스는 연못가를 떠나지 않았다. 그런 특별한 일 중의 하나는 지난 기원전 63년의 집정관이던 키케로가 드디어 허가를 얻어내는 데 성공한 그의 개선식이었다. 루쿨루스는 이 행사를 점수 따는 기회로 활용했다. 그의 행적을 적은 거대한 칠판이 거리를 지나다니면서 그가 병사들에게 정확하게 돈을 얼마나 지불했는지를 밝혔다. 1인당 950드라크마라는 굉장한 액수였다. 부하들의 반란으로 입은 칼자국이 아직도 아물지 않고 욱신거리는 모양이었다. 이제 2년이 지나 루쿨루스는 기꺼이 재등장했다. 클로디우스의 피 냄새가 느껴질 지경이었다. 재판을 준비하면서 그는 옛날의 원한, 반란, 아내의 간음 등을 다시 끄집어냈다. 그는 또 호르텐시우스를 설득하여 고발을 주도하게 했다. 이 중에서도 가장 눈에 띄는 사람은 아우렐리아였다. 카이사르가 염려한 것이 무엇이든, 그녀는 기꺼이 그 운명적인 날 밤에 자기 집에서 클로디우스를 보았다고 확인해주었다.

하지만 클로디우스에게도 나름대로 강력한 친구들이 있었다. 그의 변호를 이끈 이는 원로원에서 가장 빛나는 인물 중의 하나인 가이우스 스크리보니우스 쿠리오Gaius Scribonius Curio였는데, 집정관까지 역임한 인물이었다. 쿠리오는 소송을 맡자마자 의뢰인의 알리바이를 만드는 데 착수했다. 선의 여신의 제례가 있던 날 클로디우스가 자기 집에 있었다고 증언해줄 기사 계급 한 명을 데려왔다. 그의 집은 추정된 범죄 현장에서 145킬로미터 떨어진 곳에 있었다. 이제 이 증거를 반증하는 일은 호르텐시우스의 몫이었다. 그 일은 그리 오래 걸리지도 않았다. 사실 알고 보니 선의 여신의 축제날 클로디우스는 145킬로미터 떨어진 곳이 아니라 바로 로마 중앙부에 키케로와 함께 있었다.

그러나 키케로가 이런 사실을 증언해줄 것인가? 그가 아무리 클로디우스의 처신을 질색했다 하더라도 결정을 내리기는 쉽지 않았다. 그 이전에는 두 사람이 서로 적대했다는 기록은 없다. 심지어 키케로가 집정관이었을 때 클로디우스가 호위병 노릇을 하기까지 했다. 게다가 그들은 이제 이웃지간이었다. 최근에 키케로는 말 그대로 출세했다. 집정관 임기가 끝난 뒤에 그는 팔라티누스 언덕에 근사한 집을 샀는데, 목젖까지 꽉 차도록 빚을 졌지만 자신의 새 지위는 그 비용 이상의 가치가 있다고 느꼈다. 어쨌든 그는 공화국의 구원자가 아닌가. 포플러 그늘이 드리워진 저택의 포르티코에서는 포룸이 내려다보였다. 클로디우스만이 아니라 그의 으리으리한 누나도 이웃이었다. 키케로는 로마의 가장 고고한 가문과 이웃이라는 사실을 아주 자랑스러워했는데, 그 자랑이 너무 심한 나머지 그의 아내는 클로디아가 그를 유혹하려고 했다고 고발하기까지 했다.

일설에 따르면, 키케로는 이 일로 숨도 못 쉴 정도로 시달린 탓에 클로디우스에게 불리한 증언을 하기로 결심했다고 한다. 그저 조금이라도 조용히 살고 싶어서였다는 것이다. 그의 아내는 화를 참았어야 했다. 최종적으로 판단하자면, 원로원 엘리트의 최고위층과 동조할 기회라는 유혹에 키케로는 도저히 저항할 수 없었을 것이다. 그가 법정에 나타나자 낭연히 소란이 일었다. 그가 증언을 하려고 발걸음을 내딛자 클로디우스 지지자들의 고함소리가 점점 커졌다. 돈을 주고 빈민가에서 데려온 무리들이 몇 주씩이나 포룸 주위에 진을 치고서 클로디우스의 적들을 위협했다. 그들을 데리고 온 것은 클로디우스를 담당한 변호사의 아들이었는데, 키케로는 그를 "쿠리오의 어린 딸"[32]이라고 무시했지만 그래도 무모하고 위험한 상대인 것은 분명했다. 그러나 이번에는 그들의 전술이 역효과를 냈다. 자기가 쇼의 주인공이라고 느끼면 키케로는 그 어느 때보다도 용감해지니 말이다. 배심원들이 주위에 둘러서서 인간 방패가 되어주자 그는 분명하고 흔들림 없는 목소리로 증언을 했다. 다음 날 그의 집 주위에 군중이 모여들어 그를 지지했다. 클로디우스는 유죄로 결정되는 듯했다. 이제는 배심원들이 호위병을 붙여달라고 요청했다.

하지만 그들은 키케로를 보호할 때는 완강했지만, 그다음 며칠 동안 정체 모를 노예가 그들의 현관문을 두드릴 때는 그때만큼 인상적으로 처신하지 못했다. 돈다발이 눈앞에서 흔들거렸고 여성이든 상류 계급의 소년이든 원하는 대로 제공되었다. 이런 식의 악랄한 접근법에는 결정적인 보상이 따랐다. 찬성 31표, 반대 25표로 클로디우스의 무죄가 선고되었다. 그의 적들의 분노가 폭발했다. 배심원 하나를 만나 카툴루스는 독기 서린 표정으로 이렇게 물었다. "자네가 호위병을 붙여달라고 한 게 이 때문이었나? 자네가 받은 뇌물을 안전하게 지키려고?"[33]

모든 거족, 특히 루쿨루스에게는 클로디우스의 무죄 방면이 심한 타격 정도였지만 키케로에게는 재앙이었다. 카툴루스나 호르텐시우스 같은 자본가도 아닌 주제에, 이제 그는 카이사르조차 도발하기를 꺼려한 상대를 적으로 삼게 되었다. 게다가 재판이 끝난 뒤 몇 주 동안 원로원에서 그는 판단을 잘못하여 클로디우스를 연속적으로 공격하고 지분거리는 바람에 사태를 더 악화시켰다. 로마인들 사이의 관계는 악의를 내포하게 마련이지만 이제는 그것이 급속도로 진화하여 피의 분쟁이 되었다. 재능으로만 본다면 클로디우스가 키케로를 따르지 못하겠지만 앙심을 품는 재능에 관한 한 타의 추종을 불허한다는 것이 곧 입증된다.

키케로는 늘 자기에게 닥친 재앙이 곧 로마 전체의 위기라고 보았다. 그러나 이번처럼 자기 문제가 아닌 경우라면 정치적 생활의 야만적인 성격 자체가 곧 정치적 자유의 내용임을 인정했을 것이다. 행운이 왔다가 불운도 오고, 동맹은 맺어지기도 하고 깨지기도 한다. 이런 것이 자유 공화국의 리듬이었다. 그의 집정관 임기에 발했던 광채가 급속히 사라진다는 사실이 키케로에게는 속상한 일이었겠지만 대부분의 동료들이야 그런 것에서 조용한 만족감을 맛보았다. 로마에서 업적을 쌓는 것은 중요하지만 지나치게 위대한 업적은 두려움을 불러일으킨다. 권력을 여러 사람이 공유하는 것은 괜찮아도 누구든 최고 지위를 독차지할 수는 없다. 오직 술라만이 그렇게 했지만 그도 곧 물러났다.

이런 사실이 바뀔 것이라고 생각할 이유가 있는가?

8

삼두정치

카토의 첫 수

기원전 61년 9월 28일에 위대한 자 폼페이우스는 로마에서 세 번째 개선식을 거행했다. 그의 기준으로 보더라도 일찍이 없던 장대한 행사였다. 그 핵심은 당연히 정복 영웅 자신이었다. 좋은 자리를 얻지 못한 관중에게도 잘 보이도록 온통 진주로 꾸민 거대한 흉상이 퍼레이드에서 운반되었다. 순진무구한 느낌을 주는 고수머리가 두드러졌다. 이는 폼페이우스가 18년 전의 첫 번째 개선식에서 과시한 것과 똑같은 헤어스타일이었다. 신동이라는 역할을 포기하는 것은 확실히 아까운 모양이다. 폼페이우스는 자기 나이에 워낙 민감해서, 개선식도 마흔다섯 번째 생일 전날에 시작하도록 조처했다. 그가 이런 자세한 사실을 광고했다는 뜻은 아니다. 알렉산드로스의 고수머리와 함께 망토도 뽐냈지만 그는 소년 옷을 입은 노인네처럼 보일 생각은 전혀 없었다. 알렉산드로스는 서른세 살의 젊은 나이에 죽은 것으로 유명했다. 폼페이우스는 서른다섯 살이 된 지 이미 10년이나 지났다.

이런 성질의 중년의 위기는 지름길을 통과한 경력이 있는 로마인이나 가질 수 있는 것이다. 그렇지 못한 폼페이우스의 동족들은 대부분 마흔 살이 되기를 고대했다. 시민으로서의 절정기는 중년이었고, 상류 계급은 그때 비로소 집정관에 출마할 수 있다. 로마인의 눈에 젊음의 숭배란 뭔가 이국적이고 불안해 보였고, 특히 왕이나 빠지기 쉬운 착각이었다. 그리스의 권력자들은 대리석 조각상으로 젊음을 보존한다거나 스스로를 위해 허풍스러운 기념물을 만든다거나 하는 방식으로 세월을 붙들어두려고 애썼다. 로마인이라면 그보다는 철이 더 든 사람들일 테니까. 어쨌는 시간이 계속 흘러간다는 사실 말고 달리 공화국의 생명의 핏줄이라고 할 만한 것이 있었던가? 매년 행정장관은 다른 행정장관에게 자리를 내어주고 물러나며, 키케로처럼 공직의 임기를 너무 야단스럽게 끝내면 조롱거리가 되었다. 포도주에 물을 타서 마시듯이, 영광에 대한 조급증을 흩어버리는 데는 시간이 약이었다. 세계의 어느 누구보다도 영광에 대한 깊은 갈증을 느끼는 로마인들은 바로 그 때문에 그런 위험을 더 심하게 경계했다. 그 맛이 달콤할수록 중독될 위험은 더욱 컸다. 공직의 한도는 1년이었고, 개선식의 기한은 하루나 이틀이었다. 행진이 끝나고 잔치 음식을 다 먹어치우고 나면 승전비는 신전에 전시되며 남는 것은 길거리의 쓰레기뿐이다. 로마인들이 볼 때, 영광의 가장 진정한 기념물은 대리석이 아니라 기억에 새겨진 것이었다. 으리으리한 구경거리가 시민적 가치를 모욕한다고 할 것까지는 없겠지만 덧없는 것, 한순간에 스쳐 지나는 것이며, 그것을 후원한 행정장관의 권위 또한 그러했다. 거대한 건축물의 건설을 금지당한 로마인들은 그 대신에 축제를 예술의 형태로 만들었다.

로마가 가장 제국의 수도다운 모습으로 보이는 때는 꾀죄죄하던 부분들이 환상의 영역으로 탈바꿈하는 순간이었다. 극장들이 한꺼번에 세워져 대리석 기둥들로 장식되며, 바닥에는 유리나 금박 입힌 마루가 깔렸고 실물로 착각할 정도의 현란한 그림과 청동 입상들로 가득 채워졌다. 그러나 극장도 하나의 무대 장치에 불과했다. 축제를 열기 위해 뚝딱 건설되지만 축제가 끝나는 순간 무자비하게 해체되는 것이다. 오직 한 번, 기원전 154년에 재무관들이 상설 극장의 건설을 허가한 적이 있었지만, 그것조차 팔라티누스 언덕 기슭에서 거의 완공되어갈 무렵에 원로원이 강력하게 반대하여 해체되었다. 그 결과 거의 한 세기가 지나도록 세계의 안주인인 로마에는 이탈리아의 시골마을에도 있는 돌로 지은 극장 건물이 하나도 없었다.

많은 시민들은 이를 자부심의 원천으로 여겼다. 즉 공화국의 덕성과 "항상 로마인의 특징인 특별한 남성성"[1]이 이런 예에서 단호하게 드러난다는 것이다. 하지만 다른 사람들이 보기에 이는 수치였다. 예를 들어 폼페이우스는 동방을 이리저리 돌아다닐 때 그리스 건축물의 찬란함에 압도당했는데, 이런 사실을 원망스럽게 여겼다. 자기 자신과 로마의 특권이 모욕당하는 기분이었던 것이다. 개선식을 위해 포도주 냉각기에서부터 발삼향나무까지 모조리 뽑아온 그는 미틸레네에 있던 거대한 극장을 스케치하는 것으로 약탈을 마무리했다. 그것을 본떠 "오직 더 크고 더 장엄한"² 건물을 짓기 위해서였다. 개선식의 잔해가 치워지고 있을 때 이미 폼페이우스의 노동자들은 캄푸스 마르티우스에서 움직이고 있었다. 평평하고 비어 있고 포룸에서도 가까웠으니, 개발업자로서는 이보다 더 입맛이 당기는 장소가 없었다. 또 폼페이우스는 언제나 유혹에 약했다. 그가 세운 계획은 처음부터 대작주의를 표방했다. 솔직하지 못하게도 그는 베누스 신전을 세울 것이며 예배소를 향해 올라가는 계단 같은 방식으로 좌석을 배치할 것이라고 발표했지만 속아 넘어가는 사람은 아무도 없었다. 폼페이우스의 경력이 내내 그랬듯이, 전례는 이번에도 또다시 거침없이 묵살되었다. 폼페이우스는 그런 것은 조금도 개의하지 않았다. 어쨌든 비용은 그의 호주머니에서 나오는 것이었으니까. 로마 시민들에게 선물을 주는 것 외에 달리 재산을 쓸 일이 어디 있겠는가?

내부분의 로마 시민들도 이에 동의했다. 하지만 폼페이우스 찬미자들은 전율을 느끼면서 자기들 영웅의 엄청난 너그러움에 감사했겠지만 원로원에 있는 적수들은 그렇지 못했다. 특히 최상층부에서는 의구심이 점점 깊어져서 편집증이 될 지경이었다. 이 새 극장의 기단이 투표소인 오빌레에 닿을 정도로 확장된다는 점이 주목을 끌었다. 극장 복합시설이 완공되면 투표소 울타리 너머로 솟아오르게 된다. 말 그대로 폼페이우스의 그림자 속에서 선거가 치러지게 된다는 뜻이었다. 공화국 자체가 위험에 처한 듯했다. 자기들을 넘어 상승하는 자에게 대항하여 귀족을 단합시켰던 외침이 지금 또다시 터져나왔다. 오래전부터 헌법에 위배되는 폼페이우스의 경력을 비판하던 카툴루스는 클로디우스의 재판이 끝난 직후에 죽었다. 하지만 카토는 전통의 수호자로서 여전히 불굴의 존재였고, 폼페이우스를 공격할 태세도 그 어느 때보다도 확고했다. 질투에 불타는 크라수스와 연합한 카토는 폼페이우스의 이익에 반대하는 요지부동의 벽을 구축했다. 그들은 아직도 스스로의 영광 한복판에 파묻혀 있는 위대한 장군을 쭈그러뜨려 느닷없는 무능력자로 만들어버렸다. 원로원은 그가 내놓은 동방 정착지의 편성안 비준을 거부했다. 퇴역병들은 약속받았던 농장을 얻지 못하게 되었다. 카토는 미트리다테스에 대한 승리도 "여자를 상대한 전쟁"[3]이라고 조롱했다.

폼페이우스는 상처를 받고 당혹스러워했다. 324개 나라를 정복한 것이 바로 나 아닌가? 로마 제국을 두 배로 확장한 것도 나 아닌가? 왜 원로원은 내 몫을 주지 않으려 하는가? 방법이야 불법적이었지만 목적으로 본다면 그는 관례의 본보기 그 자체였다. 적들의 암시처럼 군주제를 목표로 하기는커녕 그가 원한 것은 기존 주류의 품 안에 받아들여지는 것 이상이 아니었다. 그도 위축되는 부분이 있었다. 즉 그의 가문은 유서 깊은 가문이 아니었다. 업적으로 비교하자면 폼페이우스의 발가락 정도밖에 안 될 카토 같은 인물의 특권이 그를 좀먹어 들어갔고 마음속에는 시기심과 함께 존경심이 피어올랐다. 기원전 62년에 동방에서 돌아와서 위세가 최고에 달했을 때에도 폼페이우스는 카토가 앞으로 자기를 인정해줄지 노심초사하는 거의 어린아이 같은 소망을 나타낸 바 있었다. 심지어 친한 동맹자이던 메텔루스 켈레르의 누이인 아내와 이혼하고 자기와 자기 아들이 카토의 조카딸 두 명과 각기 결혼할 것이라고 발표했다. 이제 로마에서 가장 그럴듯한 독신남을 카토도 당연히 허락해주리라고 예상했다. 또 예비 신부들도 그렇게 예상했다. 하지만 두 여자가 들떠서 결혼 계획을 세우기 시작하자마자 그들의 삼촌은 잠깐 멈추라고 말했다. 기쁨의 함성은 눈물로 변했다. 집안의 모든 여자들이 그들 편을 들었다. 그러나 카토는 그런 소동 따위로 마음이 흔들릴 남자가 아니었다. "내가 여자의 침실에 포위당하는 사람이 아니라는 것을 폼페이우스도 알아야 한다"[4]라고 그는 단호하게 선언했다. 민망해진 구혼자는 사건을 수습할 방도라곤 없이, 자신을 모욕한 메텔루스 가문에 대한 적대감만 잔뜩 짊어진 채 음울하고 초라한 신세가 되었다.

조금의 오류도 허용하지 않고 도덕적 고지에 눈길을 못 박아둔 덕분에 카토는 또다시 전술적인 고지를 선점할 수 있게 되었다. 그 어느 때보다도 심한 패배를 당한 폼페이우스는 적들의 끊임없는 저격을 받고 점점 피폐해지기 시작했다. 기원전 60년 봄이 되자 그는 싸우기를 거의 포기한 듯이 보였다. 저 위대한 자가 생각에 잠긴 듯이 침묵 속에서 "개선식 때 입었던 토가를 바라보고' 앉아 있을 뿐, 하루 종일 아무 일도 하시 않았어"[5]라고 키케로가 아티쿠스에게 털어놓았다.

그런 보고를 듣고 카토는 만족감을 느꼈겠지만 그래도 경계를 늦추지 않았다. 정치적인 운이 좌초하기는 했지만 폼페이우스는 여전히 강력한 적수였다. 카토와 크라수스가 교묘하게 쳐놓은 봉쇄를 폼페이우스가 부수고 나오고 싶다면 그는 집정관과 동맹을 맺어야 할 것이고, 그 집정관은 동맹자일 뿐만 아니라 카토를 억누를 수 있을 만한 중량급의 인물이어야 할 것이었다. 이 역할을 담당할 적임자가 꼭 한 명 있었지만 기원전 60년 봄에 그는 멀리 에스파냐에 있었다.

카이사르는 놀랍게도 총독 임기를 성공적으로 수행하고 있었다. 허리띠를 느슨하게 매고 다니던 멋쟁이가 알고 보니 타고난 장군감이었다. 지금의 포르투갈 북부에 해당하는 지역에서 벌어진 과감한 소규모 전투 덕분에 그는 빚을 대부분 갚을 수 있었을 뿐 아니라 원로원을 설득하여 개선식을 해도 좋다는 허가를 받아냈다. 그러나 이런 성공은 폼페이우스가 처한 곤경의 소식에 비하면 빛이 바랬다. 카이사르는 일생에 다시없을 기회가 오는 순간 그것을 알아차릴 재능이 있었다. 그러나 그 기회를 붙잡으려면 서둘러야 했다. 집정관에 입후보할 사람은 7월이 오기 전에 로마에 출두해야 했다. 후임자가 도착하기도 전에 속주를 떠나, 목이 부러질 것 같은 속도로 말을 달려 카이사르는 아슬아슬하게 제시간에 캄푸스에 도착했다. 그러나 그곳에서 그는 폼페이우스 극장의 건설 작업의 먼지와 고함소리 한가운데에 멈춰서야 했다. 개선식을 치르기 전까지는 공식적으로 무장 상태였고, 따라서 로마에 들어가는 것이 금지되었다. 카이사르는 빌라 푸블리카에 짐을 풀었다. 그다음에 대리인을 내세워 집정관직에 입후보할 권리를 서둘러 청원했는데, 원로원은 얼핏 보기에는 하루쯤 말미를 가진 다음에 이를 기꺼이 허용해줄 것 같았다.

그러나 카토는 그렇지 않았다. 그 문제를 결정할 투표가 일몰 전에 치러져야 한다는 것을 알고 있었던 그는 일어서더니, 한밤중이 될 때까지 연설을 계속했다. 카이사르는 분통이 터졌지만, 개선식이냐 집정관직 입후보냐 양자택일할 수밖에 없었다. 그는 망설일 여유가 없었을 것이다. 폼페이우스와 달리 그는 권력의 실질과 그림자를 분간하는 데 어려움을 겪지 않았다. 그는 개선식을 포기하고 비무장으로 로마에 들어왔고 경주에 참가했는데, 자기가 이기리라는 것을 알고 있었다.

카토와 동맹자들도 그 사실을 알고 있었다. 폼페이우스와 겨루고 있던 전투가 갑자기 두려운 쪽으로 방향을 틀었다. 카이사르 본인이 원래 누리던 막강한 인기도 지지 기반이 되기 때문에, 폼페이우스의 지지를 받을 경우 위협이 배가되었다. 오래된 적의 경주 참가를 막지 못하게 되자 카토는 이제 그 적의 승리를 무효화하려고 서둘렀다. 가장 시급한 일은 건전한 제2집정관이 선출되도록 보장하는 일이었다. 즉 카이사르의 제안에 반대되는 방향으로 움직일 수 있는 사람이 나와야 했다. 폼페이우스의 돈이 이미 선거전에 투입되고 있었다. 집정관직 두 개를 모두 사버릴 수만 있다면 얼마를 써도 상관없다는 의도가 이미 확연해지고 있었다. 카토가 고른 후보자는 자기 사위인 마르쿠스 비불루스^{Marcus Bibulus}였는데, 성실하지만 어딘가 따분한 원로원 의원이었다. 그는 갑자기 공화국의 구원자로 부각되는 기쁨을 누리게 되었다. 폼페이우스의 적들은 그를 떠받들고 전력투구하기 시작했다. 상황이 워낙 중대하다 보니 카토조차도 폼페이우스의 대리인들과 마찬가지로 비불루스가 뇌물을 뿌리기 시작한 것을 알고서도 모른 체할 태세가 되어 있었다.

돈은 확실히 효과를 발휘했다. 선거에서 카이사르는 압도적인 표차로 1등으로 당선했지만 비불루스는 간신히 2등에 턱걸이를 했다. 어쨌든 카토에게는 다행이었다. 하지만 폼페이우스에 대해 방해 공작을 해온 카토는 이제는 카이사르의 야심도 막아야 했다. 카이사르의 군사적 재능은 널리 주목받은 바 있었다. 그런 이가 또 다른 속주 근처에 있게 되는 사태를 카토는 도저히 감당할 수 없었다. 하지만 어떻게 해야 그를 막을 수 있을까? 모든 집정관은 임기를 마치고 나면 속주 총독으로 임명되는 것이 당연지사였다. 하지만 고향이 이렇게 불안한 시기에, 기원전 59년의 집정관들이 반드시 제국 변방에 파견되어야 할 이유가 있는가? 카토는 이렇게 지적하기 시작했다. 어쨌든 스파르타쿠스가 패배한지 10년도 더 지났지만 이탈리아는 강도떼와 도망 노예들로 몸살을 앓고 있었다. 1년 동안만 집정관에게 그런 작자들을 없앨 책임을 지우지 못할 이유가 무엇인가? 원로원은 그의 주장에 설득되었고, 제안은 법안이 되었다. 카이사르는 속주가 아니라 이탈리아 변경에서 경찰 노릇을 하게 될 판이었다.

지독하게 완고한 인물이었지만 카토에게 유머 감각이 없지는 않았던 모양이다. 물론 카이사르 같은 인물을 조롱거리로 만드는 것은 위험한 행동이었지만, 카토는 그렇게 함으로써 덫을 놓은 것이다. 카이사르가 원로원의 결정을 거부하려면 무력에 의존하는 수밖에 없었다. 그러면 그는 범죄자로 낙인찍히고 제2의 카틸리나가 될 것이다. 폼페이우스의 이름도 한데 묶여 먹칠이 될 것이고 그의 계획은 영원히 좌절될 것이다. 카토의 전략은 항상 자기 자신을 헌법과 동일시하고 적들을 헌법 파괴자로 몰아넣는다는 것이었다. 카이사르가 냉혹하고 대담하기는 했지만 감히 어디까지 갈 수 있겠는가? 극단적인 폭력에 대해서는 역시 막강한 연대로 맞설 수밖에 없다. 카이사르의 동료 집정관은 지치지 않고 카이사르에게 반대하겠다고 카토에게 약속했다. 비불루스는 영광에 빛나는 경쟁자에게 평생 압도당해왔으므로 그를 증오했다. 원로원에서는 카토의 동맹자들이 강력하고 응집력 있는 다수파였다. 강력한 세력을 거느린 크라수스 또한 믿을 만했다. 로마의 정치 세계에서 변함없는 사실 한 가지가 있다면 크라수스는 어떤 경우에도 폼페이우스의 반대편에 선다는 사실이다. 이 경쟁은 확실히 아슬아슬하겠지만 그래도 카토는 냉정하게 승리를 확신할 수 있었다. 그래야만 했다. 왜냐하면 자기는 공화국과 공화국의 안정성을 지주로 사용하기로 선택했으니까.

그런데 카이사르가 집정관이 된 운명적인 해의 초반부터 위기가 닥쳐왔다. 새 집정관의 연설을 듣기 위해 소집된 원로원의 분위기는 불신감과 불안감으로 가득했다. 카이사르는 뛰어나게 우아한 태도로 청중을 매혹시키려 했지만, 카토는 완고한 태도로 그것을 거부했다. 카이사르가 폼페이우스의 퇴역병들의 정착을 위한 온건하고도 신중한 근거가 제시된 법안을 제출하자 카토는 무엇에라도 찔린 듯이 튀어오르듯 일어서서 끝없이 연설을 늘어놓았다. 그것이 카토가 제일 좋아하는 수법이었다. 카이사르는 호위병들에게 신호를 보내어 그의 말을 잘랐다. 카토가 끌려 나가자 원로원 회의장은 비기 시작했다. 왜 떠나는지 말하라고 카이사르가 요구하자 그들은 "당신과 원로원 회의장에 앉아 있느니 차라리 카토와 함께 감옥에 갇히겠소"[6]라고 되받아쳤다. 카이사르는 분노를 억누르며 물러설 수밖에 없었다. 카토는 풀려났다. 두 사람의 눈싸움에서 먼저 눈을 깜빡인 것은 카이사르였다. 혹은 그런 것처럼 보였다. 하지만 실제로는 카이사르가 그저 전술적으로 후퇴한 것일 뿐이라는 사실이 곧 드러났다. 그는 원로원 회의장을 포기하고 토지법안을 곧바로 포룸으로 들고 갔다. 그러자 폼페이우스의 퇴역병들이 로마를 가득 채우기 시작했다. 카이사르의 적들은 이런 위협적인 배경 속에서 점점 불안을 느꼈다. 비불루스는 당황한 나머지 유권자들에게 자기는 그들이 뭐라고 하든지 상관하지 않는다고 말하는 최고의 바보짓을 저질렀다. 이를 지켜보던 카토는 아마 틀림없이 두 손으로 머리를 감쌌을 것이다. 그렇기는 하지만 여전히 카토는 카이사르가 허세를 부린다고 믿었다. 인민들에 의해 통과된 법안이 충분히 인정된다는 것은 사실이었지만 그래도 원로원이 분명히 표명한 희망을 거스른다는 것은 카토가 보기에는 강도짓이나 다름없었다. 카이사르가 계속 그 방법을 쓴다면 동료들 사이에서 카이사르가 누리는 신뢰는 무너질 것이며 그의 경력도 끝장날 것이다. 그런 운명을 자초할 만큼 범죄적인 사람은 물론 아무도 없지 않겠는가.

그러나 카이사르의 게임 작전은 곧 확연하게 드러나게 된다. 법안 투표에 들어가기 전의 유세에서 그는 자기를 지지하는 유명 인사들을 과시했다. 폼페이우스가 연단에 올라서 퇴역병들의 정착을 지지했을 때 놀란 사람은 거의 없었을 것이다. 그러나 두 번째 연사의 정체가 밝혀지자 마치 벼락이 때리는 것 같았다. 평생 교묘하게 빠져 달아나는 기회주의자로 살면서도 크라수스는 한 가지 원칙은 변함없이 고수하고 있었다. '폼페이우스의 목표와 반대되는 쪽으로'라는 원칙이었다. 그런데 이제 보니 그것조차도 지키기 힘든 원칙이었던 모양이다. 크라수스는 정치인으로서 공화국의 이익을 위해 방향 전환을 했다고 주장했지만, 그가 평생 이기적이지 않은 행동을 한 적이 단 한 번도 없다는 것은 모두가 아는 사실이었다. 냉정하고 계산적인 그의 정신에서는 증오의 쾌락도 권력에 대한 열정의 경쟁 상대가 아니었던 모양이다. 자기 혼자서는 한 번도 누리지 못했던 유명세가 이제 그의 손안에 있었다. 허를 찔린 카토는 이제 자기가 내세워온 모든 방어 수단이 뒤집어졌음을 알았다. 폼페이우스와 카이사르뿐이었다면 감당할 수 있겠지만 크라수스가 더해진다면 적들은 로마의 주인이나 마찬가지였다. 이 세 사람은 공화국을 자기들 마음대로 이끄는 삼두마차처럼, '삼두정치'로서 잘라 먹을 수 있을 것이다. 카이사르가 그렇게 행복한 자신감을 보인 것도 무리가 아니었다.

카토와 비불루스는 토지법안의 통과를 막기 위해 배후 행동을 필사적으로 개시했다. 민회 결의 날이 되자 비불루스는 하늘에서 불리한 조짐을 보았으니 투표가 연기될 것이라고 발표했다. 이 소식에 대한 폰티펙스 막시무스 측의 대답은 비불루스의 머리 위에 인분을 한 바구니 퍼붓는 것이었다. 오물을 씻어낸 그의 눈에 들어온 것은 폼페이우스의 퇴역병들로 구성된 호위대가 자기 릭토르들을 두들겨 패고 파스케스를 부수는 광경이었다. 야유를 들으며 비불루스와 카토는 포룸에서 떠메여 나갔고, 그런 다음 투표가 진행되고 토지법안이 지체 없이 통과되었다. 소득이 두둑할 토지법 경영 업무를 수행하기 위해 위원회가 결성되었고 그 위원회의 수장은 당연히 폼페이우스와 크라수스가 되었다. 마지막으로 카이사르는 자기가 거둔 승리에 완성 봉인을 찍기 위해 원로원에 새 법안에 복종한다는 서약을 하라고 요구했다. 겁에 질리고 우왕좌왕하던 적들은 순순히 복종했다. 오직 두 사람만이 계속 버텼다. 그중 하나는 메텔루스 켈레르였는데, 그는 당시 위중한 병에 걸려 있었지만 그래도 자기 누이를 지독하게 모욕한 남자에 대한 도전을 계속할 기력은 충분했다. 다른 한 사람은 당연히 카토였다. 결국은 두 사람도 키케로의 설득으로 포기했다. 키케로는 그들이 추방된다면 명분을 위해 전혀 도움이 안 된다는 점을 지적했다. "자네는 로마가 필요 없을지 몰라도 로마는 자네를 필요로 하네"[7]라고 키케로가 말했다.

하지만 싸움을 계속하려고 분발하면서도 카토는 이 위기 속에서 자신의 역할이 무엇인지 숙고해보지 않을 수 없었다. 카이사르와 폼페이우스를 극단으로 몰아붙임으로써 그는 반격을 앞당기는 데 큰 역할을 했다. 그는 연기를 피워 "머리가 셋 달린 괴물"[8]이 공개되도록 했으며, 이제 그 괴물은 더 이상 어둠 속에 남아 있을 필요가 없어졌으니 아무 거리낌 없이 더러운 먹이를 찾아다닐 수 있게 되었다. 폼페이우스는 동방 정착지의 편성안을 비준받았고, 크라수스는 이익이 많이 남는 세금법안을 주물렀으며, 카이사르는 속주 총독 지휘권을 노리고 주위를 둘러보고 있었다. 그는 발칸 반도의 일리리쿰과 이탈리아 북부 변경 바로 너머에 있는 갈리아 토가타, 즉 '토가를 입는 갈리아'라는 두 군데의 속주로 결정했다. 로마의 현관문 바로 바깥에서 카이사르가 군단 세 개를 거느리게 된다는 것에 대해 원로원 의원들이 유일하게 위안을 느낀 부분은 그의 속주 두 개 중 어느 하나도 화려한 정복사업 일거리가 별로 없는 곳이라는 사실이었다. 그러다가 봄에 메텔루스 켈레르가 갑자기 죽어버렸다. 그리고 카이사르는 세 번째 속주에 손을 뻗을 기회를 얻었다. 메텔루스의 죽음으로 인해 폼페이우스의 옆구리에 박힌 가시가 빠졌을 뿐만 아니라 알프스 너머에 있는 트란살피네 갈리아 총독 자리가 공석이 되어버렸기 때문이다. 이는 수많은 야만인 종족들의 위협을 받는 속주였고, 카이사르는 그곳을 적극적으로 받아들였다. 이 세 곳 속주에 대한 그의 지휘권의 임기는 경악할 정도로 긴 5년이었다. 새 총독은 정말로 풍성한 영광의 잔치를 약속받았다.

카토에게 이것은 특별히 쓰라린 패배였다. 산산조각으로 부서진 그의 정치적 연대는 이 결정에 반대할 힘이 없었다. 폼페이우스에 대한 증오심 때문에 루쿨루스가 은퇴 생활에서 마지막으로 한 번 몸을 일으켰지만 카이사르에게서 지독하게 경멸적이고 적대적으로 다루어진 뒤 완전히 무너져서 무릎을 꿇고 자비를 구걸했다. 그렇게 위대하고 고고했던 인물이 그렇게까지 추락한 모습은 모든 사람에게 충격을 주었다. 그가 카이사르 앞에서 흘린 눈물은 2년 뒤에 죽을 때까지 서서히 그를 파괴한 치매의 초기 증세 탓도 일부 있었을 것이다. 루쿨루스의 정신이 어두워져가는 것을 카토는 공화국이 허약해지고 있음을 나타내는 음울한 징조로 보았을 것이다. 그는 자기는 그 병에 절대로 굴복하지 않겠다고 결심했다.

어떤 시민도 노예가 되는 것은 참을 수 없다. 이는 로마 역사에 피로 새겨진 진실이었다. 머리 위에 똥바가지를 뒤집어쓴 뒤 비불루스는 동료 집정관에게 돌아서서 오물로 얼룩진 토가 주름을 풀고 목을 드러냈다. 즐거워진 카이사르는 목을 잘라달라는 그의 부탁을 거절했다. 비불루스의 몸짓이 비록 신파적이긴 했지만 그 덕분에 그는 명예를 회복할 수 있었다. 카토와 동맹자들은 조금도 망설이지 않고 스스로 순교자가 되었다. 집정관은 자기 집에 틀어박혀 남은 임기 동안 은둔자 노릇을 하고 싶은 인상을 남겼다. 반면 카토는 곧바로 도전 무대를 포럼으로 옮겨, 적들이 최악의 행동을 하도록 부추겼다. 두 사람 다 위협과 폭력을 유도했다. 이들은 카이사르의 입법이 불법이라는 뉘앙스를 던지는 데 성공했을 뿐만 아니라 그 배후에 있는 삼두정치의 이미지를 훼손했다. 선동 전쟁에서 그보다 더 효과적인 타격을 가할 수는 없을 것이다.

카이사르야 경력을 관리하기 위해 헌법을 상대로 치고 빠지는 작전을 구사할 준비가 되어 있었지만, 폼페이우스와 크라수스는 공화국을 강간한 자로 간주되는 것은 원하지 않았다. 그들은 자기들이 어디까지나 규칙에 입각하여 행동하고 있다고 생각했다. 정치 게임에 참가하는 모든 경기자들을 규제하는 복잡하고 명문화되지 않은 전례들의 실타래 말이다. 권력자들은 공화국의 초창기부터 신디케이트로 함께 연결되어 있었다. 그러니 예를 들어 카이사르가 폼페이우스와의 동맹 관계를 공고하게 만들고자 했을 때 그는 최대한 전통적인 방식에 따라 행동했다. 즉 자기 딸을 주었다. 그러나 카토는 도덕적 권위자라는 고지에 서서, 카이사르를 뚜쟁이로 깎아내렸다. 이런 종류의 모욕은 피를 끓어오르게 한다. 언제나처럼 매카비티(음침한 불한당, 뮤지컬 〈캐츠〉 또는 엘리어트의 시 'Old Possum's Book of Practical Cats'에 나오는 악당 고양이-옮긴이) 같은 존재이던 크라수스는 그런 비난을 대부분 피해갔지만 카이사르와 폼페이우스는 분노가 계속 쌓였다. 그들이 권력의 고삐를 계속 쥐고 있기는 했지만 로마 귀족이라면 그것만으로는 절대로 충분하지 않았다. 그들은 존경과 숭배와 사랑을 받아야 했다.

폼페이우스는 인기가 없다는 것을 특히 견디기 힘들어했다. 평생 팬들의 숭배를 받으며 살아오다가 이제 그런 특권이 사라지자 그는 "몸이 뒤틀리는 것" 같았고, "비참할 정도로 울적해지고 우유부단함 때문에 시달리는" 기분이었다. 그가 얼마나 비참해 보였던지, 키케로는 "그런 광경을 보고 즐거워할 사람은 크라수스밖에 없을 것"[9] 같다고 아티쿠스에게 말했다. 오랜 적의 능글맞은 웃음은 폼페이우스의 기분이 나아지는 데 절대로 도움이 되지 않았다. 두 인물의 동맹 관계에는 긴장이 점점 더해갔다. 새롭게 집어삼킬 시체를 찾아다니는 크라수스나, 회한과 자기 연민으로 울적해진 폼페이우스, 그중 누구도 서로에 대한 충성심이라고는 없었다. 머리 셋 달린 괴물이 등장한 지 몇 달도 안 되어 머리 두 개는 서로를 악랄하게 물어뜯고 있었다. 카토는 이런 광경을 엄숙한 만족감으로 지켜보면서 공화국이 결국은 구원될 수도 있겠다는 희망을 품기 시작했다.

세 번째 머리는 여전히 위협적이었다. 카이사르 앞에는 갈리아가 기다리고 있었다. 그가 일으킬 것이 뻔한 전쟁이 그곳에서 일어날 경우 그것은 그의 명성을 재구축할 비길 데 없는 기회가 될 것이다. 그렇기는 해도 카토의 전술은 카이사르에게도 지울 길 없는 손상을 입혔다. 그는 로마에 증오와 공포의 유산을 남기고 떠나게 될 것이었다. 그가 갈리아에서 얼마나 큰 영광을, 또 얼마나 많은 황금을 얻게 될지는 몰라도 적들의 핵심부는 그를 계속해서 범죄자로 간주할 것이었다. 카이사르는 총독직에 남아 있는 한 처벌을 면제받는다. 하지만 갈리아에 영원히 남아 있을 수는 없다. 5년은 지나갈 것이고, 그 기간이 끝나면 카토는 행동을 개시할 준비를 하며 기다리고 있을 것이다. 정의가 그것을 요구하고 있고, 그의 나라도 그것을 요구하고 있었다. 카이사르가 파멸하지 않는다는 것은 무력이 법을 이긴다는 의미다. 폭력에 의해 지배되는 공화국은 노서히 공화국이라 할 수 없다.

클로디우스의 도박

교차로의 신에게 바치는 겨울 축제인 콤피탈리아 제전은 항상 시끌벅적한 행사를 벌일 핑계를 제공해왔다. 로마의 온갖 쇼핑가에서 어지럽게 뻗어 나온 뒷골목의 미로에 비좁게 처박혀 살던 빈민들은 한데 작당하여 이웃의 수호신을 기리는 기회를 보물처럼 여겼다. 하지만 부자들에게는 이런 행사가 골칫거리였다. 자기들의 권위에 도전하는 듯이 보이는 것이면 무엇이든 참아주지 않았던 원로원은 기원전 60년대 내내 콤피탈리아 축제를 없애버리는 법안을 제정하고 있었다. 지역 상업 연합인 콜레기아는 전통적으로 축제 기간 중에 거리의 파벌들을 조직했는데, 특히 원로원의 집중적인 의심을 받았다. 기원전 64년에 콜레기아는 완전히 금지되었다. 축제는 저절로 시들고 사라지도록 방치되었다.

기원전 59년쯤에 콤피탈리아는 위협의 소지가 워낙 줄어든 상태여서, 키케로도 그것을 유쾌하게 산책할 만한 분위기 정도로 여길 수 있었다. 오랜 친구인 아티쿠스가 그리스에서 돌아왔고, 1월에 키케로는 그 축제를 축하하기 위해 도시의 교차로를 함께 돌아다니자고 제안했다. 두 사람은 서로 논의할 것이 많았다. 카이사르가 집정관이 된 첫 번째 달이었다. 몇 주 전에 키케로에게 삼두의 대리인이 찾아온 적이 있었다. 그 대리인은 이렇게 물었다. "카이사르, 폼페이우스, 크라수스와 손을 잡는 데 관심이 있는지요?" 키케로는 그 제안의 의미를 간파하지 못했다. 즉 로마를 지배할 기회를 놓친 것이다. 하지만 설령 그가 그 의미를 깨달았다 해도 여전히 그 제안을 거절했을 것이다. 그는 어쨌든 카틸리나의 정복자가 아닌가. 공화국에 대항하는 음모에 어떻게 가담할 수 있겠는가. 그에게는 법의 지배가 최고로 귀중했다. 개인적인 안전보다도 더 귀중했다. 천성적으로 겁이 없지 않았던 키케로는 이 결정으로 인해 자기가 위험에 노출되었다는 것을 알았다. "생각해보게." 그는 깊은 생각에 잠겨 아티쿠스에게 이렇게 말했다. "내가 등을 돌린 게 무엇인지 말일세. '내 적들과의 화해, 불결하지만 위대하고 유유자적하던 옛날의 평화'"[10]에 등을 돌린 것이다.

그렇기는 하지만 그의 신경 상태가 극한에 몰린 것은 결코 아니었다. 그런 상태였다면 절대로 교차로 순찰을 제안하지 않았을 테니까. 교차로는 카틸리나가 혁명을 배양하려고 했던 로마 뒷골목의 비좁은 미로였고, 그가 죽은 지 3년이 지났지만 빚과 굶주림의 망령이 여전히 곪아 터진 거리에 만연해 있었다. 쓰레기 사이를 지나 길을 찾아가면서 키케로와 아티쿠스가 그 궁핍의 신호를 보지 못했을 리 없다. 귀족들도 빈민들의 고통을 전적으로 나 몰라라 했던 것은 아니었다. 키케로는 혼자 있을 때는 그들을 '군중'이라고 깔보았지만, 자기 입장과 맞아떨어질 때는 공통의 명분을 웅변적으로 설파할 수도 있었다. 다른 사람들은 말할 필요도 없었다. 로마에서 보조 곡물 배급을 두 배로 늘린 책임자는 다름 아닌 마르쿠스 카토, 기득권 계급의 기둥이었다. 물론 복지를 확대하는 동안에도 그는 언제나처럼 엄격하고 청렴한 척했다. 그는 카이사르처럼 동료 시민들의 비위를 맞추어 그들이 사랑받는다는 기분을 느끼도록 해주지는 않았다. 정치인들을 서로 구별해주는 것은 정책보다는 이미지의 문제인 경우가 더 많았다. 카토가 선동 정치가 취급을 받았다면 그는 이를 마치 자기 아내가 창녀 취급을 받는 것과 동일한 모욕으로 여겼을 것이다.

존경받는 인물들이 매춘부와 선동가들이나 출몰하는 곳으로 악명 높은 교차로에 거의 오지 않는 이유도 바로 이 때문이었다. 그런 곳은 이따금씩 둘러볼 필요는 있었겠지만 그 이상은 절대로 아니다. 교차로와 결부된다는 것은 시민의 훌륭한 명성에, 혹은 아내의 명예에 심각하게 흠집을 낼 수도 있었다. 예를 들어 클로디아 메텔루스에게는 거리 모퉁이에서 일감을 기다리곤 하는 싸구려 소매치기를 일컫는 용어인 '동전한 푼 아씨'[11]라는 모욕적인 별명이 붙었다. 그녀에게 차인 애인 하나는 그녀가 '교차로와 뒷골목에서' 몸을 판다고 했고,[12] 다른 애인은 구리 동전이 가득 든 지갑을 그녀에게 보냈다. 난교를 벌인다는 평판과 바람둥이 같은 패션 취향 때문에 이런 모욕을 받을 근거가 아주 없지도 않았지만, 깡패 같은 멋을 좋아하는 클로디아의 취향은 비속어를 쓰는 정도에 그치지 않았다. 불경은 항상 처벌되었고, 모욕은 모욕으로 응답을 받았다. 구리 동전을 선물한 익살꾼의 얼굴에서는 곧 미소가 사라졌다. 그는 공개적으로 폭행당하고 윤간을 당했으니, 창녀 취급을 받은 것은 클로디아가 아니라 그였다.

클로디아가 구사하는 방식과 폭력의 매력적인 조합이 그 누구보다도 깊이 투사된 것이 그녀의 남동생이었다. 관례적인 정치가라면 경력에 치명적인 결함이 되었을 것을 클로디우스는 생명줄이나 된 것처럼 붙잡았다. 그에게는 그런 것이 절실하게 필요했다. 불경죄에 대해서는 무죄로 방면되었겠지만 재판 과정에서 이루어진 폭로로 인해 그의 앞길은 치명상을 입었다. 공화국에서도 가장 고고한 가문의 일원이면서도 자기들 계급에서 받은 낮은 지지도는 굴욕이었고 깊은 상처를 남겼다. 루쿨루스가 장담했듯이 클로디우스는 개인적인 모욕을 민감하게 받아들였고, 그것을 보복할 방법을 찾아내는 데도 기발한 상상력을 발휘할 수 있었다.

원로원에서 냉담한 대접을 받자 그는 빈민가에 아부하기 시작했다. 로마의 다른 모든 계급도 그렇지만 빈민들은 속물적인 호소력에 쉽게 현혹되었는데, 스타 자질과 대중적인 색채라면 클로디우스는 쓰고도 남을 만큼 풍부했다. 상처받은 명예를 지키기 위해 반란을 일으킬 수 있는 인물이란 확실히 천재적인 선동 정치가였다. 그렇지만 클로디우스가 군중의 대장이 되고 싶다면 그전에 호민관으로 선출될 필요가 있었다. 그리고 문제는 거기에 있었다. 손톱 끝까지 파트리키인 남자가 어떻게 평민으로 출마가 제한된 관직을 얻을 수 있겠는가? 자신이 평민이 되지 않으면 불가능한 일이었다. 이는 너무나 비정통적인 수법이기 때문에 평민 가족이 그를 양자로 들인다는 것을 보장하는 민회 결의를 거쳐야 했고 그다음으로 집정관의 인가를 받아야 하는 사안이었다. 그런데 기원전 59년의 집정관은 분란을 일으키는 클로디우스의 재주에 대해 익히 알고 있는 카이사르였다. 언젠가는 삼두가 클로디우스의 괴짜 행동을 써먹을 만한 데를 찾아낼 때가 올 것이다. 그동안 카이사르는 장래의 호민관이 안달하도록 내버려두는 것으로 만족했다.

　클로디아가 여는 만찬 연회의 단골손님이었고, 따라서 클라우디우스 가문에서 떠도는 가십에 훤했던 아티쿠스는 이런 모든 사정을 자기 친구에게 전해주기 좋은 위치에 있었다. 키케로는 당연히 깊은 안도의 한숨을 내쉬었다. 그러나 클로디우스에게 입마개가 채워져 있기는 하지만, 그는 과거 때문에 입마개의 끈이 계속 헐거워지는 것을 알게 되었다. 특히 민망스러운 오점은 예전의 동료 집정관이던 안토니우스 히브리다였다. 부패하고 무능한 마케도니아 총독으로 임기를 끝낸 뒤 이 카틸리나 측 배신자는 그때 막 로마에 다시 모습을 드러냈다. 역시 도시에 복귀하여 자기 존재를 부각시키고 싶어 안달하던 사람이 있었는데, 그가 바로 카틸리나와의 연루 사실을 묻어버리고 싶어하던 조숙한 마르쿠스 카일리우스였다. 양편 모두에게 히브리다는 놓칠 수 없는 과녁이었다. 기원전 59년 봄, 카일리우스는 고소를 제기했다. 그는 탁월한 재치를 발휘하여 연설하면서 피고를 짓밟아버렸다. 그는 피고를 공화국의 불명예스러운 존재라고 묘사했고, 피고가 총독으로서 행한 정책이라고 는 여자 노예들을 희롱하고 술에 절어 세월을 보낸 것 두 가지뿐이라고 말했다. 하지만 피고의 변호인이던 키케로는 후배 카일리우스의 농담을 즐길 수 없었다. 그가 히브리다에게 조금이라도 호감을 가졌기 때문은 아니었지만 예전의 동료이자 카틸리나를 최종적으로 끝장낸 군대의 지 휘관이 유죄 판결을 받는다면 자기에게도 불길한 사태가 된다는 것쯤 은 알고 있었다. 음모자들을 서둘러 처형했다는 사실은 아직 용서받지 못했고 잊히지도 않았다. 히브리다가 유죄 판결을 받자 빈민가에서 환 호성이 터져나왔다. 카틸리나의 무덤에 꽃다발이 바쳐졌다.

히브리다의 유죄 판결은 키케로에게 커다란 실패작이었지만 치명적 으로 계산을 잘못한 바람에 더욱 복잡한 실패가 되었다. 재판 도중에 그 는 연설을 하다가 평정심을 잃고 감히 삼두를 각각 거명하여 공격했던 것이다. 이런 불만스러운 경고 표시에 울화가 치민 카이사르는 이를 침 묵시킬 행동에 즉각 착수했다. 방법은 이미 준비되어 있었다. 연설이 행 해진 지 몇 시간도 지나지 않아 클로디우스가 평민이 되었다는 선언이 내려졌다. 미칠 듯이 불안해진 키케로는 로마에서 달아났다. 해안 지방 에 있는 빌라에 웅크리고 앉은 그는 아티쿠스에게 열화 같은 편지를 연 속적으로 보내면서 클로디아와 계속 접촉하여 동생의 의향이 무엇인지 알아봐달라고 애걸했다. 그러다가 그달 말경에 용기를 내어 아피아 가 도로 나왔다가 로마에서 오는 친구와 마주쳐 그 소식을 들었다. "그래, 클로디우스는 정말 호민관 선거에 입후보했다네." 하지만 좋은 소식도 있었다. 변덕스러운 클로디우스가 벌써 카이사르를 공격했다는 것이다.

그러자 곧 키케로는 공중누각을 짓기 시작했다. 자신의 두 적이, 집정관과 예비 호민관이 서로를 파멸시키는 것으로 끝장난다면? 일주일 뒤에 키케로는 클로디우스를 위해 응원전을 펼치고 있었다. "푸블리우스는 우리의 유일한 희망이다." 그는 아티쿠스에게 이렇게 털어놓았다. "그러니 그렇게 하게, 그가 호민관이 되게 하게. 제발 부탁이니 그렇게 하라고!"[13]

키케로의 기준으로 보더라도 이런 전환은 충격적이었다. 하지만 간계로 들끓는 이 도시에서 영원한 싸움이란 애당초 없었다. 아피아 가도에서 키케로를 만난 친구의 정체만큼 이 사실을 잘 예시해주는 사례는 없다. 클로디우스의 가장 가까운 정치적 동맹자인 쿠리오는 자기 친구만큼이나 모든 면에서 무원칙적이고 변덕스러웠다. 클로디우스의 재판에서 키케로에 대한 위협을 연출하고 난 뒤에도 그는 추문으로 평판을 더럽히는 행동을 계속했다. 히브리다의 조카인 마르쿠스 안토니우스라는 거칠고 잘생긴 젊은 남자와 그의 관계는 로마에서 화젯거리가 되었다. 낭시 기준으로 보더라도 그들이 진 빚의 규모는 충격적인 수준이었다. 안토니우스는 황소처럼 굵은 목에 근육질의 몸을 가진 남자였지만 쿠리오의 아내 역할을 하느라 여자 옷을 입었다는 소문이 귀에서 귀로 전해졌다. 둘이 만나지 못하게 하자 쿠리오는 자기 아버지 집의 지붕을 뚫고 친구를 몰래 숨겨 데려왔다고 한다. 혹은 추문 대장들은 그렇게 주장했다.* 그러다가 카이사르의 집정관 임기 동안 쿠리오를 둘러싼 추문과 비난이 갑자기 칭찬으로 바뀌었다. 누구 앞에서 굽실거리기에는 너무나

---

* 16년 뒤 키케로가 《필리피카이》에서 한 말. 키케로가 공격한 내용이 진실인지 아닌지는 상관없지만 최소한 안토니우스와 쿠리오의 관계가 추문거리가 될 만큼 가까웠을 가능성은 있었던 것 같다.

오만했던 쿠리오가 카이사르에게 멋들어지게 도전함으로써 원로원의 사기를 드높인 것이다. 이제 그를 '쿠리오의 어린 딸'이라고 부르는 일은 더 이상 없었다. 대신에 그의 무모함은 애국자의 용기로 칭송되었다. 존경스러운 원로원 의원들이 포룸에서 그에게 인사를 했다. 원형경기장에서는 열광적인 갈채로 그를 환영했다.

이런 것들은 시민이라면 누구나 갈망할 만한 명예의 표시였다. 삼두정치가 드리운 그림자 속에서 쿠리오의 도전은 공화국에 하나의 빛이 되었다. 키케로가 클로디우스도 자기 친구의 영광을 공유할 수 있도록 길들여보려는 기대를 품은 것도 분명히 근거 없는 환상은 아니었다. 하지만 그것이 환상이라는 사실이 곧 증명되었다. 클로디우스는 다른 누구보다도 훨씬 더 냉소적이고 통찰력 있게 이 위기가 제공하는 기회가 얼마나 큰 것인지를 간파하고 있었다. 적어도 현재로서는 공화국의 주형은 분쇄되었다. 정통적인 것은 눈에 띄기만 해도 경멸하던 클로디우스는 무법천지라는 새로운 환경에 완벽하게 적응했다. 그는 삼두정치에 대항하는 입장에 서지 않고 그들의 방법을 모방할 뿐만 아니라 그것을 새로운 극단으로 밀고 나갈 준비를 했다. 관례적인 정치적 경력이 닫혀버렸으니 그로서는 잃을 것이 하나도 없었다. 키케로 같은 사람이 징징거리며 찬양한들 클로디우스는 흥미가 없었다. 오만하고 눈이 높은 그의 가문 사람 누구나가 그렇듯이, 그가 원한 것은 권력이었다. 그것을 얻으면 명예는 따라오게 마련이었다.

그의 계획은 간단했다. 군중을 유혹하여 길거리의 통제권을 장악하는 것이었다. 이것은 너무나 범죄적이고 터무니없는 계획이었기 때문에, 시절이 조금만 더 안정되어 있었더라면 클로디우스조차도 감히 구상할 엄두를 내지 못했을 것이다. 그러나 카이사르의 집정관 임기 동안에 일어난 사건들 때문에 폭력이라는 치명적인 독소가 공화국에 다시 흘러들었고 빠른 속도로 퍼지고 있었다. 삼두는 공화국의 목줄기를 틀어쥐기를 원했고 원로원의 보수주의자들은 그 손아귀를 풀기를 원했다. 양쪽 모두 손을 더럽힐 준비가 되어 있는 동맹자가 필요했다. 클로디우스는 자기가 바로 그런 인물임을 선전함으로써 양쪽 모두에서 교대로 구애와 위협을 받기 시작했다. "지금은 이 의뢰인에게, 다음에는 저 의뢰인에게 자신을 팔아치우는구나"[14]라고 키케로는 비웃었다. 마치 그의 누나가 창녀 짓을 하는 것처럼. 하지만 클로디우스의 변덕스러움에는 잔인한 집중력이 숨어 있었다. 충성심은 없었는지 모르지만 그가 가진 야심에는 철저한 일관성이 있었다. 자신이 가문의 이름에 걸맞은 존재임을 입증하려는 것이다. 물론 그뿐 아니라 키케로가 파멸하는 것을 보기를 원했다.

12월에 클로디우스는 호민관 임기를 시작했다. 그는 이 순간을 위해 엄청나게 신경 써서 준비해왔다. 법률 초안이 즉시 사람들 앞에 펼쳐졌다. 법안은 모두 군중의 호감을 사는 것들이었다. 그중에서도 가장 대담하게 눈길을 끄는 것은 카토가 확정했던 보조 곡물 공급령을 공짜 월례 수당으로 대체하자는 제안이었다. 빈민가는 당연히 감사를 표하는 소리로 들끓었다. 하지만 클로디우스는 이것 자체로 대단한 효과가 있으리라는 환상은 갖지 않았다. 귀족 남자가 경력을 쌓아올릴 수 있는 불안정한 기반 중에서도 빈민들의 호감보다 더 변덕스러운 것은 없었다. 규율이 있는 집단은 군대가 되지만 규율이 없는 집단은 군중이 된다. 하지만 빈민을 동원할 방법을 찾는다면 어떻게 될까? 클로디우스가 은밀하게,

아무 탈이 없어 보이는 두 번째 법안이라는 형태로 끌어들인 것이 바로 그 질문이었다. 그는 콤피탈리아를 원래 형태대로, 콜레기아와 함께 복원시키자고 제안했다. 넓게 펼쳐진 로마 전역에서, 금지되어온 조합들이 교차로가 있는 곳마다 재설립될 것이다. 깡패처럼 으스대고 다니던 클로디우스는 그들의 후견자로서 주목을 받았다. 이제 그 법안이 통과된다면 그들은 영원히 클로디우스의 추종자가 될 것이다. 교차로가 있는 곳마다 그의 추종자들이 생기게 된다.

이는 잠재적으로 거대한 혁신이었다. 사실 너무나 거대한 혁신이기 때문에 원로원도 그 정도로 잠재력이 클 것이라고는 전혀 깨닫지 못했다. 로마인의 사고방식으로는 귀족과 빈민이 밀접한 의무의 연대를 맺는다는 발상은 너무나 생소했고, 어떤 결과가 나올지 상상할 수 있는 사람도 없었다. 그리하여 클로디우스는 쉽사리 법령을 통과시킬 수 있었다. 그는 몇 명 안 되는 반대자는 깔보는 듯한 태도로, 팔을 비틀거나 매수했다. 키케로조차 매수되었다. 아티쿠스를 중재자로 활용하여 클로디우스는 음모자들을 처형한 것에 관해 키케로를 고발하지 않기로 약속했고, 키케로는 한참 객쩍은 소리를 늘어놓은 끝에 그 대가로 적의 법안을 공격하지 않는 데 동의했다. 기원전 58년 1월 초 법안이 통과되었다.

같은 날 클로디우스와 그의 불량배들은 포룸에서 돌을 던지면 닿을 거리에 있는 카스토르의 신전을 점거했다. 콜레기아의 조직 작업이 이곳에서 이루어질 예정이었다. 신전 주위는 클로디우스의 이름을 외치고 그의 적들에게 야유를 보내는, 교차로에서 온 상인과 직공들로 채워지기 시작했다. 신전 본관으로 올라가는 계단이 부서지고 요새로 쓸 연단만 남았다. 콜레기아는 군대에 준하는 대열로 재건되었다. 폭력 위협이 대기 중에 점점 짙어졌다. 그러다가 갑자기 폭풍이 몰아쳤다. 카이사르의 부관 하나가 고소당해 소환되면서 호민관에게 도움을 청하자, 클로디우스의 부하들이 우르르 몰려들어 좌석에 있던 재판관을 습격하고 법정을 박살내버린 것이다. 재판 자체가 영원히 끝장나버렸다. 조직된 살인의 연습인 이런 소동은 클로디우스의 예상보다도 더 크게 성공한 것 같았다.

이 소식을 듣고 키케로는 확실하게 굴복해버렸다. 최대의 적이 조직적 폭력에 경이로운 재능을 가졌을 뿐만 아니라 카이사르의 편이라는 사실이 공개적으로 드러났기 때문이다. 집정관 임기를 끝낸 뒤 새 갈리아 총독은 이 도시의 경계 바깥에서 잠복해 있으면서 로마에서 일어나는 사건들의 추이를 보고받고 있었다. 이제 그는 클로디우스가 복수를 준비하는 것을 계산된 침묵 속에서 지켜보았다. 키케로와 맺은 협약의 정신을 밟아 뭉개면서 호민관은 또 다른 법안을 제출했다. 엄격한 공화적 원칙의 표명이라는 탈을 쓴 이 법안은 재판을 거치지 않고 나른 시민의 숙음을 초래한 혐의가 있는 모든 시민은 유배형에 처해져야 한다는 내용을 담고 있었다. 이름을 거론할 필요도 없었다. 그 과녁이 누구인지는 다들 알고 있었다. 이 교묘한 행동으로 키케로는 쓰러졌고, 낭떠러지를 향해 미끄러져가는 처지가 되었다.

다시 입지를 회복하려고 키케로는 머리를 기르고 상복을 입고 탄원하면서 거리를 쏘다녔다. 클로디우스의 도당들이 따라다니면서 그에게 욕설을 하고 돌과 오물을 던졌다. 예전의 경쟁자이던 키케로를 지원하기 위해 사람을 끌어모으려던 호르텐시우스는 궁지에 빠져 린치를 당하는 지경에 몰렸다. 어느 쪽을 바라보든지 키케로가 달아날 길은 막혀 있었다. 존경받는 원로원 의원이던 집정관은 평소 같았으면 그를 돕기 위해 일어섰겠지만 두둑한 속주 지휘권을 얻고 매수당한 처지였다. 원로원은 겁먹고 있었다. 키케로가 속주 총독의 막사에 모습을 드러냈을 때 카이사르는 미안해하는 표정을 지었지만 어깨를 으쓱하더니 자기가 할 수 있는 일이 아무것도 없다고 말했다. 그는 매끄러운 말투로 이렇게 제안했다. 키케로가 삼두정치에 대한 반대를 재고하고 갈리아 총독의 참모로 봉직하는 것을 고려해본다면 어떨까. 아무리 절망적인 곤경에 빠졌다 하더라도 키케로에게는 너무나 굴욕적인 제안이었다. 불명예에 굴복하느니 차라리 망명하는 편이 더 나았다. 잠시 키케로는 거리의 깡패들을 동원하여 맞서 싸울까 하는 생각도 했지만 친구들이 말렸다. 더 큰 손해를 보기 전에 떠나라고 충고한 것은 아직도 상처와 멍투성이이던 호르텐시우스였다. 재난이 얼마나 굉장한지, 또 얼마나 빨리 닥쳐오는지에 경악하고 자기 집 바깥의 초소에서 들려오는 야유에 조롱당하며 평생 쌓아온 업적이 무너지는 것을 지켜보면서 키케로는 망연자실한 채 떠날 준비를 했다. 한밤중이 되어서야 그는 집 밖으로 몰래 빠져나갈 엄두를 냈다. 클로디우스 도당들에게 들키지 않으려고 걸어서 도시 성문 쪽으로 난 거리를 살금살금 지나갔다. 새벽녘에는 무사히 아피아 가도에 들어섰다.

키케로의 탈출 소식이 알려지자 클로디우스도 다른 누구 못지않게 놀랐다. 군중은 황홀한 승리감을 만끽하며 팔라티누스 언덕으로 밀고 올라와서 키케로의 집을 점거했다. 그들은 비참한 망명자의 저택, 그의 자부심과 기쁨, 가장 눈에 잘 보이고 공식적인 형태로 그의 지위를 나타내는 표시들을 때려 부쉈다. 그런 다음에 해체 인부들이 들어섰다. 포룸을 꽉 채운 군중들이 지켜보는 가운데 키케로의 집이 산산조각 났다. 그 바로 옆, 폐허의 돌무더기에 위풍당당한 그림자를 던지며 클로디우스의 저택이 자랑스럽고 범접할 수 없는 모습으로 서 있었다. 혹시라도 이런 보복 행동이 인민의 적에 대한 정당한 처벌이 아니라 군중 폭력으로 오해될까 봐 호민관은 또 다른 법안을 서둘러 통과시켜, 키케로를 공식적으로 비난했다. 한때 죄인의 저택이 서 있던 건설 현장에는 자유의 여신에게 바치는 신전이 세워졌다. 나머지 땅은 클로디우스가 차지해버렸다. 이 모든 내용이 새겨진 청동판이 엄숙한 표정의 호민관의 손으로 카피톨리누스 언덕에 운반되어 공개적으로 전시되었다. 이것은 영원히 그 자리에 있을 것이며 그의 영광과 키케로의 범죄의 증거물이 될 것이다.

공화국에서 명성을 얻으려는 투쟁에 대한 보상물이 이렇게까지 달콤했으니, 그 투쟁이 점점 더 잔인해진 것도 놀랄 일은 아니다.

카이사르의 승리의 질주

키케로가 수심에 잠겨 로마를 떠나서 마케도니아를 종착지로 삼은 망명의 길을 터덜터덜 걷고 있을 때 카이사르는 북쪽으로 향하고 있었다. 이제 위대한 연설가와 클로디우스 간의 종반전도 대략 끝난 것으로 보이는 만큼, 갈리아 총독은 더 이상 수도의 언저리에서 어정거릴 여유가 없었다. 알프스 전역에서 골치 아픈 문제가 위협하고 있었다. 게르마니아의 전투 부대가 라인 강을 건너 쏟아져 들어오기 시작했으며, 침입자들로 인해 발생한 민족 이동의 파도가 이미 로마 변경을 향해 밀려들고 있었다.

카이사르는 맹렬한 속도로 긴장이 최고조에 달한 지점을 향해 곧바로 달려갔다. 로마를 떠난 지 8일 만에 그는 제네바에 도착했다. 광대하고 위협적인 짐마차의 대열이 레만 호수 너머 경계 지역에 멈춰서 있었다. 알프스의 토착 부족인 헬베티족은 산지에 있는 고향에 싫증이 나서 서쪽으로 진출하고 싶어했다. 황금 같은 기회가 눈앞에 있다는 것을 금방 알아차린 새 총독은 시간 벌기 책략을 썼다. 우선, 그는 로마 영토를 통과하게 해달라는 헬베티족의 요청을 검토해보겠다고 선포했다. 그런 다음 신속하게 국경을 봉쇄해버렸다. 응급으로 모집된 군단 두 개를 포함한 추가 군단 다섯 개가 강행군하여 국경에 배치되었다. 헬베티족은 국경이 봉쇄된 것을 알고 국경을 따라 전진하기 시작했다. 마차의 긴 대열이 서쪽으로 이어졌고 36만 명의 남녀노소가 그 뒤를 따라 걸어갔다. 카이사르는 그들을 그림자처럼 뒤쫓아 변경을 가로질러 자유 갈리아 땅으로 들어갔다. 그는 후방에서 매복하여 헬베티족을 기습 공격했고, 부족민들이 다시 반격해오자 잔혹한 전투를 벌여 그들에게 두 번째 패배를 안겼다. 생존자들은 항복 조건을 물었다. 카이사르는 그들에게 고향으로 돌아가라고 명했다.

경이로운 승리였지만 철저하게 불법적인 승리였다. 그 전해에 특히 속주 총독의 직권 남용을 규제하고 야심을 억제하도록 설계된, 완전히 새로운 법안들이 입안되고 발효되었다. 그 법안의 입안자는 다름 아닌 카이사르였다. 이제 공화국의 지배를 받지 않는 영토에서 공화국에 예속되지 않은 부족들과 전투를 벌이면서 그는 자신이 만든 법을 악랄하게 어기고 있었다. 로마 본국에 있던 그의 적들은 이 사실을 재빨리 지적했다. 시간이 조금 지나자 카토는 카이사르를 그가 공격한 부족들에게 넘겨주자는 제안까지 했다. 많은 원로원 의원들이 보기에 갈리아 모험은 공인되지도 않았고 정당하지도 않은 것으로 보였다.

하지만 대부분의 시민들은 그렇게 생각하지 않았다. 한편에서는 전범이라도 다른 편에서 보면 전쟁 영웅인 법이다. 야만족의 이동은 로마인에게는 언제나 악몽의 소재였다. 짐마차들이 북부를 가로질러 굴러오기 시작하면 그 진동은 멀리 떨어진 포룸에서도 메아리치곤 했다. 공화국의 시민들에게 피부가 희고 말갈기 같은 머리칼을 기르고 키가 큰 이들 갈리아인보다 흉포한 악귀는 없었다. 한니발은 로마의 현관 앞까지 달려왔고 그 위로 창을 던지기는 했지만 공화국의 안방까지 차고앉지는 못했다. 그런 일을 한 것은 오로지 갈리아인뿐이었다.

기원전 4세기 초반에 한 야만인 부족이 경고도 없이 알프스를 넘어 쳐들어와서 로마 군대를 공포에 질려 달아나게 하고 로마 안으로 달려 들어온 적이 있었다. 온전하게 남은 것은 카피톨리누스뿐이었나. 수노 여신의 신성한 거위가 기습 공격 사실을 부대에 알려주지 않았더라면 그마저도 함락되었을 것이다. 갈리아인들이 실컷 학살하고 약탈하고 불태워버린 뒤 올 때처럼 갑자기 물러가버리자, 남은 것은 다시는 그런 모욕을 당하지 않겠다는 결심이었다. 로마를 세계의 안주인이 될 수 있게 해준 것은 이런 강철 같은 결심이었다.

그러나 3세기가 지난 지금도 갈리아인에 대한 기억은 생생했다. 매년 감시견들이 십자가에 매달렸다. 이는 짖지 않아서 카피톨리누스를 지키지 못한 개들에 대한 사후적인 처벌이었다. 반면 주노의 거위들은 찬양받아 마땅한 선조들의 울음소리에 대해 계속 보상한다는 의미에서, 자

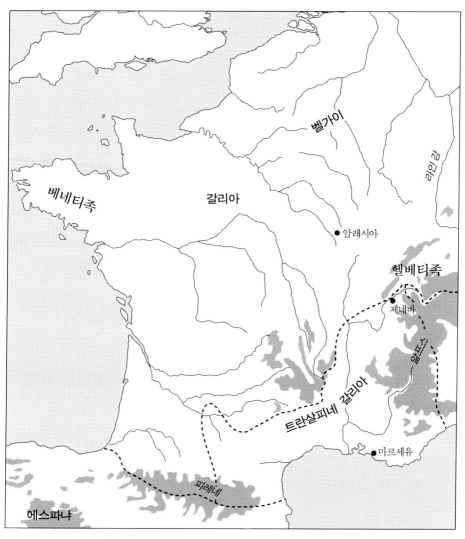

베네티족

갈리아

벨가이

라인 강

알레시아

헬베티족

제네바

알프스

트란살피네 갈리아

마르세유

피레네

에스파냐

기원전 60년경의 갈리아

음영으로 표시된 부분은 고지대를 나타낸다.

줏빛과 황금빛의 쿠션 위에서 그 광경을 지켜보도록 모셔졌다. 이보다 더 실질적인 방법은 비상기금을 마련해두고 다음번 야만족 침입 때만 사용되도록 하는 것이었다. 공화국이 초강대국이 된 지금도 이는 여전히 현명한 방법으로 여겨졌다. 반쯤은 짐승처럼 사는 사람들의 잔인성이 언제 갑자기 폭발할지 알 수 있는 방법은 없다. 대략 30만 명으로 알려진 거인들, 세계의 얼어붙은 가장자리에서 나타난 괴물 같은 존재들, 앞길을 가로막는 것은 무엇이든 모조리 때려 부수는 존재들의 국가가 북부의 황무지에서 갑자기 생겨났다는 것이다. 그 종족의 남자들은 날고기를 먹었고, 여자들은 맨손으로 군단병을 습격했다. 마리우스가 두 차례의 빛나는 승리를 거두어 침입자들을 섬멸하지 않았더라면 로마와 그들 세계는 틀림없이 종말을 맞았을 것이다.

이런 정도의 공포는 빨리 잊히지 않는 법이다. 헬베티족의 패배 소식을 듣고 대부분의 시민들이 그런 업적을 달성하는 과정에서 카이사르가 어떤 법을 위반했건 말건 상관하지 않고 환호했던 것도 무리는 아니다. 속주 총독의 임무 가운데 로마의 안전을 지키는 것보다 더 중요한 일이 무엇인가? 카이사르는 영광 사냥꾼이라는 비난을 빈틈없이 반박했다. 속주의 안전은 물론 이탈리아의 안전도 위험에 처해 있었다. 로마 변경 너머에 문명화된 행동 관례에 대해 무지하고 불안정한 부족들이 있는 한 그 위험은 계속될 것이다. 여러 세대에 걸쳐 로마인들에게 익숙해진 이 논리에 따르면 헬베티족에 대한 공격은 자기 방어 행위로 해석될 수 있다.

계속되는 카이사르의 작전도 마찬가지였다. 그는 헬베티족을 고향으로 돌려보내서 게르마니아족과 자기 속주 사이의 완충지대 역할을 하게 만든 뒤, 게르마니아족의 본체를 공격하기 위해 동쪽으로 방향을 바꾸었다. 그들의 왕이 '로마인의 친구'라는 공식 호칭을 받은 사람이라는 사실도 카이사르에게는 별 영향을 주지 못했다. 게르마니아족은 이술책에 제대로 말려들어 선제공격을 가해와서 패배했고 라인 강 너머로 격퇴되었다. 어둡고 울창한 수풀지대인 그곳에 숨어 사는 것이야 좋지만, 카이사르의 속주 근처나 갈리아 땅 어디에서도 그렇게 하면 안 된다.

이 두 부족은 이미 세력이 줄어들고 있었다. 기원전 58년과 57년 사이의 겨울 동안 군단을 속주로 철수시키는 대신에 카이사르는 변경에서 북쪽으로 160킬로미터가량 올라간 한 독립 부족의 영토 안 깊숙한 지점에서 숙영시켰다. 총독은 또다시 불법적인 수단을 전진 방어 행위라고 정당화했다. 이는 로마 본국의 여론은 만족시킬 만한 논법이겠지만 갈리아인들에게서 점점 확산되는 모욕감을 누그러뜨리지는 못했다. 이제 그들이 카이사르가 추진하는 새로운 정책의 의미를 제대로 깨닫기 시작한 것이다. 방어 가능한 국경을 확보하고 싶어하는 로마인들의 욕망을 제대로 충족시킬 수 있는 것이 정확하게 무엇일까? 동쪽으로는 라인 강, 북쪽으로는 해협, 서쪽으로는 대서양이 아니겠는가? 얼어붙은 숲과 들판을 건너 마을에서 마을로, 한 족장 움막에서 다른 족장의 움막으로 똑같은 소문이 전해졌다. 즉 로마는 "갈리아 전역을 평정"하려 한다고.[15] 전사들은 보석으로 아로새겨진 반짝거리는 방패에 윤을 내고 애송이들은 전투를 감당할 수 있음을 입증하려고 열심이었으며, 경쟁 부족들은 서로 간의 차이를 메울 방법을 모색했다. 자유 갈리아는 전쟁 준비에 돌입했다.

카이사르도 마찬가지였다. 그는 반로마적 선동을 참아주는 인물이 아니었다. 패배한 부족이든 자유로운 부족이든 공화국은 그들에게 존경을 요구했고, 명예라는 것도 총독이 심어주어야 존재할 수 있는 것이었다. 갈리아인을 도발하여 도전하게 만들었으니 카이사르는 이제 그들을 쳐부술 정당한 이유가 완벽하게 마련되었다고 느꼈다. 그해 겨울 그는 두 개의 군단을 더 모집했다. 그는 원로원에 알리지도 않고 독자적으로 이미 자기 속주에 할당된 부대의 수를 두 배로 늘렸다. 봄이 되어 카이사르가 숙영지를 떠날 때 그의 곁에는 여덟 개의 군단으로 이루어진 약 4만 명의 군대가 있었다.

카이사르는 그들 모두를 필요로 하게 될 것이다. 북쪽으로 행군해가면서 카이사르는 이제까지 로마 군대가 한 번도 밟아보지 못한 영토로 들어가고 있었다. 그곳은 항상 어둠침침하고 불길한 분위기에, 습기와 시체 냄새로 퀴퀴한 곳이었다. 여행자들은 이상한 종류의 희생 제례에 대한 이야기를 전했는데, 그런 제례는 참나무 숲 한복판에서 거행되거나 바닥도 없이 깊은 호수의 시커먼 물가에서 행해진다고 했다. 때로는 한밤중에 버드나무로 만든 거대한 횃불이 밝혀지는데, 거인 형상의 그 횃불의 팔다리와 허리에는 죽음의 제례에서 몸부림치는 포로들이 잔뜩 묶여 있다는 것이다. 갈리아인들이 벌이는 유명한 잔치의 관습도 야만적이고 역겨웠다. 방방곡곡 두루 돌아다닌 포세이도니오스는 기원전 90년대에 갈리아를 여행하고 나서 그곳에 대한 기록을 남겼다. 그는 그곳에서는 맛있는 고기 한 점 때문에 결투가 벌어지는 일이 흔했으며, 잔치 자리에서도 전사들은 문명인들처럼 비스듬히 누워 먹지 않고 일어나 앉아서 먹었으며, 헝클어진 수염이 기름과 육즙에 젖어도 그냥 내버려둔다고 기록했다. 이런 육식동물 같은 광경을 멍한 눈으로 지켜보는 관객이자 그 자체로 더욱 역겨운 광경을 조성하는 것이 장대에 꽂혀 있거나 벽감에 얹혀 있는 적들의 잘린 머리통이었다. 갈리아족의 마을에서는 이것들이 워낙 흔하게 장식용으로 사용되다 보니 여행이 끝날 때쯤에는 자기도 거기에 익숙해질 지경이었다고 포세이도니오스는 털어놓았다.[16]

움푹 패고 꼬불꼬불한 길을 따라 끝도 없이 늘어선 나무의 장막 속을 불안하게 흘낏거리면서 계속 북쪽으로 행군해가던 군단병들은 틀림없이 자기들이 완전한 암흑의 영역으로 들어가고 있다고 느꼈을 것이다. 그들이 창뿐만 아니라 기둥까지 어깨에 지고 간 것은 그런 느낌 때문이었다. 그들이 매일 행군을 마치고 짓는 숙영지는 언제나 똑같았고, 매복으로부터 안전을 제공해줄 뿐만 아니라 문명 세계, 곧 고향을 상기시켜주었다. 야만 세계의 한복판에 광장 하나와 직선 도로 두 개가 설치된다. 이로써 보초들은 방어 울타리 뒤에서 어둠 속을 응시하면서 자기 등 뒤에, 적어도 일시적으로는 로마 역할을 해주는 한 조각의 외국 땅이 있음을 아는 데서 편안함을 느낄 수 있었다.

그렇기는 하지만 군단병들의 눈에는 구제불능으로 야만스럽게 보인 것들도 카이사르의 정보기관을 통해 이미 보고되고 종합되어 있었다. 그들의 장군은 자기가 어디로 향하는지 정확하게 알고 있었다. 그것은 미지의 세계가 아니었다. 카이사르는 국경 너머로 군단을 이끌고 간 최초의 장군이었는지는 몰라도 갈리아의 황무지를 떠돌아다니는 이탈리아인들은 수십 년 전에도 있었다. 기원전 2세기에 이 지역의 남쪽에 로마의 상설 요새가 세워지면서 속주의 원주민들은 자기들을 정복한 자의 악덕에 기인한 취미를 개발하기 시작했다. 그중에서도 특히 포도주는 그들을 완전히 사로잡아버렸다. 갈리아인들은 그전에는 술을 맛본 적이 없었고, 그것을 어떻게 다루는지 몰랐다. 그들은 로마인들이 하는 것처럼 물로 희석하지 않고 원액 그대로 마시는 편을 좋아했고, 술잔치를 벌여 난장판으로 소란스럽게 퍼마시다가 "고주망태가 되어 잠에 곯아떨어지거나 미쳐버리는 지경"[17]이 되어야 파했다. 상인들은 이런 소비 행태가 아주 많은 이윤을 남긴다는 것을 알고 이를 최대한으로 부추기기 시작했다. 이들은 로마 속주의 경계 훨씬 너머까지도 여행했는데, 얼마 지나지 않아 갈리아 전역이 술에 찌든 상태가 되어버렸다. 알코올 음료의 시장이 있는 곳에서는 당연한 일이었지만 상인들은 값을 부풀리기 시작했다. 이것은 원주민들이 포도나무를 기르지 않는다는 사실 덕분이었으니, 외국을 착취하는 문제에 관한 한 항상 약삭빨랐던 원로원은 "알프스 너머의 부족들"에게 포도덩굴을 파는 행위를 불법으로 규정했다.[18] 카이사르 시절쯤에는 교환 비율이 포도주 한 항아리당 노예 한 명으로 고정되었는데, 이는 적어도 이탈리아인 쪽에서 볼 때는 아주 이익이 많은 수출입 품목이었다. 노예는 엄청난 차액을 붙여 되팔 수 있었고, 로마의 포도밭 경영자들은 가외의 인력을 써서 더 많은 포도주를 생산할 수 있었으니 말이다. 이는 관련된 모든 사람을 행복하게 해주는 악순환이었다. 갈리아인은 계속 술에 취해 비틀댔고 상인은 점점 더 부자가 되었다.

이렇게 광대한 땅에서 전투적이고 독립적인 갈리아인들을 장악할 수 있으리라고 감히 생각하면서 카이사르는 자기가 이탈리아인 수출업자 덕을 얼마나 보고 있는지 똑똑히 인식하고 있었다. 그들이 스파이를 제공해주었기 때문만이 아니었다. 게르마니아족은 포도주가 갈리아인들에게 끼친 해악을 직접 보고 나서는 "그것이 남자를 말랑말랑하게 만든다고 생각해서 자기들 나라에는 수입되지 못하게 금지"[19]하기까지 했다. 포도주는 또 분쟁을 조장하는 경향도 있었다. 갈리아 족장들에게는 황금보다 포도주가 더 귀중했다. 노예를 얻기 위해 부족들은 서로 끝없이 습격했고, 서로 약탈하여 시골 마을이 무인지경이 되고, 야수 같은 성향은 커지고 경쟁심은 쇠퇴했다. 이런 상황 탓에 그들은 쉽사리 카이사르 같은 인물의 희생물이 되어버렸다. 그에 대항하여 24만 명에 달하는 부족 연맹이 맺어졌다는 스파이의 보고를 받고서도 카이사르는 꿈쩍도 하지 않았다. 그의 앞에 나선 부족이 벨가이족, 즉 "문명권에서, 로마 속주의 사치로부터 더 멀리 떨어져 있고, 사람을 유약하게 만드는 종류의 상품을 수입하는 상인들이 가장 드물게 방문하는 지역의"[20] 부족으로서 갈리아에서 가장 용감한 부족의 일원이라는 사실을 알고도 마찬가지였다. 카이사르는 자기가 구사할 수 있는 가장 효율적인 전술인 강철 갑주 전술을 써서 그들을 강타했다. 그가 북쪽으로 전진하면 할수록 더 많은 벨가이 연맹이 분쇄되었다. 항복한 부족은 관대한 처우를 받았으며 저항한 부족은 몰살되었다. 얼마 지나지 않아 카이사르의 독수리 군단기가 북해 연안에 꽂혔다. 같은 시기에 삼두의 매력적인 젊은 아들인 푸블리우스 크라수스Publius Crassus가 보낸 전령이 달려와서 그의 휘하 군단이 서쪽의 모든 부족들의 항복을 받아냈다는 소식을 전했다. "평화가 갈리아 전역에 달성되었다"[21]라고 카이사르는 승리감에 차서 썼다.

로마는 황홀경 속에서 이 소식을 환영했다. 기원전 63년에 폼페이우스는 열흘간의 공식적 감사 행사를 허가받았다. 기원전 57년에 카이사르는 15일간의 감사 행사를 허가받았다. 그의 적들도 그가 이룬 업적의 경이로운 수준을 부정할 수 없었다. 어쨌든 공화국의 특권을 드높인 행동이 범죄일 수는 없으며, 카이사르는 갈리아족에게 로마의 이름을 존중하도록 가르침으로써 예전에 야만성의 어둠 속에서 길을 잃었던 종족을 로마인의 궤도 안으로 데려왔으니 말이다. 그의 오랜 적 하나는 원로원에서 불쑥 이렇게 말했다. "책에 기록되어 있지도 않고 직접 설명도 듣지 못하고 소문으로도 전해지지 않던 지역과 나라들을 이제 우리의 장군, 우리의 군대, 그리고 로마 시민의 무기가 꿰뚫었다."[22] 정말 기뻐할 일이다!

하지만 카이사르는 쉴 수가 없었다. 그의 침입이 깊고 파괴적인 영향을 미친 것은 사실이었지만 갈리아를 속주의 지위로 끌어내리려면 한 번의 공격으로는 충분하지 않았다. 이제 이 지역이 카이사르의 특권을 인정할 자세는 되었지만 갈리아인처럼 고질적으로 경쟁적이고 다투기 좋아하는 종속들 사이의 패권이란 불안정한 모래 위에 놓인 것이었다. 또 로마에서도 물론 그랬다. 카이사르의 몸은 북부의 축축한 수풀 속에 있었지만 한쪽 시선은 수도의 정치적 전투장에 확고하게 붙박혀 있었던 것도 그 때문이었다. 그가 자리를 비웠다고 해서 로마가 그대로 정지해 있지는 않았으니까. 이미 많은 것이 변했다. 갈리아에서 카이사르가 이룬 업적을 위해 감사 행사를 열자고 원로원에 제안한 사람의 정체만큼 이 변화를 잘 말해주는 것은 없다. 18개월 동안의 쓰라린 망명 생활을 끝내고 키케로가 로마에 돌아온 것이다.

폼페이우스가 다시 승부를 걸다

허둥지둥 망명을 떠나기 전의 암담한 나날에 이 연설가는 카이사르에게도 갔지만 폼페이우스에게도 애걸하러 간 적이 있다. 카이사르의 언어 도단적인 집정관직에 대해 폼페이우스가 눈에 띄게 순응하는 모습을 보이기는 했지만 그래도 혹시나 일이 잘되어 그 위대한 인물이 합법성이라는 명분 쪽으로 다시 돌아오지 않을까 하는 희망이 키케로에게 조금은 남아 있었기 때문이다. 폼페이우스는 키케로의 후원자 역할을 하게 되어 기분이 으쓱해졌으며, 원한을 너무 심하게 밀어붙인다고 클로디우스에게 경고하는 은혜까지 베풀었다. 이 행동에는 어느 정도의 비애가 깃들어 있었다. 인기가 한없이 추락하여 난생처음 야유를 듣게 된 시절에 키케로에게서 다시 영웅 대접을 받자 폼페이우스는 예전의 좋았던 시절이 다시 떠올랐던 것이다. 의구심과 좌절감에서 벗어나려고 필사적이던 그는 심지어 키케로에게 삼두정치에서 자기가 맡은 역할에 대해 후회한다는 말까지 털어놓았다. 너무나 흥분한 키케로는 이 말을 즉시 친구들에게 퍼뜨렸다. 카이사르가 이런 낌새를 알아차리지 못할 리가 없었고, 키케로가 떠나야 한다는 생각을 확인했다. 폼페이우스는 장인과 신뢰하는 친구 사이에서 선택해야 하는 처지에 놓이자 어쩔 수 없이 카이사르 편에 섰다. 키케로에 대한 클로디우스의 박해가 절정에 달하자 폼페이우스는 민망해져서 시골 빌라로 물러났다. 눈치 없는 키케로는 그곳까지 폼페이우스를 따라갔다. 그는 문지기에게서 집에 아무도 없다는 말을 들었다. 폼페이우스는 이미 등을 돌린 사람을 마주 대할 수 없었으므로 뒷문으로 빠져나갔다.

키케로가 돌아간 뒤 이 위대한 자는 다시 발작적으로 깊은 생각에 빠졌다. 그가 생각하는 자기 이미지는 모호함과는 거리가 멀었다. 그는 동방에서 돌아온 뒤 계속 자기를 괴롭혀온 접근 불가능한 그룹과 대적하는 시늉조차 못하고 있었다. 그는 적수들의 존경과 찬탄을 원했고, 자기가 이룬 정도의 업적이라면 누릴 자격이 있다고 생각한 최고의 권력을 원했다. 하지만 둘 다 가질 수는 없었다. 이제 선택을 했지만 애정 없는 권력이란 입맛이 썼다. 로마에서 배척당하자 폼페이우스는 그 대신에 아내에게서 위안을 찾았다. 그가 카이사르의 딸 율리아와 결혼한 것은 지극히 냉정한 정치적 동기에서였지만 얼마 안 가서 이 젊은 신부에게 푹 빠져들었다. 율리아는 숭배를 받지 못하면 기운을 내지 못하는 남편을 숭배했다. 서로의 열정에 굴복한 그들은 시골의 사랑의 둥지에서 그들만의 유폐된 시간을 점점 더 많이 보냈다. 부부의 애정 과시라는 것에 생소했던 폼페이우스의 동료 시민들은 외설적인 비난을 하며 비웃었다. 그것이 진짜 스캔들이었다. 폼페이우스에 대한 대중의 원망이 점점 경멸감으로 불늘기 시작했다.

이런 여론의 변화를 클로디우스만큼 민감하게 알아차린 사람은 없었다. 그는 약점을 탐지하는 후각이 아주 뛰어났다. 그는 폼페이우스가, 평판이 대단하고 충성스러운 퇴역병들이 있기는 하지만 종이호랑이일지도 모른다고 의심하기 시작했다. 이는 즉시 시험해보지 않고는 배기기 어려운 유혹적인 직감이었다. 폼페이우스가 가장 짜증내는 일이 크라수스 및 카이사르와의 운명적인 동맹을 맺도록 그를 밀어붙인 안건인 동방 속주의 정착지 편성안에 대한 새삼스러운 공격이라는 사실을 알아내자 클로디우스는 곧바로 돌격을 시도했다. 아르메니아 왕의 아들인 티그라네스 왕자는 부왕이 폼페이우스에게 처신을 잘하겠다는 보장으로 넘겨준 지 8년이 지나도록 아직도 인질로 로마에 있었다. 클로디우스는 이 왕자를 폼페이우스의 코앞에서 납치했을 뿐 아니라 아르메니아행 배에 태워 보내버렸다. 폼페이우스가 인질을 붙잡으려고 했지만 그의 지지자들은 습격당하고 격퇴되었다. 기존 주류들은 폼페이우스 편을 들기는커녕 그의 무기력한 분노를 보면서 즐기기만 했다. 물론 이것이 바로 클로디우스가 노린 효과였다. 그의 패거리들이 길거리에서 설치는 동안에도 그는 원로원의 승인이라는 광휘를 쬐고 있을 수 있었다.

적에게 모욕을 줄 기회가 생기기만 하면 새삼 클로디우스를 부추길 필요가 없었다. 키케로와의 관계에서도 그랬듯이 이제 폼페이우스에게서도 피 냄새를 맡을 수 있었다. 클로디우스의 패거리들은 막 먹이를 발견한 동물 같은 광기의 상태가 되었다. 불운한 폼페이우스는 포럼에 나타날 때마다 야유의 합창을 들어야 했다. 이는 그냥 내버려두어도 되는 문제가 결코 아니었다. 공화국에서도 가장 오래된 법 하나는 한꺼번에 퍼붓는 욕설을 살인과 같은 등급의 죄로 규정했다. 그런 전통에 비추어 볼 때 클로디우스는 살인 위협을 가하는 중이었고 폼페이우스는 불안해졌다. 그는 이제껏 그런 조롱을 받아본 적이 한 번도 없었다. 아내에 대한 열정도 특히 비웃음거리가 되었다. "섹스광 장군의 이름이 무엇인가?" "한 손가락으로 옆머리를 긁는 자가 누군가?" 클로디우스는 이렇게 소리치곤 했다. 질문을 하나씩 던질 때마다 그는 군중에게 자기 토가의 주름을 흔들어 신호를 보내고 그의 도당들은 잘 훈련된 합창단처럼 한목소리로 외쳐대곤 했다. "폼페이우스!"[23]

"손가락으로 옆머리를 긁는 자가 누구인가?" 저 자신은 무희 차림을 하던 남자이면서 로마의 가장 위대한 장군을 이렇듯 유약하다고 비난하다니 분명 꽤나 뻔뻔스러운 사람이었을 것이다. 그가 가장 친하게 지내는 그룹 대다수가 성 추문에 휩싸인 인물들이었다는 점을 생각하면 더욱 그러했다. 마르쿠스 안토니우스는 쿠리오와의 관계를 끊고 클로디우스가 아주 사랑하는 아내인 풀비아 근처를 기웃거리기 시작했다. 이는 우정의 약정을 깨는 행동이었으며, 곧 이 두 남자가 서로 죽이겠다고 위협하는 꼴이 벌어지게 된다. 클로디우스가 아내보다 더 열정적으로 헌신하는 여성(클로디아)을 둘러싸고도 비슷한 골치 아픈 문제들이 끓어오르고 있었다. 히브리다에 대한 처벌을 승리로 끝낸 뒤 마르쿠스 카일리우스는 자축하는 의미에서 팔라티누스에 있는 클로디우스의 호화 아파트를 임대했다. 이곳에서 그는 클로디아를 만났다. 재치 있고 미남에다 리듬감 있기로 유명했던 카일리우스는 바로 이 과부가 원하는 취향의 남자였다. 야심 많은 카일리우스는 클라우디우스 가문과 관계를 맺는 데 망설일 까닭이 없었고 클로디아는 남편의 시신이 아직 식지도 않았지만 벌써 위로를 받아야 할 기분이었던 모양이다. 물론 그녀의 괴상한 애도 방식에 사람들은 눈썹을 찡그리지 않을 수 없었다. 이 귀부인의 정사는 로마의 호사가들에게는 항상 흥밋거리를 제공했으며 포룸에서 성행하던 욕설이 난무하는 구호 외치기의 단골 주제가 되었다. 하지만 자기와 누나에 대해 어떤 비난을 하든 간에 클로디우스는 언제라도 그것을 압도할 수 있었다. 부도덕하다는 비난이 나오면 그의 편에서는 더 저속한 욕설을 해댔다. 이 모든 사태의 위선성은 흥미만 더해줄 뿐이었다. 그러니 폼페이우스와 그의 호색 행위에 대한 욕질도 그치질 않았다.

클로디우스도 클라우디우스 가문 출신이니 위협 가능한 한도가 어느 정도인지 건드려보고 싶은 유혹을 느꼈다. 8월에 폼페이우스가 원로원 회의에 참석하기 위해 포룸을 가로질러 가고 있었을 때 카스토르 신전에서 금속이 돌에 부딪히는 쩔그렁거리는 소리가 났다. 클로디우스의 노예 하나가 일부러 소리 나게 단검을 떨어뜨린 것이다. 폼페이우스는 생명의 위협을 느끼고 즉시 포룸에서 물러나서 자기 집 대문 안에 몸을 숨겼다. 클로디우스의 부하들이 그를 쫓아가서 문밖에 진을 쳤다. 호민관은 키케로에게 했던 짓을 폼페이우스에게도 하겠다고 위협했다. 저택을 점령하여 무너뜨리고 그 자리에 자유의 여신에게 바치는 신전을 짓겠다는 것이다. 폼페이우스는 키케로처럼 달아나지는 않았지만 그의 집은 봉쇄되어버렸다. 공화국에서 가장 위대한 자의 입장에서는 혼비백산할 만큼 역전된 상황이었다. 이번에도 원로원은 음흉한 만족감을 띠고 이 사태를 바라보았다. 클로디우스와 우호적인 관계를 맺고 있던 크라수스는 당연히 이 음흉한 만족감에 동조했다. 클로디우스로서는 거의 믿기 힘들 정도로 짜릿한 승리의 순간이었다. 귀족들의 대장, 빈민가의 후견인, 그는 로마의 주인이 된 것 같았다.

하지만 그것도 덧없었다. 길거리 폭력으로 얻을 수 있는 기회의 극단을 건드림으로써 클로디우스는 다른 사람들도 이미 따라 할 준비가 되어 있던 새 길을 개척한 것이다. 클로디우스의 호민관 임기는 기원전 58년 12월에 끝났다. 새 호민관 중에는 무뚝뚝하고 거친 폼페이우스 지지자인 티투스 안니우스 밀로 Titus Annius Milo가 있었다. 후견인의 격려를 받아 밀로는 폭력을 사용한 죄목을 걸어 클로디우스를 기소했다. 누가 보더라도 명명백백한 사건이었다. 그해의 법무관으로 있던 형 아피우스에게 호소하여 간신히 비난을 침묵시킨 클로디우스는 그 보복으로 부하들을 시켜 밀로의 집을 습격하게 했다. 하지만 폼페이우스의 후원을 받고 있으며 폭력에 폭력으로 대항하지 않는다면 자기도 죽은 고깃덩이가 된다는 사실을 알고 있던 새 호민관은 위협당하지 않았다. 그는 휘하의 도당을 모집하기 시작했지만 클로디우스가 그랬듯이 빈민가의 아마추어들을 돈으로 매수하는 것이 아니라 폼페이우스의 농장에서 잘 훈련되고 중무장한 헤비급 싸움꾼들을 들여오고 검투사를 고용하여 그들을 보강했다. 단 한 번의 대결로 클로디우스의 거리 독점 체제는 종말을 고했고, 전임 호민관은 이 도전에 입맛을 다시며 대응했다. 조직폭력배의 전쟁은 나날이 수위가 높아졌다. 곧 그들의 싸움은 너무나 잔혹해져서 포럼에 있는 정부기관 모두, 법원까지도 문을 닫아야 했다. 매일 로마의 공공시설 전체에서 무정부 상태가 난무했다가 쓸려나갔다.

이런 필사적인 수단을 쓴 다음에야 폼페이우스는 몇 달 동안 사실상 가택연금 상태에 있던 도시에서 자기와 자신의 권위를 수습할 수 있었다. 하지만 거리만이 아니라 원로원도 그의 의지에 굴복해야 했고, 클로니우스, 서 서반하고 구제불능인 클로디우스에게도 적절한 약이 처방되어야 했다. 이런 일을 해줄 확실한 수단은 그때까지도 아드리아해 건너편에서 고통스럽게 손만 쥐어짜고 있었다. 그 전해에 키케로를 구원해주지 못했던 폼페이우스는 이제 이탈리아 전역을 돌아다니며 망명자를 귀환시키기 위한 지지표를 긁어모으기 시작했다. 시골과 속주 마을에 있던 클리엔테스들이 로마로 소집되었다. 기원전 57년 여름 내내 그런 자들이 수도로 밀려들었다. 그동안 멀리 갈리아에 있던 카이사르는 설득에 못 이겨 마지못해 키케로의 귀환을 허가해주었다. 원로원에서도 416 대 1의 표차로 이를 지지했다. 유일하게 반대표를 던진 사람은 물론 클로디우스였다. 8월에 오래 고대했던 민회 결의가 마침내 캄푸스 마르티우스에서 열렸다. 투표를 훼방 놓으려던 클로디우스는 밀로에 의해 우스울 정도로 간단하게 격퇴되었다. 밀로의 부하들이 하루 종일 투표소 곁에서 보초를 서고 있었기 때문이다. 키케로는 투표 결과를 확신한 나머지 투표가 끝나기도 전에 이미 이탈리아행 배의 닻을 올렸고 브룬디시움에서 하선하여 기다리는 동안 공식적인 소환 통지를 받았다. 그 뒤 그리워했던 사랑하는 딸 툴리아를 옆에 거느리고 나아가는 그의 여정은 마치 꿈이 아닌가 싶을 정도로 행복한 것이었다. 환호하는 지지자들이 아피아 가도에 늘어섰다. 그가 가는 곳마다 박수소리가 뒤따랐다. "나는 그냥 집에 돌아온 것이 아니라 하늘에 올라갔다."[24] 그는 조심스럽게 말했다.

하지만 키케로조차도 진짜 승리자는 폼페이우스라는 사실을 모를 만큼 우쭐하지는 않았다. 진부하고 눈에 익은 연설가의 허세에는 그 어느 때보다도 날카로운 공포심이 깃들어 있었다. 로마인은 다른 사람에게서 호의를 받는다는 것을 고통으로 생각한다. 이제 키케로는 폼페이우스와 카이사르 모두에게 자기 경력을 빚지게 되었다. 원로원 회의장에서 그가 과장된 찬사를 베푼 것도 그 때문이었다. 카이사르의 정복에 대한 찬양을 주도함과 동시에 그는 로마의 옥수수 공급을 모두 폼페이우스의 손에 쥐어주자고 제안했다. 이 발의안은 통과되었지만 클로디우스는 그 증오의 논법을 발휘하여 원로원에 그것의 정확한 의미를 이렇게 지적했다. 폼페이우스는 빈민들을 빵으로 매수할 수 있게 될 것이고, 스스로 선동정치의 채찍이 되기로 선언한 키케로는 그 중개자임이 드러났다고. 이런 비난이 후안무치하다고 해서 진실이 아닌 것이 되지는 않는다. 키케로는 당연히 우물쭈물 주절거리는 수밖에 없었다.

원로원 회의장에서 주고받은 말다툼을 보면 적이 돌아왔어도 클로디우스의 기세는 조금도 누그러지지 않았음을 알 수 있다. 키케로가 로마의 사제들을 설득해서 자유의 여신에게 불경을 범하는 일 없이 팔라티누스 언덕에 있던 자기 저택을 복원해도 좋다는 허락을 받자 클로디우스는 노골적인 폭력주의에 호소했다. 키케로의 작업 인부들은 건설 현장에서 쫓겨났고, 그의 동생 집에 불이 났다. 키케로도 비아사크라에서 습격당했다. 또 같은 시기에 클로디우스와 밀로 간의 길거리 싸움은 폭력을 새로운 수준으로 고조시켰고 두 패거리의 두목은 공개적으로 서로를 죽이겠다고 위협하고 법정에서 상대를 고소하려고 했다. 밀로는 또다시 폭력을 사용한 죄목으로 클로디우스를 기소했으며 클로디우스는 또다시 원로원의 연줄을 써서 풀려났다. 기원전 56년 2월에는 그의 기준으로 보더라도 놀랄 만한 위선을 발휘하여 클로디우스는 밀로를 똑같은 죄목으로 고소했다. 키케로와 폼페이우스는 자기편의 명분을 위해 싸우면서 밀로를 변호하여 발언할 준비를 했다. 이 세 명의 원수가 자기에 맞서서 대열을 정비하자 클로디우스는 광기에 휩싸였다. 폼페이우스가 발언하려고 일어서자 포룸은 야유소리로 끓어올랐다. 고발자 좌석에 앉아 있던 클로디우스는 부하들에게 갈채를 보냈다. 예전에도 그랬듯이 그는 일어서서 토가 자락을 끌어당겨 지지자들에게 신호를 보냈고, 그들은 입을 모아 욕을 해대기 시작했다. 곧 이들은 밀로의 패거리들에게 침을 뱉고 주먹다짐을 하고 돌을 던지기 시작했다. 밀로의 부하들도 맞받아 싸웠다. 클로디우스는 연단에서 끌려 내려갔고 본격적인 전투가 벌어졌다. 이런 난장판 속에서 재판은 무산되었다.

멍이 들고 분노로 얼굴이 창백해진 폼페이우스는 온몸을 부들부들 떨면서 포룸을 떠났다. 이 소동의 배후 조종자가 누구인지는 의심할 여지가 없었다. 그것은 클로디우스가 아니었다. 3년 동안 폼페이우스는 크라수스와 동맹 관계에 있었고, 이런 폭력 사태가 날 때마다 그의 천적을 탓하는 것은 성급한 행동이었다. 하지만 이번에는 그의 의심에 충분한 근거가 있는 것 같았다. 기원전 57년 여름에 로마의 곡물 공급자로 임명된 이후, 폼페이우스는 동방 지휘권을 또 한 번 노렸다. 크라수스도 마찬가지였다. 소요가 일어나기 전까지는 상호 이해관계 때문에 그들의 경쟁 관계가 그늘 속에 파묻혀 있었다. 하지만 클로디우스는 그답게 베일을 벗겨버렸다. "누가 동방 여행을 떠나는가?" 그는 도당들에게 소리쳤다. "폼페이우스!" 그의 부하들은 우레처럼 대답했다. "그 대신에 누가 갔으면 좋겠는가?" 귀를 멍하게 만들 정도로 터져나온 대답은 "크라수스!"[25]였다. 이는 폼페이우스를 졸도하게 만들려고 계산된 것이었다. 며칠 뒤에 폼페이우스는 소요 사태의 책임과 클로디우스 및 그 외의 모든 것에 대한 책임이 삼두정치의 동반자에게 있다고 키케로에게 말했다. 그런 뒤 크라수스가 자기를 죽이려고 음모를 꾸민다고 털어놓았다.

이 소식은 들불처럼 번져나갔다. 삼두정치는 끝났다. 적어도 그 사실만큼은 모두에게 확실해 보였다. 사람들이 놀라움을 금치 못한 점이 있었다면 그것은 삼두정치가 그만큼 오래 지속되었다는 사실이었다. 어쨌든 이 위대한 자가 권력을 장악하는 능력도 확실히 지나간 옛이야기가 되었다. 기원전 56년의 봄에 공화국은 긴장이 완연히 해소된 듯이 보였다. 삼두정치의 오랜 적들인 비불루스와 쿠리오가 움직이기 시작했다. 원로원은 포룸에서 벌어진 소요 사태가 "공화국의 이익에 반한다"[26]라는 공식적인 비난을 내놓았는데 그에 대한 책임 추궁은 클로디우스가 아니라 폼페이우스를 겨냥하고 있었다. 이런 모욕을 받자 이 위대한 자는 다시 한 번 성질이 폭발했으며, 크라수스를 비난하지 않을 수 없었다. 하지만 원로원에서 그가 인기가 없다는 것은 이제 무시할 수 없는 명백한 사실이 되었다. 그가 가졌던 가장 소중한 야망, 자기와 대등한 인물들에게서 찬양과 존경을 받고 찬란한 동방 지휘권을 두 번째로 손에 넣는 것은 이제 가망이 없는 환상이었음이 드러났다. 영광의 나날은 끝난 것 같았다. 분노가 사그라지자 그는 지독한 우울증에 빠졌다.

그의 실패가 풍기는 냄새가 시체의 악취처럼 로마에 드리워졌다. 원로원에서는 하이에나들이 신이 나서 낄낄거리거나 이빨을 드러내고 으르렁거렸다. 폼페이우스가 얕은 물에서 무기력하게 허우적대고 있는 동안 관심의 초점은 두 번째의 거대한 괴물에 맞춰졌다. 카이사르의 적들은 그를 끝장내버릴 더없이 좋은 기회라는 것을 알았다. 3년 동안 그들은 기다렸고, 이제 드디어 그들 중의 한 명이 행동을 개시했다.

루키우스 도미티우스 아헤노바르부스Lucius Domitius Ahenobarbus의 경우, 용기를 내는 것은 어렵지 않았다. 그에게서는 용기와 겉으로 드러난 거만함이 도무지 구별되지 않아서 어리석게 보일 지경이었다. 그는 지긋지긋할 정도로 부유하고 지겨울 정도로 높은 교육을 받은 사람이기도 했다. 그런 것들에 대해 워낙 민감했던 키케로는 그를 태어나면서부터 집정관으로 지목된 사람이라고 묘사했다. 기원전 56년 봄, 도미티우스는 그의 태생에 따라오는 권리를 요구할 준비가 되었다. 카토의 처남이었고, 내전의 암흑기에 도미티우스의 형을 처형한 바 있는 폼페이우스에 대해 불구대천의 원한을 품고 있던 그가 어느 편인지는 의심할 필요도 없었다. 집정관 출마를 선언하면서 그는 자기가 선출되면 카이사르의 지휘권을 무효화하겠다고 공개적으로 밝혔다. 또 트란살피네 갈리아는 그의 조부가 정복한 곳이었으니 세습적 권리에 따라 카이사르의 후임자는 바로 자기라고 했다. 기존 주류들은 찬성을 표시했다. 먼저 폼페이우스, 이제는 카이사르, 저 무리수를 쓰는 자들, 독재자 후보자들은 이제 틀림없이 종말을 맞게 되겠지?

4세기 반에 달하는 공화국의 역사는 그렇다고 대답했다. 전통은 그 어떤 삼두보다도 강했다. 한 사람이 미끄러지면 다른 사람이 그 자리를 차지한다. 항상 그런 식이었다. 폼페이우스, 카이사르, 그 계승자들이 사라지게 하라. 무슨 일이 일어나든 공화국은 남을 것이다.

혹은 그럴 것이라고 모두들 예상했다.

9

이카루스의 날개

크라수스의 최후

삼두체제가 쪼개지자 먹이사슬의 아래쪽에 있던 사람들은 나름대로 필사적인 투쟁에 얽혀들었다. 4월 초 마르쿠스 카일리우스는 재판을 받게 되었다. 꼼꼼한 조사 앞에서 그의 화려한 과거가 무사하게 넘어갈 리 없었다. 엄청난 범위의 악덕과 범죄를 추정한 고소장은 확실히 아무 문제가 없었다. 무엇보다도 충격적인 사실은 특사 대표단을 습격해서 그 단장을 살해한 일이 포함된 것이었다. 하지만 그 재판이 시시한 추문의 냄새를 풍기게 만든 것은 카일리우스가 애인인 클로디아 메텔루스를 독살하려 했다는 죄목이었다. 두 사람 관계에 확실히 탈이 나기는 한 모양이었다.

기소자들은 그런 사실을 귀띔조차 하지 않았다. 그 사건의 세부 내용이 밝혀지면 클로디아만큼 카일리우스도 타격을 받게 되므로 기소자들은 피고의 변호인단도 자기들처럼 신중하게 행동하리라고 계산했다. 하지만 그들은 키케로를 고려하지 않았다. 옛날 제자와의 관계는 오래전부터 기복이 심했지만 클로디아를 선면 공격할 기회는 놓치기 아까운 기회였다. 키케로는 이 항목을 숨기기보다 변론의 쟁점으로 삼았다. "남편을 잃은 여성이 성적 위안이 필요한 모든 남자에게 자기 집을 개방한다면, 또 공공연하게 매춘부 같은 생활을 한다면, 일면식도 없는 사람들이 여는 잔치에 가는 것 말고는 생각하는 일이 없는 여자라면, 그녀가 로마에서 이런 식으로 쾌락의 정원을 유지하고 살며, 바이아이에서도 난교 파티를 벌이며 산다고 상상해보십시오." 그는 우레처럼 소리쳤다. "그렇다면 여러분은 카일리우스 같은 젊은이가 그녀를 골랐다고 해서 특별히 추문이 되고 불명예가 된다고 생각하시겠습니까?"[1] 물론 그렇지 않다. 결국 그녀는 거리의 여자에 지나지 않았고 따라서 공정한 게임이었다! 배심원들은 로마의 멋의 여왕이 이런 식으로 해부되는 과정에 귀를 기울였고 신이 났고 경악했다. 그들이 미처 알아차리지 못한 것은 키케로가 자기 적의 누나를 공격함으로써 자기 의뢰인에 대한 정말로 심각한 고소 내용들을 풍자의 거품으로 덮어버렸다는 사실이었다. 이 전략은 만족스러울 정도의 성공을 거두었다. 카일리우스는 무죄 방면되었다. 키케로는 훌륭하게 수행된 중상모략 업무에 대한 만족감에 도취할 수 있었다.

키케로가 워낙 눈부시게 활약했기 때문에 카일리우스의 또 다른 수호자가 재판에서 한 연설은 그늘 속에 파묻혀버렸다. 그렇다고 해서 크라수스가 상관이라도 했다는 뜻은 아니다. 그는 화려한 기술의 소유자였던 적이 없었다. 그럴 필요도 없었으니까. 카일리우스를 구원하러 온 목적은 젊은이의 미래에 투자한 돈을 지키려는 것이었다. 목적은 충분히 달성되었고 자신이 지게 될지 모를 정치적인 위험도 최소한으로 줄었다. 사실 그는 클로디아를 파멸시키는 공작에 은밀하게 관련되어 있었지만, 가문의 명예를 지키는 일이라면 한마디도 놓치는 법이 없던 클로디우스조차도 크라수스를 무시할 만큼 철이 없지는 않았다. 공개적인 위협보다는 귀에 속삭이는 암시와 약속을 장기로 삼던 그는 여전히 로마에서 가장 위협적인 인물이었다. 이제 드디어 기원전 56년 봄에 크라수스는 그 위협의 위력을 시험해볼 참이었다. 카일리우스의 재판에서 연설하고 있을 동안에도 그의 마음은 딴 데 있었다. 정치 대가의 작품이 준비되고 있었다.

그 전달에 크라수스는 이탈리아의 변경 바로 너머, 카이사르가 있는 갈리아 속주 영토에 있는 도시인 라벤나로 여행했다. 두 명의 권력 브로커가 그곳에서 그를 기다리고 있었다. 한 사람은 카이사르였고, 또 한 사람은 클로디우스의 거만한 맏형인 아피우스 클라우디우스였다. 세 사람이 비밀 회의를 마친 뒤 크라수스는 로마로 돌아갔고, 아피우스는 카이사르와 함께 뒤에 남았다가 서쪽으로 향했다. 4월 중순에 이 두 음모가는 루카의 변경 도시에 도착했다. 로마를 떠나 북쪽으로 향한 폼페이우스도 그곳에 도착했다. 두 번째 회의가 열렸다. 그 정확한 내용은 미지로 남아 있지만 회담 소식은 금세 퍼져, 그곳에 도착한 폼페이우스의 뒤를 따라온 원로원 의원이 200명이나 되었다. 100묶음 이상의 파스케스가 루카 거리에서 불쑥불쑥 눈에 띄었다. 원로원의 중진 의원들은 권력의 냄새에 코를 벌름거렸으며, 출세의 기회를 이리저리 찾아다녔다. 로마에 남아 있던 더 원칙론적인 동료들이 보기에 귀족 출신의 이런 청원자들은 불길한 메시지를 보냈다. 또다시 권력이 원로원에서 빠져 달아나는 것처럼 보였다. 혹시 삼두정치가 아직 죽지 않았는지도?

하지만 폼페이우스와 크라수스가 두 번째로 동맹의 상처를 봉합한다는 것은 도저히 믿기 힘든 일 같았다. 이들이 동의할 수 있는 협약이 도대체 어떤 것일까? 이제 그들이 원하는 것은 무엇인가? 가장 먼저 이를 알아낸 사람의 하나가 키케로였다. 망명 경험으로 조신해진 그는 삼두정치의 단합된 힘에 자기는 맞서서 버틸 수 없다는 데 대해 더 이상 환상을 갖지 않았다. 클로디우스와 클로디아 정도는 상대할 수 있겠지만, "자원 면에서나 무장력으로나 적나라한 힘으로나"[2] 그에 비해 무한히 월등한 이들에게는 불가능했다. 폼페이우스가 몸을 기대면 그는 찌그러졌다. 허약하고 과민하고 말솜씨가 뛰어나고 존경받는 키케로는 완벽한 도구였다. 그는 곧바로 작업에 투입될 수 있었다. 그해 여름 그는 원로원 회의장에서 일어나서, 도미티우스 아헤노바르부스가 그렇게 열심히 눈독 들이고 있던 갈리아 속주를 카이사르의 손에 그대로 두자고 제안하고 그곳은 카이사르 이외에 달리 누구의 것도 아니라고 말해야 했다. 이런 태도의 변화에 도미티우스는 분기탱천했다. 키케로가 노리는 것이 무엇인가? 왜 한때는 후안무치라고 비난했던 이런 일을 위해 그가 논쟁을 하는가? 그에게는 수치심도 없나? 사적인 자리에서 그런 질문을 들었다면 키케로는 비참해 죽을 지경이었을 것이다. 그는 자기가 이용당하는 것을 알고 있었고 그 때문에 스스로를 혐오했다. 하지만 공개적인 자리에서는, 편을 바꾸는 것은 사실 정치가의 자질 증명이라는 교묘한 언변을 과시했다. "완고하고 불변적인 입장을 취하는 것이 공화국에서 위대한 자질로 여겨진 적은 한 번도 없습니다." 그는 이렇게 지적했다. 자신은 배신하는 것이 아니라 "시대와 함께 움직이고 있을"[3] 뿐이었다.

그 말은 별로 설득력이 없었다. 키케로 자신에게는 특히 그랬다. 자기 혐오에 빠져 감상적이 된 그는 자기에게 남은 한 가지 불변적인 요소에 몰두함으로써 기운을 내려고 노력했다. 클로디우스에 대한 피의 투쟁이 바로 그것이었다. 카피톨리누스 언덕 높은 곳에 키케로의 망명을 축하하는 청동판이 여전히 공개되고 있었다. 밀로와 함께 키케로는 그것을 뜯어내어 가져와서 자기 집 안에 숨겨버렸다.[*] 클로디우스는 후안무치하게도 이 일이 불법적인 행동이라고 비난했는데, 이런 비난은 카토가 가장 독선적일 때 잘하던 불평이었다. 뿐만 아니라 그는 팔라티누스 언덕에 간판을 세워 키케로의 죄목을 적은 긴 목록을 게시했다.

하지만 이전투구의 방향이 이리저리 바뀌는 와중에도 두 사람은 서로가 증오 이상의 것으로 결부되어 있다는 것을 깨달았다. 아피우스는 지금이 자기가 집정관이 될 시기라고 보았다. 그가 라벤나와 루카로 가서 삼두를 만난 것도 그 때문이었다. 기원전 54년 선거에서 자기를 지원해주면 대신에 자기와 막냇동생의 지지를 보장하겠다고 제안했다. 특히 지난 2년 동안 클로디우스에게 시달리고 모욕당한 폼페이우스에게 이는 아주 훌륭한 보상이었다. 로마 최대의 난동자가 가진 재능이 이제 삼

---

[*] 또는 파괴해버렸다. 그러나 증거는 명확하지 않다.

두의 손안에 들어갔다.

키케로가 카이사르의 이익을 위한 도구로 활용되었던 것처럼 클로디우스 또한 폼페이우스와 크라수스의 이익을 위해 봉사하는 작업에 끌려 들어갔다. 그에게 속한 호민관과 패거리 조직에 지시가 떨어졌다. 기원전 55년의 집정관 선거를 확실하게 연기하려는 목적으로 위협 작전이 개시되었다. 클로디우스가 관계되는 곳에는 항상 그랬듯이 빠른 속도로 폭력이 고조되었다. 한 무리의 원로원 의원들이 원로원 회의장 출입구를 막고 그를 들여보내지 않으려고 했지만 클로디우스의 지지자들은 이에 맞서 원로원 회의장을 불태워 없애버리겠다고 위협했다. 한편 선거는 아직도 치러지지 않고 있었고, 그동안 로마는 삼두의 클리엔테스로 가득 채워지고 있었다. 그중에는 투표에 참가하기 위해 갈리아에서 특별 휴가를 받고 몰려온 카이사르의 고참 병사들도 있었다. 분개한 원로원 의원들은 상복을 입었다. 그들의 마음은 끔찍한 의혹으로 가득했다. 지난 몇 달 동안 로마에서 시끄럽게 돌아다니던 의문이 결국 폼페이우스와 크라수스, 가장 정치인다운 태도를 보이며 소동의 와중에서 초연하려고 애쓰고 있던 두 사람 모두에게 공개적으로 제기되었다. 그들은 기원전 55년의 집정관 선거에 출마할 계획을 가지고 있는가? 크라수스는 언제나 그렇듯이 매끄러운 말솜씨를 보이며, 자기는 공화국을 위해서라면 무슨 일이든 할 것이라고 대답했다. 하지만 폼페이우스는 끈질긴 질문 공세를 피하지 못하고 불쑥 사실을 털어놓았다. 그들 간의 경쟁심을 파묻어버릴 수 있었던 분배안이 세상에 드러난 것이다.

즉각 치열한 반대가 일어났다. 두 명의 입후보자는 움씰했다. 카이사르의 고참병들이 도시를 가득 메울 때까지 선거를 연기했는데도 이들은 이기지 못할까 봐 안달하기 시작했다. 경쟁 후보자의 집을 한밤중에 방문했고, 힘이 과시되고 팔이 비틀렸다. 오직 도미티우스만이 사퇴를 거부했다. 기원전 55년의 처음 몇 주 동안 집정관은 한 명도 없었고 선거는 더 이상 연기될 수 없었다. 투표소 울타리가 열리기 몇 시간 전인 한밤중에 도미티우스와 카토는 자리를 미리 차지하려고 캄푸스 마르티우스로 갔다. 이들은 그곳에서 무장 강도들에게 습격당해 횃불잡이가 살해되고 카토는 상처를 입고 부하들은 달아나버렸다. 그다음 날 폼페이우스와 크라수스는 당연지사처럼 두 번째 공동 집정관직을 확보했다. 이들의 선거 조작은 그것으로 끝나지 않았다. 카토가 법무관에 선출되자 폼페이우스는 무효를 선언했다. 뻔뻔스럽게도 안찰관직이 지지자들에게 분배되었다. 사실 행동이 도를 지나치다 보니 캄푸스에서는 새로운 폭력 사태가 터졌다. 그 한복판에 있던 폼페이우스의 토가에 피가 튀었다.

피에 젖은 그의 옷은 집으로 보내졌는데, 집에서는 임신 중이던 아내가 초조하게 소식을 기다리고 있었다. 율리아는 피가 엉겨붙은 토가를 보자 충격으로 기절했고 아이를 유산했다. 동료 시민들의 피를 뒤집어쓴 '위대한 자' 폼페이우스의 모습 때문에 그의 아내가 유산한 사실에 놀란 사람은 없었을 것이다. 그런 상징을 통해 신들은 자기들의 판단을 사람들에게 알리는 법이다. 공화국 자체가 유산되는 중이었으니까. 키케로는 확신에 차서 아티쿠스에게 이렇게 쓰면서 비참한 기분으로 농담했다. 삼두의 공책은 "장래의 선거 결과 명단"[4]으로 가득 차 있을 것이라고. 같은 귀족들이 보기에 폼페이우스와 크라수스의 범죄는 너무나 적나라해서 신성모독의 지경에 이르렀다. 기원전 59년에는 카이사르를 대리인으로 고용했지만, 이제는 그들 스스로가 신성한 집정관직을 더럽히고 있었다. 그들의 목적은 무엇인가? 그들이 얻은 영광이 이미 충분하지 않았던가? 왜? 그저 두 번째 집정관직을 차지하기 위해 이런 폭력과 극단적인 불법까지 저질러야 하는가?

대답이 나오기까지는 그리 오래 걸리지 않았다. 또 폼페이우스와 크라수스조차도 그 대답에 민망해할 정도의 품위는 가지고 있었다. 길이 잘 든 호민관이 앞으로 나와서, 집정관들에게 시리아와 에스파냐의 지휘권을 5년 동안 부여한다는 법안을 발의하자, 두 사람은 미처 몰랐다는 듯 놀라는 시늉을 했지만 속는 사람은 아무도 없었다. 이 법안의 세부 내용은 더 황당했다. 두 명의 총독은 군단 편성권과 함께, 원로원이나 민회에 알리지도 않고 전쟁과 평화를 선언할 권리를 가지게 되어 있었다. 동일한 특권을 카이사르에게도 부여하고, 지휘권을 승인해주며 기간을 5년 연장해주기로 하는 별도의 법안이 제출되었다. 이 동맹의 세 인물은 이제 20개의 군단과 로마의 가장 중요한 속주의 직접 통제권을 가지게 되는 것이었다. 이 도시에서 '독재자'라는 외침이 울려퍼진 적은 자주 있었지만 지금처럼 그 비난이 정당했던 적은 한 번도 없었다.

공화국은 초창기부터 공화국의 이상이 스스로를 위협하게 될지도 모른다는 악몽에 시달려왔다. 키케로는 이렇게 생각했다. "갈수록 천재적이고 탁월한 인물이 무제한의 관직과 군사 지휘권에 대한 욕망에 사로잡히고, 또 권력과 영광에 대한 갈망에 사로잡히는 경우가 점점 많아진다는 사실에 마음이 불편해진다."[5] 이는 태곳적부터 내려온 통찰력이다. 로마인들은 자기들이 시민으로서 가장 훌륭하다고 여기는 모든 것이 또한 위험의 근원일 수도 있다는 사실을 인정해왔다. 야심의 자유로운 발휘를 제약하는 방법이 그렇게나 많이 개발되어왔던 이유는 이런 깨달음으로 설명된다. 법률과 관습, 전례와 전설, 이런 것들이 공화국의 바탕을 이룬다. 그런 것들을 무시하고도 별 탈 없이 안전할 수 있는 시민은 없었다. 그런 처신은 추락과 영원한 수치를 무릅쓰는 일이었다.

폼페이우스와 크라수스, 이들 진정한 로마인은 자기들의 핏속에서 이런 사실을 이해했다. 폼페이우스가 육지와 바다를 정복할 능력을 가졌으면서도 카토 같은 사람의 존경을 얻고 싶어 애쓴 까닭도 이런 이유에서 이해될 수 있을 것이다. 크라수스가 로마에서 가장 큰 두려움의 대상이면서도 권력을 은폐시키는 편을 택했던 까닭도 마찬가지의 이유로 설명된다. 그러나 이제 더 이상 망설임만으로는 그들을 억제할 수 없었다. 어쨌든 두 번째 집정관직을 따내기 위해 폼페이우스는 카토를 거의 죽일 뻔하지 않았던가. 또 크라수스는 속주 총독 지휘권을 놓고 토론하면서 너무 열을 내다가 한 의원의 면상에 주먹질을 했다.

예전에 그렇게 신중하던 사람이 기원전 55년 여름에는 얼마나 흥분 잘하는 사람으로 변했는지 다들 알 수 있었다. 크라수스는 말이 많아지고 으스대는 사람으로 변했다. 추첨에 의해 시리아 총독직을 얻자 그에 대해 떠들어대느라 입을 다물 줄을 몰랐다. 예순이 넘은 나이가 아니었다면 그의 태도가 그렇게까지 꼴사나워 보이지는 않았을지도 모른다. 사람들은 뒤에서 그를 비웃었다. 예전에는 이런 일이 한 번도 없었다. 인기 없는 크라수스의 본모습이 점점 더 확연히 드러날수록 불길한 느낌을 주던 신비스러움은 점점 더 사라졌다. 그는 군중들에게 이리저리 휘둘리는 신세가 되었고 때로는 꽁무니를 빼고 도망쳐서 폼페이우스에게 보호를 애걸해야 할 때도 있었다. 로마인들은 그런 모욕을 통해 공화국에 대한 크라수스의 배신 행위를 처벌했다. 속주로 떠날 날이 다가왔지만 축하 행사도 열리지 않았고 환호하는 군중도 없었다. "저런 악당 같으니!"[6] 크라수스가 출발하는 구차한 모습을 흡족하게 바라보면서 키케로는 이렇게 단언했다. 하지만 거창한 환송 행사가 없다는 것 외에 최악의 사태는 아직 남아 있었다. 총독이 아피아 가도로 통하는 성문을 터덜거리며 지나갈 때 길 옆에 호민관 한 명이 기다리고 있었다. 그 사람은 예전에 크라수스를 체포하려고 시도했다가 경멸과 함께 무시당한 적이 있었다. 이제 그는 놋쇠 화로 곁에 서 있었다. 화로에서는 향 연기가 피어올라 고대 영웅들의 무덤 위로 흘러나갔고, 겨울바람을 향으로 물들이고 있었다. 크라수스를 뚫어지게 바라보면서 그 호민관은 노래를 읊기 시작했다. 가사는 고대어로 되어 있었고 이해하기도 어려웠지만 그 의미는 명백했다. 크라수스를 저주하는 내용이었다.

이런 일을 겪으면서 그는 동방의 지휘권을 쥐기 위해 로마를 출발했다. 그것을 확보하기 위해 그가 얼마나 비싼 대가를 지불했는지, 이 이상 더 잘 기억할 수는 없었을 것이다. 예전에 그에게 귀중했던 것, 그의 특권은 산산조각이 났다. 집정관 임기 동안 그가 신경쇠약의 기미를 보인 것도 무리가 아니었다. 하지만 이런 것들은 적들이 암시했던 것처럼 노화 현상이나 장악력이 느슨해지는 징표는 아니었다. 언제나처럼 크라수스의 마음속 계산기는 냉정하게 비용과 수익의 수지타산을 맞추고 있었다. 비할 바 없는 보상이 있기에 공화국에서의 자기 신용을 희생해도 좋다고 스스로를 설득할 수 있었다. 시리아만으로는 부족할 것이다. 좋은 평판을 희생한 대가로 크라수스는 세계 최고의 부를 원했다.

과거에 그는 그런 환상을 비웃었다. 그의 최대 경쟁자는 세 번째이자 가장 거창했던 개선식을 할 때 지구를 상징하는 거대한 꽃수레를 뒤따르게 했다. 하지만 위대한 자 폼페이우스는 알렉산드로스의 역할에 주눅들어 있었고, 또 자기 도시의 전통에 대한 존경심이 너무 컸기 때문에 그런 놀이를 진심으로 즐길 수는 없었다. 그런 줄을 알고서 폼페이우스의 허풍에 대한 경멸감을 다시금 확인했던 크라수스는 원래 스스로 세계의 정복자 노릇을 할 필요성은 느끼지 않았다. 그때는 카이사르가 그 역할을 맡았다. 2년이라는 짧은 기간 동안 카이사르는 혼자 힘으로 폼페이우스와 어깨를 겨룰 만한 부를 얻었다. 냉철하고 계산적인 크라수스가 이 행동의 의미를 깨닫는 데는 시간이 오래 걸리지 않았다. 라벤나에서 폼페이우스와 카이사르와 계약을 맺으면서, 또 짐승 같은 선거운동을 치르면서 그는 광포한 탐욕과 공포, 뒤처지는 데 대한 두려움 등이 뒤섞인 기분에 사로잡혔다. 아마 그는 범죄에 가담한 파트너 중 누구보다도 더 똑똑히 불안정한 새 질서의 모습을 흘깃 엿보았을 것이다. 사실은 두 명이겠지만 크라수스는 자신을 포함하는 세 명이기를 원했던 소수의 고도 성취자들은 동료 시민들에 비하면 너무나 균형이 안 맞는 수준의 권력을 행사하게 될 것이며, 그럼으로써 로마가 그들의 그림자 속에 들어가게 될 것이다. 결국 공화국이 세계의 안주인이라면, 그 통제권을 감히 장악하려 드는, 그리고 그 자원을 마음대로 안배하려 드는 사람들에게는 어떤 한계가 있을 수 있겠는가? 아마 하늘뿐, 그 아래에는 없을 것이다.

기원전 54년 봄, 크라수스는 새 속주에 도착하여 동쪽 변경으로 전진했다. 유프라테스 강 너머에는 큰 간선도로가 사막을 곧장 가로질러 나 있었고, 나중에는 지평선의 섬광 속으로 사라진다. 하지만 크라수스는 그 길이 어디로 향하는지 알고 있었다. 떠오르는 태양을 바라보면서 그는 상상 속에서 향료의 아지랑이, 줄마노와 홍옥수와 진주의 광택을 볼 수 있었다. 동방의 부에 대한 근사한 보고들은 많이 있었다. 페르시아에는 온통 황금으로 된 산이 있다고 했다. 인도는 온 나라가 '상아 성벽'으로[7] 방어된다고 했다. 비단의 나라 중국에서는 풍뎅이 두 배 크기의 벌레가 비단실을 자아낸다고 했다. 물론 지성이 있는 사람이라면 그렇게 말도 안 되는 이야기를 믿지는 않겠지만, 그런 이야기들이 전해진다는 사실은 그런 눈부신 이야기가 의심할 바 없는 진실임을 입증하는 데 도움이 된다. 즉 동방의 주인이 되는 총독은 비할 바 없는 부를 얻게 된다는 것이다. 크라수스가 동쪽을 바라보면서 꿈꾼 것도 무리는 아니었다.

물론 로마인의 표준을 더 큰 대양의 기슭에 이식하려 한다면 문 앞의 야만인들을 먼저 처리해야 한다. 유프라테스 강 바로 너머는 파르티아 왕국이었다. 그 나라에 대해 알려진 바는 많지 않았다. 그곳 토박이들은 사내답지 못하고 사기성이 농후하다는 사실만 알려져 있을 뿐이었다. 루쿨루스와 폼페이우스 둘 다 그들과 평화조약을 맺은 바 있다. 크라수스는 이런 성가신 세부 사항을 존중해줄 의사가 조금도 없었다. 그에 따라 기원전 54년 여름, 그는 유프라테스 강을 건너 여러 개의 변경 마을을 점령했다. 파르티아인들은 분개하여 철수를 요구했지만 크라수스는 거부했다. 하지만 일단 자기 몫의 전쟁은 확보한 셈이니, 그는 때를 기다리는 것으로 만족했다. 그는 약탈로 총독직의 첫해를 보냈다. 예루살렘에 있는 신전과 그 밖의 여러 곳이 약탈당해 껍데기만 남았다. "셀 수 없을 정도의 보물을 굽어보면서 시간을 보내고 있소."[8] 꼼꼼한 계산 덕분에 크라수스는 그의 야심에 잘 어울리는 규모의 군대를 모집할 수 있었다. 일곱 개의 군단, 4000명의 경보병, 같은 수의 기병이었다. 이국적인 기병대에는 1000명의 갈리아인도 포함되어 있었다. 그들을 지휘하는 사람은 크라수스의 막내아들인 푸블리우스였는데, 그는 카이사르 밑에서 아주 뛰어난 전공을 세웠으며 이제 자기 아버지를 위해 멋들어진 활약을 펼칠 생각으로 부풀어 있었다. 모든 것은 준비되었다. 기원전 53년 봄에 크라수스와 그의 군대는 다시 유프라테스 강을 건넜다. 위대한 원정이 시작되었다.

처음에는 텅 빈 광막함이 크라수스가 마련한 준비의 규모를 비웃는 듯했다. 아무것도 눈에 띄지 않았다. 오직 아지랑이뿐이었다. 그러다가 전위부대가 말발굽 자국을 포착했다. 대규모 기병대대의 흔적 같았다. 이 흔적은 길옆으로 비켜났다가 사막으로 사라졌다. 크라수스는 그들을 따라가기로 결정했다. 곧 군단은 황폐한 평지를 가로질러 행군하게 되었다. 개울 하나, 풀 한 포기도 눈에 띄지 않았고, 오로지 살을 태울 듯한 모래언덕뿐이었다. 로마인들은 열기로 초췌해지기 시작했다. 크라수스의 가장 유능한 부관인 카시우스 롱기누스Cassius Longinus라는 회계감사관은 장군에게 돌아가자고 간청했지만 정치 분야에서 전략적 후퇴를 하는 데는 그렇게도 유능했던 크라수스가 지금은 그 말을 듣지 않았다. 군단은 계속 전진했다. 그러다가 그들의 장군이 기대하고 있던 소식이 들려왔다. 파르티아인이 근처에 있었다. 게다가 그냥 기병대대가 아니라 대규모 군대였다. 적을 붙잡고 싶어 안달하던 크라수스는 군단에 지시를 내렸다. 그들은 이제 화덕 같은 모래 평원 한복판에 있었다. 그들 앞에 초라하고 먼지투성이인 기병이 나타났다. 군단병들은 방패를 서로 엮었다. 그렇게 하고 있는데 파르티아인들이 허름한 겉옷을 벗어던지자 말과 병사들이 모두 반짝거리는 금속 갑주를 입은 모습이 드러났다. 그때 평원의 사방에서 북소리와 쨍그랑거리는 종소리가 섬뜩하게 터져 나왔다. "마치 맹수들이 으르렁거리는 소리 같았지만 벼락이 때리는 듯 날카로운 소리도 뒤섞인"[9] 소음이었다. 로마인들의 귀에 그런 소리는 도저히 인간의 것이 아니라 어룽거리는 열기 때문에 생겨난 환청 같았다. 그 소리를 들으면서 그들은 몸을 떨었다.

그리고 그 길고 긴 날은 악몽처럼 흘렀다. 파르티아인들은 모두 추적을 따돌리고 사구 너머로 신기루처럼 사라지다가도 말을 달려 사방을 빙빙 돌면서 땀범벅이 되고 입술이 갈라져 제대로 움직이지 못하는 군단병의 대열을 향해 강철 촉이 달린 화살을 소나기처럼 쏘아댔다. 푸블리우스는 갈리아인을 이끌고 추적하러 나섰다가 적의 중무장 기병대에 포위되어 몰살당했다. 푸블리우스는 참수되었고 한 파르티아 기병이 그 머리를 창끝에 꽂아 뽐내면서 로마군의 대열을 따라 말을 달리면서 야유하며 푸블리우스의 아버지에게 욕을 퍼부었다. 이제 군단은 포위되었다. 파르티아인들의 치명적인 화살이 하루 종일 아래위에서 빗발쳤고, 군단은 하루 종일 끈질기고도 영웅적으로 버텼다. 축복처럼 저녁이 다가오자 산산이 부서진 크라수스의 거대한 원정군의 잔해는 철수하기 시작했고, 온 길을 되짚어 가장 가까운 도시인 카르헤로 돌아갔다. 그곳에서 카시우스의 임기응변적인 지휘로 소수의 생존자들이 로마 속주 쪽 변경으로 건너갔다. 그들 뒤에는 전장에서 죽은 동족 2만 명의 시체가 남아 있었고 만 명 이상이 포로로 잡혔다. 독수리 군단기 일곱 개를 잃었다. 로마 군대가 이렇게 지독한 패배를 당한 것은 칸나이 전투 이후 처음이었다.

모든 기대가 철저하게 파멸되자 판단력을 잃은 크라수스는 파르티아인들의 꼬임에 넘어가서 교섭장에 나갔다. 그렇게 많은 사람들을 속여넘긴 그였지만 이제는 그가 속을 차례였다. 그는 난투극에 휘말려 쓰러졌다. 금방 죽었기 때문에 굴욕적인 시련은 면할 수 있었다. 괴롭힐 희생물이 사라지자 파르티아인들은 그 대신에 포로들의 대열에서 끌어낸 대역에게 분풀이를 했다. 여자 옷을 입히고, 돈주머니가 달린 곤봉과 로마 병사의 머리를 도끼날처럼 꽂은 도끼를 든 릭토르들에게 호위된 그 포로는 잔인하게 패러디된 개선식에서 끌려 다녔다. 파르티아인들은 로마인들이 그들에 대해 아는 것에 비해 로마 군대의 전통에 대해 확실히 더 많이 알고 있었다.

한편 크라수스의 머리는 파르티아 왕의 궁정에 전시되었다. 그것은 유명한 배우인 트랄레스의 이아손이 막 에우리피데스의 위대한 비극인 《바카이Bacchae》의 한 장면을 읊고 있을 때 도착했다. 소름 끼치는 우연의 일치이지만, 이 비극에는 잘린 머리가 등장한다. 이아손은 진정한 프로답게 재빠르게 머리를 굴려, 피투성이의 전리품을 손에 들어 팔에 안고 다독거리면서 적절한 독백을 즉흥으로 지어냈다. 놀랄 일도 아니지만, 크라수스가 자기 자신의 비극에 소품으로 등장한 광경은 만장의 갈채를 받았다.

그렇게 높은 목표를 가졌다가 그렇게 낮은 곳으로 추락한 인물에게 이보다 더 어울리는 종말을 생각해낼 수는 없었을 것이다.

결국 하늘 아래에도 한계는 있었다.

세계의 끝을 향한 모험

자기들이 세계에서 가장 도덕적으로 올바른 인간이라는 것은 로마인들에게는 하나의 신념이었다. 그렇지 않고서야 자기들이 이렇게 큰 제국을 이루게 된 연유를 어떻게 해명할 수 있겠는가. 그러면서도 그들은 공화국의 위대함 자체가 위험 요인임을 알고 있었다. 그것을 남용한다면 신들의 분노를 사게 될 것이다. 불한당 짓을 한다는 온갖 비난을 반박하고 자기들은 오로지 자기 방어를 위해서 제국을 건설했을 뿐이라고 주장하려는 로마인의 걱정의 원인도 여기에 있다. 군단의 힘 앞에서 무너진 종족들이 보면 이런 논란은 웃기는 짓이었겠지만 로마인들은 그 말을 믿었고 또 지독하게 진지하게 믿을 때가 많았다. 예를 들면 파르티아에 대한 크라수스의 전쟁을 반대하는 목소리는 신랄했다. 그 전쟁의 동기가 오로지 탐욕이라는 것을 모르는 사람은 없었다. 피에 젖은 카르헤의 모래는 신들 역시 이를 잘 알고 있었음을 보여주었다.

그러면서도 로마의 패권을 세계의 끝까지 추구하고자 한 것은 크라수스만이 아니었다. 공화국의 분위기가 어딘가 변하고 있었다. 세계화라는 환상이 널리 유행하고 있었다. 주화나 개선식의 꽃수레에서 지구의 모습을 볼 수 있었다. 제국에 대한 해묵은 의구심이 빠른 속도로 사라지고 있었다. 국외 사업이라는 것도 실제로 운영 가능할 것 같았다. 심지어 원로원의 가장 보수적인 인사들도 이런 사실을 인정하게 되었다.

기원전 58년에 카토는 로마를 떠나 키프로스 섬으로 갔다. 그곳을 병합하는 일이 그의 임무였다. 원래 카토는 그런 정책에 맹렬하게 반대하는 입장이었다. 키프로스에서 나오는 수입을 무한정한 공짜 옥수수 배급 자금으로 쓰려고 계획했던 호민관 클로디우스가 제안한 정책이기 때문만은 아니었다. 그 호민관이야 원래 악랄한 꼼수 부리기가 장기인 사람이었지만, 그런 그가 로마의 새 소유물을 감독하는 임무에 자기의 가장 정직한 적을 파견하자고 제안하고 원로원이 이에 열렬하게 찬성하자, 카토는 사명감 때문에라도 가지 않을 수 없었다. 키프로스에 도착해서 그는 항상 그렇듯이 꼼꼼하게 임무를 수행했다. 키프로스인들은 평화와 훌륭한 정부를 얻었고 로마인들은 옛날 지배자가 남긴 보물을 얻었다. 카토는 은과 회계학 책 보따리를 싣고 귀향했다. 원로원은 이런 정직한 거래에 너무나 기뻐한 나머지, 카토에게 자줏빛 단을 두른 토가를 입는 특권을 부여하자는 이야기까지 나누었다. 카토는 이런 무절제를 완고하게 거절했다.

그렇기는 해도 카토도 자기가 키프로스에서 완수한 일에 대해 자부심을 느꼈다. 공화국을 위해서뿐만 아니라 속주를 위해서도 그랬다. 그의 눈에는 정직한 로마식 행정관의 통치가 자기가 도착하기 전에 키프로스를 지배하고 있던 무기력한 무정부 상태보다 훨씬 낫다는 것은 자명해 보였다. 이런 것이 불길한 발전이다. 원로원 의원 중에서도 가장 완강한 전통주의자가 로마의 고대적 덕성과 새로운 세계적 역할을 동격으로 놓은 것이다. 물론 그리스 지식인들은 오래전부터 이 목적을 추구해왔지만 말이다. 그리스 사상을 진지하게 연구한 명민한 학자였으니, 카토도 이 점을 잘 알고 있었을 것이다. 피지배자들은 공화국에 의해 정복당하는 것을 환영해야 한다. 왜냐하면 그것은 인류 공통의 복지 증진에 기여하는 일이기 때문이라고 주장한 것은 로마인들이 가장 좋아하던 스승인 포세이도니오스였다. 이제 로마인들 스스로가 똑같은 주장에 집착하고 있었다. 몇 십 년 전에는 상상도 하지 못했을 가정들이 이제 흔한 일이 되고 있었다. 제국의 열렬한 지지자들은 로마는 문명화를 수행할 임무를 지고 있다고 주장했다. 누가 보더라도 로마의 가치와 제도가 야만인의 것에 비해 월등히 낫기 때문에 로마는 그것을 널리 보급해야 한다. 보편적인 평화는 전 지구가 로마에 의해 지배된 뒤라야 이루어질 수 있다. 도덕성은 제국주의적 팽창이라는 잔혹한 사실을 그저 수동적으로 따라가기만 한 것이 아니라 그 이상을 원했다.

물론 로마가 다채로워지고 시끌벅적해지는 데 제국이 도움이 된 것은 사실이다. 낯설고 먼 지역의 정복 소식이 들려오고 황금이 거리에 넘쳐흘렀다. 기원전 60년대를 통틀어 로마인들은 그런 쾌락을 폼페이우스의 이름과 동일시해왔다. 이제 기원전 50년대에 그들은 카이사르 덕분에 그런 혜택을 또다시 누릴 수 있었다. 갈리아의 가장 음습한 변방에 있으면서도 총독은 고향의 청중을 결코 잊지 않았다. 그는 그들에게 관심을 펑펑 쏟았다. 그는 항상 다른 사람들을 위해 돈을 쓰는 데서 기쁨을 느꼈다. 그가 사랑받게 된 자질 중의 하나가 이것이다. 그리고 이제 마침내 그는 자기 돈으로 그렇게 하게 되었다. 갈리아의 약탈품이 남쪽으로 흘러들어갔다. 카이사르는 모든 사람들에게 너그러웠다. 친구들에게, 나중에 쓸모 있을 것이라고 생각되는 모든 이들에게, 그리고 로마 전체에 관대했다. 포룸을 거대하게 확장하기 위한 준비가 이루어지면서 그의 이름이 모든 이들의 입에 오르내리는 것을 막을 수가 없어졌다. 하지만 카이사르가 거대한 대리석 복합 건물군을 세운 것은 동료 시민들에게 호감을 사려는 목적도 있었지만 또한 그들을 즐겁게 해주고 싶기 때문이기도 했다. 즉 자신의 찬란한 약탈 앞에서 시민들이 전율하게 만들고 싶었다. 그가 쓴 보고서들은 전쟁 보고서의 걸작이었다. 그것을 읽으면서 자부심과 흥분을 느끼지 않은 로마인은 없었을 것이다. 카이사르는 동료 시민들이 스스로에 대해 뿌듯한 기분을 느끼게 만드는 방법을 알고 있었다. 예전에도 흔히 그랬듯이 그는 쇼를 벌이고 있었다. 그는 광대한 갈리아 전역을 그 쇼의 무대로 활용했다.

물론 기원전 56년 3월에는 재빨리 머리를 굴리고 외교적인 수완을 발휘하지 않았더라면 그런 무대를 도미티우스 아헤노바르부스에게 빼앗길 뻔했다. 그 위험 때문에 그는 더 빨리 움직일 수밖에 없었다. 크라수스와 폼페이우스에게 라벤나에서 만나자고 제안한 것은 카이사르였다. 그는 삼두정치의 두 파트너가 품은 야심에 대해 별로 질투하지 않았다. 자신이 갈리아의 총독 자리를 5년 더 쥐고 있을 수만 있다면 다른 사람들이야 제각기 원하는 것을 가져도 상관없었다.

이 목적을 이룰 수 있도록 라벤나와 루카에서 일을 처리하는 동안 카이사르는 브리타니아로 서둘러 달려갈 필요가 생겼음을 알게 되었다. 겨울 동안 그곳에서 숙영하던 군단 하나가 식량이 부족하여 식량 징발대를 내보내야 하는 상황이 생겼다. 그런데 징발대가 토착 부족인 베네티족의 영토에서 길을 잃고 헤매다가 병참장교 몇 명이 납치되는 사태가 벌어졌다. 그 전해 가을에 로마군에게 인질을 강제로 빼앗긴 베네티족은 자기들이 붙잡은 장교들과 인질을 교환하자고 제안했다. 하지만 이것은 그들이 적에 대해 한참 오해하고 있었다는 증거가 아닐 수 없었다. 베네티족은 순진하게도 로마인들도 자기네 식의 부족 간 전쟁 규칙에 따라 싸울 것이라고 가정했다. 그런 규칙에서는 치고 빠지는 습격과 매복, 이에는 이로 맞붙는 난투극, 인질 납치 등이 당연시되었다. 그러나 로마인에게 그런 전술은 테러리즘이고 처벌을 받아 마땅한 행동이었다.

카이사르는 베네티족에게 통렬한 교훈을 줄 준비를 했다. 그들이 해양성 부족이었기 때문에 카이사르는 가장 유능한 부하인 데키무스 브루투스Decimus Brutus에게 전함을 건조하도록 명했다. 기습당한 베네티족의 배는 전멸했다. 항복하는 수밖에는 도리가 없었다. 원로들은 처형되고 부족민은 노예로 팔렸다. 통상적으로는 관대한 처분을 한다고 자부하는 카이사르였지만 이번에는 "적들의 본보기로 삼아, 장래에 야만인들이 특사들의 권리를 존중하는 데 더 조심하게 만들라"[10]라고 명했다. 특사, 곧 그가 파견한 징발장교를 가리키는 말이었다. 이런 모호한 발언은 그의 진짜 의제를 완전히 숨기지는 못했다. 갈리아인은 새로운 현실에 눈떠야 한다. 이제부터 규칙을 정하는 것은 카이사르다. 부족 간의 시시한 분쟁과 폭동은 과거의 일이 될 것이다. 전 영토는 평화로워질 것이다. 즉 로마가 유지하는 평화 말이다. 베네티족에 대한 잔혹한 처벌은 의도한 효과를 가져왔다. 그해 겨울, 갈리아 전역은 찌무룩한 항복의 분위기에 휩싸여 있었다.

대부분의 부족들은 아직 로마에 맞서 자기들의 힘을 시험해보지 않았지만 소문은 효과를 발휘했고, 이제 이 무시무시한 신참자들은 싸움이 벌어진 곳에서마다 무적임을 입증하고 있었다. 오직 게르마니아의 울창한 숲만은 그 소문이 아직 뚫고 들어가지 못한 것 같았다. 기원전 55년 봄 두 개의 부족이 라인 강을 건너 갈리아로 들어오는 실수를 저질렀다. 다루기 힘든 부족에 대한 카이사르의 인내심은 이제 고갈되어가고 있었다. 침입자들은 바로 몰살당했다. 그런데 라인 강 너머에 있는 야만인들에게 확실히 경고해두기 위해 카이사르는 스스로 강을 건넜다. 그는 특별히 건조된 다리로 건너갔다. 배를 타고 건너는 것은 "그의 위엄에 어울리지 않는"[11] 이동 방법으로 여겨졌으니까. 그 다리를 건설하는 데 소요된 탁월한 공병 기술은 그 다리를 건너간 군단병들의 화려한 규율만큼이나 로마의 위력을 널리 선전했다. 강 저편에 있던 게르마니아족은 괴물 같은 목조 건축물이 강물 위로 솟아오르는 것을 보고는 수풀 속으로 사라져버렸다. 이 숲, 전설에 나오는 게르만의 숲은 수많은 이야기의 주제를 제공했다. 여기에는 괴물들이 살고 있다고 했고, 어찌나 멀리 뻗어 있는지 사람의 걸음으로는 두 달을 걸어도 빠져나가지 못한다고도 했다. 그 어둠 속을 뚫어보는 카이사르에게 그런 이야기가 정말인지 시험해볼 마음은 전혀 없었다. 어둠 속에서 웅크리는 짓은 게르마니아족이나 하라고 하지. 그는 마을과 곡물을 태워버리고 라인 강을 다시 건너 갈리아로 돌아왔다. 그렇게 뛰어난 기술과 노력을 들여 건설한 다리를 그는 해체하라고 지시했다.

카이사르는 해체 작업을 할 때도 으리으리한 장관을 연출했다. 새 저택을 지었다가 그대로 부수어버린 일이 로마에서 화젯거리가 된 것도 고작 10년 전의 일이었다. 항상 병사와 똑같은 식량을 안장에 앉은 채로 먹고, 전 군단에게 용기를 고취시키는 재능이 있었으며, 부하들에게 부과하는 모든 엄격함과 힘든 일을 함께하고, 망토로 몸을 둘둘 감고 얼어붙은 땅바닥에서 잠을 청하는 강철 같은 체격의 이 장군은 지금도 옛날과 똑같은 화려한 카이사르였다. 그가 난봉꾼으로서 흥분감과 거창한 몸짓을 위해 탐닉했던 취미들은 이제 로마 민중의 총독으로서 발휘하는 전략에 녹아들어 있었다. 항상 그랬듯이 그는 눈을 부시게 만들고 경외감을 불러일으키는 방도를 찾았다. 라인 강에 다리를 놓았다가 해체해버리는 일은 더욱 으리으리한 약탈물을 찾는 취미를 충족시키는 수단이었을 뿐이다. 부하들을 갈리아로 데리고 돌아오자마자 카이사르가 그들을 북쪽으로 행군시켜 해협과 주변 대양의 연안 쪽으로 갔던 것도 그런 일을 위해서였다.

브리튼 섬은 얼음같이 차가운 물속에 앉아 있었다. 그 섬은 비와 안개와 신비에 푹 젖어 있었다. 로마 본토에서는 그런 곳이 실제로 존재하는지 의심스러워했다. 카이사르의 유용한 정보원인 상인과 무역업자들도 극히 엉성한 윤곽만을 설명할 수 있을 뿐이었다. 그들이 그 섬에서 널리 돌아다니기를 꺼린 것도 전혀 무리는 아니었다. 북쪽으로 갈수록 야만인들이 더 잔혹해지고, 식인 풍습이나 심지어 '역겹게도' 우유를 마시는 관습이 있다는 이야기는 널리 알려져 있었다. 그들에게 공화국의 이름을 존중하도록 가르치는 것은 호메로스에 필적하는 업적이 될 것이다. 자기 족보의 시원이 트로이 전쟁으로 거슬러 올라간다는 점을 모든 사람에게 상기시키곤 했던 카이사르는 그런 유혹을 참기 힘들었을 것이다.

원로원에 보낸 보고서에서 그는 브리튼 섬을 공격한 이유를 이렇게 설명하고 있다. 그곳 토착민들이 반동적인 베네티족을 도우러 왔으며, 그 나라에는 은과 주석이 풍부하기 때문이라는 것이다. 이 주장은 그다지 설득력이 없었다. 카이사르의 마음에서 어느 쪽 동기가 더 우위였든 간에 작전을 시작한다면 그는 한 전투 시즌 내내 그 섬에서 보내야 했을 테니까 말이다. 실제로는 로마 군단은 7월 이전에는 닻을 올리지 못했다. 그때 떠났는데도 하마터면 제때 돌아오지 못할 뻔했다. 켄트의 절벽에서 침입자들을 기다리고 있는 것은 전설 속 광경 그대로였다. 전사들은 트로이 평원의 헥토르와 아킬레우스와 똑같은 모습으로 전차를 몰고 달리고 있었다. 이국적인 풍모를 더해주는 것으로서, 브리튼인들은 특이하게 얼굴에 털을 기르고 푸른색 칠을 했다. 군단병들은 너무 놀라서 수송선단에 웅크리고 있었는데, 마침내 기수가 독수리 깃발을 붙들고 혼자 파도 속으로 뛰어내려 물살을 가르고 기슭으로 나아가기 시작했다. 수치심을 느끼며 행동을 개시한 동료들도 그의 뒤를 따라 물속으로 몰려나갔다. 한동안 뒤죽박죽의 싸움을 벌인 끝에 해변 요지를 점령했다. 전투가 좀 더 벌어지고 마을이 몇 개 불타고 인질들이 조금 사로잡혔다. 그러다가 악천후가 시작되자 카이사르는 병사들을 배에 태워 갈리아로 돌아왔다.

구체적인 성과는 하나도 없었지만, 공화국의 군대가 라인 강과 대양을 건넜다는 소식은 본국에 충격을 주었다. 카토는 카이사르가 이제는 더 노골적으로 원로원의 지시를 위반하고 있다고 지적하고 전범이라고 비난했다. 대부분의 시민들은 그런 말에 상관하지 않았다. 약탈물이 별로 없다는 사실조차 야단스러운 열광의 분위기를 누그러뜨리지 못했다. "이제 브리튼 전역에 은이 1온스도 없거나 노예 외에는 포로도 한 명도 없다는 것은 확실해졌다. 브리튼에서 음악이나 문학에 조예가 깊은 노예를 얻을 것이라고 기대했던 것도 아니지만 말이다."[12] 키케로는 몇 달 뒤에 이렇게 썼다. 재미있다는 듯이 고고한 말투로 썼지만 아무도 속아 넘어가지 않았다. 키케로도 다른 사람들과 마찬가지로 신이 났고, 해협 건너편에서 이루어지는 두 번째 전투 시즌인 기원전 54년에는 열렬한 관심을 가지고 그 추이를 지켜보았다. 모든 사람들이 그러했다. 로마는 새로운 소식을 기다리며 마음이 설렜다. 기다리는 대중에게 끼친 영향이라는 점에서 카이사르의 브리튼 작전은 오늘로 치면 달 착륙에 비유할 수도 있을 것이다. "그것은 상상력을 초월하는 사건이며 모험담에서 그대로 뽑아낸 듯하면서도 기술적인 업적이다."[13] 섬 전체가 이제 곧 공화국의 패권에 굴복하게 될 것을 의심한 사람은 거의 없었다. 오직 카토만이 전쟁 열풍에 전염되지 않았다. 그는 머리를 흔들며 신들의 분노에 대해 엄중하게 경고했다.

또 카이사르는 너무 멀리 너무 빨리 나아갔다. 애간장이 탈 지경으로 잘 달아나는 브리튼족을 뒤쫓아 템스 강을 건넜을 때 그의 대리인이 불길한 소식을 가지고 왔다. 갈리아에 흉년이 들었다는 것이다. 반란이 일어날 위험이 있었다. 카이사르 본인이 즉시 돌아가지 않으면 안 되었다. 해협에는 이미 폭풍이 몰아치고 있었고 군단병들은 두 번째로 배를 잃고 겨울을 그곳에서 나게 될까 봐 두려워했다. 카이사르는 더 이상의 손해를 차단하기로 결정했다. 임기응변으로 지역 족장과 체면 세우기용 협정을 체결했다. 세계의 끝에 도달하겠다는 꿈은 연기될 수밖에 없었다. 동료 시민들에게는 이 괴로운 진실을 최대한 은폐했지만 카이사르는 너무 무리하게 일을 벌였던 것이다. 이제 위험에 처한 것은 브리튼의 정복이 아니라 로마화된 갈리아의 장래였다.

그해 겨울과 이듬해 여름에는 여러 곳에서 산불처럼 부족 봉기가 일어나서 위험을 가중시켰다. 군단 수비대 하나가 매복에 걸려 몰살당했다. 거의 7000명이 사라졌다. 또 하나의 수비대가 포위되어 위기의 순간에 카이사르가 가서 간신히 구출했다. 봉기의 불꽃이 번지지 않을까 걱정한 총독은 나라 전역을 이리저리 뛰어다니며 불티를 밟아 *끄느라* 분주했다. 어떤 때는 갈리아인들에게 진화 작업을 맡기기도 했다. 즉 봉기를 일으킨 부족의 영토를 이웃들에게 내주고 마음대로 약탈하도록 내버려두는 것이다. 분리와 통치, 이 정책은 여전히 쓸모 있었다. 기원전 53년 여름은 지나갔지만 더 이상 불길이 번질 기미는 없었다. 카이사르는 마음을 놓기 시작했다. 그 전해에는 겨울 내내 작전을 하지 않을 수 없었지만 올해에는 그렇지 않았다. 새해에 그는 라벤나에 있으면서 총독직의 마지막 해와 로마 귀환을 위한 계획을 세우고 있었다. 걱정하고 있던 동료 시민들에게 그는 또다시 갈리아의 평화를 선언했다.

기원전 52년 1월에는 눈이 그칠 줄 모르고 내렸다. 산지의 고갯길에는 특히 더 깊게 쌓였다. 이 나라 북쪽 멀리 배치되어 있던 카이사르의 군단들은 그들 장군과의 연락이 두절되었다. 하지만 악천후는 그들이 곧 겪게 될 어려움에 비하면 아무것도 아니었다. 눈이 왔지만 갈리아인들은 전혀 어려움 없이 연락을 취할 수 있었다. 이 나라의 저지를 가로질러 전투부대가 집결하고 있었다. 얼핏 보기에도 불리한 여건이었지만 북부와 중부 갈리아의 수많은 부족들이 공동의 적 앞에서 협정을 맺고 서로 간의 차이를 무시하기로 약속했다. 이런 동맹을 조직하고 만장일치로 지도자가 된 사람은 베르생제토릭스라는 위풍당당한 귀족이었다. "지휘관으로서 그는 세부 사항과 규율에 대해 세심한 주의를 기울였다. 왜냐하면 그는 동요하는 자들을 후려쳐서 제대로 중심을 잡도록 하는 결단력이 있었기 때문이다."[14] 이는 카이사르조차도 존경했고, 자기도 그렇게 행동했을 법한 자질이었다. 그런 것들은 바로 로마인의 자질이었으니 말이다. 베르생제토릭스는 침입자들을 증오했지만 그들을 주도면밀하게 연구하여 그들의 성공 비밀을 알아내기로 결심했다. 그는 모든 부족들에게 제각기 할당된 부대를 보내라고 지시했는데, 이는 로마가 행정관과 징세인, 갈리아 전역과 그 이상의 지역까지 포괄하는 질서의 대리인들을 조직하는 방식을 모방한 것이다. 세계는 좁아지고 있었다. 이기든 지든 갈리아가 그 사실을 바꿀 수는 없었다. 그들이 새로이 단합한 것은 절망감과 로마의 전 세계적 장악력, 이 두 가지가 길러낸 자식이었다. 갈리아인에게 국가라는 것이 무엇인지 가르친 것은 카이사르였다. 이제 그 업적이 그를 파멸시키려고 위협하고 있었다.

혹은 그런 것 같았다. 카이사르는 갈리아 부족이 연합하는 사태를 피하기 위해 6년 동안 필사적으로 작업했지만, 그것은 동시에 그가 애타게 기다리고 있던 기회를 제공하기도 했다. 즉 저항을 단번에 분쇄할 수 있는 기회 말이다. 항상 선호하던 방식대로 그는 급소를 곧바로 찔렀다. 베르생제토릭스의 군대가 옛 로마 속주의 국경에 집결하여 알프스 너머의 갈리아 전역에 대한 로마의 지배권을 위협하고 있을 때, 카이사르는 반란의 중심부로 쳐들어갔다. 이를 위해 그는 2미터나 쌓인 눈을 헤치고 지나가야 했고 최소한의 호위병만 거느린 채 위험한 적지를 통과해야 했다. 그의 과감함은 보상을 받았다. 그는 자기 군단과 재결합하는 데 성공했다. 하지만 이제 그는 이탈리아로부터도 단절되었다. 로마인들은 굶주리고 있었다. 베르생제토릭스가 원수 같은 적들이 곡물을 손에 넣게 하느니 차라리 태워버리자고 동맹자들을 설득했기 때문이다. 식량을 구하려고 필사적이 된 카이사르는 도시 하나를 습격하는 데 성공했지만 다른 도시에서는 격퇴당했다. 총독으로 지낸 6년 동안 공개적으로 맛본 첫 패배였다. 이 소식을 듣고 더 많은 부족들이 베르생제토릭스 쪽에 운명을 걸었다. 카이사르의 일부 부관들은 절망에 빠지기 시작했다. 그들은 장군에게 안전한 길을 찾아 돌아가서 남은 힘을 보존하고 갈리아를 포기하자고 권했다.

카이사르는 거절했다. "그렇게 한다면 수치이고 굴욕이 될 것이다."[15] 속으로야 얼마나 많은 불안감과 피로에 찌들어 있었는지 모르지만 겉으로 드러나는 그의 자신감은 여느 때와 마찬가지로 위풍당당했다. 카이사르의 에너지에는 뭔가 악마적이면서도 숭고한 구석이 있었다. 대담성과 끈기와 최고가 되기 위한 갈망에 물든 그것은 감격적이고도 치명적인 형태로 표현된 공화국의 정신이었다. 부하들이 그를 숭배했던 것도 무리는 아니다. 그들도 로마인이었으며, 자기들 장군의 위대한 모험에 참가하는 것을 특권으로 여겼기 때문이다. 여러 해 동안의 전투로 단련된 그들은 상황이 아무리 위험하더라도 두려움으로 안절부절못하는 일이 없었다. 카이사르에 대한 신뢰와 불굴의 정신이 효과를 발휘했다.

이런 사실을 예상하지 못한 베르생제토릭스가 그들을 끝장내려고 달려들자 카이사르의 부대는 베르생제토릭스의 기병대에 막심한 손실을 입히고 석퇴시켰다. 증원군이 올 때까지 기다리기로 작정한 베르생제토릭스는 알레시아 마을로 철수했다. 그곳은 오늘날의 디종 북쪽에 있는 요새이며 하도 난공불락이어서 예전에는 한 번도 함락된 적이 없었다. 좀처럼 전례에 개의치 않는 인물인 카이사르는 그곳을 곧바로 포위했다. 거의 25킬로미터에 달하는 어마어마한 규모의 토목 작업이 진행되어 베르생제토릭스와 부하들을 마을 안에 가두어버렸다. 알레시아에는 30일 동안 버틸 식량이 있었지만 30일이 지나도 완강한 포위는 풀리지 않았다. 갈리아인들은 굶주리기 시작했다. 베르생제토릭스는 전사들의 힘을 유지하기 위해, 싸울 능력이 없는 사람은 알레시아에서 모조리 내보낸다는 무자비한 결정을 내렸다. 여자와 아이들, 노약자들은 모두 마을 성벽에서 쫓겨났다. 그러나 카이사르는 난민들을 통과시키지 않았고 애걸복걸하는 데도 노예로 받아들이지 않았다. 베르생제토릭스가 죄책감에서 난민들을 도로 받아들이게 하려고 카이사르는 그들을 노천에 내버려두어 풀을 뜯어먹다가 서서히 병과 추위로 죽게 만들었다.

그러다가 마침내 카이사르가 고대하던 소식이 들려왔다. 20만 명의 갈리아인들이 자기들 지도자를 구출하러 달려온다는 소식이었다. 그 소식을 들은 카이사르는 즉시 제2의 방어벽을 지으라고 지시했는데, 이번에는 바깥을 향하게 했다. 갈리아 전사들이 파도처럼 계속 그 방어벽에 밀려들었다. 하루 종일 로마의 방어벽은 버텨냈다. 저녁이 되자 잠시 숨을 돌렸지만 그것이 시련의 끝은 아니었다. 갈리아인은 로마의 방어 시설에서 취약한 부분을 찾아냈다. 마을 북쪽으로 군단 두 개가 진을 친 곳에 방어벽을 곧바로 굽어보는 언덕이 있었는데, 새벽이 되어 전투부대가 공격을 밀어붙인 곳은 바로 이곳이었다. 그들은 방어벽 너머로 물밀듯 몰려들어와서 참호를 가득 채웠고, 그들의 선두, 로마인의 뒤쪽으로는 성 안에 있던 베르생제토릭스 병사들의 함성이 들려왔다. 군단병들은 이 협공을 필사적으로 맞받아 싸웠다. 로마인들은 간신히 방어선을 지킬 수 있었다. 방어벽을 갈고리로 걸어 끌어내리려 애쓰던 갈리아인들이 감시탑이 무너지는 것을 보고 환호하고 박수를 쳤지만 틈새를 메우고 있던 군단병들로부터도 그에 상응하는 환호가 일어났다. 멀리 자기들의 위치를 굽어볼 수 있는 언덕 꼭대기에서 빨간색이 휘날리는 모습을 본 것이다. 그들 장군의 망토였다.

하루 종일 방어선을 따라 이리저리 말을 달린 카이사르는 부하들에게 격려의 고함을 지르며 필사적인 투쟁의 리듬을 따라 최후까지 아껴 두었던 수단을 쓰기로 작정했다. 아무도 알아차리지 못하게 방어벽에서 빠져나간 그는 갈리아인들을 전격적으로 기습했고 로마 기병대가 언덕에서 공격하며 내려왔다. 군단병들은 칼을 휘두르며 방어벽에서 달려나와서 그들과 합세했다. 이제 갈리아인이 협공 작전으로 당할 차례였다. 도살은 참혹했고 로마의 승리는 철저했다. 베르생제토릭스의 부하들은 죽어가는 동족들의 비명을 들으면서 물러나 알레시아로 퇴각했다. 자기들이 포위하고 있던 군사보다도 더 적은 수로, 자기들을 포위한 군대보다는 훨씬 더 적은 수의 군대를 거느리고 카이사르는 그들 모두를 패퇴시켰다. 이것은 그의 경력 중에서도 가장 크고 가장 빛나는 승리였다.

다음 날 아침, 베르생제토릭스는 빛나는 갑주 차림으로 알레시아에서 말을 타고 나와 정복자의 발아래에 무릎을 꿇었다. 카이사르는 자비를 베풀 마음은 조금도 없었으므로 그를 쇠사슬로 묶어 가두었다. 전쟁은 아직 끝나지 않았지만 이긴 것이나 마찬가지였다. 승리를 위해 치른 내가는 엄청났다. 알레시아 성벽과 로마 방어벽 사이에는 여자와 아이들의 여윈 시신들이 널려 있었다. 그들 위에는 군단병들이 베어 넘긴 전사들의 시체가 있었고, 그들을 넘어가면 외부 방어벽 주위에 알레시아에서 수 킬로미터 거리까지 셀 수도 없이 많은 시체들이, 끔찍한 모습으로 뒤엉킨 인간과 말의 사지와 부어오른 배와, 질퍽거리는 들판, 갈리아의 자유의 도살장이 된 들판의 거름이 되어줄 피로 범벅이 된 시체가 널려 있었다. 갈리아가 정복되기까지 치른 총비용은 100만 명의 사망자와 100만 명의 노예와 800개 도시의 점령이라고 추산되었다. 혹은 고대인들은 그렇게 주장했다.[16]

이는 거의 종족 말살이나 다름없다. 그 수치가 정확하다고 믿는 역사가가 있을까마는[17] 그것은 카이사르의 동시대인들이 가졌던 인식, 즉 카이사르의 갈리아 전쟁이 뭔가 특별한 것이었으며, 비할 바 없이 끔찍하고 탁월한 것이었다는 인식을 반영하는 것이다. 로마인들의 관점에서는 한 인간의 진정한 척도를 가장 잘 보여주는 것은 피와 피로가 안기는 냉혹한 시련을 얼마나 잘 견뎌내는가 하는 것이었다. 그런 기준에서 본다면 카이사르는 공화국에서 가장 진정한 인간이었다. 그는 시민으로서의 가장 엄격한 임무를 굳게 지켰다. 절대로 항복하지 말고 절대로 물러서지 마라. 그 비용이 이제껏 겪어보지 못한 정도의 규모와 공포를 포함하는 전쟁이 될지라도, 그렇게 한다면 그 자신과 로마의 영광 또한 그만큼 더 커지는 것이다. 기원전 51년, 알레시아 공방전 다음 해에 반기를 들었던 또 하나의 도시를 점령한 뒤, 카이사르는 무기를 들었던 모든 자의 손을 잘라버린다는 본보기를 보이기로 결정했다. 그는 "자기가 관대하다는 사실은 너무나 잘 알려져 있었으므로 이렇게 엄중한 법규를 시행하더라도 그것을 잔인한 처벌로 오해할 사람은 아무도 없을 것"[18]이라고 여겼다. 그가 옳았다. 카이사르는 로마인 사이에서는 너그럽기로 유명했다. 하지만 그의 영광에 대한 사랑은 더욱 유명했다. 또 그런 명분 때문에 갈리아 전체, 혹은 그 이상이 피를 흘려야 했다.

그러나 궁극적으로는 위대한 과업이 완수되었고, 평화가 찾아왔다. 공화국은 카이사르에게 많은 빚을 졌다. 물론 그의 임기도 이제 끝나가고 있었고 로마에서 엄청난 명예가 그를 기다리고 있을 것이다. 감사의 마음에 넘치는 동료 시민들의 갈채, 근사한 개선식, 높은 공직을 또다시? 어쨌든 그 어떤 것이든 카이사르, 갈리아의 정복자에게 주지 못할 것이 있겠는가.

외지에서 거의 10년이나 지낸 뒤, 그는 집으로 돌아갈 준비를 했다.

명실상부한 제1시민 폼페이우스

물론 로마에는 카이사르보다도 더 명성이 높고 부유한 사람이 남아 있었다. '위대한 자' 폼페이우스는 누구의 그림자 속에서 살 사람이 아니었다. 특히 폼페이우스가 항상 아랫사람으로 여겼던 카이사르의 그림자는 말할 필요도 없다. 로마의 최고 장군에게 어울리는 깔보는 듯한 태도로 그는 장인의 업적을 자랑스럽게 여겼지만 그 이상은 아니었다. 카이사르가 자기의 경쟁자라거나 자기를 능가할 수도 있다는 생각은 이 위인의 마음에 전혀 떠오르지 않았다.

몇몇 사람은 이런 그가 현실을 직시하게 하려고 필사적으로 노력했다. 뒤로 돌아가서 기원전 55년에, 크라수스가 동방 원정을 준비하고, 카이사르는 멀리 갈리아에 있으면서 브리튼 섬에 관심을 돌리고 있을 때, 예기치 않은 손님이 폼페이우스의 집 현관문을 두드렸다. 카토는 몇 달 동안 상처투성이가 되었다. 1월에는 폼페이우스와 크라수스의 두 번째 집정관 취임을 막으려 하다가 폼페이우스 휘하의 불량배들에게 심하게 두들겨 맞았다. 그 이후로 그는 두 집정관에게 속주 총독으로서의 5년 임기가 허가되지 못하게 하려고 지칠 줄 모르고 용감한 운동을 벌였지만 소용이 없었다. 이제 폼페이우스는 카이사르에게 동일한 지휘권을 주라고 요구하고 있었다. 카토는 자부심을 굽히고 자기 적에게 그 문제를 재고해달라고 간청하러 온 것이었다. 폼페이우스는 어깨에 괴물을 기르고 있는 줄을 모르는가? 카이사르를 내던질 기운이 남아 있지 않거나, 그의 무게를 감당하지 못할 때가 오게 될 것이다. 그런 일이 일어나면 두 사람은 모두 목숨을 건 싸움에 뒤엉켜 비틀거리다가 쓰러질 것이다. 그러면 공화국은? 두 거인의 무게 밑에서 틀림없이 박살이 날 것이다.

폼페이우스는 그 호소를 물리쳤다. 기원전 55년은 어느 때보다도 그가 자기 권력과 행운에 대해 지극한 확신을 느낄 수 있던 해였다. 인부들이 여러 해 동안 폼페이우스의 거대한 극장을 짓고 있던 캄푸스 마르티우스에서, 드디어 비계가 철거되었다. 로마 시민들의 놀란 눈앞에는 이 도시 역사상 가장 어마어마한 복합 건물군이 등장했다. 아름다운 공원 안에 들어앉은 극장에는 객석뿐만 아니라 공공 주랑과 원로원을 위한 방과 폼페이우스의 새 집도 들어 있었다. 그중에서도 가장 훌륭한 것은 베누스에게 바치는 신전이었다. 폼페이우스가 애초에 이 건물의 건설을 정당화할 수 있었고 시기하는 경쟁자들의 공격적인 본능으로부터 보호받을 것이라고 믿을 수 있었던 근거가 바로 그 신전이었다.

이런 조심성을 발휘한 것은 잘한 일이었다. 전체 건물군 어디를 보나 시기심을 자아내는 실습장 같았으니 말이다. 비용을 아낀 곳이라곤 전혀 없었다. 정원에는 희귀한 식물들의 향기가 폼페이우스 동방 원정의 기억을 부드럽게 되살려냈다. 주랑에는 금실로 짜인 커튼이 기둥 사이에 드리워져 있었고 뒤편으로는 셀 수도 없이 많은 분수에서 나오는 개울이 졸졸 흐르고 있었다. 영묘하게 주름진 옷을 입고 그림자 속에서 수줍은 듯 자세를 취한 여신들은 하룻밤 사이에 로마에서 가장 낭만적인 장소가 된 그곳의 분위기를 고조시켰다. 조각상과 그림들은 모두 유명한 감식가인 아티쿠스와 전문가들의 눈으로 주의 깊게 선별된 걸작품들이었다. 폼페이우스가 최고의 감식안이 골라낸 최고 품질의 작품만을 전시하기를 원했기 때문이다. 그중에서도 가장 인상적인 작품은 특별 주문된 폼페이우스 자신의 조각이었다. 전략적으로 새 원로원 회의장에 설치된 그 조각상은 위대한 자가 없을 때에도 그의 그림자가 모든 행사 위에 확실하게 드리워질 것을 보장했다.

이런 장엄한 시설을 조성한 후견인이 공연히 자신의 자격을 입증하기 위해 야만인들을 추적하고 쫓아다닐 필요가 어디 있겠는가? 사실 그가 할당받은 에스파냐 속주의 북쪽에는 길들여야 할 야만인들이 아직 남아 있었지만 그런 자들은 조무래기였고, 세계 정복자가 관심 가질 만한 가치가 없었다. 폼페이우스가 지휘권이나 그에 딸린 군단을 통솔하기 싫어했다는 뜻은 아니다. 오히려 그는 부관들을 원격 조종해서 에스파냐를 통치할 계획을 세웠다. 크라수스가 파르티아인들과 싸우든 말든, 카이사르가 갈리아인과 싸우든 말든, 폼페이우스는 이미 세 개의 대륙에서 승리를 거두었다. 이제 극장이 완공되었으니 공화국을 위해 거둔 그의 수많은 승리도 호화판 여흥이 되어 다시 무대에 오를 수 있게 되었다. 위대한 폼페이우스가 더는 지구 끝까지 달려갈 일은 없을 것이다. 그보다는 그의 지휘 아래에서 지구의 끝이 로마에서 만날 것이다.

또 그것들은 야수의 형태로 등장할 것이다. 20대에는 조숙한 젊은 장군이던 폼페이우스도 리비아인들을 격파하다가 시간을 내어 사자 사냥을 간 일이 있었다. "아프리카에 사는 야수도 로마인의 힘과 용기를 존경하도록 가르침을 받아야 한다"[19]라고 그는 선언했다. 하지만 이제 50

대가 되어 자기 극장의 헌당식을 축하하고 싶어하는 폼페이우스는 사자를 자기 극장으로 끌고 오라고 지시할 수 있었다. 그리고 실제로 그렇게 했다. 사자만이 아니었다. 한 세기 뒤에는 야단스러운 이국적 장식을 잔뜩 실은 배가 끌려나와 공화국의 새로운 전 지구적 영토를 나타내는 상징으로 간주된다. "황금 우리에 갇혀 인간의 피를 핥아먹는 봉제 인형 같은 호랑이가 군중들의 갈채를 받았다."[20] 네로 치세 때 행사의 대가이던 페트로니우스Petronius는 한 시대를 결론지으면서 이렇게 썼다.

폼페이우스의 목적을 위해서는, 그가 수입한 물건들의 흉포성이 여흥뿐만 아니라 인간성 세도에도 기여해야 했다. 그 때문에 동물들은 대부분 동물원에 갇혀 있지 않았다. 세계의 지배자가 되기 위해 어떤 수고를 해야 하는지를 동료 시민들에게 가르치려면 동물들이 싸우는 모습을 전시해야만, 즉 인간적인 것과 괴물적인 것을 대비시켜야만 했다. 때로는 시민들에게 이런 수업은 너무 과했다. 이제껏 보지 못한 규모인 스무 마리의 코끼리가 창잡이들의 공격을 받고 고통스럽게 울부짖자 극장에 있던 관객들은 모두 울기 시작했다. 당시 관중석에 있던 키케로는 당혹해했다. 이렇게 인상적인 구경거리를 보면서 어떻게 조금도 즐겁지 않을 수 있는가?

그는 자신의 감정을 분석했다. 폭력은 그에게 전율을 주기보다는 무감각하게 만들었다. 사자에게 공격당하는 포로들, 당당하고 장엄한 야수들이 창에 찔리는 모습, 이런 것들은 모두 교양 있는 인간이 즐거워할 만한 여흥이 아닌 것 같았다. 그러나 이런 여흥에 대해 키케로가 가장 언짢게 여긴 것은 그 규모였다. 코끼리 스무 마리의 도살 행사는 그가 "모든 시대를 통틀어 가장 낭비적이고 장엄한 구경거리"[21]였다고 순순히 인정할 정도였다. 공화국의 위대함이 유례없을 정도로 과시되었다. 폼페이우스는 제국의 각지에서 모아온 놀라운 것들로 극장을 채웠다. 사자, 호랑이, 코끼리뿐만 아니라 표범, 스라소니, 코뿔소, 늑대도 있었고, 인간의 손발을 가진 에티오피아산의 신비스러운 동물인 케포스*도 있었다. 이 동물은 하도 희귀해서 로마에서 두 번 다시 전시되지 못했다.

그런데도 자기 도시의 업적에 대해 열정적으로 자부심을 느끼는 시민인 키케로, 로마가 이제껏 배출한 사람들 중에서도 로마의 범세계적 운명에 대해 가장 능변의 대변인인 키케로는 자기 영웅이 베푼 경기를 보면서 그저 지루하고 답답한 느낌만 받았다. "만약 이것이 볼 필요가 있는 구경거리라 하더라도 우리는 이미 여러 번 보았다."22 쾌락과 흥분도 지나치면 지루해진다. 키케로는 더 이상 폼페이우스가 자기더러 느끼기를 바라는 감정을 느낄 수 없었다. 공화국에 영광을 부여하기 위해 열린 경기는 그 후원자만 영광스럽게 했을 뿐이었다. 극장 주위에 빙 둘러서서 도살 광경을 겸손하게 굽어보고 있는 것은 열네 개의 조각상이 있는데, 그 하나하나는 폼페이우스가 정복한 나라를 대표했다.23 대리석과 피를 조합하여 그렇게 사치스럽게 자기 선전을 한 예는 공화국의 역사에서 이제껏 없었다. 로마인들은 이제까지 한 번도, 결국은 자기들과 똑같은 시민인 한 인물에 이렇게까지 심한 열등감을 느껴본 적이 없었다. 창잡이의 기술보다도 코끼리의 고통이 그들의 마음을 더 깊이 움직인 것이 이 때문이었을까? 경기가 끝나면 그들은 "장군에게, 그리고 특히 자기들을 찬양하기 위해 풍성하게 늘어놓은 전시품에 대해 환호

---

* 케포스는 일반적으로 개코원숭이(비비)의 일종이라고 한다. Pliny the Elder, 8, 28.

하기보다는 벌떡 일어서서 눈물을 흘리며 그의 머리에 저주를 퍼붓곤 했다."²⁴

물론 로마인들은 변덕쟁이였다. 폼페이우스에 대한 그들의 분노도 절대로 오래 가지 않았다. 하지만 그들이 품은 의혹, 그의 위대함, 그의 관대함에 대한 의혹은 계속 남아 있었다. 폼페이우스의 경기는 기원전 55년 9월에 무대에 올려졌고, 몇 주 뒤 시민들은 투표를 했다. 새 극장 건물군이 장엄하게 뒤에 솟아 있음에도 불구하고, 혹은 아마 그 때문에, 시민들은 극장의 후원자를 날카롭게 퇴짜놓았다. 그 전해에 폼페이우스는 도미티우스 아헤노바르부스와 카토의 입후보를 막았다. 이제 기원전 54년에는 두 사람 모두 선출되었다. 도미티우스는 집정관, 카토는 법무관이 되었다. 폼페이우스가 선거를 책임지고 후원하여 집정관에 당선시킨 입후보자는 다름 아닌 아피우스 클라우디우스였다. 그러나 아피우스는, 루카 음모자의 한 사람이기는 하지만 거의 신뢰할 수 없는 동맹자였다. 그는 오만무례하고 이기적이어서 어느 누구의 말도 듣지 않았다. 그는 극장은 짓지 않았을지라도 높은 가문의 사람이었고, 그의 생각으로는 그것이 훨씬 더 중요했다.

이 결과를 보고 폼페이우스는 자기 위치가 얼마나 모호한지를 깨달았다. 어떤 면에서 보더라도 그는 공화국의 제1시민이었다. 그는 이제 막 두 번째 집정관 임기를 마쳤다. 그는 에스파냐 속주의 총독이었고, 그 군대의 장군이자 지휘관이었다. 그의 관대함은 로마의 기준으로 보더라도 경이로운 것이었다. 그런데도 권력을 공고히 하려고 애를 쓰면 쓸수록 점점 더 권력이 손가락 사이로 빠져 달아나는 것 같았다. 그가 명성을 확보하기 위해 시도한 노력은 모두 그만큼의 패배를 가져왔다. 수법은 점점 더 범죄에 물들어갔지만, 이상이라는 점에서 보자면 폼페이우스는 여전히 순응주의자였다. 거만하기로 악명 높은 인물들인 아피우스와 도미티우스가 집정관이 되었다는 사실은 벼락출세자들의 불안정성에 대한 조롱이었다. 마찬가지로, 혹은 그보다 더 잔인한 것은 카토가 법무관이 되었다는 것이다. 걸핏하면 노발대발하고 완고하고 특별한 이 인물은 동료 시민들을 매수할 거대한 재산도 군단도 없었다. 지위로만 보면 그는 카이사르나 폼페이우스는 물론 집정관에게 대적하기에도 모자랐다. 그런데도 그는 그 두 사람과 거의 맞먹는 권력을 휘둘렀다. 원로원 의원들은 폼페이우스의 극장에 앉아 여흥을 즐기고 갈리아에서 온 선물을 은밀하게 받으면서도 여전히 스스로를 카토와, 그리고 그의 원칙 및 신념과 같은 편이라고 여기고 있었다. 오랜 세월 동안 카토는 합법성의 화신, 거의 공화국 그 자체가 되어버린 것 같았다. 멀리 갈리아에 있는 카이사르는 그런 허식을 비웃을 여유가 있었다. 하지만 심장 한복판에 여전히 카토에게 인정받고 싶은 갈망을 품고 있던 폼페이우스는 그렇지 못했다.

그런 인정을 받을 가능성은 이제 그 어느 때보다도 더 멀어진 것 같았다. 폼페이우스가 집정관직을 거머쥐기 위해 구사한 잔혹한 수법은 가볍게 용서될 수 있는 것이 아니었다. 그의 군대도 여전히 위협적이었다. 또 폼페이우스 자신부터 군단 하나라도 포기할 의사가 전혀 없었다. 하지만 기존의 주류 계급을 계속 위협하고 있으면서도 그는 그들의 마음을 얻고 싶다는 희망도 여전히 놓지 않았다. 로마 같은 공화국 시민에게 외로움이라는 기분은 당황스럽고 거의 이해하기 힘들었을 것이다. 그런 기분을 정말로 이해할 수 있는 것은 무법자 혹은 왕뿐이었을 것이다. 폼페이우스가 그렇게 맹렬하게 귀족들을 공격하면서도 그들의 호감을 사려고 애썼던 것도 그 때문이었다. 그는 너무 오랫동안, 또 너무나 열정적으로 사랑받아왔기 때문에 지금도 사랑을 갈망했고 그것이 필요했다.

그렇다면 그가 원로원에 대한 가망 없는 구애를 다시 시작하고자 할 때 이제껏 그렇게도 행복했고 위안이 되어주던 사생활이 갑자기 어둠에 잠겼다는 것은 잔인한 아이러니였다. 기원전 54년 8월에 사랑하는 그의 아내 율리아가 유산을 했다. 그녀는 이번에는 아이를 잃은 슬픔을 이기지 못하고 죽었다. 그녀의 남편과 아버지는 똑같이 참담한 심정이 되었다. 그러나 카이사르에게는 슬픔이 경고와 합쳐졌다. 그와 폼페이우스가 수많은 정치적 긴장을 견뎌낼 만큼 강한 연대를 유지할 수 있었던 것은, 이 두 남자가 똑같이 율리아에게 갖고 있던 사랑 덕분이었다. 이제 그 연대가 사라졌다. 갈리아에서 일어난 반란에 발목이 잡혀 있던 카이사르는 수도에서의 자기 지위가 약해지는 것을 막기 위해 필사적으로 애썼다. 폼페이우스에게 카이사르가 필요한 정도보다는 카이사르에게 폼페이우스가 필요한 정도가 훨씬 너 컸고, 두 사람 모두 이 사실을 알고 있었다. 한동안은 공유된 상실감이 그들을 계속 묶어둘 수 있겠지만 영원히는 아니었다. 폼페이우스는 얼마나 오래 독신으로 남아 있을 것인가? 그의 결혼 가능성은 가치가 높은 자산이었다. 워낙 가치가 높기 때문에 활용되지 않을 수 없다. 결혼 시장에 다시 돌아가게 되면 그의 운신의 폭은 예측할 수 없이 넓어진다. 그의 파트너가 그렇게 불안해진 것도 물론 바로 그 때문이었다.

하지만 폼페이우스는 아직은 의무에 붙들려 있었다. 크라수스의 위협적인 형체가 지평선 위에 있는 한 그는 카이사르를 화나게 하지 않도록 조심할 것이었다. 삼두정치를 공고하게 만들어준 시멘트는 상호 애정이 아니라 상호 공포였다. 어느 한 파트너도 다른 두 사람에게 혼자 맞설 수는 없었다. 이 때문에 공화국의 제국을 다듬어나가면서 세 음모가는 매우 주의해서 자신들의 권력 기반을 상호 얽히게 했던 것이다. 그렇게 함으로써 그들은 공통의 적뿐만 아니라 상대로부터 자신을 방어한다는 목표도 설정한 것이다.

하지만 율리아가 죽은 지 한 해 뒤인 기원전 53년 중반에 카르헤에서 크라수스가 죽었다는 소식이 전해졌다. 카이사르에게는 두 번째 재앙이라 할 타격이었지만, 폼페이우스는 별로 눈물 흘렸을 것 같지 않다. 어쨌든 경쟁자의 몰락만큼 더 달콤한 성공의 척도가 또 있겠는가? 로마인들이야 벌벌 떨라고 하지. 파르티아의 승리로 인해 로마인들은 동쪽 야만인들에 대한 승리라는 것이 결코 거저 얻을 수 있는 것이 아님을 상기하게 되었다. 국경의 상황이 악화된다면, 폼페이우스의 동료 시민들은 누구를 부르면 되는지 알고 있었다. 하지만 만약 파르티아인들이 유리한 입지를 활용하여 시리아에까지 밀고 나오지 않는다 하더라도, 폼페이우스는 팔다리를 뻗고 근사한 기분을 만끽할 수 있을 것이다. 악질적인 존재 하나가 그의 인생에서 빠져나갔다. 다시는 그것이 그에게 그림자를 드리우거나 그를 괴롭히거나 몰아넣지 못할 것이다. 크라수스는 이제 없다.

갑자기 모든 것이 폼페이우스 쪽으로 움직이기 시작하는 듯이 보였다. 저속함이 원로원의 도덕적 권위를 좀먹기 시작했다. 아피우스와 도미티우스의 집정관 임기는 두 사람이 다음번 집정관 선거에 대비한 뇌물을 받은 죄목으로 고발당함에 따라 엄청난 수치로 끝이 났다. 네 명의 후보자가 나왔지만 네 명 모두 기소되었다. 점점 더 더러워지는 거래에 관한 소문들이 고조되는 와중에 선거는 6개월 뒤로 연기되었다. 도미티우스와, 그가 대변인 노릇을 해오던 존경받는 원로원이 수호하는 명분의 관점에서 이 추문은 유달리 큰 재앙이었다. 키케로가 심술궂게 지적했듯이, 아피우스는 더 이상 잃을 평판도 없었다. "하지만 그의 동료는 부서지고 철저하게 신용을 잃은 갈대가 되었다."[25] 그런 불안정한 상태에 질서를 회복시켜줄 수 있는 사람은 오직 한 명뿐인 것 같았다. 폼페이우스의 애완견들은 그가 독재관이 되어야 한다고 떠들기 시작했다. 모두가 예상했듯이 카토가 그 제안을 듣고 분노를 폭발시키자 폼페이우스는 보란 듯이 그 제안을 거절했다. 그런데도 그런 속삭임은 잦아들지 않았다. 열에 들뜨고 불안해하는 수도 전체에서 그런 귀엣말들이 들려왔다. 원로원 회의장에서도, 포럼에서도, 빈민가에서도 들렸다. 공화국은 무너지고 있었다. 강한 인물이 필요하다. 오직 폼페이우스만이 그런 일을 할 수 있다. 폼페이우스는 평정을 유지하며 겸손한 표정을 짓고 때를 기다렸다.

이는 완벽한 전략이었다. 위기감이 점점 깊어지면서 공화국의 분위기는 잔혹해질 뿐 아니라 악취를 풍기기 시작했다. 폼페이우스에 대항할 만한 거물을 찾아내고자 필사적으로 노력하던 카토는 아주 특이한 선택을 했다. 기원전 52년의 집정관직을 위해 그가 가장 선호했던 후보자는 다름 아닌 클로디우스의 예전 훈련 상대이자 거칠기 짝이 없는 거리의 싸움꾼 밀로였다. 한때 폼페이우스를 맹렬하게 지지했던 밀로는 이 위대한 자에게서 헌신짝처럼 버림받았기 때문에 카토와 그의 계획에 기꺼이 운명을 걸기로 했다. 폼페이우스는 예전의 부하에게 사퇴하라고 경고했지만 밀로가 거절하자 경쟁 후보자를 한껏 지원했다. 하지만 그의 분노는 밀로의 불구대천의 원수가 품은 분노에 비하면 아무것도 아니었다. 3년 동안 클로디우스는 처신을 아주 잘하고 지냈고, 건전하고 철든 정치인의 이미지를 만들려고 노력했다. 하지만 밀로를 집정관으로 섬기게 될 상황이라니, 그가 감당하기에 이는 너무 심했다. 마치 치유된 알코올 중독자가 다시 술병에 손을 뻗듯이, 클로디우스는 다시 거리로 돌아왔다. 그의 예전 패거리들도 규합했다. 이에 대응하여 밀로는 검투사 학교를 매수했다. 기원전 53년이 다가오자 로마는 무정부 상태로 전락했다. 공화국 역시 마찬가지였다. 4년 동안 세 번째로 선거가 연기되었는데, 이번에는 선거 관리원이 벽돌에 맞아 의식을 잃었기 때문이었다. 모든 공공 업무가 중단된 가운데 깡패들이 곤봉을 휘두르면서 거리에서 설쳤고, 법을 지키는 시민들은 어디로든 숨었다.

사태가 더 나빠질 수는 없을 것이라고들 생각했다. 그러다가 기원전 52년 1월 18일에 더 나쁜 일이 터졌다. 클로디우스와 밀로가 아피아 가도에서 정면으로 마주쳤다. 욕설이 오고 가다가 밀로의 검투사 하나가 창을 던졌다. 클로디우스가 어깨에 창을 맞았다. 그의 호위병들이 상처 입은 주인을 가까운 술집으로 데려갔지만 밀로의 패거리는 뒤쫓아가서 그들을 때려눕혔다. 클로디우스도 술집에서 쫓겨나서 길에 내던져졌고 거기에서 그는 곧 끝장이 났다. 그곳, 선의 여신 보나의 사당 곁에, 그의 시체는 먼지 속에서 난도질당하고 벌거벗겨진 채로 버려졌다. 여신이 드디어 복수를 한 것 같았다.

하지만 클로디우스 친구들의 주장은 다르다. 그의 시체가 발견되어 로마로 운반된 뒤, 그가 살해되었다는 소식이 교차로를 통해 재빠르게 퍼졌다. 빈민가는 비탄의 울부짖음으로 진동했다. 곧 팔라티누스 언덕에 있는 클로디우스의 저택 밖에 군중이 운집하기 시작했다. 풀비아는 남편의 시신에 난 깊은 칼자국 상처를 하나하나 꼼꼼하게 손으로 짚으면서 그들에게 보여주었다. 군중은 슬픔과 분노로 으르렁댔다. 다음 날 민중 영웅의 시체는 팔라티누스에서 운구되어 포룸을 지나 연단에 뉘어졌다. 한편 근처에 있는 원로원 회의장의 의자들은 걷어차여 넘어졌고, 탁자들이 부서지고 시기의 기록들이 약탈되었다. 회의장이 있는 층에 화장제단이 쌓였다. 클로디우스의 시신이 그 위에 뉘어지고 횃불이 전달되었다. 카피톨리누스 언덕의 유피테르 신전이 파괴되고 로마인들에게 재앙이 곧 닥칠 거라고 경고한 지 30년도 더 지났다. 이제 포룸에는 또다시 폭력의 붉은빛이 켜졌다. 클로디우스의 패거리와 그의 살해자 패거리 사이에서 벌어지는 잔혹 행위는 새롭고도 중독적인 수준에 이르렀다. 원로원 회의장이 검게 탄 폐허가 되어 무너지는 동안, 불길은 계속 날름거리면서 인근의 기념물인 바실리카 포르키아로 번졌다. 이곳은 로마 최초의 상설 법정이 세워진 곳이었다. 그것을 세운 사람은 다름 아닌 카토의 선조였다. 이 건물 역시 파괴되었는데, 이는 예리하고도 의도적인 상징으로 가득 찬 광경이었다. 그날 밤 클로디우스의 도당들은 죽은 지도자를 기려 잔치를 벌였는데, 이는 원로원의 권위의 잿더미 속에서 벌인 잔치이기도 했다.

드디어 폼페이우스의 순간이 다가왔다. 카토조차도 검게 그을린 선조의 기념물이 폐허로 변한 것을 바라보면서 그 제안을 받아들이지 않을 수 없었다. 그래도 그는 독재관을 인정할 정도로 타협할 수는 없었으므로, 폼페이우스가 1년만 단독 집정관으로 봉직한다는 제안을 내놓았다.

이런 관직의 모순적 성격은 이 시기가 얼마나 비정상적인 때였는지를 시사한다. 원로원은 폼페이우스의 극장에서 회의를 열었고 비불루스의 발의에 따라 공화국을 구원해줄 위대한 자를 모셔왔다. 폼페이우스는 간결하게, 군대적이고 효율적인 태도로 승낙했다. 내전이 끝난 뒤 처음으로 무장한 군대가 로마로 행진해 들어왔다. 클로디우스와 밀로의 도당들은 폼페이우스 군단병들의 상대는 아니었다. 밀로도 신속하게 재판에 회부되었다. 죄목이 클로디우스 살인이었으므로 키케로는 그를 변호하기 위해 뛰어 일어났다. 그런 여건에서 일생일대의 연설을 하겠다는 것이 그의 희망이었다. 기회는 재판의 마지막 날에 찾아왔다. 그날 아침에 키케로는 팔라티누스에 있는 저택에서 법정으로 건너갔다. 으스스하고 유례없는 정적이 도시를 감싸고 있었다. 상가는 모두 철시되었다. 수비대가 거리 모퉁이마다 지키고 있었다. 폼페이우스는 법정 옆에 자리 잡고 있었고, 철통같은 부대원들에게 둘러싸여 있었다. 햇빛이 그들의 강철 헬멧에 반사되었다. 그리고 이 포룸에서, 로마의 심장부에서 키케로는 이 광경에 주눅이 들어 배짱을 잃었다. 그는 연설을 했지만 "그의 습관과도 같았던 확신감이 없이" 교과서를 읽듯 읊어대기만 했다고 한다.[26] 그가 한마디도 제대로 못할 정도로 더듬거렸다는 사람들도 있었다. 밀로는 유죄 선고를 받았다. 그는 그 주 안에 마르세유로 유배되었다. 군중 폭력의 다른 지도자들도 그 비슷한 처벌을 받았다. 한 달도 못되어 로마에는 평화가 다시 찾아왔다.

카토조차도 폼페이우스가 일을 잘 수행했음을 인정해야 했다. 비록 무뚝뚝한 태도는 변함이 없었지만 말이다. 폼페이우스가 그를 한쪽으로 데리고 가서 협조에 감사를 표하자 카토는 자기는 폼페이우스를 지원한 것이 아니라 로마를 지원했다고 딱딱하게 되받았다. "충고로 말할 것 같으면, 혹시 원한다면 기꺼이 개인적으로 해줄 수 있고 원하지 않더라도 공개적으로 해주겠다."[27] 하지만 겉보기에는 모욕하는 것 같은 이 제안도 폼페이우스는 감사하게 받아들였다. 10년 전에 동방에서 돌아온 뒤 그는 이런 순간을 기다리고 있었다. 투덜거리는 태도이기는 했지만 제1시민이라는 위치를 카토가 인정한 것이다. 드디어 폼페이우스는 권력과 존경을 둘 다 얻은 것 같았다.

같은 해 초에 카이사르가 머리를 쥐어짠 끝에 자기 파트너의 신붓감으로 자신의 종손녀인 옥타비아를 제안했을 때 폼페이우스가 거절한 것도 의외는 아니다. 이 거절은 우정이 끝났다는 뜻은 아니었지만, 그 우정이 당연시될 수는 없다는 의미를 담고 있었다. 이제 그가 원로원 주류의 존경을 회복했으니, 카이사르보다 훨씬 더 많은 것을 제안할 수 있는 경매자들이 있었다. 폼페이우스는 한동안 최상급 중에서도 최상급 가문의 딸들을 둘러보았다. 그의 감식안을 특별히 붙든 여성이 있었다. 카르헤에서 젊은 푸블리우스 크라수스가 죽자 그의 아내인 코르넬리아는 과부 신세가 되었다. 아름답고 교양 있고, 또 지독하게 연줄이 좋은 여자이기도 했다. 그녀의 아버지 퀸투스 카이킬리우스 메텔루스 피우스 스키피오 나스키아Quintus Caecilius Metellus Pius Scipio Nascia의 족보는 그의 이름을 읊을 때 근사하게 울려퍼진다. 메텔루스 스키피오가 음탕한 쇼를 상연하는 것 이외에는 전혀 유명하지 않은, 지독하게 별 볼일 없는 인물이라는 사실도 전혀 문제 되지 않았다. 문제 되는 것은 오로지 그가 메텔루스 가문의 수장이며 수많은 위풍당당한 파트리키들과 가까이 연결되어 있다는 사실과 한니발을 패배시키고 카르타고를 함락시킨 바로 그 스키피오의 후손이라는 사실뿐이었다. 코르넬리아도 이 결혼을 원한다는 사실은 금상첨화였다. 폼페이우스는 로마의 길거리를 청소하던 중에 잠시 짬을 내어 결혼식 화환 속에 파묻혔다. 이번이 다섯 번째 결혼식이었다. 그의 나이는 새 신부보다 두 배 많았다. 그는 온갖 야유를 무시했다. 그에게는 결혼생활이 잘 맞았다. 무엇보다도 율리아의 죽음으로 인한 슬픔을 달랠 수 있었다. 행복에 겨운 한 쌍은 곧 입방아에 오를 정도로 사랑에 빠졌다.

코르넬리아 같은 여성의 팔에 안긴 남자라면 자기가 귀족 계급의 품에 안겨 있음을 알 수 있다. 이 만족감은 달콤했고, 조카와의 결혼을 거절했던 바로 그 카토가 한때 코르넬리아의 어머니에게서 거절당한 적이 있다는 사실로 인해 더욱 달콤해졌다. 옛날의 원한은 깊은 상처를 남겼고, 카토와 메텔루스 스키피오는 사이가 좋은 적이 한 번도 없었다. 그렇기는 하지만 폼페이우스가 로마의 비상사태가 통제되었으니 자기 장인을 기원전 52년의 나머지 기간 동안 공동 집정관으로 맞아들이자고 제안했을 때 카토는 도저히 반대할 수 없었다. 어쨌든 폼페이우스는 상황 통제에 관한 한 흠잡을 데 없이 잘 처신하고 있었으니까. 공화국은 병이 들었다가 이제 회복되었다. 모든 것은 과거로 되돌아갔다.

폼페이우스의 동료 시민들은 이를 믿으려고 필사적으로 노력했다. 그의 야심에 대해 의구심을 가졌던 사람들조차 이제 나름대로 그의 명성을 인정해줄 이유가 생겼다. 폼페이우스가 음란물 제작업계의 거물인 메텔루스 스키피오를 위해 해준 일을 본 거족들도 경멸감을 누그러뜨리기 시작했다. 카토는 여전히 폼페이우스가 무슨 말을 하든 귀를 막고 있었지만, 이제 옛날의 적에게 귀를 열어줄 준비는 되어 있었다. 그리고 물론 카이사르가 있었다. 갈리아에서, 알레시아의 피와 연기 한복판에 있으면서도 그는 여전히 폼페이우스의 우정을 갈구하고 있었다. 수많은 상이한 이익들, 그 대다수는 화해할 수 없이 상충되는데도, 그들 모두가 받고 싶어한 것은 단 한 사람의 지지였다.

공화국의 역사에서 이런 일은 여태 없었다. 키케로가 폼페이우스의 '재능과 행운'에 대해 놀란 것도 무리는 아니었다. "덕분에 그는 어느 누구도 이룰 수 없었던 것을 달성할 수 있었다."[28] 그런데도 위대한 자가 자기의 지상권을 만끽하고 있는 중에도 그의 호의를 얻기 위해 경쟁하던 파벌들은 다른 파벌들을 파면시키기 위해 공작하고 있었고, 폼페이우스에게 오직 자기들하고만 결탁하도록 강요하고 있었다. 누가 누구를 착취하는 것인가? 이것은 풀릴 낌새가 없는 질문이었다. 그렇지만 얼마 안 가서 그것은 파멸할 지경에, 또 그 너머에까지 이르게 될 것이다.

루비콘 강을 건너다

극장 건설이라는 예술은 폼페이우스의 대리석 괴물의 완공으로 끝나지 않았다. 말하자면 그것은 일찍이 보지 못한 로코코식 예술의 수준으로까지 발전했다. 마치 야심적인 귀족들이 돌이 아니라 로마인들의 애정 깊숙한 곳에 초석을 놓으려고 경쟁하는 듯이 말이다. 그중에서도 가장 특이한 것은 클로디우스의 젊고 유능한 친구이던 쿠리오가 지은 극장이었다. 기원전 53년에 쿠리오의 아버지가 죽었다. 쿠리오는 그때 속주 임무로 아시아에 있었지만 로마로 돌아오기도 전에 이미 어마어마한 장례 경기 시리즈를 거행할 계획을 짜기 시작했다. 그 경기를 개최할 극장이 마침내 개관하자, 관객들은 자기들 역시 그 쇼의 한 구성 요소라는 것을 알고 신이 났다. 각각 좌석까지 갖춘 무대 두 개가 세워졌는데, 둘 다 회전축 위에 위태롭게 균형을 잡고 올라앉아 있었다. 두 개의 연극이 동시에 상연될 수 있었는데, 한낮에 공연이 다 끝나면 엄청나게 시끄러운 기계 소음과 함께 극장이 회전하여 무대 하나를 형성했다. "이곳이 검투사들이 싸우게 될 장소다. 사실 훨씬 더 큰 위험에 노출되어 있는 것은 검투사가 아니라 좌석에 앉은 채로 회전되고 있는 로마 시민 본인들인데 말이다." 1세기 뒤에 대*플리니우스는 그 설계도를 보고 경악하여 머리를 절레절레 흔들 수밖에 없었다. "그렇지만 이건 정말 굉장한 시설이 아닌가!" 그는 이렇게 외쳤다. "더욱 믿기 힘든 것은 사람들의 광기였다. 그곳에, 너무나 위태로운 나머지 금방이라도 폭삭 무너질 것 같은 좌석에 앉아서 완벽하게 만족하고 있다니!"[29]

생각해보면 로마처럼 불길한 징조를 예민하게 감지하는 도시에서 그런 설계가 구상되었다는 사실 자체가 위험을 잔뜩 품은 경이였다. 대플리니우스 같은 후세들은 공화국을 너무나 근사하면서도 너무나 불안정한 쿠리오의 원형극장과 당연히 동일시했을 것이다. 사실 그에 대한 기억이 남게 된 까닭도 분명히 이런 이유였을 것이다. 하지만 목숨을 걸고 관중석으로 몰려들었던 관중 가운데 자기들이 하는 짓의 불길한 조짐을 알아차린 사람이 몇 명쯤은 있었을지도 모르지만, 그런 인식은 기록으로 남아 있지 않다. 공화국의 분위기는 초조해하기는 했지만 종말론적이지는 않았다. 종말론적이어야 할 이유가 있었을까? 로마의 정부 시스템은 거의 500년 가까이 유지되어왔다. 그 시스템은 전 세계에서 그 어떤 왕도 감당하지 못할 정도로, 로마를 압도적으로 위대한 존재로 만들었다. 무엇보다도 그것은 모든 시민으로 하여금 자기 자신을 평가하게 해주고, 자기가 노예나 신민이 아니라 인간이라는 사실을 다시금 확신시켜주었다. 로마인이라면 자기가 이집트인이나 갈리아인이라고 상상할 가능성보다도 공화국이 몰락한다는 사실을 인정하기가 더 어려웠다. 이들은 신들의 분노를 두려워했을지는 몰라도 있을 수 없는 일을 두려워할 지경까지는 가지 않았다.

그러므로 쿠리오의 극장에서 들리는 삐걱거리는 소음에서 다가오는 파국을 읽어낸 사람은 아무도 없었다. 오히려 정반대였다. 유권자들에게 그 소음은 귀에 익은 리듬의 연주였다. 쿠리오는 호민관직에 눈독을 들이고 있었다. 그의 극장은 죽은 아버지를 기리기 위해 설계되었을 뿐 아니라 그의 야심을 진전시키기 위한 것이기도 했다. 그 명분을 위해서는 폼페이우스의 코끼리를 위해 사람들이 눈물을 흘렸음에도 불구하고 유행처럼 되어버린 이국적 동물의 도살이 시행되어야 했다. 쿠리오의 장기는 표범이었는데, 카일리우스의 취향도 같았다. 카일리우스는 속주에 있는 연고자들을 달달 볶아 더 많은 표범을 보내달라고 졸랐다. 두 사람 모두 유권자들의 시선을 끄는 것이 얼마나 중요한지 알고 있었다. 예전에 카이사르가 그랬듯 이들도 장래를 걸고 도박을 하여 천문학적 액수의 빚을 끌어다 썼다. 예전 같으면 그 이유로 인해 이들은 시시한 존재로 취급받았겠지만, 이제는 같은 이유 때문에 떠오르는 스타가 되었다.

시간이 흘러도 살아남은 다른 재주꾼들도 마찬가지였다. 공화국은 예전처럼 야심과 증오와 음모로 인해 격렬하게 소용돌이치고 있었지만, 쿠리오와 카일리우스는 둘 다 불안정한 급류를 다루는 재주를 가지고 있었다. 원칙 때문에 개인의 이익을 놓치는 일은 거의 없었다. 그들 간의 특별한 관계도 중요한 요인이었다. 클로디우스가 살해당한 뒤의 위험했던 나날 동안, 공화국이 거의 무정부 상태에 빠져 있을 때, 이들은 서로가 쓸모 있는 동맹자가 될 수 있음을 간파했다. 클로디우스의 가장 오랜 동맹자이던 쿠리오는 죽은 친구의 기억을 충실하게 지켰고 클로디우스의 아내였던 풀비아를 너무나 잘 위로한 나머지 나중에는 결혼까지 했다. 이와 대조적으로 카일리우스는 클로디아 및 그녀 남동생과의 싸움을 냉혹하고도 격렬하게 계속하다가 기원전 52년에 호민관이 되자 공권력을 총동원하여 밀로를 위한 응원단 노릇을 했다. 그러나 한 해 뒤 카일리우스가 표범이 모자라 쩔쩔매고 있을 때 쿠리오가 자기 소유의 표범 스무 마리를 아무렇지도 않은 듯이 배에 실어 보내준 적이 있었다. 양다리 걸치기는 정치가의 가장 현명한 진로였다.

다만 당시의 사상 심각하고 풀기 힘든 문제에서는 그것이 점점 더 어려운 일이 되어가고 있었다. 역설적이게도 이 이슈를 결정적인 지점까지 몰고 간 것은 카일리우스였다. 기원전 52년 중반쯤 카이사르가 알레시아에서 승리를 거두었다는 소식이 로마에 도착했다. 갈리아의 상황에 대해 암담한 예측이 도시를 가득 채우고 있었으므로, 원한 품은 야만인 전투부대가 결국은 남쪽으로 몰려 내려오지 않게 되었다는 사실에 엄청난 안도감이 터져나왔다. 원로원의 투표에서 20일간의 감사 행사가 결정되었는데, 이때 카일리우스는 호민관의 지위를 이용하여 그것을 보완하는 법안을 제안했다. 그 내용에 따르면 카이사르는 고유한 특권을 부여받게 된다. 원래 집정관직에 입후보하려면 로마로 와야 하지만 카이사르는 갈리아에 머물면서 입후보할 수 있도록 하자는 것이었다. 카일리우스의 동료 호민관 아홉 명 모두가 이 제안을 지지하여 법안이 통과되었다.

하지만 문제는 이것으로도 해결되지 않았다. 오히려 그것은 원로원 의원들의 균열을 노출시켰고 그 균열은 점점 더 커졌다. 견해가 극단적으로 양극화되어 결국은 서로 화해할 수 없는 시경이 되었다. 로마 시민들이 절체절명의 심연 가장자리에서 위태롭게 서 있게 된 것이다. 이 위기의 핵심은 카이사르가 갈리아 총독에서 두 번째 집정관 임기로 바로 옮겨 앉게 되면 일반 시민이 되는 단계를 거치지 않는다는 단순한 사실에 있었다. 많은 사람들은 이런 사태를 참을 수 없었다. 일반 시민이라야 재판에 회부할 수 있기 때문이었다. 카일리우스의 법안이 통과되자마자 카토는 맹렬한 비난을 퍼부었다. 카이사르가 첫 번째 집정관 임기 때 저지른 범죄 행위들은 용서되지도 않았고 잊히지도 않았다. 10년 가까이 그의 적들은 그 죄를 추궁할 기회를 노려왔다. 이제 그 기회가 오고 있었고, 그들은 제물을 빼앗길 마음이 털끝만큼도 없었다.

양편을 화해시키려고 애쓴 사람은 많다. 카일리우스가 법안을 제안했을 때, 아직도 스스로가 카이사르와 카토 양쪽 모두의 친구라고 여기고 있던 키케로는 이를 격려했다. 물론 훨씬 결정적인 인물인 폼페이우스의 격려도 있었다. 위태위태한 몇 달 동안 그는 옛 동지와 카이사르의 적대자 무리 사이, 특히 카토의 이익 균형을 성공적으로 맞추어주고 있었다. 폼페이우스는 오랜 염원이던 이의 없는 명성을 드디어 획득하게 되었는데, 경쟁적인 지지자 집단 사이에서 양자택일을 하라는 요구 때문에 그 명성이 위협당하는 꼴은 보고 싶지 않았다. 하지만 그가 아무리 단호하게 그 상황에 대해 눈감을지라도 딜레마는 끈덕지게 사라지지 않고 있었다. 카이사르의 장래에 관한 토론에서 어느 쪽도 타협의 기미를 보이지 않았다.

아직도 갈리아의 진창과 도살장을 헤치고 다니던 카이사르로서는, 로마인의 총독인 자기가 편안히 집에만 앉아 있는 카토 같은 조무래기들의 공작에 대비해야 하는 처지로 전락한 사실이 견디기 힘들었다. 거의 10년 동안 그는 공화국의 명분을 위해 거물답게 전력투구해왔다. 그런데 이제, 그에 대한 보상으로서 재판이라는 치욕에 직면해야 하는가? 밀로의 유죄 판결은 그에게도 일어날 수 있는 전례였다. 포룸이 강철 칼날로 에워싸이고 변호인이 위협당하고 서둘러 선고가 내려진다. 일단 법정에서 유죄 판정을 받고 나면 카이사르의 위대한 업적도 아무 소용이 없어진다. 평생 한 번도 매복한 적과 싸워본 적이 없고 얼어붙은 북해를 넘어 독수리 깃발을 꽂아본 적도 없으며, 한 번의 전투로 엄청난 수의 야만인 집단 둘을 패퇴시켜본 적도 없는 소인들의 환호 속에서 그는 망명을 강요당할 것이고, 베레스 같은 사람들을 벗 삼아 나머지 생애를 보내야 할 것이고 마르세유의 햇빛 속에서 허무하게 시들어갈 것이다.

하지만 자기 요구가 이례적인 것이라는 점을 카이사르가 강조하면 할수록 그의 적들은 더욱 혐오스러워했다. 그의 요구 배후에는 불법적인 모병과 원정의 불길 속에서 전투로 단련된 그의 군대가 가하는 말없는 위협이 있었다. 만약 카이사르가 집정관으로서 귀환하게 되면 그는 이런 법안을 억지로 밀어붙여, 아무 어려움 없이 휘하의 퇴역병들에게 농장을 마련해주고 폼페이우스마저도 무색해질 만한 자신을 위한 무장 세력의 저장고를 보유하게 될 것이다. 그런 일을 허용하지 않기 위해, 카토와 그의 동맹자들은 언제까지라도 계속 싸울 준비가 되어 있었다. 카이사르의 요구에 관한 끝없는 토론이 원로원의 매 회기를 지배하기 시작했다. 그에게 얼마나 많은 군단을 허가해야 하는가? 후임자는 언제 지명될 것인가? 카이사르는 언제 지휘권을 내놓을 작정인가? 카일리우스는 키케로에게 으르렁댔다. "당신 수법은 뻔해. 갈리아에 관한 결정이 몇 가지는 내려지겠지. 그런 뒤 몇 사람이 일어서서 그에 대해 불평을 하겠지. 그러면 또 다른 사람들이 일어서서 계속 이렇게 질질 끌고. 길고 교묘한 게임이라오."[30]

이런 토론은 걸핏하면 오리무중으로 이어졌지만, 카일리우스가 지루해서 하품하는 것도 시늉이었다. 그는 어리석음과 야심에 대해 로마의 그 누구 못지않게 예리하게 분석할 줄 알았다. 또 그는 위협이 다가온다는 것을 인식하고 있었다. 너무나 끔찍해서 거의 믿을 수 없을 정도의 재앙이었다. 처음에는 공화국에서 항상 있어왔던 종류의 분쟁으로 시작했던 것이 이제는 두 경쟁 파벌의 대열을 훨씬 넘은 곳까지 적대감과 고통의 독소를 퍼뜨리고 있었다. 카이사르를 단번에 파멸시키려고 작정한 카토는 온갖 타협의 암시를 일축하면서 적을 고립시킬 방도를 찾고, 공화국의 이름과 합법성을 카이사르와 대비시킨다는 단골 전략을 되풀이하고 있었다. 카이사르는 자연스럽게 매혹시키는 재능을 발휘하여 동료 시민들을 감언이설로 꾀고 로마에다 뇌물과 구애의 홍수를 퍼부었다. 대부분은 여전히 중립적인 입장으로 남기를 원했다. 이 분쟁은 그들의 싸움이 아니었다. 하지만 위험도가 너무 높다 보니 그들 역시 논쟁에 휩쓸리지 않을 수 없었다. 로마 시민들은 두 쪽으로 갈라졌다. 사람들은 암흑 같던 술라 시대 이후로는 금지되어 거의 입에 올리지 않던 불길한 단어를 다시금 속삭이기 시작했다. 내전이라고.

그런 일이 실제로 일어날 수 있으리라고 사람들이 정말 믿었다는 말은 아니다. 어느 한쪽이 폼페이우스를 자기편으로 끌어들여 논쟁에서 이길 것이다. 이것이 일반적인 예상이었다. 상황 통제력을 유지하려고 필사적으로 애쓰고 있던 위대한 자 본인은 이리저리 흔들렸다. 아직 어느 편도 소외시키고 싶지 않았던 그는 한 손은 카이사르에게 내주었다가 다른 손은 도로 가져갔다. 이런 전략의 문제점은 카일리우스가 지적했듯이, "자기 의견이 정말로 어떤 것인지 숨길 만큼 그가 교활하지 못하다"[31]라는 데 있었다. 이런 폼페이우스의 의견은 기원전 51년 여름 무렵에는 초점이 한결 분명해졌다. 카토의 섬뜩한 경고가 효과를 보기 시작했다. 카이사르에 대한 궁극적인 제재는 그의 군대였으므로, 폼페이우스의 입장에서는 이 사실을 자신에 대한 도전으로 여기지 않을 수 없었다. 마찬가지로 명예와 허영심도 그를 계속 망설이게 했다. 로마의 최고 장군이 갈리아 군단을 겁내는 것으로 보일 수는 없었다. 9월 말엽에 그는 마침내 분명한 판정을 내렸다. 카이사르는 다음 해 봄에 지휘권을 내놓아야 한다. 그때는 집정관 선거가 치러지기 몇 달 전이므로 카토, 혹은 다른 누구든 처벌을 집행할 시간이 있을 것이다. 만약 카이사르가 호민관을 내세워 그 제안에 대한 거부권을 행사하고 계속 군단을 보유하면서 집정관 선거에서 이기려 한다면 어떻게 해야 할까? 폼페이우스는 이런 질문을 받았다. 그는 작은 목소리로 대답했지만 그것은 틀림없는 위협이었다. "이렇게 물어도 좋겠다. 내 아들이 나에게 지팡이

를 들고 달려든다면 어떻게 해야 할까?"³²

드디어 두 오랜 동맹자 간의 균열이 눈앞에 드러났다. 사위 폼페이우스가 장인 카이사르에 대해 로마 가부장의 무시무시한 권리를 주장한 것이다. 갈리아 정복자는 반항하는 아들처럼 다루어질 것이고, 아마도 처벌될 것이다. 이것은 카이사르의 이익과 자존심 양면에 대한 공격인 만큼 용서할 수 없는 이유가 두 배로 늘었다. 하지만 그가 계속 싸우고자 한다면 *그*에게는 새로운 지지자가 필요할 것이다. 무엇보다도 호민관이 필요했고, 그것도 이제 폼페이우스의 전면적 지원을 배경으로 하는 제안에 맞설 만한 배짱과 정신력을 가진 중량급 인물이어야 했다. 그 제안이 거부되지 않으면 자기는 끝장이라는 것을 카이사르는 알고 있었다.

하지만 기원전 50년의 선거 결과가 발표되었을때 그는 설상가상으로 운이 더 나빠진 것처럼 보였다. 새 호민관 중에서도 가장 유능하고 카리스마가 넘치는 사람은 다름 아닌 쿠리오, 근사한 극장에 쏟은 투자의 수익을 제대로 거둔 쿠리오였다. 그는 카이사르가 집정관이던 해의 여름 이후 거의 10년 동안이나 로마 시민의 총아였다. 그때 아직 20대이던 그는 감히 집정관의 위협에 반항했고, 그 덕분에 거리에서 갈채를 받았다. 그 이후의 9년 동안 두 사람 사이의 악감정은 더 심해졌다. 따라서 불붙기 쉬운 새 호민관의 에너지를 가장 겁내야 할 사람이 누구일지는 물어볼 필요도 없었다. 이제 확실히, 사람들은 기대를 품기 시작했다. 카이사르가 끌려 내려올 것인가? 위기가 틀림없이 사그라질 것 같은데…….

그해 겨울에는 확실히 그렇게 될 것처럼 보였다. 카일리우스가 보기에 이 도시는 추위와 무기력으로 멍해진 것 같았다. 가장 놀라운 사실은 호민관인 쿠리오가 아무 행동도 하지 않았다는 것이다. 카일리우스는 반쯤은 애석해하는 어조로 키케로에게 이렇게 썼다. "그도 꽁꽁 얼어붙었습니다." 하지만 편지의 중반쯤에서 그는 갑자기 말을 바꾸었다. "앞에서 제가 썼던 말을 전부 취소해야겠습니다. 쿠리오가 상황을 냉정하게 보고 있다고 제가 말했지요. 하지만 이제 그는 갑자기 열을 내기 시작했습니다. 또 어떤 식으로인지!"[33] 소식이 너무나 경악스러워, 도저히 믿을 수 없을 정도였다. 쿠리오가 옛날의 적에게로 돌아선 것이다. 카토와 헌정주의자들의 편을 들 것으로 확실히 기대되던 사람이 정반대의 행동을 했다. 카이사르는 결국 자기편 호민관을 얻었다.

이는 정말 대단한 복병이었다. 카일리우스도 자기 친구의 돌변을 무책임성 때문이라고 돌렸다. 하지만 나중에 그도 인정했듯이 그런 비난은 공정하지 못했다. 다른 사람들은 쿠리오가 갈리아의 황금으로 매수되었으리라고 짐작했고, 이 편이 더 진실에 가까웠을 테지만 그것이 이야기의 전부는 아니었다. 호민관은 고전적인 게임을 하는 중이었다. 카토의 직무 방해 공작의 허를 찌름으로써 그는 카이사르가 폼페이우스에게 했던 일을 카이사르에게 해주고 그에 상응하는 보상을 거두고자 했다. 여기에 원칙 따위는 있을 수도 없지만, 쿠리오가 한 일 가운데 수백 년 이어져온 비슷한 종류의 파렴치한 거래의 역사에 의해 허용되지 않는 일은 하나도 없었다.

카토도, 폼페이우스도, 카이사르도 마찬가지였다. 공화국의 수백 년 역사에 걸쳐 그 위대한 인물들은 영광을 얻고 적을 거꾸러뜨리기 위해 노력했다. 세월은 흘렀지만 변한 것은 그들이 초래한 상호 파괴 및 그

보상으로 얻는 기회의 크기뿐이었다. 자유의 죽음을 애도하는 후세의 로마인들이 보기에 이는 비극적으로 명백한 사실이다. 공화국의 마지막 세대에 대해 페트로니우스는 이렇게 썼다. "이제 로마의 정복은 전 세계, 바다와 육지와 별들의 진로까지도 손아귀에 장악했다. 하지만 그는 아직도 더 먹고 싶어한다."[34] 그리고 그는 아직도 더 먹고 싶었기 때문에 더 삼켰다. 더 삼켰기 때문에 더 원했다. 이렇게 괴기스러운 식욕은 관습이나 도덕성에 부과되는 고대적 한계 내에서는 도저히 충족될 수 없었다.

폼페이우스와 카이사르, 로마의 가장 위대한 정복자들은 예전 세대의 상상력을 모조리 초월하는 자원을 손에 넣었다. 이제 그런 어마어마한 권력의 결과가 점점 더 냉혹하게 눈앞에 드러나고 있었다. 두 사람 모두 공화국을 파괴할 능력을 가졌다. 둘 다 그런 사태를 원하지는 않았어도, 억지력이라는 것이 조금이라도 의미가 있다면, 그것이 두 사람 모두 최악의 사태에 대비하게 만들었다. 카이사르가 쿠리오를 징발한 것은 이 때문이었다. 그 위험도가 워낙 높았고, 권력의 균형이 너무나 아슬아슬하게 유지되고 있었기 때문에, 테러의 균형을 깨는 데는 단 한 명의 호민관의 활동만으로도 충분할지 몰랐다. 그래서 돌이킬 수 없는 파국과 평화로운 명예를 완연히 다른 것으로 만들 수 있지 않을까. 이것이 카이사르가 기대한 바였다. 쿠리오도 그렇게 믿었다.

하지만 그들의 적은 어떤 조처에도 도전하겠다는 결심을 단단히 하고 있었다. 그들이 카이사르에게서 지휘권을 박탈하려고 시도할 때마다 쿠리오가 거부권을 행사하자 그들은 폼페이우스에게 총독더러 항복하도록 강요하겠다는 호언장담을 실천하라고 요구하기 시작했다. 그러자 폼페이우스는 병을 핑계로 집에 틀어박혔다. 그의 병이 꾀병이든 아니든 간에 이탈리아는 그 때문에 걱정으로 들끓었다. 모든 도시에서 위대한 자를 지켜달라는 희생 공양을 바쳤다. 병자는 이런 극단적인 표시에 감사를 표했다. 마침내 자리를 털고 등장했을 무렵 그는 자기의 인기를 완벽하게 확신할 수 있었다. 그는 전쟁을 최종적으로 승인받기 위해 필요한 재신임을 얻은 것이다. 혹시라도 카이사르가 생각도 못할 일을 저지르고 로마로 밀고 내려온다면 어떤 병력을 동원할 수 있는지 불안해하는 지지자들에게 폼페이우스는 침착하게 미소 지으면서 걱정하지 말라고 말했다. "내가 발만 내딛으면 이탈리아 전역의 군단과 기병들이 땅속에서 솟아날 것이니까."[35]

하지만 그처럼 확신하지 못하는 사람이 많았다. 카일리우스의 생각으로는 폼페이우스가 아무리 끌어모아봤자 카이사르의 군단이 그보다 월등히 우월하다는 것은 자명한 사실 같았다. "평화 시에 국내 정책에 참여할 때는 옳은 편을 지원하는 것이 가장 중요하지만 전쟁 시에는 제일 강한 편을 드는 것이 중요하지."[36] 그는 쿠리오에게 이렇게 썼다. 이런 냉소적인 판단을 내린 것이 그 혼자만도 아니었다. 그 판단의 배후에는 쿠리오가 내린 것과 같은 계산이 깔려 있었다. 카이사르를 지지한다면 권력에 이르는 지름길을 얻을지도 모른다는 것. 빠른 수확을 갈망하는 세대는 적법성이라는 명분에서 이탈하고 있었다. 조급한 부류들과 유서 깊은 원로원의 존엄한 원로 정치인들 사이는 항상 긴장 상태였지만 이제 온통 전쟁 이야기가 나돌자 상호 경멸감이 점점 더 커져서 뭔가 정말로 불길한 기운을 드리우고 있었다.

기존 주류의 오만무례함의 축약본인 도미티우스 아헤노바르부스와 젊은 마르쿠스 안토니우스 사이에서 벌어진 선거가 이런 균열을 명백하게 드러냈다. 숨 막힐 듯 더운 여름이 될 것이라는 예측과 연기 속에서 호르텐시우스가 죽었고, 그는 이탈리아에서 가장 큰 사설 동물원과 포도주 만 병과 점술관직 하나를 유산으로 남겼다. 공화국이 파국으로 치달아가는 듯이 보이는 이 시점에서 공석이 된 점술관직을 그냥 내버려둘 수는 없는 일이었다. 로마의 관리들이 새의 날갯짓이나 번개 치는 모습, 신성한 닭들이 모이 쪼는 모습 등을 관찰하여 신들의 의지를 해석하고 그들의 분노를 진정시키기 위한 처방을 내릴 때마다 올바른 해석이 내려졌음을 확인해주는 것이 바로 점술관이었기 때문이다. 그것은 특권이 많은 관직이었으므로 도미티우스는 당연히 자기 몫이라고 주장했다. 그의 젊은 상대자는 동의하지 않았다. 쿠리오와 그렇게 어처구니없이 동거했고 클로디우스의 아내에게 푹 빠져 그 남편과 티격태격했던 이 난봉꾼은 지금도 평판이 나빴다. 하지만 안토니우스는 젊은 시절의 거친 생활을 완전히 청산했다. 갈리아에서 복무하면서 그는 영광으로 휘감겼고, 이제 로마에 돌아와서 카이사르의 가장 뛰어난 장교라는 칭송을 들었다. 원로원 주류 계급의 막중한 위세를 배경으로 거느리고 있던 도미티우스는 물론 당선 가능성이 가장 높았지만, 안토니우스는 알레시아에서든 다른 어디에서든 불리한 여건을 극복하는 데 익숙해져 있었다. 이번에도 역시 그렇게 되었다. 카이사르가 폰티펙스 막시무스로 출마했던 선거에 비길 만큼 유명한 승리를 거두면서 그는 점술관직을 따냈다. 도미티우스는 분통이 터져 펄펄 뛰었고 공화국의 두 파벌 간의 균열은 더 넓어졌다.

어느 편도 들지 않거나 혹은 두 편을 다 드는 대다수 시민들은 절망에 빠졌다. "나는 쿠리오를 좋아한다." 키케로가 외쳤다. "카이사르가 자기 몫에 어울리는 방식으로 축하받는 것을 보고 싶다. 또 폼페이우스를 위해서라면 내 목숨도 바치겠다. 그러나 내게 정말로 중요한 것은 공화국 그 자체다."**37** 하지만 키케로나 키케로처럼 생각하는 사람들이 할 수 있는 일은 아무것도 없었다. 평화를 지지하는 사람은 양보만 하는 사람으로 취급을 받아 점점 더 무시되었다. 경쟁 분파들은 각기 운명을 받아들이고 있었다. 이는 마치 절벽 아래를 내려다볼 때 그 아찔한 높이가 뛰어내리라고 유혹하는 것 같았다. 피에 대한 굶주림의 전율이 겨울의 대기 속에 만연해 있었고, 대화 주제는 온통 전쟁에 관한 것이었다.

기원전 50년 12월, 두 명의 집정관 중 하나인 가이우스 마르켈루스 Gaius Marcellus는 관직에 걸맞은 위풍당당한 의장을 한껏 차리고 알바누스 언덕에 있는 폼페이우스의 저택으로 갔다. 반反카이사르파로서 함께 임기를 시작했던 그의 동료 아이밀리우스 파울루스Aemillius Paulus는, 아마 틀림없이 같은 동기 때문이었겠지만 쿠리오처럼 설득당해 편을 바꾸었다. 하지만 온갖 잠언이설에도 불구하고 카이사르에 대한 마르켈루스의 적대감은 조금도 흔들리지 않았다. 이제 임기를 단 하루 남겨두고 그는 폼페이우스의 등뼈에 강철심을 좀 더 집어넣을 때가 되었다고 느꼈다. 엄청난 수의 원로원 의원들과 긴장하고 흥분한 군중이 지켜보는 앞에서 마르켈루스는 대장에게 칼을 쥐어주었다. "우리는 카이사르에게 대항하여 진군하고, 공화국을 구원할 책임을 당신에게 부여합니다." 그는 엄숙하게 읊었다. 폼페이우스는 대답했다. "다른 방법을 찾을 수 없다면 그렇게 하겠습니다."**38** 그런 다음 그는 칼을 받아들고, 카푸아에 있던 군단 두 개의 지휘권도 함께 받아들였다. 또 그는 신병 모집령을 내렸다. 이 모든 것은 극단적으로 불법적이었고, 수많은 카이사르 지지자들이 중요하게 지적한 오점이었다. 위협적인 태도로 제13군단과 함께 라벤나에 머물고 있던 카이사르는 쿠리오에게서 그 소식을 들었다. 쿠리오는 막 임기를 마친 참이었고, 처벌을 감당하면서까지 로마에 남아 있을 생각이 전혀 없었다. 한편 수도에서 그의 호민관직은 안토니우스가 넘겨받아, 폼페이우스를 상대하여 피가 얼어붙을 듯한 공격을 연속적으로 퍼부으면서, 제안이 발의되기만 하면 모조리 거부권을 행사했다. 긴장감이 고조되었지만 교착 상태는 그대로였다.

그러다가 기원전 49년 1월 1일에, 둘 다 마르켈루스처럼 격렬한 반카이사르파인 새 집정관 두 명(마르쿠스 마르켈루스의 동생과 렌툴루스—옮긴이)의 완강한 반대에도 불구하고 안토니우스는 원로원에 보내는 편지를 낭독했다. 이는 카이사르가 써서 쿠리오가 전달한 편지였다. 갈리아 총독은 자신을 평화의 친구라고 묘사했다. 자기가 이룬 수많은 위대한 업적을 길게 나열한 뒤, 그는 그와 폼페이우스 두 명 모두 동시에 지휘권을 내려놓자고 제안했다. 원로원은 이런 제안이 여론에 미칠 영향을 의식하여 이 내용이 발표되는 것을 막았다. 그런 뒤 메텔루스 스키피오가 일어서서 희미하게 깜박거리는 타협의 희망을 꺼뜨렸다. 그는 카이사르가 군단 지휘권을 내려놓을 날짜를 명시했고 그렇지 않으면 공화국의 적으로 간주될 것이라고 선언했다. 이 발의안은 즉시 투표에 들어갔다. 이에 반대한 의원은 쿠리오와 카일리우스 두 명뿐이었다. 호민관이던 안토니우스는 즉각 거부권을 발동했다.

원로원으로서는 이것이 마지막 지푸라기였다. 1월 7일에 비상사태가 선언되었다. 폼페이우스는 즉각 군대를 로마로 이동시켰다. 호민관들에게는 그들의 안전을 더 이상 보장하지 못한다는 경고가 발해졌다. 그들다운 허세를 부리면서 안토니우스와 쿠리오, 카일리우스는 멜로드라마처럼 노예로 변장하여 마차에 숨어 라벤나를 향해 북쪽으로 달아났다. 그곳에서 카이사르는 여전히 군단 하나와 함께 기다리고 있었다. 폼페이우스가 비상사태를 발동했다는 소식은 10일에 그에게 도착했다. 즉시 그는 군대를 남쪽으로 보내어 변경을 건너 이탈리아 국내의 가장 가까운 도시를 점령하라고 지시했다. 그러나 카이사르 본인은 부하들이 진용을 갖추는 동안, 오후에는 목욕을 하고 잔치에 참가하면서 시간을 보냈다. 그는 손님들과 잡담을 나누며, 마치 온 세상에 자기가 신경 쓸 일이 전혀 없다는 듯한 태도를 보였다. 저녁이 되어서야 그는 긴 의자에서 일어나서 어둠을 타고 지름길로 서둘러 달려가서 루비콘 강둑에서 마침내 자기 군대를 따라잡았다. 한순간 지독히도 망설였지만, 그런 다음 그는 불어난 물을 건너 로마를 향해 이탈리아로 들어갔다.

460년에 걸친 자유 공화국이 종말을 맞았다는 사실을 안 사람이 그때는 아무도 없었다.

10

세계 전쟁

카이사르의 전격 작전

갈리아에서 야만인들을 상대할 때, 카이사르가 선호하는 전술은 모든 위험을 무릅쓰고 전혀 예상치 못한 곳에서 나타나서 깊숙하고 신속하게 찌르는 방식이었다. 이제, 생애 최고의 도박을 시작한 지금, 그는 동료 시민들에게 그와 동일한 전략을 구사하고자 했다. 폼페이우스의 예상과 달리 카이사르는 전 군단이 갈리아에서 내려와서 보강될 때까지 기다리지 않고 기습과 공포의 효과에 의존하기로 결정했다. 루비콘 강 건너편에는 그를 막는 자가 아무도 없었다. 그의 대리인들은 뇌물을 풀어 이탈리아를 녹여놓았다. 이제 그가 나타나자마자 변경 도시들은 성문을 열어주었다. 로마로 이어지는 큰 간선도로들은 손쉽게 확보되었다. 그런데도 수도에서는 아무도 진군해오지 않았다. 카이사르는 계속해서 남쪽으로 밀고 내려갔다.

전격 작전의 소식은 수많은 난민의 등에 실려 로마로 전해졌다. 그 소식이 도착하자 새로운 난민이 줄을 이어 도시 밖으로 빠져나갔다. 북쪽으로부터의 침공은 공화국에서 선조 대대로 내려오는 악몽을 흔들어 깨웠다. 카이사르의 진군 소식을 편집증적인 공포감 속에서 일일이 챙겨 들으면서 키케로는 이렇게 말했다. "우리가 지금 말하고 있는 게 로마의 장군인가, 아니면 한니발인가?"[1] 하지만 더 최근의 역사에 있었던, 또 다른 유령들의 소식도 있었다. 마리우스 무덤 옆의 들판에서 일하던 농부들은 무덤에서 일어난 무자비한 늙은 장군의 모습을 보았다는 이야기를 했다. 술라의 시신이 화장된 곳인 캄푸스 마르티우스 한복판에서는 '종말의 예언'을 읊는 그의 유령을 보았다는 이야기도 있었다.[2]

며칠 전만 해도 그렇게 환영받고 확신에 찼던 전쟁 열병은 사라졌다. 승리를 호언장담하던 폼페이우스 덕분에 자신감을 가졌던 원로원 의원들은 두려움에 질려 이제 자기들의 이름이 카이사르의 살생부 명단에 곧 오르지 않을까 계산하기 시작했다. 원로원은 일심동체가 되어 자기들 장군을 포위 공격했다. 한 의원은 공개적으로 폼페이우스에게 공화국을 기만하고 재난에 빠뜨렸다고 비난했다. 또 다른 의원인 카토의 친구 파보니우스는 폼페이우스에게 발을 내딛고 일어서서 약속했던 군단과 기병대를 만들어내라고 조롱했다.

하지만 폼페이우스는 이미 로마를 포기한 상태였다. 원로원은 소개

명령을 내렸다. 뒤에 남는 사람은 모두 배신자로 간주될 것이라고 폼페이우스는 경고했다. 그 말을 남기고, 수도를 운명에 맡긴 채 그는 남쪽으로 향했다. 그의 최후통첩은 공화국을 최종적이고 회복 불가능한 지경으로 분열시켰다. 내전은 가족과 친구들을 찢어놓게 마련이다. 하지만 로마 사회는 항상 충성을 어디에 바치는가 하는 문제에 관해 모호한 태도를 보였고 야만적인 이분법을 경멸해왔다. 카이사르와 폼페이우스 사이에서 양자택일하라는 요구는 대다수의 시민들이 도저히 대답할 수 없는 요구였다. 어떤 사람들에게는 유달리 잔혹한 처사였다. 모든 이의 눈길은 그런 사람에게로 쏠렸다. 예를 들면 마르쿠스 유니우스 브루투스^{Marcus Junius Brutus} 같은 사람은 어떻게 해야 하는가? 성실하고 책임감 강하고 사려 깊지만 두 경쟁자에게 모두 막중한 헌신을 바치고 있던 그의 판단은 특별한 무게를 가지게 될 것이었다. 그는 어느 쪽으로 뛸 것인가?

카이사르를 택할 이유는 많았다. 브루투스의 어머니 세르빌리아는 카이사르의 평생 애인이었고, 심지어 브루투스가 두 사람의 사생아라는 소문이 있을 정도였다(브루투스의 나이로 보아 이는 터무니없는 헛소문이다. 브루투스가 태어났을 때 카이사르는 열다섯 살이었고, 두 사람이 처음 연애를 시작했을 때 브루투스는 이미 스무 살이었다−옮긴이). 그 소문이 진실이든 아니든 간에, 브루투스의 법적 아버지는 첫 번째 내전 기간 동안 폼페이우스에게 당한 수많은 희생자 중의 한 명이었다. 그러니 그가 어머니의 남편을 죽인 자보다는 어머니의 옛 사랑 쪽으로 돌아설 것이 확실하다는 추측이 지배적이었다. 하지만 한때 '십대 백정'이던 폼페이우스는 이제 공화국의 수장이었고, 드물게 보는 명예심과 성실성의 소유자이자 지성인이던 브루투스는 합법성이라는 명분을 저버릴 수 없었다. 그는 카이사르와도 가까운 사이였지만 카토와 더 친했다. 카토는 그의 외삼촌이며, 나중에는 장인이 된다. 브루투스는 폼페이우스의 지시에 따랐다. 그는 로마를 포기했다. 밤새 쓸데없는 논란을 벌이고 손을 휘저으면서 시간을 보낸 원로원의 대부분 의원들도 그렇게 했다. 극소수만이 남아 있었다. 이 도시에서 행정관들이 이 정도로 사라진 적은 한 번도 없었다. 카이사르가 루비콘을 건넌 지 일주일도 지나지 않았는데, 이미 세상은 뒤집혀버렸다.

물론 폼페이우스는 수도를 포기한 데에 타당한 군사적인 이유가 있다고 주장할 수도 있었다. 또 사실이 그러했다. 그러나 아무리 그렇다고 하더라도 이는 비극적이고 치명적인 실수였다. 공화국은 추상적인 실체로 존속할 수 있는 것이 아니다. 그것은 로마의 길거리와 공공장소들에 의해서, 세월에 찌들어 거무튀튀해진 신전에서 피어오르는 연기에서, 해마다 치러지는 선거의 리듬감에서 활기의 영양분을 공급받았다. 뿌리가 뽑혔는데, 어떻게 공화국이 신들의 의지에 충실할 수 있겠는가? 또 로마 시민들의 소원이 어떻게 알려질 수 있는가? 도시에서 달아남으로써 원로원은 짐을 꾸려 집을 떠날 처지가 안 되는 모든 사람들로부터 스스로를 단절시켰다. 그 결과 가장 가난한 빈민이라도 국가의 이상과 연대할 수 있었던 공동체라는 공감대가 배신당했다. 선조 때부터 살던 집을 버리고 떠나는 거족들이 빈민가의 분노와 약탈자들을 두려워했던 것도 무리가 아니다.

폼페이우스가 약속했던 것만큼 전쟁이 금방 끝났다면 이런 것들이 전혀 문제 되지 않았을지도 모른다. 하지만 전격적인 승리를 거둘 희망은 카이사르 쪽에만 있다는 것이 분명해지고 있었다. 폼페이우스가 남쪽으로 후퇴하는 동안에도 그의 추적자들은 속도를 더하고 있었다. 흩어져 주둔하고 있다가 공화국의 방어를 위해 소집된 군단들은 반도의 뒤축 끝에 몰려 스파르타쿠스의 부대와 같은 운명에 처하게 될 것 같았다. 부대를 철저하게 소개하는 것만이 그런 운명을 면하는 길이었다. 원로원은 생각할 수 없었던 것에 대해 생각하기 시작했다. 즉 외국에서 다시 모인다는 것이었다. 속주는 이미 주요 지도자들에게 할당되어 있었다. 시칠리아는 카토에게, 시리아는 메텔루스 스키피오에게, 에스파냐는 폼페이우스에게 할당되어 있었다. 그 이후로는 공화국의 운명의 결정자들은 자기들의 지위를 부여해준 도시에서가 아니라 멀고 불길한 야만인들 한복판에 있는 군벌로서 통치하게 될 것 같았다. 그들의 권력이 가지는 강제력, 유일한 힘은 군대뿐이었다. 그렇다면 그들이 카이사르와 다른 점이 무엇인가? 어느 편이 이기든 간에 공화국을 어떻게 복구할 것인가?

기존 주류 계급의 명분과 가장 일체화되어 있던 사람들조차 이 질문으로 괴로운 처지에 빠졌다. 카토는 자기가 벌인 최대의, 그리고 가장 파멸적인 도박의 결과를 지켜보면서, 전투가 벌어진다는 소식이 들릴 때마다 승리든 패배든 가리지 않고 상복을 입고 통곡을 해대는 바람에 추종자들의 사기 진작에 하등의 도움도 주지 못했다. 물론 중립주의자들에게는 훌륭한 명분을 지키기 위해 공화국이 파괴된다고 생각할 위안도 없었다. 키케로는 폼페이우스의 지시에 따라 고분고분하게 로마를 떠났지만, 그 바람에 거의 히스테리가 될 지경으로 방향 감각을 상실했다. 몇 주 동안 그는 변명하는 편지를 아티쿠스에게 수없이 써대는 일 외에는 아무것도 할 수 없었다. 편지에서 그는 자기가 어떻게 했으면 좋겠냐고 묻고, 어디로 가야 할지 묻고, 누구에게 의지해야 할지를 물었다. 그는 카이사르의 추종자들은 목 자르는 깡패 패거리이며 폼페이우스는 죄악이라 할 만큼 무능력한 자라고 보았다. 키케로는 전혀 군인이 될 수 없는 사람이었지만 로마를 포기한다는 것이 얼마나 큰 재난인지를 똑똑히 알 수 있었고, 자기가 소중하게 여기던 모든 것, 귀중한 재산에서부터 공화국에 이르기까지 모든 것이 무너진 것에 대해 그들을 탓했다. "사실상 우리는 아내와 아이들을 거느리고 거지처럼 떠돌아다니고 있소. 매년 한 번씩 위중한 병에 걸리는 남자에게 우리의 모든 희망이 걸려 있지만, 사실 우리는 우리 도시에서 추방된 것도 아니고 소환되어 나온 것이잖소!"³ 이는 절대로 치유되지 못할 상처에서 생기는 똑같은 고뇌, 똑같은 비통함이었다. 키케로는 동료 의원들이 곧 알게 될 사실을 이미 알고 있었다. 망명한 시민은 도저히 시민이라고 할 수 없다는 사실 말이다.

또 로마를 포기했으니, 달리 터전을 닦을 곳도 없었다. 카이사르를 막으려 했던 단 한 번의 시도는 와해되었다. 폼페이우스와 카이사르에게 똑같은 정도로 엄청난 증오심을 품고 있던 도미티우스 아헤노바르부스는 후퇴하라는 지시를 단번에 거절했다. 무슨 위대한 전략적인 전망이 있어서가 아니라 어리석음과 고집 때문이었다. 카이사르가 이탈리아 중부를 따라 밀고 내려오는 동안 도미티우스는 한 교차로 마을인 코르피니움에서 그를 저지하기로 결정했다. 이곳은 40년 전 이탈리아 동맹시의 반군들이 수도로 삼았던 바로 그 코르피니움으로, 그 위대한 투쟁의 기억이 아직 역사책 속에 파묻히지 않고 생생하게 살아 있었다. 많은 이탈리아인들은 자치권을 얻기는 했지만 여전히 로마에서 소외당한다고 느끼고 있었다. 공화국의 명분이란 그들에게는 별 의미가 없었다. 하지만 카이사르의 명분은 그렇지 않았다. 어쨌든 그는 이탈리아인의 위대한 후원자인 저 마리우스의 후계자가 아닌가. 또 술라의 부하인 폼페이우스의 적이기도 하다. 되살아난 옛날의 증오심이 도미티우스의 입지에 종말을 선고했다. 코르피니움이 도미티우스를 보호하기 위해 몰살당할 의사가 조금도 없었다는 사실은 분명했다. 카이사르가 성벽에 나타나자마자 그들은 항복의 깃발을 흔들었다. 다섯 개의 숙련병 군단으로 구성된 군대에 포위되자 도미티우스가 새로 징집한 군사들은 재빨리 항복했다. 항복 사절이 카이사르에게 파견되었고, 그는 이들의 항복을 기꺼이 받아들였다. 도미티우스는 분노했지만 아무 소용이 없었다.

자기 부하장교들에 의해 카이사르 앞에 끌려나온 그는 죽여달라고 간청했다. 카이사르는 거절했다. 대신에 그는 도미티우스를 제 갈 길로 보냈다. 이는 겉으로만 자비로워 보이는 행동이었다. 한 시민으로서 자기 생명을 다른 사람의 호의에 빚진다는 것만큼 큰 굴욕은 없는 법이다. 다른 날 다시 싸우도록 죽음을 면제받았음에도 불구하고 그는 쭈그러들고 무력해진 모습으로 코르피니움을 떠났다. 카이사르의 자비를 단지 전략이라고 치부해버리는 것은 부당할 것이다. 만약 입장이 바뀌었더라면 도미티우스는 분명히 카이사르를 죽였을 것이다. 하지만 카이사르의 행동은 그의 목적에 충분히 기여했다. 그런 행동을 함으로써 우월감을 충족했을 뿐 아니라 방방곡곡의 중립주의자들에게 그가 제2의 술라가 아님을 보여줄 수 있었다. 심지어 그의 최대의 적이라도 항복만 한다면 용서를 받고 목숨을 구할 것이라는 확신을 가질 수 있었다. 카이사르는 살생부 명단을 포룸에 내다붙일 계획은 갖고 있지 않았다.

그 의도는 기쁘게 받아들여졌다. 대부분의 시민들은 도미티우스 같은 자부심을 갖고 있지 않았다. 그가 주둔하고 있던 도시의 주민들은 말할 것도 없고 그가 모집한 징집병들도 아무 주저 없이 자기들을 정복한 인물의 관대함에 환호했다. '코르피니움의 사면' 소식은 빠른 속도로 퍼졌다. 이제 카이사르에게 대항하는 대중 봉기는 일어나지 않을 것이며, 이탈리아가 폼페이우스의 등 뒤에 집결하여 홀연히 그를 구하러 달려올 기회도 사라졌다. 도미티우스가 징집한 병사가 적에게 넘어갔으니, 이제 공화국의 군대는 그 어느 때보다도 더욱 빈약한 신세가 되었고, 유일한 요충지는 동방으로 가는 관문인 거대한 항구, 브룬디시움뿐이었다. 폼페이우스는 이곳에 남아서 미친 듯이 배를 징발하여 그리스 도항을 준비했다. 그는 카이사르와 전면전을 감행할 위험을 감수할 수 없다는 사실을 알고 있었다. 아직은 아니었다. 그리고 카이사르는 만약 브룬디시움을 점령할 수 있다면 전쟁을 단칼에 끝장낼 수 있다는 것을 알고 있었다.

이제 양편 모두에게서 시간과의 처절한 경주가 시작되었다. 코르피니움에서 남쪽으로 속도를 높이면서 카이사르는 적의 군대의 절반이 이미 출항했다는 소식을 들었다. 그들은 두 집정관의 지휘하에 떠났지만, 폼페이우스가 지휘하는 나머지 반은 아직 항구 안에 모여 기다리고 있다고 했다. 이들은 배가 그리스에서 돌아올 때까지 발이 묶여 있을 것이다. 카이사르는 브룬디시움 외곽에 닿자 즉시 부하들에게 거룻배를 띄워 항구 입구로 가서 물막이를 쌓으라고 지시했다. 폼페이우스는 3층짜리 탑이 갑판에 세워진 상선을 항구로 내보내고 탑 위에서 카이사르의 공병들에게 화살을 소나기처럼 쏘아대게 했다. 싸움이 여러 날 계속되었고 투석기에서 필사적으로 쏘아대는 목재와 불덩이의 소리가 요란스러웠다. 그러다가 아직 물막이가 완공되지 않았는데, 먼바다에서 돛들이 포착되었다. 폼페이우스의 선단이 그리스에서 돌아오고 있었다. 항구 입구를 뚫고 들어오면서 선단은 성공적으로 정박했고, 브룬디시움의 소개가 드디어 시작될 수 있었다. 이 작전은 폼페이우스답게 효율적으로 지휘되었다. 황혼이 짙어지는 동안 그의 수송 선단은 항구를 가로질러 나아가기 시작했고, 도시 내 동조자들의 경고를 받은 카이사르는 부하들을 시켜 성벽을 습격하게 했다. 하지만 이들이 브룬디시움에 들어왔을 때는 이미 늦었다. 폼페이우스의 배들은 포위 작전의 산물인 좁은 병목을 통과하여 넓게 열린 밤바다로 빠져나가고 있었다. 전쟁 문제의 신속한 해결이라는 카이사르의 마지막 희망도 그들과 함께 사라졌다. 그가 루비콘을 건넌 지 겨우 두 달 반 만의 일이었다.

새벽이 오자 폼페이우스의 선단의 돛은 더 이상 보이지 않았다. 로마 시민의 장래는 이제 그들 도시에 달려 있지 않고, 이탈리아도 아니었으며, 고요한 수평선 너머에 있었다. 포룸이나 원로원 회의장이나 투표소에서 멀리 떨어진 야만인의 땅에 있었다.

공화국이 비틀거리는 바람에 전 세계가 그 진동을 느낄 수 있었다.

폼페이우스, 최후의 날

동방은 로마와 달리 왕의 존재에 익숙했다. 군주제 외에 다른 정부 형태를 생각할 수 없었고 때로는 지배자를 신적인 존재로 여기던 사람들에게 공화국의 까다로운 준엄성은 아무런 의미도 없었다. 로마인은 당연히 이런 미신을 경멸했다. 그렇기는 하지만 로마의 행정관들은 오래전부터 피지배민의 만신전에 각자의 높은 자리를 수여받아왔다. 그들에 대한 찬양이 짙은 향 연기에 실려 하늘로 올라갔으며, 생소한 신들의 신전에 그들의 형상이 모셔졌다. 위대한 업적의 과시에는 언제나 질시와 의혹이 따랐던 공화국의 시민 입장에서 이런 것은 머리가 어지러울 정도의 쾌락이었다. 하지만 위험하기도 했다. 로마 본국에 있는 경쟁자들은 왕에 관한 이런 환상의 낌새라도 보이면 재빨리 비난을 가했다. "당신이 인간임을 기억하시오."[*]

　동방의 정복자가 로마 시가지에서 세 번째 개선식을 거행할 때, 신과도 같은 최고의 행복을 과시하는 순간에 노예가 그의 귀에 속삭인 것은 바로 이 경고였다. 그러나 그의 적들은 공화국의 미래를 위해 그렇게 결정적인 메시지를 노예에게 전달하게 하는 것이 썩 내키지 않았다. 폼페이우스에 대한 그들의 시기심이 그 정도로 컸기 때문에 온갖 간계를 동원하여 그에게 맞섰던 것이고 그럼으로써 그가 카이사르의 품 안으로 달려가게 만들었다. 이제 그때의 적은 지금 함께 망명하는 동맹자가 되어 있었다. 테살로니카에 자리를 잡은 원로원은 그곳에서 신처럼 떠받들어지는 폼페이우스의 위세에 대한 분개를 드러내지 않으려고 조심해야 했다. 어쨌든 집에 돌아가려면 그런 것이 필요했으니까.

　그의 명분을 위해서는 다행한 일이었지만, 새 알렉산드로스의 신용은

---

[*] 이 유명한 구절은 후대의 기록에서만 발견되지만, 설사 출처는 불확실하더라도 공화국의 정신과 가치가 철저하게 반영된 구절이다.

여전히 유효했다. 동방 속주에서 군단을 모조리 징발할 때도, 폼페이우스는 왕처럼 오만한 태도로 자기가 정착시켰거나 왕위를 확인해준 여러 통치자들을 호출했다. 속국의 왕들이 이처럼 열심히 모여드는 모습을 보자면 근사한 동방이 공화국이 아니라 폼페이우스 개인의 속주인 것처럼 느껴졌다. 그리스에 있던 시민 병사들의 군단에다, 으리으리하고 이국적이고 비로마적인 이름을 가진 군주들이 이끄는 괴상한 외모의 보충병들이 보태졌다. 갈라티아의 데이오타루스, 카파도키아의 아리오바르자네스, 콤마게네의 안티오쿠스 등등이 그들의 이름이었다. 이런 군주들이 테살로니카 근처에 있던 폼페이우스의 훈련장에 무리 지어 모여들자, 폼페이우스는 로마 속주의 총독이라기보다는 동방의 왕 중의 왕으로 보일 지경이었다.

혹은, 도미티우스는 그렇게 코웃음 쳤다. 코르피니움에서 그렇게 패배를 당하고서도 성질이 조금도 누그러지지 않은 남자가 가하는 모욕 치고는 주제넘은 조롱이었다. 하지만 그 비웃음에서 뭔가가 상기되었다. 위대한 자에게는 오래전부터 동방적인 고수머리가 달려 있었다. 폼페이우스의 등 뒤에서 한때 키케로는 그를 '삼프시케라무스^{Sampsiceramus}'라고 부른 적이 있었다. 이는 야만인 스타일의, 페르시아의 전제군주가 가질 법한 이름이었다. 하지만 그때는 풍자였고, 애정의 표시였다. 이제, 아직도 캄파니아에서 비참하게 안달하고 있던 키케로에게는 그것이 더는 농담이 아니었다. 그가 보기에 공화국의 우두머리는 점점 마음을 놓을 수 없을 정도로 미트리다테스를 닮아가는 것 같았다. 그는 카이사르를 무릎 꿇릴 전략을 폼페이우스에게서 들었는데 끔찍한 전략이었다고 아티쿠스에게 털어놓았다. 속주들을 점령하고 곡물 공급을 차단하여 이탈리아를 굶주리게 내버려둔다는 전략이었다. 그다음에는 살육이 행해질 것이다. "애당초 폼페이우스의 계획은 전 세계와 바다까지도 약탈하는 것이었고, 야만인 왕들을 정신없이 다그쳐서 엄청난 군대를 동원하고 무장한 야만인들을 이탈리아 기슭에 배치하려는 것이었다."[4] 공화국 최고의 웅변적인 연설가의 펜 끝에서 적어도 100년은 더 묵은 예언의 메아리가 들려온다. 키케로의 상상력은 로마의 피지배민 사이에서 전염병처럼 퍼졌던 종말론적인 열병에 사로잡혔다. 로마가 스스로의 아들에게 강간당할 것이라고 시빌이 예언하지 않았던가? 또 미트리다테스도 세계의 지배로 무장한 위대한 군주가 동방에서 의기양양하게 등장할 것이라고 말하지 않았던가? 그러니 이탈리아에 남아 있던 사람들이 폼페이우스의 전쟁 준비 소식을 듣고 공화국의 앞날에 대해 절망하면서 두려움에 떨었던 것도 무리가 아니다.

하지만 한 명의 군벌에 대한 두려움 때문에 다른 군벌에 대한 지지도가 높아지지는 않았다. 사실 카이사르는 선전의 천재였다. 그는 자기가 피바다를 준비하고 있을지도 모른다는 공포를 흩어버리는 데에는 훌륭하게 성공했다. 또 그는 버림받고 모욕당한 시민들의 권리와 자신의 권리를 동일시하는 데 열심이었다. 그렇다고 하더라도 그가 가장 심각한 배신죄를 범했다는 사실이 희석되지는 않는다. 3월 하순에 마침내 로마에 입성했을 때 카이사르는 도시의 분위기가 자기를 환영하는 기색이 아님을 알았다. 로마 시민들에게 아무리 많은 양의 곡물 배급을 약속해도 그들은 거부했다. 수도에 남아 있던 원로원의 일부는 더욱 심했다. 카이사르가 공식적으로 그들을 소환하여 자신의 변호를 듣게 했지만 거의 아무도 출석하지 않았다. 출석한 몇 명에게 카이사르는 로마의 긴급 기금을 관장할 권리를 요구했다. 어쨌든 갈리아의 침입을 두려워해야 할 이유는 더 이상 없어졌으니 그 보물을 사용할 자격이 있는 사람이라면 바로 그 자신, 갈리아의 정복자 외에 달리 누가 있는가? 겁먹고 불안해진 원로원 의원들은 언제라도 굴복할 기세였다. 그때 카이킬리우스 메텔루스라는 호민관이 거부권을 행사하겠다고 배짱을 부렸다. 카이사르의 인내심도 동이 났다. 부대가 포룸에 들어왔고 사투르누스 신전은 완력으로 열렸고 공공의 보물이 탈취되었다. 고집불통인 메텔루스가 이 신성모독을 가로막으려고 계속 고집을 부리자 카이사르는 다시 절제심을 잃었다. 그는 호민관더러 비켜서지 않으면 베어버리겠다고 경고했다. 9년 동안 카이사르는 누구든지 자기의 지시에 복종하는 데 익숙해져 있었고, 이런 식의 지시 습관을 누그러뜨릴 시간도 성질도 그에게는 이제 없었다. 메텔루스는 비켜섰고 카이사르는 황금을 가져갔다.

로마에서 좌절감에 싸여 2주를 보낸 뒤 그는 안도감을 느끼며 자기 군대로 돌아왔다. 평소와 다름없이 그는 계속 밀고 내려가려고 서둘렀다. 에스파냐에는 폼페이우스의 군단이 있었고, 새로 이겨야 할 전투도 있었다. 까다로운 수도의 책임자로는 순종적인 법무관인 마르쿠스 레피두스Marcus Lepidus를 임명하여 배후를 안전하게 했다. 이 과정에서 원로원은 완전히 무시당했다. 레피두스가 최고의 귀족 가문이며, 선거에 의해 당선된 행정관이라는 사실도 그가 임명된 방식의 비합법적인 성격을 가려주지 못했다. 당연히 사람들은 격분했다. 카이사르는 이를 무시했다. 합법성이라는 외관은 그에게도 중요했지만 권력의 현실에 비하면 덜 중요했다.

그러나 카이사르가 아닌 사람들, 법을 자유의 보루이며 전통의 보증으로 여기고 의존해왔던 사람들은 이제 혼란에 빠졌다. 명예를 아는 시민이라면 어떻게 행동해야 하는가? 확실하게 아는 사람은 아무도 없었다. 옛날의 지도는 믿을 수 없는 지침서가 되었다. 내전 때문에 공화국은 미궁으로 변했다. 눈에 익은 고속도로가 갑자기 막다른 골목으로 변하고, 이정표 역할을 하던 건물들이 돌무더기가 되어버렸다.

키케로 역시 용기를 쥐어짜서 폼페이우스의 진영으로 허둥지둥 달려가기는 했지만 아직도 길을 잃은 느낌이었다. 카토는 그가 이곳에 온 것은 아주 큰 실수이고 키케로는 "집에 남아 있으면서 중립적인 입장을 취하는 편이 국가와 친구들에게 더 쓸모가 있었을 텐데"[5]라고 말했다. 키케로가 전쟁 업무에 기여한 것이 오로지 패배주의적인 재담뿐이라는 것을 알자, 폼페이우스조차도 공개 석상에서 키케로는 상대편으로 가버렸으면 좋겠다고 말했다. 키케로는 집에 돌아가지 않고, 한심하고 무능력하게 주저앉아 의기소침해할 뿐이었다.

하지만 그런 절망도 부유한 지식인들만의 것이었다. 시민들은 그런 절망에 빠질 여유도 없었다. 대부분은 시대의 혼란을 수습하고 질서를 유지하기 위해 다른 길을 찾았다. 로마인에게 동료 의식, 공동체 의식을 박탈당하는 것보다 더 심란한 일은 없었고, 그런 일을 당하느니 차라리 극단적인 수단에 호소하게 된다. 하지만 내전 상황에서는 시민이 어느 편에 충성심을 호소할 것인가? 그들의 도시도 아니고, 선조들의 제단도 아니고, 공화국 자체도 아니었다. 왜냐하면 양편 모두 자기가 이런 가치들의 계승자라고 주장했기 때문이다. 하지만 시민이 장군 한 사람의 운에 자신을 맡기고, 그 장군이 거느린 군대의 대열에서 동지 의식을 찾고, 그 장군의 영광에서 자기 정체성을 찾을 수는 있었다. 갈리아 군단이 루비콘을 기꺼이 건넌 이유는 바로 이것이었다. 9년 동안 전투를 치렀는데, 함께 싸운 부대원으로서의 동지 의식에 비하면 저 멀리 어딘가에 있는 포룸의 전통이라는 것이 그들에게 무슨 의미이겠는가? 또 자기들의 장군과 비교할 때 공화국이라는 것이 뭐 그리 대단한 존재이겠는가? 카이사르만큼 부대원들에게 열렬한 헌신을 고취시키는 재능을 가진 사람은 없었다. 전쟁 한복판에서 그가 그렇게까지 위대해질 수 있었던 것은 바로 그런 재능 덕분이었을 것이다. 폼페이우스의 퇴역병 군단 셋을 처리하려고 기원전 49년 여름에 에스파냐에 도착한 그는 부하들을 극단적으로 고생스럽고 탈진할 지경이 되도록 독려할 수가 있었고, 그럼으로써 몇 달 걸리지 않아 적들을 섬멸했다. 그런 강인함을 바탕으로 하고 있었으니 카이사르가 다른 시민들에게 부과된 한계, 때로는 피와 살의 한계까지도 감히 비웃을 수 있었던 것도 무리는 아니다. 나중에 키케로는 카이사르에게 이렇게 말했다. "자네의 정신은 자연이 우리에게 부과한 좁은 한계로는 절대로 만족한 적이 없었지."[6] 하지만 카이사르라는 스타를 따르는 부하들의 정신도 만족하지 않기는 마찬가지였다. 그는 자기 군단은 "손으로 하늘도 뜯어 내릴 수 있다"[7]라고 자랑했다.

카이사르와 그의 군대의 영혼이 한데 합쳐지는 데서 우리는 새로운 질서를 엿볼 수 있다. 로마 사회의 바탕을 이룬 것은 상호적 충성심의 연대였다. 내전 시기에도 그런 바탕은 계속 유지되었지만, 해묵은 복잡 미묘한 요소들이 점점 씻겨나가게 되었다. 시민 생활의 특징을 이루던 상충하는 의무들의 소용돌이보다는 트럼펫 소리를 따르는 편이 더 간단하다. 하지만 수 세기에 걸친 금기와 전통을 담고 있는 바로 그런 의무들이야말로 가볍게 저버릴 수 있는 것이 아니었다. 그런 것이 없다면 공화국은, 적어도 여러 세기 동안 구축되어온 모습의 공화국은 사망할 것이다. 견제와 균형이라는 원칙이 로마인의 천성인 영광에 대한 애정을 절제하는 데 항상 기여해왔으며, 그런 영광 추구의 과정을 도시에 유익하게 바꾸어왔지만, 이제 그것은 곧 소멸할지도 몰랐다. 관습과 법률이라는 고대의 유산이 영원히 사라질 수도 있었다. 내전이 벌어진 첫 몇 달 동안, 이미 이런 파국의 결과가 눈에 띄었다. 정치 활동은 여전히 이루어졌지만 원래 형태에 비하면 소름 끼치는 패러디에 지나지 않았다. 시간이 갈수록 설득의 기술이 포기되고 폭력과 위협에 호소하는 방식이 그 자리를 차지했다. 행정관이 되고자 하는 야심은 더 이상 투표에 의존하지 않았고 동료 시민들의 피를 대가로 요구했다.

짜증스러운 관례의 속박과 규제에서 벗어난 카이사르의 당파 중 많은 수가 자기들이 해내지 못할 것이 없는 것처럼 보이는 세계에 중독되어버린 것도 무리가 아니었다. 그러나 그들 중의 몇 명은 너무 빠른 속도로, 너무 멀리 나아갔고, 그 대가를 치렀다. 언제나처럼 눈길을 잘 끌고 충동적이던 쿠리오는 두 개의 군단을 이끌고 아프리카에 갔다가 섬멸당했다. 달아나라는 권고를 비웃으면서 그는 자기 부하들 곁에서 죽었다. 부하들이 그를 둘러싸고 하도 단단하게 밀착된 상태로 죽었기 때문에, 그들의 시체는 들판의 옥수수단처럼 서 있는 모습이었다. 여전히 음모 꾸미기에 단단히 중독되어 있었던 카일리우스는 자기의 정치적 뿌리를 되찾아, 카틸리나가 구상했던 채무 무효화 법안을 강제로 통과시키려고 무리수를 썼다. 로마에서 추방당하자 그는 시골에서 친^親폼페이우스 반란을 일으켰지만, 곧 사로잡혀 살해되었다. 지저분한 종말이었다.

카이사르에게로 달아난 세 친구 중에서 몰락하지 않은 사람은 안토니우스뿐이었다. 이는 그가 바탕이 확실한 인물이어서라기보다는 관심이 다른 데 쏠려 있었기 때문이다. 카이사르는 그에게 이탈리아 지휘권을 주었지만 그는 에너지의 대부분을 원로원에 여배우들을 끌어들이고, 민회에서 토악질을 하고, 술의 신인 디오니소스처럼 차려입고 사자가 끄는 전차를 몰고 달리는 등의 일을 하는 데 썼다. 그러나 전투에 나가면 그는 나무랄 데 없이 타고난 군인이었으며, 성격이야 아무리 조잡하더라도 강인함과 활력이 있으면 카이사르는 인정해주었다. 그러니 안토니우스가 그렇게 빨리 승진한 것이다. 그는 자기 부하들을 지휘할 자격이 있는 장교였다. 기원전 48년의 한겨울, 카이사르가 마침내 아드리아해를 건너 폼페이우스에게 도전했을 때, 안토니우스는 폭풍우와 폼페이우스 함대를 살짝 피해 증원 군단 네 개를 데려다줄 수 있었다. 두 군대가 대치하면서 불안 속에서 이곳저곳을 찔러보거나 툭 내질러볼 때 그는 언제나 행동의 한복판에 있었고, 지칠 줄도 모르고 활약하면서 양편 모두에서 가장 빛나고 가장 많이 거론된 인물이었다.

　　하지만 카이사르가 가진 일종의 신기하고도 으스스한 에너지가 그의 모든 부하에게 스며들어 있는 것 같았다. 마치 죽은 자들의 영혼이 그렇듯이, 이들은 적들의 살아 있는 피를 먹고 살아가는 것 같았다. 폼페이우스의 아드리아 함대 지휘관은 카이사르의 옛날 원수인 마르쿠스 비불루스였는데, 그는 "한겨울의 추위 속에서도 배에서 잠자면서 극도로 노력하여, 적을 사로잡기 위한 일이라면 조금도 양보하지 않았다"[8]라고 했지만 그래도 카이사르는 그를 포위하는 데 성공했고, 패퇴당한 비불루스는 고열로 숨졌다. 그 뒤에 벌어진 보복 전투에서 폼페이우스는 적을 굶주리게 해서 항복을 받아내려 했지만, 카이사르의 군단은 나무뿌리를 파내어 빵을 만들어 먹었다. 그들은 항복하지 않겠다는 상징으로서 이 빵을 적의 진영으로 던졌다. 폼페이우스의 부하들이 "인간이라기보다는 야수의 일종처럼 보이는 적들의 사납고 거친 면모에 대해 겁에질렸던 것"[9]도 무리는 아니다. 또 폼페이우스가 카이사르의 부하들이구웠다는 빵을 보고서는 그에 대한 말이 새어나가지 못하게 했던 것도마찬가지 이유였다.

하지만 폼페이우스는 그 빵을 보고 다시 확신하게 되었다. 그는 어떤사람도, 설령 카이사르라 하더라도 나무뿌리만 먹으면서 끝까지 버틸수는 없다는 것을 알고 있었으니까. 어느 편에 속한 시민이든 죽은 사람 모두를 애도하고 있던 카토의 지지를 받아 그는 카이사르의 군대가지칠 때까지 기다렸다. 기원전 48년 7월에, 두 군대 사이의 무인지경에서 통렬한 패배(디라키움 공방전-옮긴이)를 당하고 상처를 입은 카이사르가 갑자기 아드리아해 연안의 진영을 포기하고 동쪽으로 행군하기 시작하자 그의 전략이 효과를 보는 것 같았다. 폼페이우스가 정말로 키케로의 예언에 나오는 군주라면, 누구의 저항도 없는 상태에서 다시 이탈리아로 배를 띄울 수 있었던 순간이 바로 지금이었다. 하지만 그는 본국을 침범의 공포로부터 면제해주는 편을 택했다. 이탈리아로 돌아가서그 땅을 차지하는 대신, 그도 역시 해안 지방의 요새를 포기했다. 카토가 지휘하는 소규모 대대 하나만 남기고 그는 카이사르를 추격하여 동쪽으로 출발했다. 이리저리 선회하는 적의 진로를 끈질기게 따라가면서그는 발칸의 황무지를 지나 그리스 북부로 들어섰다. 파르살루스 시 주위에는 평평하고 훤히 트여서 전투하기에 완벽한 지형이 있었다. 카이사르는 억지로라도 결정적인 전투를 벌이려고 필사적이었으며, 폼페이우스 진영이 보이는 곳까지 군단을 접근시켰다. 폼페이우스는 미끼를 물지 않았다. 그는 돈, 식량 보급, 원주민의 지원 등 필요한 모든 것 중에서도 특히 시간이 자기편이라는 것을 알고 있었다. 여러 날 동안 카이사르는 싸움을 걸어왔지만 폼페이우스는 자기 진지에 그대로 있었다.

하지만 그의 전쟁 위원회에서는 조급증이 고조되고 있었다. 폼페이우스의 진영에 있던 원로원 의원들은 행동하고 싶어 안달이 났고, 카이사르와 그의 군대를 몰살시키고 싶어했다. 장군에게 무슨 문제가 있는 게 아닌가? 왜 그는 싸우지 않는가? 그들의 대답은 너무 쉽게 나왔다. 수십 년 동안의 의혹과 원망으로 길러진 대답이었다. "그들은 폼페이우스가 지휘하는 데 중독이 되어, 전임 집정관과 법무관들을 마치 노예 다루듯 하는 데 재미를 들였다고 불평했다."[10] 그를 동정한 적은 이렇게 썼다. 그들이야 부하들에게 마음대로 지시를 내리더라도 야유를 받을 일이 없었으니까. 이것은 카이사르야 어떤 행세를 한들 그가 싸우는 입장은 공화국의 수호자로서가 아니었지만 폼페이우스는 달랐기 때문이었다. 그에게 공화국은 모든 것을 의미하는 호칭이었다. 언제나처럼 거드름 피우는 그의 위대함을 질투했던 동료들은 다수의 희망에 따라 자기들을 지휘할 능력을 보이라고 그에게 요구했다. 카이사르를 단번에 분쇄하라! 폼페이우스는 마지못해 양보했다. 지시가 내려졌다. 다음 날 교전이 벌어질 것이다. 위대한 자 폼페이우스는 자신과 공화국의 미래를 단발의 승부에 내걺으로써 마침내 훌륭한 시민임을 입증했다.

하지만 그날 밤 동료 의원들이 승리의 잔치를 준비하라고 지시하고 천막을 월계관으로 장식하며 카이사르의 최고 제사장직을 누가 계승할 것인지를 놓고 다투고 있는 동안 폼페이우스는 꿈을 꾸었다. 꿈에서 그는 캄푸스 마르티우스에 있는 극장에 들어갔다. 그리고 베누스 신전으로 이어지는 계단을 올라가서, 로마 시민들의 갈채와 박수를 받으며 자기가 거둔 수많은 승리의 전리품들을 여신에게 바쳤다. 그 꿈이 너무나 섬뜩해서 폼페이우스는 식은땀을 흘리며 깨어났다. 다른 사람 같았으면 그런 환상으로 기분이 좋아졌겠지만 폼페이우스는 카이사르가 베누스 여신의 후손이라는 점을 상기했으며, 모든 월계관과 위대성이 이제 자기에게서 영원히 거두어지고 자기 경쟁자의 손에 넘어갈 찰나에 있지 않은지 두려워졌다.

또 실제로 그렇게 되었다. 다음 날 아침 적에 비해 수적으로 두 배나 더 우월한데도 섬멸되고 후퇴한 것은 폼페이우스 쪽이었다. 카이사르의 병사들은 창을 던지지 말고 작살처럼 사용하여 적의 기병의 얼굴을 겨누어 찌르라는 지시를 받았다. 폼페이우스의 기병은 모두 귀족이었고 근사한 외관에 대한 허영심이 있었다. 한때 타의 추종을 불허하는 멋쟁이이던 카이사르는 완벽한 전술을 고안해낸 것이다. 폼페이우스의 기병은 모두 몸을 돌려 달아났다. 그다음으로 투석병과 궁수들이 칼에 쓰러졌다. 우익을 맡고 있던 도미티우스는 군단이 무너지면서 살해되었다. 카이사르의 부하들은 폼페이우스의 전선을 와해시킨 뒤 배후에서 공격했다. 정오 무렵에 전투는 끝이 났다. 그날 저녁 폼페이우스의 천막에 앉아 폼페이우스의 요리장이 준비한 승리의 식사를 폼페이우스의 은접시에 담아 먹은 것은 카이사르였다.

하지만 저녁이 깊어지고 뜨거운 8월의 밤하늘에서 별들이 빛나기 시작하자 그는 일어나서 다시 전장으로 돌아갔다. 주위에는 온통 죽은 로마인의 시체뿐이었고 부상자들의 신음소리가 파르살루스 평원 전체에 울려퍼졌다. "이는 그들 스스로가 자초한 것이다."[11] 카이사르는 살육의 현장을 둘러보면서 쓸쓸함과 슬픔이 뒤섞인 기분으로 이렇게 말했다. 하지만 그가 틀렸다. 아무도 이런 살육을 원하지 않았다. 비극은 거기에 있었다. 또 아직 끝나지도 않았다. 카이사르의 승리가 결정적이기는 했지만 공화국의 고통은 아직 종착점에 가까워진 것 같지 않았다. 로마와 세계는 정복자의 손에 떨어졌다. 그런 것 같았다. 하지만 그는 이것을 어떻게 처리할 것인가? 그가 할 수 있는 일이 무엇일까? 이런 대격변이 있은 뒤 카이사르는 어떻게, 그리고 무엇을 다시 건설할 것인가?

폼페이우스 군대의 잔당들에게도 그는 유명한 자비를 베풀었다. 그런 자비를 받아들인 사람 중에서도 그에게 가장 큰 기쁨을 준 것은 마르쿠스 브루투스였다. 전투가 끝난 뒤 카이사르는 옛 애인의 아들이 위험에 처했을까 봐 그를 찾아보라는 특별 수색을 지시했다. 상처 하나 없이 발견된 브루투스는 카이사르의 가장 가까운 자문관의 지위를 얻었다. 이는 개인적인 애정 때문이기도 했지만 계산이 숨어 있는 것이기도 했다. 브루투스는 널리 존경받는 인물이었고 카이사르는 자기가 이런 식으로 사람을 모으면 다른 사람들, 그보다 더 고집불통이던 반대자들도 화해할 마음을 먹지 않을까 기대했다. 그의 노력이 완전한 실망으로 끝나지는 않았다. 키케로는 카토와 함께 아드리아해 연안에 남아 있었는데, 전쟁이 이제는 끝난 것이나 마찬가지라고 판단했다. 이런 판단 때문에 그는 거의 두들겨 맞을 뻔했다. 카토가 가로막지 않았으면 그는 폼페이우스 부하의 칼에 찔렸을 것이다. 카토는 물론 절대로 항복하지 않겠다고 거절했다. 그는 대신에 자기 휘하의 대대와 함께 아프리카로 출항했다.

이것만으로도 전쟁은 틀림없이 계속될 것이다. 카토는 애도의 뜻으로 머리와 수염을 계속 기를 뿐만 아니라 앞으로 절대로 누워서 식사하지 않을 것이라고 선언함으로써 불굴의 정신을 드러냈다. 로마인으로서 이 것은 정말 대단한 결심이었다.

또 물론 폼페이우스가 있었다. 그가 잡히지 않았다. 파르살루스 패전 이후 그는 진지의 뒷문을 빠져나가서 전속력으로 말을 달려 에게해 연 안으로 갔다가, 그곳에서 다시 배 한 척을 징발하여 자기 뒤를 쫓아 수 없이 몰려들기 시작한 현상금 사냥꾼을 피해 미틸레네로 갔다. 그는 자 기 극장의 모델이 되었으며, 행복했던 시절을 상기시키는 이곳 극장의 그늘에 코르넬리아를 남겨두었다. 이제 최초로 맛본 패배에 상처 입은 폼페이우스에게는 아내만이 줄 수 있는 위안이 필요했다. 그녀는 그를 실망시키지 않았다. 음란물 제작자인 그녀의 아버지는 선조들에게 불 명예를 끼쳤겠지만 파르살루스 전투 소식을 들은 코르넬리아는 자기가 무엇을 해야 할지 정확하게 알았다. 한 번 기절했다가 눈물을 한 번 훔 친 뒤, 코르넬리아는 미틸레네의 거리를 달려가서 남편의 팔에 안겼다. 고대 영웅의 역할을 장기로 하던 폼페이우스는 그녀의 이런 행동에 즉 각 반응하여 자기 나름의 행동으로 보답했다. 절대로 희망을 잃지 않는 것이 얼마나 중요한지에 대한 준엄한 강연이었다. 그는 스스로의 말을 믿었는지도 모른다. 그래, 전투에서 한 번 패했어. 하지만 동방은 아직 잃지 않았어. 그러니 진 것도 아니야. 폼페이우스에게 왕위를 빚진 수많 은 왕들이 파르살루스에 왔고 죽거나 항복했지만, 전부 다 그런 것은 아 니었다. 특히 한 명은 거기에 없었는데, 그는 지중해 연안에서도 가장 돈이 많고 배와 보급이 풍부한 왕국의 지배자였다. 뿐만 아니라 그 왕은 겨우 소년이었고 왕위를 원하던 그의 누나는 그에게 공개적으로 반항하는 중이었으니, 동방의 주인이 볼 때 그 나라는 언제라도 삼킬 수 있는 고깃덩이였다. 혹은 그런 것이 폼페이우스의 희망이었다. 지시가 내려졌다. 그의 작은 선단은 남쪽으로 향했다. 파르살루스 전투가 끝난 지 한 달도 못 되어 폼페이우스는 이집트의 야트막한 해안에 정박했다.

사절단이 왕에게 파견되었다. 정박한 지 며칠 뒤인 기원전 48년 9월 28일, 폼페이우스는 작은 고깃배 한 척이 얕은 물을 따라 자기 배 쪽으로 노 저어 오는 것을 보았다. 그는 처음에는 라틴어로, 두 번째는 그리스어로 된 인사를 받고 배에 타라는 권유를 받았다. 폼페이우스는 코르넬리아를 포옹하고 작별 키스를 한 뒤 배에 올랐다. 기슭으로 노 저어가는 동안 그는 같은 배에 탄 사람들과 대화를 나누어보려고 했지만 아무도 그에게 대답하지 않았다. 기분이 언짢아진 폼페이우스는 기슭 쪽을 바라보았다. 거기에서 그는 프톨레마이오스 13세, 왕관을 쓰고 자줏빛 옷을 입은 소년이 기다리고 있는 것을 볼 수 있었다. 폼페이우스는 마음이 놓였다. 배가 모래에 부딪히는 것을 느끼자 그는 일어섰다. 그 순간 갑자기 로마인 사병 하나가 칼을 빼들고 뒤편에서 그를 찔렀다. 더 많은 칼날이 뽑혀졌다. 소나기처럼 칼질이 쏟아졌다. "그리고 폼페이우스는 양손으로 토가를 얼굴 위로 끌어올리면서 그것을 모두 참아내고, 자기에게 어울리지 않을 소리는 한마디도 내지 않았다. 오직 희미한 신음뿐이었다."[12] 위대한 자 폼페이우스는 이렇게 사라졌다.

3단 노가 달린 군선 갑판에 홀로 남아 있던 코르넬리아는 그 광경을 모두 보았다. 하지만 그녀나 배의 선원들이 할 수 있는 일은 아무것도 없었다. 이집트인들이 방금까지 로마 공화국에서 가장 위대했던 인물을 참수하고 벌거벗은 시체를 기슭에 내던져도 역시 어쩔 수 없었다. 대신에 추종자들은 배를 돌려 먼바다로 달아나는 수밖에 없었다. 오직 한 명, 예전 주인을 따라 고깃배에 동행했던 해방노예만이 뒤에 남아 그의 화장을 준비했다. 묘하게 마음을 끄는 플루타르코스의 설명에 따르면, 이 작업을 할 때 그는 한 늙은 군인의 도움을 받았는데, 알고 보니 그는 폼페이우스의 첫 전투에 참가했던 퇴역병이었다. 두 사람은 함께 경건한 임무를 마쳤다. 시체를 화장한 뒤에는 돌무덤을 쌓아 그 장소를 표시했다. 하지만 얼마 지나지 않아 사구가 봉분을 덮었고, 그곳이 어디인지는 기억에서 사라졌다. 그 이외에 아무것도 남지 않았다. 끝도 없고 적나라하고 외롭고 평평한 모래밭만이 멀리까지 펼쳐져 있었다.

여신과의 동침

나일 삼각주의 해안선은 항상 믿을 수 없었다. 깊이가 얕고 형체도 분명하지 않았으며, 뱃사람들이 길을 찾기가 아주 까다로웠다. 그렇기는 해도 이집트에 접근하는 항해자들이 도움을 받을 구석이 전혀 없지는 않았다. 밤이면 기슭에서 멀리 떨어진 곳의 남쪽 하늘에 불빛 한 점이 깜빡거렸다. 낮에는 그게 무엇인지 알아볼 수 있었다. 그것은 별이 아니라 탑 위에 설치된 거대한 등불이었고, 바다 바깥, 수 킬로미터 떨어진 곳에서도 눈에 띄었다. 이것이 파로스의 등대였다. 그리스인들이 지은 가장 높은 건물일 뿐만 아니라 그 모형이 소소한 관광 기념품으로 수없이 만들어졌기 때문에 금방 알아볼 수 있는 건물이었다. 상상력과 공학의 승리. 거대한 등대는 메갈로폴리스, 곧 지구상에서 가장 거대한 도시의 완벽한 상징이었다.

로마에서 온 방문객들도 알렉산드리아가 특별한 곳임을 인정하지 않을 수 없었다. 폼페이우스가 살해된 지 사흘 뒤, 파로스가 서 있는 섬을 지나 배를 몰아올 때 카이사르는 자기의 도시보다 더 크고,[*] 더 국제적이며, 무엇보다도 훨씬 더 아름다운 도시에 도착하는 중이었다.

누추하고 미궁 같은 로마가 공화국의 거칠어진 덕성들에 대한 기념물처럼 서 있었다면 알렉산드리아는 왕이 이룰 수 있는 업적이 어떤 것인지를 증언하고 있었다. 그것도 그저 보통의 왕이 아니었다. 알렉산드로스 대왕의 무덤은 그가 세운 도시에 부적처럼 여전히 남아 있었고, 그물처럼 구획되고 반짝이는 주랑이 줄지어 서 있는 시가지 설계는 으르렁대는 외로운 바다를 배경으로 하여 정복자 마케도니아인이 3세기 이전에 구획하여 세운 대로 여전함을 금방 알아볼 수 있었다. 이제 한때는 모래와 날아오르는 습지 새들밖에 없던 곳에 인간이 만든 정교한 지형이 펼쳐져 있었다. 번지수가 붙여지기 시작한 최초의 도시가 이곳이었다. 이곳의 은행은 동방과 서방의 상업을 모두 번성하게 했고, 이곳의 화물터미널은 세계의 무역으로 들끓었다. 이곳의 유명한 도서관은 70만 권의 장서를 자랑했고, 최고의 환상, 즉 책이란 책은 전부 한곳에 모은다는 환상을 실현하기 위해 건설되었다. 심지어 슬롯머신과 자동문까지 있었다. 알렉산드리아에 있는 모든 것은 최상급이었다. 로마 이외의 모든 곳은 "미적지근하고 흐리멍덩하다"[13]라고 보는 키케로가 세계

---

[*] 알렉산드리아와 로마 두 곳 모두를 방문한 적이 있던 디오도루스 시쿨루스(17.52)의 증언에 따르면 그렇다. "알렉산드리아의 인구는 다른 어떤 도시보다 많다."

의 중심인 자기 도시에 경쟁할 만한 오직 한 곳의 예외를 두었다는 것
도 놀랄 일이 아니다. "그래, 내게는 언젠가 한 번은 알렉산드리아를 보
겠다는 꿈이 오래전부터 있었어."[14] 그는 이렇게 털어놓은 적이 있다.

이 도시의 환상에 사로잡힌 로마인은 키케로만이 아니었다. 이집트는
더없이 비옥한 땅이었고, 알렉산드리아를 정복한 이곳 총독은 지중해
연안의 빵바구니를 장악하게 된다. 이는 이미 유독한 로마 정치의 소용
돌이를 더욱 유독하게 만드는 데 기여해온 지 오래된 기대였고, 끝없는
간계와 뇌물 스캔들의 근원지였다. 그런데도 아무도, 심지어 크라수스
나 폼페이우스도 이집트의 지휘권을 장악하지는 못했다. 성문화되지 않
은 합의에 따른 것이었지만, 이렇게 현란한 상품은 누구 한 사람에게 수
여하기에는 과하다는 인식이 공유되었다. 대부분의 시민들이 보기에 현
재의 지배 왕조가 그들 나라를 수탈하는 비용을 책임지도록 내버려두
는 편이 더 안전하고 유리했다. 군주들은 대를 이어 공화국의 애완견 노
릇을 완벽하게 해냈다. 상전 나라를 대신하여 피지배자들의 고혈을 쥐
어짜도 될 징로토는 지위가 확고했고, 로마가 조금만 위협을 가해도 맞
서지 못할 정도로 허약한 군주들이었다. 그리스인들의 마지막 독립 왕
국, 원래는 알렉산드로스 대왕의 부하 장군이 세웠으며, 한때는 동방의
최대 권력자이던 왕국은 그렇게 굴욕적인 기반 위에서 절름거리며 지
탱하고 있는 신세였다.

하지만 이집트의 왕들은 살아남는 재주만큼은 탁월했다. 폼페이우스
가 파도 속에서 난도질당하는 광경을 지켜보고 있던 프톨레마이오스
와 같은 이름을 가진 군주들의 계보가 길게 이어져왔는데, 그들은 권력
을 유지할 수만 있다면 어떤 불경이든 감당하고, 어떤 모욕을 받든 본심

을 감출 태세가 되어 있었다. 동방에 세워진 모든 그리스 왕조의 특징이기도 한 탐욕과 잔혹함과 관능성에다 프톨레마이오스 왕조는 이집트의 과거 파라오들에게서 얻은 고유의 세련미를 더했다. 관례적인 근친상간 풍습이 그것이었다. 근친교배의 결과는 프톨레마이오스 왕가 궁정 음모의 잔혹 무도한 성격뿐만 아니라 당대 왕족의 기준으로 보더라도 유별날 정도로 퇴폐적인 분위기에 잘 나타나 있었다. 로마인들은 노골적으로 프톨레마이오스 가문을 괴물처럼 여겼고, 기회 있을 때마다 알아듣게 그런 사실을 지적해주는 것이 공화주의자인 자기들의 임무라고 여겼다. 만약 왕이 뚱뚱하고 유약하다면 당대 총독은 그를 강권하여 알렉산드리아 거리를 걸어 다니게 했다. 경멸감을 더 노골적으로 표현한 로마인들도 있었다. 키프로스의 총독으로 있을 때 카토는 설사약을 먹은 효과가 발휘되는 동안 이집트 왕의 방문을 받았으며, 내내 화장실에 앉은 채 왕의 이야기를 들었다.

그러니 왕가의 목숨을 건 투쟁의 한복판에, 4000명도 채 안 되는 부하를 데리고 도착한 카이사르에게 부하의 수는 부족했을지 모르지만 편견은 충분했다. 프톨레마이오스 왕가가 경멸받아 마땅하다는 사실은 그가 기슭에 올라선 순간 확증되었다. 부두에서 그가 받은 환영 선물은 소금에 절여진 폼페이우스의 머리였다. 카이사르는 눈물을 흘렸다. 적이 사라진 것에 대해서는 남몰래 안도감을 느꼈는지 모르지만, 사위의 운명에서 그가 받은 느낌은 혐오감이었다. 또 그 범죄가 저질러진 배후 사정을 낱낱이 알게 되자 혐오감은 더해졌다.

왜냐하면 위대한 자 폼페이우스가 불결한 뒷골목 음모, 프톨레마이오스의 총리대신, 환관, 용병, 학자들이 합세하여 꾸민 음모의 희생물이 되었기 때문이다. 카이사르의 생각으로는 이보다 더 비로마적인 공격은 있을 수 없었다. 하지만 이 범죄의 배후에 있는 모사인 환관 포티누스는 자기가 감사를 받을 것이라고 기대했고, 카이사르가 왕과 왕의 누나 사이의 분쟁에서 왕을 지지해줄 것이라고 믿어 의심치 않았다. 그러나 역풍 때문에 알렉산드리아에 발이 묶인 카이사르는 즉시 자기가 왕인 것처럼 행동하기 시작했다. 어디든 묵을 곳이 있어야 했으므로 그는 당연히 왕궁을, 여러 세기에 걸쳐 확장되고 연장되어 이제 도시의 3분의 1에 달하는 넓이에 펼쳐진 요새화된 건물군을 골라잡았다. 이는 알렉산드리아의 또 한 가지 사치였다. 이 요새에서 카이사르는 엄청난 돈을 요구했고 자기는 은혜롭게도 프톨레마이오스와 누나 사이에 벌어진 내전을, 어느 편을 들지 않고 심판관으로서 해결할 준비가 되어 있다고 선언했다. 그는 두 남매에게 모두 군대를 해산하고 알렉산드리아로 자기를 만나러 오라고 지시했다. 프톨레마이오스는 부대를 해산하지 않았지만 포티누스의 설득을 받아들여 왕궁으로 돌아가기로 했다. 한편 그의 누나인 클레오파트라는 수도에 접근할 길이 막힌 채 프톨레마이오스의 전선 외부에 고립되어 있었다.

그러나 그때, 어느 날 저녁, 작은 배 한 척이 왕궁 옆의 선창에 몰래 숨어들어왔다. 시칠리아인 상인 하나가 배에서 내렸고, 어깨에는 카펫 자루를 짊어지고 있었다. 카이사르 앞에서 이 짐이 펼쳐졌을 때 그의 눈앞에는 매혹적인 클레오파트라의 모습이 나타났다. 여왕이 예상하고 도박했던 것처럼 카이사르는 이런 극적인 연출에 즐거워했다. 강렬한 인상을 주는 일이라면 그녀는 식은 죽 먹기처럼 해치웠다. 전설적인 미녀는 아니었다 하더라도 그녀가 가진 유혹적인 자질은 무궁무진했다. "그녀의 성적 매력은 매혹적인 대화와 어울려, 그리고 그녀가 말하고 행동하는 모든 것에서 풍겨 나오는 카리스마와 함께 그녀를 그저 저항 불가능한 존재로 만들었다."[15] 플루타르코스는 이렇게 썼다. 클레오파트라의 전승 기록을 보면 이 말을 누가 의심할 수 있겠는가? 그녀가 아무하고나 잤다는 것은 아니다. 그녀가 고른 대상은 세계에서 가장 특별한 존재들이었다. 클레오파트라에게는 권력이야말로 유일한 최음제였다. 프톨레마이오스 왕가의 여성들은 남성들보다도 더 치명적인 존재였다. 지적이고 가차 없고 야심적이고 강인한 의지의 소유자들. 이제 이런 온갖 강렬한 자질들이 클레오파트라라는 인물에서 한데 만났고, 정제되었다. 그런 존재였으니, 그녀는 정확하게 카이사르가 좋아할 유형이었다. 10년 동안이나 군인 생활만 하던 끝에 지적인 여성 동반자를 만난다는 것은 쉽게 얻을 수 없는 즐거움이었을 것이다. 물론 클레오파트라가 스물한 살밖에 안 되었다는 것도 도움이 되었을 것이다. 카이사르는 그날 밤에 그녀와 동침했다.

프톨레마이오스는 자기 누나의 승리를 알게 되자 마구 난동을 부렸다. 그는 거리로 뛰쳐나가 왕관을 흙먼지 속에 내던지고, 신민들에게 자기를 지키러 일어서라고 울부짖었다. 알렉산드리아의 주민들 대다수에게는 걸핏하면 소동을 일으키는 데다가, 고압적으로 돈을 요구해대는 카이사르는 인기가 별로 없었다. 이제 프톨레마이오스가 군중에게 로마인을 공격하라고 요구하자 그들은 열렬하게 호응했다. 증오의 대상인 외국인들은 왕궁에 포위되었다. 지위가 위협받는 지경이 되자 카이사르는 클레오파트라와 함께 프톨레마이오스를 공동 군주로 인정할 수밖에 없었을 뿐만 아니라 키프로스를 둘에게 양도해야 했다. 그런데도 그의 민망스러운 처지는 조금도 나아지지 않았다. 포위된 지 한두 주일 뒤에 프톨레마이오스의 전 군대가 난동에 합류했고, 그 수는 적어도 2만 명은 되었다. 카이사르의 처지는 점점 나빠졌다. 이집트 왕궁의 뜨거운 불구덩이의 덫에 걸리고 방심할 수 없는 환관과 근친상간적인 왕족에 둘러싸인 그는 외부 세계와 철저하게 단절되어 있었다. 파로스 등대의 깜빡거리는 불빛이 미치는 거리 저 멀리, 공화국은 여전히 자기 자신과의 싸움을 벌이고 있었지만, 카이사르는 로마로 편지 한 장도 몰래 보낼 수가 없었다.

그 뒤 다섯 달 동안 그가 예전에 치른 작전들에서 이루어졌던 끔찍한 약탈들이 소극처럼 재연되었다. 도서광인 카이사르는 항구에 정박해 있던 이집트 선단에 불을 지르다가 실수로 값을 따질 수 없이 귀중한 도서가 꽉 차 있던 창고에 불을 지르게 되었다.* 또 파로스 등대를 장악하려다가 그는 배에서 뛰어내리고 장군의 망토를 적에게 빼앗기는 처지가 되었다. 그러나 이런 민망스러운 일들이 있기는 했지만 카이사르는 왕궁과 항구를 장악했고, 다른 방식으로도 그의 권위의 인장을 남기는 데 성공했다. 그는 음모를 꾸미던 포티누스를 죽였을 뿐 아니라 클레오파트라를 임신시켰다. 이는 폼페이우스가 달성한 그 어떤 위업도 무색하게 할 왕 만들기 작업이었다. 기원전 47년 3월, 증원군이 마침내 이집트에 도착했을 때 여왕은 카이사르의 총애의 표시로 눈에 띄게 몸이 불

---

* 혹은 알렉산드리아 도서관 전체였을 수도 있다. 이 재난에 대해서는 기독교도와 무슬림도 책임이 있다(알렉산드리아의 도서관에 불을 낸 것은 카이사르가 아니라 기원후 391년의 테오필루스 주교가 이끈 기독교 신자들이다. 카이사르의 사후 약 15년 뒤에 아우구스투스가 알렉산드리아에 왔을 때도 도서관은 여전히 웅장하게 서 있었고, 비슷한 시기에 관찰한 스트라본이나 그 이후의 수에토니우스도 같은 이야기를 기록했다 - 옮긴이).

어 있었다. 두려움에 질린 프톨레마이오스는 알렉산드리아에서 달아나다가 나일 강에 빠져 황금 갑주의 무게를 이기지 못하고 익사했다. 이사고 덕분에 클레오파트라는 유일한 왕이 되어 도전할 자가 없게 되었다. 카이사르는 다시 한 번 승리자 쪽을 지원한 것이다.

그러나 아주 비싼 대가를 치러야 했다. 일단 연락 체계가 복구되자 카이사르는 대리인들과 다시 연락을 취했는데, 그들이 보낸 소식은 도저히 희망적인 것이 못 되었다. 알렉산드리아에서의 엉뚱한 모험 때문에 파르살루스에서 얻은 이득 중 큰 부분이 훼손되었다. 이탈리아에서는 안토니우스의 섭정이 광범위하게 불만을 야기하고 있었고, 아시아에서는 미트리다테스의 아들인 파르나케스 왕이 폰토스를 침공하여 아버지와 똑같은 말썽꾼임을 입증했으며, 아프리카에서는 메텔루스 스키피오와 카토가 대규모 군대를 새로 집합시키고 있었다. 에스파냐에서는 폼페이우스 지지자들이 새로이 불안을 조성하고 있었다. 동서남북 모든 곳에서 그러했다. 그 어느 곳도 카이사르에게는 절실하게 필요한 곳이었다. 하지만 그는 두 달 더 이집트에서 어정거렸다. 공화국이 치명적으로 곪아가는 시기에, 로마 시민의 제국이 무정부 상태로 무너지고 있는데, 끝을 모르는 야심 때문에 내전을 일으킨 장본인인 카이사르는 애인 곁에서 빈둥대고 있었다.

수많은 로마인들의 눈에 클레오파트라의 매력이 뭔가 악마 같은 것으로 보였던 것도 무리가 아니다. 행동력으로 유명한 시민을 게으름 피우게 만들고, 임무의 길로부터 꾀어내고, 시간이 갈수록 신들이 점지한 것처럼 보이는 운명과 로마로부터 그를 떼어놓는다는 것, 이것은 위대하면서도 끔찍한 시로 읊어지기에 충분한 주제였다. 카이사르의 성적 욕구는 오래전부터 부하들에게는 웃음거리였다 "아내를 숨겨라. 우리 지휘관은 나쁜 작자니까. 대머리인 주제에 움직이는 것만 보면 접붙으려 한다네."[16] 다른 농담들도 니코메데스에 대한 해묵은 가십(카이사르가 열여덟 살 때 비티니아의 왕 니코메데스의 궁정에 사절로 갔다가 왕의 애인이 되었다는 소문-옮긴이)의 장황한 되풀이일 수밖에 없었다. 그들 장군을 따라 믿기 힘들 정도의 고난을 헤쳐온 부하들도 그의 성적인 기량은 유약함의 표시라고 보았다. 카이사르가 아무리 위대하게 처신했다 하더라도, 심신이 아무리 강철같이 단단하다 하더라도, 공화국의 도덕적 규범은 가차 없었다. 시민이라면 절대로 그런 규범에서 빠져나갈 수 없었다. 토가에 묻은 얼룩은 언제나 눈에 띄게 마련이다.

  그런 조롱을 가하겠다는 위협이 바로 로마인의 남자다움을 지켜주었다. 카이사르 시절의 가장 위대한 학자는 이렇게 썼다. 관습이란 "정규적인 실천이 이루어지도록 발전해온 사고의 패턴이다."[*] 공화국의 모든 시민들이 공유하고 받아들인 그런 관습이 로마가 위대한 업적을 쌓아올리는 가장 확고한 기반이 되어주었다. 알렉산드리아와는 상황이 얼마나 다른가! 모래톱 위에 아무것도 없는 터전에서 세워진 이 도시에는 깊은 뿌리가 없었다. 로마인들이 그것을 매춘부 같은 도시라고 여겼던 것도 무리가 아니다. 관습이 없다면 수치도 없고, 수치가 없는 곳에서는 무슨 일을 해도 상관이 없게 된다. 전통이 시들어버린 종족은 최고로 역겹고 타락한 습관의 먹이가 된다. 프톨레마이오스 가문만큼 이런 사실

---

[*] 포세이도니오스의 제자인 바로의 말. 그는 폼페이우스파였고, 첫 에스파냐 정벌 때 카이사르에게 패배당한 세 명의 장군 중 하나였다. 그는 로마 최고의 박학자로 인정받았다. 이 인용문은 〈관습에 대하여〉라는 그의 논문에 있는 것이며 마크로비우스 3.8.9에서 인용되었다.

을 잘 예시하는 사례가 또 있을까? 클레오파트라는 형제 한 명을 처치하자마자 다른 동생과 결혼했다. 만삭이 된 여왕이 열 살짜리 남동생을 남편으로 맞아들이는 광경 앞에서는 클로디우스의 행실조차 무색해진다. 그리스인 클레오파트라는 로마인의 교육의 요람을 제공했던 바로 그 문화의 딸이었지만 동시에 지독하게, 이국적으로 낯선 존재였다. 금기적인 것에 끌리는 취향을 가진 카이사르와 같은 기질의 사람에게 그런 존재는 틀림없이 아주 매력적인 조합이었던 모양이다.

하지만 클레오파트라가 달콤한 관능의 간주곡을 선사하고, 로마의 행정관으로 마땅히 가져야 할 경계심을 두어 달 정도 누그러뜨릴 기회를 제공했을지는 모르지만, 카이사르는 자신과 로마의 장래를 잊을 사람은 절대로 아니었다. 그런 문제에 대해 곰곰이 숙고하면서 그는 알렉산드리아에서 생각할 재료를 충분히 얻었을 것이다. 그 여왕이 그렇듯이, 이 도시는 친숙한 것과 기이한 것의 정신 사나운 혼합물이었다. 도서관과 신전을 보면 이 도시는 아주 그리스적이었다. 정말로 그리스 세계의 수도였다. 그러나 때로는 남쪽의 불타는 사막에서 불어온 모래가 알렉산드리아를 휩쓴다. 이집트의 배후 지역은 전부 무시해버리기에는 너무나 광막하고 고대적인 곳이었다. 그 때문에 이 수도는 마치 꿈과 같고 잡종적인 장소가 되었다. 널찍한 거리는 그리스 조각가들의 늘씬한 사지를 가진 걸작품들뿐만 아니라 나일 강둑에서 약탈된 조각상들로도 꾸며져 있었다. 스핑크스, 동물 머리를 가진 신들, 수수께끼 같은 미소를 띤 파라오들. 마찬가지로 로마인의 눈에는 기괴하게 보이는 충격적인 것 한 가지는 이 도시의 어느 구역에는 신의 형상이 전혀 없다는 것이었다. 그리스인과 이집트인뿐만 아니라 알렉산드리아는 엄청난 수의 유대인들의 고향이기도 했다. 예루살렘보다도 이곳에 사는 유대인의 수가 더 많았을 것이다. 이들은 도시의 다섯 개 행정구역 중 하나를 전부 차지하고, 그리스어로 번역된 《토라》를 읽으면서도 굳건하게 동화되지 않는 그들만의 생활방식을 유지했다. 유대인들은 시나고그에 출입하고, 시리아인들은 제우스 신상 아래에 진을 치고 있었는데, 이런 모든 일들이 훔쳐온 오벨리스크의 그림자 속에서 이루어지고 있었다. 이런 것이 코스모폴리스의 모습이었다.

그리고 로마의 장래도 그런 것이 될 것인가? 분명 그렇게 될까 봐 두려워하는 시민들이 많았다. 야만적 문화가 밀려 들어와서 공존한다는 생각을 하면 로마인들은 편집증적인 공포에 사로잡혔다. 특히 지배 계급은 외국의 영향에 대한 불신이 컸는데, 이유는 그것이 공화국을 허약하게 만들까 봐 걱정된다는 것이었다. 세계의 안주인이 되는 것은 좋지만 세계적인 도시는 싫다. 이것이 로마를 위한 원로원의 선언의 본질이었다. 그러니 유대인과 바빌론 점술가들이 끊임없이 도시에서 축출되는 것도 이 때문이었다. 이집트 신들도 마찬가지였다. 카이사르가 루비콘을 건너기 전 몇 달 동안의 광적인 분위기 속에서도 한 집정관은 도끼를 직접 집어들고 이시스 신전을 혼자서 허물기 시작하는 여유를 보였다. 하지만 유대인과 점술가는 항상 다시 돌아왔다. 또 위대한 여신인 이시스, 신성한 어머니이며 하늘의 여왕인 이시스의 지배력은 워낙 막강했으므로 그 숭배자들을 도시에서 모두 없애기는 쉽지 않았다. 집정관이 직접 도끼를 든 것도 사실은 그 일을 할 일꾼을 한 명도 찾을 수 없었기 때문이다. 로마는 밀려드는 이민의 물결 때문에 변하고 있었고, 원로원은 그런 물결을 멈추게 할 힘이 거의 없었다. 새로운 언어, 새로운 관습, 새로운 종교, 이런 것들이 공화국이 가진 위대함이 맺은 열매였다. 아무 이유도 없이 모든 길이 로마로 향하는 것은 절대로 아니다.

생각도 못할 일을 생각하기를 결코 겁내지 않는 사람이었고, 또 사실 오래전부터 자기 도시에 대해 이방인이나 마찬가지이던 카이사르는 그와 같은 계급의 귀족 대부분이 보지 못한 이런 점을 아주 명료하게 볼 수 있었다. 그는 아마 그것을 항상 보고 있었는지도 모른다. 소년 시절 그의 이웃에는 유대인이 살고 있었고, 그는 자기 가문의 힘을 빌려 그들을 보호해주었다. 로마에 거주하는 이주자들은 그가 보기에는 전혀 경계할 대상이 아니었고 오히려 자부심의 버팀대였다. 이제 파르살루스의 승자로서 그는 모든 나라의 후견인 위치에 섰다. 동방 전역에서 조각가들은 폼페이우스의 이름을 명문에서 깎아내고 그 자리에 카이사르의 이름을 새겨 넣느라 일손을 바쁘게 놀렸다. 어디에서도 공화국은 거론되지 않았다. 베누스의 자손은 모든 도시에서 살아 있는 신으로 칭송되었고 에페소스에서는 인류의 구원자라는 칭송까지 나왔다. 이는 카이사르 같은 냉정한 지성의 소유자도 현기증을 느낄 정도의 아첨이었다. 이런 아첨에 무언가 함축하는 바가 있다는 것은 꼭 통째로 삼켜보아야만 알 일은 아니다. 공화국의 헌법적인 사고 구조에서는 인류의 구원자라는 역할이 쉽게 수용될 수 없었다. 만약 카이사르에게 영감이 필요했다면 공화국이 아닌 다른 곳에서 찾아보아야 했을 것이다. 알렉산드리아에서 시간을 보내면서 그가 클레오파트라에게 그렇게 호기심을 느꼈던 것도 무리가 아니다. 젊은 이집트 여왕에게서 희미하고 왜곡된 모습이기는 했지만 그는 분명 자기 자신의 미래의 모습을 흘낏 보았을 것이다.

기원전 47년 늦은 봄에 이 행복한 한 쌍은 나일 강 하류로 뱃길 여행

을 떠났다. 이는 한 세계에서 다른 세계로의 여행이었다. 알렉산드리아
도 로마 손님들에게는 아무리 낯설게 느껴졌다 한들 완전히 생소한 곳
은 아니었다. 그곳의 시민들은 로마인들처럼 자기들이 누리는 자유를
자랑스러워했다. 겉치레뿐이기는 했지만 알렉산드리아는 자유도시였
으며, 그리스인들 사이에서 여왕의 위치는 대등한 자들 중의 제1인자에
해당한다. 고전 그리스에서 내려오는 시민적 전통은 여전히 소중하게
여겨졌으며, 아무리 그에 대한 이해가 희미해졌다 하더라도 클레오파
트라가 그런 것을 완전히 무시해도 되는 처지는 아니었다. 하지만 수도
의 경계를 지나 거룻배가 피라미드를 지나가고 카르나크의 거대한 탑
문을 지나고 나면 그녀는 완전히 다른 존재가 된다. 클레오파트라가 가
장 진지하게 수행한 것은 파라오의 역할이었다. 그녀는 그리스계 군주
중에서 이집트어를 구사하는 최초의 인물이었다. 남동생과 전쟁할 때도
그녀는 알렉산드리아가 아니라 속주에 있는 원주민 백성들에게 지원을
요청했다. 그녀는 고대 신들에 대한 그저 한 명의 신도가 아니라 그들
중의 하나였으며, 육신을 가진 신이었고 하늘의 여신 이시스의 화신이
었다.

알렉산드리아의 제1시민이자 새로운 이시스. 클레오파트라는 이 둘
모두였다. 카이사르는 여신과 동침했으니, 멀리 떨어진 공화국의 소소
한 문제들은 촌스럽게 보일 수밖에. 부하들이 투덜거리기 시작하지 않
았더라면 그가 애인과 함께 계속해서 에티오피아까지 배를 저었을지도
모른다는 말도 있다. 이는 무례한 가십이기는 하지만 위험하면서도 그
럴듯한 진실을 함축하고 있다. 카이사르는 정말로 미지의 영역으로 가
는 여행을 떠났던 것이다. 물론 우선은 내전에서 승리해야 했다. 카이사

르가 5월 말에 나일 강 여행을 중단하고 군단을 이끌고 새로운 전투와 새로운 시도를 향해 떠난 것은 이 목표를 달성하기 위해서였다. 하지만 승리를 얻고 나면, 그다음은 무엇을 할 차례인가? 그가 클레오파트라와 함께 보낸 시간은 이 문제에 대해 숙고할 충분한 시간을 그에게 주었다. 이런 성찰의 열매에 많은 것들이 걸려 있었다. 그 자신의 미래만이 아니라 로마와 그 너머 세계의 문제도 그러했다.

독재자가 사라진 제국

기원전 46년 4월, 해는 우티카의 장벽 너머로 지고 있었다. 해안을 따라 32킬로미터를 내려가면 한때 카르타고이던 폐허가 황혼녘의 어스름에 싸여 있었고, 피난민을 실은 배들이 점점이 떠 있는 아프리카 해안 외곽에는 밤이 다가와 있었다. 곧 카이사르도 그 방향에서 나타날 것이다. 수적으로는 월등하게 불리한데도 그는 큰 전투를 치렀고 또다시 승리를 거두었다. 카이사르가 이집트에 머물던 여러 달 동안 징집된 메텔루스 스키피오의 군대는 참혹하게 도륙당하고 참패했다. 아프리카는 카이사르의 손안에 들어갔다. 그에게 맞서서 우티카를 지켜낼 희망의 여지는 없었다. 이 도시의 방어를 책임진 카토는 이제 공화국의 종말이 닥쳐왔음을 확실하게 알고 있었다.

하지만 카토는 산산조각 난 스키피오의 잔당들에게 탈출용 배를 마련해주기는 했지만 그들과 함께 달아날 의사가 없었다. 그런 것은 결코 카토의 스타일이 아니었다. 그날 저녁 식사 때 파르살루스 전투 이후 습관이 된 자세대로 앉아서 식사를 하면서 그는 경계하는 기색을 조금도 보이지 않았다. 카이사르의 이름은 입에 오르지도 않았다. 그 대신에 포도주가 부어지는 동안 대화는 철학으로 흘러갔다. 자유가 거론되었고 특히 선한 자만이 진정으로 자유로울 수 있다는 주장이 개진되었다. 한 손님은 미묘하고 우회적인 논리를 예증으로 대면서 그 반대 주장을 펴려고 했지만 점점 신경이 날카로워진 카토는 그의 말을 끝까지 들으려 하지 않았다. 그의 기분이 조금이라도 언짢았다는 증거는 오직 이뿐이었다. 그러나 그는 사람들을 침묵시킨 뒤, 재빨리 화제를 바꾸었다. 그는 아무도 자기 기분이 어떤지 추측하는 것도 혹은 자기 계획이 무엇인지 짐작하는 것도 원하지 않았다.

그날 밤 침실로 들어가서 잠깐 동안 책을 읽은 뒤 그는 자신을 칼로 찔렀다. 하인들이 마루에 쓰러진 그를 발견했을 때 그는 아직 살아 있었다. 하지만 그들이 미친 듯이 상처를 싸매려 하자 카토는 의사를 밀쳐내고 자기 손으로 내장을 끄집어냈다. 그는 금방 출혈 과다로 사망했다. 우티카에 도착한 카이사르는 그 도시가 항복임을 알았다. 씁쓸한 기분으로, 그는 그렇게 오랜 기간 자신의 복수의 화신이던 인물, 폼페이우스처럼 바다 옆의 무덤에 누운 지 얼마 되지 않은 사람을 조문했다. "내가 자네를 살려줄 기회를 가졌다고 자네가 나를 부러워했던 것처럼, 카토여, 나는 자네의 이런 죽음이 부럽네."¹⁷ 카이사르는 거창한 제스처를 할 기회를 빼앗기는 것을 고마워할 사람은 절대로 아니었다. 카토만큼 피도 눈물도 없는 로마의 자유의 정신과 동일시된 사람은 일찍이 없었으니 카토를 살려주었다면 그를 분통 터지게 만든 공화국의 상상력에 대한 카토의 지배력을 파괴할 수 있었을 것이다. 하지만 그 대신에, 무시무시하게 영웅적으로 죽는 바람에 카토의 지배력이 이제 확증되었다. 유령이 되어서도 카토는 카이사르에게 최고로 고집불통인 원수였다.

피와 명예와 자유. 자살은 모든 로마인들이 가장 좋아하는 주제의 하나였다. 그리고 카이사르, 이 대중 조종의 명수는 그 사실을 알고 있었다. 기원전 46년 7월 말, 로마로 돌아오면서 그는 죽은 적들을 그늘로 치워버릴 준비를 했다. 카이사르는 그 일을 카토의 죽음만큼 극적으로 공연할 작정이었다. 그해 9월, 동료 시민들은 그의 승리 축하연에 초청되었다. 여러 해 동안 로마인들은 거창한 구경거리를 보아도 시큰둥해졌다. 하지만 카이사르가 여흥을 위해 마련한 조직력과 상상력은 한계효용체감의 법칙을 헛소리로 만들었다. 기린과 브리튼 섬의 전차, 비단 덮개와 인공 호수에서의 전투, 이런 모든 것들이 군중의 입을 딱 벌어지게 했다. 폼페이우스조차도 이에 비할 만한 것은 공연하지 못했다. 또 지금 카이사르가 하는 것처럼 네 번의 개선식을 연달아 치르지도 못했다. 갈리아, 이집트, 아시아, 아프리카 전투의 개선식이었다. 환호하는 군중 앞에 외국인 적들이 사슬에 묶여 행진했다. 카이사르가 동료 시민에 대한 승리를 이런 식으로 축하하는 것은 틀림없이 무례한 일이었겠지만(카이사르는 내전에서의 승리를 개선식에 포함시키지는 않았고, 아프리카 전쟁의 개선식은 쿠리오의 군대를 섬멸한 장본인이며 로마군 잔당과 결탁했던 누미디아 왕 유바에 대한 승리의 축하라는 형식으로 거행되었다-옮긴이) 그는 이따금씩 피어오르는 흡족한 웃음을 금할 수 없었다. 이집트에서 클레오파트라와 만나 애정행각을 벌이고 아프리카에서 승리를 거두는 사이사이에 잠깐 시간을 내어 파르나케스 왕을 쳐부순 그는 유명한 문장으로 자기가 거둔 승리의 속도를 자랑했다. "왔노라, 보았노라, 정복했노라."[18]

이제 간판에 적혀 로마를 지나가는 대열에 실린 바로 그 구절은 폼페이우스를 왜소하게 만드는 역할도 했다. 파르나케스의 아버지인 미트리다테스를 정복한답시고 그렇게 야단법석을 떤 것이 폼페이우스였으니 말이다. 하지만 경쟁자의 유령 하나가 카이사르의 전차를 뒤따르는 것을 알 만한 시민들은 알아보았다면 정복자의 사슬에서 벗어난 또 하나의 그림자가 있었다. 카이사르는 폼페이우스는 패배시켰지만 카토는 패배시키지 못했다. 이 때문에 그로서는 흔치 않게 선전 운동을 폈다. 겉으로는 아프리카 승리를 축하하는 네 번째 개선식에서 그는 카토의 자살을 묘사하는 그림판을 끌고 거리를 지나가라고 지시했다. 그는 카토 및 그와 함께 싸운 사람들이 아프리카인의 노예이자 협력자로서 죽었다는 주장으로 이를 정당화했다. 지켜보던 군중은 이에 동의하지 않았다. 그들은 수레를 보고 울었다. 카토는 여전히 카이사르의 증오심이 닿지 못하는 곳에 있었다.

하지만 공화국은 이제 확실하게 그의 손안에 있었다. 카이사르가 달성한 업적의 규모에 얼이 빠지고 권력의 크기에 압도당한 원로원은 그의 승리를 합법화해주려고 끙끙댔고 어떻게든 그것을 과거의 사라진 전통과 조화시키려고 애썼다. 이런 노력 때문에 헌법주의자들은 엄청나게 부담스럽고 고통스러웠다. 이미 카이사르는 독재관직을 두 번 받아들였다. 첫 번째는 기원전 49년 후반, 집정관 선출 업무를 서둘러 관장했을 때 11일 동안이었고, 두 번째는 기원전 48년 10월, 그 직위에 1년 동안 지명되었을 때였다. 이제 기원전 46년 봄에 그는 세 번째로 독재관직을 부여받았다. 그리고 전례 없는 10년의 임기였다. 이미 집정관인 카이사르는 공화국의 모든 행정관직을 임명할 권한을 가졌고, 우습게도 로마의 '도덕성 반장'이 되었다. 일찍이 술라 치하에서도 권력이 이 정도로 한 사람에게 집중된 적은 없었다. 하지만 술라의 사례를 보면 일말의 희망의 빛이 없는 것도 아니었다. 10년은 독재자를 감당하기에는 긴 시간이지만 영원은 아니었으니까. 쓴 약이기는 하지만 예전에도 효과를 보았으니까. 공화국이 정말로 병들었다는 것을 부정할 사람이 있는가?

그 병을 치료해야 하는 부담을 짊어진 사람에게 동정심을 느끼는 이도 있었다. "우리는 그의 노예다. 하지만 그는 시간의 노예다."[19] 키케로는 이렇게 썼다. 아무도 공화국을 위한 카이사르의 계획이 무엇인지 알 수 없었다. 공화국에서 내전의 상처가 어떻게 치료될 것인지 아무도 몰랐기 때문이다. 하지만 희미한 희망은 계속 남아 있었고, 그의 적들 사이에서도 이 위기를 벗어날 길을 찾아낼 수 있는 사람은 오직 카이사르뿐이라는 생각이 팽배했다. 그의 탁월성과 관대함은 확실히 타의 추종을 불허했다. 또 이제 믿을 만한 사람 가운데 그에게 반대할 사람도 없었다. 폼페이우스, 도미티우스, 카토, 모두 죽었다. 또 스키피오는 아프리카 해안에서 폭풍우에 휘말려 실종되었다. 폼페이우스의 두 아들인 그나이우스와 섹스투스가 아직 힘이 있는 것은 사실이었지만 그들은 젊었고 평판도 아주 나빴다. 기원전 46년 겨울, 그들이 에스파냐에서 위험한 반란을 일으키는 데 성공하여 카이사르가 서둘러 로마를 떠났을 때는, 폼페이우스의 잔당들조차 숙적이 이기기를 바랐다. 그 전형적인 예가 카시우스 롱기누스였는데, 그는 카르헤에서 아주 믿을 만하게 활약했고, 폼페이우스 휘하에서는 가장 뛰어난 해군 지휘관이었으며, 그 뒤 파르살루스에서 카이사르로부터 사면을 받은 사람이었다. "피에 굶주린 새 주인에게 운을 거느니 차라리 자비로운 옛날 주인이 그대로 있는 편이 낫겠소."[20] 그는 카이사르의 에스파냐 진군 소식에 대해 키케로와 이야기하다가 이렇게 털어놓았다.

그렇기는 하더라도 카시우스의 어조에는 씁쓸한 기분이 있었다. 아무리 은혜가 넘치더라도 주인은 주인이었다. 내전이 끝나고 살아 있음에 감사하는 대부분의 시민들은 그런 것에 신경 쓰기에는 너무 지쳐 있었다. 하지만 카이사르와 동등한 귀족들에게서는 질투심과 무력감과 굴욕감이 팽배했다. 노예로 사느니 죽는 편이 나았다. 이것은 로마인이라면 숨 쉬는 공기처럼 체득한 교훈이었다. 독재자에게 복종할 수 있고, 감사를 느낄 수도 있고, 심지어 감탄할 수도 있었다. 하지만 수치심을 억누를 수는 없었다. "카이사르가 주는 혜택을 받아들인 자유인에게는 그런 시혜를 나누어주는 그의 권력 자체가 하나의 모욕이었다."[21] 물론 우티카에서 일어난 사건의 기억 때문에 더욱 그러했다.

카토의 유령은 여전히 로마의 양심에서 사라지지 않았다. 카이사르에게 굴복하고, 그에 대한 보상을 받은 예전 동지들은 카토의 죽음을 개인적인 비난을 통해 느낄 수밖에 없었다. 그런 느낌이 가장 심한 경우가 카토의 조카인 브루투스였다. 그는 원래 자기 삼촌의 자살을 철학적인 근거에서 비난했지만 그것이 본보기가 됨에 따라 스스로는 점점 더 언짢아지고 있었다. 성실하고 고고한 마음씨를 가진 브루투스는 협력자로 분류되고 싶은 마음이 절대로 없었다. 카이사르가 본심에서는 헌법주의자일 것이라고 여전히 확신하던 그는 독재관을 지지하는 일과 삼촌을 충실히 기억하는 일이 모순이라고 여기지 않았다. 이런 관점을 최대한 명백하게 하기 위해 브루투스는 아내와 헤어지고 카토의 딸인 포르키아와 결혼했다. 포르키아의 전남편은 마르쿠스 비불루스였으니 카이사르로서는 그보다 더 최악의 신붓감이 없었을 것이다. 브루투스는 자기 입장을 명확하게 밝힌 것이다.

하지만 그것이 전부가 아니었다. 삼촌의 기억을 불멸의 것으로 만들기 위해 브루투스는 조문을 짓기 시작했다. 그는 또 로마의 최고 문장가인 키케로에게도 조문을 부탁했다. 위촉을 받아 기분이 으쓱해지기는 했지만 키케로는 한참 망설인 뒤에 그 부탁을 받아들이면서 수치심과 허영심을 똑같은 정도로 느꼈다. 자기도 너무나 고통스러울 정도로 잘 알고 있는 일이지만, 그는 제대로 싸우지 못했고, 카이사르에게서 사면받았기 때문에 기회주의자라는 평판이 더 굳어졌을 뿐이었다. 널리 경멸을 당하면서도 키케로는 공화주의적인 덕성을 용감하게 수호하는 대변인이라는 자기 이미지에 계속 집착했지만 현실은 그렇게 호락호락하지 않았다. 카이사르와 화해한 이후, 그의 용기의 한계는 이따금씩 던지는 신랄한 농담 정도에 그쳤다. 이제 우티카의 순교자를 공개적으로 칭송함으로써 그는 자기 목을 조금 더 내밀 용기를 냈다. "카토는 평판보다 더 위대했던 소수 중의 하나였다." 키케로는 이렇게 썼다. 이는 독재관뿐만 아니라 독재관의 패권에 굴복한 모든 사람을 함축적으로 겨냥하는, 날선 판단이었다. 글쓴이 자신도 물론 포함되어 있었다.

멀리 에스파냐에서 카이사르는 여전히 로마의 문학적 무대의 소식을 낱낱이 듣고 있었다. 키케로와 브루투스가 쓴 글을 읽고 그는 지독하게 기분이 상했다. 가장 결정적인 전투를 치르고 승리가 결정되자마자 그는 독설로 가득한 반론을 썼다. 그는 이렇게 논박했다. 카토는 영웅이기는커녕 경멸스러운 술주정뱅이였다. 고집불통이고 미쳤고, 철저하게 쓰레기 같은 작자였다. 이 글, 〈안티 카토Anti Cato〉는 로마로 송달되자 널리 조롱당했다. 이 글에서 묘사된 주인공이 실제와 너무나 다르기 때문이었다. 카이사르의 공격으로 카토의 평판은 더 높이 솟아올랐다.

카이사르 자신도 고통스럽고 좌절감을 느꼈다. 이미 에스파냐 작전 도중에 그의 놀랄 만한 인내심이 바닥이 날 지경이라는 신호가 나타났다. 전쟁은 특히 잔혹했다. 카이사르는 그의 특징이던 관대한 태도로 반란군을 다루기는커녕 시민으로 인정하는 것도 거부했다. 그들의 시체는 건설 자재로 사용되었고 머리는 장대에 꽂혔다. 폼페이우스의 막내 아들인 섹스투스가 카이사르의 보복을 피해 달아나기는 했지만 장남인 그나이우스는 사로잡혀 처형되었고 그의 머리는 전리품으로 전시되었다. 이런 광경은 갈리아인에게나 합당한 조처였다. 하지만 수급 사냥꾼으로 변했으면서도 카이사르는 군대가 야만적인 행동을 하게 된 것이 자기 책임은 아니라고 했다. 오히려 진정한 잘못은 적들의 배신과 어리석음에 있었다. 로마 시민의 운명을 자기 손에 쥐어준 것은 신들의 뜻이다. 그들의 상처를 싸매주려는 자기의 노력을 그들이 지원하지 않는다면 이미 흘린 피로도 분노한 신들을 달랠 수 없을 것이다. 로마와 로마의 세계는 어둠의 파도에 휩쓸리게 될 것이며 야만스러움이 전 세계에 퍼질 것이다.

이런 종말론을 물리칠 필요에 직면했을 때 키케로나 브루투스의 감수성이 무슨 소용이 있겠는가? 정말로 공화국이 다 무엇인가? 동료 시민들이 여전히 신성불가침으로 여기는 전통에 대한 카이사르의 인내심 결여는 날이 갈수록 점점 더 손에 잡힐 듯이 확연해졌다. 원로원과 상의하거나 자기가 생각하는 법령을 시민들에게 부과하기 위해 수도로 서둘러 돌아오기는커녕 그는 퇴역병들에게 식민지를 나누어주고 토착민

권력자에게 자치권을 부여하면서 계속 속주에서 늑장을 부렸다. 로마 본국에서는 귀족들이 소식을 듣고 몸을 떨었다. 냄새나는 바지를 벗어 던지고 토가로 차려입고 원로원 가는 길이 어딘지 물어보는 갈리아인에 대한 농담이 들려왔다. 물론 이런 외국인 혐오증은 언제나 로마인의 권리이자 특권이었다. 공화국의 자유를 자랑하던 자들이 최악의 속물이라는 것은 자명했다. 하지만 카이사르는 그들을 비웃었다. 그는 전통주의자들이 무슨 생각을 하든 더는 신경 쓸 여유가 없었다.

또 그는 전통 그 자체에 대해서 정말로 별 흥미가 없었다. 그래서 다행이었다. 왜냐하면 공화국이 장래에 수행할 기능에 대해 대답하기 난처한 질문들을 제기하는 것이 그의 정책이니 말이다. 이탈리아의 시민들이 로마에 와서 투표권을 행사한다는 것만도 충분히 비실용적인 일인데, 더 먼 속주의 시민이라면 그런 일 자체가 애당초 불가능할 것이다. 이런 어려움은 무시되었다. 카이사르는 그런 사소한 문제 때문에 방향을 바꿀 생각이 없었다. 그는 진정으로 보편적인 제국의 기반을 확립해야 했다. 또 자기를 위한 전 지구적 패권의 기반도 함께 세워야 했다. 자치권을 가진 모든 종족, 안정을 구가하는 모든 속주 하나하나가 그가 구상하는 새 질서의 벽돌이었다. 카이사르의 가부장제는 모래나 얼음만 있는 극지에까지 확장될 것이다. 시리아와 에스파냐, 아프리카와 갈리아, 점점 좁아지는 세계의 오지 종족들이 앞으로는 오로지 한 사람에게 충성을 맹세하게 될 것이다. 이런 미래의 상징으로 무엇보다도 중요한 것은 카르타고와 코린토스였다. 복수심에 불타는 군단에 의해 파괴된 이 두 도시는 이제 보편적 평화의 새로운 시대와 그들 후견인의 영광에 대한 기념물로서 재건될 것이다. 카르타고의 새 식민지에서 해안 아래쪽에 있는 우티카는 영원히 그늘에 파묻힐 것이다. 과거의 돌무더기 위에 미래가 다시 세워지게 된다. 로마의 시민들은 처음으로 자기들이 하나의 세계의 일부이자 주인임을 느끼게 될 것이다.

그렇다고 해서 카이사르가 로마를 소홀하게 취급했다는 말은 아니다. 그는 로마를 위해서도 거대한 계획을 구상했다. 도서관이 세워질 것이고, 카피톨리누스 언덕의 바위를 깎아내고 폼페이우스의 극장에 견줄 만한 새 극장이 지어질 것이다. 세계에서 가장 큰 신전이 캄푸스에 세워질 것이다. 심지어 티베르 강의 흐름도 바뀔 것이다. 왜냐하면 그 흐름이 그의 건설 계획에 방해가 되기 때문이었다. 이것만큼 그의 패권의 경이적인 성격을 잘 예시하는 것은 없다. 즉 그는 자기가 원하는 곳에 원하는 것을 세울 뿐만 아니라, 손가락 끝으로 땅을 긁어 지형을 만들어내는 신처럼 도시의 지형을 바꾸려 했다. 확실히 카이사르의 독재관 임기 10년은 로마의 외관을 영원히 바꾸게 될 것이다. 어수선한 외관을 통해 고대의 자유를 표현해오던 도시는 곧 급격히 다른 모습, 즉 그리스의 기의 비슷한 모습이 될 것이다. 특히 알렉산드리아처럼.

카이사르가 데려온 집안 손님의 정체에서 이 점이 일찍이 암시된 적이 있었다. 기원전 46년 9월에 클레오파트라는 애인의 개선식에 아슬아슬하게 맞추어 시내로 몰래 들어왔다. 티베르 강 건너 먼 곳에 있는 카이사르의 별장에 몸을 숨긴 그녀는 공화주의적 감수성에 대한 배려는 조금도 없이 이집트 여왕이라는 배역을 최대한으로 연기했다. 그녀는 심지어 남편인 동생과 측근 환관들을 함께 데려왔을 뿐 아니라 상속자인 한 살배기 왕자까지 데려와서 과시했다. 기혼자이던 카이사르는 이 사생아를 자기 아들로 인정하지 않았지만 클레오파트라는 조금도 굴하지 않고 그 아들의 이름을 카이사리온이라고 지음으로써 뻔한 사실을 과시했다. 당연히 로마에는 추문이 들끓었다. 또 유명 인사들은 모조리 입을 헤벌리고 티베르 강을 건너갔다. 클레오파트라가 손님들을 맞아들인 태도를 보면 누가 중요한지에 대한 그녀 나름의 평가가 반영되어 있다. 예를 들면 그녀를 혐오한 키케로는 완곡하게 박대당했다. 사실 여왕은 모든 남자를 평가하고 있었다. 기원전 45년 8월, 카이사르가 마침내 이탈리아로 돌아오자 그녀는 서둘러 그를 맞으러 달려갔다.* 이 두 사람은 시골에서 호화로운 휴가를 즐겼다. 10월이 되어서야 카이사르는 드디어 로마로 돌아왔다.

　로마는 야단스러운 소문으로 들끓고 있었다. 그가 제국의 터전을 알렉산드리아로 옮길 계획을 짜고 있다는 말이 나돌았다. 이보다는 덜 어리석은 것으로 그가 이미 기혼자인데도 클레오파트라와 결혼하고 싶어 한다는 주장도 있었다. 카이사르는 애인의 황금 입상을 베누스 신전에 세워 이런 소문을 오히려 부추겼다. 이는 충격적이고 전례도 없는 찬양이었다. 베누스는 이시스와 가장 가깝게 동일시되는 여신이었으니, 여기에는 더 크고 더 불길한 스캔들이 암시되어 있었다. 클레오파트라가 공화국의 심장부에서 여신으로 표현되는 판국에, 그녀의 애인이 스스로를 위해서는 과연 어떤 계획을 세웠을까? 작업 인부들이 그의 저택에 마치 신전에나 하는 것 같은 박공을 덧붙이는 정확한 이유가 무엇인가? 안토니우스가 최고 제사장으로 임명된다는 소문의 진실은 무엇인가? 카이사르는 전혀 입조심을 하지 않고 이런 암시들을 퍼뜨리고 있었다.

---

*　이 일은 어떤 자료에서도 구체적으로 기록되어 있지 않지만 정황상 거의 확실하다.

여신인 신부와 자기의 신격화. 그는 동료 시민들이 경악하는 것을 알고 있었다. 하지만 다른 곳에는, 특히 동방에는 놀라지 않을 사람들이 있었다. 로마는 카이사르에게 굴복했을지 모르지만 이 지구에는 아직도 로마에 굴복하지 않은 곳이 있었다. 그중 가장 고집 센 것이 파르티아였다. 그들의 기병대는 공화국의 내전을 틈타 감히 국경을 넘어 시리아로 쳐들어갔다. 또 물론 카르헤 전투에 대한 보복도 해야 했고, 잃어버린 독수리 깃발도 되찾아와야 했다. 이런 것들은 독재관의 관심을 충분히 끌 만한 임무였다. 하지만 로마로 돌아온 지 얼마 되지도 않아서 또다시 카이사르가 전쟁 계획을 세움에 따라, 이 도시는 스스로 왜소해졌다는 느낌, 거의 퇴짜 맞은 듯한 기분에 빠졌다. 마치 공화국의 문제를 해결하도록 지명된 인물이 그런 문제들을 지겨워하는 것 같았고, 로마는 그의 야심을 위한 무대로 너무 작다고 여기는 것 같았다. 동방은 그런 큰 야심을 인정해줄 것이었다. 동방에서는 이미 카이사르를 신처럼 숭배하고 있었다. 동방에는 공화국의 전통보다 훨씬 더 오래된 전통, 육신이 신격화되고 왕 중이 왕이 통치한다는 전통이 있었다.

바로 그것이 로마인들이 우려하는 문제였다. 기원전 45년 후반에 원로원은 카이사르가 '디부스 율리우스divus Iulius', 즉 신 율리우스로 칭송될 것이라고 발표했다. 이제 그가 최종적인 금기를 깨고 자기 머리 위에 왕관을 올려놓을 준비를 하고 있다는 것을 누가 의심할 수 있겠는가? 그런 끔찍한 의혹이 나올 근거는 확실히 있었다. 기원전 44년 초반에 카이사르는 이탈리아의 전설적인 과거에, 한때 왕들이 신었던 높고 빨간 구두를 신고 나타나기 시작했다. 비슷한 무렵에 누구의 소행인지는 모르지만 그의 조각상 하나에 씌워져 있던 왕관이 치워지자 그는 불같이 화를 냈다. 대중의 경각심이 커졌다. 카이사르는 자기가 너무 지나쳤다는 사실을 깨달은 것 같았다. 2월 15일에 자줏빛 토가를 차려입고 황금빛 월계관을 과시하면서 그는 안토니우스가 씌워주는 왕관을 겉치레로 물리쳤다. 이것은 축제 때의 일이었고 로마는 축제를 즐기는 군중으로 넘쳐나고 있었다. 안토니우스가 그 동작을 되풀이하자 포룸에는 "신음소리가 울려퍼졌다."[22] 또다시 카이사르는 왕관을 물리쳤고, 이번의 몸짓에는 앞으로 있을 그 어떤 반박도 불허하는 단호함이 들어 있었다. 군중이 환호를 보냈다면 그는 안토니우스의 제안을 받아들였을지도 모르지만, 그럴 가능성은 없었다. 카이사르는 로마인들이 절대로 율리우스 '왕'을 참아주지 않으리라는 것을 알고 있었다. 또 종합적으로 분석해볼 때, 그가 왕이 되고 싶어했던 것은 분명히 아니다. 위대함이 표현되는 형태는 상대적인 것이고, 국가마다 다르다. 그가 알렉산드리아에서 머무는 동안 배운 교훈이 이런 것이었다. 클레오파트라가 이집트인에게는 파라오이면서 그리스인에게는 마케도니아 여왕인 것처럼 카이사르는 아시아에서는 살아 있는 신이면서 로마인에게는 독재관인 것이다. 뭐하러 공화국을 없애서 동료 시민들을 화나게 하겠는가. 공화국 자체가 카이사르 자신이 지적했다고 하듯이 "아무것도 아닌, 실체도 몸집도 없는 이름뿐인 존재가 된 마당에"[23] 말이다. 중요한 것은 권력의 형태가 아니라 실질이었다. 그리고 술라와 달리 카이사르는 그것을 내놓을 의사가 전혀 없었다.

안토니우스가 카이사르에게 왕관을 주기 며칠 전에 원로원은 그를 종신 독재관으로 선포했다.* 이런 운명적인 법령을 통해 카이사르가 언젠가는 공화국을 시민들에게 돌려줄지도 모른다는 가냘픈 희망은 사라졌다. 하지만 카이사르의 계산은 로마인들이 개의하지 않으리라는 것이었다. 시민들은 경기와 전쟁과 평화로써 진정되었다. 원로원은 공개적인 위협이 아니라 그를 제거하려고 한다면 무슨 일이 일어날지에 대한 위협을 통해 찍소리 못하게 눌러놓았다. "내전보다는 차라리 불법적인 독재자가 낫다."[24] 이것이 카토의 가장 충실한 찬미자이던 파보니우스의 견해였다. 많은 사람들이 이 판단을 공유했다. 카이사르는 이 점을 알고 귀족들의 증오심을 경멸했다. 그는 자기의 호위병 2000명을 물리쳤다. 그는 직위에 딸린 릭토르 몇 명만 거느리고 포룸에서 공공연하게 걸어다녔다. 정보원들이 암살 계획의 소문을 전하며 음모자들을 추적하라고 권유하자 그는 그들의 근심을 물리쳤다. "그는 공포의 대상이 되느니 차라리 죽는 편이 낫다고 했다."[25]

또 그가 로마에 그리 더 오래 있을 것 같지도 않았다. 그는 3월 18일에 파르티아로 떠날 예정이었다. 사실 점쟁이 하나가 그에게 그달 15일에 해당하는 이데스Ides(로마 달력에서 3월, 5월, 7월, 10월의 15일, 나머지 달에는 13일이 이데스─옮긴이)*를 조심하라고 충고했지만 카이사르는 그런 미신에 별 관심을 보이지 않았다. 사적인 대화에서나 자기가 죽을 수도 있다는 걱정을 내비쳤을 뿐이었다. 종신 독재관으로 지명된 지 한 달 뒤인 14일 저녁에 카이사르는 기원전 49년부터 자기의 명분에 동조해온 파트리키인 레피두스와 함께 식사를 했다. 그는 지금은 공식적으로는 '기병단장'이라는 직함을 가지는 부독재관 지위에 있었다. 자기가 친구들과 함께 있다고 믿은 그는 긴장을 풀었다. "가장 달콤한 죽음은 무엇

---

* 기원전 44년 2월 9일부터 15일 사이로 여겨진다.

일까?" 누가 그에게 이런 질문을 던졌다. 카이사르는 이렇게 대답했다. "예고 없이 오는 죽음."[26] 경고를 받으면 두려워지고 두려워지면 무력해지기 때문이다. 그날 밤 카이사르의 아내가 악몽을 꾸고, 다음 날 원로원에 나가지 말라고 간청하자 그는 웃었다. 그날 아침 가마에 실려 가다가 그는 자기에게 3월의 이데스를 조심하라고 충고했던 점술가를 만났다. "자네가 경고한 날이 오늘이군." 카이사르는 미소 지으며 말했다. "하지만 나는 아직 살아 있네." "예." 신속하고도 피할 길 없는 대답이 돌아왔다. "하지만 오늘은 아직 끝나지 않았습니다."[27]

그날 아침 원로원은 거대한 폼페이우스의 회의장에서 모이기로 되어 있었다. 부속 건물인 극장에서 경기가 열리고 있었고, 카이사르는 가마에서 내리면서 로마 시민들이 피의 구경거리에 전율하면서 내지르는 고함소리를 들었을 것이다. 하지만 그 소음은 차가운 대리석으로 된 회랑에서는 작아질 것이고 그 너머에 있는 회의장에서는 더 작아질 것이다. 폼페이우스 조각상이 지금도 원로원의 회의장을 지배하고 있었다. 파르살루스 전투 뒤에 그 조각상은 서둘러 끌어내려졌지만 카이사르는 예의 관대한 태도로, 폼페이우스가 세운 다른 모든 조각들과 함께 다시 제자리에 갖다놓으라고 지시했다. "자기 것이 철거될까 봐 미리 투자해 두는 정책이지"라고 키케로는 냉소했다. 하지만 이는 악랄하고 부당한 냉소였다. 카이사르는 자기 조각의 장래에 대해 두려워할 까닭이 없었다. 또 그날 아침에 회의장으로 걸어가면서 의원들이 자기를 맞으러 일어서는 것을 보면서 자기 자신을 위해서도 두려워할 이유가 없었다. 한 무리의 군중이 청원을 하기 위해 그에게 몰려올 때도, 금박 입힌 의자에 앉는 그에게 밀려들어 키스를 퍼부어 그를 떠밀 때에도 두려워하지 않았다. 그러다가 갑자기 그는 토가가 어깨에서 끌려 내려가는 것을 느꼈다. "왜 이렇게 난폭하게 구는가?"[28] 그는 놀라서 소리쳤다. 동시에 그는 목줄기에 날카로운 통증을 느꼈다. 몸을 비틀면서 그는 자기의 피로 붉어진 단검을 보았다.

그의 주위에는 60명가량이 몰려들어 있었다. 그들은 모두 토가 아래에서 단검을 빼들고 있었다. 다들 카이사르가 잘 알고 있는 인물이었다. 자기가 사면한 예전의 적도 여럿 있었지만 친구들이 더 많았다.[29] 몇 명은 갈리아에서 자기와 함께 싸운 장교였다. 그들 중에는 베네티족을 몰살시킨 함대의 지휘관이던 데키무스 브루투스도 있었다. 하지만 카이사르를 최종적으로 멍하게 만들고 되받아 싸울 필사적인 노력을 멈추게 한 가장 중대한 배신은 더 가까운 인물의 배신이었다. 카이사르는 군중 속에서 자기 허리를 겨냥한 칼날이 번뜩이는 것을 흘낏 보았다. 그것은 또 한 명의 브루투스, 바로 자기의 아들이라는 소문도 있었던 마르쿠스의 손에 들려 있었다. "너도냐, 얘야?"[30] 그는 속삭였다. 그러고는 바닥으로 쓰러졌다(여기에서 '너'의 정체에 대해서는 설이 분분하다. 저자는 마르쿠스 브루투스라고 단정했지만, 다른 사람들은 오히려 데키무스 브루투스라고 주장한다. 부하 군인으로서 진정으로 신뢰했던 사람은 마르쿠스보다는 오히려 데키무스 브루투스였고, 나중에 발표된 유언장에서 옥타비아누스 다음의 제2상속자로 지명되어 있던 것도 데키무스였기 때문이다-옮긴이). 죽음의 고통을 보이고 싶지 않았던 그는 머리를 토가 자락으로 덮었다. 피웅덩이가 폼페이우스의 조각 기단에 얼룩을 내며 고였다. 죽은 카이사르는 경쟁자의 그림자에 누워 있었다.

하지만 이것이 무슨 상징처럼 보일지 몰라도 그것은 착각이었다. 카이사르는 그 어떤 분파의 명분을 위해 희생된 것이 아니었다. 음모를 꾸민 두 지도자 중의 한 명은 카시우스 롱기누스였는데, 그는 폼페이우스의 예전 부하였다. 하지만 카시우스가 카이사르뿐만 아니라 독재관 체제를 전면적으로 분쇄하기 위해 안토니우스와 레피두스도 암살하자고 주장했을 때 그의 주장은 기각되었다. 또 한 명의 지도자이자 음모의 양심이었던 브루투스는 그런 말을 들으려고도 하지 않았다. 자신들은 처형을 집행하는 것이다. 그는 이렇게 주장했다. 정치적인 투쟁에서의 지저분한 공작을 꾀하는 것이 아니다. 그리고 브루투스의 주장이 우세했다. 브루투스는 명예를 존중하는 인물로 알려져 있었고, 공화국의 대변인이자 복수의 담당자로서 자격이 있다고 여겨졌기 때문이었다.

처음에는 왕이 있었고, 마지막 왕은 독재자였다. 그리고 브루투스라는 인물이 그 왕을 도시에서 몰아냈고, 집정관직 및 자유 공화국의 모든 제도를 확립했다. 이제 465년 뒤인 지금, 그의 후계자인 브루투스가 두 번째 독재자를 쓰러뜨렸다. 동료 음모자들을 폼페이우스의 건물군에서 이끌고 나오면서 그는 흥분하여 넘어지면서 캄푸스를 가로질러 달려갔다. 피범벅이 된 단검을 자랑스럽게 들고 그는 포룸으로 향했다. 그곳, 인민들이 모이는 장소에서 그는 반가운 소식을 발표했다. 카이사르는 죽었다. 자유는 복구되었다. 공화국은 구원되었다.

마치 그를 비웃듯이 캄푸스 건너에서 고함소리가 들려왔다. 폼페이우스의 극장에 있던 관객들이 소동을 벌이면서, 두려움 속에서 밀치고 나오고 있었다. 벌써 연기 줄기가 하늘로 피어올랐다. 약탈자들이 행동을 개시함에 따라 상점들은 파괴되고 있었다. 더 멀리에서는 로마의 유대인들이 항상 자기들의 후견인 역할을 해주던 사람의 죽음을 애도하는 슬픔의 비명이 들려오기 시작했다. 그러나 다른 곳에서는 방금 일어난 일의 소식이 온 도시에 퍼지는데도 침묵만이 가라앉을 뿐이었다. 해방자를 찬양하기 위해 포룸으로 밀려오기는커녕 시민들은 집으로 들어가서 문빗장을 걸어잠갔다.

공화국은 구원되었다. 하지만 이제 공화국은 어떤 존재인가? 도시 위에는 침묵이 드리워졌고 아무 대답도 알아들을 수 없었다.

11

공화국의 죽음

두 번째 삼두의 등장

위기이든 아니든 계절은 변함없이 흘러갔다. 봄, 꽃처럼 밝고 투명한 봄은 유행을 좇는 사교계가 도시를 떠나는 계절이었다. 기원전 44년 4월도 다를 바가 없었다. 카이사르가 살해된 지 몇 주일 뒤, 로마는 텅 비기 시작했다. 저택을 걸어잠그고 떠나던 대다수는 열에 들뜨고 공포에 시달리던 이 도시를 떠나게 되어 틀림없이 안도감을 느꼈을 것이다. 시골이라고 골칫거리가 없는 건 아니었다. 예를 들면 키케로는 로마 바로 남쪽에 위치한 그가 제일 좋아하는 빌라에 도착했으나 거기에는 건설

인부들이 가득했다. 그는 길을 계속 가서 더 남쪽의 나폴리 만으로 가기로 결정했다. 이곳에 닿자마자 감독관들이 그를 둘러쌌다. 그가 인수받은 푸테올리의 소매점 상가 건물에 균열이 생긴 것이 발견되었던 모양이다. 상점 두 개는 무너졌다. "쥐새끼까지도 철수했다. 입주자들은 말할 것도 없고." 키케로는 한숨지었다. 그러나 소크라테스의 예에서 영감을 얻은 지주는 부동산 문제에 대해서 자기는 초연하다고 털어놓는다. "불멸의 신들이여, 저런 소소한 문제들이 내게 무슨 의미가 있겠습니까?"[1]

하지만 철학이 주는 위안에도 한계가 있었다. 키케로는 끝없이 짜증이 난다고 하소연하기도 했다. "나이 때문에 점점 더 소화불량이 되어간다."[2] 이제 60대가 된 그는 자기가 실패자라고 느꼈다. 속속들이 깨진 것은 정치 경력만이 아니었다. 몇 해 전에 가정생활 역시 깨어졌다. 실컷 서로 원망하고 고소를 제기한 끝에 그는 30년 넘게 살아온 아내와 이혼하고 자신의 피후견자인 열 몇 살밖에 안 되는 부유한 소녀와 결혼했다. 그 나이에 처녀와 결혼한다는 데 대해 조롱을 받자 키케로는 그녀가 처녀로 남아 있을 시간은 그리 길지 않다고 음탕한 말투로 되받았다. 하지만 그녀가 신부로 있었던 기간도 길지 않았다. 결혼식을 올린 지 몇 주도 지나기 전에 키케로의 딸인 툴리아가 출산 후유증으로 죽었다. 이는 키케로에게는 청천벽력 같은 충격이었다. 전리품처럼 대접받던 새 신부는 쓸모도 없이 성가신 존재가 되어, 짐을 꾸려 어머니에게로 돌려보내졌다. 키케로는 편집증 환자처럼 슬픔의 불꽃만 계속 키우고 있었다. 지성적이고 다정하던 툴리아는 아버지의 가장 가까운 동반자였다. 이제 그녀가 없으니 키케로는 버림받은 기분이었다. 친구들이 이런 태도는 남자답지 못한 감상주의라고 비난하고 시민으로서의 임무를 다하라고 다그쳤다. 하지만 한때는 그런 슬로건이 그렇게 영감을 주었건만 이제는 절망감만 심화시킬 뿐이었다. 자신을 위로해주는 사람에게 키케로는 고뇌하며 이렇게 말했다. "공직 생활이 주는 비참한 기분에서 내 집이 피난처가 되어주던 시절이 있었소. 하지만 이제는 집안의 불행이 나를 짓누르는데, 그 반대쪽으로도 갈 곳이 없구려. 국가의 업무나 거기에서 얻는 위안에서 피난처를 구할 수도 없다는 말이오. 그러니 나는 집에서도, 포룸에서도 모두 깨끗이 물러나 있는 거요."[3] 키케로의 슬픔의 거울에 흘낏 비친 모습을 보면 공화국은 자기 딸과 비슷한 양상이었다. 젊은 여성, 여신 같은 모습, 사랑받고 있지만…… 죽은 상태였다.

그러다가 3월 15일이 왔다. 브루투스는 카이사르의 피에 젖은 단검을 치켜들고 키케로의 이름을 외쳐 부르며, 자유의 회복을 축하했다. 키케로는 놀라고 기뻐하며, 음모자들을 영웅으로 치켜세우고 카이사르 암살을 영광스러운 사건으로 칭송하면서 그에 화답했다. 하지만 이는 시작에 지나지 않았다. 또 키케로가 조바심 내듯 시작도 아니었다. 브루투스와 카시우스는 카이사르를 찔러 쓰러뜨리는 데는 성공했지만 그의 체제를 무너뜨리려는 시도는 전혀 하지 않았다. 오히려 독재관 암살자와 그의 심복 사이에 기묘한 타협안이 체결되었고, 그 결과 암살로 얻은 이익이 음모자들의 손에서 나날이 새어나가고 있었다. 이미 브루투스와 카시우스는 친카이사르파 선동가들의 위협에 몰려 로마에서 달아나는 신세가 되었다. 좀 더 냉혹한 대책과 해결책을 강구하라고 몰아세우던 키케로는 그들의 전략이 '바보 같다'고 통렬하게 꾸짖었다. 늙어서 판단력이 흐려졌을까 봐 키케로를 음모 계획에서 배제하기로 결정했다는 말이 있었다. 이제 그 노인은 그들에게 꼭 어울리는 앙갚음을 하고 있었다. 공화국을 독재자로부터 다시 구원한다는 신성한 임무를 위해 음모자들이 가져온 것은 "어른의 정신, 그러나 어린애 수준의 통찰력"[4]이라고 키케로는 불평했다.

깊은 절망감에 빠져 있는 와중에서도 원로 정치인들을 회유하는 역할에 키케로가 흥미를 느낄 수밖에 없었던 것은 당연하다. 그렇게 할 권리가 그에게 있다는 것은 아무도 부정할 수 없었을 것이다. 아르피눔 출신의 이 벼락출세자는 더 젊은 세대에게는 거의 우상 같은 존재였고, 전통의 화신이었으며, 지금은 사라진 거인들의 시대를 전해주는 살아 있는 전설이었다. 카이사르파 쪽에서 볼 때도 그는 자기들의 지도자가 살해당한 일을 반가워하는 인물이지만 그래도 묘한 궁금증을 불러일으키는 대상이었다. 그들 중 한 명, 특히 놀라운 인물이 그를 방문했다. 금발에 반짝이는 눈을 가진 젊은이, 이제 겨우 열여덟 살밖에 안 된 그는 키케로가 아직 푸테올리 외곽에서 휴가를 보내고 있을 때 존경심에서 우러나와 찾아왔다고 말했다. 한 달 전에만 해도 가이우스 옥타비아누스Gaius Octavianus(옥타비아누스는 옥타비우스의 아들이라는 뜻의 이름. 이 소년은 카이사르의 여동생의 손자이자 미래의 아우구스투스로서, 옥타비우스와 옥타비아누스라는 이름 두 가지를 다 사용했다-옮긴이)이던 독재관의 종손자는 파르티아 원정대에 소속되어 발칸 지방에 있었다. 카이사르가 살해되었다는 소식을 듣자 그는 즉시 브룬디시움으로 배를 띄웠다. 이곳에서 그는 자기가 카이사르의 유언장에서 공식적으로 상속자로 지명되었음을 알았다. 그 내용에 의거하여 그는 카이사르의 성을 물려받아 가이우스 율리우스 카이사르 옥타비아누스가 되었고, 양부의 수많은 퇴역병들이 그의 주위에 모여들었다. 그들의 갈채가 아직도 귀에 쟁쟁한 그는 로마로 출발했지만 곧바로 수도로 들이닥치기보다는 약간 옆길로 빠져 나폴리만을 먼저 방문한 것이었다. 휴가지의 빌라들을 돌아다니면서 그는 선별된 카이사르파의 중량급 인사들과 상의했고, 키케로에게도 찾아간 것이었다. 이 존경스러운 공화주의자는 평생 유일하게 아첨에 대한 저항력을 발휘하여 그의 매력에 넘어가지 않았다. 어쨌든 카이사르의 상속자로서 옥타비아누스가 짊어진 신성한 임무는 양부의 살인자들을 사냥하는 일이 아닌가. 그런 보복을 하면서 어떻게 훌륭한 시민이 될 수 있겠는가? "절대로 불가능해."[5] 키케로는 코웃음 쳤다. 그는 이 젊은이를 날카롭게 원래 이름대로 옥타비우스라고 불렀다. 젊은이는 이제 율리우스 카이사르라는 이름으로만 지칭되는 편을 더 바랐지만* 키케로의 관점에서 율리우스 카이사르는 한 명만으로도 족했으니까.

그렇기는 하지만 그가 옥타비아누스의 앞날에 대해 심각하게 경각심을 가졌을 리는 없다. 이 젊은이가 푸테올리에서 로마로 가면서 지니고 있던 무기는 기껏해야 자기 이름의 마법과 유언을 완전히 실행하겠다는 굳은 의지 정도였으니까. 뱀 소굴 같은 로마에서 이런 것들은 결정적인 자격이 되지 못한다. 카이사르의 적들은 물론, 기존의 카이사르파에게서도 그런 요건은 오히려 위험 요인이 되기 쉬웠다. 독재관은 옥타비아누스를 후계자로 지명했을지는 모르지만, 죽은 주인의 유산에 역시 눈독을 들이고 있는 사람으로는 옥타비아누스 외에도 거대한 권력을 이미 쥐고 있는 신뢰받는 장교들이 있었으니 말이다. 이제 카이사르

---

* 가이우스 옥타비우스로 태어난 이 사람은 초년 시절에 자기 이름을 수시로 바꾸었기 때문에 혼란을 피하기 위해 역사가들은 일반적으로 옥타비아누스라고 불렀다.

가 죽었으니, 로마의 지도급 인사들의 야심이 다시 한 번 제멋대로 설치게 되었다. 하지만 그 양상은 브루투스와 카시우스가 예상했던 것과는 완전히 달랐다.

"자유가 복구되었다. 하지만 공화국은 아직 복구되지 않았다."**6** 키케로는 당혹하여 이렇게 지적했다.

이는 곧, 그가 계속 지적했듯이, '유례없는 사태'였고, 그것이 불러일으키는 전망은 무시무시했다. 내전의 독소에 물든 옛날의 법규, 옛날의 전통들은 도저히 회복될 수 없을 정도로 사라졌는가? 그렇다면 혼란스럽고 피에 젖은 새 질서가 위협하게 된다. 그것은 행정관직이 항상 군대보다 덜 중요한 존재가 되고, 합법성이라는 것도 군대보다 덜 중요해지는 질서였다. 이미 기원전 44년의 여름에 그런 장래의 윤곽이 엿보였다. 장래의 군벌들은 카이사르가 자기의 퇴역병들을 정착시킨 속주들을 순시하며 뇌물을 나누어주고 호의를 베풀기 시작했다. 브루투스와 카시우스조차도 그런 행동에 동참하려 했다. 무리도 아니지만, 카이사르의 퇴역병들에게서 그들은 차가운 대접을 받았다. 늦여름, 이탈리아에서는 더 이상 안전하지 못하다는 결론을 내린 그들은 조용히 빠져 달아났다. 동쪽이라는 소문이 있었지만 아무도 확신하지 못했다. 해방자라고 주장했던 사람들에게 망명이란 어쨌든 처절한 패배였다.

이는 또 그들을 지도자로 추앙했던 사람들에게도 패배였다. 이제 브루투스와 카시우스가 떠났으니, 공화국을 수호하려면 더 많은 용기가 필요했다. 즉 공화국의 자유를 탄생시킨 도시, 원로원과 로마의 시민들 앞에 남아 있으려면 말이다. 그런 자세를 취할 사람이 누가 남았는가? 눈길은 키케로에게로 향했다. 하지만 겁이 많고 천성이 비굴한 그 역시 로마에서 달아났다. 수없는 동요 끝에 고통스럽게 그가 내린 결론은 배를 타고 아테네로 가는 것이었다. 그의 아들이 그곳에서 공부하고 있었지만 공부 대신에 대학 최고의 술주정뱅이로서 키케로라는 이름을 날리는 중이었다. 하지만 자기 상속자를 곧고 좁은 길로 인도해오려고 안달하던 아버지는 배가 출발하자마자 악천후에 휩쓸려 도로 항구로 돌아와야 했고, 폭풍이 잠잠해지기를 기다리던 중에 자기의 여행이 로마에 남아 있던 사람들의 눈에 어떻게 비쳤는지를 알게 되었다. "좋아! 자기 나라를 포기하게나!"[7] 좀처럼 동요하지 않던 아티쿠스도 그에게 이렇게 써보냈다. 키케로는 기분이 상했다. 하지만 입지를 지키고, 군벌들을 우리 속에 몰아넣는 것이 자기 임무라는 깨달음도 얻었다. 짐꾸러미를 화물칸에서 도로 꺼내온 그는 정신을 추슬러 로마로 떠났다.

이는 그의 평생에서 가장 용감한 결정이었다. 하지만 완전히 무모한 행동이라고는 할 수 없다. 사실 키케로는 무기를 들고 맹수처럼 벌이는 생사의 투쟁에 군단을 데려오지는 않았지만, 타의 추종을 불허하는 연설 능력과 이전투구인 정치판에서 발휘되는 신랄하고 예리한 기술과 특권을 가지고 왔던 것이다. 그가 로마에 왔다는 소식을 듣고 군중은 환호성과 갈채로 그를 환영했고, 심지어 카이사르파의 고위급 관리들도 접근해왔다. 이 사람들 중 일부만이라도 헌정 수호 쪽으로 끌어올 수 있다면, 모든 일이 잘될 수 있을 텐데. 키케로는 이렇게 희망했다. 그는 특별히 두 명을 목표로 삼았다. 아울루스 히르티우스Aulus Hirtius와 비비우스 판사Vibius Pansa였다. 둘 다 유명한 카이사르파 장교였고, 독재관에 의해 다음 해인 기원전 43년의 집정관으로 임명될 예정이었다. 물론 키케로가 보기에는 행정관이 유권자에게는 아무 언질도 없이 미리 지명된다는 사실 자체가 모욕적이었지만, 지금으로서는 그런 문제는 아무래도 좋았다. 히르티우스와 판사는 모두 이 고난의 시기의 기준으로는 온건한 인물이었고, 심지어 키케로에게 대중 연설을 가르쳐달라고 부탁한 적도 있었다. 확실히, 키케로가 보기에 이들에 비해 집정관직에서 배제되는 편이 훨씬 더 좋을 사람들은 많이 있었다. 누구보다도 위험한 인물은 마르쿠스 안토니우스였는데, 그는 이미 카이사르의 돈과 군대를 차지한 것은 물론 집정관직에도 임명되어 있었다.

키케로의 관점에서는 안토니우스의 대담성, 관대함 같은 매력적인 측면조차도 그를 더욱 위험한 인물로 낙인찍는 데 기여할 뿐이었다. 안토니우스의 여성 취향에 대해 말하자면, 풀비아를 오랫동안 쫓아다닌 끝에 드디어 클로디우스의 이 오만한 과부와 맺어지는 데 성공했다. 쾌락을 좋아하고 잘 으스대는 성격인 안토니우스는 키케로가 보기에 클로디우스의 침대를 물려받기에 딱 알맞은 인물이었다. 그러니 대중에게 위험 인물이라는 것은 자명한 사실이었다. 하지만 그 외에 또 하나의 유령이, 그보다도 더 음험한 유령이 안토니우스의 어깨 위에 서 있었다. "내 운명이 왜 이래야 할까. 지난 20년 동안 공화국의 적이 나의 개인적인 적이 아니었던 때가 한 번도 없었으니?"[8] 키케로는 곰곰이 생각했다. 이 질문을 들었다면 카틸리나의 유령은 틀림없이 공허하게 비웃었을 것이다. 사실 기원전 44년에 키케로가 품고 있던 자만심은 그가 집정관이던 해의 자만심보다도 더 컸다. 안토니우스를 비난함으로써 사실상 그는 카틸리나 같은 공공연한 반란군이 아니라 국가의 수장에게 선전포고를 한 것이었다. 하지만 키케로는 주춤거리지 않았다. 카틸리나에게 그랬던 것처럼 이제 안토니우스를 공격하면서, 그는 자기가 괴물을 상대한다고 믿었다. 그 머리를 잘라버려야만 공화국이 적어도 반쯤은 건강을 회복하게 될 것이라고 믿은 것이다. 합법성의 대변인인 키케로는 이런 식으로 집정관을 파멸시키는 작업을 준비했다.

그의 작전이 대부분 그랬듯이, 안토니우스에 대한 공격은 영감을 고취하는 동시에 허울만 근사한 것이었다. 원로원에서 행한 전율적인 일련의 연설에서 키케로는 동료 시민들을 무기력한 절망의 늪에서 일으켜 세우고, 그들에게 가장 심오한 이상을 가르치고 그들이 원래 어떤 존재였으며 지금도 그럴 수 있는 존재임을 상기시키려고 애썼다. "그저 숨 쉰다고 해서 인생이 아니다. 노예에게는 진정한 삶이 없다. 다른 모든 국가는 굴종을 겪을 이유가 있다. 하지만 우리 도시는 그렇지 않다." 키케로의 연설에는 로마의 자유에 바치는 비가라고 할 만한 것이 있었다. 이것은 공화국의 위대한 과거에 대한 통렬한 권리 주장이자 그 빛이 꺼져가는 것에 대한 분노였다. "공화국이 누리던 자유를 회복하는 일은 너무나 영광스러운 일이므로 그것을 다시 획득하려는 노력을 포기하느니 차라리 죽는 편이 낫다."[9]

옛날 세대들은 이 주장을 입증할 수 있었고, 이를 위해 목숨을 걸고 나선 키케로 자신도 그렇게 오랫동안 옹호하려고 애쓰던 이상의 가치에 스스로 합당한 존재임을 입증하고 있었다. 하지만 로마에는 다른 전통들도 있었다. 이런 전통들도 똑같이 고대적인 역사를 가졌고, 그의 연설이 그런 전통의 증거가 될 수도 있었다. 공화국의 공공 생활에는 언제나 잔혹한 분파주의와 무자비한 정치적 수사학의 잔재주가 발휘되곤 했다. 이제 안토니우스에 대한 키케로의 혹평에서 바로 그런 잔재주가 최고로 숭배되었다. 주정뱅이 안토니우스에 대한 묘사, 고기요리를 먹었다가 바로 게워내고, 소년들을 쫓아다니고, 여배우에게 찝쩍대는 등등의 묘사가 키케로의 모든 연설에 등장했으며, 가장 저질스러운 욕설과 무장을 촉구하는 요구들이 한자리에서 소리 높여 제기되었다. 악랄하고 소란스럽고 공정하지도 않았지만, 자유로운 공화국에서는 그 시민의 연설도 자유롭다는 표시가 이런 것이었다. 너무 오랫동안 키케로는 자신의 입에 재갈이 물려졌다고 느껴왔다. 이제 그는 아무런 거리낌 없이 말했다. 그만이 할 수 있는 방식으로 그는 높고 깊은 약점들을 차례로 건드렸다.

하지만 그의 말은 폭풍우 속에 켜진 불티같은 것이어서 계속 키워줄 필요가 있었다. 그리고 그런 작업으로 키케로가 기대할 수 있는 것은 정치적 공작이라는 음험하고 시간이 많이 드는 기술밖에 없었다. 공화국의 전체 역사를 통틀어 경쟁적인 귀족들이 과도한 권력을 가진 사람에게 뭉쳐서 대항하도록 설득되어온 것과 마찬가지로, 카이사르파의 군벌들이 제각기 서로 충돌하고 안토니우스에 대항하도록 독이 주입되어야 했다. 이미 안토니우스에게 의심의 눈길을 보내고 있던 히르티우스와 판사는 새삼 부추길 필요가 없었지만 키케로는 집정관 임명자들에게 구애하는 것만으로는 만족하지 못하고, 자기 명분을 위해 더 극적인 사람을 끌어들이려고 꾀고 있었다. 바로 몇 달 전에 그는 옥타비아누스를 냉대한 적이 있다. 이제 기원전 44년이 다 되어갈 무렵 그런 태도를 보일 사람은 키케로뿐 아니라 아무도 없었다.

신들도 젊은 카이사르를 총애한다는 사실이 이미 입증되었다. 옥타비아누스가 구름 낀 로마에 처음으로 들어올 때, 태양 주위에 무지개 형태의 후광이 나타났다. 그리고 석 달 뒤, 옥타비아누스가 살해된 아버지의 이름으로 경기를 주최하고 있을 때 작열하는 혜성이 로마 위로 지나 갔다. 흥분한 관중들은 그것이 하늘로 올라가는 카이사르의 영혼이라 고 칭송했다. 옥타비아누스는 속으로는 그 혜성이 자기 자신의 위대함 의 징조라고 여겼지만 공적으로는 그런 칭송에 동의했다. 신의 아들이 된다는 것은 카이사르의 상속자가 보더라도 작은 선전이 아니니까. "얘 야, 네가 가진 건 모두 네 이름 덕이다."[10] 안토니우스는 이렇게 조롱했 다. 하지만 옥타비아누스의 행운이 경이적인 것이었지만 유산을 활용한 그의 기술 또한 경이적이었다. 이미 숙련된 대중 정치인인 안토니우스 조차도 그에게 눌리는 기분이 들었다. 카이사르의 유언에는 시민들에게 돈을 나누어주라는 항목이 들어 있었으므로, 그것을 실행하기 위해 옥 타비아누스는 카이사르의 재산을 돌려달라고 요구했지만 안토니우스 는 내주지 않고 고집을 피웠다. 그동안 옥타비아누스는 사태의 추이를 관망하면서 냉정하게 자기 장원 일부를 팔아치워 그 대금으로 유언을 실행했다.

그 대가로 그가 받은 보상은 엄청난 인기였다. 도시의 군중만이 아니 라 카이사르의 퇴역병들도 마찬가지였다. 안토니우스와 나란히 징집을 실시하자 옥타비아누스에게는 호위병 3000명이 금방 모였다. 사적인 징집은 불법이었으나 그는 이들을 거느리고 재빨리 포룸을 장악했으며, 더 큰 규모이던 안토니우스의 군대에 밀려 물러설 수밖에 없었지만, 그 래도 이는 경쟁자의 야심에 대한 구체적이고도 실제적인 위협이 되었 다.

이제 그해도 저물어 안토니우스의 임기는 끝나가고 있었다. 지속적 인 권력 기반을 확보하기 위해 필사적이 된 집정관은 북쪽으로 행군하여 루비콘 강을 건너 갈리아로 들어가서 스스로 그 속주의 총독이라고 선언했다. 그의 진로를 가로막고 나선 것은 카이사르의 암살자이자 바로 그 직위를 요구하고 있던 데키무스 브루투스였다. 데키무스는 속주를 안토니우스에게 내주고 물러나는 대신 모데나에 바리케이드를 치고 주저앉아 겨울을 나는 방법을 택했다. 안토니우스는 계속 전진하면서 그를 굶겨 죽이기로 했다. 오랫동안 위협을 해오던 새 내전은 드디어 시작되었다. 과거 카이사르의 부관 두 명이 뿔을 맞대고 겨루는 동안 카이사르의 상속자는 그들 배후에서 어정거리면서, 위험하면서도 헤아릴 길 없는 요인으로 남아 있었다. 그가 누구를 지지할지는 불확실했고, 그의 야심이 무엇인지는 더욱더 불확실했다.

자기는 오직 키케로에게만 속마음을 털어놓는다, 라고 그는 주장했다. 옥타비아누스는 처음 만났을 때부터 여태까지 늙은 정객을 끌어들이려는 노력을 포기하지 않았다. 그런 아부 섞인 관심이 여전히 의심스러웠던 키케로는 옥타비아누스의 유혹을 물리치려고 힘겨운 싸움을 하고 있었다. 한편으로는 아티쿠스에게 솔직하게 "그의 이름, 그의 나이만 보아도 뻔해!"[11]라고 하소연했듯이 키케로가 어떻게 카이사르의 상속자를 액면 그대로 받아들일 수 있겠는가. 그 젊은 모험가가 끝없이 조언을 바란다는 편지를 보내고, 그를 '아버지'라고 부르고 자기와 추종자들은 공화국을 위해 봉사할 것이라고 주장했지만 말이다. 하지만 또 한편으로 생각하면, 지금 같은 절망적인 위기 상황에서, 어떻게 행동하든 더 잃을 것이 있겠는가?

12월이 되어 북쪽에서 전투의 보고들이 날아들자 키케로는 마침내 마음을 굳혔다. 12월 20일, 그는 사람들로 가득 찬 원로원 회의장에서 연설했다. 그는 합법적인 집정관인 안토니우스를 파멸시켜야 한다고 계속 주장하는 동시에 "그래, 아직 젊은이, 소년이라고 불러야 할 정도인 젊은이"[12]인 옥타비아누스에게 개인 사병을 모집할 권리와 완전한 공식적 명예를 부여해야 한다고 요구했다. 이 제안으로 충격받은 것처럼 보이는 부동층에게 키케로는 옥타비아누스는 이미 공화국을 위한 찬란한 증거물이라고 주장했다. "제가 보장합니다. 원로원의 아버지들이여. 제가 그것을 약속하고 엄숙하게 맹세합니다!" 물론 키케로 자신도 충분히 알고 있었듯이 그는 너무 많은 것을 장담하고 있었다. 그러면서도 그는 옥타비아누스가 보여주는 전망에 대해 완전히 냉담하지 못했다. 무릎을 꿇고 앉아 있는 이 젊은이가 자기의 지혜와 공화국의 고대적 이상을 흡수한다면 제대로 성장하게 될지 누가 알겠는가? 또 키케로의 훈육에도 불구하고 옥타비아누스가 쓸모없는 학생이 된다면 그때는 또 그때대로 방법이 있을 것이다. 기회와 운이 따른다면. "이 청년은 칭찬받고 찬양되어야 한다. 그리고 하늘까지 떠받들어져야 한다."[13] 바로 카이사르가 그랬던 것처럼 말이다.

물론 이는 과거에 키케로를 위험에 빠뜨린 바로 그런 종류의 신중하지 못한 재담이었다. 그 재담은 들불처럼 번졌고, 옥타비아누스의 귀에도 들어갔다. 그러나 그로 인한 민망함쯤이야 키케로는 무시해버릴 수 있었다. 어쨌든 옥타비아누스는 그가 엮어놓은 연정聯政의 일부일 뿐 그 중의 가장 중요한 부품도 아니었으니까.

기원전 43년 4월, 로마 시민의 두 집정관인 아울루스 히르티우스와 비비우스 판사는 마침내 안토니우스에 대한 공격을 시작했다. 옥타비아누스는 군단 두 개를 거느리고 부관으로 행군했다. 두 차례의 성공적인 전투 끝에 안토니우스는 패배하고 알프스를 건너 철수하지 않을 수 없었다. 두 차례의 승리 소식이 고대하던 로마에 전해졌을 때 위태위태하던 키케로의 정책이 옳다는 것이 궁극적으로 입증된 것 같았다. 키케로는 예전 그의 집정관 임기 때처럼 나라의 구원자로 칭송되었다. 안토니우스는 공식적으로 공공의 적으로 선언되었다. 공화국은 구원된 것 같았다. 그때 새 전령들이 잔인하고도 씁쓸한 소식을 로마에 전해왔다. 두 명의 집정관이 모두, 한 명은 전투에서 다른 한 명은 상처 때문에 죽었다는 것이다.

놀랄 일도 아니지만 옥타비아누스는 데키무스 브루투스와의 일체의 협상을 거부했다. 혼란의 와중에서 안토니우스는 잽싸게 달아났다. 이제 그는 알프스 너머의 해안을 따라 진군하여 카이사르의 부관 중 한 명인 거마관리관^{Magister Equitum}(독재관에 의해 임명되며 독재관과 임기를 함께 하는 수석 부관−옮긴이) 마르쿠스 레피두스가 지키고 있던 속주로 들어갔다. 레피두스의 군대는 적어도 일곱 개의 군단으로 구성되었고, 막강한 위력을 지녔으며, 안토니우스가 접근해옴에 따라 그들의 지지의 향방이 갑자기 필사적이고도 결정적인 관심의 대상이 되었다. 원로원에 보낸 편지에서 레피두스는 자기는 계속 동맹자임을 재확인했다. 하지만 그의 부하들, 모두 카이사르파의 고참병이던 부하들은 이미 자기들 방식으로 결정을 내리고 있었다. 안토니우스와 레피두스의 군대는 친밀한 분위기에서 여러 날 어울린 끝에 그 친선의 정점이던 5월 30일에 군대를 합치고 두 장군이 공식 협약을 맺었다. 절망적일 정도로 수적 열세에 몰린 데키무스 브루투스는 달아나려 했지만 갈리아 족장에게 배신당하여 살해되었다. 원로원의 군대는 당황스러울 정도로 빨리 섬멸되었다. 몇 주

전만 해도 도망자 신세이던 안토니우스는 어느 때보다도 강해졌다. 이제 로마로 진군하는 그의 앞을 막는 것은 젊은 카이사르뿐이었다.

옥타비아누스가 어느 편으로 돌아설 것인가? 수도에는 소문이 붕붕 떠다녔고, 모두들 손에 땀을 쥐며 그 대답을 기다렸다. 그리 오래 걸리지는 않았다. 7월 하순, 옥타비아누스 군대의 백인대장 한 명이 원로원 회의장에 갑자기 나타났다. 운집한 군중에게 그는 자기 장군에게 집정관직을 달라고 요구했다. 원로원은 거절했다. 백인대장은 망토 자락을 걷고 칼자루에 손을 대었다. "여러분이 그를 집정관으로 만들지 않는다면 이것이 그리 할 것입니다."[14] 실제로 그렇게 되었다. 다시 한 번 또 하나의 카이사르가 루비콘을 건넜다. 이제 옥타비아누스의 군대는 군단 여덟 개에 달했고 그를 가로막을 사람은 아무도 없었다. 희망이 온통 짓밟히자 상심한 키케로는 나머지 원로원 의원들과 정복자를 환영하러 터덜터덜 걸어 나갔다. 그는 필사적으로 옥타비아누스에게 새로운 계획을 제안했다. "그러나 옥타비아누스는 아무 대답도 하지 않았다. 오직 자기를 맞으러 나온 친구들 중 키케로가 제일 늦게 왔다고 조롱하는 대답뿐이었다."[15]

로마를 떠나도 좋다는 허가 혹은 지시를 받고 연설가는 자기가 제일 좋아하던 시골 빌라로 물러났다. 빌라는 수리 작업을 마쳤지만 그 소유주의 망가진 경력은 수선할 길이 없었다. 이제는 모두 끝이 났고, 그 외에도 많은 것들이 끝이 났다. 키케로는 깊은 절망감을 느끼며 피보호자이던 청년의 전진을 지켜보았다. 8월 19일에 아직 스무 살도 안 된 옥타비아누스는 공식적으로 집정관으로 선출되었다. 그리고 카이사르의 암살자들을 배신자로 규정하는 비난을 확보하고 로마를 떠나 북쪽으로,

밀고 내려오는 안토니우스와 레피두스의 군대를 향해 곧바로 행군해갔다. 경쟁적인 카이사르파 지도자 사이에서, 이제 서방제국 전체의 도전할 자 없는 주인들 사이에서 전쟁은 없을 것이었다. 전쟁 대신, 메디나 근처의 강 중간의 섬에서 양편 강둑에 각자의 군대를 도열시킨 안토니우스와 옥타비아누스는 서로 만나 포옹하고 상대방의 뺨에 키스했다. 그런 뒤 레피두스와 함께 이들은 공화국의 사망을 선포하고 세계를 나눠 가졌다.

당연한 일이지만 이들은 자기들의 목표를 허울 좋고 귀에 익은 단어들로 위장했다. 이들은 공화국의 조의문을 발표하는 것이 아니라 질서를 회복시킨다고 주장했다. 사실 이들은 공화국을 처형하는 중이었다. 섬에서 열린 회의 결과 삼두정치에 대한 합의가 도출되었다. 이 삼두정치는 폼페이우스와 카이사르, 크라수스 사이에서 결성되었던 것처럼 느슨하고 유동적인 동맹이 아니라, 공식적인 구성 내용과 난폭한 권력이 각각 부여되어 있었다. 5년 동안 세 우두머리는 전 제국에서 총독의 권력을 행사하게 되다. 이들은 기기 지기들 내기는 대로 원로원이나 로마 시민의 심의 없이 법령을 통과시키거나 무효화할 권리를 가지게 된다. 로마라는 신성한 공간으로까지 군법이 확장되었다. 이로써 400년 이상 지속되던 로마의 자유는 사실상 끝장난 것이다.

또 그에 어울리게, 공화국의 죽음은 피로 봉인되고 서명되었다. 세 우두머리는 죽은 지도자의 관용정책이 실패했다고 선언하고 그 이전 독재관의 사례를 참고했다. 로마에서는 음울하고도 불길한 징조들이 살생부 명단의 부활을 예고했다. 개들이 늑대처럼 울부짖었고 포룸에서는 늑대들이 달리는 모습이 목격되었다. 하늘에서 큰 고함소리가 들렸고 보이지 않는 말의 발굽 소리와 무기가 부딪히는 소리가 들렸다. 세 우두 머리가 도시에 들어온 지 며칠 만에 명단이 나붙었다. 그 명단에 기록 된 이름은 세 사람 사이에서 이루어진 무자비한 협상에서 정해졌다. 한 가지 요인이 중요한 결정인자였다. 60개 이상의 군단을 먹여 살려야 했 으니 삼두에게 절실하게 필요한 것은 자금이었다. 그 결과 술라 치하에 서 그랬듯이 부자들이 죽음이라는 종말을 맞게 되었다. 베레스처럼 햇 빛 가득한 망명지에서 불법적인 이득을 즐기고 있던 망명자들도 명단 에 올랐고, 살해당했다. 그가 죽은 이유는 '코린토스 청동 조각' 때문이 었다고들 했다.[16] 일부는 파벌 때문에 죽었다. 새 체제의 잠재적인 적을 제거하기 위해, 또 다른 사람들은 개인적인 적대감과 분쟁의 희생물이 되었다. 그중에서도 가장 소름 끼치는 것은 삼두정치에 헌신한다는 증 거로서, 안토니우스와 레피두스와 옥타비아누스는 그 이유가 아니었더 라면 구제되었을 법한 사람을 각각 한 명씩 희생시켰다. 안토니우스는 삼촌을 명단에 올리는 데 동의했고, 레피두스는 동생, 옥타비아누스는 한때 자기가 '아버지'라고 부르던 사람의 이름을 적어 넣었다.

그런 상황이었지만 키케로는 달아날 수도 있었다. 그의 이름이 명단 에 올랐다는 소식이 현상금 사냥꾼들보다 훨씬 앞서 그에게 닿았다. 그 러나 그는 항상 그랬듯이 어떻게 해야 할지 몰라 겁에 질려 난리를 피 웠고, 이랬다저랬다 태도를 번복했다. 이미 동방에서 대규모의 해방군 대를 조직하고 있던 브루투스 및 카시우스와 합류하기 위해 배를 타고 달아나지도 않고 여러 채의 빌라 사이에서 왔다 갔다 할 뿐이었다. 그는 오래전에 이미 겪은 바 있던 망명 생활에 대한 공포감에 짓눌려 있었다. 카토도 가르쳤듯이, 죽음보다 더 심한 악몽이 있는 것이다. 마침내 처형자들에게 사로잡히자 키케로는 가마에서 몸을 내밀고 옷을 걷어 목을 드러냈다. 이는 그가 항상 감탄해 마지않던 검투사의 몸짓이었다. 모든 경기 중에서도 가장 크고 가장 살벌한 경기에서 패배한 그는 위축되지 않고 운명을 받아들였다. 그는 자기가 틀림없이 원했을 법한 모습으로 죽었다. 용감하게, 자유에 대한 순교자, 연설의 자유에 대한 순교자로서 죽었다.

그의 적들도 이 사실을 알았다. 잘린 머리와 손이 현상금 사냥꾼들에 의해 운반되자 풀비아, 클로디우스의 아내였고, 이제는 안토니우스의 아내인 풀비아는 만족스러운 기분으로 얼른 바라보았다. 이 섬뜩한 기념물을 집어들고 그녀는 키케로의 머리에 침을 뱉고 그의 혀를 끄집어내어 머리핀으로 찔렀다. 혀를 절단한 뒤에야 그녀는 그 머리를 대중에게 전시하라고 내주었다. 안토니우스를 반대하는 위대한 연설문들을 썼던 손 역시 못에 박혔다. 그렇게 침묵당하고 못 박힌 상태로 그것들은 로마 시민 앞에 전시되었다. 그 혀는 여전히 침묵하고 있었다. 키케로는 독보적인 정치적 연설가였다. 이제 연설과 자유정치의 시대는 죽었다.

승자 독식의 세계

삼두정치가 수립된 지 한 해 뒤, 자유 공화국의 생존에 대한 마지막 희망은 마케도니아의 도시인 필리피 외곽에서 소멸했다. 발칸 평원에서 발이 묶이고 기아 상태에 빠졌으면서도 카이사르의 군대는 또다시 적을 운명적인 전투에 끌어들이는 데 성공했다. 브루투스와 카시우스는 동방의 군단을 모조리 징발하여 제해권을 장악했고, 무적의 위치를 확보했다. 마치 파르살루스에서의 폼페이우스처럼 이들은 때를 기다릴 여유가 충분히 있었다. 그런데도 그들은 싸우러 나간다는 패를 골랐다. 로마 역사상 그 어느 전투보다도 더 엄청났던 전투에서 카시우스가 먼저 쓰러지고 다음에는 브루투스가 넘어졌다. 그 밖의 유명한 이름들 역시 그 불길에 사라졌다. 루쿨루스 한 명, 호르텐시우스 한 명, 카토도 한 명 있었다. 이 중 마지막 이름은 헬멧을 벗고 카이사르 진영 깊숙이 쳐들어가서, 노예가 되느니 차라리 죽음을 택함으로써 자기 아버지의 길을 의식적으로 따랐다. 그의 누이 역시 마찬가지였다. 로마 본국에서 엄숙하고 덕성스러운 포르키아는 필리피에서 올 소식을 기다리고 있었다. 그 소식이 도착하여 오빠와 남편 브루투스가 모두 죽었음을 알게 되자 그녀는 붙잡는 친구들을 뿌리치고 부엌으로 달려가서 불타는 숯을 삼켰다. 여자라도 어쨌든 로마인이었다.

하지만 이제는 자유롭지 않은 나라에서 그것이 무슨 의미가 있겠는가? 자유의 개념 정의에 의거하는 오래된 대답, 즉 자유가 다른 어떤 것보다도, 심지어 생명보다도 더 높이 평가되어야 한다는 대답은 나오지 않았다. 포르키아의 행동이 영웅적일지는 몰라도 그런 섬뜩한 본보기를 따라 하는 사람은 별로 없었다. 공화국의 이상에 가장 충실하게 살아온 사람들도 이제는, 필리피 평원에 다시 정적이 찾아든 지금은, 대부분 죽었다. 그런 시민들의 상실로 인한 손실은 메워질 수 없는 것이고, 특히 너무나 압도적인 수의 사상자가 귀족층에서 나왔기 때문에 더욱 그러했다. 유명한 가문의 상속자들의 핏속에는 그 도시의 역사가 흐른다는 것이 로마 시민들의 일반적인 생각이었다. 그 때문에 거족 가문의 대가

끊기면 항상 공적인 애도가 거행되곤 했다. 또 처형자들의 손에 의한 것이든 마케도니아의 먼지와 파리 떼 속에서의 일이든 귀족 계급의 한 세대 전체가 도륙당한 것이 공화국에 치명적인 재앙이었던 이유도 그것이었다. 피가 흘렀다는 사실보다도 그것이 훨씬 더 치명적이었다.

승리를 거둔 세 우두머리 중에서 이 점을 가장 똑똑히 간파한 것은 안토니우스였다. 그는 자유가 단순한 구호만이 아니던 시절에 성년이 되었고, 그 죽음을 애도할 마음이 없지 않았다. 필리피 싸움터에서 브루투스의 시체를 찾아낸 그는 그 시체를 정중하게 망토로 덮은 뒤 화장을 하고, 그 재를 세르빌리아에게 보냈다. 패권이 확보된 지금, 그는 더 이상 그 권력을 남용하여 피바다를 벌이지도 않았다. 비참함으로 찌든 이탈리아로 돌아가기보다는 세 우두머리의 연장자로서 동방에 머물면서 위대한 폼페이우스 행세를 하는 편을 택했다. 그리스와 아시아를 두루 돌아다니면서 그가 맛본 즐거움은 공화국이 파견한 속주 총독들이 이미 오래전부터 전통적으로 누려오던 것이었다. 그리스인들을 수탈하면서도 그리스 문화의 애호가 행세를 않고, 지역 군주들의 후견인 노릇을 한다든가 파르티아인과 싸우는 것 등등. 이런 행동은 고집불통의 공화주의자들에게는 마음을 놓을 수 있을 만큼 눈에 익은 행세였으므로, 궤멸된 브루투스 군대의 잔당들은 필리피 전투가 끝난 뒤 여러 해 동안 차선책으로 점점 안토니우스 쪽으로 쏠리게 되었다. 그와 함께 동방에 있다면 공화국의 생명의 피가 썰물처럼 빠져나가는 동안에라도 합법성이라는 명분이 이들의 상처를 핥아주었으니까.

자유 공화국을 복구할 희망이 조금이라도 남아 있을 만한 곳은 로마뿐이었지만, 로마는 그 최대의 적으로 여겨지는 사람이 장악하고 있었다. 냉정하고 보복심에 불타는 옥타비아누스는 필리피에서 패배한 사람들이 자유의 살해자라고 욕했다. 전투장에서 공화주의자 포로들은 사슬에 묶여 정복자들 곁을 지나치면서 안토니우스에게는 공손하게 인사했지만 젊은 카이사르에게는 저주와 야유를 보냈다. 또 필리피 전투가 끝난 뒤 여러 해가 흘렀지만 옥타비아누스의 나쁜 평판은 조금도 개선되지 못했다. 두 명의 동료를 거느린 레피두스는 아프리카에 있었고 안토니우스가 동방을 통치하는 동안 삼두 중에서 가장 젊은 인물은 가장 원망을 사기 쉬운 업무를 떠맡았다. 즉 전쟁 퇴역병들에게 땅을 마련해주는 일이었다. 전투로 단련된 군인 30만 명가량이 정착하려고 대기하고 있었으니 옥타비아누스는 그 계획을 더 이상 미룰 수 없었다. 또 그 계획을 그가 아무리 효율적으로 처리했다 하더라도 사회적 혁명의 비참한 후유증이 시골 지역에 떠넘겨지는 것을 피할 수도 없었다. 사유재산에 대한 존중은 공화국의 초석의 하나였는데, 이제 공화국이 압살당하자 사유재산 또한 관리들이 마음대로 몰수할 수 있게 되었다. 자기 땅에서 보상도 받지 못하고 추방당한 농부들은 사로잡혀 노예 우리에 갇히는 신세가 될 수도 있었고, 혹은 다른 생존 수단을 찾지 못하면 도둑이 될 수밖에 없었다. 스파르타쿠스의 시대에 그랬듯이 이탈리아는 도둑의 나라가 되었다. 무장한 도둑 떼가 대담하게 도시와 마을을 습격하면서 소요가 일어나고 고통과 절망감의 무기력한 폭발이 이어졌다. 온통 소요들이 벌어지는 와중에 흉년까지 들어 곡식을 거의 거두지 못하게 되었다. 시골이 무정부 상태로 빠져들면서 로마도 굶주리기 시작했다.

기근에다 낯익은 재앙이 더해져 사태는 더 악화되었다. 폼페이우스가 바다에서 해적들을 쓸어버린 지 20년도 더 지난 지금 다시 해적이 돌아온 것이다. 이번에는 그 두목이 폼페이우스의 아들이었다. 섹스투스는 에스파냐에서 카이사르의 보복을 피해 달아난 뒤 시대의 혼란을 틈타 시칠리아의 주인으로 군림했고, 250척의 선단을 거느리는 제독이 되었다. 항로를 제물로 노리면서 그는 곧 로마의 목줄을 죄기 시작했다. 시민들이 굶주려 앙상해지면서 도시의 뼈대에서도 살이 벗겨져나갔다. 상점은 문을 닫았고 신전은 피폐해졌으며, 기념물에서는 황금 장식이 벗겨졌다. 한때 사치의 무대이던 곳도 전쟁의 필수시설로 변했다. 심지어 밝고 반짝거리던 바이아이에서도 옥타비아누스의 기술자들의 망치질 소리가 울렸다. 인근의 루크리네 호수에 있는 전설적인 굴 양식장 위에 해군 도크가 지어졌으니, 이는 시대에 어울리는 신성모독이었다. 역사 자체가 작아졌고 서사시는 귀에 익은 줄거리를 되풀이하면서 쭈그러들어 패러디가 되었다. 다시 한 번 폼페이우스 한 명이 카이사르 한 명과 맞붙어 싸웠지만 이 둘은 모두 거인 아버지들에 비하면 왜소한 도둑처럼 보였다. 해적과 강도. 자유롭지 않은 도시를 찢어발기는 데 알맞은 장군들이었다.

그렇지만 섹스투스는 자기 나라에 끊임없이 위협을 가하고 비참함만 더해줄 뿐이었지 카이사르파에게 치명적인 위협은 되지 못했다. 그보다 훨씬 더 큰 위험이자 전 세계에 그림자를 드리우는 위협은 최초의 삼두정치가 와해된 것과 똑같은 방식으로 두 번째 삼두정치도 와해되리라는 사실이었다. 기원전 41년, 옥타비아누스가 필리피에서 돌아온 지 몇 달도 안 되어 이 위험은 현실이 되었다. 안토니우스가 로마를 비우고 동방에 있는 동안, 기질이 드센 그의 아내 풀비아는 이탈리아에서 반란을 일으켰다. 옥타비아누스는 신속하고 치밀하게, 또 잔혹하게 이에 대응했고 간신히 반란을 진압했다. 그러나 풀비아에게 할 수 있는 보복은 그녀의 성욕 과잉을 주제로 하는 모욕적인 시를 쓰는 것뿐이었다. 이탈리아에서 그의 권력은 아직 위태위태했고 안토니우스를 화나게 할 위험을 감수할 수는 없었다. 풀비아는 동방에 있는 남편을 만나러 가도록 허용되었다.

그러나 아주 편리하게도 그녀는 남편과 합류하기 전에 죽었다. 기원전 40년 9월에 안토니우스의 대리인과 옥타비아누스의 대리인이 브룬디시움에서 썩 편안하지는 않은 화약을 맺었다. 밀고 당기며 한참 협상을 한 끝에 이 두 남자 간의 협약은 재확인되었다. 이를 더욱 공고히 하기 위해 옥타비아누스는 사랑하는 누나인 옥타비아를 그 홀아비와 맺어주었다. 로마 제국은 이제 그 어느 때보다 더 확실하게 양분되었다. 이분법을 모호하게 만드는 것은 섹스투스와 레피두스뿐이었다. 그리고 이 두 사람은 게임판에서 곧 사라지게 된다. 기원전 36년 9월에 옥타비아누스는 마침내 섹스투스의 함대를 섬멸하는 데 성공했다. 섹스투스는 동방으로 달아났다가 안토니우스의 대리인의 손에 처형되었다. 같은 시기에, 무시당한 데 대한 원망을 과도하게 터뜨리던 레피두스는 공식적으로 삼두에서 밀려났다. 옥타비아누스는 동맹의 세 번째 멤버에게 이렇다 할 언질도 주지 않고 그런 모욕을 자행했다. 이제 그의 양아버지가 그랬던 것보다도 더 확고하게 로마를 장악한 젊은 카이사르는 자기 행동에 대해 반드시 나오게 되어 있던 안토니우스의 항의를 묵살할 만한 여유가 생겼다. 아직 스물일곱 살밖에 안 된 그는 먼 길을 온 것이다. 로마만도 아닌, 이탈리아만도 아닌, 세계의 절반이 이제 그의 지배를 인정했다.

하지만 그와 안토니우스의 소유권은 여전히 전제군주적인 소유권이었다. 삼두정치는 기원전 38년에 효력이 다했다가 그다음 해에 서둘러 재개되었지만 그것을 보증해주고 기반이 되어줄 만한 선례는 전혀 없었고, 있는 것이라고는 로마 시민들의 비참함과 피로감뿐이었다. 공화국은 다른 종족들에게 절망감을 떠안기곤 했지만 이제는 그것이 자신들에게 밀려들었다. 기원전 44년에 이미 카이사르가 암살된 직후에, 그의 친구 하나가 로마의 문제가 해결 불가능한 것이라고 경고한 적이 있었다. "그 정도의 천재적인 인물이 해결 방법을 찾지 못했는데 이제 그럴 수 있는 사람이 누구인가?"[17] 그 이후로 로마인들은 점점 더 폭풍에 시달리고 방황하는 처지가 되었다. 길잡이별 역할을 하던 관습들은 사라졌고 그 자리를 대신해줄 것은 하나도 보이지 않았다.

그러므로 절망감과 방향 상실이 공화국의 시민들에게 이상한 환상을 만들어내기 시작했던 것도 놀랄 일은 아니다.

이제 시빌의 노래에서 예고되었던 전성기가 온다네.
위대한 새로운 순환이, 시대에서 길러진 순환이 다시 시작된다네.
이제 새로운 정의와 황금시대가 돌아오고,
그 첫 자녀가 높은 하늘에서 하강하네.
이 소년이 태어나면 철의 세대가 지나가고,
황금의 세대가 세계를 물려받을 것이라네.[18]

이 구절은 이탈리아의 고통이 절정에 달했던 기원전 40년에 쓰였다. 저자인 베르길리우스 마로 Vergilius Maro는 비옥한 포 강 평원 출신이었는데, 이곳에서는 토지개혁가들이 특히 왕성하게 활동했다. 다른 시에서 베르길리우스는 유랑자들의 비참함을 처절하게 묘사했으며, 환상 속의 유토피아의 모습 또한 그것을 갈구하게 된 동기만큼이나 절망적이었다. 로마인을 집어삼켰던 재앙이 워낙 컸기 때문에 그리스인이나 유대인들이 탐닉했을 법한 그런 모호한 예언적인 갈망 외에는 위안을 얻을 곳이 없는 것으로 보였다. '시빌의 노래', 이것은 카피톨리누스 언덕에 보관되었던 책에 들어 있는 그런 시빌의 노래가 아니었다. 이 노래에는 신들의 분노를 달래는 처방도 없고, 공화국의 평화를 복구하기 위한 계획도 없었다. 이 노래들은 오직 꿈일 뿐, 아무것도 아니었다.

그런데 꿈도 독재자들에게는 나름대로 쓸모가 있었다. 하늘에서 보낸 구세주 아기에 대한 베르길리우스의 이야기가 무엇이든 간에, 그런 구세주 후보자는 오직 두 명밖에 없었다. 그리고 이 둘 중 가장 그럴듯한 전통을 이미 장악하고 있는 것은 옥타비아누스가 아니라 안토니우스였다. 동방은 로마 내전의 이편저편에게 계속 피가 다 빨리도록 수탈당하고 있었고, 이탈리아보다도 더 열렬하게 새로운 시작을 갈망했다. 종말론은 지금도 그리스인과 이집트인, 시리아인, 유대인들의 상상력을 휩쓸고 지나가고 있었다. 미트리다테스는 야심 있는 군벌이 어떻게 하면 그런 희망을 자기에게 유리한 쪽으로 돌릴 수 있는가를 보여주는 좋은 본보기였다. 하지만 그런 일을 한 사람은 모두 로마의 적이었다. 스스로를 동방의 신탁이 오래전에 약속한 구세주 신으로 등장시킨다는 것. 공화국의 시민에게 이보다 더 끔찍한 범죄는 상상도 할 수 없었다. 총독들이 동방으로 여행하면서, 자신을 신격화하는 환호를 듣고 알렉산드로스 흉내를 내고 왕관을 나누어주기 시작한 지도 이미 한 세기가 더 지났지만, 그들도 그런 행동에 탐닉하다가 도달하게 될 결말을 두려워하여 알고 싶어하지 않았다. 그런 일은 원로원이 허락하지 않을 테니까, 로마 시민도 허락하지 않을 것이다. 하지만 이제 공화국은 죽었고 안토니우스는 삼두정치가이지만 원로원에게나 로마 시민에게나 빚진 것이 없었다. 그리고 위대하고 매혹적인 여왕의 모습을 한 유혹이 다가왔다.

카펫에 숨어들어와서 카이사르의 애정을 낚았던 클레오파트라는 안토니우스에게는 시작할 때부터 허세적인 장관을 연출하여 구애했다. 그녀는 예전부터 그에 대해 알고 있었다. 그의 야단스러움, 쾌락에 대한 애착, 디오니소스로 차려입기 좋아하는 버릇 등등. 이에 따라 어떻게 하면 그의 마음을 차지할 수 있을지 치밀하게 계산했다. 기원전 41년, 안토니우스가 동방을 순시하는 동안 그녀는 이집트에서 배를 타고 그를 맞으러 나갔다. 그녀가 탄 배의 노는 은으로 되었고, 고물에는 금박이 입혀졌으며 시동들은 큐피드 차림이고 시녀들은 바다의 님프, 그녀 자신은 사랑의 여신인 아프로디테처럼 차려입었다. 안토니우스가 그녀를 호출한 것은 그녀의 편에서는 부당한 굴욕이지만, 입을 헤벌리고 멍해진 사람들 사이를 뚫고 그의 본부로 배를 댄 클레오파트라는 근사하게 주객을 전도시켜버렸다. 그녀는 그 조명을 너무 오래 독차지하고 있을 만큼 어리석지 않았다. 그 대신에 그녀는 이런 사치에서 안토니우스가 차지할 역할을 제시해주었다. "그리고 그 이야기는 곳곳으로 새어나갔다. 아프로디테가 디오니소스와 아시아의 공동의 이익을 위해 만찬을 나누려고 왔다는 것이다."[19] 안토니우스의 허영심을 자극하는 데 이보다 더 잘 구상된 역할이 또 있을까. 또 이보다 더 좋은 동침 상대도 없었다. 그는 재빨리 클레오파트라를 애인으로 삼았고, 알렉산드리아에서 그녀와 함께 꿀맛 같은 겨울을 보냈다. 로마에 있는 안주인들은 이집트식의 출산 조절법을 따르기로 서약하겠지만 클레오파트라는, 적어도 세계 지도자들을 침실로 데려가는 동안에는 그런 악어 대변 처방에 신경 쓸 여유는 없었다. 카이사르에게서 그랬던 것처럼 안토니우스와의 사이에서도 그녀는 금방 임신했다. 카이사르에게는 아들을 낳아주었지만 이번에는 솜씨가 더 나아졌다. 아프로디테는 디오니소스에게 쌍둥이를 낳아주었다.

이 지점이 그 아버지에게는 위험한 유혹의 빛이었다. 왕의 가계를 창립한다는 것. 이것은 가장 궁극적이고 가장 치명적인 금기였다. 안토니우스가 이 유혹에 등을 돌리고 떠났던 것도 무리는 아니다. 4년 동안 그는 자기가 클레오파트라에게 홀딱 빠졌다는 소문을 거짓말로 만들면서 애인을 피했다. 아름답고 지성적이고 충실한 옥타비아는 그에게 충분한 보상이 되어주었고, 한동안 아테네에 정착하여 지적인 아내와 함께 강의를 들으면서 안토니우스는 모범적인 애처가 노릇을 했다. 하지만 옥타비아와 있으면서도 그는 클레오파트라 덕분에 눈뜨게 된 더욱 찬란한 가능성을 아주 잊지는 못했다. 모욕적인 이야기가 새어나오기 시작했다. 안토니우스가 디오니소스 신처럼 표범가죽 옷을 차려입고 디오니소스 극장에서 난교 파티를 벌였다느니, 파르테논으로 올라가는 횃불 행렬을 이끌었다느니, 술에 취해 아테나 여신에게 청혼을 하여 지분거린다는 등등 모두 지독하게 로마인답지 않은 행동이었고, 또 입에서 입으로 옮겨 다니면서 이야기에 자꾸 살이 붙었으리라는 것도 의심할 여지는 없다. 아테네라든가 안토니우스의 다른 속주들에서라면 유달리 큰 추문이 되지 않았을 것이다. 오히려 정반대로, 동방에서는 어느 정도 지배자가 신이기를 예상했다.

기원전 36년에 안토니우스와 옥타비아누스가 로마 세계의 이원적 지배자로, 다른 경쟁자의 부담이 없이 얼굴을 마주 대했을 때, 그들 지배의 성격은 그들의 권력 기반이 서 있던 상이한 전통에 의해 더욱 많은 영향을 받고 있었다. 두 사람 모두에게 도전은 동일했다. 칼에 의한 것만이 아닌 합법성을 확보할 것. 서방의 지배자인 옥타비아누스가 결정적으로 유리한 지점이 바로 이 부분이었다. 옥타비아누스와 안토니우스는 모두 로마인이지만 로마를 가진 것은 오직 옥타비아누스였으니까. 섹스투스를 패배시키고 로마로 돌아오자 옥타비아누스는 최초로, 진정으로 열광적인 환영을 받았다. 동료 시민들의 천성적인 보수주의가 자유의 상실감을 이긴 것이다. 그리고 이제, 옥타비아누스가 획득해 온 평화에 감사하는 마음을 가지게 된 그들은 고대적 권리의 개념을 사용하여 그에게 충성을 맹세했다. 그들은 정복자에게 신성한 특권, 즉 호민관 거부권을 주었다. 이 권리는 공화정이 복구되어야만 의미 있는 것이 될 수 있다. 그리고 옥타비아누스는 그 권리를 받아들임으로써 자기도 그런 전망을 기대하고 있음을 드러냈다. 이것이 물론 뭔가를 보장한다는 뜻은 아니다. 왜냐하면 이제는 로마도 수사학적인 허사를 신뢰하지 않을 만큼은 철이 들었으니까. 그렇기는 해도 섹스투스의 함대가 침몰하고 레피두스가 명예롭지 못하게 물러난 지금, 옥타비아누스는 드디어 평화의 명분을 달성하기 위해 자신의 주장들을 구체화하는 작업을 시작할 수 있었다. 세금이 부활되고, 곡물 배급이 재개되었으며, 지시를 하달할 위원들이 시골로 파견되었다. 연례적인 행정관도 임무를 부여받기 시작했다. 정말 미래로 돌아가는 것이었다.

물론 모든 것이 실행되지는 않았다. 아직은 아니었다. 옥타비아누스는 안토니우스가 삼두체제의 권력을 쥐고 있는 한 자기 권력을 내놓을 의사는 전혀 없었고, 고향에서 멀리 떨어져 있던 안토니우스에게는 공화국의 복구라는 것이 전혀 시급한 일로 여겨지지 않았다. 오히려 그의 야심은 아주 다른 방향으로 뻗어가고 있었다. 300년 동안, 알렉산드로스 대왕 이후 항상, 세계 제국이라는 꿈은 그리스인들의 상상력을 침범해왔다. 결국은 공화국도 그 꿈을 공유하게 된다. 하지만 그런 꿈에 대한 공화국의 의구심은 여전히 남아 있었고, 그 시민들 중의 가장 위대한 자들, 폼페이우스나 카이사르조차 그 꿈을 극한까지 추구하는 것은 두려워했다. 마케도니아 여왕(프톨레마이오스 왕조의 시조인 프톨레마이오스 1세가 마케도니아의 알렉산드로스 대왕의 부하 장군이었기 때문에 클레오파트라를 마케도니아 여왕이라 부른 것이다-옮긴이)의 유혹을 피해 달아나서 정숙한 로마 안주인의 남편이 된 안토니우스 역시 마찬가지였다. 하지만 이제껏 그 어느 시민도 동방에서 행사해보지 못했던 노골적인 권력을 누리면서 4년을 보내자 그 유혹은 점점 커지기 시작했다. 옥타비아는 로마로 돌려보내졌지만, 끝까지 남편의 기억을 충실하게 지키게 된다. 한편 아프로디테가 새 디오니소스 앞으로 호출되었다.

이번에는 연애가 철회되지 않았다. 로마에서는 스캔들이 터졌다. 공화국이 동방의 일에 개입하기 시작한 이래로, 로마 시민이 미개지에서 원주민과 동거하는 광경만큼 도덕적 분노를 불러일으키는 행동은 없었다. 그런데 소문이 사실이라면, 안토니우스는 문자 그대로 이집트 원주민 같은 생활을 한다는 것이었다. 그가 얼마나 끔찍하게 처신하는지 한이 없는 것 같았다. 그가 금으로 된 요강을 사용하고, 모기장이 처진 야영장을 숙소로 삼으며, 심지어 애인의 발을 마사지하기까지 한다는데!
허풍과 유약함과 비굴함, 이런 비난의 글들은 여느 로마 정치인들도 익히 듣던 것이었다. 안토니우스는 세계 최고의 허세꾼 행세를 하면서 그런 모든 비난에 대해 경멸로써 대처하기로 했다. "그래서, 내가 여왕과 잠을 자면 어때? 누가 뭘 어디에 들이대든 그게 무슨 상관인가?"[20] 그는 옥타비아누스에게 이렇게 불평했다.

하지만 안토니우스는 솔직하지 못했다. 그에 대한 공격은 성적인 문제에만 국한되지 않았다. 또 클레오파트라를 창녀로 규정한 비난이 로마인의 여성 혐오증의 표본이었다 하더라도, 그런 이유 때문에 무시되어 마땅한 것은 아니었다. 그녀를 반대한 사람들은 그녀를 두려워하고 그녀의 유혹적 능력을 불신할 충분한 이유가 있었다. 그 능력은 그저 조잡한 선동가들의 말처럼 그녀의 육체적 쾌락에만 그치지 않고 훨씬 더 교활하고 위험스러운 매력이었다. 클레오파트라가 안토니우스의 귀에 속삭이는 가장 달콤한 말은 관능적인 쾌락의 문제가 아니라 신적인 지위와 세계 제국에 대한 약속이었다.

그리고 안토니우스는 그런 꿈의 포로가 되어 카이사르조차 두려워서 내딛지 않은 곳에 발을 내딛기 시작했다. 지난번에는 군주가 되려는 야심에 등을 돌렸지만 이제 그는 그런 꿈을 과시하기 시작했다. 우선 그는 클레오파트라가 낳은 자녀를 자기 아이로 인정했다. 그런 다음 그들에게 도발적이고 선동적이기까지 한 이름을 붙였다. 알렉산드로스 헬리오스, 즉 '태양'과 클레오파트라 셀레네, 즉 '달'이었다. 신성함과 왕조를 혼합한 이런 이름들은 알렉산드리아에는 어울렸을지 몰라도 로마의 경계심을 이보다 더 곤두서게 하는 것은 없었다. 안토니우스가 그런 것을 상관이나 했던가? 동료 시민들은 그가 고분고분한 그리스인과 동방인들의 갈채를 내버려두는 것을 보면서 당혹하여 얼굴을 찡그렸다. 그리고 마침 그의 범죄가 더 심해지기 힘들 정도가 되었을 때, 그와 클레오파트라의 가장 거창한 묘기가 벌어졌다.

기원전 34년, 알렉산드리아의 군중은 휘황찬란한 새로운 세계 질서의 즉위식에 초청되었다. 그 행사는 로마의 삼두정치인이자 새로운 디오니소스인 안토니우스가 주관했다. 그의 곁에는 마케도니아의 여행자이자 이집트의 파라오인 클레오파트라가 새로운 이시스, 하늘의 여주인으로 찬란하게 차려입고 앉아 있었다. 그들 앞에는 똑같이 이국적인 민족 의상을 입은 클레오파트라의 아이들, 카이사르와 안토니우스에게서 낳은 아이들이 서 있었다. 알렉산드리아인의 눈에 이 왕자와 공주들은 구세주 신으로, 오래전에 약속된 우주적 조화의 새벽, 이제 가까이 다가오는 새벽을 물려받은 존재로 비쳤다. 어린 알렉산드로스는 페르시아의 왕 중의 왕의 의상을 입고 서서 아직은 안토니우스가 정복하지 못한 파르티아와 그 너머의 모든 영토를 약속받았다. 다른 자녀들은 그보다는 겸손하게, 실제로 안토니우스가 이미 수여할 권한을 갖고 있던 영토들을 선물받았다. 이 중 일부는 로마의 속주이며 로마인들을 위해 위탁된 것이라는 사실도 그의 후한 베풂을 막지 못했다. 그런데 이런 행동은 부분적으로는 그가 실제로는 전혀 후하게 굴지 않았기 때문에 나온 행동이었다. 말하자면 안토니우스가 실제로 로마의 속주 경영권을 자기 아이들에게 넘겨줄 의도가 있었던 것은 아니었다. 그리고 그 점에서 그 행사는 그저 쇼였고, 그 이상은 아니었다. 하지만 쇼도 중요했고, 안토니우스가 선언하고 싶어했던 메시지는 그가 주조한 은화, 동방 전역의 사람들의 지갑에서 절그렁대는 은화에서도 발견된다. 그의 두상이 한쪽 면에, 클레오파트라의 두상이 다른 쪽 면에 새겨졌다. 로마인과 그리스인, 삼두정치인과 여왕. 로마의 지배가 예전에 시빌이 예언했던 것으로 융합되는 새 시대가 열리고 있었다. 신에 의해 예정된 동방과 서방의 결합이 이루어지고 모든 차이점이 줄어들고, 전 세계의 황제와 여왕에 의해 통치되는 세계가 열리는 것이다.

하지만 알렉산드리아의 진미가 공화국에는 물론 독이었다. 로마 본국에 있던 안토니우스의 친구들은 경악했다. 안토니우스는 대중과의 관계가 파괴될 것이라는 경고를 받고 서둘러 원로원에 편지를 보냈다. 그는 거창하지만 모호한 태도로 삼두 권력을 내놓겠다고, 공화국을 복구하겠다고 제안했다. 하지만 너무 늦었다. 헌정주의자의 빛나던 흰 토가는 이미 더럽혀졌다. 거창한 동방의 꿈에 홀려 있던 안토니우스는 로마로 눈길을 다시 돌렸지만 더없이 언짢은 광경을 보게 되었다. 카이사르의 후계자, 모험가이자 테러리스트인 사람이 공화국의 수호자로, 전통의 우두머리이자 시민들의 고대적 자유의 수장으로 행세하는 모습이었다. 또 그저 행세에 그치는 것이 아니라 그 역할을 탁월하게 해내고 있었다.

사실 젊은 카이사르가 한 헌정주의자로서의 행세를 모두가 믿었던 것은 아니다. 그리고 그 가면은 가끔 벗겨지곤 했다. 기원전 32년에 안토니우스의 지지자이던 집정관 둘을 밀어내기 위해 옥타비아누스는 원로원 회의장에 무장 호위병을 거느리고 들어와서 위협적인 태도로 그들을 집정관 좌석 뒤에 세웠다. 이런 힘의 과시는 원하던 효과를 거두었다. 옥타비아누스 체제의 반대자들은 즉시 쫓겨났다. 두 집정관은 동방에 있던 안토니우스에게로 달아났고, 그들과 함께 원로원의 거의 3분의

1인 300명가량의 의원들이 따라갔다. 그들 대다수는 안토니우스의 대리인이었지만 일부, 파괴된 명분을 계승하는 자들은 카이사르를 공화국의 수호자로 인정하는 상황을 받아들이기를 거부하는, 더 원칙적인 이유를 가진 사람들이었다. 예를 들어 안토니우스에게로 달아난 두 집정관 중의 하나인 도미티우스 아헤노바르부스는 율리우스 카이사르의 옛 원수의 아들이었다. 또 안토니우스의 진영에는 당연히 카토의 손자도 있었다.

옥타비아누스는 그들이 선택한 충성심의 방향을 비웃었다. 그런 인간들이 여왕의 궁정 신하 신세가 되다니! 도미티우스는 기회만 있으면 클레오파트라를 무시했고 끊임없이 안토니우스에게 그녀를 이집트로 돌려보내라고 설득했다. 하지만 옥타비아누스는 항상 허리 아래를 치는 데 선수였다. 기원전 32년 여름, 한 불평분자가 알려준 비밀 정보를 듣고 그는 안토니우스가 유언장을 비치해둔 베스타의 신전을 습격해서 베스타의 여사제들의 손에서 그 문서를 탈취하는 극도로 신성모독적인 행위를 저질렀다. 봉인이 뜯어진 유언장은 옥타비아누스가 예상했듯이 폭발적인 내용을 담고 있었다. 준엄하고 까다로운 표정을 짓고 그는 원로원이 잘 볼 수 있게 그 내용을 열거했다. 카이사리온은 카이사르의 친자로 인정된다. 클레오파트라의 자녀들은 엄청난 유산을 물려받는다. 안토니우스는 죽으면 클레오파트라의 곁에 묻힌다. 모두 아주 충격적이었고 매우 수상한 내용이었다.

하지만 옥타비아누스의 선전에는 억지스러운 점도 많았지만 죄다 허구는 아니었다. 안토니우스가 기원전 32년에 옥타비아와 이혼함으로써 클레오파트라와의 동반자 관계가 공식화되었는데, 대부분의 로마인들은 본능적으로 그 참뜻을 알아차렸다. 즉 공화국의 가장 심오한 원칙과 가치에 대한 배신이었다. 공화국은 이미 죽은 상태였지만 그에 대한 애도가 덜해지지도 않았고 공화국이 지닌 편견의 잔혹성이 덜해지지도 않았다. 시민에게 어울리지 않는 것에 굴복한다는 것, 이는 로마인들이 항상 가장 두려워하던 것이었다. 따라서 이미 자유를 잃은 로마인들은 안토니우스를 남성적이지 못하다고 욕하거나 외국 여왕의 노예가 되었다고 비난하면서 우쭐해했다. 이들은 마지막으로 다시 몸을 추슬러 전쟁에 대비했고 공화국과 자기들의 덕성이 아직 완전히 죽어버린 것은 아니라고 상상할 수 있었다.

오랜 세월이 지난 뒤 옥타비아누스는 이렇게 자랑하곤 했다. "이탈리아 전역이 요구하지도 않았는데 내게 동맹을 서약했지. 그리고 나더러 자기들을 이끌고 싸우러 가라고 요구했지. 갈리아, 에스파냐, 아프리카, 시칠리아, 사르데냐의 속주들도 똑같은 서약을 했다네."**21** 이것은 전적으로 전례 없는 세계주의의 과시, 안토니우스와 클레오파트라가 행한 과시를 무색하게 만들기 위해 의식적으로 설계된 것이며, 동방적인 전통이 아니라 로마 공화국의 전통에서 도출된 것, 세계의 절반을 총망라하는 민회의 결의라는 형태를 띤 그런 세계주의의 과시였다.

자기 도시의 가장 고대적인 이상의 우두머리이자 만장일치에 의한 독재관, 그 두 가지 명분을 모두 가진 옥타비아누스는 닻을 올렸다. 이 명분의 조합에 맞설 수 있는 자는 없었다. 20년 동안 두 개의 로마 군대가 발칸에서 맞서게 된 것이 벌써 세 번째였지만, 이번에도 승리자는 카이사르였다. 기원전 31년 여름 내내 함대는 얕은 물에서 썩고 있고 군대는 질병으로 신음하는 동안 안토니우스는 그리스의 동부 해안에 봉쇄당해 있었다. 그의 진영은 비어가기 시작했다. 실망스럽게도 이탈자 중에는 도미티우스도 있었다. 드디어 패배의 악취가 너무 짙어지자 안토니우스도 더는 이를 무시할 수 없게 되었고, 마지막으로 필사적인 도박을 하기로 결심했다. 9월 2일, 그는 함대에 명령을 내려 돌파구를 뚫고 악티움곶을 지나 큰 바다로 나가라고 지시했다. 그날 대부분의 시간 동안 두 대규모 선단은 수정같이 고요한 만의 침묵 속에서 마주 보고 있었다. 그러다가 갑자기 오후에 움직임이 있었다. 클레오파트라의 선단이 앞으로 튀어나오면서 옥타비아누스의 전선을 뚫고 달아났다. 안토니우스는 거대한 기함을 버리고 쾌속정으로 갈아타고 뒤를 쫓았지만 그의 함대와 군단은 대부분 뒤에 남았다. 그들은 재빨리 항복했다. 이렇게 짧고 영광스럽지도 못한 전투에서 안토니우스의 모든 꿈과 새로운 이시스의 모든 희망이 사라졌다. 나흘 동안 기슭에는 클레오파트라 선단의 황금과 자줏빛이 파도에 씻겨 올라왔다.

1년 뒤 옥타비아누스는 사냥감을 최종적으로 포위해 들어갔다. 기원전 30년 7월에 그의 군단은 알렉산드리아 앞에 나타났다. 그다음 날 저녁, 황혼이 짙어지고 한밤중이 될 무렵, 보이지 않는 음악가들의 소음이 행렬을 지어 도시를 지나가면서 떠다니다가 별을 향해 올라갔다. "그리고 이 신비의 의미가 무엇인지 곰곰이 생각하던 사람들은 디오니소스, 즉 안토니우스가 항상 모방하고 본받으려 했던 신이 자기의 총아를 저버렸음을 깨달았다."[22] 다음 날 알렉산드리아는 함락되었다. 안토니우스는 카토와 같은 방식으로 자살하려다가 실패하고 애인의 팔에서 숨을 거두었다. 클레오파트라는 옥타비아누스가 자기를 사슬에 묶어 개선식에서 구경시키려고 계획하고 있음을 알고 9일 뒤에 안토니우스 뒤를 따랐다. 파라오에게 어울리는 방식으로, 그녀는 코브라에게 물려 죽었다. 이집트인들은 그 독액이 불멸성을 부여한다고 믿었다. 이는 장래의 황제와 세계의 여왕에게 어울리는 다문화적인 종말이었다.

클레오파트라가 로마를 두렵게 했기 때문에 그녀의 왕조는 종말을 맞았다. 그녀가 낳은 카이사르의 아들인 카이사리온은 소리도 없이 처형되었다. 프톨레마이오스 왕가도 공식적으로 폐기되었다. 이집트 전역에 걸쳐 기술자들은 새 왕의 모습을 조각하기 시작했다. 옥타비아누스의 모습이었다. 그 이후로 이 나라는 독립적 왕국이 아니었고, 로마의 속주도 아니고, 새 파라오는 그렇지 않은 척하겠지만 옥타비아누스 개인에 속하는 봉국이 되었다. 나중에 옥타비아누스는 자기의 자비심을 자랑하곤 했다. "외국인을 사면해주는 것이 안전할 때는 그들을 말살하기보다는 존속시키는 편을 택한다."[23] 알렉산드리아는 카르타고 이후 로마 장군이 함락시킨 최대의 도시였다. 하지만 그 운명은 판이했다. 옥타비아누스는 권력을 추구할 때는 무자비했지만 그것을 실행할 때는 냉정하고 냉소적이었다. 알렉산드리아는 파괴하기에는 너무 부유하고 너무 큰 꿀단지였다. 클레오파트라의 조각들도 파괴되는 신세를 면했다.

물론 그런 자비는 주인의 특권이고 그의 위대함과 권력의 예시였다. 전 세계는 옥타비아누스의 손안에 떨어졌고, 그에게는 다른 경쟁자가 없었다. 이제 그는 자기의 목적을 달성하기 위해 더 이상 피바람과 잔인함을 쓰지 않아도 된다. "나는 잔인함이 소진된 상태를 자비라고 부르기가 꺼려진다."[24] 거의 1세기 뒤에 세네카는 이렇게 썼다. 하지만 옥타비아누스는 설사 잔인함을 소진했다 하더라도 그런 티를 낼 수는 없다. 알렉산드로스의 무덤을 방문한 그는 우연인지 아닌지 시체의 코를 깨뜨렸다. 이와 비슷한 방식으로 그는 그 정복자의 명성에 흠을 냈다. 위대한 도전은 제국을 얻는 것이 아니라 그것에 질서를 부여하는 것이라고 옥타비아누스는 완강하게 주장했다. 내가 스스로에게 부여한 도전이 그런 것이기 때문이다, 라고 그는 위엄 있게 말한 것이다. 이제는 백정 노릇을 할 것이 아니라 살려줄 때다. 더 이상 싸우지 않고 평화를 줄 것이다. 더 이상 파괴가 아니라 복구를 해야 한다.

집으로 향해하는 옥타비아누스는, 어쨌든 그렇게 주장하게 되어 기뻤다.

복구된 공화국

기원전 27년 1월 이데스. 원로원 회의장은 기대감으로 들끓고 있었다. 자리를 빽빽하게 메운 원로원 의원들은 긴장한 기색으로 서로 속삭이고 있었다. 역사적인 선언이 곧 있을 예정이었다. 그에 대한 소문이 널리 퍼졌을 뿐만 아니라 일부 의원들, 가문의 수장들은 그 내용에 대해 미리 전해들었다. 집정관이 연설을 시작하기를 기다리면서 이들은 놀란 표정을 지을 준비를 했다. 그러면서 숨을 죽여 대답할 연기를 연습했다.

갑자기 말소리가 잦아들었다. 여전히 호리호리하고, 아직 서른다섯 살밖에 안 된 집정관이 일어섰다. 그 젊은 카이사르, 국가의 구원자를 위해 숨죽인 침묵이 깔렸다. 언제나처럼 침착하게 그는 회의장 앞에서 연설하기 시작했다. 그의 용어는 잘 선별되었고 냉정했으며, 이 순간의 무게가 실려 있었다. 그는 선언했다. 내전은 종식되었다. 자기에게 부여되었던 비상 권력은 더 이상 정당화될 수 없다. 그의 임무는 완수되었고 공화국은 구원되었으니 이제 드디어 역사상 최악의, 가장 혐오스러운 위기 끝에 그 권력을 돌려줄 시간이 왔다. 원로원과 로마의 시민들에게.

　그가 자리에 앉자 불편한 어조의 웅성거리는 소리가 꾸준히 고조되었다. 원로원의 지도자들은 항의하기 시작했다. 왜, 그가 없었더라면 틀림없이 파멸했을 위기에서 로마 시민을 구원했으면서, 카이사르는 이제 와서 자기들을 포기하려 하는가? 그렇다, 그는 헌정의 합법성의 회복을 선언했고, 원로원은 당연히 감사하게 생각한다. 하지만 그것이 왜, 공화국의 전통이 다시 막 번영을 맞을 준비가 되었다는 바로 그 이유만 가지고 생각하더라도, 왜 카이사르가 국가를 수호하는 자기 지위를 포기한다는 뜻이어야 하는가? 시민들에게 영원한 무정부 상태와 내전의 운명을 다시 겪게 하려는 것인가? 그가 없어지면 그런 운명에 빠질 것이 뻔한데!

　혹시나, 공화국이 참화에 빠지게 내버려두려는 것이 아니라면, 그렇다면 반대 제안을 든겠는가? 카이사르는 헌법에 반대되는 어떤 행동이나 명예도 불법적인 것이라고 선언했다. 좋다, 그렇다면 그에게 여느 집정관처럼 속주를 주자. 그 속주에는 20개의 군단이 딸리고 에스파냐와 갈리아, 시리아, 키프로스, 이집트가 포함되지만 그래도 여전히 하나의 속주일 뿐이다. 그는 이 속주를 10년 동안 지휘하게 된다. 알고 보면 이것이 전례가 없는 일도 아니다. 바로 이 카이사르의 아버지, 저 위대한 율리우스가 갈리아에서 그 관직을 10년 동안 장악하지 않았던가? 그런 전례를 반대하는 것은 아무것도 없다. 공화국은 번영할 것이고 카이사르는 로마에 대한 책임을 다할 수 있을 것이다. 그리고 신들은 모두에게 미소 지을 것이다. 원로원 전체에서 우레 같은 동의의 함성이 일어났다.

옥타비아누스가 그런 호소를 거절할 사람이었던가? 공화국이 자기를 필요로 하고 있으므로, 그는 시민으로서의 임무에 따라, 품위 있게 이렇게 선언했다. 그렇다, 자기는 그 부담을 짊어질 준비가 되어 있다. 원로원의 감시는 한도 끝도 없었다. 카이사르와 같은 위대한 아량은 당연히 엄청난 보상을 누릴 자격이 있다. 다음과 같은 것들이 지체 없이 가결되었다. 월계수 잎사귀 화관이 그의 집 현관문에 걸리도록 한다. 시민의 관을 그 문 위에 걸어둔다. 황금 방패를 원로원 회의장에 비치하여 용기와 자비와 정의와 의무감 등 오랜 세월을 견뎌온 로마인의 모든 덕성인 그의 자질들을 열거하도록 한다. 마지막으로 한 가지 명예가 더 있었다. 이는 새롭고도 최고의 것이며 그에게 꼭 알맞은 것이었다. 카이사르는 이후로 '아우구스투스 Augustus'라고 불릴 것이라는 선언이었다.

가이우스 옥타비우스로 태어난 사람에게, 이것은 인상적인 이름들을 섭렵하면서 지나온 전 생애의 정점이었다. 그는 열아홉 살에 카이사르가 되었고 2년 뒤에는 스스로를 '디비 필리우스 Divi Filius', 즉 신의 아들이라고 부르기 시작했다. 그런 이름은 지극히 특이했지만 신의 인증을 받은 이름이었다. 왜냐하면 카이사르 디비 필리우스의 경력은 항상 성공이라는 축복을 받았으니까. 이제 '아우구스투스'로서 그는 통상적인 유한한 존재의 대열과 더욱 구별되게 되었다. 이 호칭 덕분에 그는 마치 비지상적인 권력의 빛 속에 있는 성자처럼 은폐될 것이다. "왜냐하면 그것은 그가 뭔가 인간 이상의 존재라는 것을 상징하기 때문이다. 가장 신성하고 명예로운 것들은 모두 아우구스트 august라고 묘사되니까."[25]

로마도 그중의 하나다. 모든 시민의 머릿속에 박혀 있는 한 유명한 구

절에 따르면 이 도시는 "존엄한august 점술로써 기초가 마련되었다".[26]
그리고 이제, 아우구스투스가 됨으로써 옥타비아누스는 이 구절을 자기와 관련된 것으로 만들었다. 로마에 새로운 기초를 만드는 것, 이것이 그의 평생의 임무였고, 시민들은 그의 이름을 입에 올릴 때마다 이 사실을 상기하게 될 것이다. 교묘하고 거의 숭고하기까지 한 이 연상 작용은 철저하게 계산된 것이었다. 옥타비아누스는 더 눈에 띄는 이름인 '로물루스'에도 마음이 끌렸지만 그것을 기각했다. 로마 최초의 설립자는 왕이었고 자기 동생을 죽였다. 둘 다 불운한 사실이었다. 이제 옥타비아누스는 최고의 권력을 가졌는데, 그가 어떻게 그 권력을 얻었는지 상기시킬 만한 것은 모두 금지되어야 한다. 이전의 10년 동안 어느 아첨꾼 의원이 세우기로 가결했던 80개의 은 조각상은 이미 녹여졌다. 그의 경력에 대한 공식적인 기념사에서 필리피와 악티움 사이의 기간은 공백이 되었다. 또 물론 가장 결정적인 사항은 '옥타비아누스'라는 이름 자체가 망각 속에 파묻히게 된다는 것이다. 아우구스투스 카이사르는 이름을 새로 짓는다는 것이 얼마나 중요한지를 완벽하게 알고 있었다.

그리고 그런 이해는 로마 시민이 어떤 존재인지를 그가 이해하고 있었기에 가능했다. 아우구스투스는 그들의 가장 깊숙한 꿈과 갈망을 공유했다. 결국 그가 세계를 획득한 것은 바로 그 덕분이었다. 공화국의 최후이자 최고로 위대한 강자, 그는 병리학자처럼 냉혹한 눈으로 자기 도시의 고귀한 이상을 부식시키고 있는 악의 요소를 알아냈다. 그렇다고 그가 그 요소를 더 이상 활용하지 않기로 한 것도 아니었다. "항상 용감하게 싸우라. 그리고 다른 사람보다 더 우월하도록 하라." 포세이도니오스는 흠 잡을 데 없는 호메로스의 권위를 빌려 폼페이우스에게 이렇게 충고한 적이 있었다. 하지만 영웅의 시대는 지나갔고, 용감하게 싸우고 남보다 뛰어나고자 하는 갈망 속에 로마의 파멸이 들어 있었는지도 모른다. 위험은 너무 커졌고, 야심이 활용할 수 있는 자원은 너무 막대해졌고, 그들에게 허용된 수단이 너무나 참혹하고 치명적인 것이었기 때문에, 그런 갈망은 공화국과 그 제국 전체를 거의 파멸할 지경으로까지 몰아갔다.

이제는 더 이상 공통의 전제와 절제심을 통해 연대하는 시민들의 정치 체제가 아닌 로마는, 오로지 잔인하고 친족까지도 살해하는 자라야 출세를 기대할 수 있었던 수급 사냥꾼들의 무정부 사회가 되었다. 이것이 겨우 열아홉 살밖에 안 된 옥타비아누스가 스스로 뛰어든 사냥터였다. 그리고 애초부터 국가의 소유권을 장악하는 것이 그의 목표였다는 것은 의심할 여지가 없다. 그러나 그 목적을 달성하고 나자, 경쟁자들은 죽거나 길들여지고 시민들은 탈진했으므로, 다음 단계로서 그는 중대한 결정에 직면한 것이다. 군벌로서, 아마 자기 아버지처럼, 혹은 안토니우스처럼, 혹은 신 같은 존재로서, 칼을 휘둘러 적나라한 권력을 계속 행사하고 자기 도시의 과거 전통을 계속해서 짓밟아나가든가, 아니면 스스로를 전통의 상속자로 제시하든가, 둘 중의 하나였다. 아우구스투스가 됨으로써 그는 자기의 선택이 어느 편인지 알렸다. 그는 공화국의 결을 거슬러 지배하는 것이 아니라 그것에 순응하여 지배할 것이다. 그는 고대의 교훈, 즉 공통의 이익을 위한 것이 아니라면 야심도 범죄가 될 수 있다는 교훈으로 동족을 가르칠 것이다. 그 자신, "로물루스 종족의 최고 수호자"[27]인 자신은 시민권의 이상을 부활시켜 다시는 그들이 과욕을 부리고 타락하여 잔혹 행위와 내전을 저지르지 않도록 할 것이다.

이는 물론 올림푸스 신들에게나 어울릴 만한 위선이었지만, 로물루스의 종족은 더 이상 그런 것을 상관할 처지가 아니었다. 시민들은 이제 자기들의 운명이 불변이라고 여겼다.

> 피비린내 나는 시간이 흘러가면서 쓸어가지 않는 게 무엇인가?
> 우리 부모 세대들은 그들 부모들보다도 더 나빴고,
> 우리를 낳았지만 우리는 또 더 나쁘다. 그리고 곧
> 우리는 더 타락한 자식들을 낳겠지.[28]

이는 전쟁보다 더 큰 피로감에서 길러진 염세주의였다. 로마인이란 어떤 존재인지에 대한 예전의 확실성은 손상되었고, 혼란스럽고 겁에 질린 종족은 한때 자기들을 한데 묶어주던 것에 대해 희망을 잃었다. 명예, 영광에 대한 사랑, 군사적인 열정 등등. 자유는 그들에게 등을 돌렸다. 공화국은 그 자유를 잃었지만 더 심한 문제는 공화국의 영혼도 잃었다는 것이다. 또는 잃었으리라고 로마인들은 두려워했다.

아우구스투스가 받아들인 도전이자 거대한 기회는, 실상은 그와 반대임을 로마인들에게 설득하는 작업이었다. 그 일을 해낼 수 있으면 그의 체제의 기반은 안정될 것이다. 동료들에게 평화뿐만 아니라 관습과 과거와 자부심을 되살려줄 수 있는 시민이라면 정말로 아우구스투스의 반열에 오를 수 있을 것이다. 하지만 아우구스투스라 하더라도 그저 법률 제정만으로는 그런 일을 해낼 수는 없다. "법률을 활성화할 전통이 없는 공허한 법률이 도대체 무슨 소용이 있는가?"[29] 포고만으로는 공화국을 되살려내지 못한다. 오로지 로마인들만이, 스스로가 아우구스투스의 노고에 어울리는 존재임을 입증함으로써 그 일을 해낼 수 있다. 또 거기에 그 정책의 천재성과 위대함이 있는 것이다. 새로운 시대는 로마인이 과거에 그렇게 자주 직면해왔던, 또 승리자가 되어왔던 바로 그런 종류의 도덕적 도전이 될 수 있다. 아우구스투스는 자신의 업적과 특권에 따라오는 것 이상의 권위를 주장하지 않고 동족들을 고쳐시켜 공화국을 되살려낸다는 영웅적인 과업을 함께 나누자고 요구했다. 간단하게 말해서, 그들을 격려하여 다시 시민이 된 기분을 느끼도록 했던 것이다.

그리고 전통이 그러하듯이, 패배자들의 황금이 그 계획의 실행을 위한 기금으로 쓰였다. 클레오파트라의 보물은 안성맞춤으로 아우구스투스의 꿈을 실현하는 비용으로 쓰였다. 기원전 29년에 옥타비아누스는 프톨레마이오스 왕가의 전설적인 보물을 수송선에 싣고 동방에서 로마로 돌아왔다. 그리고 즉시 그것을 쓰기 시작했다. 이탈리아와 속주 전역에 걸쳐 엄청난 땅이 구매되었으므로 아우구스투스는 다시는 젊은 시절의 끔찍한 죄를 저지를 필요가 없어졌다. 시민의 재산을 몰수하여 퇴역병들을 정착시키는 일 말이다. 그 일만큼 비참과 무질서를 크게 초래한 일은 없었고, 로마인의 자기 인식에 그만큼 더 큰 충격을 준 일도 없었다. 이제 엄청난 비용을 들여 아우구스투스는 자기가 저지른 범죄를 속죄하기 위해 노력했다. "모든 시민의 재산권 보장"은 새 체제의 지속적인 구호가 되었고, 광범위하게 인기를 얻는 데 크게 기여하게 된다. 로마인들에게 정착지의 안정성은 사회적 혹은 경제적 이익만큼이나 도덕적인 이익이기도 했다. 그 대가로부터 이익을 얻은 사람들은 그것을 새로운 황금시대나 마찬가지인 것으로 칭송하게 된다. 즉 "들판이 다시 경작되고, 신성한 것을 떠받들며, 인류에 대한 근심으로부터 해방되는 것."[30]

    하지만 이런 황금시대는 그것을 누리는 사람에게 의무를 부과하게 된다. 베르길리우스가 묘사한 유토피아와 달리 이것은 고생과 위험을 면제받은 낙원은 아니었다. 그런 낙원은 강건한 시민을 길러내는 데 도움이 되지 않는다. 아우구스투스는 자기 시민들이 그저 유약한 동방인들처럼 드러누워 빈둥대게 해주려고 프톨레마이오스의 보물을 투자한 것이 아니었다. 오히려 그의 환상은 모든 로마 개혁가들이 가졌던 오래된 환상이었다. 고대 농부의 거친 덕성을 되살리자는 것, 공화국을 기본으로 돌려놓자는 것이었다. 그런 환상은 뭔가를 깊이 상기시켰다. 왜냐하면 그것이 로마 전설의 원초적인 재료였기 때문이다. 즉 존경받는 과거에 대한 향수이면서도 동시에 가혹하고 비감상적인 정신, 강철처럼 단련된 시민의 세대를 주조해내고 공화국의 표준을 세계의 끝까지 밀고 나가게 했던 바로 그런 정신이었다. "허리가 휠 정도의 노동과 청빈의 필요성, 이것이 있으면 무엇이든 정복할 수 있다!"[31] 동방에서 옥타비아누스가 클레오파트라를 패배시키고 내전을 종식시키고 있는 동안 베르길리우스는 이렇게 썼다. 나태한 낙원이라는 환상은 더 이상 없고 뭔가 더 불분명하고 도전적인, 그리고 로마의 관점에서 볼 때 더 가치 있는 것이 있었다. 공화국에서는 절대로 명예가 그 자체로서 목적이 된 적이 없었다. 단지 무한한 목적을 위한 수단일 뿐이었다. 공화국의 시민들에게 진실한 것은 로마에게도 역시 진실했다. 투쟁이 로마의 존재였고 재앙에 대한 도전이었다. 내전을 겪으면서 살아남은 세대들에게 이것은 역사가 준 위안이었다. 위대함은 재앙 속에서 나올 수 있다. 좌절 속에서 문명화된 질서가 쇄신될 수 있다.

카이사르 아우구스투스야말로 바로 난민의 후계자가 아닌가? 로마라는 도시가 생기기 오래 전, 아이네이아스 왕자, 베누스의 손자, 율리우스 씨족의 선조는 불타는 트로이를 빠져나와서 작은 배를 타고 이탈리아로 항해했고, 유피테르 신은 그에게 새로 시작하라는 과제를 주었다. 결국 로마인을 낳은 것은 아이네이아스와 트로이 족속이었으며, 로마인의 영혼에는 아직도 방랑자의 기질이 남아 있다고 상상할 수 있었다. 자기들이 가진 것에 만족하지 않고 항상 뭔가 더 많은 것을 추구하고 그것을 얻기 위해 싸우는 것, 이것이 공화국 시민들의 운명이었고, 아우구스투스와 그의 임무에 오랜 세월을 통해 축성된 후광을 부여했다.

로마인의 시작 속에는 그들의 끝이 있었다. 기원전 29년, 옥타비아누스가 동방에서 돌아와서 갱생 계획을 추진하기 시작한 것과 같은 해에 베르길리우스는 아이네이아스를 주제로 시를 짓기 시작했다. 이는 로마인에 대한 위대한 서사시, 그들의 원초적인 뿌리와 최근의 역사 두 가지 모두에 대한 탐구다. 유령들처럼, 미래에서 빠져나온 유명한 이름들이 트로이 영웅들의 환상에 출몰한다. "황금시대를 되살려낸 자"[32]인 카이사르 아우구스투스는 당연히 나오지만 다른 사람들 역시 등장한다. "분노의 얼굴 앞에서 전율하는" 카틸리나, "정의로운 자들을 자기 뜻에 따르게 하는"[33] 카토. 아프리카 해안에서 조난당한 아이네이아스가 신에게서 부여받은 로마의 미래에 대한 임무를 소홀히 하고 카르타고의 여왕인 디도와 연애하면서 시간을 보낼 때, 독자들은 트로이인의 후손들, 즉 율리우스 카이사르와 안토니우스에게 무슨 일이 일어날지 알기 때문에 마음이 심란해진다. 카르타고는 어렴풋한 신기루처럼 알렉산드리아와 겹쳐진다. 두 번째의 운명적인 여왕 클레오파트라가 디도와 중첩

된다. 사라진 것과 앞으로 오게 될 것, 두 가지 모두가 서로에게 그림자를 던지고 서로 만나고 합쳐지고 다시 분리된다. 아이네이아스가 티베르 강을 거슬러 올라갈 때, 1000년 뒤에는 아우구스투스의 로마의 포룸이 세워질 장소가 되는 들판에서는 소들이 음매 울고 있었다.

거듭 되풀이되는 내전의 온갖 소요를 겪으면서도 여전히 보수적인 로마인들이 보기에 과거가 현재에 그림자를 드리울 수 있다는 인식은 조금도 충격적인 내용이 아니다. 그러나 아우구스투스의 독창적인 업적은 이 두 가지를 모두 극히 탁월한 솜씨로 융합시킨 점이었다. 사라진 도덕적 위대함을 회복시키겠다는 주장은 로마인들의 깊은 감수성과 상상력을 건드리고 동요시켜, 그들의 가장 깊은 내면에 숨어 있던 베르길리우스 같은 시인적 자질을 일깨웠으며, 그들의 도시를 다시 한 번 신성하고 신화가 나타나는 장소로 만들 수 있었다. 하지만 이런 갈망은 또 더 계획적인 목적에도 기여했다. 한 가지 예를 들면, 이런 계획은 퇴역병들이 끝없이 떼 지어 로마로 몰려오지 않고 농장에 터를 잡고 머무르도록 권장하는 효과를 거두었다. 그들이 각자의 운에 만족하고, 칼이 헛간의 건초 더미 속에서 녹슬도록 내버려둘 수 있었던 것이다. 또 여전히 농업 기업가들의 재산이던 시골 전역의 광대한 밭에 있는 사슬에 매인 노예들이 보기에 그들은 환상으로 짜인 베일 같은 존재가 되었다.

행복이 무엇인가? 무의미한 경쟁을 그만두고 나올 수 있는 것
고대의 인간 종족들처럼
내 황소들을 부려 선조들이 물려준 밭을 갈고,
과다한 징집의 공포를 피할 수 있고

맹렬한 트럼펫 소리에 피가 뽑어져 나오는 군인도 아니고
성난 바다에서 떨지도 않는 것.[34]

베르길리우스의 친구인 호라티우스Horatius는 이렇게 썼다. 여기에는 미묘한 아이러니가 있는데, 왜냐하면 그는 자기가 생각하는 행복한 생활의 전망이라는 것이 시골에서의 실제 생존 여건과는 아무런 상관이 없다는 것을 잘 알고 있었기 때문이다. 그렇다고 해도 그런 전망은 그에게 여전히 소중했다. 호라티우스는 내전에서 패배한 편에서 싸웠고, 필리피에서 불명예스럽게 달아났으며, 이탈리아로 돌아와서 보니 아버지의 농장은 몰수되어 있었다. 정치적인 충성심의 대상이 그랬듯이, 검소한 빌라, 땅 가까이에서 사는 생활이라는 꿈은 향수 속에서 길러진 것이었다. 아무리 스스로에 대한 조롱처럼 표현되었을지라도 말이다. 호라티우스의 젊은 혈기를 자신에 대한 공격으로 받아들이지 않았던 아우구스투스는 시인과 친구가 되기를 청했고, 그의 꿈에 투자했다. 새로운 체제가 지지자들에게 몰락한 안토니우스파 인물들의 거대한 장원들을 분배해줄 때, 호라티우스에게도 로마 외곽에 있는 목가적인 집, 정원과 분수와 자그마한 수풀이 딸린 집이 제공되었다. 호라티우스는 선전가로 매수되기에는 너무 섬세하고 독립적인 정신의 소유자였지만, 아우구스투스가 그에게 원했던 것도 그런 조야한 선전은 아니었다. 또 베르길리우스도 마찬가지였다. 여러 세대에 걸쳐 로마의 지도적 시민들은 자기 이익과 전통적 이상 사이에서 선택을 강요당하는 고통을 겪었다. 정리 정돈의 천재이던 아우구스투스는 그저 스스로 두 가지 모두의 후견인이 되었을 뿐이다.

그가 이런 일을 할 수 있었던 것은, 스타 연기자라면 누구나 그렇듯이, 무슨 역할이든 원하는 대로 고를 수 있었기 때문이다. 다만 그는 실상을 드러내고 인정할 수는 없었다. 원로원 회의장 바닥에서 살해당해 쓰러지는 것은 원치 않았으니까. 그 대신에 그는 면전에 들이대어진 진실에 놀라 주춤 물러선 동료 시민들의 자발적인 협력을 얻어 공화국의 골동품 상자에 들어 있던 낡은 의상을 걸치고, 과거에 의해 허가되지 않은 행정관직은 모조리 거절하면서, 때로는 어떤 관직에도 나가지 않은 채로 처신했다. 중요한 것은 관직이 아니라 권위였다. 카툴루스 혹은 카토에게 특권을 부여했던 그 신비스러운 자질이 문제였다. "한 인물을 이루는 자질로 볼 때 카토는 제1시민이었다"[35]라고 키케로는 인정한 적이 있었다. 제1시민, 프린켑스, 아우구스투스는 자기가 원하는 호칭으로 이 이상 더 자랑스러운 것은 없음을 알렸다. 율리우스 카이사르의 아들은 카토의 계승자로도 간주되게 된다.

그리고 그는 그 일을 성사시켰다. 아우구스투스가 자신의 배우 자질을 뽐냈던 것도 무리는 아니다. 시치미 떼는 재능이 일인자기 아니면 다양한 배역을 그렇게 교묘하게 연기해내지 못했을 것이다. 그것도 그렇게 성공적으로. 프린켑스는 자기가 끼고 다니는 인장반지에 스핑크스의 형상을 새겼다. 평생 그는 동족들에게 수수께끼 같은 존재였다. 로마인들은 권력을 마구 자랑하고, 자기들의 위대함의 광휘와 탁월성을 발산하는 시민들에게 익숙해져 있었다. 하지만 아우구스투스는 그들과 달랐다. 국가에 대한 장악력이 확고해질수록 그는 그런 것을 덜 과시했다. 물론 공화국은 모순이 넘치는 곳이었고, 아우구스투스는 카멜레온 같은, 그와 똑같은 특질을 받아들였다. 시민 생활의 모호함과 미묘함, 양

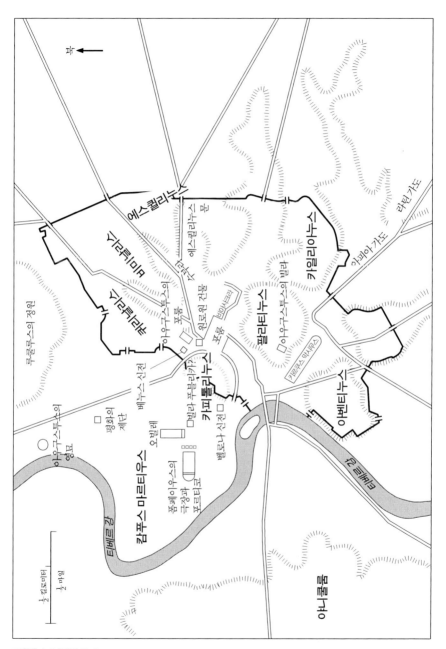

기원후 14년경의 로마

면성과 긴장감, 이런 모든 것들이 그의 성격과 역할의 수수께끼 속에 흡수되었다. 이는 마치 최고의 패러독스 속에서 그가 공화국 그 자체가 되어버린 것 같기도 했다.

마지막으로 병이 들었을 때, 이제 존경스러운 77세의 노인인 아우구스투스는 자기가 "인생의 이 마임 공연"[36]에서 제대로 연기를 했는지 친구들에게 물었다. 40년 이상 최고 권력을 장악하고 있었다는 사실, 그동안 그가 로마 및 세계를 내전이 없는 곳으로 유지했으며, 법이 허가하지 않은 특별한 지위를 요구하지 않았으며, 군단을 가까이에 두지 않고 멀리 수풀이나 사막에, 야만인들과의 국경에 배치해두었다는 사실, 마지막에도 그가 단검의 상처가 아니라 혹은 적의 조각상 기단에서가 아니라 침상 위에서 평화롭게 죽어간다는 사실, 이런 것들은 모두 어느 시민이라도 주목할 만한 찬란한 평가였다. 아우구스투스는 훌륭한 공연을 했다고 인정받을 수 있다. 결국 그는 시내에서 유일한 스타였으니까.

그는 기원후 14년 여름에 놀라에서 죽었다. 그곳은 한 세기 전에 술라가 로마로의 운명적인 행군을 시작한 바로 그 도시였다. 부패를 막기 위해 밤에 원로원 의원들이 수도로 호송해온 아우구스투스의 시신은 술라가 그랬듯이 캄푸스 마르티우스의 거대한 제단에서 화장되었다. 옛 독재자의 유령이 그 평원에 아직 돌아다닌다면, 그 역시 무대 장치가 자기가 살아 있었을 때와는 완연히 달라졌음을 알 것이다. 불에 타서 허물어진 화장단에서 경건하게 운반되어온 카이사르 아우구스투스의 재는 영묘에 안장되었다. 이 영묘는 정원이 딸려 있을 정도로 거대한 규모로 지어진 무덤이었다. 그 규모나 형태는 알렉산드로스 대왕의 무덤에서 영감을 받은 것이라는 이야기가 있었다. 한때는 로마 젊은이들의 훈련장이었고, 전쟁에 나가기 위해 집결하는 장소이던 캄푸스 마르티우스는 이제 프린켑스의 덕성에 대한 광대한 증거물이 되었다. 그의 관대함의 증거이기도 했다. 왜냐하면 남쪽으로는 아직도 폼페이우스의 극장이 보였고, 카이사르의 적들의 이름과 승전비들이 카이사르의 아들의 은혜 덕분에 여전히 보존되어 있었으니까. 그의 친절함의 징표이기도 했다. 예전에 공화국의 시민들이 군사 훈련을 하고 전투를 위해 소집되던 곳에 이제는 평화의 제단이 세워졌으니 말이다. 또 그가 베푼 시혜의 징표이기도 했다. 폼페이우스의 극장보다 더 길게 뻗어 있는 곳, 반짝이는 주랑이 거의 1.5킬로미터에 걸쳐 뻗어 있는 것은 기원전 26년에 완공된 이후 급속히 로마에서 최고 여흥 장소가 된 시설(사이프타 율리아, 율리아 회랑, 즉 율리아 투표소. 카이사르가 짓기 시작하여 아우구스투스가 완성시킨 시설-옮긴이)이었다. 아우구스투스는 여기에서 이 도시에서 상연된 것 중 가장 사치스러운 구경거리를 무대에 올렸다. 공식적으로 이곳은 투표소인 오빌레, 낡은 목조 울타리를 대리석으로 호화롭게 개량한 시설이었다. 하지만 이곳이 투표장으로 사용되는 경우는 드물었다. 오히려 로마인들이 행정관을 선출하기 위해 모이던 곳에서 이제 검투사들이 싸웠고, 괴상한 짐승들, 예를 들면 길이가 거의 3미터에 달하는 거대한 뱀이 전시되었다. 쇼가 없는 날이면 시민들은 언제든 사치품 쇼핑을 하러 모여들었다.

공화국은 오래전에 죽었다. 이제 그것은 유행에도 뒤처진 것이 되었다. "조잡한 단순성이란 어제의 이야기다. 로마는 정복된 세계의 재산에서 나온 온갖 황금과 동전으로 만들어졌다."[37] 로마인들은 위대함을 위해 자유의 상실이라는 대가를 치렀을 것이다. 하지만 그 대신 세계를

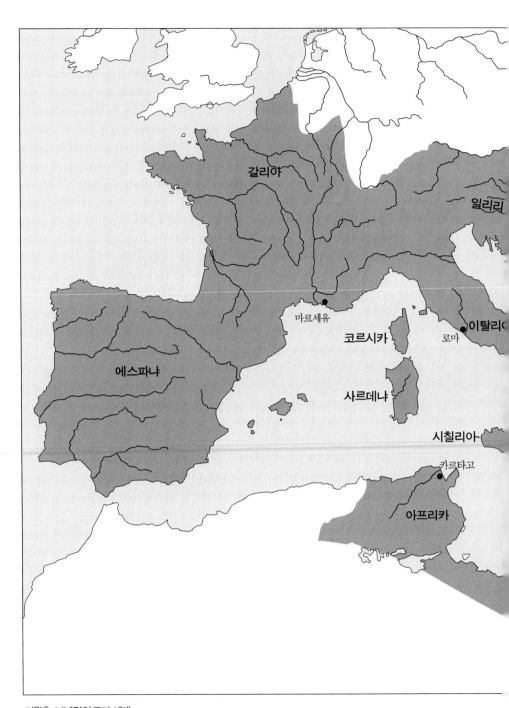

기원후 14년경의 로마 세계
음영으로 표시된 부분은 로마가 직접 통치한 영토다.

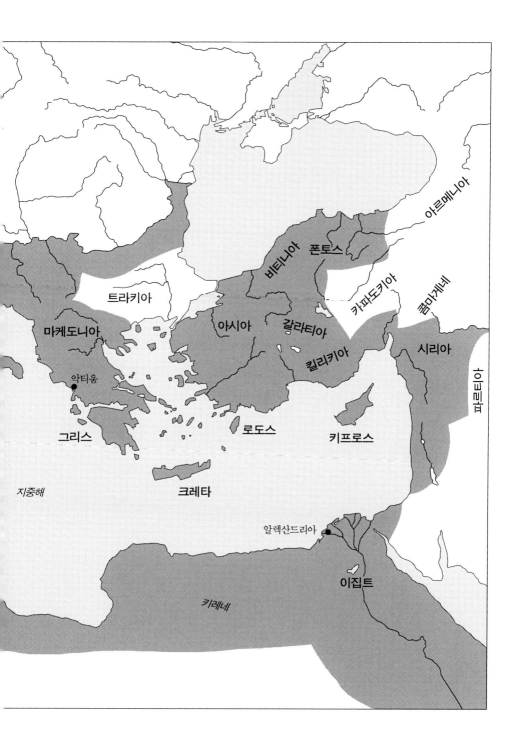

얼었다. 아우구스투스 치하에서 그들의 군단은 예나 다름없는 온갖 군사적인 자질을 계속해서 과시했다. 제국의 국경을 확장하고 야만인을 섬멸하는 등등. 하지만 캄푸스 마르티우스에 있는 도시 소비자들의 귀에 그런 것은 멀리서 나는 소음에 지나지 않았다. 그들은 더 이상 전쟁 때문에 신경이 곤두서지 않았다. 혹은 도덕이나 의무나 과거도 별로 상관이 없었다. 심지어 하늘이 내리는 경고조차도 그러했다. "요즘은 조짐에 대한 보고도 없고, 기록되지도 않는다"[38]라고 당대의 한 역사가는 당혹스러워하며 이렇게 지적했다. 하지만 이에 대해서는 자명한 해명이 나와 있다. 로마가 얼마나 여유롭고 평화로워졌는지를 본 신들은 잔소리할 것이 없다고 판단했음이 분명하다.

"'자유를 너무 많이 누리다 보면 끝내는 노예 신세가 된다"[39]라는 것이 키케로의 비통한 판단이었다. 그의 세대, 자유 공화국의 마지막 세대가 그 말이 사실임을 입증하지 않았다고 말할 사람은 아무도 없다. 하지만 노예제의 귀결은 무엇인가? 그것은 새로운 세대, 새로운 시대가 밝혀내야 할 사실이었다.

───── 감사의 글 ─────

이 책을 쓸 때 도와준 많은 사람들에게 감사를 전한다. 런던의 편집자 리처드 베스윅과 스티븐 기스, 뉴욕의 편집자 빌 토머스와 제리 하워드에게. 최고의 에이전트이자 소중한 친구들인 패트릭 월시에게. 초고를 제일 먼저 읽어주고, 아낌없는 우정과 격려와 조언을 해준 제이미 뮤어에게. 단호한 가부장pater familias이 되지 못한다는 부담감에 짓눌릴 위험이 있을 때마다 큰 도움이 되어준 캐럴라인 뮤어에게. 이루 다 세지도 못할 만큼 많은 오류를 구조해준 메리 버드에게. 또 같은 이유로 캐서린 에드워즈에게도. 내가 그랬던 것처럼 폼페이우스의 고수머리에 매혹당한, 그리고 온갖 대화와 지원을 해준 리지 스펠러에게. 로마 소재 영국 학교의 모든 사람에게. 또 힐러리 벨에게는 주화 컬렉션을 찾느라 여기저기 끌고 다녔음에도 (너무 많이) 불평하지 않은 데 대해. 런던 도서관의 모든 직원에게, 또 로마 연구 진흥협회the Society for the Promotion of Roman Studies 도서관의 직원들에게. 내게 공화국 후반기를 소개해준 아서 저비스와 마이클 시먼즈에게. 그리고 물론, 무엇보다도 로마인이 내 모든 시간을 잡아먹는 것 같던 때에도 내 정신을 온전하게 유지하게 해준, 사랑하는 아내와 딸, 새디와 케이티에게. "ita sum ab omnibus destitutus ut tantum requietis habeam quantum cum uxore et filiola consumitur."

─── 옮긴이의 글 ───

이 책은 로마 공화정이 로마 제국으로 바뀌는 시기의 약 100년간을 무대로 삼아, 공화정이 죽어가는 과정을 추적하고 있다. 서문에서 저자가 말했듯이 주인공은 카이사르나 폼페이우스가 아니라 공화정의 시민이다. 즉 저자는 시민이 변화하는 모습을 통해 100년간의 공화정 역사를 조망하려는 것이다. 시민은 어떤 존재였는가? 공화정은 어떤 사회였는가? 저자는 루비콘 강 도하渡河는 로마 공화정의 죽음을 상징하는 사건이었다고 말한다. 그 사건을 계기로 로마의 시민은 죽었다. 그렇다면 카이사르는 공화정의 살해자, 시민의 살해자인가? 아니면 그 역시 시민 가운데 조금은 특별했던 한 사람에 지나지 않는가?

카이사르라는 인물은 로마 시민을 이해하는 과정에서 하나의 이정표가 될 수 있다. 그에 대한 평가는 워낙 다양하다. 현대의 무솔리니나 히틀러가 본받고 싶어한 독재자의 원형이라는 평가에서 당대 사회 현실의 한계와 가능성을 정확하게 파악한 천재 정치가라는 견해에 이르기까지, 혹은 무모한 선동가라는 견해에서 민중의 요구를 예리하게 포착

옮긴이의 글 509

한 대중 정치의 대가라는 평가에 이르기까지. 로마 공화정을 높이 평가하는 유럽 역사가들은 방탕하고 제멋대로 행동한 독재자라는 카이사르의 이미지를 만들어냈다. 천재적 정치가일지는 몰라도 그 천재성은 지극히 불건전한 것이며, 법치주의를 압살한 장본인이 카이사르였다는 것이다. 공화정 수호의 정당성을 주장하는 입장에서 보면 카이사르는 어디까지나 찬탈자일 수밖에 없다. 그러나 이 입장이 정당성을 얻으려면 어떤 이유에서 공화정을 수호해야 하는지를 이해시킬 수 있어야 한다. 카이사르를 지지하는 편에서는 공화정의 한계가 너무나 확연히 드러나 있었기 때문에 그것을 수호하려는 것이 오히려 불순한 의도일 수가 있다고 본다.

어디까지나 우리 한국 독자에게 한정되는 이야기이지만, 로마 역사 읽기를 유행시켰다고 해도 좋을 시오노 나나미의 《로마인 이야기》에서, 카이사르는 통찰력이 매우 뛰어나고 로마 공화국의 한계를 예리하게 꿰뚫어보는 인물로 그려져 있다. 그가 공화정의 사망을 선고한 것은 그것이 이미 죽어가고 있었기 때문이지, 자기 손으로 죽인 것은 아니라는 것이다. 이 책에서는 그 같은 주장에 대해 일변 긍정하고 일변 부정한다. 이 책 역시 카이사르 시대의 공화정이 사망 직전의 상태였다는 점은 인정한다. 저자는 중병에 걸린 로마 공화정의 온갖 약점을 생생하게 기술한다. 그럼에도 불구하고 저자는 시민들이 정체政體를 바꾸고 싶어 한 것은 아니었다고 본다. 로마인들은 혼란스럽기 짝이 없고 예측 불가능한 공화정에 너무나 익숙해져 있었을 뿐 아니라 그외의 다른 정치 형태를 상상도 할 수 없었고, 원하지도 않았다는 것이다. 따라서 저자에 따르면 카이사르는 로마 시민들이 원하지 않았던 변화를 강요한 것이 된다.

그런데 로마 같은 강대국의 역사에서 중요한 문제는 다른 나라들과의 관계다. 로마 시민들이야 자기 나라를 좋아했다손 치더라도 로마에게 침탈당하는 다른 나라들은 어떤 생각이었을까? 이 책에서는 이 문제가 비중 있게 다루어진다. 로마의 번영은 다른 나라의 몰락 위에서 이루어진 것이다. 로마에서는 재앙의 예고인 시빌의 예언서가 다른 피정복 민족들에게는 구원의 메시지가 될 수 있었다. 로마 기업인들의 속주 수탈이 로마의 기득권층과 어떤 관련을 갖는지, 로마의 국가적 안정을 위협하는 해적이 노예사업을 몰래 운영하고 있는 원로원 의원들과 어떻게 이해관계가 직결되는지 등이 소개된다. 이 점에서 이 책은 단순한 로마인 중심의 시각에 빠지는 오류를 피한다는 장점이 있다. 《로마인 이야기》도 마찬가지겠지만, 로마의 시각에서 서술된 역사는 제국주의 논리에 함몰되기 쉽다. 로마 같은 문명국가의 식민지로 포섭된 것이 주변의 다른 국가들에게는 오히려 은혜가 되었다는 것이다. 카이사르의 갈리아 정복은 갈리아인에게 오히려 행운이었고 '불행을 가장한 축복'이었다는 이야기가 공공연히 나온다. 어디선가 많이 들어본 소리가 아닌가? 일본의 조선 합병이 조선의 근대화에 오히려 도움이 되었다는 역사계 일각의 주장이 동조자를 만난 듯하다. 영국의 인도 점령이 인도인들에게는 은혜이고 축복이었던가?

당시 지중해 세계의 역사를 로마 중심의 시각에서 풀어나가는 많은 역사서들은 기록의 공정성이라는 기준에서도 문제가 있다. 당시 대부분의 기록이 로마인의 손으로 이루어졌으므로 우리에게 남은 사료는 로마의 시각이 반영된 것이 태반이다. 갈리아인의 입장을 기록한 사료는 어디 있는가? 기록을 남기지 않은 존재는 역사적 존재가 될 수 없다는 논리가 여기에서 위력을 발휘한다. 카이사르는 결코 이민족을 제대로 이해했다거나 로마인과 동등한 존재로 대하지 않았다. 오직 로마식의 패러다임을 그들에게 뒤집어씌우려 했을 뿐이었다. 그의 천재성 덕분에 단기적인 이해관계가 아니라 장기적 전망에 입각하여 행동했고, 최대한 피해가 작고 효율적인 방식으로 로마식 패러다임을 부과할 수 있을 만큼의 정보를 갖고 있었다는 정도가 카이사르의 한계였을 것이다. 그 이상에 대해 그는 상관하지 않았다. 또 장기적 전망이라고 하더라도 어디까지나 로마 중심의 전망일 뿐이다. 로마 시민으로 편입될 여지가 있는, 또 그럴 의사가 있는 사람은 받아들였고, 그 이외는 정복이나 학살의 대상이 되었다.

그러므로 우리의 관점에서 로마 역사를 읽을 때, 강대국 중심의, 특히 카이사르를 중심으로 하는 서술이 가진 위험 요인을 경계할 필요가 있다. 인물 중심의 역사 서술이라고 해서 반드시 편협한 것도 아니고, 나름대로 장점이 있을 수 있다. 그러나 다른 관점에서 상황을 볼 필요가 있다. 이 책은 그런 점에서 흥미를 끈다. 카이사르가 추진했던 체제 변화는 체제를 유지하고자 하는 입장에서는 어떻게 해석될까. 공화정을 유지하고자 하는 세력은 당시 상황을 어떻게 이해했을까. 이 책의 실질적 주인공이 공화정이고 시민인 만큼, 시민의 관점에서 당시 상황을 어떻게 읽을 것인가. 이것이 이 책의 주제다.

이 책에서 로마 시민의 특징은 다음의 몇 가지로 요약된다. 우선 그들은 신분제 사회에서 살았다. 신분과 성별, 재산 규모에 따른 차별을 당연시했으며, 노예제에 대해서도 마찬가지였다. 둘째, 로마 시민은 정치적 인간이었다. 존엄성, 책임감 등의 덕목은 언제나 공적 임무와 결부된 단어였다. 시민에게 가장 중요한 사안은 사회적 영광, 명예의 추구였다. 업적을 이루지 못한 시민은 제대로 된 시민이 아니다. 사회적 성취가 없는 내면적 행복만으로는 온전한 행복이 되지 못한다. 셋째, 그들의 행동 원리는 자유 경쟁이었다. 로마 사회는 공공연히 경쟁을 부추기고 그 결과인 성공을 찬양했다. 모든 시민은 성공을 향하여 치열한 노력을 할 것으로 기대된다. 저자는 체제를 전복했다는 점만 제외하면 카이사르가 로마 시민의 가장 완벽한 모델이었다고 말한다. 자신이 추구하는 성공을 달성하기 위해 "피와 살의 한계도 무시하고 매진하는 것"이 그의 장기이자 특성이었다. 그럼으로써 그는 휘하의 로마 군단병에게 모범을 보이고 그들의 애정과 존경심을 얻을 수 있었다. 정치적 인간인 로마인이 달성하고자 하는 목표는 바로 그것이었다. 시민의 평생은 그러한 노력과 업적에 따라 평가된다. 저자는 이 특성이 로마 공화정으로 하여금 그렇게 눈부신 성공을 거두게 하고, 또 그것의 몰락을 초래한 근본 원인이라고 본다(현대의 비교 사례인 미국 공화정 역시 마찬가지라고 본다).

그런데 로마가 신분제 사회였다는 점을 생각하면 그것을 자유 경쟁의 사례로 들고 나올 수는 없다. 원칙적으로는 개인의 출세가 자신이 이룬 업적에 의거하며 수단과 방법을 가리지 않는 경쟁, 성공의 무자비한 추구가 로마 시민들의 삶을 결정한다고 하지만 귀족(파트리키)과 평민(플레브스) 사이에는 엄청난 차별이 있다.

그러므로 로마 시민의 실질적인 범위는 귀족 남성으로 한정된다. 원래 로마 시민권은 개방적이었다. 이민족을 동화시켜 자기들의 자산으로 삼는 것이 로마의 성공 비결이었다고 할 정도다. 그러나 공화정 체제가 점차 보수화함에 따라 그러한 개방성이 약해지고, 귀족 계급 내에서도 소수 거족과 기타 신참 귀족, 또는 평민 귀족 가문의 차별이 커지게 되었다. 로마 시민의 중추는 원래 소규모 자영 농민이었다. 무산자는 군인이 될 수 없었다. 병농일치가 로마 군대 및 사회의 기초이자 귀족 계급과 평민의 균형을 유지하는 핵심 열쇠였다. 그러나 경제적으로는 소자영농의 몰락과 토지 겸병의 확대, 군사적으로는 점점 확장되는 국경선과 잦아지는 전쟁 때문에 그러한 기본 골격이 더 이상 유지될 수 없고, 결국은 직업군인 제도를 채택하게 되자 평민의 지위는 하락의 길을 걷게 되며, 두 신분 간의 균형은 깨졌다.

시민권의 범위 문제는 각각의 정치 노선과 깊은 관련이 있다. 예를 들면 로마 이외의 이탈리아 본토인들 역시 로마인과 대등한 정치적 권리를 가질 자격이 있다고 본 대표적 인물이 마리우스였으며, 카이사르는 그러한 노선을 계승하여 정복된 갈리아인들을 대거 시민으로 흡수해 들였다. 술라를 비롯한 원로원의 보수 귀족들은 이 사태에 격렬하게 반대했다. 도시 하나로 출발한 공화정이 이제 지중해 세계 전체를 아우르는 세계 제국으로 커졌다는 사실을 충분히 감안하고, 그에 알맞은 제도 변화를 추진하는 것이 카이사르의 노선이었다고 한다면 원로원파는 기존의 공화정 체제의 유지가 최고의 목표였고, 그것을 바꾸지 않고 변화한 현실을 수용할 길을 어떻게든 찾아보려고 한 사람들이었다. 하지만 그런 길을 찾아낼 수 없었다고 보아야 옳을 것이다. 공화정이 죽음에 이르게 된 원인도 바로 이 문제를 해결하지 못한 데 있다.

저자는 로마의 지배 세력이 어떻게 하여 이렇게 현상 유지 위주의 노선을 걷게 되었는지를 설명한다. 한니발 전쟁 같은 국가 존망이 달린 위기가 왔을 때 로마는 위기의 원인이 전통을 소홀히 한 데 있다고 보고 전통으로 돌아가자는 호소를 함으로써 신분의 상하를 가리지 않고 단결할 수 있었으며, 과거 전통의 철저한 실행을 통해 위기에서 벗어난 경험이 누적된 결과라는 것이다. 로마인들이 가장 싫어하는 것이 체제 변화, 전통의 폐기였다고 저자는 주장한다. 전통이 효력을 발휘한 때도 아마 있었을 것이다. 어쩌면 요즘 자주 언급되는 노블레스 오블리주라는 것이 공화정 중기까지만 해도 실제로 있었는지도 모른다. 귀족들이 갖가지 시련을 통해 생명을 걸고 지도자로서의 자격을 입증하는 일이 실제로 일어났고, 그런 과정에서 평민도 귀족의 존재를 인정했을 것이다. 하지만 부와 권력이 상상할 수 없는 규모로 축적되는 과정에서 귀족은 곧 타성에 빠지게 된다.

민중파와 원로원파 사이의 대립은 정치 토론에 그치는 문제가 아니었다. 지중해 세계 전체가 속국화하는 과정에서, 과거의 로마로서는 상상도 하지 못할 물질적 풍요의 문이 열리자 이 새로운 부를 어떻게 분배할 것인가가 로마 시민들에게 새로운 문제로 대두했다. 개인의 도덕성과 이해관계 간의 갈등이 단순한 도덕률에 의한 통제나 양심의 가책이라는 수단으로 감당하지 못할 수준으로 넘어가게 된 것이다. 그 정도로 엄청난 물질적 유혹 앞에서 의연한 로마 시민이 과연 있었을까? 경쟁이 기본 행동 원칙이며, 그 경쟁에서 이기기 위해 온갖 수단이 사용되면서도 경쟁을 극단적으로 추구한 필연적 결과인 일인 독재에는 치를 떠는 사회, 어떠한 개인의 성공도 공화정 체제보다 우위에 설 수 없도록 견제하는 갖가지 제약이 고안되는 사회에서 이 문제는 그리 쉽게 답이

나올 수 있는 것은 아니었다. 표면적 합법성과 이면에 숨은 부패 사이의 괴리가 점점 심각해졌다.

그라쿠스 형제의 개혁이 좌절된 것은 이러한 갈등이 처음으로 공개적으로 폭발한 사건이었다고 할 수 있다. 민중파를 지지하는 그라쿠스 형제와 그들의 개혁 법안이 가져올 결과에 대한 반발로서 그들을 살해한 귀족층. 살해 명분은 그들의 개혁이 불법적이며 왕이 되고자 하는 야심이 배후에 놓여 있다는 것이었지만, 진실은 기득권 이익의 상실에 대한 거부감이었다. 그러나 실제 이유가 무엇이든, 로마에서의 모든 좌절된 개혁의 이마에는 왕이 되려 한 자라는 낙인이 찍힌다. 카이사르의 경우에도 마찬가지였다. 이 책의 저자는 왕에 대한 두려움이 로마 공화정의 탄생 동기였다고 말한다. 왕이 되려는 자, 왕처럼 행세하는 자는 공화정이라는 로마 체제 전체를 부정하는 것이며, 시민이라는 존재 규정을 부정하는 것이다. 시민이 아닌 존재 형태를 상상할 수 없었던 로마 시민들은 왕이라는 말만 들어도 경기를 일으켰다고 저자는 말한다.

그렇다면 군주가 아닌 귀족에 대해서는 일반 시민들이 어떤 감정을 가지고 있었을까. 귀족은 평민을 정치적 동반자로 인정했을까. 이 두 세력 간의 정치적 동반 관계가 공화정 초반처럼 회복될 수 있을까? 공화정을 유지하고자 한 세력은 이 두 세력 간의 갈등과 적대감을 과소평가한 것은 아닐까. 저자는 공화정 중반 이후에는 귀족에 대한 평민의 근본적인 저항 의식이 사라졌다고 본다. 그들은 평등보다는 로마라는 공동체에 소속된다는 사실과 그럼으로써 얻는 이익을 더 중요시했다고 저자는 주장한다.

공화정 체제에 가장 집요하게 매달렸던 대표적인 인물은 키케로와 카토, 공화정 말기의 원로원파였다. 이들이 공화정이라는 체제를 유지하려고 애쓴 것이 과연 시민의 이익을 위해서였을까. 아니면 이들이 대변한다는 시민이 사실은 다수의 평민을 배제한 소수의 원로원 귀족 계층뿐이었을까. 저자도 이들이 앞에서 지적한 문제의 심각성을 제대로 이해하고 있었다고는 생각하지 않는다. 이들은 제각기 근시안적인 이해관계에 입각하여 공화정의 몇 가지 덕목을 이상화하고 그것으로 문제가 해결되기를 기대했을 뿐이다. 공화정 말기의 혼란 속에서 공화정의 본질이 왜곡되는 양상에 대한 이 책의 비판은 매우 신랄하고, 당시의 현장에 독자가 서 있는 듯한 느낌이 들 정도로 생생하게 묘사된다. 그러나 저자는 공화정의 유지가 일반 시민들의 소망이었다는 최종 평가를 내린다. 카이사르는 살해당하고 아우구스투스는 성공한 까닭이, 그 소망에 얼마나 귀를 기울이고 그것을 실현하려 애썼는가 하는 점에 있다는 것이다. 클레오파트라가 카이사르 및 안토니우스와 맺은 관계는 그러한 시민의 소망에 대한 무지의 소치였다. 동방, 군주제, 신의 세계를 상징하는 알렉산드리아와 서구, 시민, 인간의 세계를 대표하는 로마의 대비는 바로 그런 점을 부각시킨다. 저자가 보기에 카이사르는 민중파이면서도 민중의 소망을 무시하고 행동하는 실책을 범했다. 그러나 저자의 견해와 달리, 사실은 민중의 소망이 아니라 귀족의 이익을 무시한 것이며, 민중의 소망이 지향하는 방향을 정확하게 읽고 그것을 앞에서 이끌어가려고 한 것이 카이사르라는 지적도 상당수 있다. 그를 단순한 선동 정치가나 대중에 영합하는 자라고 비난하는 것은 온당하지 않으며, 변하고 있는 로마의 현실과 시민 개념에 새로운 틀을 부여하고자 한 인물로 보아야 한다는 것이다.

따라서 카이사르와 민중파에 대한 저자의 입장은 신중하게 이해할 필요가 있다. 이 책에서는 민중에게 인심 좋게 선물을 베푸는 이외에, 카이사르가 구체적으로 어떤 정책으로 민중의 입장을 대변했고 어떤 행동으로 자신의 원칙을 일관되게 고수했는지에 대한 설명이 미흡한 편이다. 또 루비콘을 건너기 전까지 카이사르가 어떤 식으로 공화정 체제 내에서의 개혁을 이루려고 노력했는지에 대한 설명이 거의 없다고 해도 과언이 아니다. 이런 결점은 그라쿠스 형제를 설명하는 부분에서도 발견된다. 저자는 그라쿠스 형제의 이상은 순수하고 공정했지만 로마 공화정 체제에서 볼 때 그들은 반역자로 보일 수밖에 없다고 말한다. 그러나 그러한 이상을 수용하지 못하는 공화정 체제가 과연 수호될 가치가 있는가에 대해 저자는 근본적인 문제 제기를 하지 않는다. 또 그라쿠스 형제가 시행하려 했던 개혁의 내용에 대한 언급도 부족하다. 반면 체제 유지파에 대한 비판은 충분하지 않다. 폼페이우스에게서는 나이와 상관없는 전쟁 신동 같은 면모를 주로 부각할 뿐 그가 가진 약점과 일관성 없는 처신에 대한 비판이 부족하다. 키케로에 대한 저의 무조건적인 찬양이나 마르쿠스 브루투스에 대한 설명도 공정하다고는 할 수 없다.

이러한 상황은 앞에서도 말했듯이 사료의 한계 때문이 아닐까 생각한다. 지금까지 서구 역사학자들이 의존해온 사료는 공화정을 지지하는 입장에서 쓰인 것이 태반이다. 현실적으로는 카이사르파가 이겼지만 역사 기록은 공화파의 손에 장악되었다는 것이 역사의 아이러니일까. 특히 근대 이후의 로마 역사 연구가 에드워드 기번 이후 로마 공화정을 이상화하는 일단의 학자들에게 장악된 탓이 크지 않을까 한다. 저자가 이 책에서 존경스럽게 인용한 로널드 사임 경 역시 영국의 보수 역사학계의 원로이며 카이사르에 비판적인 입장의 대표적인 학자다.

저자는 로마 공화정의 진화 양상이 현대에서 극히 비슷한 형태로 되풀이되는 모습을 미국 공화정에서 발견한다. 저자의 눈에 그 같은 유사성은 지극히 의미심장하다. 둘 다 강력하고 지속적인 공화정 체제를 유지하고 있다. 둘 다 경쟁이라는 원칙을 거의 종교의 수준으로 숭배한다. 성공의 필요성이 모든 구성원들에게 거의 편집증의 수준으로까지 강요된다.

두 공화정 모두 원칙과 그들이 숭상하는 도덕적 가치 자체는 지극히 훌륭하다. 그것이 제대로 실현될 수만 있다면 얼마나 근사하겠는가 하는 것이 저자의 본심인 것 같다. 어쨌든 둘 다 세계 최고의 강대국이 되었다. 그러나 로마 공화정이 가진 온갖 장점과 잠재력에도 불구하고 시민들은 타락과 죽음으로 이어진 길을 걸었다. 미국 공화정은 고대의 선배와 같은 길을 걸을 것인가? 아니, 그 이전에 현대의 후배는 고대의 선배만큼의 장점을 갖고 있기나 한가? 물론 이 책에서 그 두 공화정을 직접 비교하고 있지는 않다. 그러나 곳곳에서 미국 공화정과 로마를 비교하는 저자의 눈길이 느껴진다. 과도한 물질적 풍요가 영혼의 타락으로 이어지는 사례들이 네로 황제가 나오기 훨씬 전인 공화정 말기에 이미 로마 사회에서 넘쳐난다. 그러한 퇴폐 현상이 현대 미국에서 보는 물질적 비만 증세와 너무나 비슷하다는 시사는 곳곳에서 발견된다. 세계 최초이자 유일의 강대국으로서 로마가 국제 관계에서 보인 행패에 가까운 태도는 오늘날 미국의 막무가내식 패권주의와 아주 흡사하다. 로마인들 역시 자신들이 도덕적으로 누구보다도 정당하다는 확신을 굳게 가지고 있었다. 오늘날 미국에 가해지는 테러의 원인을 도무지 이해하지 못하는(혹은 이해하지 않으려는) 미국인들의 모습에서 로마인들의 유령이 너무나 똑똑하게 보인다. 자기들의 도덕적 정당성에 대한 진정한 자기반성 능력을 상실한 사람들. 이 점에서 키케로나 카토를 대표로 하는 로마인과 현대의 미국인은 매우 비슷하다. 기독교가 로마를 전도의 중심으로 삼은 것도 혹시 이러한 본성적인 자신감 때문은 아닐런지? 즉 자신들의 이념과 체제를 타인에게 강요하고 부과하는 것을 당연시하는 천성 말이다. 로마의 경우 너무 많은 자유의 종말은 (황제의) 노예가 되는 것이었는데, 그 노예는 외피만 공화정인 제정帝政에서 시민권의 가면을 하사받았다. 시민의 가면을 쓴 노예. 이렇게 노예화된 시민이 살아가는 제정의 귀결은 무엇일까? 고대에서 그것은 로마 제국의 멸망이라는 형태로 다가왔지만, 현대에서는 어떻게 될까?

숨 돌릴 틈 없이 넘어가는 역사 소설 한 편을 읽은 느낌이다. 로마 뒷골목을 돌아다니며 길바닥에 널린 오물 더미를 넘어가고 또는 나폴리만에서 벌어지는 귀족들의 향락 생활을 옆에서 지켜본 듯한 감상이 남는다. 폼페이우스와 크라수스 바로 곁에서, 또는 클로디우스나 키케로와 함께 우여곡절을 겪는 기분을 맛보게 해줄 정도의 생생한 묘사가 이 책의 장점일 것이다. 로마를 하나의 생명체로 간주하는 듯한 묘사가 공화정에 대한 저자의 관심의 크기를 대변해준다. 미국과의 비교 의도가 표면에 드러나지는 않아도 전체에 깔린 배경음처럼 느껴진다는 점이 또한 흥미를 돋운다. 하지만 소설처럼 읽힌다 하더라도 이 책은 여전히 역사서다. 공화정에 대한 저자의 시각이 어떤 것인지, 그 시각에 대한 우리의 생각은 어떤지, 다른 해석의 여지는 없는지, 그 사회의 사람들이 직면했던 문제를 우리라면 어떻게 풀어야 할 것인지 등등, 꼼꼼하게 분석을 계속할 필요가 있다. 결론에 동의하든 반대하든, 그런 생각의 실마리를 이어갈 계기는 이 책에 충분히 들어 있다.

이 책을 다시 만날 기회를 마련해준 책과함께 출판사에 감사 인사를 드린다. 처음 번역한 지 10년도 더 넘어 다시 읽어보니 소홀했던 점들이 많이 눈에 띈다. 넉넉지 않은 시간 속에서 최대한 손질하려고 했지만 여전히 미흡한 점들이 많은 것 같다. 그나마 조금이라도 오류를 바로잡을 수 있었던 것은 편집부 여러분 덕분이다.

김병화

기원전

753년 로마의 건국.

509　군주제의 몰락, 공화국의 성립.

390　갈리아인의 로마 점령.

367　평민의 집정관직 선출을 금지하는 법률적 제약이 철폐됨.

343~340 1차 삼니움 전쟁.

321　카우디움 고개에서 로마인들이 패배당함.

290　로마가 삼니움 정복을 완결.

264~241 카르타고에 대한 1차 전쟁.

219~218 카르타고에 대한 2차 전쟁 시작. 한니발이 남부 갈리아를 지나 알프스를 넘어 이탈리아로 진군.

216　칸나이 전투.

202　아프리카에서 한니발의 패배(자마 전투).

148　마케도니아, 로마의 속주가 됨.

146　카르타고와 코린토스의 파괴.

133　호민관 티베리우스 그라쿠스가 살해됨. 페르가몬의 아탈루스 3세가 자발적으로 로마에 왕권을 넘김.

123　가이우스 그라쿠스의 1차 호민관 임기(기원전 124년 12월 10일에 시작됨). 페르가몬이 조직적 징세의 대상이 됨.

122　가이우스 그라쿠스의 2차 호민관 임기.

121　가이우스 그라쿠스가 살해됨.

118　남부 갈리아 속주의 성립으로 인해 에스파냐로 통하는 길이 확보됨. 루쿨루스가 이때 태어났을 것으로 추정됨.

115　크라수스가 태어남.

112　미트리다테스 6세가 스스로 폰토스의 왕이 됨.

107　마리우스의 1차 집정관 취임. 군대 징집 자격의 재산권 조항을 폐지.

106　폼페이우스와 키케로가 태어남.

104~100 마리우스가 집정관이 됨. 북쪽 야만인들의 침입을 물리침.

100　카이사르가 태어남.

93　클로디우스가 태어남.

92　횡령죄로 루틸리우스 루푸스가 유죄 판결을 받고 유배당함.

91	로마에 항거하는 이탈리아인의 반란 시작.
90	로마에 충성하는 이탈리아인에게 시민권 부여.
89	삼니움에서 전투하던 술라가 이탈리아 반란을 사실상 종식시킴. 미트리다테스가 아시아의 로마 속주들을 침공.
88	술라가 집정관이 됨. 마리우스는 호민관 술피키우스의 도움을 받아 미트리다테스와의 전쟁 지휘권을 가져옴. 술라가 로마로 진군. 술피키우스는 처형되고 마리우스는 망명함. 아시아에서는 미트리다테스가 8만 명의 로마인과 이탈리아인의 학살을 지시함.
87	킨나가 집정관이 됨. 술라는 그리스로 떠나고 미트리다테스에 대한 전쟁이 시작됨. 폼페이우스 스트라본의 죽음. 마리우스가 로마에서 권력을 다시 장악함.
86	킨나가 집정관이 됨. 마리우스의 죽음. 아테네가 술라에게 함락됨.
85	킨나가 집정관이 됨. 술라는 미트리다테스와 평화협정을 조인.
84	킨나가 집정관이 됨. 반란자들에게 살해됨.
83	크라수스가 그리스에서 술라와 만남. 술라는 이탈리아로 건너와서 폼페이우스와 힘을 합치게 됨. 콜리네 성문의 전투와 빌라 푸블리카에서 삼니움 포로들을 학살.
82	로마에 살생부가 걸림. 카이사르 달아남.
81	독재관이 된 술라, 헌정주의 개혁을 단행. 호민관 권한의 축소가 포함됨. 키케로의 첫 소송.
80	술라가 집정관이 됨. 카이사르는 아시아로 군복무를 떠남.
79	술라가 모든 행정관직을 내놓고 물러남. 키케로는 2년간 동방 여행을 떠남.
78	카툴루스가 집정관이 됨. 술라의 죽음.
77	폼페이우스가 에스파냐 지휘권을 받음.
75	키케로가 재무관이 됨. 미트리다테스가 로마에 선전포고.
74	루쿨루스가 집정관이 됨. 미트리다테스는 두 번째로 아시아 속주를 침공. 마르쿠스 안토니우스가 해적 소탕 지휘권을 받음.
73	스파르타쿠스가 이끄는 노예 반란이 일어남. 루쿨루스는 미트리다테스를 아시아에서 몰아냄.
72	크라수스가 스파르타쿠스에 대한 전쟁 지휘관으로 임명됨. 폼페이우스의 에스파냐 전투가 끝남. 루쿨루스는 폰토스에서 다시 한 번 미트리다테스에게 승리를 거둠. 마르쿠스 안토니우스가 크레타에서 해적들에게 패배함.
71	스파르타쿠스의 패배와 죽음. 폼페이우스의 이탈리아 귀환. 루쿨루스는 폰토스 정복을 완료. 미트리다테스는 아르메니아의 티그라네스에게로 피신.
70	폼페이우스와 크라수스가 집정관이 됨. 술라 때 폐지되었던 호민관의 권한이 완전히 회복됨. 베레스 고발.
69	티그라노케르타의 전투와 파괴.
68	루쿨루스의 군대 반란. 클레오파트라가 태어남.
67	폼페이우스가 바다에서 해적들을 소탕.

66 루쿨루스의 동방 속주 총독직이 폼페이우스로 교체됨. 키케로가 법무관이 됨.

65 카이사르가 안찰관이 됨.

64 폼페이우스가 시리아를 새로운 로마 속주로 만듦. 카토가 재무관이 됨.

63 키케로가 집정관이 됨. 카이사르는 폰티펙스 막시무스가 됨. 루쿨루스는 개선식을 거행. 폼페이우스가 예루살렘을 급습. 미트리다테스의 죽음. 카틸리나의 음모, 그 공모자들의 처형. 카틸리나는 이탈리아 북부에서 반란을 일으킴. 옥타비아누스가 태어남.

62 카이사르가 법무관이 됨. 카틸리나가 패하여 죽음. 폼페이우스가 이탈리아로 돌아옴. 클로디우스가 선의 여신의 제례를 모독함.

61 카이사르가 에스파냐 총독이 됨. 클로디우스의 재판과 무죄 방면. 폼페이우스가 세 번째 개선식을 거행함.

60 카이사르가 로마로 귀환. 카이사르, 폼페이우스, 크라수스 사이에 비공식적인 동맹이 맺어짐.

59 카이사르와 비불루스가 집정관이 됨. '1차 삼두정치'. 폼페이우스가 카이사르의 딸 율리아와 결혼. 클로디우스는 평민이 되고 호민관에 선출됨.

58 카이사르가 헬베티족과 전투. 클로디우스가 호민관이 됨. 키케로는 로마를 떠나 망명. 카토는 키프로스로 감.

57 카이사르가 벨가이족과 전투. 클로디우스와 밀로의 도당이 시가전을 벌임. 키케로가 망명에서 돌아옴.

56 카일리우스의 재판과 무죄 방면. 루카 회담. 삼두정치의 재개. 카토가 키프로스에서 로마로 돌아옴.

55 폼페이우스와 크라수스가 집정관이 됨. 폼페이우스는 석조 극장을 헌정. 카이사르는 라인 강을 건너고 브리튼 원정을 시도.

54 도미티우스와 아피우스기 집정관이 됨. 카토 법무관이 됨. 크라수스가 시리아로 떠남. 카이사르는 제1차 브리튼 원정을 시도. 폼페이우스의 아내 율리아의 죽음.

53 카르헤 전투. 크라수스의 죽음.

52 클로디우스가 살해됨. 밀로가 고발당함. 폼페이우스가 8월까지 단독 집정관이 됨. 그는 스키피오의 딸 코르넬리아와 결혼. 카일리우스가 호민관이 됨. 베르생제토릭스가 카이사르에 대항하여 갈리아 반란을 일으켰으나 알레시아에서 패배하고 항복.

50 쿠리오가 호민관이 됨. 호르텐시우스의 죽음. 폼페이우스는 집정관인 마르켈루스에게서 '공화국을 구원하라'는 요청을 받음.

49 카이사르가 루비콘 강을 건넘. 원로원은 로마를 비우고 피신. 도미티우스가 코르피니움에서 항복. 폼페이우스는 이탈리아를 떠나 그리스로 감. 아프리카에서 쿠리오가 패하여 죽음. 카이사르는 에스파냐에서 폼페이우스 군단을 패배시키고 독재관에 임명됨.

48 밀로와 카일리우스의 죽음. 파르살루스 전투.

47	카이사르가 클레오파트라와 나일 강 유람을 함. 카이사리온이 태어남. 카이사르가 미트리다테스의 아들인 파르나케스를 격퇴하고 이탈리아로 돌아왔다가 아프리카로 다시 건너감.
46	카이사르가 스키피오를 무찌름. 카토는 자살. 스키피오는 익사. 카이사르는 네 차례의 개선식을 거행. 클레오파트라가 로마에 도착. 카이사르는 에스파냐로 떠남.
45	카이사르가 폼페이우스의 아들들을 무찌르고 로마로 돌아옴. 그가 〈안티 카토〉를 씀.
44	카이사르가 종신 독재관으로 임명됨. 집정관은 안토니우스. 카이사르가 3월의 이데스에 살해됨. 옥타비아누스가 로마에 도착. 브루투스와 카시우스는 동방으로 떠남. 키케로는 안토니우스를 비판하는 연설을 연달아 함.
43	히르티우스와 판사가 집정관 안토니우스와의 전투에서 사망. 제2차 삼두정치가 결성됨. 안토니우스, 옥타비아누스, 레피두스. 옥타비아누스가 최초로 집정관이 됨. 살생부가 작성됨. 키케로의 죽음.
42	카이사르의 신격화. 필리피의 전투. 브루투스와 카시우스의 자살.
41	안토니우스가 클레오파트라와 만나 알렉산드리아에서 겨울을 보냄. 이탈리아에서 토지 수용령이 내려짐. 옥타비아누스와 풀비아 사이의 전쟁.
40	풀비아가 이탈리아에서 달아나서 죽음. 안토니우스와 옥타비아누스는 화평을 맺고 안토니우스가 옥타비아누스의 누나인 옥타비아와 결혼. 클레오파트라는 쌍둥이를 낳음.
37	안토니우스와 클레오파트라 결혼.
36	레피두스가 삼두정치에서 탈락. 섹스투스 폼페이우스가 패배하고 동방으로 달아남.
35	섹스투스 폼페이우스의 죽음.
34	안토니우스가 알렉산드리아에서 왕국과 속주들을 자기 자녀에게 분배함.
32	옥타비아가 안토니우스에게서 이혼당함. 옥타비아누스가 안토니우스의 유언장을 빼앗아 원로원에서 공개함.
31	악티움 해전.
30	안토니우스와 클레오파트라의 자살. 옥타비아누스는 알렉산드리아를 점령하고 카이사리온을 처형. 프톨레마이오스 왕가의 이집트 통치는 종식됨.
29	베르길리우스가 《아이네이스》 집필을 시작.
27	옥타비아누스가 '아우구스투스'라는 호칭을 받음. 공화국은 '복구됨'.
19	베르길리우스의 죽음.

기원후

14	아우구스투스의 죽음.

* 별도로 제목 표시가 없으면 그 저자들의 인용은 아래에 열거한 저서들에 의거한다.

Appian, 《내전기(*The Civil Wars*)》; Asconius, 《키케로의 5연설 주석본(*Commentaries of Five Speeches by Cicero*)》; Aulus Gellius, 《아티카의 밤(*The Attic Nights*)》; Cassius Dio, 《로마 역사(*The Roman History*)》; Catullus, 《시(*Poems*)》; Diodorus Siculus, 《역사의 도서관(*The Library of History*)》; Florus, 《로마 역사의 징후(*The Epitome of Roman History*)》; Livy, 《로마 역사(*The History of Rome*)》; Lucan, 《파르살리아(*The Pharsalia*)》; Lucretius, 《자연의 본성에 관하여(*On the Nature of Things*)》; Macrobius, 《사투르날리아(*The Saturnalia*)》; Orosius, 《이교도에 대항하는 역사(*The History against the Pagans*)》; Petronius, 《사티리콘(*The Satyricon*)》; Pliny the Elder, 《자연의 역사(*The Natural History*)》; Polybius, 《역사(*The Histories*)》; Publilius Syrus, 《공리(*Maxims*)》; Quintilian, 《연설가 교육(*The Education of an Orator*)》; Strabo, 《지리학(*The Geography*)》; Valerius Maximus, 《기억될 만한 행동과 격언(*Memorable Deeds and Sayings*)》; Velleius Paterculus, 《로마의 역사(*The Roman Histories*)》.

프롤로그 : 루비콘 강의 밤

1   Hobbes, *Leviathan*, chapter 29.

2   *Hitler's Table-Talk*, introduced by Hugh Trevor-Roper(1988, Oxford), p. 10.

3   In a review of Hughes-Hallett's book *Cleopatra: Histories, Dreams and Distortions for the New York Times*(1990).

4   Niccolò Machiavelli, *Discourses on the First Decade of Livy*, 3.43.

5   Sallust, *Catiline*, 8.

6   Velleius Paterculus, 2.36.

1장 모순적인 공화국

1   Polybius, 6.56.

2   Cicero, *Concerning the Manilian Law*, 19~21.

3   Polybius, 10.15.

4   Ennius, quoted by Cicero, *The Republic*, 5.1.

5   Livy, 40.5.

6   Cicero, *On the Agrarian Law*, 2.96.

7   Vitruvius, *The Ten Books on Architecture*, 6.1.10.

8   See in particular Cicero, *The Republic*, 2.10~11.

9   See Brunt, *Italian Manpower*, p. 618.

10 Horace, *Odes*, 3.29.12.

11 Dionysius of Halicarnassus, *Roman Antiquities*, 3.43.

12 Horace, *Epistles*, 2.2.72~75.

13 Strabo, 5.3.8.

14 Publilius Syrus, 31.

15 Livy, 4.4.

16 Sallust, *Catiline*, 1.7.

17 Polybius, 6.11.

18 Cicero, *In Defence of Plancius*, 11.

19 Cicero, *In Defence of Murena*, 36.

2장 시빌의 저주

1   *The Sibylline Oracles*, 3.464~469.

2   *Ibid.*, 3.175~180.

3   *Ibid.*, 184~188.

4   *Ibid.*, 182~183.

5   Appian, *The Punic Wars*, 132.

6   바디안은 《푸블리카누스와 죄인들(*Publicans and Sinners*)》에서 푸블리카누스가 일찍이는 기원전 131년에 이미 페르가몬에서 활동하고 있었다고 주장한다(p. 63). 이에 대한 믿을 만한 반박을 보려면 그루엔(Gruen)의 《헬레니즘 세계와 로마의 도래(*The Hellenistic World and the Coming of Rome*)》, 606~608쪽을 보라.

7 1 Maccabees, 8.3.

8 See Hughes, *Pan 'Travail*, p. 127.

9 이 시기 로마의 통화 공급의 증가에 대해서 알려면 크로포드(Crawford), 《로마 공화국 치하에서의 주화와 화폐(*Coinage and Money under the Roman Republic*)》, 173~181쪽을 볼 것.

10 Valerius Maximus, 9.2. 이 수치에는 의혹의 여지가 조금 있다.

11 살루스티우스, 《역사들(*Histories*)》, 4, fragment 67. 이 말이 실제로 미트리다테스가 한 말일 가능성은 거의 없지만, 그렇더라도 여전히 로마가 적들의 원한을 감지했음을 알려주는 증거로서 지극히 귀중하다.

12 Strabo, 5.4.2.

13 Diodorus Siculus, 37.15.

14 이 이론은 루체(Luce)의 주장(1970). 이에 대한 반대 견해로는 맥깅(McGing)의 《외교정책(*Foreign Policy*)》, 76쪽을 볼 것.

3장 베누스의 복수

1 Cicero, *On Duties*, 1.123.

2 Plutarch, *Sulla*, 8.

3 Appian, 1.58.

4 Valerius Maximus, 9.7.

5 Appian, 1.60.

6 Cicero, *Laws*, 1.53.

7 Livy, 31.44.

8 Posidonius, fragment 36.

9 Plutarch, *Sulla*, 13.

4장 귀향

1 Cicero, *On Duties*, 1.25.

2 Valerius Maximus, 6.2.

3 Velleius Paterculus, 2.26.

4 Plutarch, *Cato the Elder*, 16.

5 Valerius Maximus, 2.9.

6 Plutarch, *Sulla*, 30.

7   Lucan, 2.220.

8   Appian, 2.95.

9   Plutarch, *Sulla*, 31.

10   Sallust, *Catiline*, 51.34.

11   Appian, 1.99.

12   See Cicero, *Laws*, 3.23.

13   Cicero, *On the Ends of Good and Evil*, 5.2.

14   Appian, 1.103~104.

15   Plutarch, *Sulla*, 36.

16   Cicero, *To Atticus*, 9.10.

17   Appian, 1.106.

5장 욕망의 사다리

1   Lucretius, 5.222~225.

2   Cicero, *On the Ends of Good and Evil*, 5.55.

3   Cicero, *Tusculan Disputations*, 1.39.

4   Cicero, *On the Ends of Good and Evil*, 5.55.

5   Tacitus, *The Dialogue on Orators*, 28.

6   Polybius, 6.53.

7   Sallust, *The War against Jugurtha*, 4.5.

8   Cicero, *On Duties*, 1.139.

9   Suetonius, *The Deified Julius*, 56.

10   Plutarch, *Caesar*, 4.

11   Cicero, *Philippics*, 14.17.

12   Lucretius, 2.11~13.

13   Cicero, *Against Verres*, 2.5.180.

14   Cicero, *In Defence of Murena*, 16.

15   For instance, Cicero, *In Defence of Plancius*, 14~15.

16   Cicero, *On the Orator*, 1.197.

17   Cicero, *In Defence of Murena*, 29.

18   By Quintilian, 6.3.28.

19   Aulus Gellius, 1.5.

20   Cicero, *Brutus*, 313.

21 Cicero, *On Duties*, 1.87.

22 Posidonius, fragment 59.

23 Cicero, *Brutus*, 316.

24 Cicero, *In Defence of Plancius*, 66.

25 Cicero, *Against Verres*, 1.36.

26 *Ibid.*, 1.47.

27 *Ibid.*, 2.4.47.

28 *Ibid.*, 2.3.207.

29 Quintus Cicero, *Electioneering Handbook*, 2. 이 글의 저자에 대해서는 논란이 아주 많다. 그렇기는 해도 이 글은 공화국 후기의 선거에 대해 아주 예리한 통찰력을 제공하기 때문에 선거 유세를 벌이고 있는 신참자의 마음가짐을 엿보게 해주는 매우 귀중한 자료다.

30 Cicero, *Against Verres*, 2.4.69.

31 Cicero, *On Duties*, 1.109. 여기에 나온 묘사는 크라수스뿐 아니라 술라에게도 해당한다.

32 Plutarch, *Crassus*, 7.

33 Seneca, *Letters*, 2.4.

34 Plutarch, *Pompey*, 14.

35 Cicero, *Tusculan Disputations*, 2.41.

36 Sallust, *Histories*, 3, fragment 66(A).

37 Publilius Syrus, 337.

38 Orosius, 5.24.

39 Sallust, *Histories*, 3, fragment 66(A).

40 Plutarch, *Crassus*, 12.

6장 새로운 알렉산드로스

1 Plutarch, *Lucullus*, 11.

2 *Ibid.*, 27.

3 Valerius Maximus, 8.14.5.

4 Cato the Elder, *On Agriculture*, preface.

5 Plutarch, *Tiberius Gracchus*, 8.

6 Plutarch, *Lucullus*, 34.

7 *Ibid.*

8   Appian, *The Mithraditic War*, 92.

9   Cicero, *On Duties*, 3.107.

10   Appian, *The Mithraditic War*, 93.

11   Velleius Paterculus, 2.31.

12   Cassius Dio, 36.24.

13   *Ibid.*, 36.34.

14   Strabo, 11.1.6. 호메로스의 가계도는 《일리아드(*The Iliad*)》, 6.208에서.

15   Pliny the Elder, 7.99.

7장 야망의 빛과 그림자

1   Plutarch, *Lucullus*, 41.

2   Livy, 39.6.

3   Varro, *On Agriculture*, 3.17.

4   Macrobius, 3.15.4.

5   Varro, *On Agriculture*, 3.17.

6   Plutarch, *Lucullus*, 51.

7   Seneca, *Letters*, 95.15.

8   클로디아, 그리고 클로디우스의 가문 이름에 있는 모순에 대한 가장 그럴듯한 설명이었을 것 같다. 타툼(Tatum)의 《파트리키 호민관(*Patrician Tribune*)》, 247~248쪽을 볼 것.

9   카일리우스가 자기 재판에서 스스로를 위한 변호를 할 때, 퀸틸리아누스가 《연설가의 교육(*An Orator' Education*)》, 8.6.52에서 인용한 글. 직역된 의미는 식당에서의 '코암(coam, 교접)'과 침실에서의 '놀람(nolam, 내키지 않는 태도)'.

10   Lucretius, 4.1268.

11   Cicero, *In Defence of Murena*, 13.

12   Cicero, *Laws*, 2.39.

13   Cicero, *In Defence of Gallio*, fragment 1.

14   Plutarch, *Cato the Younger*, 9.

15   *Ibid.*, 17.

16   Cicero, *To Atticus*, 2.1.

17   Catullus, 58.

18   라틴어로는 'diseinetus'.

19   Plutarch, *Caesar*, 7.

20   Sallust, *The Catilinarian War*, 14.

21   Cicero, *On Duties*, 3.75.

22   Cicero, *In Defence of Murena*, 50.

23   Plutarch, *Cicero*, 14.

24   Valerius Maximus, 5.9.

25   Cicero, *In Defence of Caelius*, 14.

26   Plutarch, *Cicero*, 15.

27   Cicero, *To Atticus*, 1.19.

28   Suetonius, *The Deified Julius*, 52.

29   Plutarch, *Caesar*, 12.

30   Plutarch, *Pompey*, 43.

31   Cicero, *To Atticus*, 1.14.

32   *Ibid.*

33   *Ibid.*, 1.16.

8장 삼두정치

1   Valerius Maximus, 2.4.2.

2   Plutarch, *Pompey*, 42.

3   Cicero, *In Defence of Murena*, 31.

4   Plutarch, *Cato the Younger*, 30.

5   Cicero, *To Atticus*, 1.18.

6   Cassius Dio, 38.3.

7   Plutarch, *Cato the Younger*, 22.

8   Appian, 2.9.

9   Cicero, *To Atticus*, 2.21.

10   *Ibid.*, 2.3.

11   Plutarch, *Cicero*, 29.

12   Catullus, 58.

13   Cicero, *To Atticus*, 2.15.

14   Cicero, *On the Answer of the Soothsayers*, 46.

15   Caesar, *Commentaries on the Gallic War*, 2.1.

16   Strabo, 17.3.4.

17   Diodorus Siculus, 5.26.

18 Cicero, *The Republic*, 3.16.

19 Caesar, *Commentaries on the Gallic War*, 4.2.

20 *Ibid.*, 1.1.

21 *Ibid.*, 2.35.

22 Cicero, *On the Consular Provinces*, 33.

23 Plutarch, *Pompey*, 48.

24 Cicero, *On his House*, 75.

25 Cicero, *To Quintus*, 2.3.

26 *Ibid.*

9장 이카루스의 날개

1 Cicero, *In Defence of Caelius*, 49~50.

2 Cicero, *To Friends*, 1.7.

3 *Ibid.*, 1.9.

4 Cicero, *To Atticus*, 4.8a.

5 Cicero, *On Duties*, 1.26.

6 Cicero, *To Atticus*, 4.13.

7 Lucretius, 2.538.

8 Plutarch, *Crassus*, 17.

9 *Ibid.*, 23.

10 Caesar, *Commentaries on the Gallic War*, 3.16.

11 *Ibid.*, 4.17.

12 Cicero, *To Atticus*, 4.16.

13 Goudineau, *César*, p. 335.

14 Caesar, *Commentaries on the Gallic War*, 7.4.

15 *Ibid.*, 7.56.

16 Plutarch, to be specific: *Caesar*, 15.

17 예로는 Goudineau, *César*, 317~328쪽.

18 Caesar, *Commentaries on the Gallic War*, 8.44.

19 Plutarch, *Pompey*, 12.

20 Petronius, 119.17~18.

21 Cicero, *Against Piso*, 65.

22 Cicero, *To Friends*, 7.1.

23 Pliny the Elder, 36.41. 14개의 점령된 국가 조각상이 극장보다는 폼페이우스의 조각
   상 주위에 모여 있었을 가능성도 있다. 이 부분의 라틴어가 모호하게 되어 있다.

24 Pliny the Elder, 8.21.

25 Cicero, *To Atticus*, 4.17.

26 Asconius, 42C.

27 Plutarch, *Pompey*, 54.

28 Cicero, *In Defence of Milo*, 79.

29 Pliny the Elder, 36.117~118.

30 Cicero, *To Friends*, 8.7.

31 *Ibid.*, 8.1.

32 *Ibid.*, 8.8.

33 *Ibid.*, 8.6.

34 Petronius, 119.

35 Plutarch, *Pompey*, 57.

36 Cicero, *To Friends*, 8.14.

37 *Ibid.*, 2.15.

38 Appian, 2.31.

10장 세계 전쟁

1 Cicero, *To Atticus*, 7.1.

2 Lucan, 1.581. 물론 시적인 퓨혁이지만 끼 요 요 '1고뀝ㄴ 닉닐반 표변이나.

3 Cicero, *To Atticus*, 8.2.

4 Cicero, *To Atticus*, 8.11.

5 Plutarch, *Cicero*, 38.

6 Cicero, *In Defence of Marcellus*, 27.

7 Anon., *The Spanish War*, 42.

8 Caesar, *The Civil War*, 3.8.

9 Plutarch, *Caesar*, 39.

10 Caesar, *The Civil War*, 3.82.

11 Suetonius, *The Deified Julius*, 30.

12 Plutarch, *Pompey*, 79.

13 Cicero, *To Friends*, 2.12.

14 Cicero, *To Atticus*, 2.5.

15   Plutarch, *Antony*, 27.

16   Suetonius, *The Deified Julius*, 51.

17   Plutarch, *Cato the Younger*, 72.

18   Suetonius, *The Deified Julius*, 37.

19   Cicero, *To Friends*, 9.15.

20   *Ibid.*, 15.19.

21   Florus, 2.13.92.

22   Cicero, *Philippics*, 2.85.

23   Suetonius, *The Deified Julius*, 77.

24   Plutarch, *Brutus*, 12.

25   Velleius Paterculus, 2.57.

26   Plutarch, *Caesar*, 63.

27   Cassius Dio, 44.18.

28   Suetonius, *The Deified Julius*, 82.

29   혹은 세네카가 이렇게 주장했다.《분노에 관하여(*On Anger*)》, 3.30.4를 볼 것.

30   Suetonius, *The Deified Julius*, 82.

11장 공화국의 죽음

1   Cicero, *To Atticus*, 14.9.

2   *Ibid.*, 14.21.

3   Cicero, *To Friends*, 4.6.

4   Cicero, *To Atticus*, 14.21.

5   *Ibid.*, 14.12.

6   *Ibid.*, 14.4.

7   *Ibid.*, 16.7.3.

8   Cicero, *Philippics*, 2.1.

9   *Ibid.*, 10.20.

10   *Ibid.*, 13.24~25.

11   Cicero, *To Atticus*, 16.8.1.

12   Cicero, *Philippics*, 3.3.

13   Cicero, *To Friends*, 11.20.

14   Suetonius, *The Deified Augustus*, 26.

15   Appian, 3.92.

16 Pliny the Elder, 34.6.

17 Cicero, *Letters to Atticus*, 14.1.

18 Virgil, *Eclogues*, 4.4~9.

19 Plutarch, *Antony*, 26.

20 Suetonius, *The Deified Augustus*, 69.

21 *The Achievements of the Divine Augustus*, 25.2.

22 Plutarch, *Antony*, 75.

23 *The Achievements of the Divine Augustus*, 3.2.

24 Seneca, *On Mercy*, 1.2.2.

25 Cassius Dio, 53.16.

26 Ennius, *Annals*, fragment 155.

27 Horace, *Odes*, 4.5.1~2.

28 *Ibid.*, 3.6.45~48.

29 *Ibid.*, 3.24.36~37.

30 Velleius Paterculus, 2.89.

31 Virgil, *Georgics*, 1.145~146.

32 Virgil, *Aeneid*, 6.792~793.

33 *Ibid.*, 8.669~670.

34 Horace, *Epodes*, 2.1~6.

35 Cicero, *Philippics*, 13.30.

36 Suetonius, *The Deified Augustus*, 99.

37 Ovid, *The Art of Loving*, 3.112 113.

38 Livy, 43.13.

39 Cicero, *The Republic*, 1.68.

고대

고전 자료는 일차 자료로 분류되는 경우가 많다. 그러나 실제로는 그렇지 않을 수도 있다. 클라우디우스 황제의 치세 때 태어난 플루타르코스의 글을 공화국의 몰락에 대한 일차 자료라고 하는 말은 칼라일의 글을 프리드리히 대왕 전기에 관한 일차 자료라고 하는 것이나 마찬가지가 될 것이다. 그렇기는 하지만 이 책에서 다루어진 시대에 쓰인 자료들은 그런 글 덕분에 보존되었고, 또 고대 역사치고는 양도 풍부하다. 그 대부분은 키케로의 글이다. 연설, 철학적 작업, 편지 등등. 그의 동시대인의 글도 약간 남아 있다. 그중 가장 주목할 만한 것은 카이사르의 주석과 살루스티우스의 독백 두 개, 위대한 박학가인 테렌티우스 바로의 저작 단편들, 무언극 작가인 푸블리리우스 시루스의 연극 대본에서 살아남은 격언들, 그리고 시인인 루크레티우스와 카툴루스의 작품들이다. 루크레티우스의 시 〈사물의 본성에 관하여〉는 키케로의 편지와 아주 흥미로운 대조를 이룬다. 즉 그것은 공적 생활의 열기와 갈채에서 의식적으로 물러나 있었던 인물의 작품이다. 카일리우스의 친구이자 거의 틀림없이 클로디아 메텔루스의 애인이었을 카툴루스는— 와이즈먼의《카툴루스와 그의 세계Catullus and His World》를 볼 필요는 있지만—수도의 파티족에 관한 생생한 묘사를 남겼는데, 그런 글에는 비애미悲哀美: pathos가 가득한 부분도 있지만 대개는 재치와 욕설과 외설이 특징이다.

그리스인들도 로마의 사건에 대해 글을 썼다. 그런 최초의 인물 중 하나가 폴리비오스였는데, 그는 기원전 168년에 인질로 로마에 왔다가 스키피오 아이밀리아누스와 친구가 되었으며, 카르타고의 파괴도 직접 목격했다. 그의《역사》는 로마의 헌법과 공화국이 전 지중해를 지배하게 되는 상승 과정에 대한 통찰력 있는 분석을 제공한다. 포세이도니오스의 글은 거의 남아 있는 것이 없으며, 소수의 단편이 여기저기에 흩어져 있을 뿐이다. 좀 더 분량이 많은 단편들은 디오도루스 시쿨루스가 쓴 방대한 40권짜리 세계 역사서인《역사의 도서관》에 실려 보존되었다. 시쿨루스는 공화국이 몰락할 때 생존했던 시칠리아 출신의 작가다. 한 세대 뒤에 지리학자이자 미트리다테스의 고대 왕국인 폰토스 출신인 스트라본은 로마 세계에 대한 아주 자세한 일지를 썼으며, 그중에는 이탈리아와 로마 자체에 대한 내용도 포함되어 있다. 이 글은 할리카르나소스의 디오니시오스의 수고에 의해 보충되었으며, 디오니시오스가 쓴 《로마의 고대》는 폴리비오스의 글에 대한 서문격으로 쓰였고, 초기 로마의 연대기에서 인용한 매우 귀중한 정보들을 담고 있다.

어떤 의미에서는 아우구스투스 시대의 자료들은 전부 공화국의 몰락에 대한 주석으로 간주될 수도 있다. 이와 아주 근본적으로 다른 방식으로 쓰인 것이 베르길리우스의 시와 티투스 리비우스의 위대한 로마 역사에 흐르고 있는 주제다. 하지만 공화국 후반을 다룬 그 역사책은 없어졌고 기원후 1세기 후반의 시인인 플로루스가 리비우스의 저작을 축약한 것만이 남아 있다. 그리고 옥타비아누스 본인의 증언이 《신성한 아우구스투스의 업적기》라는 형태로 남아 있는데, 그것은 제국 전역의 공공장소에 세워진 장문의 자기 정당화 글이자 현기증이 날 정도로 과장된 관행들의 기록이다.

아우구스투스가 죽은 뒤에도 로마 작가들은 계속 공화국 종말기의 영웅시대로 되돌아갔다. 이 시대에 쓰인 자세한 내용들이 발레리우스 막시무스의 일람표인 《기억될 만한 언행》과 벨레이우스 파테르쿨루스의 《로마 역사》를 가득 채우고 있다. 두 책은 모두 아우구스투스의 계승자인 티베리우스의 치세 때 저술되었다. 철학자 세네카는 네로 황제의 가정교사이자 조언자였는데, 배신당한 자유의 교훈에 대해 성찰했다. 그의 조카인 루카누스도 내전에 관한 서사시인 《파르살리아》에서, 그리고 상당히 저평가된 산문 작품인 《사티리콘》에서 페트로니우스도 마찬가지 주제를 다루었다. 이 세 사람은 모두 마지막에 자살로 생을 마감했는데, 이는 카이사르들의 통치 아래서 로마의 귀족들에게 그래도 허용되었던 공화주의적 저항의 유일한 몸짓이었다. "몰락의 단조로운 과잉." 타키투스는 기원후 2세기 초반에 자기 나라의 최근 역사를 얼룩지게 한 사법적 살인에 대해 이렇게 썼다. 자유라는 로마의 고대 유산은 사라졌고 피에 익사한 것 같았다. 역사가 중에서 가장 냉혹한 타키투스에게서도 공화국의 유령은 변해버린 그 도시에 출몰하고 있었다.

그의 가까운 동시대인 중에서는 타키투스에 필적할 만큼 명료하고 가차 없는 시각을 가진 사람이 없다. 대부분의 공화국의 역사는 고양된 일화나 여흥거리가 채굴될 채석장으로 간주되게 되었다. 대플리니우스의 《박물지》는 카이사르와 폼페이우스와 키케로의 성격 묘사와, 좀 더 세속적인 정보에 대한 무궁무진한 공급원이 되어 준다. 퀸틸리아누스는 수사학에 관한 논문인 《연설가의 교육》에서 키케로 및 공화국 말기의 연설가들을 자주 언급하며, 그렇지 않았더라면 사라졌을 저술의 인용문의 보고로서 값을 따질 수 없는 귀중한 자료를 제공한다. 수다스러운 에세이 선집인 《아티카의 밤》을 쓴 아울루스 겔리우스 역시 마찬가지다. 생기발랄한 글인 《신격화된 카이사르들》의 저자인 수에토니우스는 두 명의 신격화된 군벌, 즉 율리우스와 아우구스투스의 추문으로 가득 찬 초상화를 썼다. 하지만 전기물의 왕은 플루타르코스다. 공화국 말기의 위대한 인물들에 관한 그의 전기는 어느 역사가의 글보다도 읽기가 쉬웠기 때문에 가장 영향력이 컸다. 도덕가연 하는 설교와 가십투성이면서도 생생한 그의 글들은 공화국의 몰락을 혁명이나 사회 해체로서가 아니라 고대인들이 보려고 했던 경향 그대로 보고 있다. 즉 야심적이고 비범한 인물들의 드라마라는 것이었다.

애국심이 강한 그리스인이던 플루타르코스는 로마의 역사가 제국의 백성들에게 그 뒤로도 계속해서 얼마나 매력적인 주제였는지를 입증한다. 기원후 2세기 이후로 공화국의 몰락에 관한 글을 쓴 역사가들은 점점 그리스어로 글을 쓰는 경향이 커졌다. 그중 가장 중요한 인물은 아피아노스였는데, 그는 알렉산드리아 출신의 변호사였으며, 로마와 그 제국의 자세한 역사를 썼다. 티베리우스 그라쿠스의 호민관 임기 때부터 시작하여 기원전 70년까지의 사건을 다룬 그의 책 《내전》은 서술적인 자료로서는 유일하게 남아 있는 것이다. 그러나 기원전 69년 이후의 사건을 보려면 다른 역사가인 카시우스 디오의 글로 보충되어야 한다. 카시우스 디오는 로마 세계가 기원후 3세기 초반에 다시 한 번 붕괴되기 시작하던 시기에 집필한 사람이었다. 로마가 최종적인 몰락의 길로 미끄러지고 있던 중에도 죽어가는 제국의 시민들은 이제 정말로 고대 역사가 되어가고 있던 시대를 계속 돌아보고 있었다. 그런 사람들 중 마지막 인물이 기원후 400년경에 살았던 테오도시우스 마크로비우스였다. 그의 《사투르날리아Saturnalia》는 공화국 후기의 기록들에서 소중하게 선별된 일화와 농담들로 가득하다. 그 몇 년 뒤 성 아우구스티누스의 친구인 오로시우스는 역시 그

시대를 다룬 세계의 역사를 썼지만 그 즈음이면 제국은―그리고 고전적 전통 자체
도―살 날이 몇 십 년밖에 남지 않았을 때였다. 로마의 멸망과 함께 그 도시의 역사
도 전설로 남겨졌다.

현대

APA = The American Philological Association

JRS = Journal of Roman Studies

Adcock, F. E.: Marcus Crassus: Millionaire(1966, Cambridge)

Badian, E.: Foreign Clientelae, 264~70 BC(1958, Oxford)

_____. 'aiting for Sulla'(1962, JRS 52)

_____. Roman Imperialism in the Late Republic(1967, Oxford)

_____. Lucius Sulla, the Deadly Reformer(1970, Sydney)

_____. Publicans and Sinners: Private Enterprise in the Service of the Roman
Republic(1972, Oxford)

Balsdon, J. V. P. D.: 'Sulla Felix'(1951, JRS 41)

_____. Julius Caesar: A Political Biography(1967, New York)

Barton, Carlin A.: The Sorrows of the Ancient Romans: The Gladiator and
the Monster(1993, Princeton)

_____. Roman Honor: The Fire in the Bones(2001, Berkeley and Los
Angeles)

Beard, Mary and Crawford, Michael: Rome in the Late Republic: Problems
and Interpretations(1985, London)

Beard, Mary, North, John and Price, Simon: Religions of Rome, Volume 1: A
History(1998, Cambridge)

Bell, Andrew J. E.: 'Cicero and the Spectacle of Power'(1997, JRS 87)

Broughton, T. R. S.: The Magistrates of the Roman Republic, 2 vols(1951/2,

New York)

Brunt, P. A.: 'Italian Aims at the Time of the Social War'(1962, *JRS* 52)

_____. *Italian Manpower, 225 BC-AD 14*(1971, Oxford)

_____. *Social Conflicts in the Roman Republic*(1971, London)

_____. *The Fall of the Roman Republic, and Related Essays*(1988, Oxford)

Cambridge Ancient History: The Last Age of the Roman Republic, 146~43 BC, ed. J. A. Crook, Andrew Lintott and Elizabeth Rawson(1994, Cambridge)

Cambridge Ancient History: The Augustan Empire, 43 BC~AD 69, ed. Alan K. Bowman, Edward Champlin and Andrew Lintott(1996, Cambridge)

Carney, Thomas F.: *A Biography of C. Marius*(1961, Assen)

Casson, Lionel: *Travel in the Ancient World*(1994, Baltimore)

Chauveau, Michel: *Egypt in the Age of Cleopatra*, trans. David Lorton(2000, Ithaca)

Claridge, Amanda: *Rome: An Archaeological Guide*(1998, Oxford)

Clarke, M. L.: *The Noblest Roman: Marcus Brutus and His Reputation*(1981, London)

Collins, J. H.: 'Caesar and the Corruption of Power'(1955, *Historia* 4)

Crawford, M. H.: *The Roman Republic*(1978, Glasgow)

_____. *Coinage and Money under the Roman Republic*(1985, London)

Dalby, Andrew: *Empire of Pleasures: Luxury and Indulgence in the Roman World*(2000, London)

D'Arms, John H.: *Romans on the Bay of Naples: A Social and Cultural Study of the Villas and Their Owners from 150 BC to AD 400*(1970, Cambridge, Mass.)

_____. *Commerce and Social Standing in Ancient Rome*(1981, Cambridge, Mass.)

Dixon, Suzanne: *The Roman Family*(1992, Baltimore)

Dupont, Florence: *Daily Life in Ancient Rome*, trans. Christopher Woodall (1992, Oxford)

Edwards, Catharine: *The Politics of Immorality in Ancient Rome* (1993, Cambridge)

Earl, D. C.: *The Moral and Political Tradition of Rome* (1967, London)

Epstein, David F.: 'Cicero's Testimony at the *Bona Dea* Trial' (1986, *Classical Philology* 81)

Evans, John K.: *War, Women and Children in Ancient Rome* (1991, London)

Evans, Richard J.: *Gaius Marius: A Political Biography* (1994, Pretoria)

Everitt, Anthony: *Cicero: A Turbulent Life* (2001, London)

Fagan, Garrett G.: 'Sergius Orata: Inventor of the Hypocaust?' (1996, *Phoenix* 50)

Favro, Diane: *The Urban Image of Augustan Rome* (1996, Cambridge)

Frederiksen, Martin: *Campania* (1984, British School at Rome)

Gabba, Emilio: *Republican Rome, the Army and the Allies*, trans. P. J. Cuff (1976, Oxford)

Galinsky, Karl: *Augustan Culture* (1996, Princeton)

Garnsey, Peter, Hopkins, Keith and Whittaker, C. R.(eds): *Trade in the Ancient Economy* (1983, London)

Gelzer, Matthias: *Julius Caesar: Politician and Statesman*, trans. Peter Needham(1968, Cambridge)

_____. *The Roman Nobility*, trans. Robin Seager(1975, Oxford)

Goudineau, Christian: *César et la Gaule* (2000, Paris)

Grant, Michael: *Cleopatra* (1972, London)

Green, Peter: *Classical Bearings: Interpreting Ancient History and Culture* (1989, Berkeley and Los Angeles)

_____. *Alexander to Actium: The Historical Evolution of the Hellenistic Age* (1990, Berkeley and Los Angeles)

Greenhalgh, Peter: *Pompey: The Roman Alexander*(1980, London)

_____. *Pompey: The Republican Prince*(1981, London)

Griffith, R. Drew: 'The Eyes of Clodia Metelli'(1996, *Latomus* 55)

Gruen, Erich S.: *The Last Generation of the Roman Republic*(1974, Berkeley and Los Angeles)

_____. *The Hellenistic World and the Coming of Rome*(1984, Berkeley and Los Angeles)

_____. *Culture and National Identity in Republican Rome*(1992, New York)

Gurval, Robert Alan: *Actium and Augustus: The Politics and Emotions of Civil War*(1998, Ann Arbor)

Hallett, Judith P. and Skinner, Marilyn B. (eds): *Roman Sexualities*(1997, Princeton)

Hanson, J. A.: *Roman Theater-Temples*(1959, Princeton)

Harris, William V.: *War and Imperialism in Republican Rome, 327-70 BC* (1979, Oxford)

Higginbotham, James: *Piscinae: Artificial Fishponds in Roman Italy*(1997, Chapel Hill)

Hoff, Michael C. and Rotroff, Susan I.: *The Romanization of Athens*(1992, *Oxbow Monograph* 94)

Hopkins, Keith: *Sociological Studies in Roman History, Volume I: Conquerors and Slaves*(Cambridge, 1978)

_____. *Sociological Studies in Roman History, Volume II: Death and Renewal* (Cambridge, 1983)

Horden, Peregrine and Purcell, Nicholas: *The Corrupting Sea: A Study of Mediterranean History*(2000, Oxford)

Horsfall, Nicholas: 'The Ides of March: Some New Problems'(1974, *Greece & Rome*, 21)

Hughes, J. Donald: *Pan' Travail: Environmental Problems of the Ancient*

Greeks and Romans (1994, Baltimore)

Hughes-Hallett, Lucy: *Cleopatra: Histories, Dreams and Distortions* (1990, London)

Jashemski, W. F.: *The Origins and History of the Proconsular and Propraetorian Imperium* (1950, Chicago)

Jenkyns, Richard: *Virgil's Experience: Nature and History, Times, Names and Places* (1998, Oxford)

Kahn, Arthur D.: *The Education of Julius Caesar* (1986, New York)

Keaveney, Arthur: *Sulla: The Last Republican* (1982, London)

_____. *Lucullus: A Life* (1992, London)

Keppie, L.: *The Making of the Roman Army: From Republic to Empire* (1984, London)

Lacey, W. K.: 'The Tribunate of Curio' (1961, *Historia* 10)

_____. *Cicero and the End of the Roman Republic* (1978, London)

Lintott, Andrew: *Violence in Republican Rome* (1968/99, Oxford)

_____. 'Cicero and Milo' (1974, *JRS* 64)

_____. *The Constitution of the Roman Republic* (1999, Oxford)

Lo Cascio, E.: 'State and Coinage in the Late Republic and Early Empire' (1981, *JRS* 71)

Luce, T. J.: 'Marius and the Mithridatic Command' (1970, *Historia* 19)

Machiavelli, Niccolò: *The Discourses*, ed. Bernard Crick (1970, London)

Marshall, B. A.: *Crassus: A Political Biography* (1976, Amsterdam)

Mattern, Susan: *Rome and the Enemy* (1999, Berkeley and Los Angeles)

McGing, B. C.: *The Foreign Policy of Mithridates VI Eupator, King of Pontus* (1986, Leiden)

Meier, Christian: *Caesar*, trans. David McLintock (1995, London)

Millar, Fergus: 'The Political Character of the Classical Roman Republic, 200~151 BC' (1984, *JRS* 74)

_____. *The Crowd in Rome in the Late Republic*(1998, Ann Arbor)

_____. *The Roman Republic in Political Thought*(2002, Hanover)

Mitchell, Thomas N.: *Cicero: The Ascending Years*(1979, New Haven)

_____. *Cicero: The Senior Statesman*(1991, New Haven)

Mouritsen, Henrik: *Plebs and Politics in the Late Roman Republic*(2001, Cambridge)

Néraudau, Jean-Pierre: *Être Enfant à Rome*(1984, Paris)

Nicolet, Claude: *L'rdre Équestre à l'poque Républicain*, 2 vols(1966/74, Paris)

_____. *The World of the Citizen in Republican Rome*, trans. P. S. Falla(1980, London)

_____(ed.). *Des Ordres à Rome*(1984, Paris)

North, J. A.: 'The Development of Roman Imperialism'(1981, JRS 71)

Ormerod, Henry A.: *Piracy in the Ancient World*(1924, Liverpool)

Parke, H. W.: *Sibyls and Sibylline Prophecy in Classical Antiquity*(1988, London)

Patterson, John R.: 'The City of Rome: From Republic to Empire'(1992, *JRS* 82)

Plass, Paul: *The Game of Death in Ancient Rome: Arena Sport and Political Suicide*(1995, Madison)

Pomeroy, Sarah B.: *Goddesses, Whores, Wives and Slaves: Women in Classical Antiquity*(1994, London)

Porter, James I.: *Constructions of the Classical Body*(1999, Ann Arbor)

Raaflaub, Kurt A. and Toher, Mark(eds): *Between Republic and Empire*(1990, Berkeley and Los Angeles)

Rathbone, D. W.: 'The Slave Mode of Production in Italy'(1983, *JRS* 71)

Rawson, Elizabeth: 'The Eastern Clientelae of Clodius and the Claudii'(1973, *Historia* 22)

_____. *Cicero: A Portrait* (1975, London)

_____. *Intellectual Life in the Late Roman Republic* (1985, London)

Richardson, J. S.: 'The Spanish Mines and the Development of Provincial Taxation in the Second Century BC' (1976, *JRS* 66)

Richardson, Keith: *Daggers in the Forum: The Revolutionary Lives and Violent Deaths of the Gracchus Brothers* (1976, London)

Robinson, O. F.: *Ancient Rome: City Planning and Administration* (1992, London)

Rosenstein, Nathan: *Imperatores Victi: Military Defeat and Aristocratic Competition in the Middle and Late Republic* (1990, Berkeley and Los Angeles)

Rousselle, Aline: 'The Family under the Roman Empire: Signs and Gestures' in *A History of the Family*, Vol. 1 (1996, Cambridge)

Sacks, Kenneth S.: *Diodorus Siculus and the First Century* (1990, Princeton)

Salmon, E. T.: *Samnium and the Samnites* (1967, Cambridge)

_____. *The Making of Roman Italy* (1982, London)

Santosuosso, Antonio: *Storming the Heavens* (2001, Boulder)

Schiavone, Aldo: *The End of the Past: Ancient Rome and the Modern West*, trans. Margery J. Schneider (2000, Cambridge, Mass.)

Scullard, H. H.: *From the Gracchi to Nero* (1959, London)

Seager, Robin J.: *Pompey: A Political Biography* (1979, Oxford)

—— (ed.): *The Crisis of the Roman Republic* (1969, Cambridge and New York)

Sedley, David: 'The Ethics of Brutus and Cassius' (1997, *JRS* 87)

Shackleton-Bailey, D. R.: *Cicero* (1971, London)

Shatzman, Israël: *Senatorial Wealth and Roman Politics* (1975, Brussels)

Shaw, Brent D.: *Spartacus and the Slave Wars* (2001, Boston)

Sherwin-White, A. N.: 'Violence in Roman Politics' (1956, *JRS* 46)

_____. The Roman Citizenship (1973, Oxford)

Skinner, Marilyn B.: 'Pretty Lesbius'(1982, APA 112)

_____. 'Clodia Metelli'(1983, APA 113)

Staveley, E. S.: Greek and Roman Voting and Elections (1972, London)

Stockton, David: Cicero: A Political Biography (1971, Oxford)

_____. The Gracchi (1979, Oxford)

Syme, Ronald: The Roman Revolution (1939, Oxford)

Tarn, W. W.: 'Alexander Helios and the Golden Age'(1932, JRS 22)

Tatum, W. Jeffrey: The Patrician Tribune: Publius Clodius Pulcher (1999, Chapel Hill)

Taylor, Lily Ross: The Divinity of the Roman Emperor (1931, Middletown)

_____. Party Politics in the Age of Caesar (1948, Berkeley and Los Angeles)

Tchernia, André: Le Vin de l'Italie Romaine (1986, École Française de Rome)

Ulansey, David: The Origins of the Mithraic Mysteries: Cosmology and Salvation in the Ancient World (1989, Oxford)

Walker, Susan and Higgs, Peter: Cleopatra of Egypt: From History to Myth (2001, London)

Wiseman, T. P.: 'The Census in the First Century BC'(1969/70, JRS 61)

_____. Catullus and His World: A Reappraisal (1985, Cambridge)

Woolf, Greg: Becoming Roman: The Origins of Provincial Civilization in Gaul (1998, Cambridge)

Yakobson, A.: Elections and Electioneering in Rome: A Study in the Political System of the Late Republic (1999, Stuttgart)

Yavetz, Zwi: 'The Living Conditions of the Urban Plebs in Republican Rome' (1958, Latomus 17)

_____. Plebs and Princeps (1969, Oxford)

_____. Julius Caesar and His Public Image (1983, London)

찾아보기

루비콘

공화정에서 제정으로, 로마 공화국 최후의 날들

1판 1쇄 2017년 2월 25일

지은이 | 톰 홀랜드
옮긴이 | 김병화

펴낸곳 | (주)도서출판 책과함께
　　　　주소 (04022) 서울시 마포구 동교로 70 소와소빌딩 2층
　　　　전화 (02) 335-1982~3
　　　　팩스 (02) 335-1316
　　　　전자우편 prpub@hanmail.net
　　　　블로그 blog.naver.com/prpub
　　　　등록 2003년 4월 3일 제25100-2003-392호

ISBN 979-11-86293-70-6 03900

이 도서의 국립중앙도서관 출판예정도서목록(CIP)은
서지정보유통지원시스템 홈페이지(http://seoji.nl.go.kr)와
국가자료공동목록시스템(http://www.nl.go.kr/kolisnet)에서 이용하실 수 있습니다.
(CIP제어번호: CIP2017002498)